微软全球最有价值专家 倾力打造

作者继《Project 2010企业项目管理实践》《Project 2016企业项目管理实践》之后的最新力作

Project 2019 企业项目管理实践

张会斌　董方好 · 编著

- 微软Project产品全球最有价值专家领衔编写
- 凝聚作者18年Project软件项目管理应用经验
- 帮助项目经理将Project 2019规范地应用于各种项目管理活动中
- 指导企业级项目管理人员基于Project 2019构建项目管理信息化平台

北京大学出版社
PEKING UNIVERSITY PRESS

内容提要

本书全面、细致地介绍了基于最新版本Project产品实现项目管理的最佳实践，全书共分为5篇30章，以"基础篇-Project 2019→高级篇-Project Server 2019→云端篇-Project Online→案例篇→综合篇"为线索具体展开。不仅包括Project的基本操作，更多的是讲述基于Project产品进行项目管理的思路和方法。本书首次引入"方好Project项目管控模型"，可以让读者更好地掌握Project产品的管理思路。在企业项目管理过程中，本书还在Project单机版的基础上完整展示了如何基于Project Server服务器版本实现多项目管控过程。

本书配备了丰富的学习资源，读者可以通过扫描书中前言的二维码，免费下载查询作者精心录制的视频演示文件及书中全部案例的源文件，便于读者更好地理解书中的内容，边学边练。

本书语言简洁，内容系统，不仅适合各类项目管理人员学习和使用，还可作为高等院校或社会培训机构的"项目管理"方面教学用书。

图书在版编目(CIP)数据

Project 2019企业项目管理实践 / 张会斌，董方好编著. — 北京：北京大学出版社，2020.12

ISBN 978-7-301-31806-5

Ⅰ. ①P… Ⅱ. ①张… ②董… Ⅲ. ①企业管理－项目管理－应用软件 Ⅳ. ① F272.7-39

中国版本图书馆CIP数据核字(2020)第210437号

书　　名 Project 2019企业项目管理实践
PROJECT 2019 QIYE XIANGMU GUANLI SHIJIAN

著作责任者 张会斌 董方好 编著

责任编辑 吴晓月 吴秀川

标准书号 ISBN 978-7-301-31806-5

出版发行 北京大学出版社

地　　址 北京市海淀区成府路205号 100871

网　　址 http://www.pup.cn　　新浪微博：@北京大学出版社

电子信箱 pup7@pup.cn

电　　话 邮购部 010-62752015　发行部 010-62750672　编辑部 010-62570390

印 刷 者 河北滦县鑫华书刊印刷厂

经 销 者 新华书店

787毫米×1092毫米　16开本　35.75印张　761千字

2020年12月第1版　2020年12月第1次印刷

印　　数 1—3000册

定　　价 119.00元

Preface 前言

Project 2019 是美国微软公司最新的项目管理软件套件，包括 Project Standard 2019、Project Professional 2019、Project Server 2019。整套产品构成了企业级项目管理信息化解决方案（Enterprise Project Management Solution，EPME）的整体框架，遵照的理论标准是美国项目管理协会（Project Management Institute，PMI）的组织项目管理成熟度模型。

为了适应当前云端发展模式，微软推出了 Project Online 云服务，包含项目计划 1（Project Online 协作版）、项目计划 3（Project Online 专业版）、项目计划 5（Project Online 高级版）。Project Online 与微软 O365 云平台无缝集成，为企业构建完整的现代化项目管理解决方案。

为什么写本书

2006 年，主编张会斌曾编写了《Project 2003 企业项目管理实践》一书，累计销售上万册，深受广大读者的好评。

2008 年作者又主编了《Project 2007 企业项目管理实践》一书，到目前为止已经第 8 次印刷，深得读者的厚爱。

2009 年作者主编的《Project 2010 企业项目管理实践》一书出版后再次赢得广大读者的好评。

2016 年主编张会斌、董方好合作编写的《Project 2016 企业项目管理实践》一书，不但赢得了读者的青睐，还成为众多高校项目管理教材。

2018 年 9 月 25 日，微软（中国）有限公司发布了 Project 的最新版本 2019，在新的版本中企业级项目管理功能得到更多的增强。为了能与广大的项目管理爱好者不断分享 Project 软件在企业实践中的应用心得，作者组织专家团队编写了《Project 2019 企业项目管理实践》一书，希望能继续帮助广大企业用户、个人用户提升项目管理水平。

本书是一本全面介绍微软企业项目管理（Enterprise Project Management，EPM）的书籍。书中按照项目管理整体业务流程进行描述，详细介绍了 Project 2019 的各项功能，其中不仅包含了项目经理关心的客户端的使用，还有项目管理办公室（Project Management Office，PMO）所关心的项目群（也称项目集）管理，以及企业的战略部门关心的项目组合管理（Project Portfolio Management，PPM）的内容。为了让读者更容易理解软件提供的管理内容，书中增加了对于管理模型、方法论的阐述，实现理论与实践相结合。

本书主要内容

全书共分为 5 篇 30 章，以“基础篇 -Project 2019 →高级篇 -Project Server 2019 →云端篇 -Project Online →案例篇→综合篇”为线索具体展开。

“基础篇”主要介绍项目管理的基本概念，Project 2019 产品的基本情况，以及如何在项目的启动、计划编制、执行、监控等阶段规范使用 Project 2019。

“高级篇”主要介绍如何使用 Project Server 2019 管理项目需求收集、项目战略选择、项目计划协同编制、项目协同执行与控制、项目收尾等。这部分内容全面展示了 Project Server 2019 产品的高级功能。

“云端篇”主要介绍如何使用 Project Online 实现企业项目管理过程，结合 O365 实现企业云端现代化项目管理过程。

“案例篇”分别从单项目管理案例以及多项目管理案例两方面，描述了 Project 2019 产品如何在不同的项目管理环境中发挥不同的作用。这部分内容是对前面章节的总结和提升，能够为读者提供非常实用的借鉴，案例通过 Project Server 与 Project Online 分别呈现，满足不同的企业需要。

“综合篇”主要介绍 Project Server 2019 的部署、宏操作及 Project 2019 使用过程中的问题等内容。

关于作者

张会斌 美国微软公司 Project 产品全球最有价值专家（MVP），美国项目管理协会项目集管理专业人士（PgMP），美国项目管理协会项目管理专业人士（PMP），北京高远华信科技有限公司（www.highfarinfo.com）总经理，微软（中国）有限公司 Project 产品特聘顾问，西门子管理学院特约讲师。

董方好 美国项目管理协会项目集管理专业人士（PgMP），美国项目管理协会项目管理专业人士（PMP），北京高远华信科技有限公司副总经理、项目管理总监，国内著名项目管理领域理论与 Project 实战派专家，微软（中国）有限公司 Project 产品认证专家、产品技术专家、产品签约讲师，2015、2016、2017、2018 年微软技术大会（Ignite）Project 专家讲师（Top5），有近 20 年企业项目管理经验，为国内众多的企业提供过微软 Project 产品相关的咨询、培训、部署服务。

致谢

感谢本书的编写团队，是他们的优秀表现让本书得以与广大读者及早见面！

特别感谢微软（中国）有限公司 Office Team 的 Leader，Lily Zheng 总经理以及 Project 产品 PMM，Luona 给予的巨大支持。

感谢北京高远华信科技有限公司其他同事在本书编写过程中给予的巨大帮助，他们是申永华、翟文、李博、李道洋、章娇、王华迎、林珊、严雷声、张国锋、乔岳炀、孟刚、李佳瑶、郭毅、贾亚峰等。

如果读者在阅读本书时，发现差错或者遇到问题，敬请批评指正，并请发 E-mail 至 hbzhang@highfarinfo.com。读者可扫描左下方二维码关注公众号并输入文字“图书案例”，或扫描右下方二维码关注公众号并输入代码“78956”，下载本书的案例源文件及其他学习资源。

编者

Contents 目 录

基础篇

高级篇

云端篇

案例篇

综合篇

基础篇

第 1 章 Project 2019 基础入门

Project 2019(以下简称 Project)是美国微软公司最新发布的用于项目管理的一个软件包。Project 是一个功能强大而且可以灵活运用的项目管理工具，可以用该工具控制简单或复杂的项目；可用来安排和追踪所有的活动，让用户对项目进展了如指掌。该产品不仅适用于个人项目管理，而且适用于团队项目管理、企业级项目管理与项目组合管理。

在介绍 Project 的应用之前，本章将重点介绍 Project 与项目管理的关系，以及 Project 的安装、基本操作。

1.1 Project 2019与项目管理

项目管理就是为了满足甚至超越项目干系人对项目的需求和期望而将理论知识、技能、工具和技巧应用到项目的活动中去。从项目管理的概念就可以引申出项目管理的目标，内容如下。

◎ 项目范围：项目要完成的内容是什么？

◎ 项目时间：项目需要在多长时间内完成？

◎ 项目成本：项目需要多大的代价，需要花费多少成本？

◎ 项目质量：完成的项目产品需要达到什么样的指标？

◎ 项目资源：在多少有限的资源内达成项目的目标？

一般来看，项目管理就是为完成一个预定的项目目标而对任务和资源进行规划、组织和管理的程序，通常需要配合时间、资源或成本方面的限制。项目可以是一个简单的独立项目，也可以是由多个独立的项目组成的一个大项目。例如，三峡水电站的建立项目由若干个子项目组成。

项目是由一系列的活动或任务组成的，项目管理由规划任务、执行任务、监督任务等不同的过程组组成，对于每个过程组都包括如下几个阶段。

◎ 启动阶段——确定一个项目或一个阶段可以开始了，并着手开始实施。

◎ 计划阶段——对项目任务或工作进行计划并且保持一份可操作的进度安排、资源计划、成本计划，确保实现项目的既定商业目标。

◎ 执行阶段——协调人力资源和其他资源，按照项目计划阶段规划好的项目计划执行。

◎ 控制阶段——通过检查和控制项目过程，确保项目达到目标，必要时采取一些修正措施。

◎ 结束阶段——取得项目或阶段的正式认可并且有序地结束该项目或阶段。

项目 5 个阶段如图 1.1 所示。

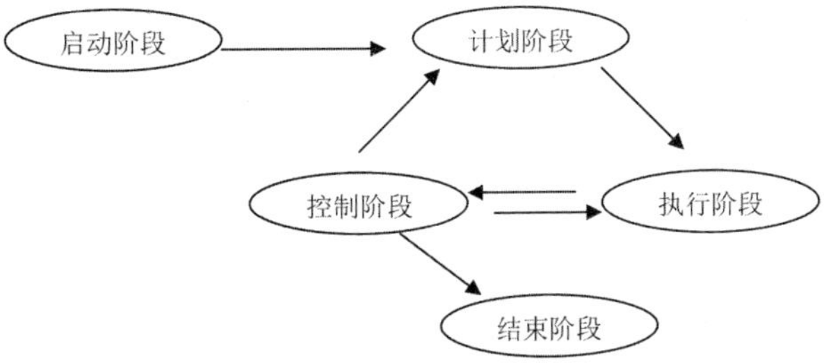

图1.1 项目5个阶段

当了解什么是项目及项目管理的特点之后，自然会希望借助一个软件工具来实现项目管理的全部过程。Project 就是一个功能强大而且可以灵活运用的项目管理工具，可以用该工具来控制简单或复杂的项目。它可用来安排和追踪所有的活动，让用户对项目进展了如指掌。

从项目的规模来看，Project 可以针对不同规模的项目进行管理。

◎ 单项目管理：适用于一个独立项目，Project 提供一套支持基本项目管理的全方位功能，其中包括任务计划、资源管理、追踪及报表等功能。

◎ 团队项目管理：适用于大型项目，涉及多个资源库、多个项目的管理。Project 能提供一个可以让所有项目成员与利益关系人存取项目信息并且进行协同作业的任务群组环境。

◎ 企业项目管理解决方案：在一个企业中，需要同时进行若干个项目，应从企业角度审定项目计划、调配资源等。Project 提供企业能使用的自定义企业大纲代码管理、检视与分析组织的整个项目公文包，确保输入数据与报表的一致性，并透过集中式的资源数据库管理资源。

从企业宏观项目管理来看，企业项目有战略定义、项目选择、项目实施三个主要的管理过程，或简单定义为项目组合管理与项目管理两个大的管理领域。

◎ 企业项目组合管理：定义企业战略目标（通常分解为具体的战略目标），通过对战略目标的排序，形成企业战略目标优先级；再根据项目需求与战略目标的匹配、企业资源与企业预算综合分析后，得出企业需要执行的具体项目，也就是把最适合企业战略、预算最合理、企业资源最匹配的项目选择出来的过程。

◎ 企业项目管理：将企业项目组合管理选择出来的项目实施落地的过程，通过项目管理过程，实现具体的项目目标，进而实现企业战略的过程。

从项目的阶段来看，项目管理由计划、实施、控制、收尾四个主要阶段组成，Project 可以针对每个阶段的工作提供相应的协助。

◎ 计划：Project 提供编制项目进度计划、成本计划、人力资源计划等功能，并可以根据项目的需要自动形成相应的报表，为项目中不同人员提供所需的报表，还可以通过电子邮件的方式直接分配任务。

◎ 实施：Project 提供各种项目分析技术，如 CPM（Cost Per Mille，千人成本）、资源平衡方法等，指导用户完成项目管理的过程，并帮助用户提高学习与探索的能力；根据项目的实施进度，及时调整计划和资源分配；随时显示监控的项目信息。随时对项目及其进度进行监督，可以进行必要的变更，确保项目在预算范围内执行。

◎ 控制：Project 提供项目控制方法，根据项目组成员的任务完成情况，形成项目进度报告；根据项目完成进度和花费，及时掌握项目的成本信息，适时调整项目的计划。roject 支持挣值管理（Earned Value Management，EVM）绩效模型，可以自动计算 SPI（ Schedule Performance Index 进度执行指标）、CPI（Cost Performance Index，成本执行指标）。

◎ 收尾：在收尾阶段，Project 提供各类项目报表，包括项目过程的任何记录，项目资源的使用情况等各类报表。同时形成的项目信息还可以为其他项目提供借鉴。利用项目模板可以将优秀的项目过程进行保存。

1.2 安装 Project 2019

1.2.1 Project 2019产品介绍

Project 2019 包括了几个不同版本的产品，分别针对不同的用户需要而设计，以满足不同用户规模和项目复杂度的要求。Project Standard 2019 专为无须与其他人协作建立项目或选择资源的管理者而设计，通常用来管理小型的项目；Project Professional 2019 专为需要与企业中其他人协同工作以通过连接到 Project Server 2019 或 Project Online 来共享日程和资源的项目经理与资源经理而设计； Project Web Access 2019 专为无须桌面客户端所有功能的人员（如主管人员、工作组成员和行政人员）而设计，另外，通过它还可以访问服务器。除了本地安装的 Project 2019 产品外，微软也在 2016 年度发布了基于云服务的 Project Online 产品，包括 Project Online 协作版产品，专为项目成员用来接收项目任务以及简单的项目协作管理；Project Online 专业版产品，专为项目经理用来编制项目计划以及项目计划执行过程的审核与团队协同；Project Online 高级版产品，专为项目管理高级管理者进行组织内企业项目组合分析、财务管理以及项目执行过程管理。

本地产品组成

◎ Project Standard 2019 提供了强大的项目管理工具，兼具可用性、功能性和灵活性。用户可以使用 Project Standard 2019 更高效地管理项目。通过控制项目工时、日程和财务，用户可以随时了解项目。此外，用户还可以通过与熟悉的 Office System 程序、强大的报告选项以及指导性的规划、向导与模板集成，使项目工作组在提高工作效率的同时保持统一。Project Standard 2019 专为无须基于网站的协调或协作的用户而设计，此协作方式可利用中央数据库的共享项目与资源。

◎ Project Professional 2019 提供了强大的项目管理功能。用户可以通过控制项目的工时、日程和财务，随时了解项目，并与项目工作组保持密切合作。此外，用户还可以通过与熟悉的 Office System 程序、强大的报告选项以及指导性的规划、向导与模板集成来提高工作效率。Project Professional 2019 既可以作为单用户解决方案运行，也可以连接到 Project Server 2019 或者 Project Online，以获得企业项目管理功能。在此版本中，将提供 Project Professional 2019 与 Project Server 2019 或者 Project Online 连接的功能。

◎ Project Server 2019 为 Enterprise Project Management (EPM) Solution 提供核心服务。可以使用 Project Server 2019 将整个组织内的工作和资源的信息集中并使这些信息标准化。通过 Project Server 2019，可以获得推动分析和报告、简化管理、加快上市速度及提高质量所需的数据。Project Server 2019 具有全面的应用程序编程接口 (API) 且支持工作流，企业可以直接使用，也可以对其进行自定义。在 Project Server 2019 中，可识别、选择、管理和提供符合战略优先级的项目组合管理，以此来帮助组织实现其潜力。

◎ Project Web Access，简称 PWA，是 Project Server 2019 的网站客户端（Web 端），为用户提供了简洁的网站界面，以使用 Project 2019 中的各种功能。通过 Project Web Access，用户可以查看、分析和报告包括时间表在内的项目信息，并创建项目建议和活动计划。根据用户的角色和授权级别的不同，可以公开或移除 Project Web Access 中的功能。Project Web Access 还包括管理用户界面。要使用 Project Web Access，必须具备 Project Server 2019 客户端访问许可证 (CAL)。

通过上述四个系列产品，用户可以轻而易举地实现四种项目管理方案：单项目管理、团队项目管理、企业项目管理、项目组合管理等方案。

云产品组成

◎ Project Online 协作版是 Project Online 的简化版本，方便工作组成员管理任务、提交时间表以及与同事进行协作，所有的项目工作组成员均基于 Web 方式进行相关项目工作。

◎ Project Online 专业版包含可以下载到本地计算机使用的 Project Professional，基于 Project Online 专业版本可以保证项目、资源和团队井井有条、步入正轨，轻松高效地规划项目、跟踪状态，随时随地与他人协作。每个用户可以将 Project Professional 安装到 5 台设备中。

◎ Project Online 高级版包含可以下载到本地计算机使用的 Project Professional，基于 Project Online 高级版可以管理组织的项目组合、计划和资源，以获得最佳效果。提供智能在线工具，可帮助组织从战略角度评估和优化项目组合，最大限度地发挥其价值，并实现业务目标；可靠的日程管理、时间和任务管理及资源分配工具，可帮助用户优化项目计划，以取得更好的成果。与 Skype for Business、Teams 和 Yammer 等协作工具无缝集成，积极鼓励团队合作，助力跨项目取得更好的成果。利用内置报告和 BI（Business Intelligence，商业智能）工具，可以对数据进行可视化，以取得跨项目、计划和项目组合的深入见解，并做出更合理的决策。

通过上述三个 Project Online 系列产品，用户也可以轻而易举地实现四种项目管理方案：单项目管理、团队项目管理、企业项目管理、项目组合管理等方案。

1.2.2 Project 2019产品安装

在使用 Project 之前，首先应进行产品安装。在安装产品之前，需要了解 Project 2019 每个产品的安装要求。

Project 安装包括 Project 本地版产品安装以及 Project 云版本产品安装，以下介绍 Project 本地版安装，基于云版本的 Project 安装详见第 24 章。

1. Project Professional 2019 、Project Standard 2019 安装要求

具体安装要求如表 1.1 所示。

表1.1 Project Professional 2019 、Project Standard 2019安装要求

组件	要求
计算机和处理器	1.6GHz或更快的 x86 位或 x64 位处理器
内存	4GB RAM
硬盘	4.0 GB 可用磁盘空间
显示器	1024×768 或更高分辨率的监视器
图形	图形硬件加速要求使用 DirectX 9或更高版本，且具有WDDM 2.0或更高版本（对于Windows 10），或者具有WDDM 1.3或更高版本（对于Windows 10 Fall Creators Update）
操作系统	Windows 10、Windows Server 2019 为获得最佳体验，无论选择何种操作系统，均应使用最新版本
.Net版本	需要 .NET 3.5。部分功能也可能要求安装 4.6或更高版本
其他	需要Internet连接才能使用Internet功能，可能需要收费。 需要启用触控功能的设备，以便使用多点触控功能。但所有功能都可以通过键盘、鼠标或其他标准或可用的输入设备使用。注意，触摸功能在Windows 10 上使用效果最佳

2. Project Server 2019 安装要求

Project Server 2019 的处理器、内存和硬盘要求高度依赖于在计算机上安装的服务数量以及服务器的负载水平，如表 1.2 所示。

表1.2 Project Server 2019硬件安装要求

安装方案	部署类型和规模	RAM	处理器	硬盘空间
使用SQL Server 的单服务器角色	使用用于开发环境的最低建议服务进行 Project Server 2019 的开发安装或评估安装。使用允许选择要预配哪个服务应用程序的单服务器场角色	16G	64位，4个内核	80 GB（用于系统驱动器） 100 GB（用于第二个驱动器）
	运行用于开发环境的所有可用服务的 Project Server 2019 的试验或用户验收测试安装	24GB	64位，4个内核	80 GB（用于系统驱动器）
三层服务器场中的 Web 服务器或应用程序服务器	具有最低数量的服务的 Project Server 2019 开发或评估安装	12GB	64位，4个内核	80 GB（用于系统驱动器）
	运行所有可用服务的 Project Server 2019 的试验、用户验收测试或生产部署	16GB	64位，4个内核	80 GB（用于系统驱动器）

场中数据库服务器的最低要求：

（1）支持数据库兼容性级别 130 的标准版或企业版 SQL Server（面向 Windows）。这包括 SQL Server 2016、SQL Server 2017、SQL Server 2019 和支持数据库兼容性级别 130 的任何未来版本 SQL Server（面向 Windows）。

（2）Microsoft Azure SQL 托管实例 (MI)。仅当 SharePoint Server 场托管在 Microsoft Azure 中时才支持这一项。

场中 Project Server 2019 服务器的最低要求：

（1）Windows Server 2016 Standard 或 Datacenter（桌面体验）。

（2）Windows Server 2019 Standard 或 Datacenter（桌面体验）。

3．Project Professional 2019 安装过程

与以往的 Project Professional 版本不同，Project Professional 2019 没有安装介质（也就是没有以前所说的安装包），对于组织内的用户配置和执行 Office 2019 的批量许可版本的 Project 安装，需要通过统一的 Office 安装部署工具（Office Deployment Tool，简称 ODT）实现安装（需要连接 Internet 下载）。下面我们将以 Project Professional 2019 为例介绍软件的安装过程，关于 Project 服务器版的安装将在后续章节中介绍。

> 注意：ODT 工具可以从 Microsoft 下载中心免费下载。（下载地址：https://www.microsoft.com/en-us/download/details.aspx?id=49117）

第 1 步：准备安装部署工具。下载安装部署工具 ODT 后，直接双击即可启动安装部署工具 ODT 安装程序，如图 1.2 所示。

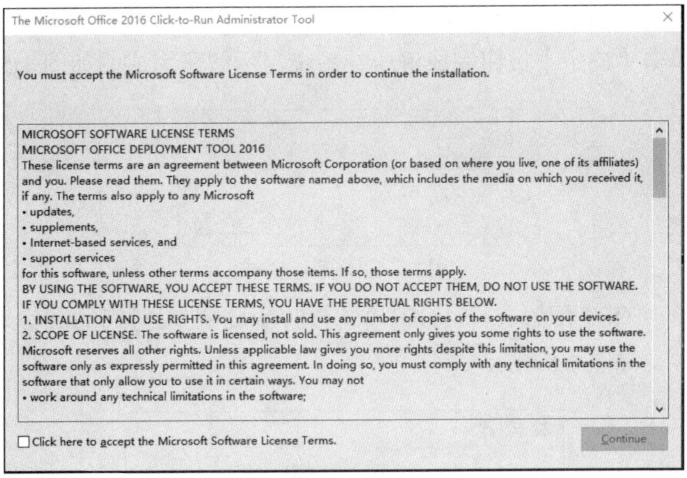

图1.2 打开安装部署工具ODT

第 2 步：勾选“Click here to accept the Microsoft Software License Terms.”选项，如图 1.3 所示。

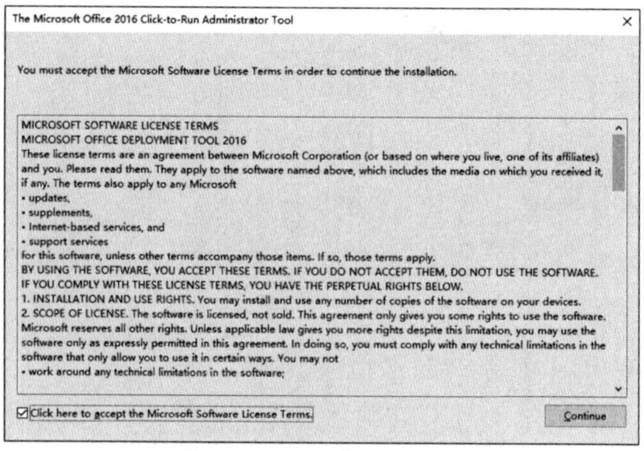

图1.3 选择接受条款

单击【Continue】按钮，在打开【浏览文件夹】对话框中，选择 ODT 工具解压后存放地址，如图 1.4 所示。

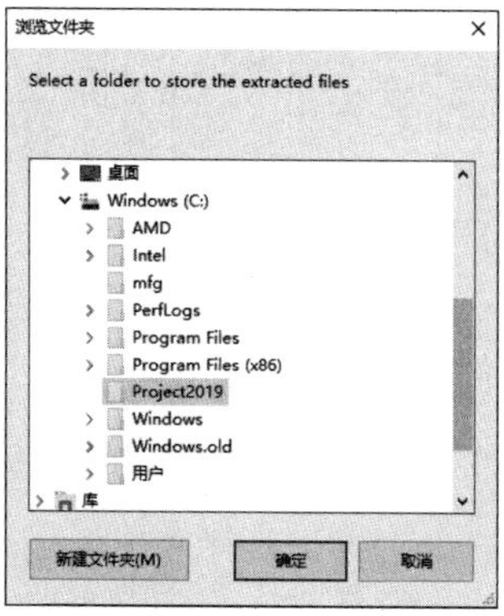

图1.4 选择ODT文件解压地址

选择将 ODT 解压后的存放地址，此处定义了 C:\Project 2019 文件夹来存放 ODT 工具解压文件，单击【确定】按钮完成解压，系统提示解压完成，如图 1.5 所示。

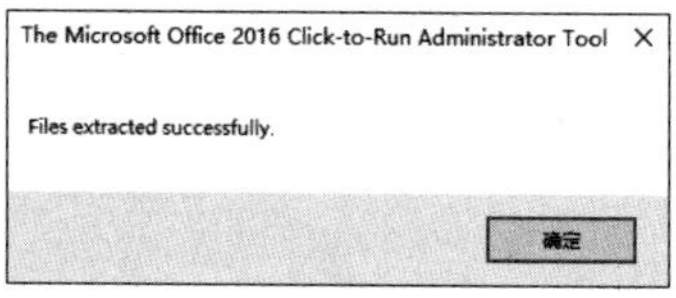

图1.5 ODT解压完成

第 3 步：修改 ODT 配置文件。ODT 解压完成后，进入对应的文件地址，查看有 4 个解压后的文件，如图 1.5 所示。

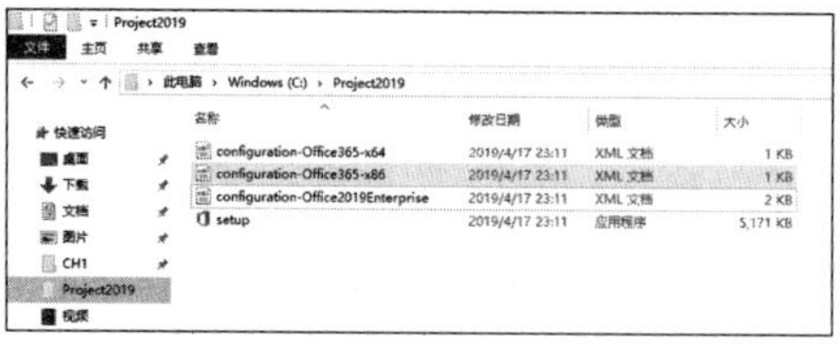

图1.6 ODT解压后文件清单

选择文件【configuration–Office2019Enterprise】，单击鼠标右键，选择【打开方式】→【记

事本】打开该文件，如图 1.7 所示。

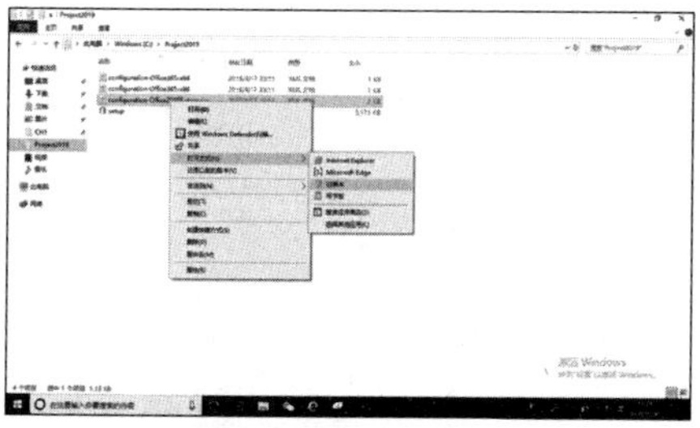

图1.7 选择修改文件

用记事本打开后，可以看到该配置文件的相关信息，将对应的配置属性进行设置，如图 1.8 所示。

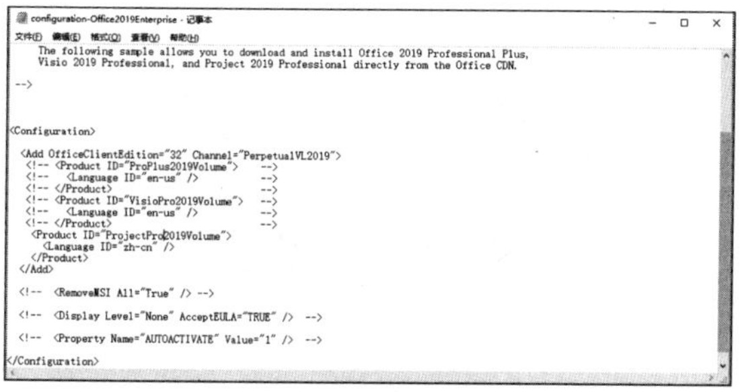

图1.8 配置文件修改

注意：

（1）OfficeClientEdition 是 Project 安装的位数，分 32 位和 64 位。

（2）保留 ProjectPro2019Volume，这是对应 Project 安装配置。

（3）将 Language ID 设置为 zh-cn，这是中文版本。

（4）推荐安装 Project 匹配的 Office 版本。

修改完成后保存该配置文件。

第 4 步：安装 Project。配置结束后，在【开始】菜单的【搜索框】输入“cmd”，显示如图 1.9 所示窗口，右键单击【命令提示符】，选择【以管理员身份运行】命令，如图 1.9 所示。

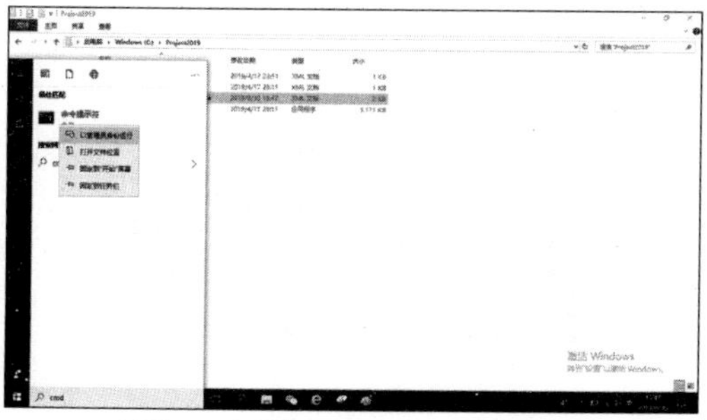

图1.9 以管理员身份运行CMD

打开 Windows 命令行，进入 ODT 解压路径，输入“setup.exe /configure configuration-

Office2019Enterprise.xml”，如图 1.10 所示。

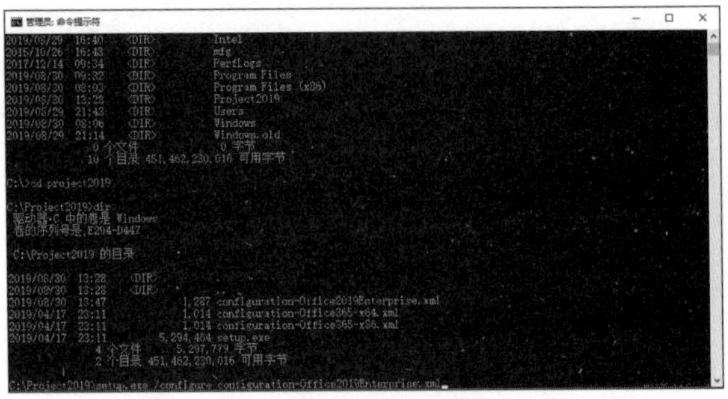

图1.10 输入安装命令行

输入命令行后，直接按【Enter】回车键，执行安装命令，系统会自动启动 Project 安装对话框，如图 1.11 所示。

图1.11 启动安装程序

Project 安装程序启动后，ODT 会自动驱动 Project 工具安装，待出现安装进度条后，进入正常的安装进程，如图 1.12 所示。

图1.12 Project安装过程

等待 Project 安装程序执行完成后，ODT 提示 Project 安装完成，如图 1.13 所示。

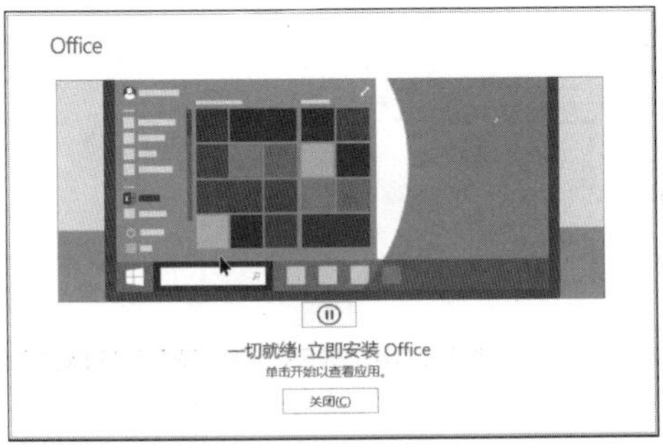

图1.13 Project安装完成

安装完成后，通过开始菜单启动 Project 软件，单击【文件】→【账户】选项，进入 Project 软件账户页面，如图 1.14 所示。

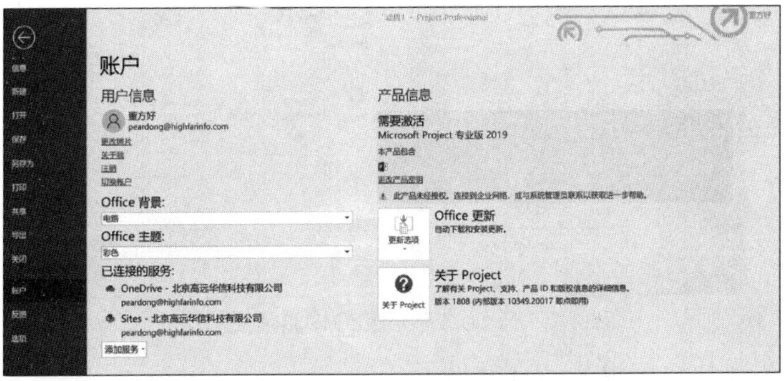

图1.14 Project专业版2019密钥激活

单击【更改产品密钥】链接，进入【输入产品密钥】页面，如图 1.15 所示。

图1.15 Project专业版2019输入密钥

在“输入 Office 产品密钥”输入框，输入对应 Project 2019 产品的密钥，如图 1.16 所示。

图1.16 Project专业版2019激活

单击【激活 Office】按钮激活 Project 2019。激活 Project 2019 后，Project 2019 不会再提示需要激活，如图 1.17 所示。

图1.17 Project专业版2019激活后状态

现在，可以愉快地使用 Project 软件了。

4．Project 2019 的卸载

如果想卸载计算机中 Project 软件，可以通过 Windows 的“应用和功能”管理对应的“卸载”方式来完成。打开 Windows 系统的【设置】页面，单击【应用】选项，在“应用和功能”列表中选中“ Microsoft Project 专业版 2019-zh-cn”，如图 1.18 所示。

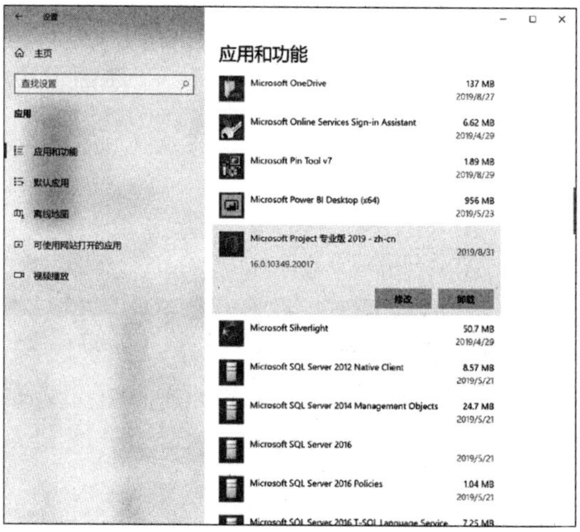

图1.18 在控制面板中卸载

单击【卸载】按钮，启动安装维护程序，系统开始自动删除该程序。系统还会弹出对话框，请你确认是否“卸载”该程序，单击【是】后，系统开始卸载程序，如图 1.19 所示。

图1.19 卸载过程

卸载完成后，在“应用和功能”列表中将看不到 Microsoft Project 专业版 2019 程序。

1.3 Project 2019操作界面详解

Project 2019 的操作界面与微软 Office 产品的操作界面、布局基本相似。软件安装完成后，用户单击【开始】按钮→【Project 2019】程序，可以打开 Project 2019 的应用程序。当打开 Project 后，可以看到 Project 的操作界面，如图 1.20 所示。

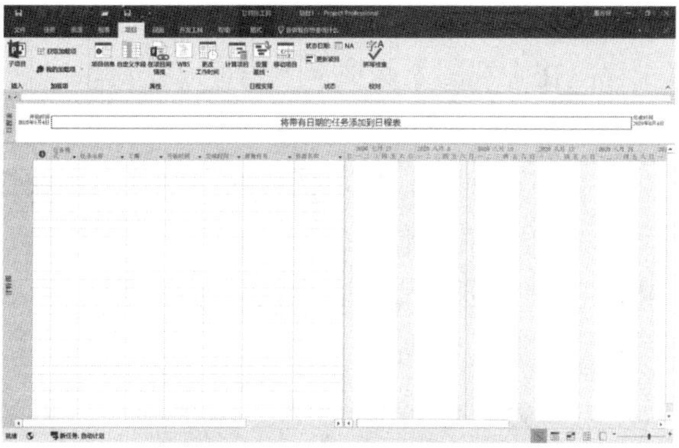

图1.20 Project 2019 操作界面

1. 标题栏

Project 的标题栏中显示运行程序名称和 Project 文件的名称，以及最大化窗口、最小化窗口、关闭窗口等快捷按钮。

2. 工具栏

在标题栏下方的是工具栏，Project 的工具栏与 Office 其他产品的工具栏布局、称呼相似。

工具栏上可以包含按钮、功能或两者的组合。首次启动 Project 时，只显示最基本的命令。用户可对功能和工具栏进行调整，以便只显示用户最常使用的命令和工具栏。

3. 功能区

功能区也称为“Ribbon”，即 Project 2019 的功能操作区，在 Project 2019 中，功能区用不同的选项卡进行分类，便于读者快速操作，如“任务”选项卡集中放置了任务操作的各类功能按钮。

4. 日程表

Project 2019 沿用了日程表设计，日程表是一个简化的项目计划横道图，可以综合示意项目计划安排，在 Project 2019 中加强了日程表的功能，可以支持时间和进度状态。

5. 状态栏

状态栏位于窗口的底部，显示当前对 Project 文件执行的操作。当 Project 等待操作时，显示“就绪”；当我们输入数据时，显示“输入”；当对文件进行病毒扫描时，显示“病毒扫描”。

6. 任务工作表

在对 Project 文件进行新建、修改、删除等操作时，应在输入区完成。

7. **横道图**

针对在任务工作表中输入的任务的开始时间和结束时间，画出代表工期长度的横道。

1.4 Project 2019常用视图

使用 Project 的过程就是使用 Project 提供的视图的过程，通过对视图的了解可以很快对 Project 的功能有感性的认识。常用的视图有“甘特图”“网络图”“资源工作表”“资源使用状况”等。以上视图在【视图】选项卡中均可以找到。

1. **甘特图视图**

甘特图的左侧是任务的工作列表，显示任务的详细信息，如任务的名称、工期、开始时间、完成时间等。右侧使用条形图的方式显示任务的信息，每一个条形图表示一个任务，视图上方的时间刻度可以清楚表示任务所在的时间分布。条形图之间的连线表示任务之间的相关性，如图 1.21 所示。

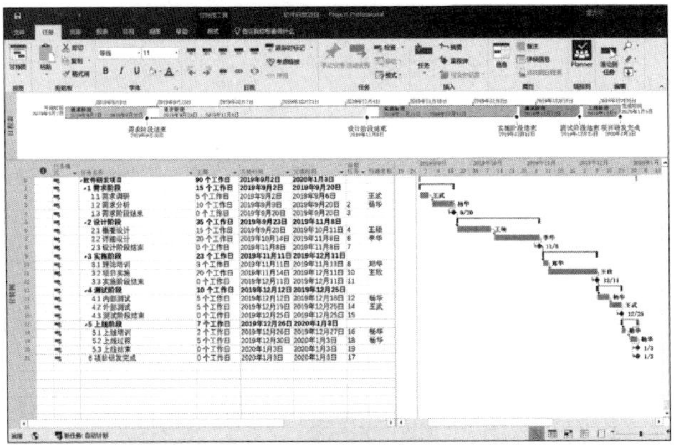

图1.21 甘特图视图

甘特图是 Project 中最常用的视图，项目管理前期的很多计划编制工作都是围绕甘特图展开的。例如，以下计划编制工作都是在甘特图中完成的。

◎ 任务信息录入

◎ 工期的设定

◎ 任务相关性的设定

◎ 资源的分配

甘特图知识介绍

甘特图（Gantt Chart）是一种图形化地概述项目活动及其他相关系统进度情况的水平方向的条状图。甘特图在项目管理的工作分解结构（Work Breakdown Structure）中有广泛应用，它能够直观地反映项目阶段和牵涉活动。

一幅完整的甘特图由横轴和纵轴两部分组成，横轴表示项目的总时间跨度，并以月、周或日为时间单位；纵轴表示各项目涉及的各项活动；长短不一的条状图则表示在项目周期内单项活动的完成情况及时间跨度。

简单的甘特图可以由手工绘制，复杂的甘特图可以通过专业软件来完成，如微软的 MS Project、Excel 等。

甘特图的起源：亨利·劳伦斯·甘特（Henry Laurence Gantt，1861–1919），是一名机械工程师和管理咨询顾问，因于 1917 年发明的甘特图及其他图表而闻名于世。甘特图起初被应用于一系列著名的基础设施建设项目，如胡佛大坝。当前，各种电子表格工具和项目管理软件均有强大的甘特图功能，能够绘制、编辑高度复杂的甘特图。

2. 网络图视图

网络图是项目计划的另一种表现形式，网络图中的每个节点代表一项任务，节点之间的连线表示任务之间相关性。与甘特图的区别是没有树状的任务分解结构，但是网络图对于明确任务之间的相关性有比较大的优越性，而且可以通过节点表示很丰富的任务相关信息，而甘特图中必须在任务列表和条形图结合以后才能完整地表达任务详细信息。网络图如图 1.22 所示。

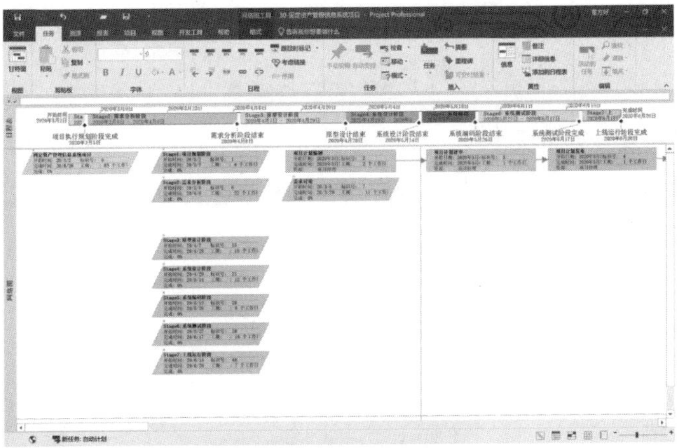

图1.22　网络图视图

网络图在建筑等大型工程项目领域中应用比较广泛，在 IT 或者小型项目中运用比较少。

网络图相关知识介绍

在项目管理中，网络图主要有两种，分别为双代号网络图和单代号网络图。

双代号网络图：这是一种用箭线表示工作，节点表示工作相互关系的网络图方法。这种技术也称为双代号网络 AOA（Activity on Arrow，活动在箭线上），在我国这种方法应用较多，但是由于与国际接轨的要求，此种方法应用逐渐减少。双代号网络计划一般仅适用于结束到开始的关系表示方法，因此为了表示所有工作之间的逻辑关系，往往需要引入虚工作。

双代号网络图中，工作由连接两个节点的箭线（arrow）表示，每个工作都由两个数字（i，j）（开始 / 结束）来定义。每个工作因此就可由这两个节点的数字来标识。图 1.23 所示是双代号网络图的例子。

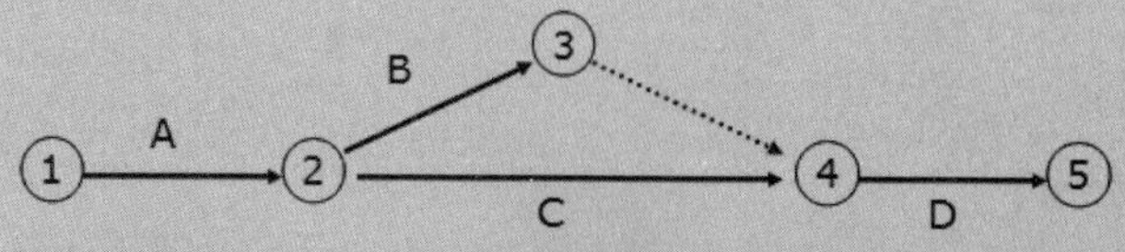

图1.23 双代号网络图例子

单代号网络图：这是一种使用节点表示工作，箭线表示工作关系的项目网络图。这种网络图通常称为单代号网络图 AON（Activity on Node，活动在节点上）。这种网络图可以表示四种工作关系（完成—开始、开始—开始、完成—完成、开始—完成），这种网络图在国际上具有广泛的通用性，并且在国际的项目管理软件中得到广泛实现和应用。图 1.24 所示为单代号网络图的例子。

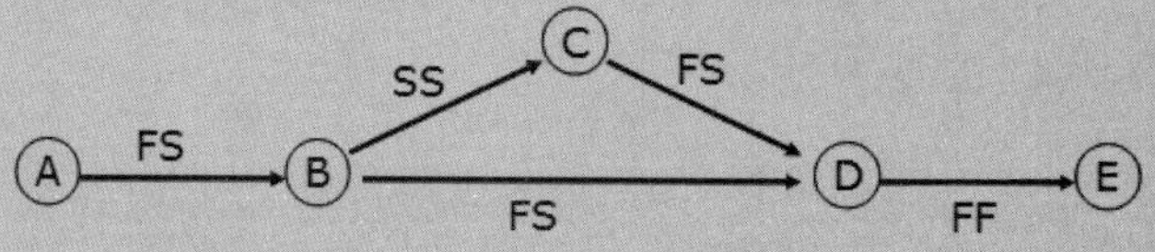

图1.24 单代号网络图例子

图 1.24 中的圆圈表示的是任务，箭线表示的是两个任务间的关系，箭线上面的字母，例如 FS，表示的是关系的类型，F 是 Finish（完成）的缩写，S 是 Start（开始）的缩写。

3. 资源工作表视图

甘特图中任务需要分配给资源，并且最终由资源来完成，资源信息的来源是“资源工作表”。资源工作表存放的是项目中可以被使用的资源信息，包括人力资源、设备资源、材料资源、成本资源等。在该视图中，可以完成资源的新建、修改、删除等操作，如图 1.25 所示。

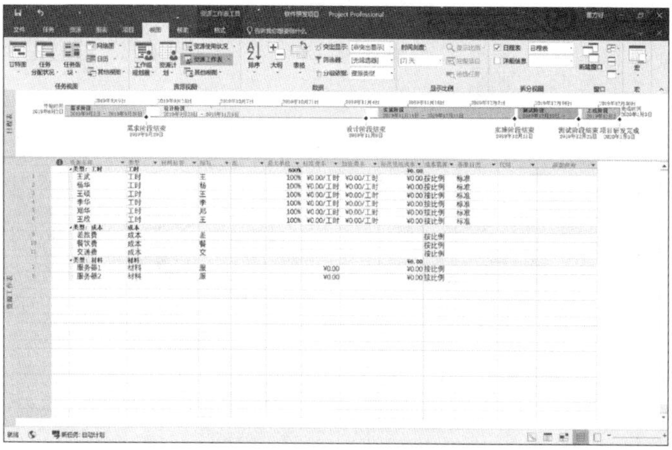

图1.25 资源工作表视图

4. 资源使用状况视图

资源使用状况以资源为索引，分组统计每个资源在该项目中被分配的任务详细情况，包括工时、工作时间、工作量分布、是否过度分配等信息，如图 1.26 所示。

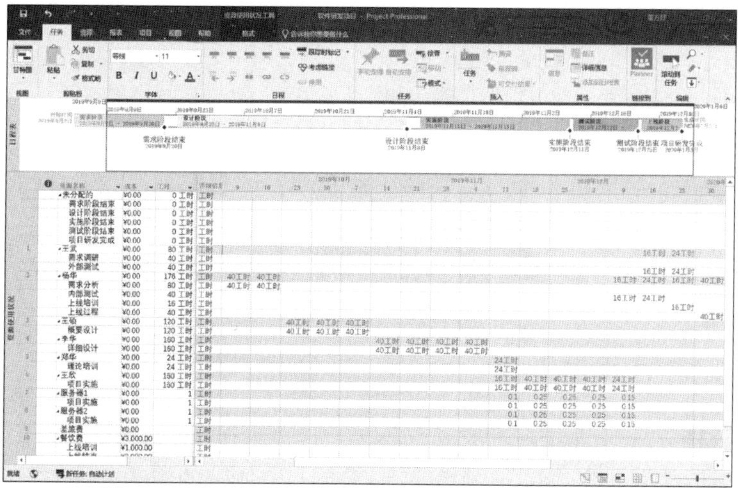

图1.26 资源使用状况视图

5. 任务分配状况视图

任务分配状况以工作任务为索引，分组统计每项任务被分配资源的情况，可以了解到任务的详细工作分配情况，以及工组量在任务上以及时间上的分布情况，如图 1.27 所示。

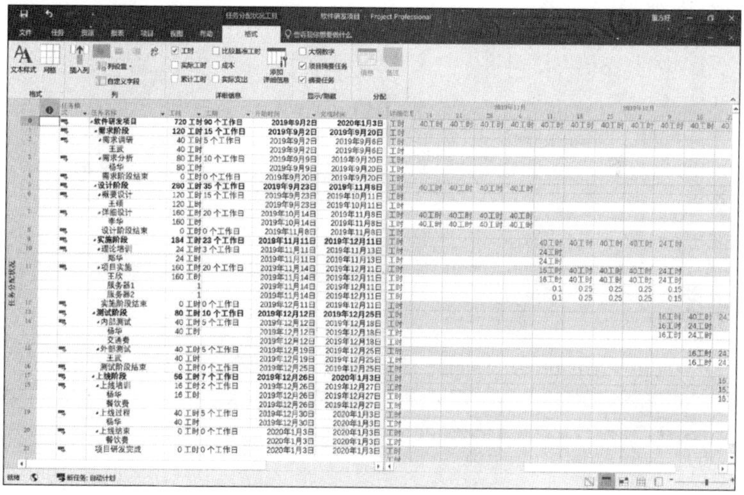

图1.27 任务分配状况视图

6. 跟踪甘特图视图

跟踪甘特图是以甘特图为基础的，不同之处是，跟踪甘特图中左侧的每一项任务在右侧的条形图中都有两个条形图相对应。下边的条形图表示的是确认后的“计划”任务，上面的条形图表示的是该任务当前最新的情况。两条形图的差别正是计划与最新情况的差别。该图的作用是专门用来检查项目计划是否发生变化的，如图 1.28 所示。

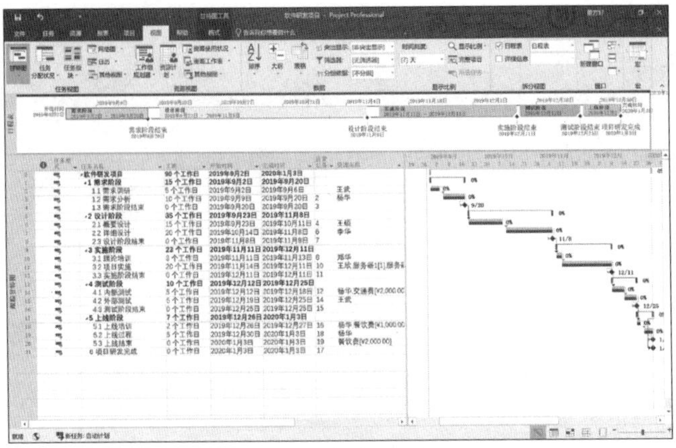

图1.28 跟踪甘特图视图

7. **报表视图**

区别于以上视图，在 Project 2019 中，还有一类特殊的视图——“报表”。Project 2019 已经完美地整合了 Excel 表格的数据分析能力，结合 Project 2019 的项目管理过程数据，呈现给项目管理者更多的管理视角，也避免了从 Project 2019 中获取数据到 Excel 表中再次进行数据分析的麻烦，如图 1.29 所示。

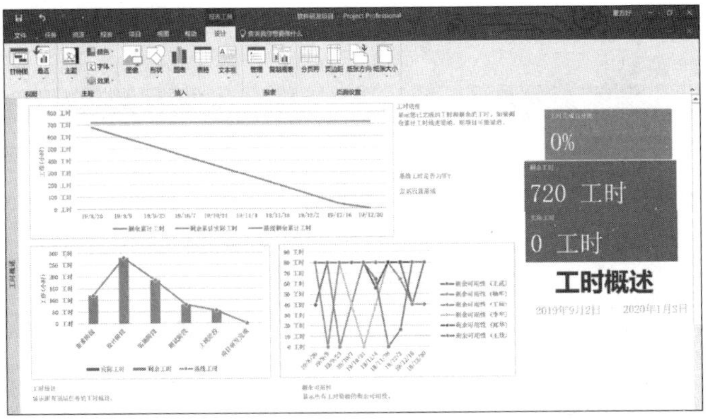

图1.29 工时概述报表

1.5 Project 2019基本操作

本节介绍的一些常用操作，对于初次使用 Project 的读者有很大帮助。

1.5.1 甘特图中的操作

甘特图是 Project 打开之后的默认视图，从下面几个方面介绍一些最基本的操作。

1. **新建任务**

新建任务时，直接在甘特图左侧“输入区”的空白任务区域内双击鼠标左键，在弹出的“任务信息”对话框中，输入任务信息，如图 1.30 所示。

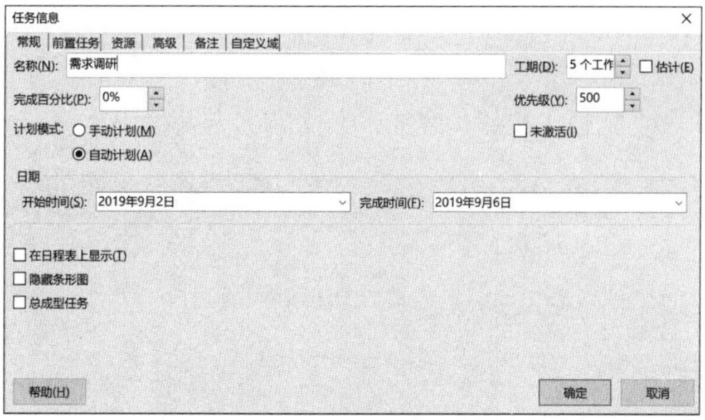

图1.30 “任务信息”对话框

2. 修改任务

修改任务时，直接在该任务上双击鼠标左键，图 1.30 所示的对话框会再次弹出，然后在该对话框中修改完毕后单击【确定】按钮。或者直接选择该任务名称，按【F2】键进行修改。

3. 删除任务

使用鼠标单击希望删除的任务，选择【任务】→【编辑】→【清除】→【整行】，该任务会被删除。或者类似 Excel 表格，选择任务整行后，按键盘【Del】键删除。

4. 插入任务

首先需要决定在哪个任务之前插入任务，鼠标单击该任务，选择【任务】→【插入】→【任务】，将会插入空白的新任务，然后双击该新任务，在弹出的“任务信息”对话框中输入新任务的具体信息，单击【确定】按钮，插入任务工作完成。

5. 复制、粘贴任务

使用鼠标左键单击希望复制的任务的最左边的“标识号”，选中该任务，如图 1.31 所示。

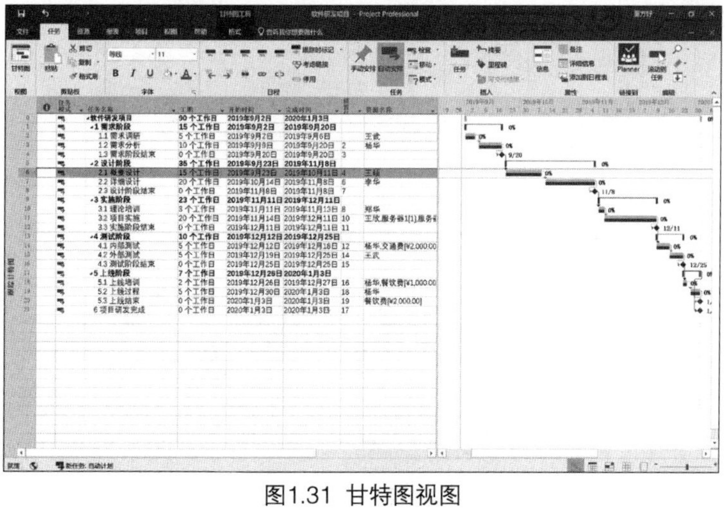

图1.31 甘特图视图

在图 1.31 中，单击最左边的标识号“6”，然后选择【任务】→【剪贴板】→【复制】按钮，单击希望粘贴到的位置，如单击标识号为“3”的下一个位置，再选择【任务】→【剪贴板】→【粘贴】按钮，复制的任务将被粘贴到该位置上，如图 1.32 所示。

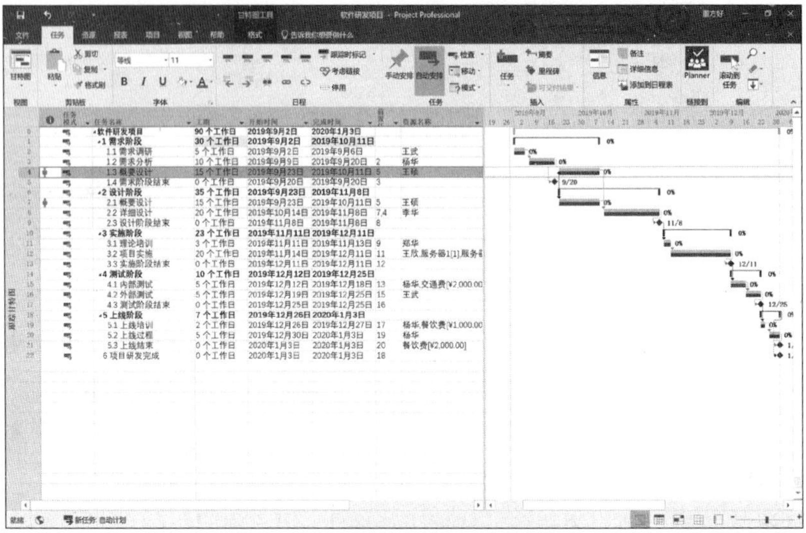

图1.32 任务被粘贴到新的位置

6. 任务的升降级

选中需要降级的任务，单击【任务】→【降级任务】，可以实现任务的降级。例如，将图 1.32 中的标识号为“3”的任务降级后，结果如图 1.33 所示。

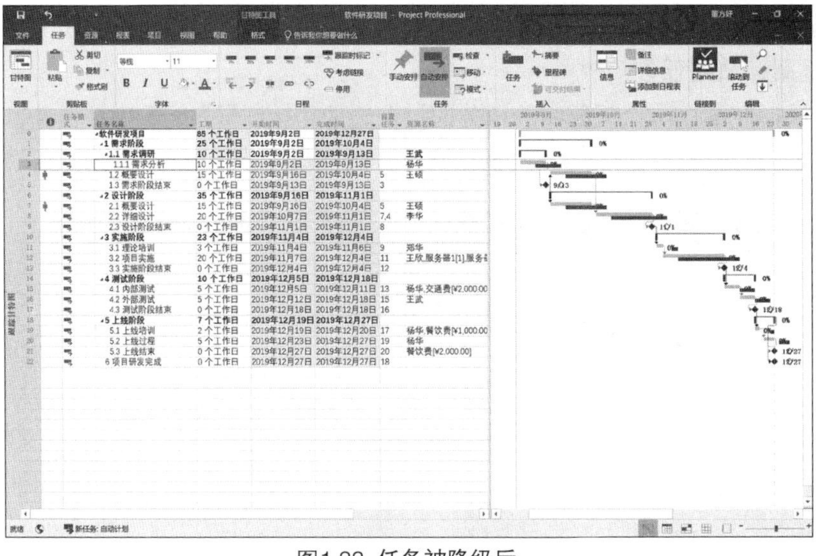

图1.33 任务被降级后

在图 1.33 中，“需求分析”成为“需求调研”的子任务。选中需要升级的任务，单击【任务】→【升级任务】按钮，可以实现任务的升级。例如，在图 1.33 中选择标识号为“3”的任务，再单击【升级任务】后，结果如图 1.34 所示。

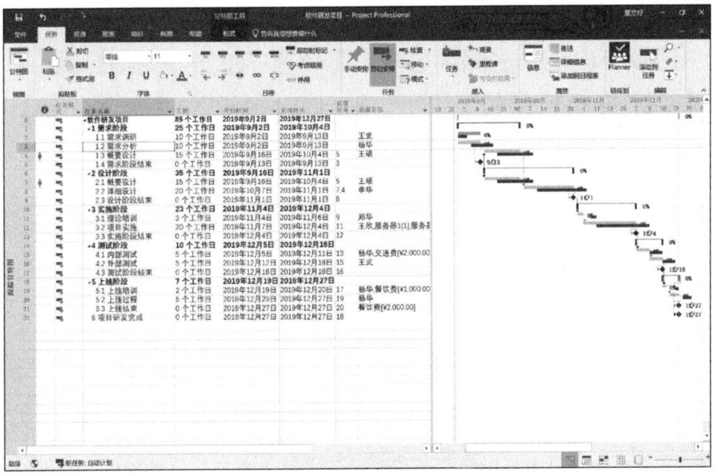

图1.34 任务被升级后

如图 1.34 所示，“需求分析”被升级后，与“需求调研”成为平级的任务。

7. 分配资源

分配资源的前提是“资源工作表”中已经建立了资源。如果“资源工作表”中已经建立了资源，分配工作变得非常简单，在甘特图中的【资源名称】下拉列表中选择资源名称即可，可以选择一个或者多个资源，如图 1.35 所示。

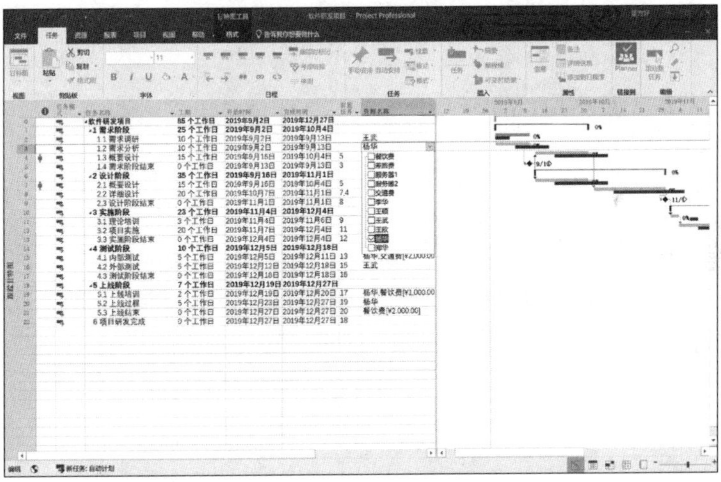

图1.35 分配资源

8. 删除资源

资源被分配到任务上以后，希望删除时，直接在任务对应的资源名称上单击鼠标左键选中后，按【Del】或者【Backspace】键，然后按【Enter】回车键后可以完成删除资源的工作。

9. 快速定位任务

在计划编制过程中，经常发生无法看到任务的条形图的情况。此时，用鼠标左键单击该任务，将该任务选中后，再单击【任务】→【编辑】→【滚动到任务】，可以快速在右侧的条形图中展示该任务的横道图信息。例如，在图 1.36 所示的画面中，“内部测试”的横道图没有出现在右侧区域中。用户首先单击“内部测试”，接着单击【任务】→【编辑】→【滚动到任务】按钮，则出现如图 1.37 所示的画面。“内部测试”的横道图立刻出现在右侧区域中。

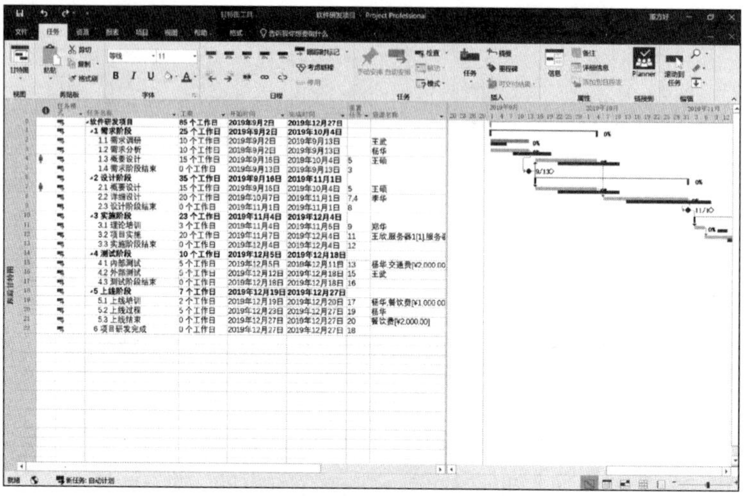

图1.36 任务快速定位之前

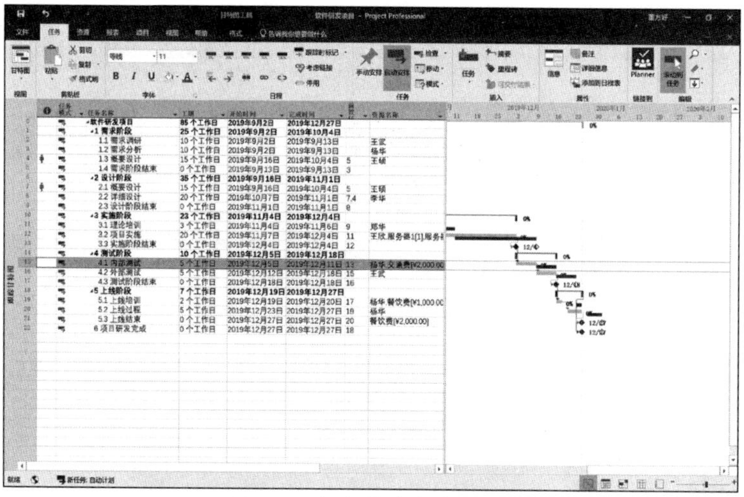

图1.37 任务快速定位之后

10. 通过右侧条形图区域看到更多任务信息

在计划编制过程中，在甘特图右侧的区域内有可能只能看到很少一部分的任务信息，如果想看到更多的任务信息，可以单击状态栏中的图标▬，放大条形图区域内的时间刻度，可以缩小任务的条形图的长度，从而可以更多地展现任务信息。还可以单击图标✚，缩小条形图区域的时间刻度，从而将局部任务的横道图展现得更清楚。

例如，图 1.38 所示的横道图是以“天”为最小时间刻度来表示长度的。

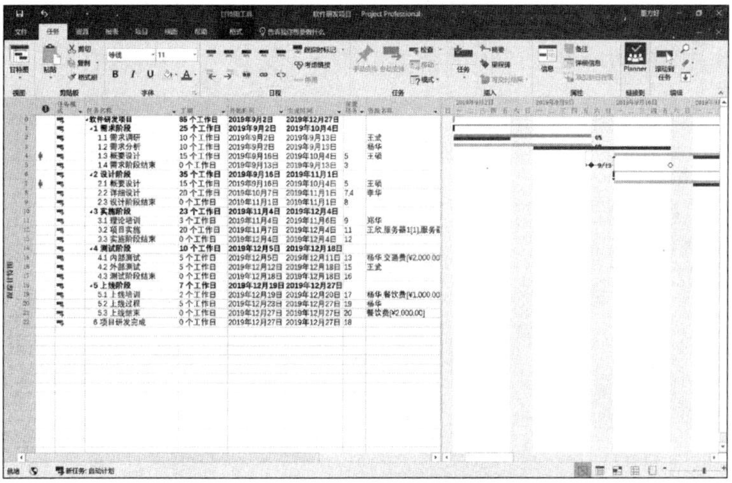

图1.38　无法看到全部任务的横道图

在图 1.38 中，只能看到任务 1 至任务 7 的横道图，无法看到整个项目的全貌，这是因为横道图的长度是由任务的开始时间、完成时间以及右侧的时间刻度来决定的。此时如果单击状态栏上的图标▬，则会发现随着该图标被单击的次数增加，右侧的横道图的长度在缩短，所得到的横道图更全面，这是因为时间刻度发生了变化，结果如图 1.39 所示。

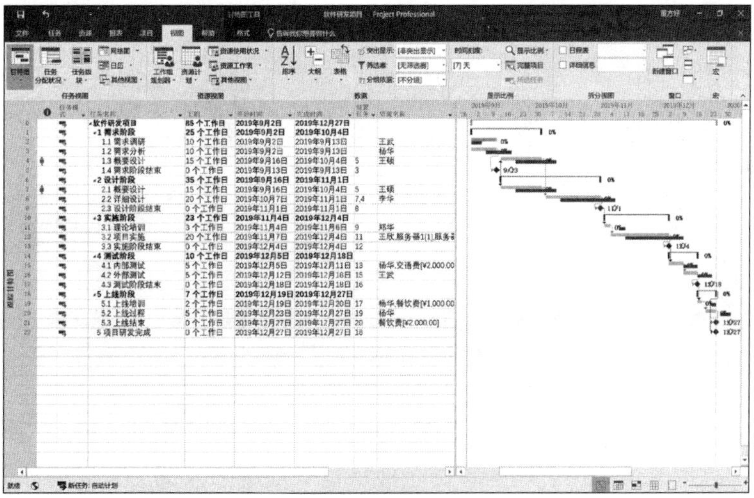

图1.39　能够看到全部任务的横道图

1.5.2　资源工作表中的操作

资源工作表管理着项目所有的资源，资源的新建、维护都必须通过该视图进行。

1. 新建资源

在 Project 的 2019 版本中的资源有三类：一类是按照时间工作的资源被称为“工时”类资源；另一类是按照量化的单位进行工作的“材料”类资源，如钢筋、混凝土等；

还有一类是成本资源，如差旅费、交通费等。

用户在资源工作表中双击空白的资源工作表中的任意区域，可以打开“资源信息”对话框，开始建立资源的详细信息，如图 1.40 所示。

图1.40 建立资源信息

在图 1.40 所示的“资源信息”对话框中输入“资源名称”，选择“类型”，单击【确定】按钮便可建立基本的资源信息。

2. 修改资源

在资源工作表视图中，双击希望修改的“资源”信息，如图 1.40 所示的对话框会再次弹出，在该对话框中可完成对项目资源的修改和更新。

3. 删除资源

在资源工作表视图中，用鼠标左键选中即将删除的资源后，按【Del】键可以删除资源。

1.6 Project 2019的新功能

2019 版本的 Project 软件无论是在 Professional 端还是在 Server 端，尤其是在 Online 端都做了非常大的改进，使得所提供的企业项目管理解决方案更加完善和全面。

1.6.1 Project Professional中的新功能

1. 使用下拉菜单链接任务

作为项目管理者，编制项目计划时，经常在设置项目任务之间的关联关系时觉得很复杂，通常推荐利用任务的“前置任务”列来设置任务的关联关系，利用标记任务的标识号进行设置。记忆大量的标识号数会给项目管理者带来困扰，因此 Project 2019 中在设置任务关联关系时已经进行了重大更新。

无须再记住要链接到的任务的标识号（ID）。反之，如果选择“前置任务”列中的单元格，然后选择向下箭头，将看到项目中所有任务的列表。任务层次结构和顺序与项目完全匹配，能够轻松滚动到右侧的任务，并选择旁边的复选框，如图 1.41 所示。

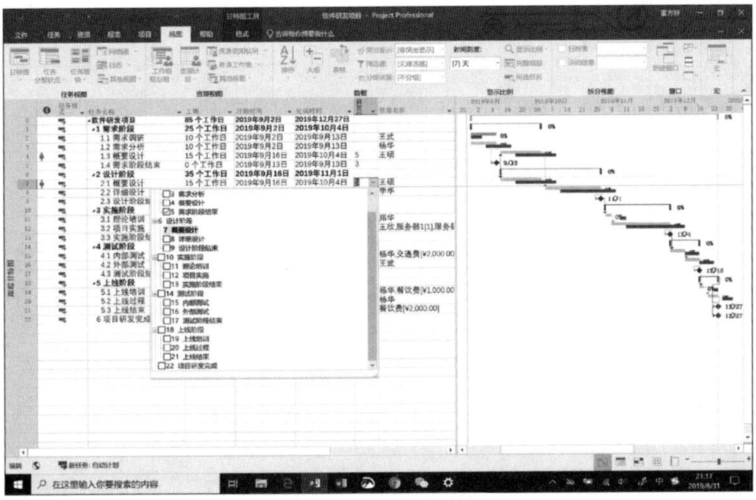

图1.41 设置前置任务

此外，还可从“后续任务”列中的同类下拉菜单中选择任务，如图 1.42 所示。

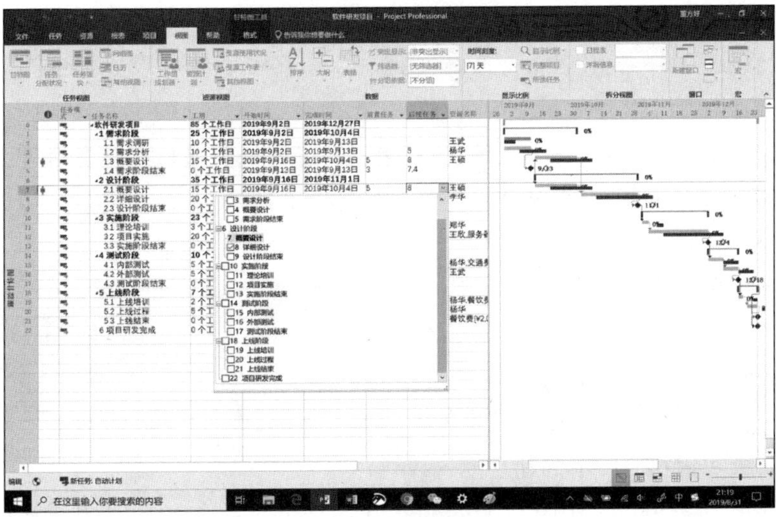

图1.42 设置后续任务

2. **任务摘要名称字段**

对于复杂的项目计划，Project 软件可以设置非常复杂的层级结构，复杂的层级结构对于项目管理者来说会带来更多的管理时间投入。如果任务列表较长，可能很难了解整个项目计划中任务缩进的内容。“任务摘要名称”字段是只读字段，该字段显示任务的摘要名称。将此字段添加为“任务”视图中的列，有助于阐明项目的结构。若要添加此字段，可右击列标题（要添加域的位置的右侧），选择“插入列”，然后从下拉列表选择“任务摘要名称”，如图 1.43 所示。

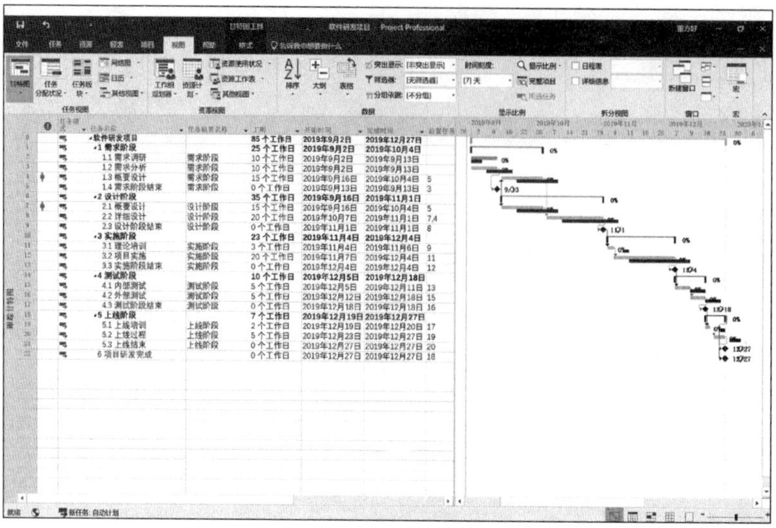

图1.43 任务摘要名称

3. 日程表栏标签和任务进度

传达项目工作计划是每一个项目经理的重要职责所在。但是，对于很多人而言，甘特图并非呈现日程安排的最佳方式。当前日程表成了传达项目生命周期布局的最佳手段。鉴于此种情况，微软又对日程表功能进行了升级，在多个日程表的基础上增加了对应日程表任务的标签和任务进度，如此一来，日程表就可以更好地展示项目执行的总体状态了。

在 Project 2019 日程表中，可标记日程表栏，任务上直接显示任务进度，共享状态时可简单快速地说明计划和进行中的工作，如图 1.44 所示。

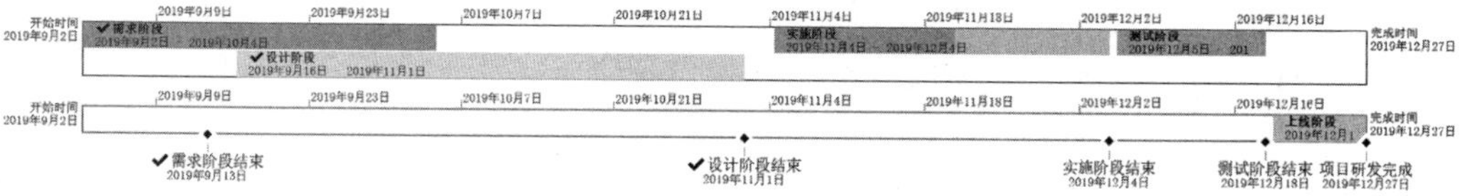

图1.44 日程表栏标签和任务进度

1.6.2 Project Server 2019中的新功能

Microsoft Project Server 2019 以 Microsoft SharePoint Server 2019 为基础构建，并在功能强大的业务协作平台服务上带来了结构化的执行能力，从而帮助用户打造各种灵活的工作管理解决方案。Project Server 2019 对项目和项目组合实现一体化管理，进而帮助组织根据战略层面的优先级排序，协调资源和投资行为。同时用户可通过它对所有类型的工作实现全面掌控，并利用强大的仪表板直观显示绩效信息。

1. Project Server 语言包与 SharePoint Server 匹配

Project Server 2019 和 SharePoint Server 2019 通过一个介质和过程进行安装，基础语言库将自动实现匹配。例如，当安装了 SharePoint Server 2019（Chinese-CN），Project Server 2019 的基础语言也是 Chinese-CN。

2. Project 客户端兼容性

在 Project Server 2019 版本中，Project 客户端可以与以下 Project 客户端兼容：

（1）Project Professional 2019；

（2）Project Professional 2016；

（3）Project Online Desktop Client。

3. 工作组任务增强功能

在 Project Server 2019 中可以实现基于资源工作组的任务分配模式，实现任务的分级编制能力。

4. 按时间分段的报告数据

在 Project Server 2019 中，可以设置数据报告的分段模式，管理员可以配置汇总到不同粒度级别报告数据的时间分段的项目。

5. 电子邮件通知

在 Project Server 2019 中，管理员拥有他们希望接收电子邮件方式的更多选项。

6. 项目 ID

在 Project Server 2019 中，管理员可以设置系统创建项目创建的唯一项目 ID。

7. 自定义域限制

为了提高 Project Server 2019 版本的报告展示性能，系统对自定义的属性进行了相应的限制，如表 1.3 所示。

表1.3 Project Server 2019自定义域限制

项目自定义属性	时间表自定义属性	任务和资源自定义属性
450文本域	450文本域	450文本域
450查阅表格	450查阅表格	450查阅表格
450其他的自定义类型（成本，日期，工期，数字，标志）	450其他的自定义类型（成本，日期，工期，数字，标志）	450其他的自定义类型（成本，日期，工期，数字，标志）

8. 资源工作效率 API

增强的资源相关的 API。

1.7 如何获得帮助

Project 2019 在提供的联机帮助上有了较大的改进，并且提供了 Office Online 的在线帮助信息。

1.7.1 Project中的联机帮助

功能区【帮助】选项卡包含三部分内容：1. 帮助；2. 反馈；3. 显示培训。如图 1.45 所示。

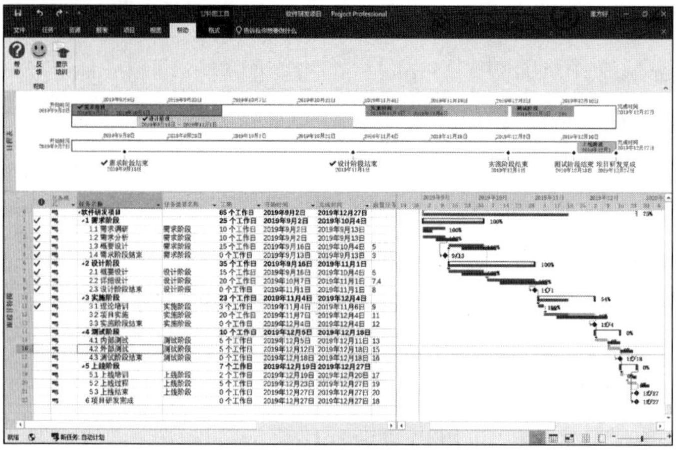

1.45 Project 2019帮助

Project 2019 的联机帮助更加科学化与知识化，每一项帮助都非常清晰地描述了如何操作以及操作的原因和项目管理理论基础，这套帮助体系不仅对学习使用 Project 软件有帮助，而且对提高项目管理能力也有很大帮助。联机帮助同时提供了信息反馈的渠道，增加了培训部分的内容，以此为渠道，微软可以帮助项目管理人员提升学习和掌握 Project 工具的项目管理能力。

1.7.2 Project其他帮助

除了联机帮助之外，微软公司还为 Project 2019 准备了 Office Online 上的学习资料，根据笔者对 Office Online 的考察，认为该资料的知识性和权威性可以得到充分的肯定。用户遇到一些疑难的问题可以利用该帮助功能。

Project 2019 版本的帮助主页：

https://support.office.com/zh-cn/article/%e9%a1%b9%e7%9b%ae%e5%9f%b9%e8%ae%ad-63f1db89-1ee0-4113-bedc-03fc5ec6223a?ui=zh-CN&rs=zh-CN&ad=CN。

第2章 项目管理知识点回顾

在开始系统地学习使用 Project 2019 之前，让我们先了解项目管理这个话题。项目管理就是项目与管理的组合，研究如何用管理的方式更好地管理项目。事实上，尽管大多数担任项目管理岗位的人员在技术应用领域表现非常出色，但是项目管理的核心却是“管理”。

本章将简单地回顾项目和项目管理的基本概念，了解项目管理的知识领域，理解如何管理一个项目，了解如何区分项目管理与通用性管理。

2.1 项目管理基础知识

项目管理就是在项目活动中运用专门的知识、技能、工具和方法，把各种资源应用于项目，以实现项目的目标，使得项目能够实现或超过项目相关利益者的需要和期望。项目管理的核心就是基于某个项目，采用管理手段完成项目目标，因此项目管理的基本知识介绍集中在项目和项目管理两个方面。

2.1.1 项目的基本概念

“项目”这个概念自古以来就有，可以认为中国古代万里长城的修建就是一个项目，古埃及的金字塔建造也是一个项目，近代的人类登月也是一个项目。所不同的是，后者可能已经在使用完整的项目管理知识体系来管理项目了。在我国，项目也经常被称作“工程”。例如，建造三峡大坝就是一个典型的项目，但却叫“三峡工程”。

项目是指在一定约束条件下（主要是限定资金、限定时间等），为完成某一独特的产品或服务、具有特定目标的一次性任务。它没有惯性，是不重复的、一次性的创新性任务，一般具有独立的时间、财务和技术绩效目标。

项目的定义包含 3 层含义：

◎ 项目是一项有待完成的任务，且有特定的环境与要求；

◎ 在一定的组织机构内，利用有限资源（人力、物力、财力等）在规定的时间内完成任务；

◎ 任务要满足一定性能、质量、数量、技术指标等要求。

这 3 层含义对应着项目的三重约束——时间、费用和质量。项目的目标就是满足客户、管理层和供应商在时间、费用和性能（质量）上的不同要求。项目的目标含义示意如图 2.1 所示。

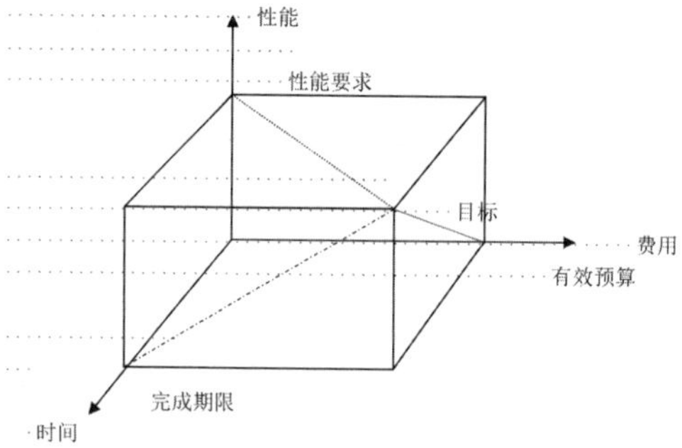

图2.1 项目目标含义示意图

通过对项目概念的认识和理解，我们可以归纳出项目的特征。

（1）项目的一次性。一次性是项目区别于其他任务的基本特征。这意味着每一个项目都有其特殊性，不存在两个完全相同的项目。项目的特殊性可能表现在项目的目标、环境、条件、组织、过程等方面，两个目标不同的项目肯定各有其特殊性，即使目标相同的两个项目也各有其特殊性。

（2）项目具有生命周期。项目是一次性的任务，因而有起点也有终点。任何项目都有立项、计划、实施、收尾、维护的过程。

（3）项目目标的明确性。项目目标一般由成果性目标与约束性目标组成。其中，成果性目标是项目的来源，也是项目的最终目标，又是项目全过程的主导目标；约束性目标通常又称为限制条件，是实现成果性目标的客观条件和人为约束的统称。

（4）项目的互相依赖性与冲突属性。项目常与组织中同时进展的其他工作或项目相互作用，但项目总是与项目组织的标准及手头的工作相抵触的。组织中各事业部门间的相互作用是有规律的，而项目与事业部门之间的冲突则是变化无常的。项目之间有为资源而与其他项目进行的竞争，有为人员而与其他职能部门的竞争。

（5）项目的不确定性与灵活性。对于每个项目，我们很难预测和计划出该项目的所有工作和可能发生的事情，所有的项目都是在不确定的条件下执行的，项目经理要投入很多时间去应付未曾预测到的变化。权衡时间和成本之间的代价，以及有可能牺牲不重要的性能去同时满足进度和预算的要求，这也就是说项目具有一定的灵活性。

2.1.2 项目管理的基本概念

项目管理是以项目经理负责制为基础的目标管理。一般来讲，项目管理是按任务而不是按职能组织起来的，项目管理的主要任务一般包括项目计划、项目组织、质量管理、费用控制、进度控制这 5 项。日常的项目管理活动通常是围绕这 5 项基本任务展开的。项目管理自诞生以来发展很快，当前已经发展为三维管理。

◎ 时间维：即把整个项目的生命周期划分为若干个阶段，从而进行阶段管理。

◎ 知识维：即针对项目生命周期的各个不同阶段，采用和研究不同的管理技术方法。

◎ 保障维：即对项目人、财、物、技术、信息等的后勤管理保障。

按照美国项目管理协会（Project Management Institute，PMI）的项目管理知识体系（Project Management Body of Knowledge，PMBOK）定义，他们把项目管理的各个过程按照两个维度进行了分类：知识领域和过程组。也就是说，任何一个项目管理过程都处在两个维度坐标之中。

（1）第一个纬度是知识领域，分为核心知识领域、辅助知识领域和整体管理3类。

核心知识领域包括以下几方面。

◎ 项目范围管理：是指对项目包括什么与不包括什么的定义与控制的过程。这些过程用于确保项目组和项目干系人对作为项目结果的项目产品，以及生产这些产品所用到的过程和全部工作内容有一个共同的理解。

◎ 项目时间管理：确保项目按时完成所必需的过程。

◎ 项目成本管理：确保在批准的预算范围内对成本进行规划、估算、预算、融资、筹资、管理和控制的各个过程，从而确保项目在批准的预算内完成。

◎ 项目质量管理：确保项目满足它所应满足的质量需要。项目质量管理包括执行组织确定质量政策、目标与职责的各过程和活动，从而使项目满足其预定的需求。项目质量管理在项目环境内使用政策和程序，实施组织的质量管理体系，并以执行组织的名义，适当支持持续的过程改进活动。项目质量管理确保项目需求，包括产品需求，得到满足和确认。

辅助知识领域包括以下几方面。

◎ 项目人力资源管理：项目人力资源管理包括组织、管理与领导项目团队的各个过程。项目团队由为完成项目而承担不同角色与职责的人员组成。项目团队成员可能具备不同的技能，可能是全职或兼职的，可能随项目进展而增加或减少。项目团队成员也可称为项目人员。尽管项目团队成员被分派了特定的角色和职责，但让他们全员参与项目规划和决策仍是有益的。团队成员在规划阶段就参与进来，既可使他们对项目规划工作贡献专业技能，又可以增强他们对项目的责任感。

◎ 项目沟通管理：项目沟通管理包括为确保项目信息及时且恰当地规划、收集、生成、发布、存储、检索、管理、控制、监督和最终处置所需的各个过程。项目经理的绝大多数时间都用于与团队成员和其他干系人的沟通，无论这些成员或干系人是来自组织内部（位于组织的各个层级上）还是组织外部。有效的沟通在项目干系人之间架起一座桥梁，把具有不同文化和组织背景、不同技能水平、不同观点和利益的各类干系人联系起来。这些干系人能影响项目的执行或结果。

◎ 项目风险管理：项目风险管理包括规划风险管理、识别风险、实施风险分析、规划风险应对和控制风险等各个过程。项目风险管理的目标在于提高项目中积极事件的概率和影响，降低项目中消极事件的概率和影响。

◎ 项目采购管理：项目采购管理包括从项目团队外部采购或获得所需产品、服务或成果的各个过程。项目组织既可以是项目产品、服务或成果的买方，也可以是卖方。项目采购管理包括合同管理和变更控制过程。通过这些过程，编制合同或订购单，并由具备相应权限的项目团队成员签发，然后再对合同或订购单进行管理。项目采购管理还包括控制外部组织（买方）为从执行组织（卖方）获取项目可交付成果而签发的任何合同，以及管理该合同所规定的项目团队应承担的合同义务。

◎ 项目干系人管理：项目干系人管理包括用于开展下列工作的各个过程，识别能影响项目或受项目影响的全部人员、群体或组织，分析干系人对项目的期望和影响，制订合适的管理策略来有效调动干系人参与项目决策和执行。干系人管理还关注与干系人的持续沟通，以便了解干系人的需要和期望，解决实际发生的问题，管理利益冲突，促进干系人合理参与项目决策和活动。应该把干系人满意度作为一个关键的项目目标来进行管理。

辅助知识领域的作用是帮助项目实施得更有效的管理过程。它的构成并没有太多的规律性因素。

最后是项目整体管理，作为一个整体性的大框架在项目生命周期中来集成和协调所有其他项目管理知识领域所涉及的过程。

（2）第二个维度是过程组。按照过程本身的作用来分类，共分为启动过程组、计划过程组、实施过程组、控制过程组、收尾过程组。这几个过程组中最主要的是计划、实施和控制。启动过程组主要承担项目的立项过程，收尾过程组主要承担项目的结项过程。

各个过程组之间的主要关系如下：

◎ 计划作为实施的参照；

◎ 控制过程获取实施的实际状态，对比计划过程来判断是否存在偏差；

◎ 当存在偏差时，或者纠正实施过程，或者变更计划。

可以看到，项目管理过程组之间的关系和一般管理里面的计划、实施和控制是一致的。在这里，可以把项目管理看作一系列相互联系的过程。

2.1.3 项目管理的职能

项目管理的一些基本职能如下。

（1）计划职能。项目计划就是根据项目目标的要求，对项目范围内的各项活动做出合理安排。它系统地确定项目任务、进度和完成任务所需要的资源等，使项目在合理的工期内，用尽可能低的成本和尽可能高的质量完成。任何项目的管理都要从制订项目计划开始，项目计划是确定项目协调、控制方法和程序的基础及依据，项目的成败首先取决于项目计划工作的质量。项目计划作为项目执行的重要依据，是项目中各项工作开展的基础，是项目经理和项目工作人员的工作依据和行动指南。项目计划作为规定和评价各级执行人的职责权利的依据，对于任何范围的变化都是一个参照点，从而成为对项目进行评价和控制的标准。

（2）组织职能。组织有两层含义，一是指组织机构，二是指组织行为。项目管理的组织是指为进行项目管理、完成项目计划、实现组织职能而进行的项目组织机构的建立、组织运行与组织调整等组织活动。项目管理的组织职能包括 5 个方面：组织设计、组织联系、组织运行、组织行为与组织调整。项目的组织是实现项目计划、完成项目目标的基础条件，组织的好坏对于能否取得项目成功具有直接的影响。只有在组织合理化的基础上才谈得上其他方面的管理。

（3）评价与控制职能。项目计划只是根据预测而对未来做出的安排，由于在编制计划时难以预见的问题很多，因此在项目组织实施过程中往往会产生偏差。如何识别偏差、消除偏差或者调整计划，保证项目目标的实现，这就是项目管理的评价与控制职能所要解决的。从内容上看，项目评价与控制可以分为工作（范围）控制、费用控制与进度控制。

2.1.4 现代项目管理

目前人们将项目管理划分为传统工程项目管理、传统项目管理、现代项目管理。

传统工程项目管理主要是承包商导向的以项目实施阶段为重点的项目管理，主要解决如何在规定的资源条件下做好项目，着重于计划和协调的技术方法，管理风格是重视稳定、可预测性的最优化思维方式，强调的是“做正确的事”。

传统项目管理强调适用面广的通用过程实践标准，重视系统性、制度化、文档化和评估，强调提高过程的可靠性、可见性、可预测性和可管理性，要求组织在过程制度化建设上付出大量努力。基本思路：为使项目能应对不可预知的变化，采取繁复的管理工作预测和抵御风险。因此，从本质上讲，传统项目管理应能灵活应对项目变化。

现代项目管理主要是业主导向的以项目决策及设计阶段为重点的项目管理，主要解决如何在未来不确定的条件下做最适合的项目。相比传统的项目管理，现代项目管理的一个最重要改变是更侧重于关注客户的需求和期望。例如，在一个软件项目中，开发符合产品规格的软件只是完成一半的工作，另一半是帮助客户配置出产品能够实现的功能，软件项目中更多的时间用在实现这些功能需求上，因此应该站在客户的角度来考虑现代项目管理的问题。

2.2 项目管理实践

通过上面的介绍，大家对项目及项目管理有了基本的了解，但是在实际项目管理过程中，应如何结合项目实际特点来进行项目管理呢？在本节中，将介绍项目管理的基本流程和目前项目管理的两个重要内容，即项目组合管理和项目管理办公室。

2.2.1 项目管理流程

在项目管理的实际过程中，要考虑如何将项目划分为不同的阶段进行管理，也就是确定项目的生命周期模型，目的是把整个项目划分成若干个目的明确的阶段，每个阶段结束都设定一个用于检查的里程碑，以确保该阶段活动达到了预定的目的。大多数组织都会在组织层面建立一个通用的项目生命周期模型。由于进行阶段划分的里程碑起到一个“检查哨卡”（Gate Keeper）的作用，所以很多公司的项目生命周期模型看起来就像一个拥有若干个门的流程图，也经常被称作“N-Gates”。

下面我们给出一个相对通用的项目生命周期模型作为讲解项目管理实践的基础，如图 2.2 所示。

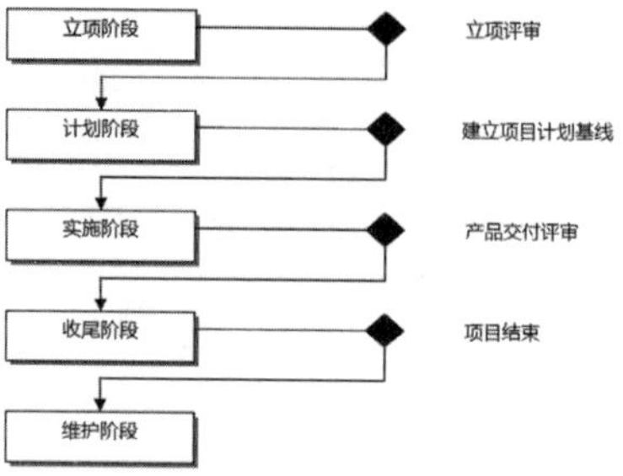

图2.2 项目管理流程

大体上来说，一般的项目都会分成 5 个阶段。

◎ 立项阶段。识别和把握市场机会，确定项目的商业需求，进行一些前期的可行性研究。本阶段活动完成的里程碑是立项评审。该活动用以最终确定组织是否投入资源来启动项目。本阶段的多数活动都是围绕着组织实施该项目所获得的收益和为此投入的成本来进行的。

◎ 计划阶段。明确和细化项目的目标，包括项目范围、进度、成本和质量目标。制订实现目标的工作计划。经过评审并被确认的计划将作为后续项目实施活动的基线。本阶段活动完成的里程碑是项目计划形成基线。

◎ 实施阶段。按照计划进行项目实施。这还包括对项目实施活动进行控制，必要的时候会变更项目计划。本阶段活动完成的里程碑是项目的可交付物全部完成，并经过验证达到项目要求。

◎ 收尾阶段。项目干系人对项目成果进行验收，归纳和整理项目文档。本阶段活动完成的里程碑是项目结束。

◎ 维护阶段。大多数项目是在收尾阶段就正式结束了，但客户却可能在应用项目成果的过程中遇到各种各样的问题。所以组织还必须设立专门的机制进行项目成果的后续维护。

下面详细介绍每个阶段涉及的详细内容。

1. 项目立项阶段

立项阶段的主要目标是选择和决定对组织有益的项目。这一过程和组织的战略管理高度相关。简单来说，立项阶段的活动可以分成 3 个小阶段，每一阶段结束都像一个漏斗。第一阶段是识别出目标市场中出现的机会；第二阶段是通过可行性研究来评价本组织是否具有实施该项目的能力；第三阶段是从管理的角度来估计该项目所需要的资源投入。如果一个项目在三个阶段的评审都获得了认同，则组织就启动该项目，发布项目章程并以书面形式正式确认。

2. 项目计划阶段

计划阶段活动的目的是确定项目目标实现的步骤和方法。项目目标是由范围、进度、成本和质量 4 个要素构成的，其中范围是其他 3 个要素的基础。如图 2.3 所示。

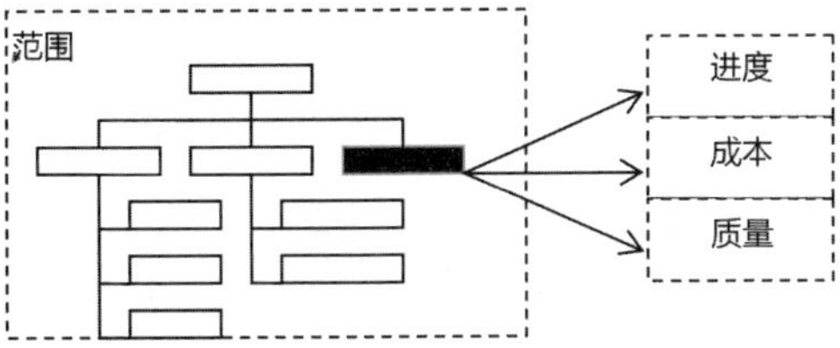

图2.3　范围是进度、成本和质量的基础

项目范围是最先需要确认下来的，其表现形式就是工作分解结构。然后需要确定项目中的工作应该遵循什么样的标准，其产出物应该达到什么样的指标，这就是质量计划的内容。在确定了项目的“效果”因素后，再根据工作分解结构进行进度和成本计划的编制，也就是明确项目的“效率”因素。

在项目活动当中，除了对完成项目目标的主要工程活动进行规划外，还需要对那些辅助项目实施的管理活动进行计划，如人力资源管理、沟通管理、风险管理、采购管理等。

计划阶段最主要的目的就是对随后开展的项目实施活动进行规划，既包括工程活动，也包括管理活动。管理活动的内容在同一组织中基本上是类似的，而工程活动则会根据项目的技术特征和要求有很大的不同。

虽然在项目管理知识体系当中，制订项目计划的有关技术和方法被分散到了各个知识领域，但是在实践操作上会把项目计划活动的产出合并到一个文档里面，这个文档经常被称作项目管理计划。

3. 项目实施阶段

在项目的基准计划被批准后，就开始进入实施阶段。实施阶段的主要活动如图 2.4 所示。

◎ 项目实施活动，按照计划开展项目活动；

◎ 项目控制活动，获取项目实施的真实状态，和项目计划进行比较；

◎ 项目变更活动，由于某种原因导致项目计划变更，对变更进行控制。

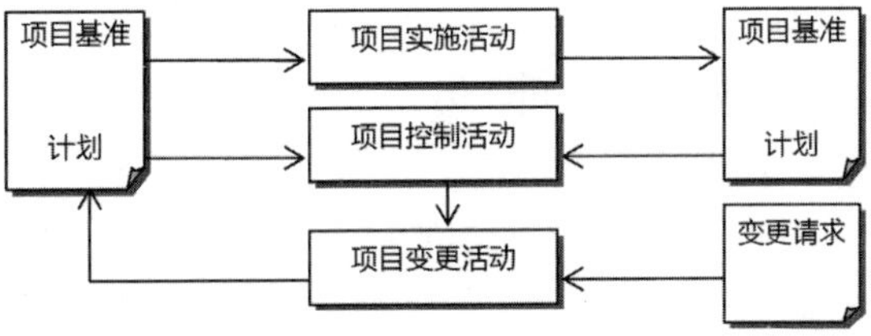

图2.4　项目实施阶段流程图

项目实施活动主要是体现在工程活动上。项目组成员按照计划进行工程活动，并最终产生项目的可交付物。在管理活动上，则包括一些辅助项目有效进行的活动。这些管理活动和工程活动是并行进行的，其目的是更好地实现项目目标。

下面我们再来看实施阶段那些起到控制作用的活动，如图 2.5 所示。

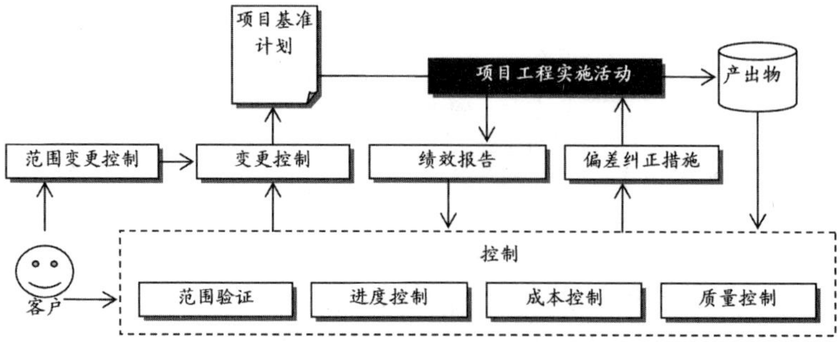

图2.5 实施阶段的控制活动

项目实施阶段的控制活动主要集中在了解项目的 4 个目标完成的真实状况上。项目的绩效报告活动可以得到项目范围、进度和成本目标的完成状态。而针对产出物的质量控制活动则可以得到项目质量目标的完成情况。如果实际完成的状态和计划产生偏差，一方面我们可以采取纠正措施改进项目的工程实施活动来纠正偏差；另一方面我们也可以在允许的情况下变更项目基准计划。在这里面我们需要特别关注“范围”目标。因为项目范围是进度、成本和质量的基础，而范围的确定却是来自客户的认可。所以我们除了需要检查范围实施的结果和范围计划是匹配的以外，我们还需要额外的两个活动来确保项目范围是正确的，如图 2.6 所示。

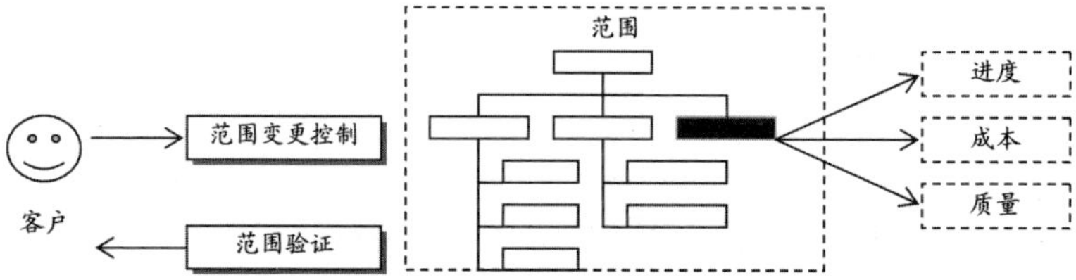

图2.6 确保项目范围正确

范围验证活动要确保项目范围和客户的期望是一致的。只有得到客户确认的项目范围才能作为后续实施活动的参照基础，否则就会做“有效率没效果”的事情。

由于项目范围来源于客户的需求，这种需求有可能在项目实施期间产生变化。所以我们通过范围变更控制活动来有效地控制这种请求，使它能够被正确地反映在项目成果当中，而不对项目产生负面影响和冲击。

4. 项目收尾阶段

项目的收尾阶段相对来说比较简单。因为大部分活动都已经在实施阶段完成了，主要的活动如图 2.7 所示。

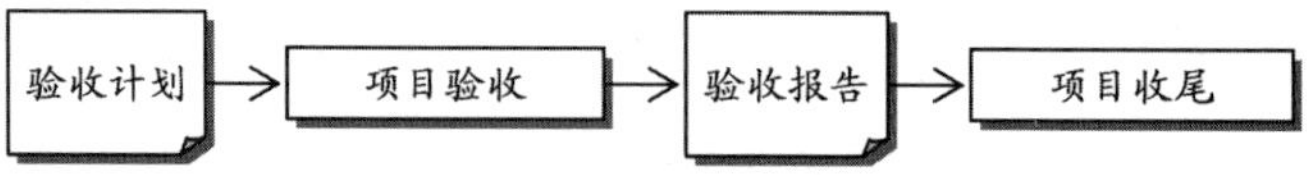

图2.7 项目收尾阶段活动

收尾阶段最重要的活动是进行项目的成果验收。在验收之前必须准备一份获得干系人认可的验收计划。该计划对验收的范围、内容，验收所遵循的过程和应该达到的标准进行约定。验收过程就是就遵照验收计划对项目成果进行确认的过程。最后生成一份验收报告，该报告必须明确表示成果是否被接受。如果项目验收顺利完成，则进行项目收尾活动。收尾活动的内容包括归纳项目文档、进行项目审计、总结项目经验和教训、制订项目后期维护方案、项目组正式解散。

5. 项目维护阶段

正常来说，项目的维护阶段已经是项目结束之后的事情了，应该不属于项目内部的事宜。但是几乎所有项目在项目完成验收、项目成果交付给客户后，客户在应用项目产品的过程中都会遇到各种各样的问题。为确保项目实现当初预定的目标，项目应该考虑在项目结束之后如何在维护阶段进行支持，特别是当项目组成员已经解散，甚至忙于其他项目的时候，必须确保客户的问题不会被忽视。

实际上维护阶段的所有活动都是由客户的事件来驱动的。这意味着只有当客户有需求时，才需要项目组进行反应。但由于这个阶段项目组已经不存在了，项目成员并没有被要求来承担这部分工作，这就会导致客户有问题不知道该向谁反映的情况出现，客户的请求也极容易被忽视，长此以往会极大地降低客户满意度。但如果组织为此长期保留固定人员，又会造成资源的浪费。我们又该如何平衡这两者之间的矛盾呢？

大多数组织会采取一种问题跟踪的机制来处理维护阶段的事情，并且会借用某种 IT 工具系统来实现这一功能。首先我们需要先设定问题跟踪的工作流程，一个较为通用的流程如图 2.8 所示。

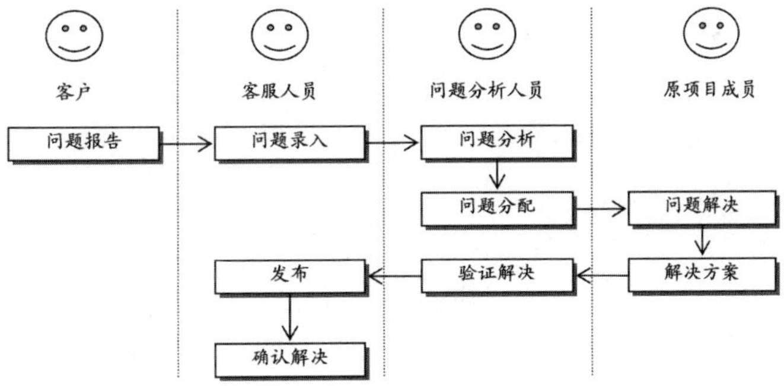

图2.8　项目维护阶段活动流程

显然整个流程有几个关键性的因素。第一，需要有专门的客户接口人员，负责接受客户的问题报告，并将报告录入跟踪系统当中。第二，在工程人员这边也需要指定一个问题接口人员，负责将客服人员转过来的问题报告进行初步的分析和判断。如果问题属实，则需要将问题分配给工程人员来解决。被分配的工程人员大多是原项目组成员，但可能现在已经在另外一个项目组工作了，所以这个时候是需要一定的协调的。第三，在问题被解决之后，技术人员需要先对问题的解决方案进行验证，然后转交给客服人员，由客服人员来帮助客户最终解决问题。最后问题的解决需要客户的最终确认。

由于整个流程的执行涉及多方协作，而这些人员可能又分属不同的部门，每一个问题的解决又需要消耗一定的时间周期，所以必须借用某种自动化工具来帮助流程的执行。这种软件工具有很多种，但功能上大同小异，都是一种以状态迁移为基础的事件跟踪系统（Ticket Tracking System）。

2.2.2 项目组合管理

项目组合管理（Project Portfolio Management）的根本目标来源于一句古老的谚语：不要把鸡蛋都放在一个篮子里，每个篮子里放几个才能使得预期的损失（风险）和回报最佳。而这一原则正是金融投资领域著名的组合管理（Portfolio Management）方法的出发点。简单来说，项目组合管理就是企业组织"选择好项目"的过程；项目管理是企业组织"做好"项目的过程。

项目组合管理是一个保证组织内所有项目都经过风险和收益的分析、平衡的方法论。"风险评估"和"提高资源利用效率"是项目组合管理的两个要素。

在当代企业中，越来越多的组织目标是通过项目这一形式来完成的，而公司在项目组选择时，也不是单独通过一个项目达到公司的目标，而是通过若干个项目的组合共同完成项目的。项目的成功直接影响到组织的战略目标实现。组织内部项目的执行能力直接影响到企业实现其战略目标的能力。虽然这些项目从目标和执行的表面层面上来看是孤立的、无关联的。但实际上，这些项目之间在一个组织内部存在着以下这些共有的特性：

◎ 这些项目的最终目标都是实现企业的既定战略，为企业创造利润；

◎ 这些项目共享组织的资源，资源的调配会在项目之间产生影响；

◎ 项目之间的最佳实践获得共享将会提高整个组织实施项目的能力。

由此我们可以意识到，这些看似孤立的项目需要在组织层面上以某种方式进行统筹和管理，从而提高整个组织的项目价值，完成战略目标的实现，这就是组织级项目管理活动最根本的目标。

现在从以下几个方面分析项目组合管理的重要作用。

（1）在企业内引进一个连贯统一的项目评估与选择机制。对项目的特性以及成本、资源、风险等项目要素（选择一项或多项因数）按照统一的计分评定标准进行优先级别评定，选择符合企业战略目标的项目。企业的战略目标最终会分解成为一个个项目加以实施，但在项目选择过程中通常会碰到各种各样的问题。项目组合管理要做到的是根据企业目标分解项目选择的因素，然后根据这些因素判断新的项目是否符合企业的战略，提高项目选择的客观性和科学性，减少主观性和盲目性。

（2）实现项目的财务和非财务收益，保持竞争优势。在以往项目管理中我们较多地只注重单一项目的财务收益，而在实际当中，有些项目的实施并非只是获得财务回报。项目组合管理兼顾了项目的财务收益和非财务收益，以及项目之间的依赖关系及贡献，从而实现整个项目组合的最佳收益，保证企业的竞争优势。

（3）对企业里所有的项目进行平衡。企业发展到一定阶段就会产生不同的项目，只有实行组合管理，才能有效平衡长期和短期、高风险和低风险以及其他因素的项目。

（4）在企业（组织）范围内对项目分配企业的资源，保证优先项目的资源分配。一个新的项目提议被创建后，首先要看的是企业有没有足够的资金和资源能力来完成这个项目。只有实现了项目的组合管理，才能快速地对企业的资金和资源能力做出判断，并在企业的能力出现短缺时，采取有效的措施，如资源能力不足时，可采用项目外包的方式。同时，实现组合管理有利于我们将资源优先分配给关键的项目，以保证企业目标的顺利实现。

2.2.3 项目管理办公室

传统意义上，项目管理办公室只是一个概念，而不是组织中的一个特定的地点。可以把项目办公室看作项目管理者的"办公点"。如果一个项目管理者的主要职责是编制项目计划并对项目计划进行追踪和控制，那么项目管理办公室就是为了取得项目的成功和更便捷的追踪控制项目，而进行项目信息收集、发布和追踪的人员的集合。

目前，另一种观点认为项目管理办公室（也称项目群办公室）是一个给定的部门或战略单元，给所有的项目提供管理支持服务，并为公司、部门的战略决策提供依据。其特征如下：

◎ 提供项目 / 项目群管理办公室的一切职能，以及统管项目和项目群管理的所有方面；

◎ 确定和公布被采用的方法论；

◎ 为项目和项目群管理确定和提供工具；

◎ 指派项目和项目群经理去使用它们；

◎ 确保使用商业战略来部署项目和项目群。

企业项目管理办公室通常的职能划分可以分为以下几个方面，如图 2.9 所示。

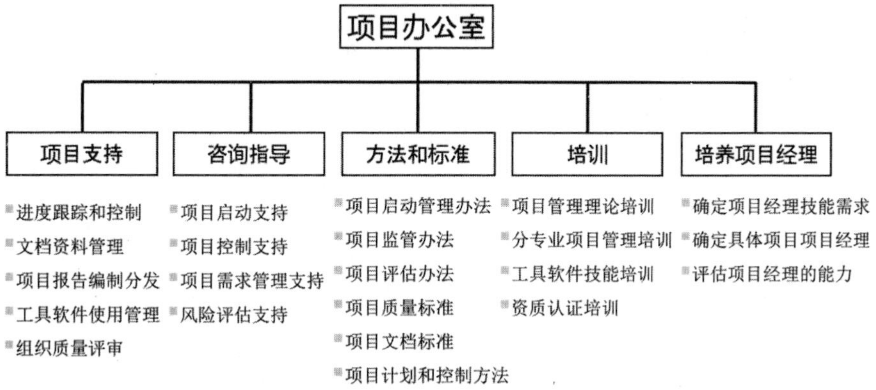

图2.9 PMO职能

在建立项目群办公室的过程中，需要有不同的角色承担不同的职责。

（1）项目分析者为报告项目活动提供支持。这个角色能够审核项目计划和其他文档与其他项目的一致性，为项目群办公室维护项目信息，并且为组织提供所有项目的项目报告。

（2）项目顾问提供项目管理专家的意见。他们必须具有管理不同类型项目的经验，精通全面的管理技巧，从而能灵活地为项目经理们提供指导。通过保证项目经理收集到合适的信息，项目顾问能够迅速地为组织带来收益，并且能够协助组织中的沟通。

（3）项目和项目群经理更频繁地被发现在更全面发展的项目群办公室中，并向项目群办公室主任报告项目情况。项目和项目群经理对组织的所有类型的项目和项目群进行管理，特别是成功的项目交付技巧。

（4）项目管理培训师为组织提供必要的普及培训，并且与项目和项目群经理一样，向项目群办公室报告项目情况。当然，他们不会提供所有的培训，他们将负责保证项目和项目群经理能够接受合适的培训。项目管理培训师也是方法论的管理者。

（5）项目群管理办公室主任是组织发展项目群办公室的领导角色。他是组织与正在进行的项目的联系纽带，协助解决项目间存在的问题，是项目间的信息交换中心，指导项目群管理办公室的发展，并且制订项目群管理办公室发展的策略，这个策略与组织和企业项目管理都有联系。

第 3 章 项目启动

项目管理是一项复杂的工作，Project 作为一套优秀的项目管理工具也只能是在某些阶段帮助项目管理者提高项目管理的效率。因此不能期待 Project 具有颠覆项目管理过程的功能，使用者必须立足于每一个项目的实际，在合适的时期利用 Project 合适的功能。

本书区别于其他介绍 Project 的工具书的特色是，按照项目管理的过程来讲述 Project 的功能，并且始终保持相关案例的贯彻连贯。相信这样的编写方式能够真正地引导用户掌握如何利用 Project 工具来指导项目管理工作。从本章开始正式介绍 Project 2019 的功能，按照项目管理的一般过程，第一步应该是召开项目启动会，确定项目正式启动。

3.1 召开项目启动会

3.1.1 案例描述

王蒙是一家 IT 公司的项目经理，该公司的项目管理办公室（PMO）最新任命王蒙为一个新软件项目“固定资产管理信息系统”的项目经理。今天是 2019 年 9 月 2 日，PMO 召开项目启动会，在会上，PMO 主管再次重申了这个项目的关键要求。

◎ 时间要求，在 2020 年 1 月 1 日之前正式上线。

◎ 质量要求，提交一套符合此次合同要求的软件产品。

◎ 费用要求，控制在人民币 30 万元以内。

会议结束时，PMO 主管要求王蒙在 5 个工作日内提交 Project 格式的项目计划，包括项目进度计划、项目资源计划、项目费用计划……

在日常工作当中，经常出现上述情景。如今，每一个企业的发展战略最终需要落实为若干个项目的成功运作。如何提高项目执行效率，能够让项目保质保量按时完成是企业迫切关心的话题。工欲善其事，必先利其器。一套优秀的项目管理工具可以给项目管理工作者带来事半功倍的效果。从本章开始详细介绍如何让 Project 软件在项目管理过程中发挥最大的作用，从而帮助用户提高项目管理能力。

3.1.2 项目启动理论知识

在 PMBOK 指南中，关于项目启动阶段有如下的描述：启动过程组定义一个新项目或现有项目的一个新阶段，授权开始该项目阶段的一组过程。

启动过程组的目的是协调相关方期望与项目目的，告知相关方项目范围和目标，并商讨他们对项目及相关阶段的参与将如何有助实现其期望。在启动过程中，定义初步项目范围和落实初步财务资源，识别那些将相互作用并影响项目总体结果的相关方，指派项目经理（如果尚未安排）。这些信息应反映在项目章程和相关方登记册中。一旦项目章程获得批准，项目也就正式立项，同时，项目经理就有权将组织资源用于项目活动。

本过程组的主要作用是，确保只有符合组织战略目标的项目才能立项，以及在项目开始时就认真考虑商业论证、项目效益和相关方。在一些组织中，项目经理会参与制定商业论证和分析项目效益，帮助编写项目章程。在另一些组织中，项目的前期准备工作则由项目发起人、项目管理办公室、项目组合指导委员会或其他相关方群体完成。

项目通常划分为多个阶段。一旦划分了阶段，就需要在后续阶段复审从启动过程得到的信息，以确认是否仍然有效。在每个阶段开始时重新开展启动过程，有助于保持项目符合其预定的商业需求，有助于核实项目章程、商业文件和成功标准，有助于复审项目相关方的影响、动机、期望和目标。发起人、客户和其他相关方参与项目启动，有助于促进他们对项目成功标准达成一致，也有助于提升项目完成时可交付成果通过验收的可能性，以及在整个项目期间相关方的满意程度。启动过程组的工作如图 3.1 所示。

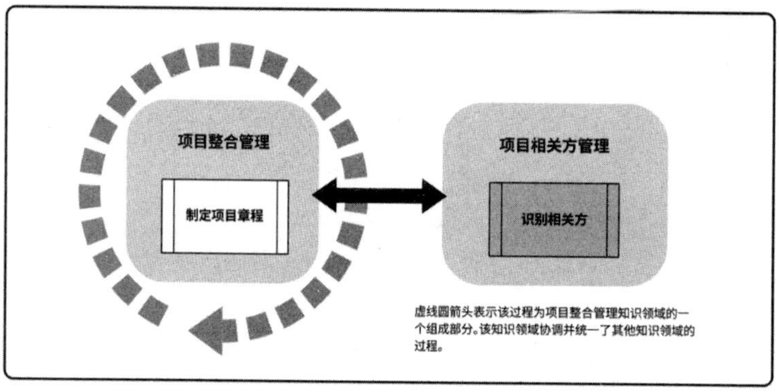

图3.1 PMBOK 指南中的启动过程组

启动过程组包含以下项目管理过程。

1. **制定项目章程**

制定项目章程是编写一份正式批准项目并授权项目经理在项目活动中使用组织资源的文件的过程。本过程的主要作用是，明确项目与组织战略目标之间的直接联系，确立项目的正式地位，并展示组织对项目的承诺。本过程仅开展一次或仅在项目的预定义点开展，如图 3.2 所示。

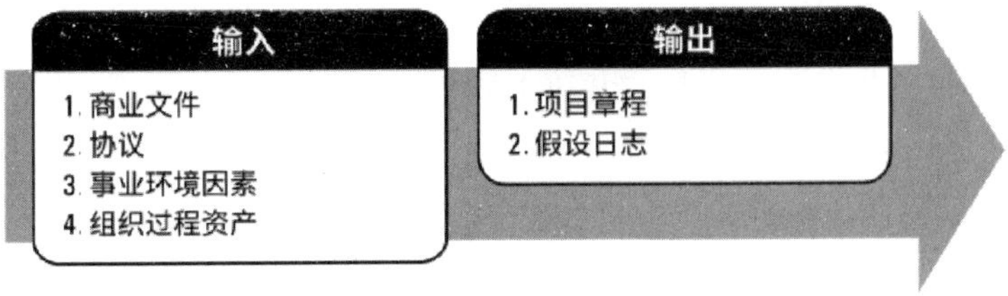

图 3.2 制定项目章程：输入和输出

2. **识别相关方**

识别相关方是定期识别项目相关方，分析和记录他们的利益、参与度、相互依赖性、影响力和对项目成功的潜在影响的过程。本过程的主要作用是，使项目团队能够建立对每个相关方或相关方群体的适度关注。本过程应根据需要在整个项目期间定期开展，如图 3.3 所示。

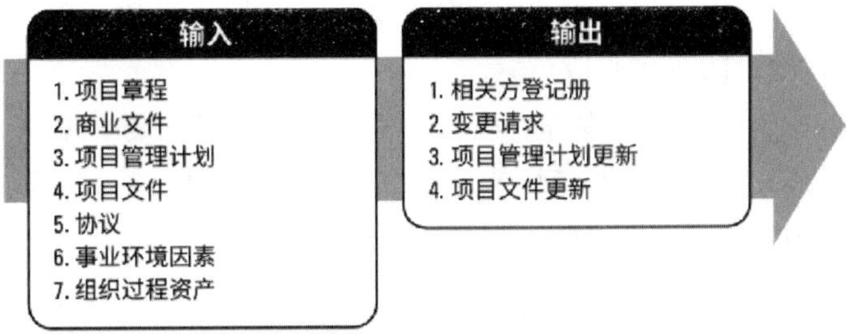

图 3.3 识别干系人：输入和输出

3.1.3 项目启动实践经验

良好的开端是成功的一半，项目启动会议是一个项目的开始，因此其对于项目的顺利开展非常重要。项目启动会议一般由项目经理负责组织和召开。然而，有不少项目经理对项目启动会议不重视、走过场，或虽然知道其重要但不知道如何才能将会议开好。

1. **项目内部启动会议**

项目内部启动会议指在项目承建方内部召开的会议。

（1）目的。会议的目的是让项目团队成员对该项目的整体情况（包括项目的建设背景、项目总体规划及项目团队成员等信息）和各自的工作职责有一个清晰的认识和了解，为日后协同开展工作做准备，同时获得领导对项目资源的承诺和保障。

（2）需要参加会议的人员。根据会议的性质和会议的目的，可以知道需要参加项目内部启动会议的人员包括项目团队全体成员、项目承建方相关领导等。

（3）会上需要介绍的主要内容。项目内部启动会议所需要介绍的主要内容包括项目的建设背景、项目主要干系人信息、项目的基本需求、项目的总体规划（包括项目建设思路、项目总体计划等）、项目团队成员及其分工、项目存在的风险及应对策略和项目资源需求等。

其中“项目总体规划”“项目团队成员及其分工”“项目存在的风险及其应对策略”和“项目资源需求”是会上需要重点介绍的内容。

2. **项目外部启动会议**

项目外部启动会议指由项目主要干系人参加的项目启动会议，该会议一般选择在公司方或用户方现场召开。

（1）目的。会议的目的是让项目公司方、用户方、监理方（如有）等项目主要干系方对该项目的整体情况（包括项目的建设背景、项目总体规划及项目团队成员等信息）有一个清晰的认识和了解，让项目各主要干系人清楚各自的职责和义务，让项目公司方、用户方在项目建设的过程中所需要给予的支持和配合做出承诺，从而让各方就项目建设的相关事宜达成共识。

（2）需要参加会议的人员。根据会议的性质和会议的目的，可以知道需要参加项目外部启动会议的人员包括项目公司方、用户方、项目监理方相关领导和项目负责人，项目公司方领导，项目团队核心成员等。

（3）会上需要介绍的主要内容。项目外部启动会议所需要介绍的主要内容包括项目的建设背景、项目主要干系方领导和项目负责人、项目的基本需求、项目的总体规划（包括项目建设思路、项目总体计划等）、项目各主要干系方的责任和义务、项目存在的风险及其应对策略和在项目的建设过程中项目建设方、用户方所需要给予的支持和配合等。

其中，“项目总体规划”“项目各主要干系方的责任和义务”和“项目建设过程中项目建设方、用户方所需要给予的支持和配合”是会上需要重点介绍的内容。

需要注意的是，由于项目启动会议主要是信息展示而不是讨论，一般时间都比较短，因此一些需要与会各方认可或承诺的事宜，需要在启动会议前沟通清楚，否则会严重影响启动会议的效果。

另外，根据项目的实际情况，项目的内、外部启动会议也可以合二为一，但项目经理一定需要兼顾各与会者所关心的内容。

能否开好项目启动会议，关键取决于前期准备工作是否做得充分和到位，当然启动会议文稿的组织、会议的形式、项目经理的临场表达也非常重要。

3. **项目章程正式文件**

项目启动会议召开后，务必形成项目章程，项目章程必须是正式文件，用来确定项目的目标，预算等项目信息。更为重要的是利用项目章程确立项目经理，并且赋予项目经理执行该项目的权利，保证项目经理能够在该权利的指导下完成该项目。项目章程的格式可以各异，但必须是公司或者组织领导签字确认的正式文件。

3.2 创建项目文件

很多用户初次使用 Project 创建项目计划时，将 Project 工具作为 Excel 表来使用，启动 Project 以后直接在甘特图视图的区域内开始输入任务信息（按照“行”的顺序进行编制，按照规范需要按照“列”来编制）。这种做法是不符合使用规范的，为了提高计划编写的科学性、准确性，建议按照下述的规范顺序使用 Project 软件。

3.2.1 利用可以参照的项目计划模板

一份高质量的项目计划包含很多有价值的信息，这些信息的收集、整理需要一定的时间，而且计划编制者自身的项目管理经验丰富与否也直接影响到计划的编制质量。如果有一份与自身项目相匹配或近似的项目计划模板，就可以给项目计划编制者带来非常大的益处。无论对于编写计划的速度，还是对于编写计划的质量都有很大的帮助。项目计划的模板与一般项目计划的区别就在于考虑了很多项目个体中都有可能存在的任务分解结构（WBS）、工作量估计、资源需求情况、成本估算等重要参考数据。图 3.4 所示的项目计划是一种项目计划模板。

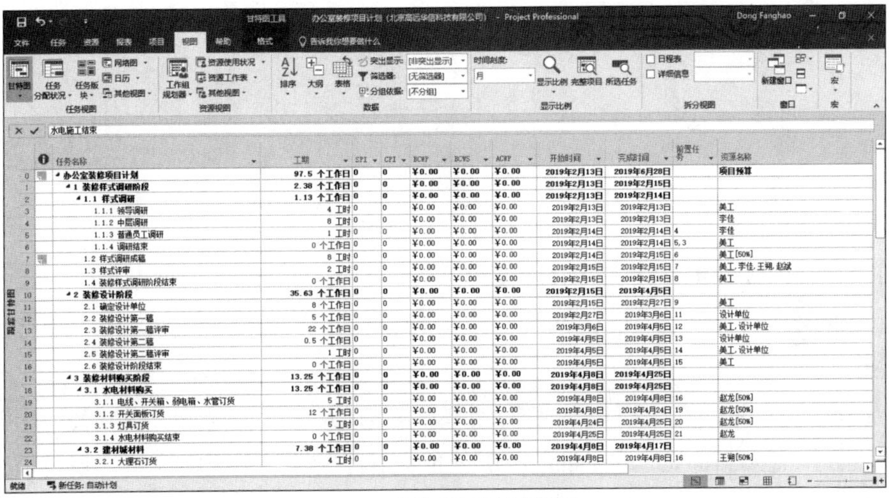

图3.4　装修项目计划模板

在图 3.4 所示的计划模板中，用户可以清楚地了解一个通常的装修项目应该经历的阶段、每个阶段应该包含的任务及需要的资源信息。这些有价值的信息对项目经理编制计划能够起到非常重要的参考作用，尤其是对于缺乏实际项目经验的项目经理来说，这种帮助作用更加明显。不仅仅是工程行业，在 IT、互联网、制造、公共活动等其他领域，只要有项目管理存在，就会有相关的计划模板可以参照。

具体的模板来源有如下 3 种。

（1）打开本地计划模板。启动 Project 2019，选择【文件】→【打开】命令，打开存储于本地计算机上的项目计划模板（模板需要提前设置好才能调用本地项目计划模板），如图 3.5 所示。

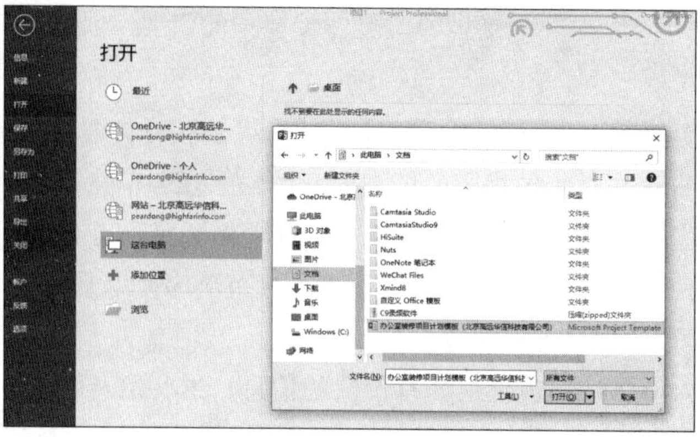

图3.5 选择本机上的可用模板

单击项目模板后，将会打开如图 3.6 所示的窗口。

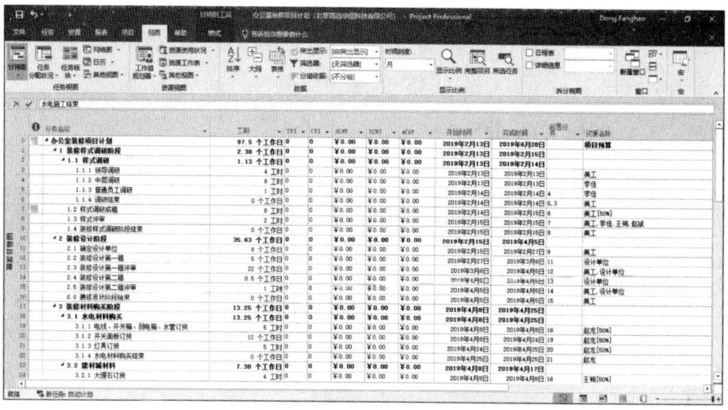

图3.6 打开的计划模板

用户打开模板文件以后，选择【文件】→【另存为】命令，可以将该模板文件另存为所需要的项目文件名称，之后便可以进行相关的修改操作，使之成为自己所需要的项目计划。

（2）微软 Project 在线模板。在本地计算机连接互联网情况下，微软公司内部以及很多微软合作商为 Project Professional 2019 的使用者提供了在线的项目计划模板，用户可以进行针对性的搜索，如图 3.7 所示。

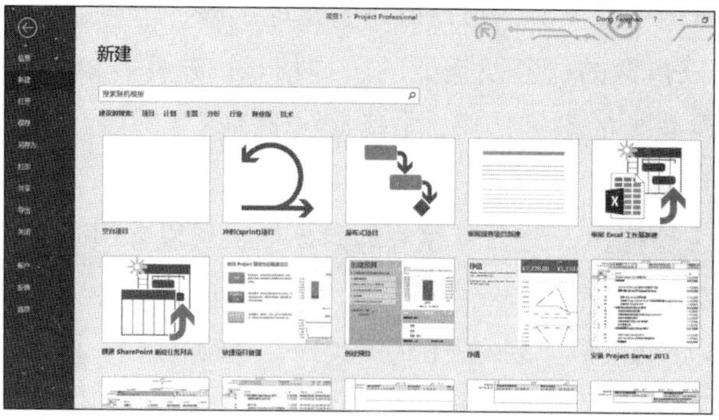

图3.7 从微软公司获取计划模板

在图 3.7 所示的界面中，用户可以键入搜索的关键字，如用户需要一个有关敏捷项目的 Project 计划模板，可以在搜索框中输入“敏捷项目”，并单击【搜索】按钮，窗口中将会显示搜索的结果，如图 3.8 所示。

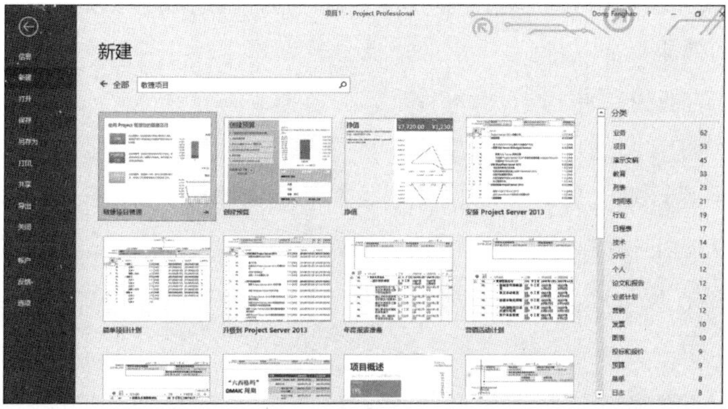

图3.8　使用Project Professional 2019联机搜索计划模板

在图 3.8 所示的窗口中，出现了一个搜索到的名为“敏捷项目管理”的 Project 计划文件，用户可以直接双击该模板创建生成项目计划文件，也可以将该模板另存为本地使用。

（3）召集有经验的资深的项目经理讨论总结出最具真实性的项目计划模板。这种方式是笔者推荐的做法，这个总结过程根据笔者的企业计划模板编制经验来看大概需要 3 个月时间。项目经理所在的行业不同、组织不同，各种组织项目管理的方式都有具体的特点，前几种途径虽然可以找到大量模板文件，但是与此方法相比，通过此种方式得出的项目计划模板具有更强的可操作性和实用性。

当然，在讨论过程中还是需要借鉴一些权威的理论知识和实践经验加以指导，如图 3.9 所示的内容是笔者与某机构几名资深项目经理经过若干次讨论以后，得出的适合他们所在组织的 IT 项目计划模板。该模板详细描述了各个阶段（规划、分析、开发、测试等）项目的全生命周期所涉及的任务清单，以及每个任务大致需要的时间、相应的责任人与相关责任部门等信息。

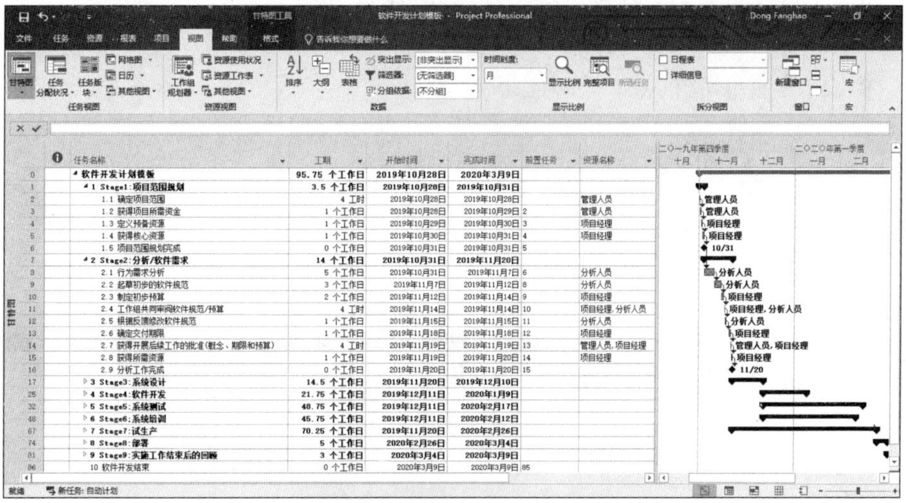

图3.9　经项目经理讨论得出的项目计划模板

上述模板编制完成后，被存放在该组织内部网络当中指定的一台服务器上，该组织的每一名项目经理接到具体的 IT 项目计划编制任务以后，从服务器下载该模板到本地，用 Project 软件将其打开，对该模板进行相应的修改，就可以很快做出项目计划，达到事半功倍的效果。

3.2.2 利用现有的项目文件

如果没有可以参照的项目计划模板，为了提高项目计划的编制质量，也可以参考以前某些实际项目计划文件。现有的项目文件虽然不像计划模板那样具有高度的代表性，但是能够从一定程度上帮助项目经理少走一些弯路。项目文件格式不一定必须是 Project 格式，包括 Excel、Word 等格式的文件都可以。图 3.10 所示的是打开一个现有项目文件进行参考。

图3.10 打开现有项目文件进行参考

3.2.3 从空白项目开始

如果既没有可以参照的项目计划模板，也没有类似的项目文件，只好从空白的项目开始进行项目计划的编制工作。为了充分向读者展示 Project 规范的使用方法与技巧，本书介绍的项目计划编制过程将采用此方式进行。

具体的操作方法：打开 Project 2019，单击图 3.7 中的“空白项目”模板，便可以新建一个空白的项目文件。

> 注意：知识的积累非常重要，如果在平时的工作中遇到一些好的计划文件，注意收集；如果有机会，可以召集一些“志同道合”的项目经理一起通过“头脑风暴”加“评审”的方式总结出最适合本组织的项目计划模板。

3.3 设置项目基本信息

项目经理如果无法找到项目计划模板，也没有发现可以利用的现有项目文件，只好从空白项目开始编制项目计划。在上一节中成功创建空白项目后，选择【文件】→【保存】命令，在打开的“另存为”对话框中输入项目计划的名称。在本章中，按照上述的案例，将此空白项目的文件名保存为“固定资产管理信息系统项目”，如图3.11所示。

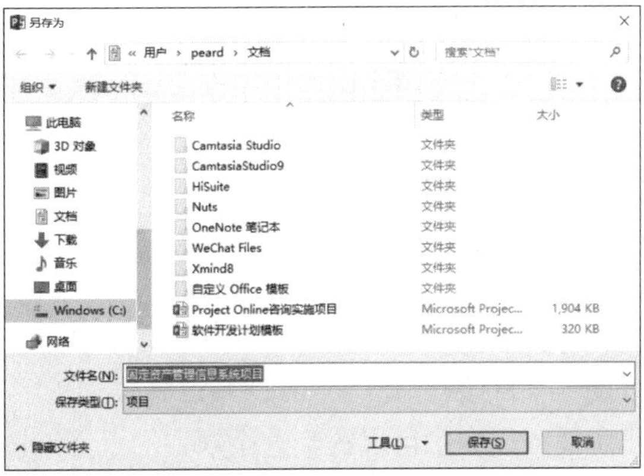

图3.11 保存项目文件对话框

接下来，按照如下方式进行项目计划基本信息的设定，这些基本设置方式是为了提高项目计划编制规划，以及提高项目计划执行控制效率，具体如下：

（1）设置项目计划排定方式；

（2）设置项目计划对应排定方式的开始日期或完成日期；

（3）设置项目摘要任务；

（4）设置任务大纲数字；

（5）设置任务计划模式。

3.3.1 设置项目的日程排定方法

选择【项目】→【项目信息】按钮，将出现设置项目日程排定方法的对话框，如图3.12所示。

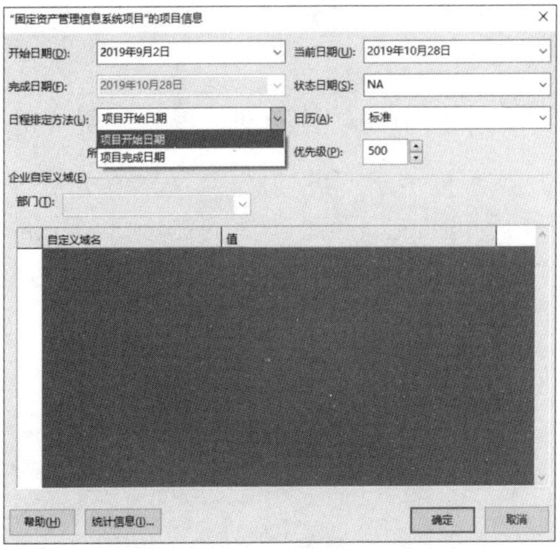

图3.12 选择“日程排定方法”

Project 有两种日程排定方法供选择：

◎ 第一种是“项目开始日期”，按照从前往后的顺序推算出项目的“完成日期”；

◎ 第二种是“项目完成日期”，按照从后往前的顺序推算出项目的“开始日期”。

选择何种日程排定方式，取决于项目的实际情况。

如果是一个即将执行的项目，建议采用“项目开始日期”方式。采用这种排定方式，项目经理可以从 Project 中动态地得到由于某些任务延期可能导致项目“完成日期”延期情况，从而及时采取措施补救；如果选择“项目完成日期”方式，在 Project 中会出现某些任务的延期导致项目“开始日期”被提前的结果，甚至提前到比当前日期还早的时间，这样的结果显然是不符合逻辑的。

如果某个项目的“开始日期”距离当前日期有相当长的时间，需要根据项目的“完成日期”来确定项目的“开始日期”，这个时候可以将日程排定方式设置为“项目完成日期”，这样，在排定任务过程中可以得到这个项目的“开始日期”建议。请注意，很多项目经理，非常细化地采用项目上线时间倒排序的方式做项目计划（当然是 Excel 表的方式），这种方式看似合理（可以快速编制“符合要求”的项目计划），但实际上项目管理过程是动态变化的，并且项目是按照时间正排序执行的，所以一般来讲倒排序不适合项目计划编制过程。

3.3.2 设置项目的开始/完成日期

如果选择了“项目开始日期”的日程排定方式，则需要在“开始日期”的时间输入框中选择具体的开始时间；如果选择了“项目完成日期”的日程排定方式，则需要在“完成日期”的时间输入框中选择项目的完成时间。

> 注意：在以往的项目过程中，很多项目经理直接通过 Project 甘特图中的第一个任务来设置项目开始日期，这是一种不规范的设置方式，通过项目属性的“项目开始日期”设置项目起止日期是规范的设置方式，具体的应用场景会在项目计划模板使用规范章节详细描述。

假设本章第一节介绍的案例中的项目经理“王蒙”所负责的项目是需要立刻开始的项目，则应选择“项目开始日期”的日程排定方式。经过与 PMO 的协商，王蒙将在一周内把项目计划做好并评审通过，经过初步的估计，项目经理认为项目的开始日期从“2019 年 9 月 2 日”开始是最合理的，利用一周时间做好项目规划，然后进行项目详细执行过程。在如图 3.12 所示的对话框中的“开始日期”下拉框中，选择“2019 年 9 月 2 日”，如图 3.13 所示。

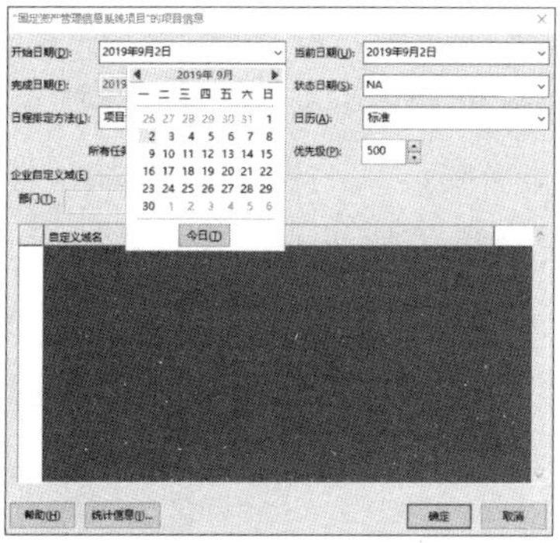

图3.13 选择项目开始日期

一旦选择了项目的开始日期，以后输入的所有任务的默认“开始时间”均大于或者等于该日期。

在计划的编制过程中，如果项目的开始日期有变化，可以采取同样的方式，选择【项目】→【项目信息】，在打开的对话框中修改项目的开始日期，一旦开始时间修改后，所有任务的开始时间都会发生统一的变化。

注意：Project 中为什么不允许同时输入“开始日期”和“完成日期”？因为如果将两个日期均设定后，Project 便失去了自动预测工期的功能，而这一功能是项目管理软件最基本的功能。

3.3.3 设置项目文件的默认环境信息

（1）日程选项卡设置。

首次使用 Project 的用户，在项目计划编制过程中可能会遇到一些让自己费解的现象，如在甘特图中的“资源名称”列中改变资源的数量的时候，任务的工期会随之自动发生变化。为了避免类似现象的发生，在开始使用此软件之前应当设置环境信息。

选择【文件】→【选项】→【日程】选项卡，可以看到“Project 选项”对话框“日程”选项卡，如图 3.14 所示。

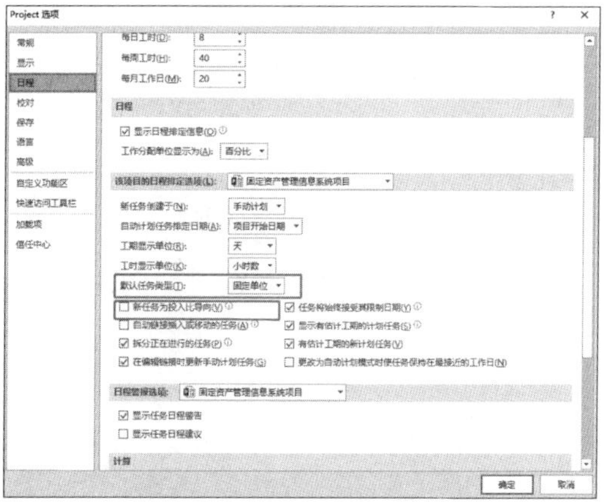

图3.14 选项中日程选项卡

在如图 3.14 所示的 11 个选项卡中，涉及各种基本信息的设置，在后面的章节中将会详细介绍。此处介绍的是正式使用 Project 之前需要首先设置的“日程”选项卡。

在“日程”选型卡中有两个需要设置的选项，将“默认任务类型”设置为“固定工期”，将“新任务为投入比导向”复选框设置为非选中状态，如图 3.14 中的线圈所示。

按照上述方法设置后，在计划编制过程中，确定任务的工期后，资源的数量发生增减时不会再导致工期的自动变化。当项目进入执行阶段，如果用户认为“投入比导向”可以采用，可以再次将上述两个选项改变。总之，如何设置是按照项目的需要而定的。

注意：将人员分配给任务或从任务中删除人员时，默认不勾选“新任务为投入比导向”复选框。当勾选该选项后，Project 将根据为任务分配的资源数量延长或缩短任务工期，但不会更改任务的总工时。这种日程排定方式称为“投入比导向日程控制方法”。

（2）高级选项卡设置。

在如图 3.14 所示的对话框中，单击【高级】选项卡，将显示如图 3.15 所示的界面。

图3.15 选项中高级选项卡

在 Project 2019 中，项目大纲数字的设置是通过如图 3.16 所示的选项来实现的。

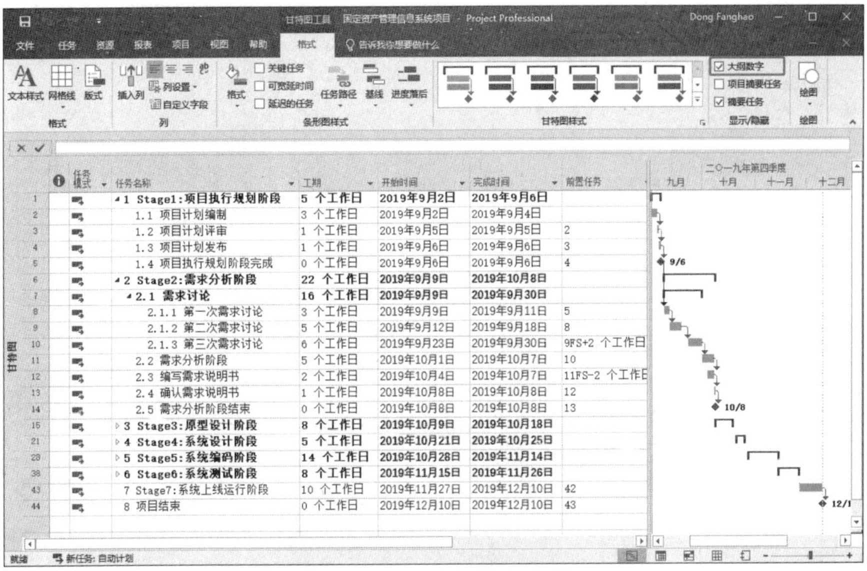

图3.16 设置大纲数字选项

在图 3.15 和图 3.16 中，分别勾选“显示项目摘要任务”与“大纲数字”两个复选框。勾选“显示项目摘要任务”后，Project 中任务列表的第一项任务自动变为项目文件的名称，如图 3.17 所示。

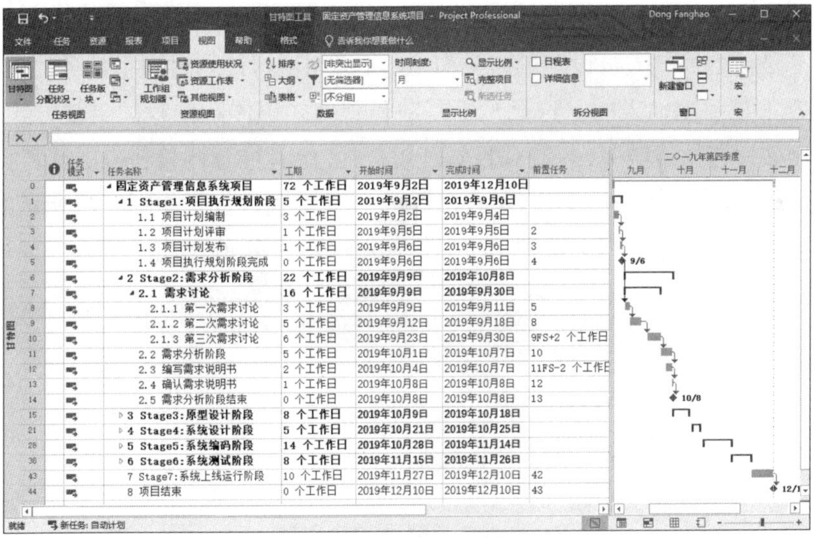

图3.17 项目摘要任务显示

当第一项任务成为项目文件名称后，后面依次建立的任务都是该任务的子任务，该任务成为项目的顶级任务，项目的工期、成本、预算等属性将在该任务上得到体现。

在图 3.17 中勾选“大纲数字”后，任务分解的结果将由大纲号来体现任务的层次，如图 3.18 所示。

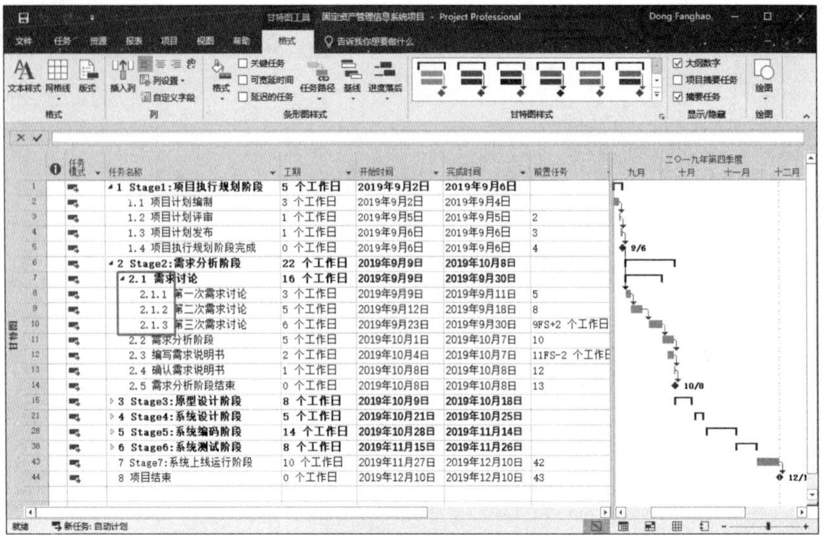

图3.18 大纲数字

从图 3.18 中可以发现，“需求讨论”的任务名称前面有“2.1”，“第一次需求讨论”的任务名称之前有“2.1.1”，依次类推，用这种大纲数字能够清晰地表示出任务的层次关系和隶属关系。

3.3.4 设置任务默认计算类型

在 Project 2019 中，任务的计算类型默认为“手动计划”，即任务的开始日期，完成日期等都是计划编制人员设定的，类似 Excel 编制项目计划时项目任务的开始日期和完成日期等都是手动输入的，这显然不是项目管理知识体系推荐的最佳方式。为了提高计划编制效率与执行效率，提高项目管理规范性，笔者推荐调整任务的计算类型为“自动计划”，即任务日期由 Microsoft Project 计算，具体实现是打开如图 3.19 所示的【Project 选项】对话框，单击【日程】选项卡，显示如图 3.19 所示的界面。

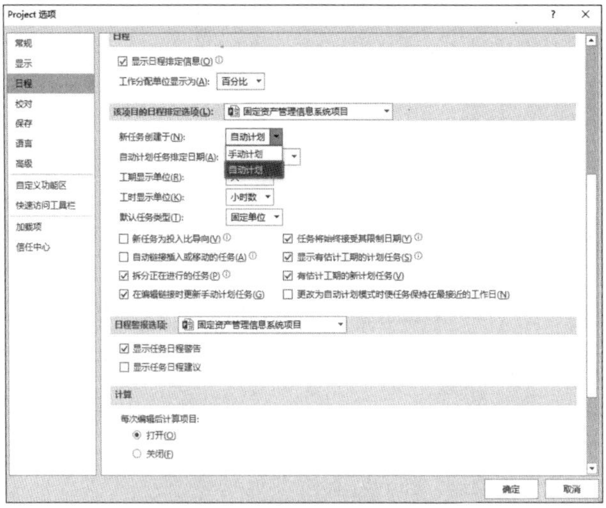

图3.19 选项中日程选项卡

在【自动计划任务排定日期】设置中，选择“自动计划”选项，单击【确定】按钮。该设置完成后，可以在项目计划甘特图中看到，任务的默认一列“任务模式”已经全部调整为“自动计划任务”，如图 3.20 所示。

图3.20 选项中日程选项卡

“手动计划”任务模式的使用方式将在后续章节中描述。

3.4 设置项目日历

任何项目都是与时间相关的，利用 Project 进行项目管理工作，首先要在 Project 环境中设置与实际情况对应的项目日历（工作 / 非工作时间）信息。如果 Project 环境中的工作 / 非工作时间（日历）与实际中的工作 / 非工作时间（日历）有冲突，那么利用 Project 进行项目管理工作时肯定是不准确的，因为最基础的时间因素错了。

Project 中的日历指的是项目的工作时间与非工作时间的设置。例如，一项任务需要 7 天完成，假设从星期一开始执行，如果星期六、星期日都是非工作日（休息），结束的时间应该是下周的周二；如果星期六是工作日（不休息），星期日休息，则结束的时间变为下周的周一；如果星期六与星期日均是工作日（不休息），则结束的时间变为本周日。正是因为有这样的因果关系，因此在项目启动时，首先需要根据项目未来执行的要求（时间要求），首先设置项目日历，否则做出的计划是与实际脱节的。

在 Project 中日历有如下 3 种分类。

◎ 项目日历。整个项目中的所有任务默认遵循项目日历，如果不设置任务日历与资源日历，则任务与资源日历都默认遵循项目日历。

◎ 任务日历。如果有个别任务的日历与项目日历有冲突，则需要为个别任务设置任务日历。例如，项目日历中设置国庆节 7 天是非工作日，但个别任务需要在 10 月 1 日 ~10 月 3 日 3 天工作，如果不设置独立的任务日历，这 3 天是无法安排工作的。所以只能定义一套 10 月 1 日至 10 月 3 日 3 天是工作日的日历，并且将该日历与相应的任务匹配，才能够满足要求。

◎ 资源日历。如果有个别资源的日历与项目日历有冲突，可以为资源设置不同于项目的日历。例如，项目日历默认每星期的星期六、星期日为非工作日，但是某个外聘兼职资源只能在周六、周日工作，为了真实反映其工作状态，可以通过设置独立的“资源日历”达到目的。

3.4.1 日历的选择与修改

Project 中默认的日历有 3 种。

◎ 标准日历。每星期一到星期五为工作日，星期六、星期日为非工作日，没有其他任何假日。每天工作时间 8 个小时：8:00~12:00 和 13:00~17:00。

◎ 24 小时日历。没有任何非工作日与非工作时间。

◎ 夜班日历。工作时间为每天 8 个小时：0:00~3:00 和 4:00~8:00，每周的星期六、星期日为非工作日。

通常情况下，为一个项目分配日历时，可以通过对“标准”日历的修改来得到，具体修改方法如下。

利用 Project 软件打开已创建的项目文件“固定资产管理信息系统项目 .mpp”，选择【项目】选项卡→【更改工作时间】按钮，如图 3.21 所示。

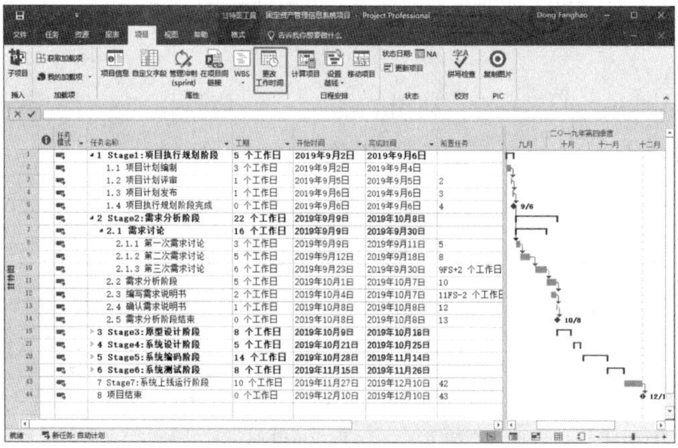

图3.21 开始定义工作时间

打开如图 3.22 所示的“更改工作时间”对话框。

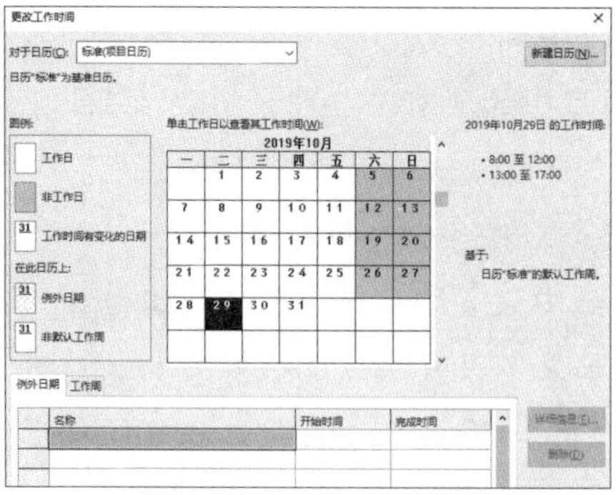

图3.22 更改工作时间

在“对于日历”下拉框中选择“标准（项目日历）”选项，单击图 3.22 中的【工作周】选项卡，显示如图 3.23 所示的界面。

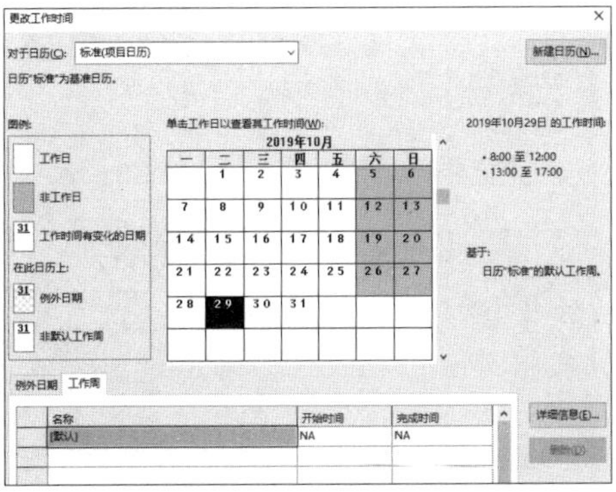

图3.23　定义工作周

在图 3.23 中可以设置工作周，包括工作周周一到周日的具体设置。

在 Project 软件中，每天的工作时间默认是从 8 点到 17 点，中间 12 点到 13 点休息一个小时。如果希望改变工作的时间，则单击图 3.23 中的【详细信息】按钮，打开如图 3.24 所示的对话框。

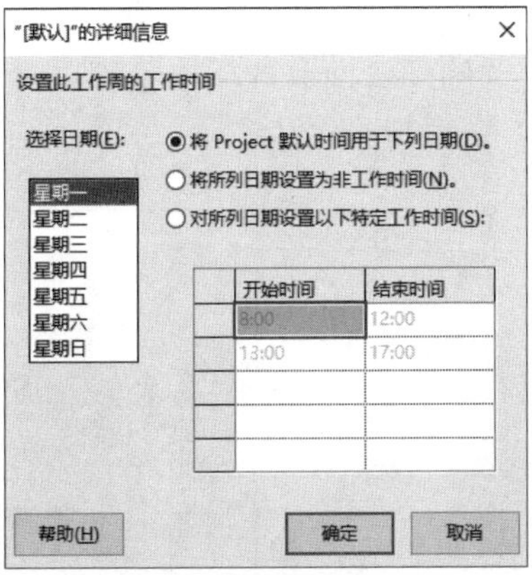

图3.24　调整工作时间

在图 3.24 对话框中可以调整每天上午或者下午的工作的起止时间。在默认情况下所修改的起止时间只对该图中的“工作时间”的某一天起作用，如在图 3.24 中，只对每周的周一起作用。如果希望该工作的起止时间影响到所有工作日，可以选择所有周期（周一至周日）。

如果希望在正常工作起止时间之外增加加班的时间，如希望每天的 18 点至 21 点为加班时间，可以通过选择图 3.24 中的周一至周五，选中“对所列日期设置以下特定工作时间”单选按钮，单击“确定”按钮，如图 3.25 所示。

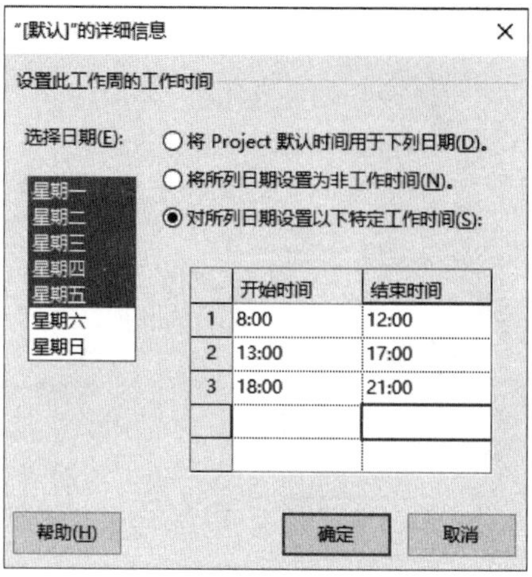

图3.25 设置加班时间

设置加班时间可以缩短任务的工期。

> 注意：此处设置的工作周为全部的工作周，在实际的项目中，每周的工作日可能不一样。例如，平时每个星期工作 5 天，为了赶工期，某些星期的工作日可能是 6 天，甚至是 7 天。出现以上情况时就需要在“例外日期”中进行设置。

单击图 3.22 中左下角的“例外日期”选项卡，可以对日历进行例外设置。例外设置主要是设置假日或者倒休，如图 3.26 所示。

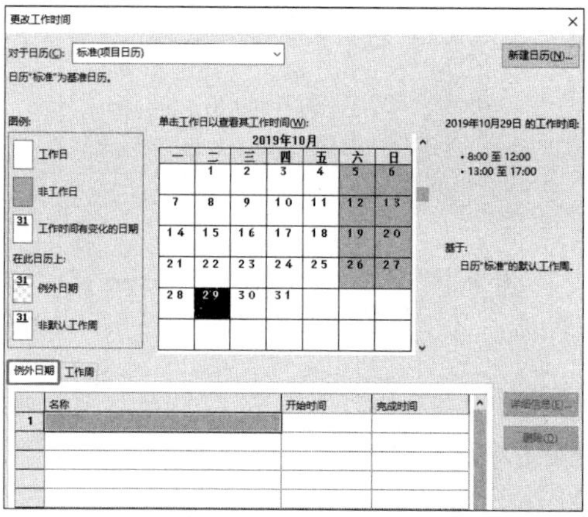

图3.26 设置假日和倒休

日历设置的大部分工作在图 3.26 所示的“更改工作时间”对话框中完成。因为假日和倒休是项目执行过程中必须考虑的内容，这一步要将在项目的建设周期内可能遇到的假日或者其他无法从事项目活动的日期标示出来，才能够编制出合理的时间进度计划以及进行项目执行控制过程。

对于我们使用的案例而言，在项目启动会上已经约定了项目的时间大致在 2019 年

9 月 2 日至 2020 年 1 月 1 日，因此需要在图 3.26 中将这个时间段内的假日全部设置正确，如 2019 年的中秋节、国庆假日，还应该包括用户单位自身的一些非工作日，如秋游、员工代表大会等情况列出。

具体的操作方式是在图 3.26 中下方的“例外日期”选项卡中分别进行标注，首先输入“名称”，然后在右侧选择“开始时间”和“完成时间”，如图 3.27 所示。

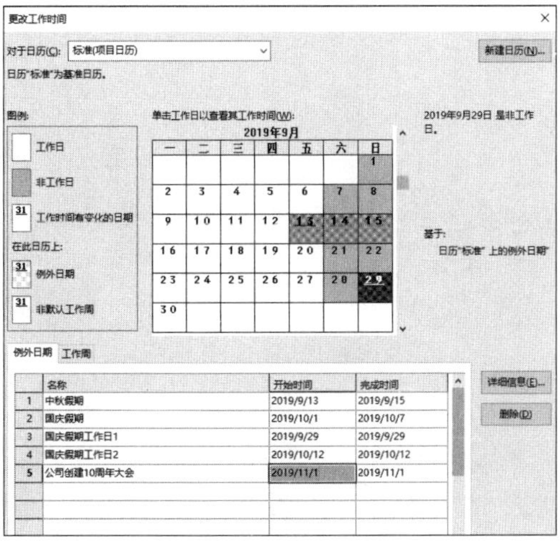

图3.27 设置非工作日

在图 3.27 中分别设置了“中秋假期”“国庆假期”“公司创建 10 周年大会”“假期对应工作日调整”等例外日期。设置完毕后，可以发现在图 3.27 中的日历部分，被设置为非工作日的日期的背景色变成了深色，用以与正常工作日区别。

在默认情况下，上述方法的效果是将工作日设置成了非工作日，下面介绍如何将非工作日变为工作日。

在图 3.27 中，再增加一个“10 月份临时加班”的例外日期，加班的具体时间是在 2019 年 10 月 26 日与 27 日（周六与周日）。操作的方式是，首先在新的一行中的名称列中输入“10 月份临时加班”，如图 3.28 所示。

	名称	开始时间	完成时间
1	中秋假期	2019/9/13	2019/9/15
2	国庆假期	2019/10/1	2019/10/7
3	国庆假期工作日1	2019/9/29	2019/9/29
4	国庆假期工作日2	2019/10/12	2019/10/12
5	公司创建10周年大会	2019/11/1	2019/11/1
6	10月份临时加班	2019/10/26	2019/10/27

图3.28 输入名称

在图 3.28 中，双击“10 月份临时加班”行，则会打开如图 3.29 所示的对话框。

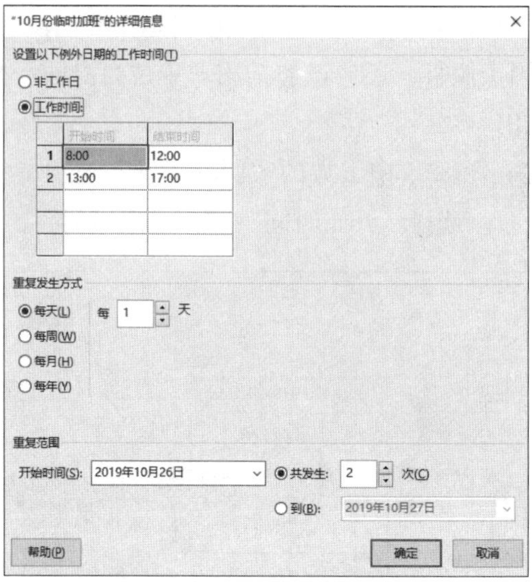

图3.29 例外日期的详细信息

在图 3.29 中，首先选中左上方的“工作时间”选项，设置“工作时间”对应的“开始时间”与“结束时间”分别为“8:00”“12:00”“13:00”“17:00”，分别选择下方的“开始时间”“到”两个日期，单击【确定】按钮后，设置生效，如图 3.30 所示。

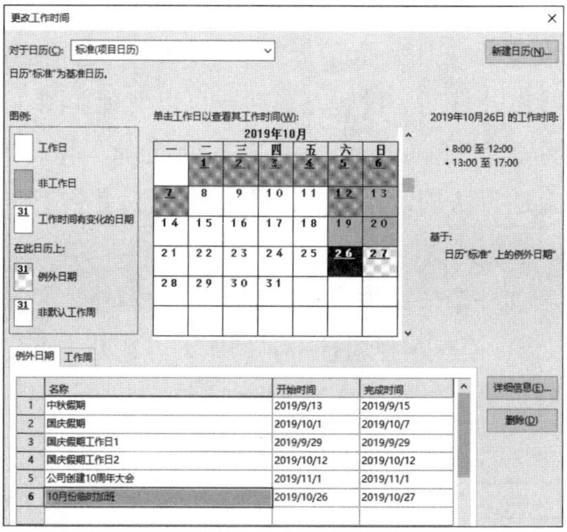

图3.30 设置生效界面

在图 3.30 中的日历部分可以看到，“26 日”和“27 日”的背景色被设置为深色，上述两个日期将成为工作日。

按照上述方法，用户可以将自身项目的日历进行详细认真的设置。

假日和倒休设置完毕后，可以通过单击【选项】按钮打开“Project 选项”对话框，如图 3.31 所示。

图3.31 “Project选项”对话框

在图 3.31 中，项目的“日历”选项指的是在分配任务的工期时，如果设置单位分别为“工作日”“周”以及“月”时，相对应的工时计算方法。在默认情况下，每日工时为 8 小时，每周工时为 $8 \times 5=40$ 小时，每月按照 20 个工作日分配工时。以上选项为系统默认初始值，一般情况下不需要改变。除非有特殊的情况，有的单位每天工作均是 9 个小时，或者每周都是工作 6 天等例外情况，可以在此统一设置。设置完毕后，单击【确定】按钮完成日历的设置工作。

到目前为止，“标准”日历修改完毕。

3.4.2 新建日历

上文已经介绍了如何通过修改“标准”日历的方法达到建立“项目日历”的目的，接下来介绍如何通过新建日历的方法达到建立“项目日历”的目的。

图 3.30 是修改“标准”日历的最后一步，单击该图中的“新建日历”链接后，会打开如图 3.32 所示的“新建基准日历”对话框。

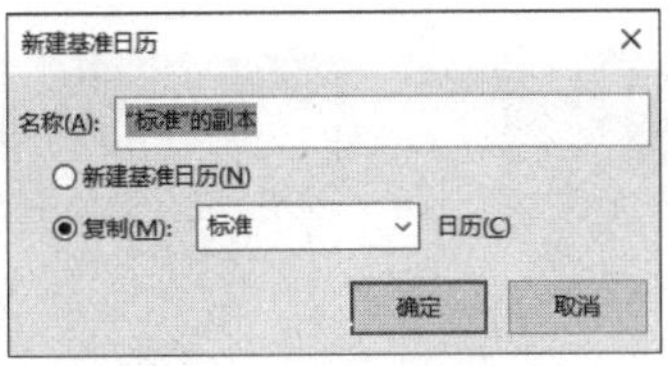

图3.32 新建基准日历

在图 3.32 中，选择需要复制的目标日历，输入要新建的日历名称，如“固定资产项目日历”，如图 3.33 所示。

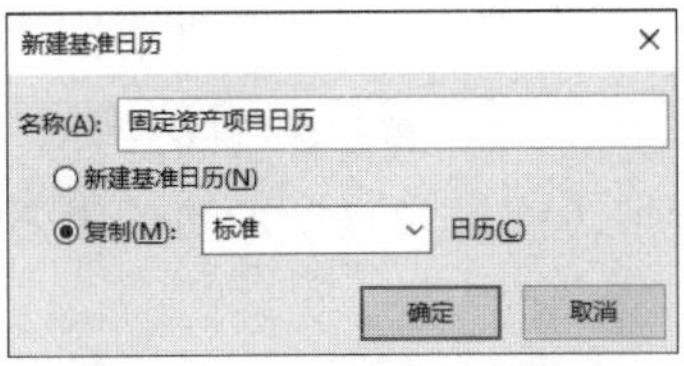

图3.33 输入新建的日历名称

单击【确定】按钮，新日历创建成功，在【对于日历】下拉框中可以看到刚建立的“固定资产项目日历”，如图 3.34 所示。

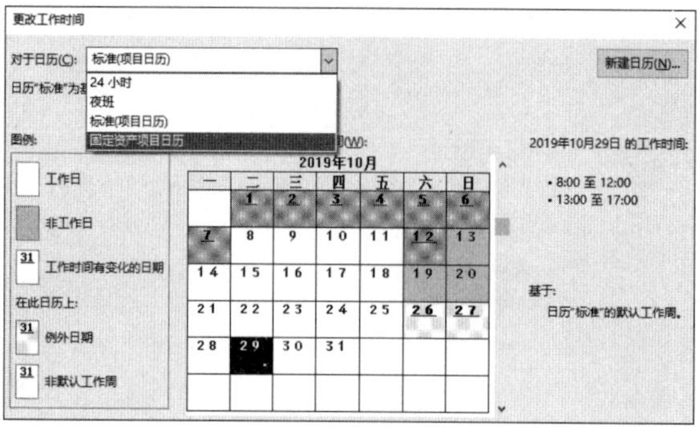

图3.34 更改工作时间

“更改工作时间”的具体步骤及后续步骤，上文已经介绍过，这里不再赘述。

如果用户希望使用自己创建的日历，可以采用本小节介绍的方法。通过这种方法可以建立新的项目日历、任务日历、资源日历。

3.4.3 日历的关联

在 Project 中可以建立很多日历，这些日历必须经过与相应的对象进行关联才可以起作用，Project 中默认项目日历为“标准”日历。

设定项目日历的关联。在 Project 环境中，单击【项目】→【项目信息】按钮，在打开的对话框的“日历”下拉框进行选择，如图 3.35 所示。

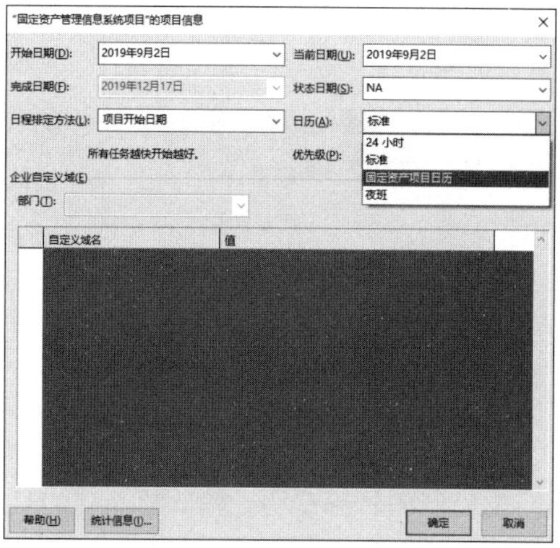

图3.35 项目日历关联

如图 3.35 所示，可以在下拉列表中选择一个日历作为“项目日历”使用。选择“固定资产项目日历”后，该项目所有的任务默认日历均为“标准”。“项目日历”设置完毕后，可以在甘特图中检查日历的设置效果，如图 3.36 所示。

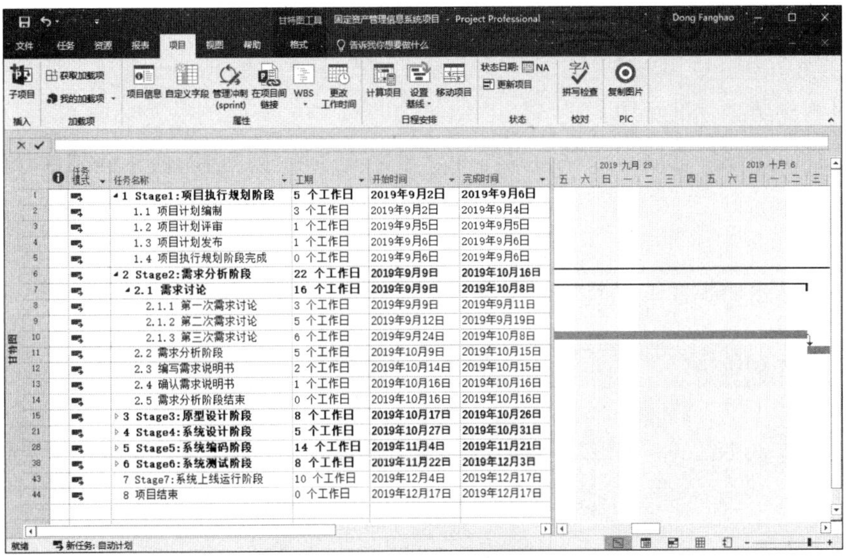

图3.36 日历设置检查

在图 3.36 中，标识号为“10”的任务的开始时间是“2019 年 9 月 24 日”，工期为“6 个工作日”，但是可以发现完成时间为“2019 年 10 月 8 日”，这是因为当初设置的“国庆放假”的例外日期起了作用。同时可以看到右侧的横道图的背景色在该时间段内为深色。

下面介绍任务日历与资源日历的关联，这在后期任务分解和资源分配时可能会遇到。

1. 设定任务日历关联

在计划编制过程中，如果有个别任务的日历与项目日历存在冲突，则需要给该任务设置独立的日历信息。例如，默认情况下，所有任务在“国庆节”期间（10 月 1 日 ~ 10 月 7 日）是停止的，但是有一项“测试”的任务需要在“10 月 1 日 ~ 10 月 3 日”之间进行。如果采用默认的项目日历，就无法将该任务安排到该时间区间内，因此需要额外的新建日历，并且需要将新建的日历与该任务做关联。

“十一加班日历”的新建方法可以参见 3.4.2 小节的相关内容，在设置过程中，需要将“10 月 1 日、2 日、3 日”设置为工作日。设置后的结果如图 3.37 所示。

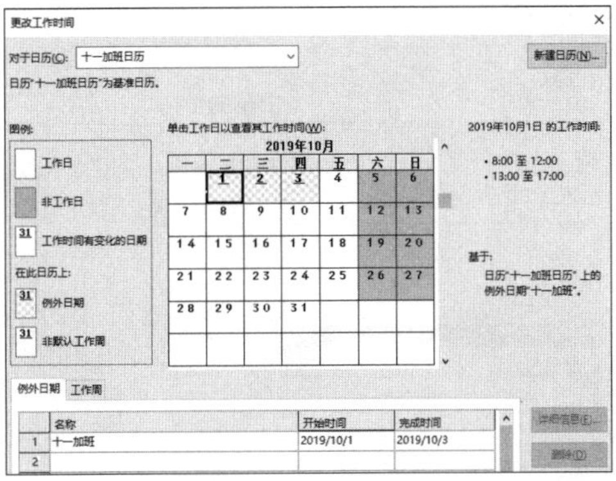

图3.37 设置任务日历

在图 3.37 中，可以发现，“十一加班日历”的开始时间改为了“2019 年 10 月 1 日”，结束时间为“2019 年 10 月 3 日”。当然这种设置只对“十一加班日历”起作用，并不影响项目的日历（标准日历）。

任务日历设置好之后，必须与具体的任务匹配才能让相应的任务遵循该日历。

具体操作的方法：在如图 3.36 所示的甘特图视图中，双击需要设置“十一加班日历”独立日历的任务，如“第三次需求讨论”，在“任务信息”对话框中的“日历”下拉框中选择已经新建的日历，如图 3.38 所示。

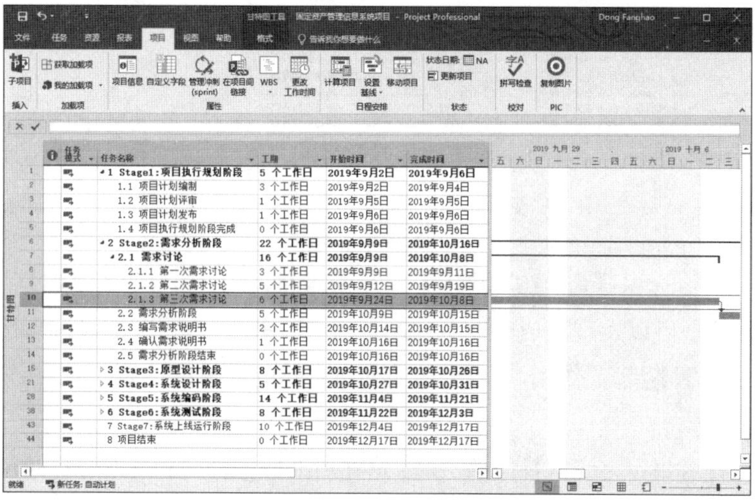

图3.38 选择需要设置任务日历的任务

在图 3.38 中可以看到，在匹配任务日历之前，任务“第三次需求讨论”的起止时间范围是“2019 年 9 月 24 日”到“2019 年 10 月 8 日”，因为默认的标准日历（项目日历）已经将“10 月 1 日到 10 月 7 日”设为了非工作日。

双击“第三次需求讨论”任务，打开“任务信息”对话框，选择【高级】，如图 3.39 所示。

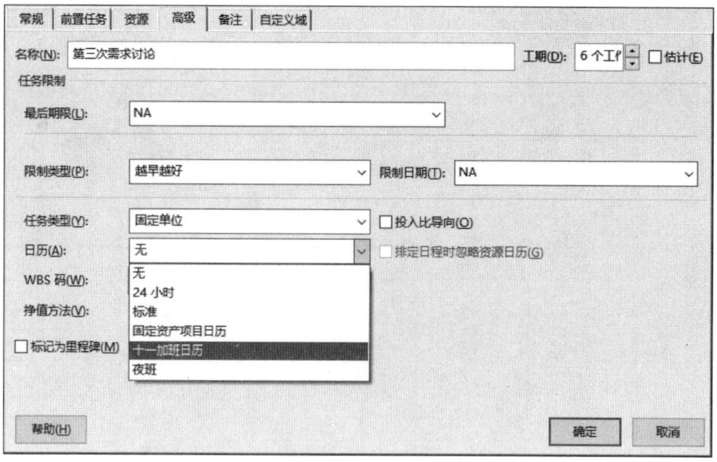

图3.39 任务信息“高级”对话框

在如图 3.39 所示的“日历”下拉框中，选择“十一加班日历”，之后单击【确定】按钮。再次返回到甘特图视图，就可以看到如图 3.40 所示的界面。

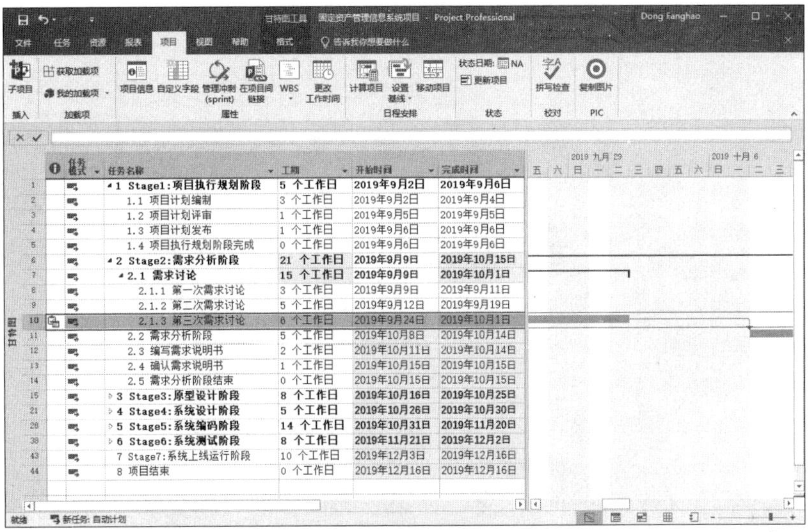

图3.40　任务日历匹配后

在图 3.40 中，该任务的完成时间由“2019 年 10 月 8 日”调整到“2019 年 10 月 1 日”，在该任务的最前面新添了一个标志“”，该标志的意义是说明该任务有特殊的任务日历。

> 注意：如果希望给多个任务同时分配同一个任务日历，可以先选中多个任务，再单击右键，在右键中选择“信息”，在弹出的对话框中的“日历”中进行选择。

2. 设定资源日历关联

如果某些资源的日历与项目日历冲突，则需要为这些特殊的资源设定特殊的资源日历。例如，此项目中的一批“外聘专家”只有在星期六、星期日才有时间为项目服务，但是项目日历中默认的星期六与星期日都是非工作日，因此也无法体现这些“外聘专家”的真实工作计划。

与任务日历类似，可以利用“日历新建”的功能为这些专家新建“外聘专家”日历。日历新建完毕后，选择【视图】→【资源工作表】选项，将视图切换到“资源工作表”，如图 3.41 所示。

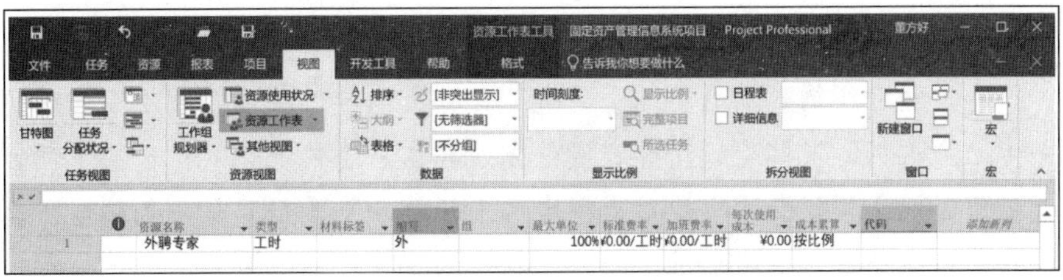

图3.41　资源工作表

在图 3.42 中，在资源名称的列中输入“外聘专家”的名称，再双击该行，会弹出如图 3.42 所示的“资源信息”对话框。

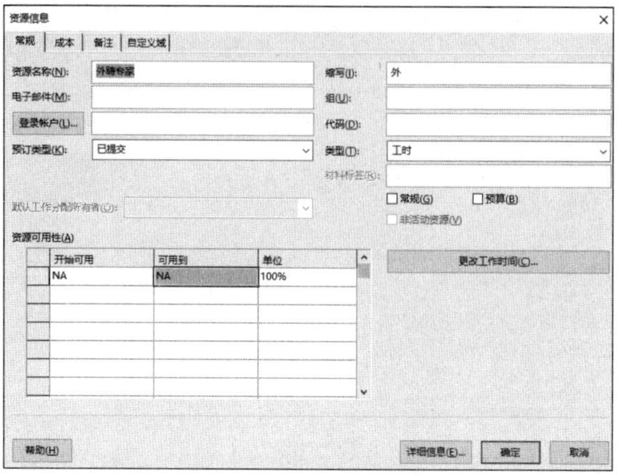

图3.42 资源详细信息

图 3.42 显示了该资源的详细信息，如果要为该资源分配资源日历，单击【更改工作时间】按钮，打开如图 3.43 所示的“更改工作时间”对话框。

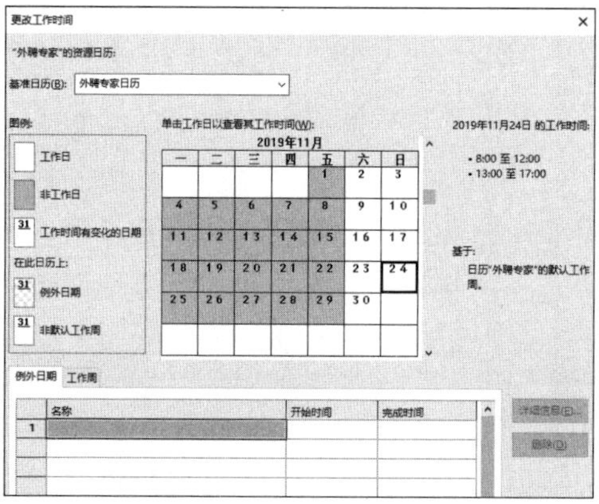

图3.43 更改资源的基准日历

在“更改工作时间”对话框中，从“基准日历”下拉框中选择之前已经定义好的“外聘专家日历”，再单击【确定】按钮，就完成了为资源分配日历的过程。

> 注意：为资源设置日历也可以不通过新建的方式来完成。在如图 3.43 所示的界面中编辑工作日 / 非工作日，即可达到为该资源设置特殊日历的目的，而且不会影响下拉框中原有日历的设置。但是任务日历却必须新建才能分配给任务。
>
> 另外，上述介绍的日历的新建是通过“任务”向导的“定义常规工作时间”中最后一步来完成的。实际上，新建日历的方法还有一个快捷方式：选择【项目】→【更改工作时间】按钮，弹出的对话框中右上角有一个【新建日历】按钮，通过单击该按钮可以快速定义新的日历，如图 3.44 所示。

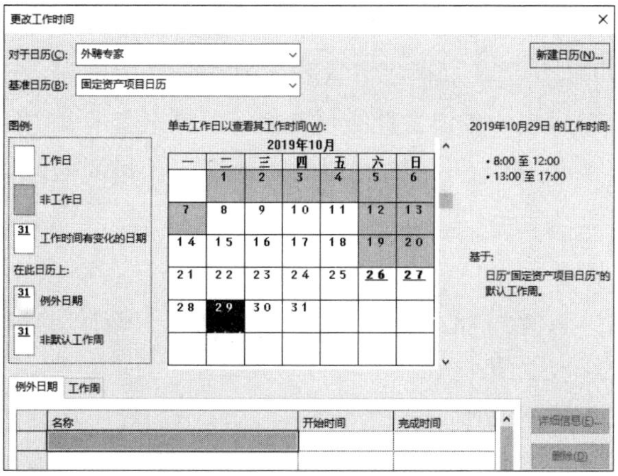

图3.44　新建日历的快捷方法

3.4.4　日历的优先级

在没有独立的任务日历、资源日历的情况下，所有任务的时间安排均遵循项目日历。例如，项目日历规定国庆 7 天为非工作日，则默认情况下所有的任务都无法在国庆 7 天安排工作。

如果某些任务被关联了任务日历，则任务日历优先于项目日历。例如，如果某个任务被分配了国庆 7 天为工作日的日历，则只有该任务可以安排在国庆 7 天，其他任务还遵循项目日历，无法安排在国庆 7 天。

如果某些资源有区别于项目日历的特殊日历，则资源日历优先于项目日历。例如，项目日历规定了每个周一均是工作日，但是某个资源的日历却是周一为非工作日，此时如果将该资源分配到需要周一执行的任务，该任务是无法按时执行的。

通过上述介绍，可以得出结论：项目日历的优先级低于任务日历与资源日历。那么如果任务日历与资源日历发生冲突时，哪个更优先呢？在 Project 中，需要通过设置来决定任务日历与资源日历的优先级。设置的方法是，在甘特图中双击可能发生日历冲突的任务，弹出如图 3.45 所示的“任务信息”对话框。

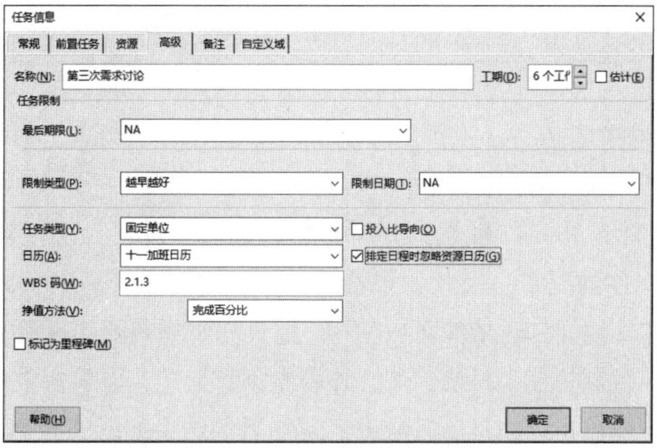

图3.45　任务日历与资源日历冲突时的设置

在图 3.45 中，单击【高级】选项卡，如果“排定日程时忽略资源日历”为选中状态，则任务日历优先，如果该选项为非选中状态，则资源日历优先。这一设置仅对该任务有效，如果需要批量给多个任务设置此类优先级，需要先选中多个任务，然后单击右键，选择“信息”命令，将打开与图 3.45 类似的对话框，在相同的位置做相同的操作即可实现目标。

3.4.5 日历的共享

当用户再次新建一个 Project 文件时，会发现该文件中的日历依然是系统的默认值，在其他项目中设置的日历无法自动在本项目中共享。

“日历的共享”指的是如何让一个 Project 文件中的日历在其他 Project 文件中也可以使用。在实际的项目计划编制过程中，一套日历的建立和修改是需要耗费一定时间和精力的，当建立其他 Project 项目文件时，日历的再次设置会浪费很多时间。按照如下的操作，可以将一个项目文件的所有日历应用于其他项目文件。

在已经设置了日历的 Project 文件中，选择【文件】→【信息】→【管理器】按钮，在打开的“管理器”对话框中，选择“日历”选项卡，如图 3.46 所示。

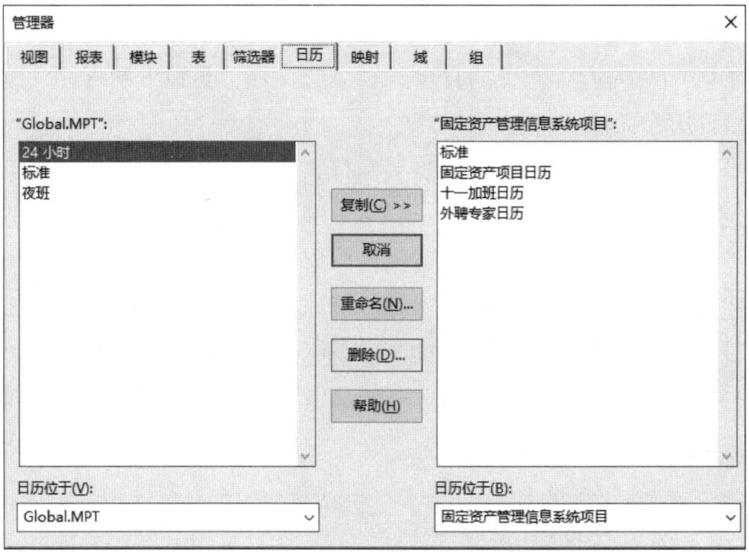

图3.46 日历共享

图 3.46 中的左侧是 Project 文件默认打开的全局文件“Global.MPT”中的日历，右侧是“固定资产管理信息系统项目”中的日历，也就是用户自己定义或者编辑后的日历。“Global.MPT”文件是 Project 默认打开时附带的空白文件，每次在新建文件时，打开的实际上都是该文件的副本，因此如果希望在“固定资产管理信息系统项目”中存在的日历也能在新建其他文件时依然可以使用，则只需要将右侧的日历复制到左侧即可。

方法是先选中右侧的一个日历，如“外聘专家日历”，再单击中间位置的【复制】按钮，该日历将出现在左侧的日历区域内，复制后的结果如图 3.47 所示。

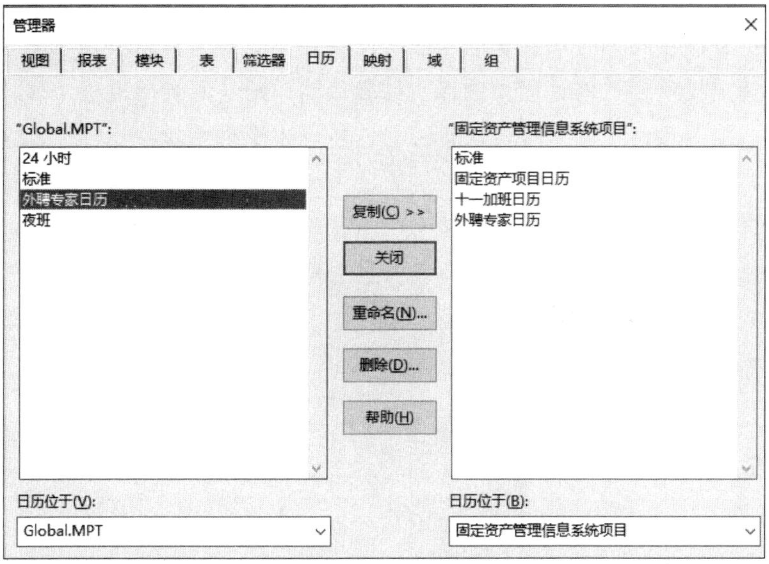

图3.47　日历复制结果

在图 3.47 中的左侧，也就是“Global.MPT”文件的日历中出现了“外聘专家日历”。当然，由于是复制过程，因此右侧的项目中，该日历依然存在。

今后再次新建文件时，“外聘专家日历”就会自动出现在新的文件中。

> 注意：如果只是希望在两个项目文件之间复制日历，而不需要全局文件做中介时，可以在图 3.47 的左下角的“日历位于”的下拉框中选择复制目的地项目文件，当然该项目必须是打开的状态。
>
> 另外，通过“管理器”对话框可以完成包括日历在内的很多内容的共享，如共享某个项目中的视图、报表、自定义域、窗体和筛选器等。

3.5 项目执行规划

项目经理在项目执行规划阶段，目的是编制推进项目执行的各类计划，在后续几章中，笔者会根据国内外项目执行规划的最佳实践，通过以下三个重点计划探讨如何基于 Project 2019 实现项目规划过程，这三个重点计划如下。

（1）项目进度计划；

（2）项目资源计划；

（3）项目成本计划。

以上三个计划是支撑项目执行规划的核心内容，也是 Project 2019 产品重点实现的管理内容。

注意：目前在具体的项目管理过程中，项目经理或者其他项目管理者往往会忽略或者不够重视项目规划过程，项目一旦启动就开始进入执行过程，这就类似“砍柴和磨刀”的关系，“磨刀不误砍柴工”已经被读者所熟知并认可，但在项目过程中却忽略掉计划的重要性，导致项目规划投入的时间和人力不够，编制形成的项目计划不够严谨，缺乏高可用性，直接影响项目执行过程，造成计划不严格、不可执行，计划随意调整乃至调整频繁。项目计划编制是一个统称，为了高效编制高可用性项目计划，将项目计划分为常用的三个计划：项目进度计划、项目资源计划、项目成本计划。

第 4 章 项目进度计划编制

在上一章中介绍了项目基本信息的设定，并且创建了项目文件“固定资产管理信息系统项目”，在本章中将介绍如何创建该项目的进度计划，项目资源计划将在第 5 章详细描述，项目成本计划将在第 6 章做详细描述。

在 PMBOK 中，这样描述“制订进度计划”：

制订可行的项目进度计划是一个反复进行的过程。基于获取的最佳信息，使用进度模型来确定各项目活动和里程碑的计划开始日期和计划完成日期。编制进度计划时，需要审查和修正持续时间估算、资源估算和进度储备，以制订项目进度计划，并在经批准后作为基准用于跟踪项目进度。关键步骤包括定义项目里程碑、识别活动并排列活动顺序以及估算持续时间。一旦活动的开始和完成日期得到确定，通常就需要由分配至各个活动的项目人员审查其被分配的活动。之后，项目人员确认开始和完成日期与资源日历没有冲突，也与其他项目或任务没有冲突，从而确认计划日期的有效性。最后分析进度计划，确定是否存在逻辑关系冲突，以及在批准进度计划并将其作为基准之前是否需要资源平衡。同时，需要修订和维护项目进度模型，确保进度计划在整个项目期间一直切实可行，以便进度计划在批准之后能够当作跟踪项目绩效的基准使用。制订进度计划过程随着工作的绩效。项目管理计划的改变，以及预期的风险发生或消失，或识别出新风险而贯穿于项目的始终。图 4.1 是 PMBOK 中制订进度计划的输入、工具与技术和输出。

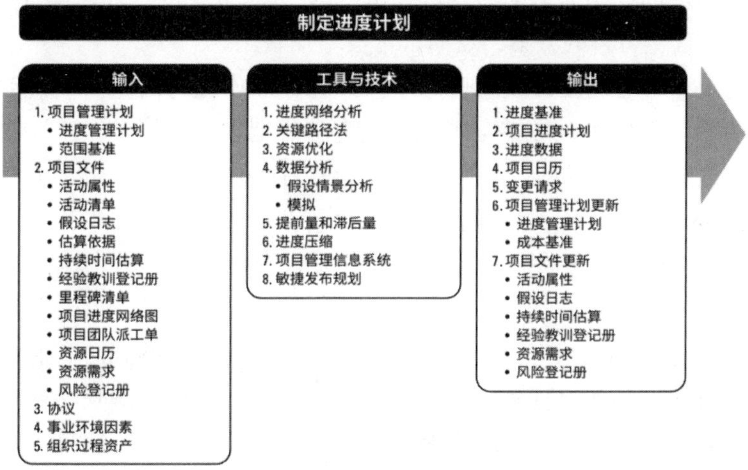

图4.1　制订进度计划：输入、工具与技术和输入

下面针对图 4.1 中的重点内容进行描述。

（1）进度网络分析。

进度网络分析是创建项目进度模型的一种综合技术，它采用了其他几种技术，如关键路径法、资源优化技术和建模技术。其他分析包括（但不限于）：

◎ 当多个路径在同一时间点汇聚或分叉时，评估汇总进度储备的必要性，以减少出现进度落后的可能性。

◎ 审查网络，看看关键路径是否存在高风险活动或具有较多提前量的活动，是否需要使用进度储备或执行风险应对计划来降低关键路径的风险。

进度网络分析是一个反复进行的过程，一直持续到创建出可行的进度模型。

（2）关键路线法。

关键路线法是沿着项目进度网络路线进行正向与反向的分析，从而计算出所有计划活动理论上的最早开始日期与完成日期、最迟开始日期与完成日期，不考虑任何资源限制。由此计算得到的最早开始与完成日期、最迟开始与完成日期不一定是项目的计划开始或计划完成时间，它们只不过指明计划活动在给定的活动持续时间、逻辑关系、时间提前量与滞后量，以及其他已知制约条件下应当安排活动的时间段与长度。

在任何网络路线上，进度灵活余地的大小由最早与最迟日期两者之间正差值决定，该差值叫作“总浮动时间”。关键路线有零或负值总浮动时间，在关键路线上的计划活动叫作“关键活动（任务）”。为了使路线总浮动时间为零或者为负值，有必要调整活动持续时间、逻辑关系、时间提前量或者滞后量或其他进度制约因素。一旦路线总时差为零或正值，还能确定自由时差。自由时差是在不延误同一网络路线上任何直接后续活动最早开始时间的条件下，计划活动可以推迟的时间长度。

（3）进度压缩。

进度压缩是在不改变项目范围，满足进度制约条件、强加日期或其他进度目标的前提下，缩短项目进度工期的方法。主要技术有两种。

赶进度。对费用和进度进行权衡，确定如何在尽量少增加费用的前提下最大限度地缩短项目所需时间。用通俗的语言可以解释为“将 10 天的工作压缩在 5 天完成”。赶进度并非总能产生可行的方案，反而常常会增加费用。

快速跟进。这种进度压缩技术应用于按照先后顺序进行的阶段或活动。用通俗的语言可以解释为“不要等领导签字了，我们先开始吧！”。例如，建筑物在所有建筑设计图纸完成之前就开始基础设施施工。快速跟进往往造成返工，并通常会增加风险。这种方法可能要求在取得完整、详细的信息之前就开始进行，如工程设计图纸。其结果是以增加费用为代价换取时间，并因缩短项目总工期而增加项目风险。

（4）项目日历。

项目日历的作用是标明可以工作的时间段。项目日历影响到所有的活动。例如天气原因，在户外施工的所有计划可能会受到影响。资源日历影响到某种具体的资源或者资源种类。资源日历反映了某些资源是如何安排工作时间的。项目进度计划是依赖项目日历的，项目日历中规定的工作日与非工作日直接影响项目进度排定，这是项目进度计划的基础运算数据，尤其国家假日的排定与传统的周一至周五是工作日、周六周日是非工作日是有差异的。

综上所述，编制项目进度计划是一项非常复杂、高难度的工作，在 Project 工具的支撑下，编制高效规范的项目进度计划可以从以下五个步骤展开：

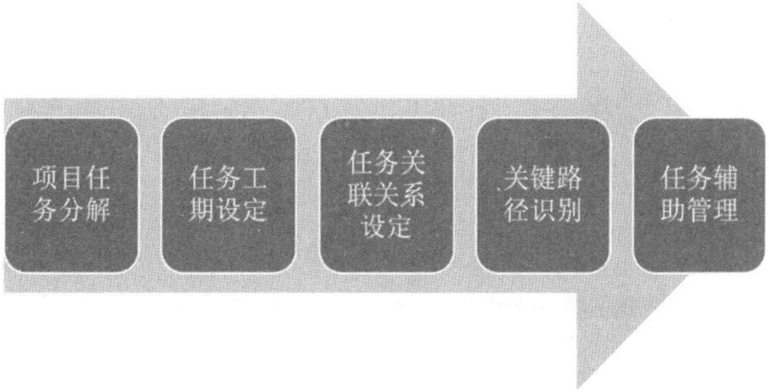

图4.2 项目进度计划编制流程

以下是对项目进度计划编制流程五个步骤的说明。

1. 项目任务分解

项目任务分级即 WBS（Work Breakdown Structure，工作分解结构）分解，任何项目都是由更细化的工作组成的，做项目本身就是完成诸多组成项目的更细化的工作，因此项目进度计划的第一步就是基于一定的规则，将项目进行细化分解，将所有的项目细化工作分解后的组合组成了项目的所有工作，这个规则通常是时间顺序规则或者模块组成规则；同时还需要充分利用项目过程里程碑，利用里程碑来标定或者标识项目过程的重点，让项目过程更加清晰，项目相关方更加容易知悉项目过程。

2. 任务工期设定

任务工期即完成一项具体任务所需要投入的时间跨度，例如完成一项实验工期为 5 天或者做一次技术评审需要 2 天，工期是时间跨度的概念，不是任务工作量的概念。如果一个人做一项为期 5 天的实验，则工作量是 5 人天（40 小时），如果是 2 个人投入一项为期 5 天的实验，则工作量为 10 人天（80 小时）。同时读者需要注意，任务工期是对可执行具体任务的工期，摘要任务（通常也称之为父任务）的工期通常是下级各子任务的整体反映，也就是说摘要任务工期是 Project 计算出来而非手动输入的。项目具有不确定性，每一个任务工期同样也存在不能确定的情况，这就需要存在工期估计的概念，在 Project 进行工期设定时需要经常用到工期估计方法。

3. 任务关联关系设定

分解完成的项目工作任务之间一定存在某些关联关系，这种关联关系需要项目经理进行识别设置，例如只有开发完才能进行测试，这是一种强关联关系，因为项目任务之间有若干种关系，因此在设置项目任务关联关系时，要采取自上而下的顺序进行设置，同时需要注意项目摘要任务避免设置任务关联性（摘要任务是虚拟任务，并不真实存在），以及注意项目里程碑必须设置关联性。

4. 关键路径识别

通过以上三个步骤设定后，Project 可以自动计算出项目关键路径，通过关键路径可以帮助项目经理分析当前项目进度计划规划的合理性与正确性，是否满足项目预期要求，需要强调的是项目关键路径不但可以作为项目整体时间进度的分析方法，也可以作为每个阶段的时间进度分析方法，基于关键路径分析项目经理可以对项目进度计划进行调整优化，满足项目整体时间进度规划要求。

5. **任务辅助管理**

项目进度信息涉及很多内容，项目经理不但要分析项目进度信息，还需要对项目任务辅助信息，例如备注信息、可能存在的问题、预先识别的风险及文档模板类信息进行设定和分析，以更好地完成项目进度计划规划。

4.1 任务分解

在上一章中为项目设置了日历，日历设置完毕，应该开始在甘特图中进行项目进度的详细规划过程了，第一项是项目任务分解。输入任务信息的工作是任务分解的过程，任务分解过程在进度计划乃至整个项目所有计划的制订中都是最重要的，任务分解是项目管理的基础工作，请务必认真根据规范进行详细分解。

4.1.1 工作分解结构（WBS）

PMBOK 中 5.4 章节这样描述创建工作分解结构的过程：

创建 WBS 是把项目可交付成果和项目工作分解成较小、更易于管理的组件的过程。本过程的主要作用是，为所要交付的内容提供架构，它仅开展一次或仅在项目的预定义点开展。

WBS 是对项目团队为实现项目目标、创建所需可交付成果而需要实施的全部工作范围的层级分解。WBS 组织并定义了项目的总范围，代表着经批准的当前项目范围说明书中所规定的工作。

WBS 最低层的组成部分称为工作包，其中包括计划的工作。工作包对相关活动进行归类，以便对工作安排进度、进行估算、开展监督与控制。在“工作分解结构”这个词语中，“工作”是指作为活动结果的工作产品或可交付成果，而不是活动本身。

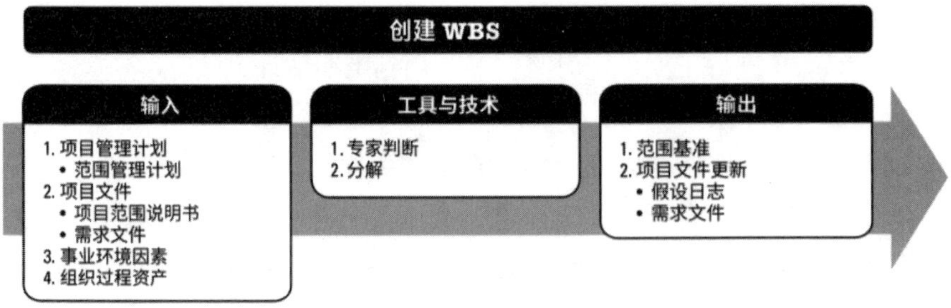

图4.3 创建WBS：输入、工具与技术和输出

很多后续的计划都是围绕进度计划中分解的任务进行的，因此掌握一些任务分解的原则与技巧对于编制项目计划将非常有帮助。

用比较简单的语言来定义 WBS，它是面向可交付成果的项目元素的分解，它组织并定义了整个项目范围，未列入工作分解结构的工作将被排除在项目范围之外。

4.1.2 任务分解的原则

（1）任务分层原则。通常一种是按照时间分阶段，一种是按照模块划分。在很多传统的领域中，使用如图 4.4 所示的工作分解结构图来表示工作之间的层次关系。

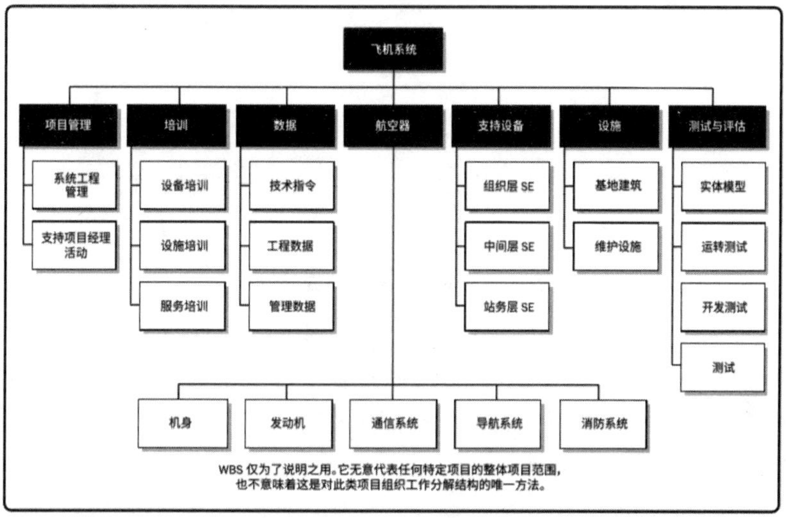

图4.4 引用PMBOK中的传统WBS图

任何一个项目的分解结构都必须有层次，如果没有划分任务层次，将给项目管理工作带来诸多不便。具体层次如何划分，这里给出如图 4.5 所示的建议。

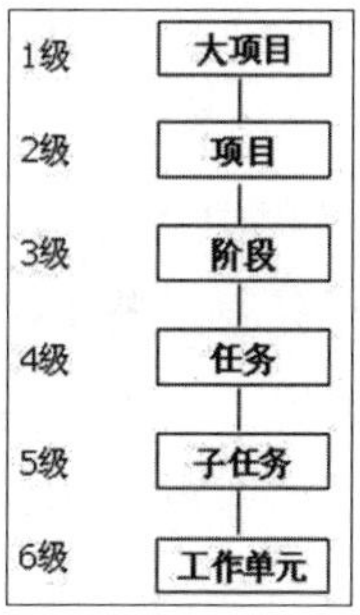

图4.5 任务层次划分建议

图 4.5 中的“大项目”指的是包含若干个子项目的项目。例如，“XX 企业综合信息管理平台项目群”项目，包含若干个子项目组。

第 1 层应该是“XX 企业综合信息管理平台项目群”的大项目名称。

第 2 层便是若干个子项目的名称，如“固定资产管理信息系统”。

第 3 层应该是每个子项目的阶段名称，如“固定资产管理系统”项目的“需求分析阶段”等。

第 4 层是第 3 层描述的阶段中包含的任务名称，如“需求分析阶段”中包含任务“系统需求获取”。

第 5 层子任务则表示的是第 4 层中包含的任务，如“系统需求获取”任务包含子任务“财务部门需求获取”。

第 6 层工作单元指的是某一次具体的活动，如“财务部门系统需求获取”应该包含“财务部门系统需求获取第一次需求讨论”这一工作单元。

以上的任务层次如图 4.6 所示。

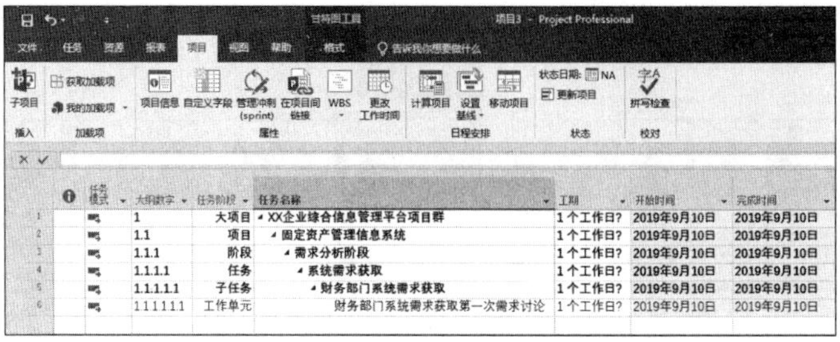

图4.6 在Project中体现任务分级

（2）80 小时原则。80 小时即 10 个工作日，因为一般情况下每天均是按照 8 个小时来计算工时。这条原则指的是在任务分解过程中，最小级别的任务工期最好控制在 10 个工作日内，目的是在项目执行期间更好地检查、控制。通过这一手段可以把项目的问题暴露在两周或者更短的时间之内。

制订项目计划的目的是更好的控制项目，任务分解的结果便是项目执行、检查、监控的依据。如果项目任务分解过于粗放，就难以进行细致的跟踪。如果某一任务的工期时间较长，建议再次对任务进行细化分解，以便符合 80 小时原则。

在具体项目中通常遇到工期相对很长的任务，如外包工作任务，可能会有几个月的任务周期，这时候可以根据情况将外包工作分解成每 10 天为一个检查点，以便于更好地跟踪任务执行。

（3）责任到人原则。任务分解过程中，最小级别的任务最好是能够分配到某一个具体的资源，如果发现某一项任务的资源是若干个资源一起完成，同样是为了更好地控制项目，建议对该任务再次细分到每一个人。否则如果某一项任务出现问题，很难将责任定位到某一个人。例外情况，如评审会等，需要多人同时参与执行，可以不遵循此原则。

（4）风险分解原则。任务分解过程中，如果遇到风险较大的任务，为了更好化解风险，建议将该任务再次细分，以便能够更好、更早暴露风险，为风险的解决和缓解提供帮助。

（5）逐步求精原则。“罗马不是一天建成的”，高质量的任务分解全部过程需要花费很长的时间，在项目的前期不可能考虑到项目后期非常具体的任务。因此，即将开始的任务需要非常精细的分解，未来的任务可以分解得粗放一些，等到即将执行时再进行精细化分解。

逐步求精等同于渐进明细，是在首先搭建好框架的基础上进行渐进明细，不是简单的计划条目的增加。

（6）团队工作原则。项目计划制订主要责任人是项目经理，但并不应该是项目经理一个人的工作。项目经理在制订项目计划过程中，尤其是任务分解、工期估计等关键过程中一定要与项目成员一起进行。因为毕竟所有任务的执行是由项目成员来完成的，任务的描述和分解必须征得大家同意和确认，从而尽可能避免项目执行过程中任务分解方面的意见分歧。

4.1.3 录入任务信息

了解任务分解的相关原则后，便可以打开 Project 进行任务信息的录入工作。具体的步骤如下。

（1）录入项目名称。因为在 3.3.3 小节中已经通过选择【文件】→【选项】，并且在【高级】选项卡中选择了“显示项目摘要任务”选项，所以项目名称不需要再次手工录入，将会自动将文件的名称作为项目的名称直接体现在第一行，该行的标示号为“0”。很多项目经理、读者有将标识号为“1”的任务作为项目名称的习惯，现在应该明白这是不规范的，在 Project 2019 中，标识号“0”的任务就是项目名称，而不需要特殊增加一条项目名称的任务。

（2）录入各阶段名称（项目任务分解第一步）。

（3）录入项目结束里程碑（原则上项目结束是一个里程碑，阶段结束是一个里程碑）。以上步骤操作完成后，就会得到如图 4.7 所示的效果。

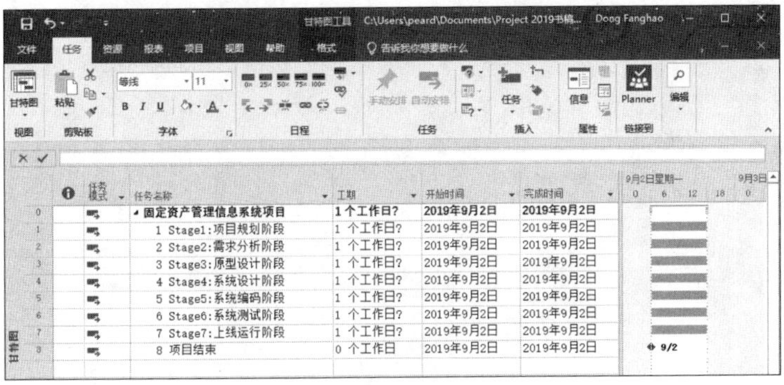

图4.7 录入任务信息

在图 4.7 中，录入了 7 个项目的阶段，用户在录入自身项目时，根据项目的实际特点录入项目的阶段名称，笔者建议如果该任务属于阶段任务，则在名称中包含“阶段”的文字，这是一种良好的计划编制习惯。最后一个任务的目的是表示项目的结束，因为是里程碑，所以将工期设为 0，其他任务的默认工期均是“1 工作日？”。这是系统默认的在没有编辑工期的情况下自动出现的，标识该阶段工期目前处于估计状态。

（4）对各阶段进行细化。例如，对“Stage2：需求分析阶段”进行细化操作，操作的方式是单击“Stage2：需求分析阶段”的下一行任务“Stage3：原型开发阶段”，再单击【任务】→【插入】→【任务】→【空行】选项，连续单击后，会在“Stage2：

资源下载码：78956

需求分析阶段”的任务下方产生若干个空任务，如果直接单击【任务】按钮，则会插入“新任务”，对增加任务带来不便，因此，需要插入空任务，如图 4.8 所示。

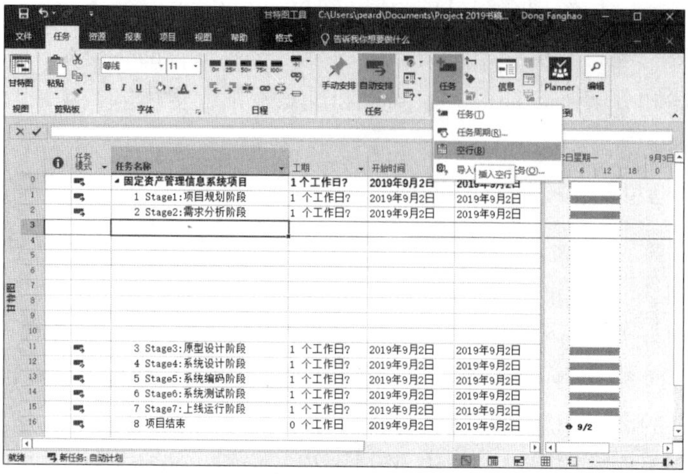

图4.8 插入空行的分解结构

如果用户喜欢用键盘操作，可以采用另外一种更加便捷的方式插入空行，同样将鼠标光标定位到“Stage3：原型设计阶段”，单击键盘上的【Insert】（插入）键，每单击一次【Insert】键，Project 会增加一行空行，如图 4.8 所示。

在图 4.8 的空任务中录入“Stage2：需求分析阶段”的子任务，录入后如图 4.9 所示。

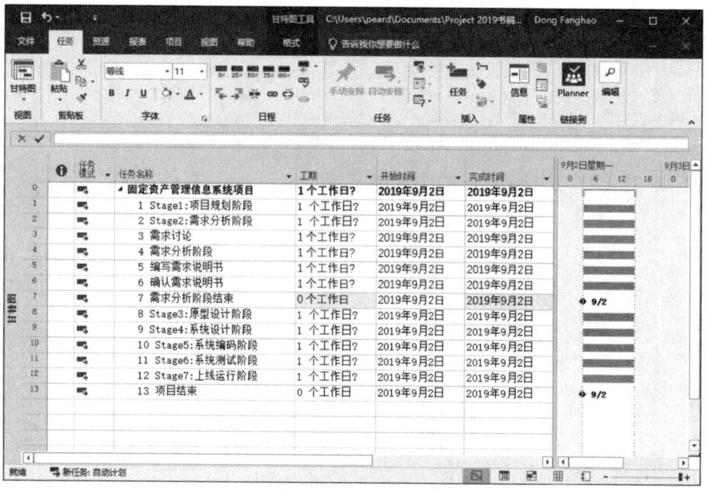

图4.9 插入空行的分解结构

在图 4.9 中，“Stage2：需求分析阶段”下面增加了 5 项任务，而且增加的第 5 个任务是“Stage2：需求分析阶段”结束的里程碑，所以将该任务的工期改为了“0”。

为了能够表现出从第 3 项任务到第 7 项任务是第 2 项任务“Stage2：需求分析阶段”的子任务，就必须做降级的操作，操作的方法：按住鼠标左键拖动将新建的 5 个任务全部选中，再单击【任务】→【日程】→【 】图标，实现降级，降级后的结果如图 4.10 所示。

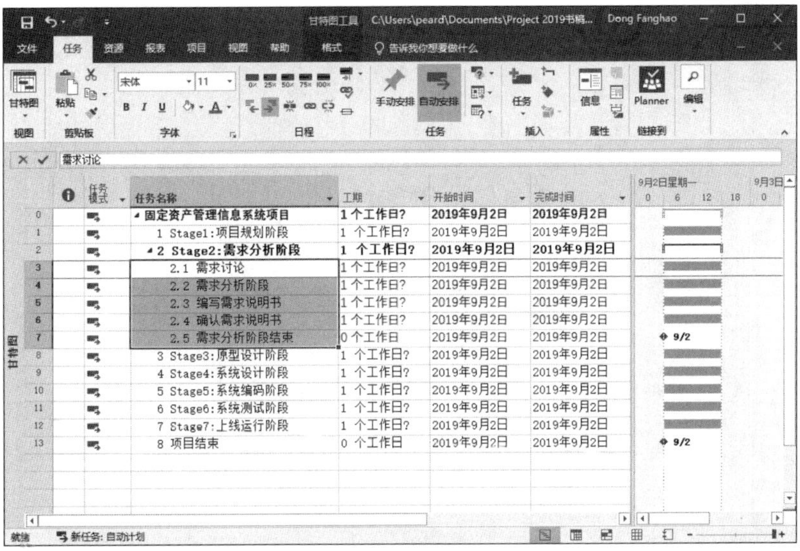

图4.10 降级操作的结果

从图 4.10 中可以看到，新增加的 5 项任务的层次被降低了，而且任务名称前的大纲号标识号也清晰地表示出了这种关系。任务名称前的大纲号出现的原因是在第三章的 3.3.3 节中设置的结果。

按照上述方法，对以下的所有阶段进行相应的细分操作。

（5）对各阶段内的需要再次细分的任务进行分解。例如，“Stage2：需求分析阶段”的“需求讨论”还可以再细分为“第一次需求讨论”“第二次需求讨论”“第三次需求讨论”这 3 项任务。分解的结果如图 4.11 所示。

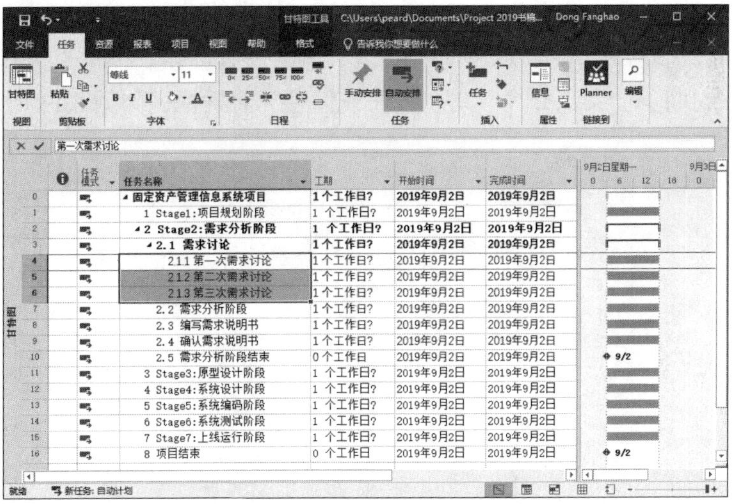

图4.11 对被分解过的任务再次分解

在图 4.11 中可以看到，“需求讨论”任务又被再次细分为 3 个子任务，而且 3 个子任务已经被成功降级。

（6）重复第（5）步。直到整个项目分解结束，得到如图 4.12 所示的效果。

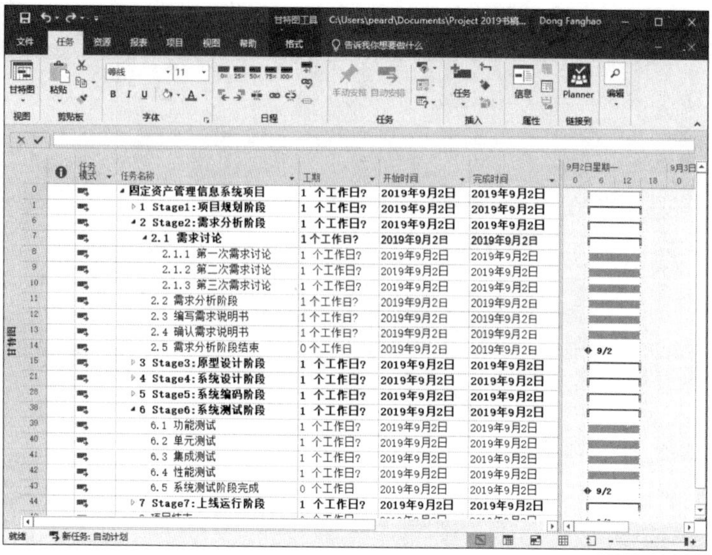

图4.12 任务分解结束

4.1.4 周期性任务

如果有周期性发生的任务，为了减少重复录入的工作量，可以采用Project提供的“插入周期性任务”功能完成。

例如，PMO要求项目经理把“项目周例会”作为任务列入项目计划，但是每周五都召开的周例会在项目的整个周期内需要发生几十次，手工依次输入需要较大的工作量。为了减轻输入任务的工组量，可以采取作为“周期性任务”的方式进行操作。具体操作如下。

在任务列表中，首先选中在哪个任务之前插入周期性任务。例如，在“项目结束”之前插入周期性任务，则先单击【项目结束】任务，接着选择【任务】→【插入】→【任务】→【任务周期】选项，打开“周期性任务信息”对话框，如图4.13所示。

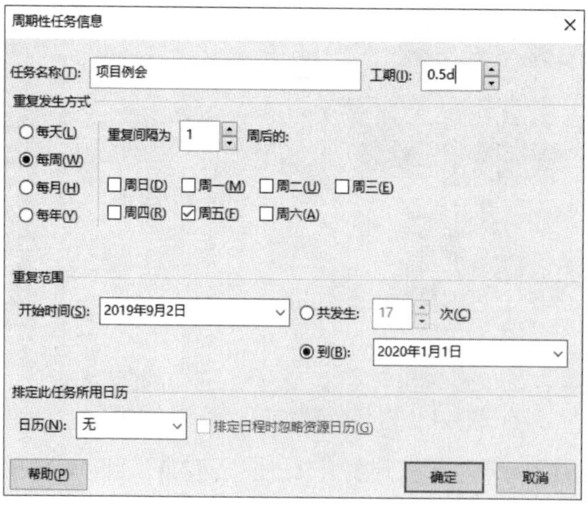

图4.13 插入周期性任务

在图4.13所示的对话框中，在“任务名称”中输入任务描述信息“项目例会”，在“工期”中填入此周期性任务每次经历的时间，在“重复发生方式”中选择发生频率，如“每周”，如果不希望是每周都执行该任务，可以在右侧的“重复间隔为”输入一个数值。例如，如果希望每两周开一次例会，则在“重复间隔为”中输入“2”。在“重复范围”中选择起止日期，因为项目例会应该贯穿整个项目始终，因此时间范围应该从项目的开始时间到项目的完成时间。以上信息填写完毕，单击【确定】按钮。

Project 将该周期性任务自动分配到每周五当中，如图 4.14 所示。“项目例会”前的“⟳”表示该任务是周期性任务。

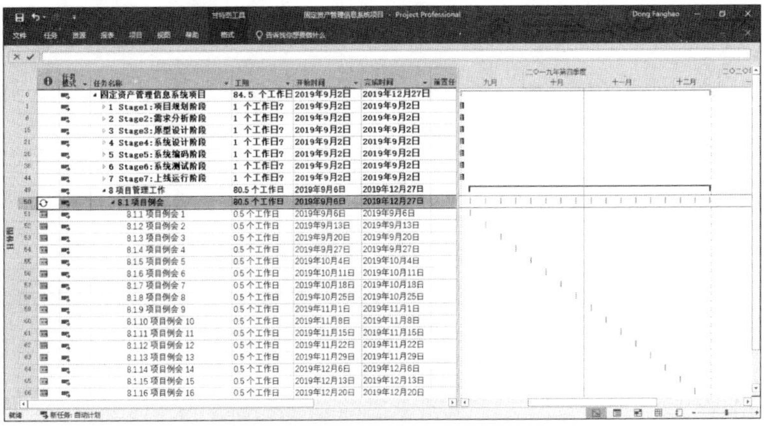

图4.14　插入周期性任务以后

4.1.5 任务层级结构

项目任务分解工作完成后，可以形成项目任务的层级关系，理论上 Project 可以支持无限级别设置，在具体的项目进度计划规划过程中，请项目经理适当控制，一般控制在 5~6 级是比较合理的级别，级别太少会导致项目计划太粗，级别太多会导致项目计划太细，计划太粗和太细都不利于项目执行过程控制。

4.2 任务工期设定

任务分解工作完成后，便可以开始为任务设定工期了。任务工期指的是完成任务所需的有效工作时间的总跨度。通常按照项目日历和资源日历的定义，为从任务开始时间到完成时间的工作时间总量，而非工作量。

4.2.1 工期类型

在 Project 中，工期的单位有如下几类：月，英文缩写 mo；周，英文缩写 w；日，英文缩写 d；时，英文缩写 h；分，英文缩写 m。这几种单位工期类型都是工作工期，是剔除了非工作日的单位，如果项目任务需要不考虑非工作日的话，则在对应缩写前面增加“e”，例如“ed”，表示为自然日工期。

4.2.2 工期设定

在 Project 2007 版本中，能够设定工期的任务必须是没有子任务的，从 Project 2010

版本开始，增加了“任务模式”功能，从而可以对“摘要任务”设置任务工期。“任务模式”有两种方式，一为“自动计划”，“自动计划”模式跟 Project 2007 中的工期计算及设置方式一致；二为“手动计划”，“手动计划”模式是 Project 2010 以后增加的新功能，可以对任务进行手动设置工期。本节先对“自动计划”模式进行描述，“手动计划”模式在 4.2.6 节中做特殊说明。

> 注意：自 Project 2010 版本开始，新增“任务模式”任务属性，从而改变了 Project 2007 版本中任务工期不能特殊设置而只能默认输入工期数值的使用模式。在 Project 2019 版本中，任务工期不但可以输入常规工期，还可以输入文字等（一旦输入了文字则任务自动调整为手动任务模式），摘要任务的工期也可以不是直接通过子任务计算得来，而是可以手动输入，详述请见“4.2.5”。“4.2.1”至“4.2.4”章节都是按照设置的“任务模式”为“自动计划”进行描述的。

选中需要设置任务的“工期”列，可以采用直接输入的方式。例如，“第一次需求讨论”任务的工期初步计划为 3 天，则在该任务的“工期”列上直接输入“3d”；如果为 1 周，则直接输入“1w”；如果为 1 个月，则直接输入“1mo”；如果为 5 个小时，则直接输入“5h”；如果为 5 分钟，则直接输入“5m”，如图 4.15 所示。

	任务模式	任务名称	工期	开始时间	完成时间	前置任务
0		固定资产管理信息系统项目	84.5 个工作日	2019年9月2日	2019年12月27日	
1		1 Stage1:项目规划阶段	1 个工作日?	2019年9月2日	2019年9月2日	
6		2 Stage2:需求分析阶段	20 个工作日?	2019年9月2日	2019年9月27日	
7		2.1 需求讨论	20 个工作日	2019年9月2日	2019年9月27日	
8		2.1.1 第一次需求讨论	3 个工作日	2019年9月2日	2019年9月4日	
9		2.1.2 第二次需求讨论	1 周工时	2019年9月2日	2019年9月6日	
10		2.1.3 第三次需求讨论	1 月工时	2019年9月2日	2019年9月27日	
11		2.2 需求分析阶段	5 工时	2019年9月2日	2019年9月2日	
12		2.3 编写需求说明书	5 分钟工时	2019年9月2日	2019年9月2日	
13		2.4 确认需求说明书	1 个工作日?	2019年9月2日	2019年9月2日	
14		2.5 需求分析阶段结束	0 个工作日	2019年9月2日	2019年9月2日	

图4.15 不同的工期设定

当工期为“0”时，该任务便可标识为“里程碑”，里程碑在甘特图中用◆表示，如图 4.15 中“需求分析阶段结束”任务所对应右侧横道图区域中的形状。

> 注意：里程碑是标记项目中主要事件的参考点，并且用于监控项目的进度。任何工期为零的任务都自动显示为里程碑。例如，项目中的一项任务要求由另一家公司开发某个应用程序，可以在项目中创建一个工期为零的里程碑，以表示该应用程序的完成。还可以将任何工期的任何其他任务标记为里程碑，方法是双击某一个任务，在“任务信息”对话框中的“高级”选项卡中勾选左下角的“标记为里程碑”复选框。

里程碑在项目管理中的作用类似高速公路的路牌，是项目执行过程的状态标识。

4.2.3 摘要任务工期计算

按照上述的设置方法，在设定任务工期时，读者会发现摘要任务（含有子任务的任务）的工期是自动计算的。如图 4.16 所示，摘要任务“需求讨论”的工期是“6 天”。下面介绍这“6 天”的工期是如何计算出来的。

图4.16　摘要任务工期计算

如图 4.16 所示的线框所示，摘要任务“需求讨论”的工期计算方式如下：找到该摘要任务所有下属任务中的最晚“完成时间”与最早“开始时间”，两者之间的有效工作时间便是该摘要任务的工期。因此“6d”是摘要任务下属所有任务中最早开始时间“2019 年 9 月 2 日”与最晚结束时间“2019 年 9 月 9 日”之间的工作日天数。

4.2.4　估计工期标识

在日常的项目计划编制过程中，工期将决定项目的时间范围以及工作量投入多少。科学、合理的工期估计成了一项重要的工作，因此往往也产生某些特殊任务的工期需要多次讨论才能确定下来的情况。这些需要反复确认工期的任务如果能特殊标示出来，将对工期的估计工作带来一定的好处。

Project 中，在没有对任务的“工期”数值进行人工干预时，每个任务工期的数量默认为“1d”或者“1 工作日”，而且在“工作日”的后面紧跟着一个标点“？”。Project 使用“？”来标识该任务的工期还没有最终确定，没有最终确定的工期称为“估计工期”，如图 4.17 所示。

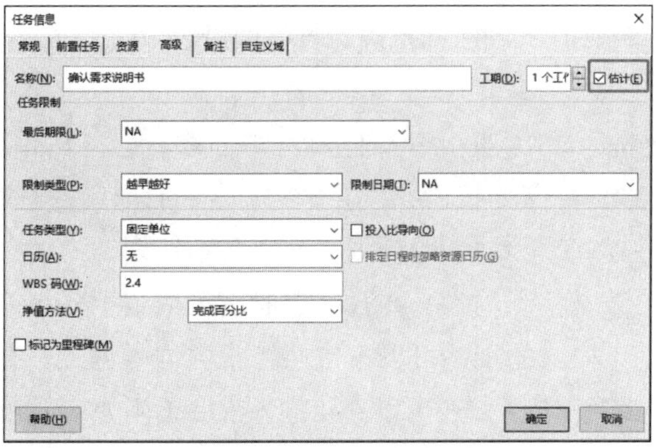

图4.17　估计工期标识

消除“？”的方法有两种，第一种方法是直接在工期的位置重新输入工期值，按【回车】键确定后“？”便会消失；第二种方法是双击任务以后，在出现的对话框中手动修改是否显示“？”。

如图 4.17 所示，如果勾选“估计”复选框，则工期后面便出现“？”，如果不勾选，工期后面的“？”便会消失。

注意：利用“估计工期”可以用于标识工期还没有确定的任务。计划编制者向相关人员做项目计划汇报时可以利用此标识筛选出哪些任务的工期估计存在困难。具体的筛选方法是，选择【视图】→【数据】→【筛选器】→【具有估计工期的任务】选项。

所有任务的工期设置完毕后，如图 4.18 所示。

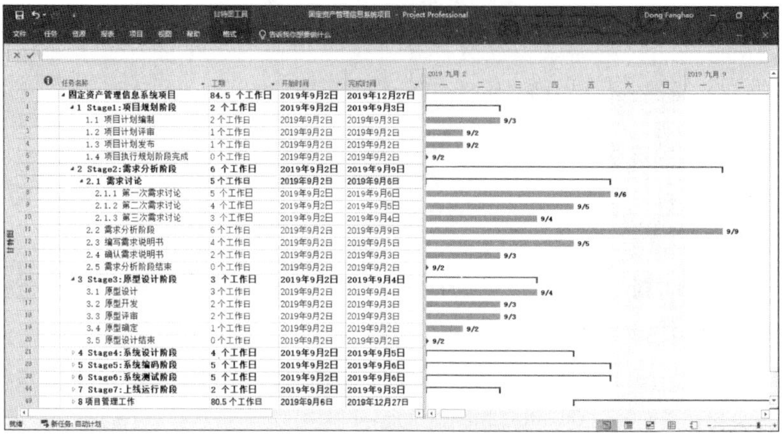

图4.18 工期设置完毕

在图 4.18 中可以看到，所有任务的工期都经过了设置，右侧的横道图的长短表示了工期的长短，但同时可以发现每项任务的“开始时间”依然是相同的，这显然不符合实际的进度计划的需要，此时用户不需要手工对每项任务进行“开始时间”或者“完成时间”的设置来修改任务的时间范围，而是应该通过设置任务的相关性之后，由 Project 软件自动计算每项任务的时间范围。具体的设置方法在下一节中介绍。

4.2.5 任务模式

首先介绍一下 Project 2019 版本中“任务模式”的概念。在 Project 2019 版本中，“任务模式”有两种，一为“自动计划”模式，二为“手动计划”模式，Project 2019 版本中默认任务的“任务模式”为“手动计划”。“自动计划”模式即任务的工期设置，开始及完成时间按照正常情况输入，并且完成时间可以根据任务工期和开始时间计算得出；而“手动计划”模式的工期可以不按照正常的输入方式进行输入，不但可以输入常规工期（例如，2 工作日），还可以直接输入汉字（例如，不确定任务工期？！），如图 4.19 所示。

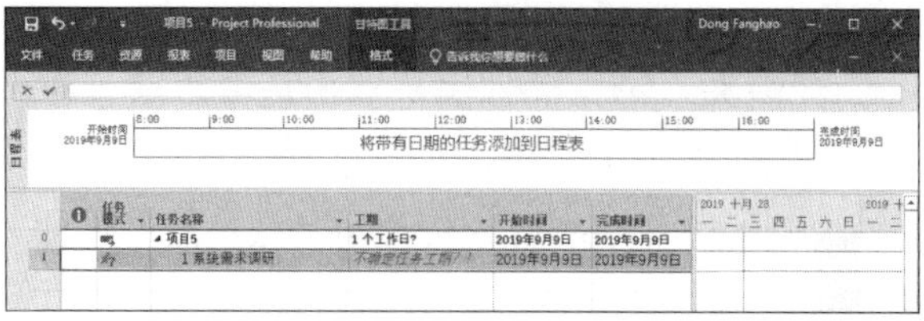

图4.19 手动计划

◎ 📌标识该任务是“手动计划”模式，▬标识该任务是“自动计划”模式。

如果该任务第一次设置了“自动计划”模式，再调整为“手动计划”模式，则标识为📌。

如果将“系统需求评审”设置为“自动计划”模式，则该任务对应的工期及开始时间与结束时间的值分别默认如图 4.20 所示。

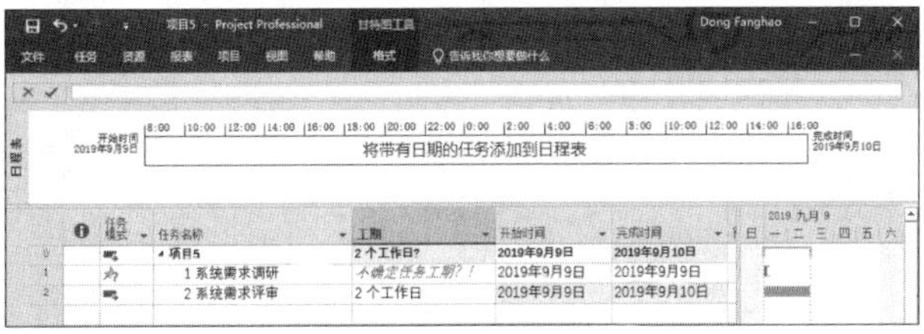

图4.20 手动计划

“自动计划”模式下，任务的工期必须严格按照工期规范输入，不能输入类似“不确定任务工期？！”这样的描述，只能输入工期值（例如，2 工作日）。同时，任务的开始时间与完成时间也相应地自动计算出来。

为了便于项目经理快速制订项目计划，笔者建议在 Project 环境设置中将“任务模式”首先设置为“自动计划”模式。

“手动计划”模式使用详细介绍请参考 4.2.6 节。

4.2.6 “手动计划”模式

“手动计划”模式经常应用于“自上而下”的编制项目计划方式，场景如下。

项目经理接收到项目信息后，首先编制项目阶段计划，确定项目阶段对应的工期，阶段开始时间及完成时间，利用“手动计划”模式编辑项目阶段信息，阶段的进度信息并不是由阶段内的任务进度信息计算得来，而是手动设置，一旦确定阶段的信息模式设置为“手动计划”，则阶段的进度信息就是由项目经理直接输入的，并且可以输入非进度信息（例如，“工期未确定！”），如图 4.21 所示。

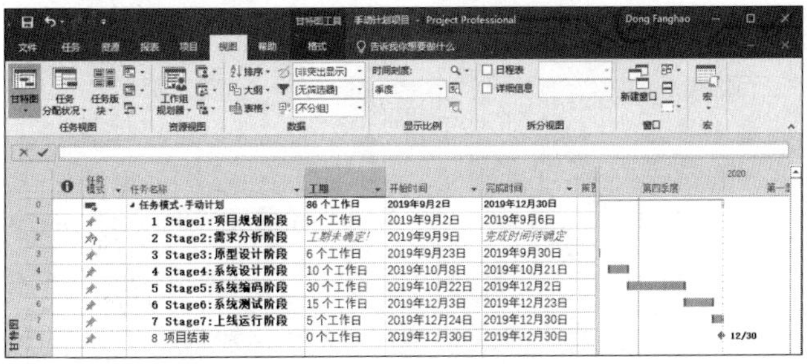

图4.21 “手动计划”模式下编制项目阶段信息

在图 4.21 中，“Stage2：需求分析阶段”工期未确定，只有“开始时间”，项目经理按照目前的情况直接在 Project 中输入“工期”为“工期未确定！”，“开始时间”为“2019 年 9 月 9 日”，“完成时间”为“完成时间待确定”。这样的阶段任务描述是“手动计划”模式下可以进行的，说明该阶段工期未确定，但是已经确定了该阶段的开始时间，完成时间由于工期的未确定而处于待确定状态。待“Stage2：需求分析阶段”的工期经过讨论确定后，项目经理将“Stage2：需求分析阶段”的工期及完成时间更新到 Project 计划中，如图 4.22 所示。

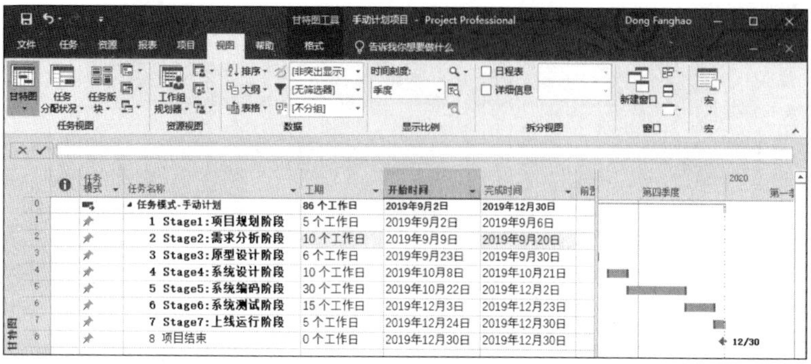

图4.22 “手动计划”模式编制项目阶段信息

通过以上方式，项目经理首先确定项目各个阶段的工期与阶段的开始时间与完成时间，然后再进行项目任务阶段的任务分解过程。需要特殊说明的是，项目经理分解各个阶段的具体任务并且设置各个任务的工期与关联关系后，阶段内的任务的完成时间有可能会超出当前阶段的完成时间（阶段的完成时间是手动模式下建立的，因此完成时间是固定的，不会按照阶段内的任务的完成时间进行自动计算），当超过当前阶段的完成时间后，阶段的完成时间会提示，如图 4.23 所示。

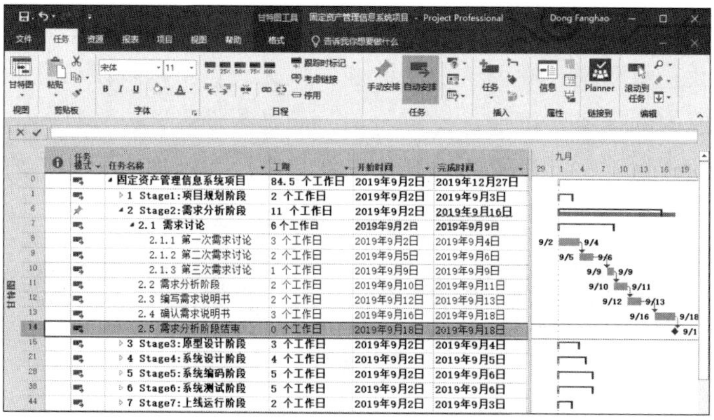

图4.23 “手动计划”模式下阶段完成时间

“Stage2：需求分析阶段”的完成时间预计是“2019 年 9 月 16 日”完成，通过对该阶段的具体任务分解、工期设置及关联关系设置后发现，阶段的任务“需求分析阶段结束”的完成时间变为“2019 年 9 月 18 日”，已经超过了“2019 年 9 月 16 日”，因此该阶段的完成时间“2019 年 9 月 16 日”下面多了一条红色波浪线，提醒项目经理，目前的阶段任务分解后与项目计划开始的阶段完成时间有时间冲突。因此项目经理需要对任务分解进行调整。

注意：利用“任务模式”的“手动计划”与“自动计划”可以帮助项目经理自上而下地编制项目计划，对于使用 Project 比较熟悉的项目经理来说这是 Project 工具一个非常大的改进之处，可以相互结合使用，提高项目经理的工作效率；但是对于刚刚接触 Project 工具的项目经理来说，按照笔者提供的 Project 基本设置的方式（即自动计划）进行项目计划的编制及执行监控会更加容易掌握。

4.3 任务关联性设定

工期设定结束后，会发现所有的任务的开始时间均是项目的开始时间，此时没有必要去修改每个任务的“开始时间”和“完成时间”，通过任务关联性设定，便可科学地完成任务的时间排定，也就是说通过 Project 进行项目进度计划编制，每个任务的开始时间和完成时间是通过 Project 自动计算出来的，而不是手动设置的（除非必要）。

4.3.1 任务关联性的类型

在 Project 中，采用的网络图的技术为“单代号”，在单代号网络图中，任务之间的关联性有如下 4 种。

◎ 完成—开始（Finish — Start，FS）。如果任务 B 开始的前提是任务 A 完成，则任务 A 和任务 B 具有完成—开始的关系。例如，“项目验收”（B）任务开始的前提是“项目试运行”（A）结束，即如果“项目试运行”（A）不结束，“项目验收”（B）无法开始，则“项目试运行”（A）与“项目验收”（B）之间有“完成—开始”的关系。

◎ 开始—开始（Start — Start，SS）。如果任务 B 开始的前提是任务 A 开始，则任务 A 和任务 B 具有开始—开始的关系。例如，“代码检查”（B）任务开始的前提是“代码编写”（A）任务开始，即如果“代码编写”（A）不开始，“代码检查”（B）无法开始，则“代码编写”（A）与“代码检查”（B）之间存在“开始—开始”的关系。

◎ 开始—完成（Start — Finish，SF）。如果任务 B 完成的前提是任务 A 开始，则任务 A 和任务 B 具有开始—完成的关系。例如，“老员工工作交接”（B）任务完成的前提是“新员工工作”（A）任务的开始。即如果“新员工工作”（A）没有开始，“老员工工作交接”（B）的任务就不能完成，则“新员工工作”（A）与“老员工工作交接”（B）之间有“开始—完成”的关系。

◎ 完成—完成（Finish — Finish，FF）。如果任务 B 完成的前提是任务 A 完成，则任务 A 和任务 B 具有完成—完成的关系。例如，“所有模块编写结束”（B）任务完成的前提是每个“单元模块编写”（A）完成，即如果任何一个“单元模块编写”（A）没有完成，“所有模块编写结束”（B）的任务就无法结束，则“单元模块编写”（A）与“所有模块编写结束”（B）之间有“完成—完成”的关系。

> 注意：任务 B 的结束（开始）是以任务 A 的结束（开始）为前提，需要读者充分理解“前提”的含义，“前提”代表“只有……才……”。两个任务之间满足这种约束，才能够说明任务 A 和任务 B 有相应的关系。而且必须注意这种关系是“逻辑”关系，不是“时间”关系。

A 与 B 的关系并不等于 B 与 A 的关系，任务相关性在 A 与 B 之间是不可逆的。一旦任务 A 与任务 B 具有某种相关性以后，任务 A 是任务 B 的前置任务，任务 B 是任务 A 的后续任务。

4.3.2 设定任务关联性

充分理解任务关联性的具体含义后，如何在 Project 中设置呢？与以前的版本相比，Project 2019 有 4 种方法可以实现：

◎ 在条形图中直接拖曳；

◎ 在“前置任务”列中直接编辑；

◎ 在“任务信息”中的“前置任务”选项卡中编辑；

◎ 在“前置任务”列中下拉选择设置。

1. 在条形图中直接拖动

如图 4.24 所示，任务“第二次需求讨论”开始的前提是“第一次需求讨论”结束，直接单击“第一次需求讨论”的条形图。

图4.24 鼠标拖动时

将鼠标左键保持在按下的状态，拖曳到任务“第二次需求讨论”的条形图上之后，便出现如图 4.25 所示的效果。

图4.25 鼠标拖曳完成后

经过拖曳以后，任务“第一次需求讨论”和“第二次需求讨论”之间建立了“完成—

开始”的关系，如图 4.25 所示。

在默认情况下，利用拖曳的方法建立的相关性都是“完成—开始”，如果想修改两个任务之间的关联性，可以用鼠标双击图 4.25 中的带箭头的线条，将打开如图 4.26 所示的对话框。

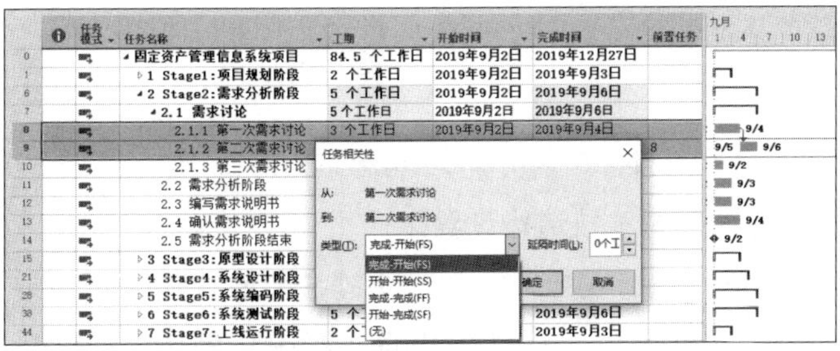

图4.26　修改任务关联性

可以在“类型”下拉框中选择关联性，完成修改的操作。如果“类型”选择“无”，则表示删除两个任务间的关联性。

2. **在“前置任务”列中直接编辑**

在甘特图视图中找到“前置任务”列，通过在前置任务列中输入与该任务具有关联性的任务的标识号的方法进行关联性的设定。

如图 4.27 所示，在任务“第三次需求讨论”的“前置任务”中输入标识号“9”，则表明标识号为“10”的任务“第三次需求讨论”的前置任务是标识号为“9”的任务“第二次讨论需求”，任务“第二次需求讨论”与“第二次需求讨论任务”存在“完成——开始”的关系。当标识号“9”被输入，并且按【Enter】键确定后，右侧的横道图中立刻会表现出该关联关系。

图4.27　利用编辑“前置任务”设定关联性

同样，如果想修改关联性，可以双击横道图之间的箭头线来完成。如果要取消任务“需求分析”与“需求讨论”的关联性，可以直接在“前置任务”列中删除该标识号。

3. **在“任务信息”中的“前置任务”选项卡中编辑**

如果需要在任务“第二次需求讨论”与任务“第三次需求讨论”之间建立关联，可以双击“第三次需求讨论”任务，在弹出的“任务信息”对话框中的“前置任务”选项卡中的“标识号”中写上“第二次需求讨论”任务的标识号“9”。同时，可以在“类型”下拉列表中选择关联类型，如图 4.28 所示。

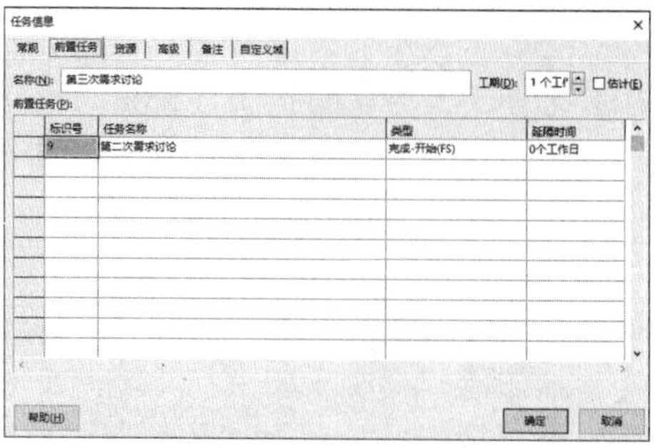

图4.28 利用“任务信息”设定关联性

4. 在“前置任务”列中下拉选择设置

在甘特图视图中找到“前置任务”列，通过在“前置任务”列中下拉选择的方式找到与之相关的任务设置关联性，这是在 Project 2019 中新增的功能。

如图 4.29 所示，任务“需求分析阶段”是在任务“第三次需求讨论”之后进行的，它们之间存在关联关系，在对应任务“需求分析阶段”这个任务的“前置任务”单元格下拉列表找到“第三次需求讨论”任务。

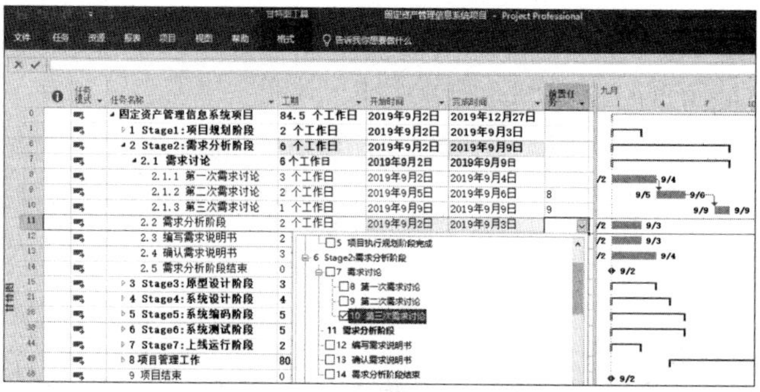

图4.29 利用下拉“前置任务”设定关联性

选中“第三次需求讨论”复选框后按【Enter】键确定，右侧的横道图中立刻会表现出该关联关系，如图 4.30 所示。

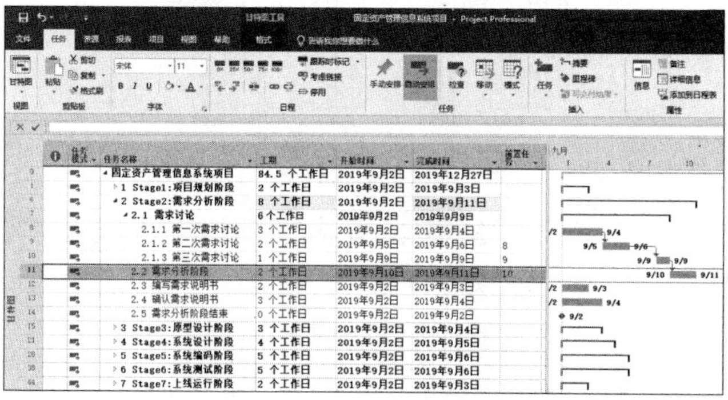

图4.30 利用下拉“前置任务”设定关联性

同样，如果想修改关联性，可以双击横道图之间的箭头线来完成。如果要取消任务“需求分析”与“需求讨论”的关联性，可以直接在“前置任务”列中删除该标识号。

5. “延隔时间”的用法

“延隔时间”指的是两个任务之间在满足某种关联性的同时，还可以存在一定的时间余地。例如，“第二次需求讨论”与“第三次需求讨论”存在“完成——开始”的关系，但是“第二次需求讨论”结束以后，在“第三次需求讨论”开始前，还需要有一些其他工作要进行，如组织相关人员、寻找场地等，这些琐碎的工作不方便计入工作内容，可以在两个任务之间设置“2d”（即两个工作日）的延隔，如图 4.31 所示。

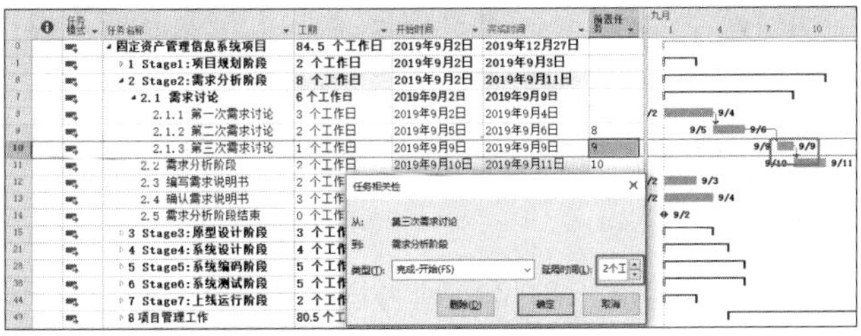

图4.31 正值的延隔时间设置

当“延隔时间”为小于 0 的数值时，表示两个任务之间虽然有某种相关性，但是时间上可以有重叠。设置“重叠时间”可以缩短两个任务的总工期，因此经常用于缩短项目工期。例如，为了提前完成任务“编写需求说明书”，在任务“需求分析”与任务“编写需求说明书”之间设置“-1d”（即负的一个工作日）的延隔时间。经过设置以后，任务“编写需求说明书”可以提前 1 天完成，如图 4.32 所示。

图4.32 负值的延隔时间设置

6. 注意事项

任务间的关联性在排定进度计划时非常重要，经过仔细设定之后，绝大部分任务的“开始时间”和“完成时间”都会被自动设置。如果存在个别没有相关性的任务，可以单独对这些任务手工设置“开始时间”与“结束时间”。在关联性设定过程中需要注意如下几点：

◎ 一个任务可能有多个“前置任务”；

◎ 一个任务可能被多个任务所前置；

◎ 标识号越大的任务前置任务可能越多；

◎ 子任务不能与自己的父任务建立关联。

关联性设定完毕后，甘特图如图 4.33 所示。

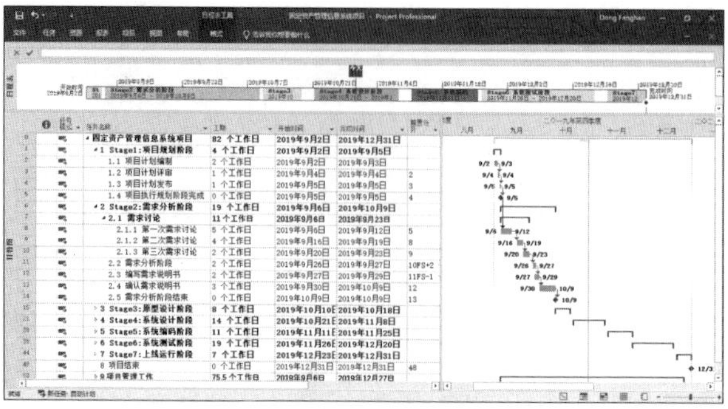

图4.33 关联性设定完毕后

4.4 关键路径法分析

通过以上三个步骤的设定后，项目经理可以查看到项目进度计划的核心内容，时间属性已经自动计算出来，这是通过 Project 非常强大的时间计算能力实现的，如图 4.32 中显示的各个任务的时间属性。通过调整项目甘特图的展现方式可以查看到每个项目阶段对应的时间安排。如图 4.34 所示。

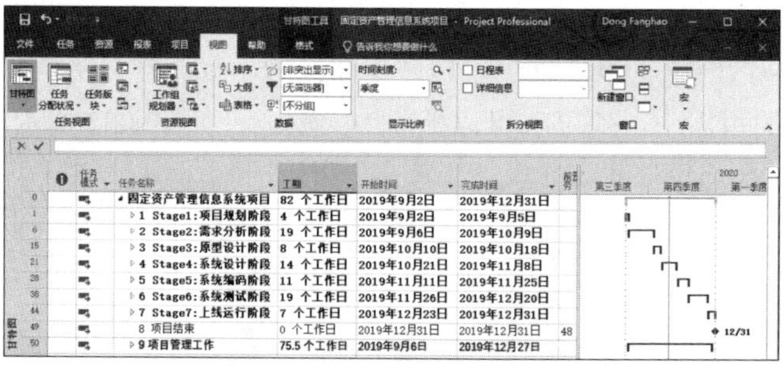

图4.34 项目阶段时间规划

通常情况下，项目经理完成以上三个步骤后，形成的初步项目进度计划会超过项目预定时间要求，形成不可执行的项目计划，如图 4.35 所示。

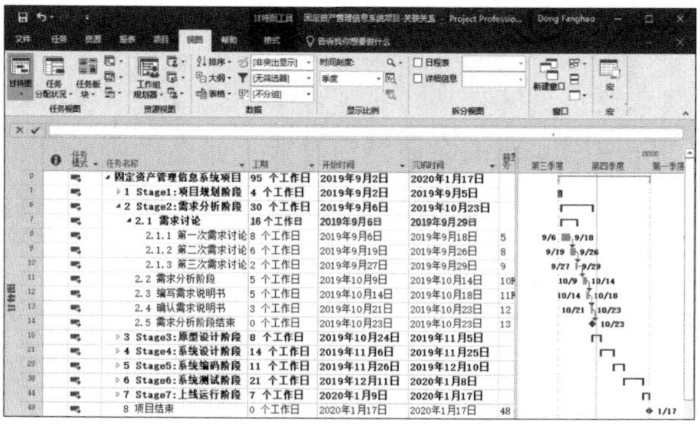

图4.35 超过项目预定时间规划

这种情况的出现会导致项目计划无法达成项目要求，项目经理需要对项目计划进行调整，以满足项目进度计划的整体要求。

4.4.1 关键路径法

PMBOK 中这样描述关键路径法：关键路径法用于在进度模型中估算项目最短工期，确定逻辑网络路径的进度灵活性大小。这种进度网络分析技术在不考虑任何资源限制的情况下，沿进度网络路径使用顺推与逆推法，计算出所有活动的最早开始、最早结束、最晚开始和最晚完成日期，如图 4.35 所示。在这个例子中，最长的路径包括活动 A、C 和 D，因此，活动序列 A – C – D 就是关键路径。关键路径是项目中时间最长的活动顺序，决定着可能的项目最短工期。最长路径的总浮动时间最少，通常为零。由此得到的最早和最晚的开始和结束日期并不一定就是项目进度计划，而只是把既定的参数（活动持续时间、逻辑关系、提前量、滞后量和其他已知的制约因素）输入进度模型后所得到的一种结果，表明活动可以在该时段内实施。关键路径法用来计算进度模型中的关键路径、总浮动时间和自由浮动时间，或逻辑网络路径的进度灵活性大小。在任一网络路径上，进度活动可以从最早开始日期推迟或拖延的时间，而不至于延误项目完成日期或违反进度制约因素。正常情况下，关键路径的总浮动时间为零。

在进行紧前关系绘图法排序的过程中，取决于所用的制约因素，关键路径的总浮动时间可能是正值、零或负值。总浮动时间为正值，是由于逆推计算所使用的进度制约因素要晚于顺推计算所得出的最早完成日期；总浮动时间为负值，是由于持续时间和逻辑关系违反了对最晚日期的制约因素。负值浮动时间分析是一种有助于找到推动延迟的进度回到正轨的方法的技术。进度网络图可能有多条次关键路径。许多软件允许用户自行定义用于确定关键路径的参数。为了使网络路径的总浮动时间为零或正值，可能需要调整活动持续时间（可增加资源或缩减范围时）、逻辑关系（针对选 择性依赖关系时）、提前量和滞后量或其他进度制约因素。一旦计算出总浮动时间和自由浮动时间，自由浮动时间就是指在不延误任何紧后活动最早开始日期或不违反进度制约因素的前提下，某进度活动可以推迟的时间量。例如，图 4.36 中，活动 B 的自由浮动时间是 5 天。

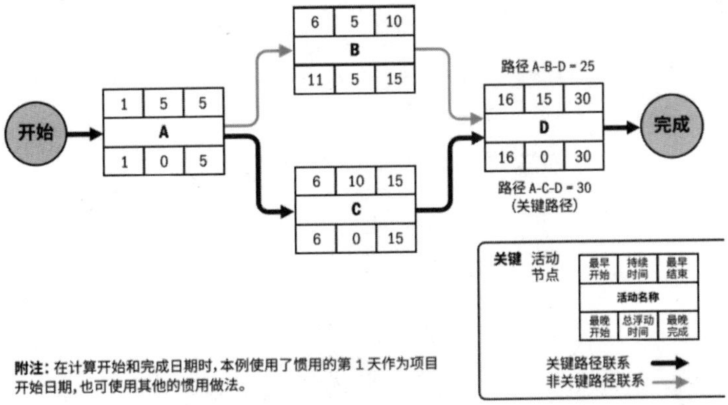

图4.36 关键路径法示例

在 Project 2019 中，这样定义关键任务的条件。当一项任务满足以下任何一个条件时，该任务即成为关键任务：该任务没有总时差；该任务有“必须开始于”或“必须完成于”的日期限制；在一个从开始日期排定的项目中，该任务有“越晚越好”的限制；在一个从完成日期排定的项目中，该任务有“越早越好”的限制；该任务的完成日期等同于或超出期限。

限制是指对任务的开始日期或完成日期进行的设置，可以指定任务在特定日期开始，或者不晚于特定日期完成。限制可以是弹性的（未指定特定日期），也可以是非弹性的（指定了特定日期）。

期限是指希望完成任务的目标日期。如果期限日期已过而任务仍未完成，Project 就会显示一个标记日期。

有一点需要了解，在 Project 2019 中关键任务不是一成不变的。例如，当一项任务标记为已完成时，就不再是关键任务，因为它不再影响后续任务的完成或项目完成日期。

> 提示：在项目管理理论中，关键路径有着更加科学的解释，可以参考项目管理相关书籍，进行深入学习。

4.4.2 查看关键路径

Project 软件中固化了关键路径的算法，该算法可以一键式形成项目的关键路径，并且可以实现随着相关数据的变化实时地展现关键路径。下面介绍如何通过甘特图和网络图查看关键路径。

1. 甘特图查看关键路径

打开“固定资产信息系统项目 .mpp”项目文件，选取【格式】→【条形图样式】，勾选“关键任务”复选框，甘特图右侧的条形图中很多任务的颜色变为了红色，红色任务组成的路径就是关键路径，如图 4.37 所示。

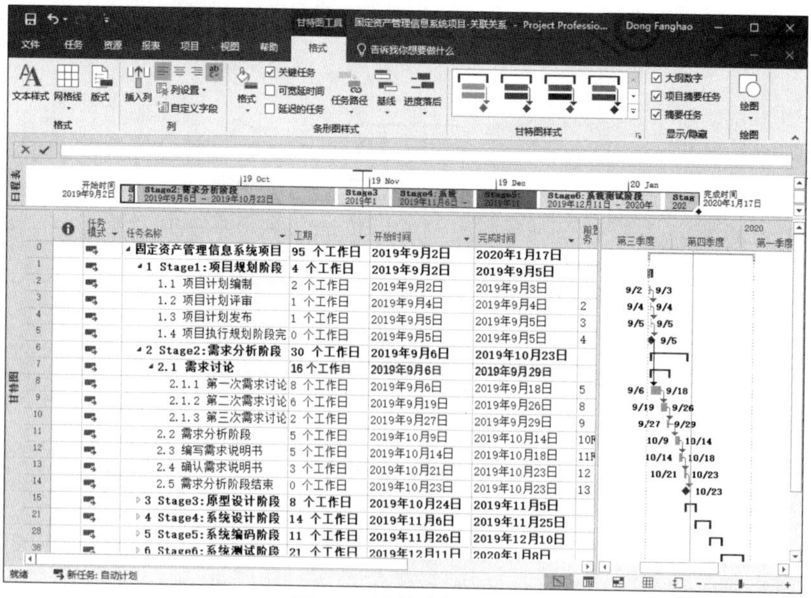

图4.37 关键路径展示

在图 4.36 所示的右侧空白区域内双击鼠标，弹出“条形图样式”对话框，可以设置关键任务的特殊标记。例如，将关键任务的条形图设置为如图 4.38 所示的标记。

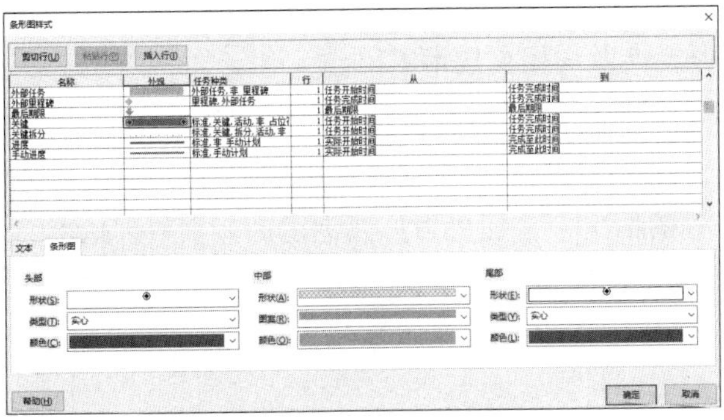

图4.38 关键任务个性化设置

修改后的关键路径效果如图 4.39 所示，可以看到任务条形状为　　便是关键任务。

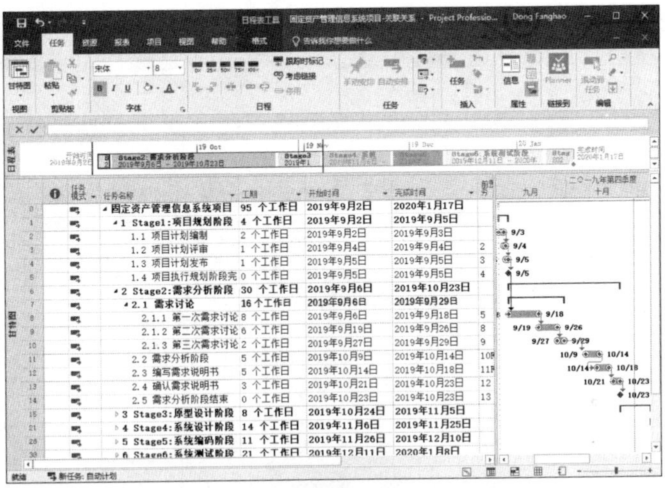

图4.39 使用特殊标记设置后的关键路径

2. 网络图查看关键路径

选取【任务】→【视图】→【网络图】选项，在显示的网络图中，用红色标明的任务便是关键任务，如图 4.40 所示。

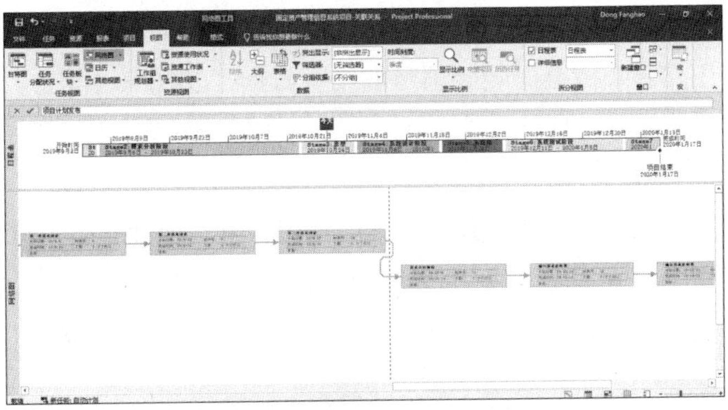
图4.40 网络图中的关键路径

4.4.3 关键路径的变化

关键路径是由关键任务组成的，一个任务是否是“关键任务”并不是一成不变的，使用 Project 制作项目计划关键路径的好处便是可以动态地得到不断变化的关键路径。下面详细介绍关键路径涉及的相关技术术语。

1. 时差的概念

关于时差的概念总共有两个，一个是“可用时差”，一个是“总时差”。可用时差，即在不延迟后续任务的情况下，任务可以延迟的时间量。总时差，即在不延迟项目的情况下，任务可以延迟的时间量。

在 Project 2019 版本中，可用时差的术语为“可用可宽延时间”，总时差的术语为“可宽延的总时间”。

“可用可宽延时间”与“可宽延的总时间”是任务的两个属性，这两个列在 Project 中已经存在，可以将它们插入甘特图中进行分析，如图 4.41 所示。

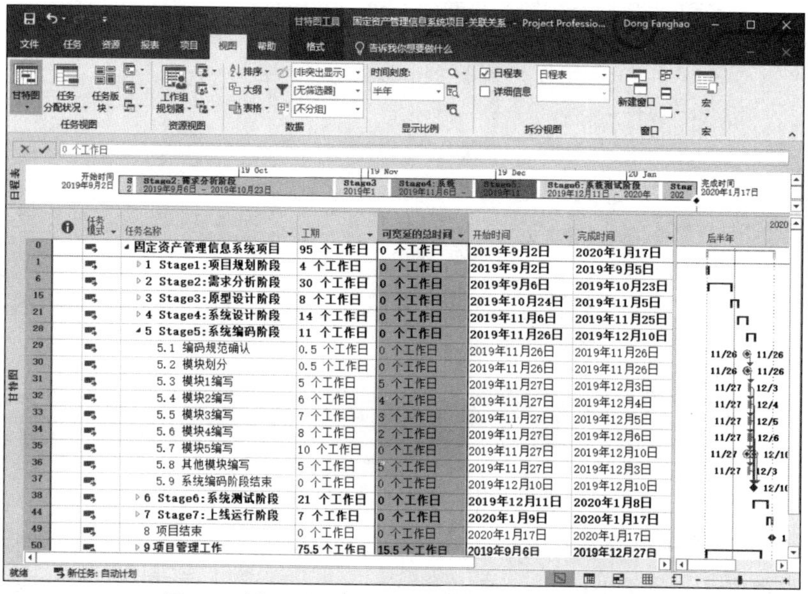

图4.41 插入“可宽延的总时间”以后的甘特图

从图 4.40 中可以看到，任务“5.4 模块 2 编写”的“可宽延的总时间”为“4 工作日”，表明该工作在不影响到项目完成日期的情况下，可以延迟的范围为“4 个工作日”，如果延迟超过 4 个工作日，就会影响到项目的结束日期“2020 年 1 月 17 日”。任务“模块 5 编写”的“可宽延的总时间”为“0”，表明该任务没有可以延迟的天数。

2. 关键路径的变化

项目的计划总是在不断变化，假设在某个阶段，由于种种原因，图 4.40 所示的“系统编码阶段”的几个任务的工期发生了变化，任务“模块 2 编写”工期被延长为“11 个工作日”。经过上述变化后，关键路径变成如图 4.42 所示的效果。

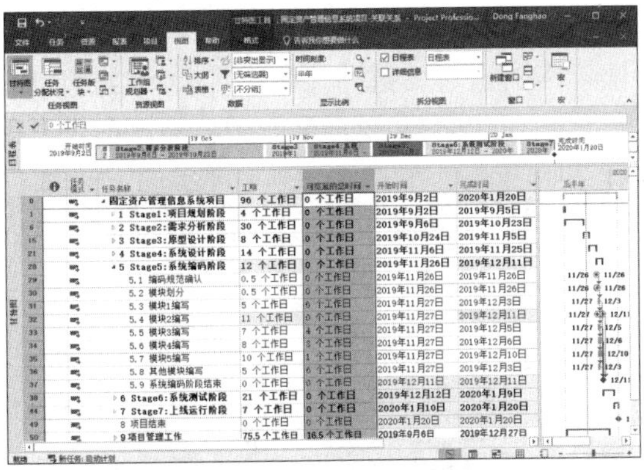

图4.42　变化后的关键路径

从图 4.41 中可以发现，原本是关键任务的“模块 5 编写”不再是关键任务，因为工期调整以后，该任务的总时差由“0”变为“1”；而原来不是关键任务的“模块 2 编写”成为了关键任务，因为该任务的总时差由原来的“4”变为“0”。

以上的案例说明关键路径会随着进度计划的改变而发生变化，项目管理者需要随时监测关键路径的变化并进行实时调整，具体调整方法在 4.4.4 小节讲述。

4.4.4 利用关键路径法优化进度计划

关键路径在项目计划的制订和调整中有非常重要的作用，下面通过压缩工期来介绍关键路径的应用案例。

1. 关键路径决定项目工期

关键路径上的任务对项目的结束日期起着决定性的作用，即关键路径决定项目的工期。因此，只有保证了关键路径上的任务按时完成，才能够保证项目的工期不会发生延期。所以项目经理应该对关键路径上的关键任务格外关注。

2. 直接压缩关键任务工期进而压缩项目工期

项目进度计划规划过程中，项目经理根据上述三个步骤完成进度计划初步规划后，发现项目结束时间“2020 年 1 月 20 日”已经超过了项目要求的完成时间“2020 年 1 月 1 日”，如图 4.43 所示。

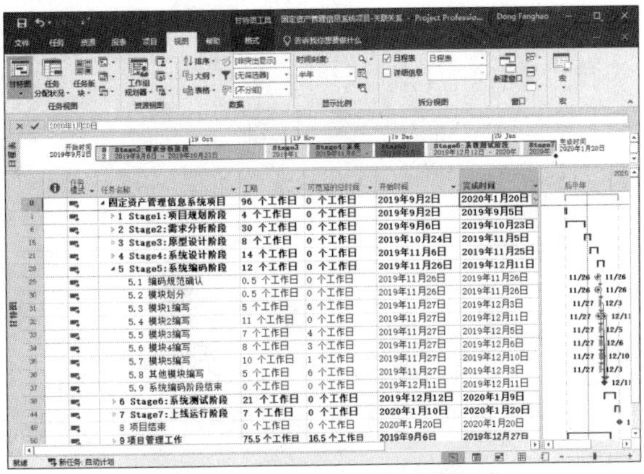

图4.43　进度计划超出项目要求

项目经理需要考虑对初版项目进度计划进行调整，以满足项目整体要求，项目计划包含很多任务，项目经理需要通过关键路径法来优化项目进度计划，以满足项目要求。首先获得项目关键路径，并识别出关键路径工期较长的任务，如图 4.44 所示。

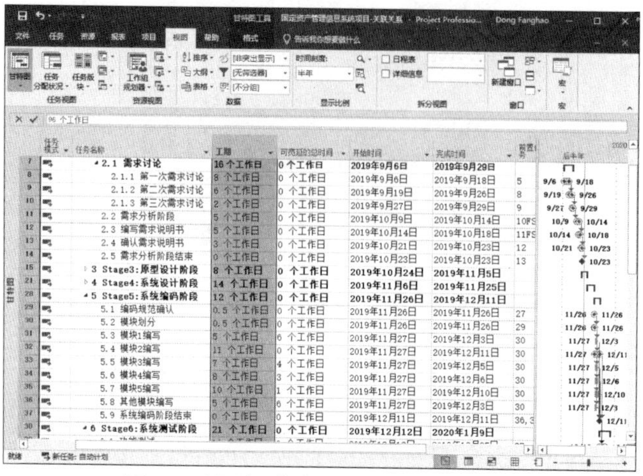

图4.44 识别工期较长的关键路径任务

因为项目的工期是由每一个关键任务的工期所决定，因此项目经理只有在纷繁复杂的任务中找出关键路径，压缩关键任务上的工期，才有可能真正缩短项目的工期。如图 4.43 所示，任务“模块 2 编码”是工期较长的关键任务，通过压缩该任务可以压缩整体项目工期，该任务工期从“11 工作日”压缩到“10 个工作日”后，项目总工期发生压缩，项目完成时间从“2020 年 1 月 20 日”调整为“2020 年 1 月 17 日”，如图 4.45 所示。

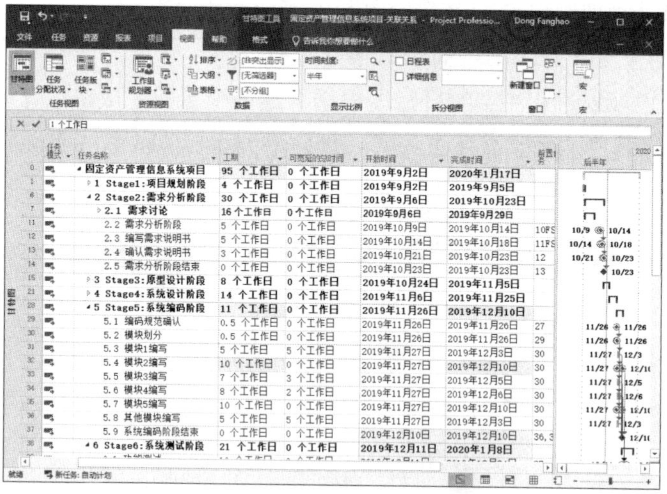

图4.45 压缩关键路径任务工期

如果对比左侧进度计划数据与右侧横道图数据不直观的话，可以通过 Project 提供的视图“突出显示”的方法提高效率。具体方法：单击【视图】→【数据】→【突出显示】→【关键】选项，如图 4.46 所示。

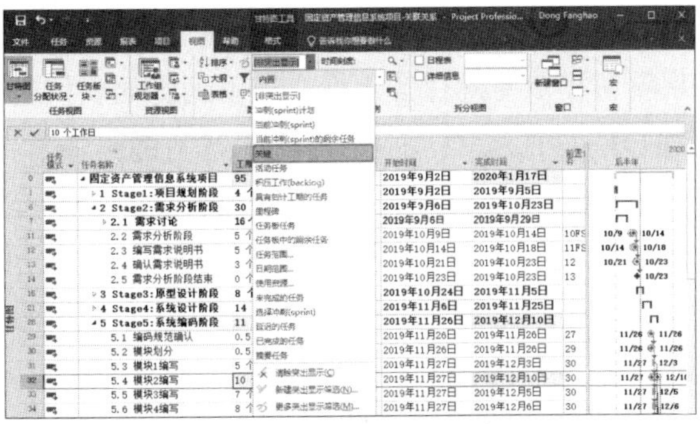

图4.46　突出显示关键路径

选择“关键”突出显示后，项目计划中会高亮突出显示当前项目的关键路径，项目管理者可以快速进行查阅，如图 4.47 所示。

图4.47　突出显示关键路径

在突出显示的方法帮助下，可以更有效率地进行关键路径对应任务的工期调整。

在调整项目进度计划时，如果选择对项目非关键路径任务进行压缩工期调整，项目进度计划是不能实现优化目的的。例如，图 4.46 所示，任务“模块 4 编写”工期为“8 个工作日”，将该任务压缩到“4 个工作日”后，只是该任务的工期压缩了，项目总工期和项目完成时间并没有发生变化，如图 4.48 所示。

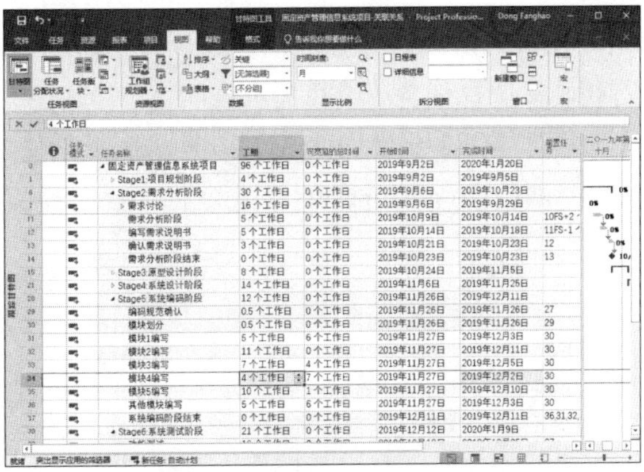

图4.48　非关键路径压缩工期

如图 4.48 所示，虽然任务“模块 4 编写”工期压缩了 4 个工作日，但是项目总工期还是保持不变，并且项目完成时间保持不变，达不到优化项目进度计划的目的。

总之，如果需要缩短项目的工期，一定要先找到关键路径，再针对关键任务进行相应的工期缩短的操作。如果仅压缩项目管理关键路径任务工期不能达到项目进度计划最终要求的话，还需要通过其他的方法协同实现项目进度计划的优化，如“快速跟进”法。

3. 使用重叠时间压缩工期

有些情况下，项目的工期需要压缩，但是关键任务的工期不能缩短，这该如何来实现呢？

在第 4.4 小节中讲述“任务关联性设定”时，曾经涉及任务间的重叠时间，利用这种方法可以达到上述的目的，也就是“快速跟进”法。

例如，当前项目进度计划通过压缩项目关键路径任务工期后，项目进度计划仍然不能满足项目进度要求，如图 4.49 所示。

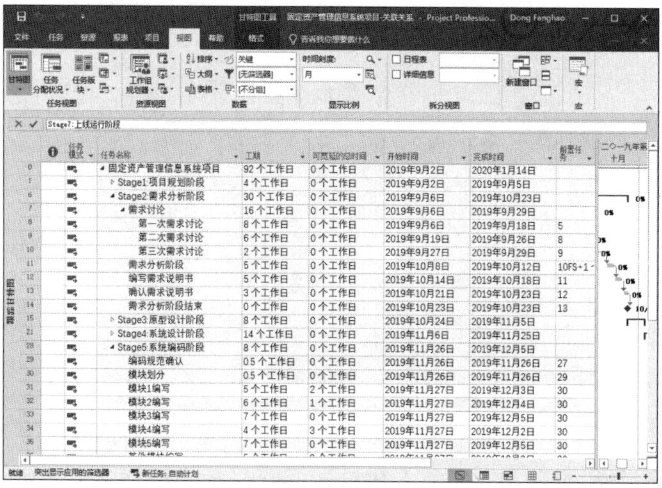

图4.49 压缩关键路径工期后项目进度计划

当前项目完成时间是“2020 年 1 月 14 日”，该完成时间仍然不能满足“2020 年 1 月 1 日”之前上线的要求，项目关键路径任务工期已经调整完，现在可以通过“快速跟进”法对项目进度计划进行优化。选择任务“编写需求说明书”，该任务是“需求分析阶段”任务的后续任务，现在将该任务调整为在前置任务完成前 3 天就开始，双击这两个任务之间的关联图标，弹出如图 4.50 所示的“任务相关性”对话框。

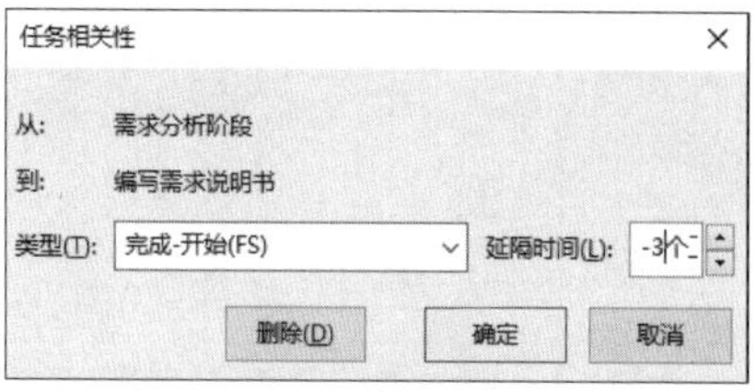

图4.50 设置

在对话框中的“延隔时间”内输入“–3 工作日”，单击【确定】按钮后，甘特图如图 4.51 所示。

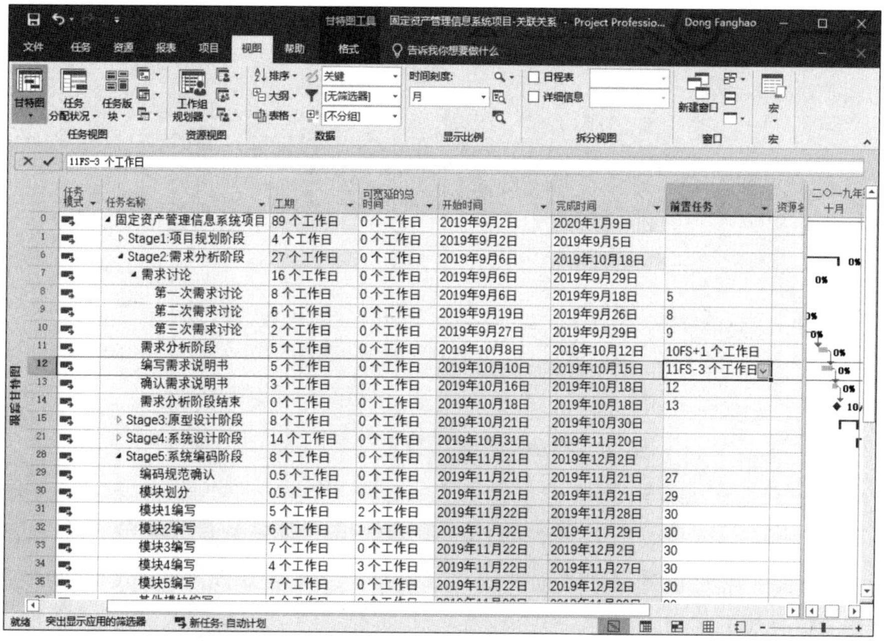

图4.51　“快速跟进”调整后项目进度计划

从图 4.51 中可以看到，任务“编写需求说明书”与“需求分析阶段”之间的关联关系变为“11FS–3 个工作日”，项目的工期由“92”变为“89”，项目的结束日期由“2020 年 1 月 14 日”变为“2020 年 1 月 9 日”。由此达到了不缩短任务工期而缩短项目工期的目的。

当然，上述方法有可能存在一定风险，因为“编写需求说明书”提前 3 天开始的前提条件不一定成立。在具体操作时，需要谨慎地使用此方法。

这种压缩项目工期的方法同样存在另外一个问题，项目质量风险，快速跟进的工作模式是会影响项目质量要求的。

4. 分解关键任务压缩项目工期

如果某些工期较长的任务可以分解成并行的工期较短的任务同时进行，也可以达到缩短项目工期的目的，而且工作量不会被压缩。

依然是上述的案例，按照项目要求需要继续压缩项目工期，即将计划项目结束日期继续优化到“2020 年 1 月 1 日”之前，但不能缩短任何一个任务的工作量，并且要求在“测试阶段”的任务上进行相关操作。

现在将工期为“10 个工作日”的关键任务“功能测试”分解为两个同时进行的任务“功能测试 1”与“功能测试 2”，两个任务的工期分别为“4 个工作日”和“6 个工作日”，这样可以保证分解以后的两个任务的工作总量依然是“10 个工作日”，如图 4.52 所示。

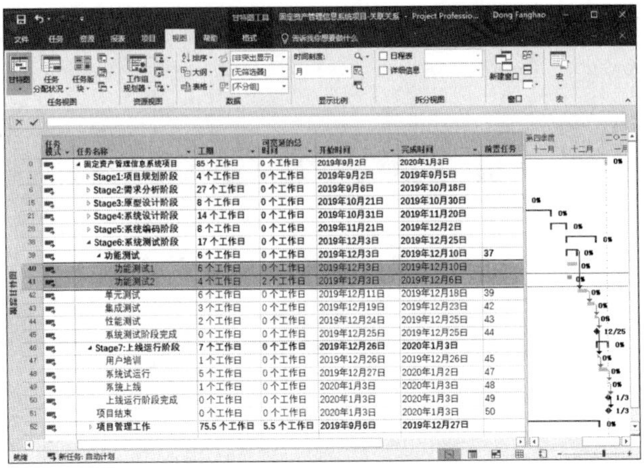

图4.52 分解任务缩短工期

分解后，项目的工期由“89”变为“85”，缩短了“4 个工作日”。项目的结束日期由“2020 年 1 月 9 日”变为“2020 年 1 月 5 日”。

> 注意：任务被分解以后，并行的任务不能继续由同一个资源执行，否则会导致资源过度分配，因此需要分配不同的资源。例如，上述案例两个并行的“功能测试”任务分别是由两个不同的资源执行的。

5. 增加资源从而压缩项目工期

为关键任务分配更多的资源，在一定条件下可以缩短该任务的工期，这个方法适合在多资源同时完成一项工作的基础上进行。

首先，在项目甘特图上找到“单元测试”任务，分配一个资源“王立伟”，该任务的执行工期是“6 个工作日”，如图 4.53 所示。

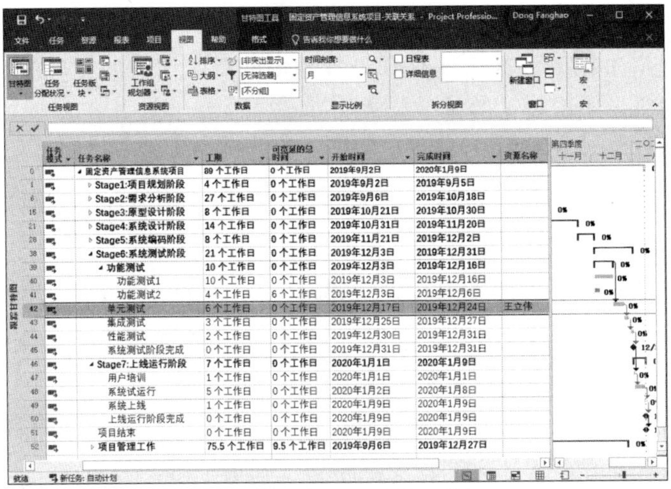

图4.53 资源对应任务工期

在该任务基础上，增加一个资源，双击该任务，在弹出的“任务信息”对话框中的【资源】选项卡中增加，然后单击【确定】按钮，如图 4.54 所示。

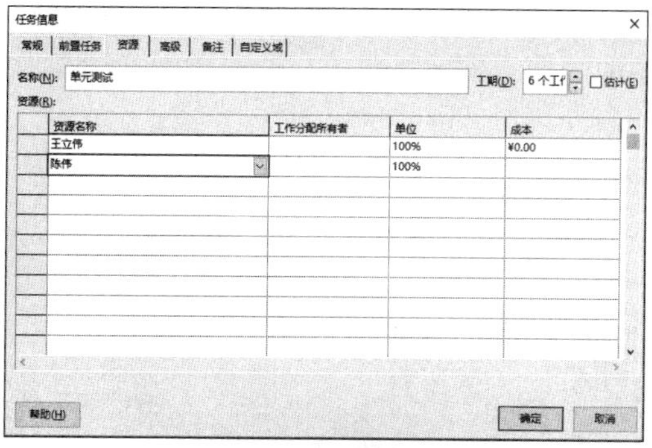

图4.54　增加资源

增加资源后，甘特图发生如图 4.55 所示的变化。

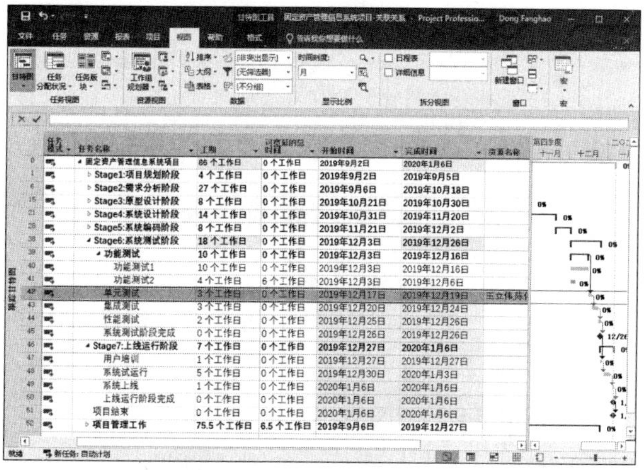

图4.55　增加资源以后

从图 4.55 中可以看到，任务“单元测试”分配给资源“王立伟”与“陈伟”以后，工期变为“3 个工作日”，所以项目的工期自动由“89”变为“86”，项目的结束日期由“2020 年 1 月 9 日”变为“2020 年 1 月 6 日”。

6. 更改日历压缩项目工期

在很多项目执行过程中，压缩工期是通过减少“非工作日”（将休息日变化为工作日）的方式来完成的。尤其是在 IT 行业，由于 IT 项目的“需求不确定性”特性经常引起项目的延期。为了能够赶回工期，很多项目都采取各种各样的加班方式。例如，每周工作日由“5 个工作日”变为“6 个工作日”，就会无形中为项目增加了很多工作时间，因此理论上，项目就有可能提前完成了。

通过前面的项目工期压缩方式还没有达到项目工期要求，目前计划完成时间是“2020 年 1 月 6 日”，没有达到“2020 年 1 月 1 日”要求，现在通过调整项目日历的方式来调整项目进度安排。

下面将介绍如何采用此方法压缩项目工期。

首先，可以看到项目“系统编码阶段”的时间较长，并且跨越周末时间，可以通过调整日历的方式进行工期调整，如图 4.56 所示。

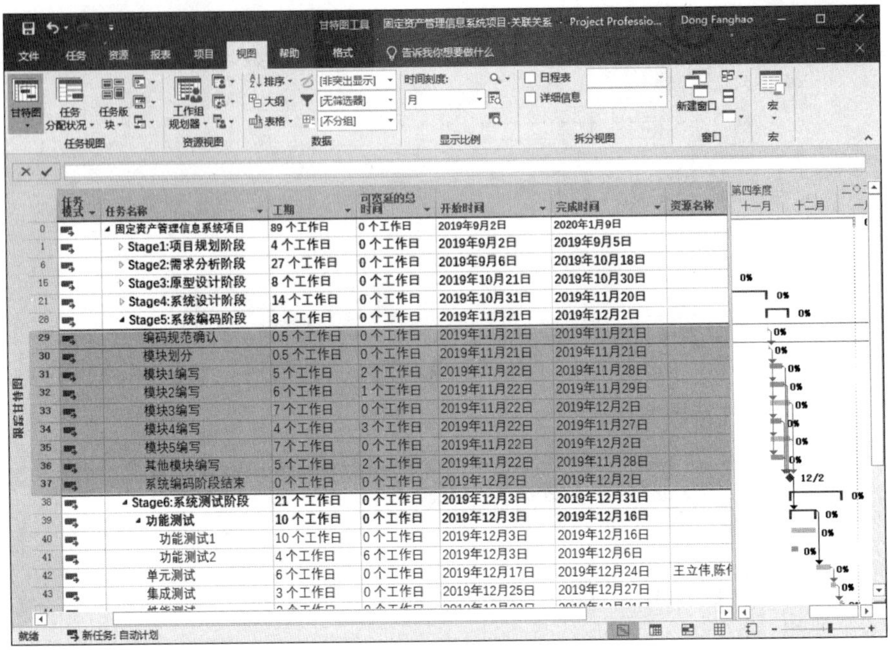

图4.56 “Stage5：系统编码阶段”时间区间分析

从图 4.56 中可以看到，“Stage5：系统编码”所在的时间区间为“2019 年 11 月 21 日”至“2019 年 12 月 2 日”。为了缩短项目工期，可以在以上两个时间区间内将周末非工作日修改为工作日。选取【项目】→【属性】→【更改工作时间】按钮，在打开的“更改工作时间”对话框中将“2019 年 11 月 23 日”“2019 年 11 月 24 日”“2019 年 11 月 30 日”3 个非工作日修改为工作日，如图 4.57 所示。

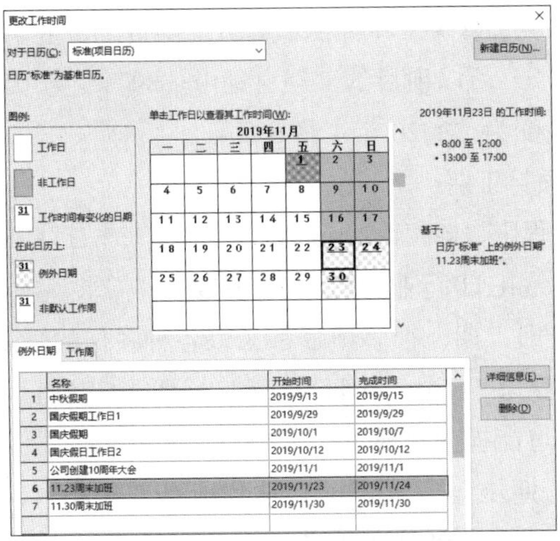

图4.57 更改非工作日为工作日

日历修改完毕后，单击【确定】按钮，甘特图呈现如图 4.58 所示的效果。

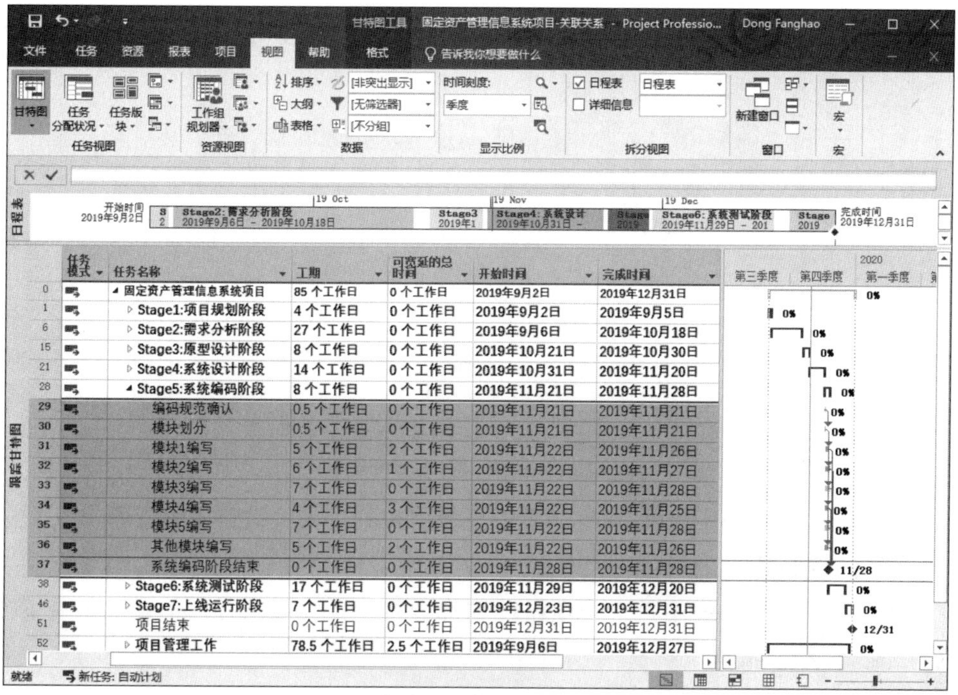

图4.58 修改日历提前项目结束时间

从图 4.58 中可以看到，项目的结束日期由“2020 年 1 月 6 日”变为“2019 年 12 月 31 日”。项目中各个任务的工期没有发生变化。

> 注意：修改日历后项目的结束日期提前了，但是项目的工期没有发生变化，是因为将非工作日改为工作日以后，Project 计算工期时将做过改动的日期也计算在内，项目的实际执行工期并没有发生变化。当然，项目提前结束的目的达到了。

4.4.5 关键路径的条件

关键路径是由关键任务组成的路径，在默认条件下，关键任务的条件是“可宽延总时间”等于“0”。在实际的项目管理过程中，任务之间可能存在一些“缓解时间”，因此有可能某些任务的“可宽延总时间”不等于“0”，但是变化范围很小，如 1 工作日或者 2 工作日。项目经理希望把这些任务也纳入关键路径的范围。这时，可以使用 Project 提供的一个参数来设定将“可宽延总时间”在多大范围内的任务纳入关键路径的范围。

具体做法：选择【文件】→【选项】→【高级】选项，在打开的“Project 选项”对话框的最下端设置可宽延时间后，单击【确定】按钮，如图 4.59 所示。

图4.59 修改关键任务定义条件

设置后，总时差小于或者等于“2”的任务将被列进入关键路径的行列。

4.4.6 多重关键路径

默认情况下，Project 中每一个项目计划都会有一条关键路径。但是如果有需要，可以展现多重关键路径。

1. 多重关键路径设置

选取【文件】→【选项】→【高级】选项，在打开的“Project 选项”对话框的最下端，勾选“计算多条关键路径”复选框，单击【确定】按钮，如图 4.60 所示。

图4.60 选择“计算多重关键路径”

经过这样设置后，项目的甘特图中的条形图区域内将可能有不止一条关键路径出现。

2. 多重关键路径计算方法

在不允许计算多重关键路径的情况下，Project 只会将最长的影响项目结束日期的路径定义为关键路径。如果允许计算多重关键路径，这时候的关键路径的定义的条件不是影响“项目的结束日期”，而是“任务组的结束日期”，如图 4.61 所示。

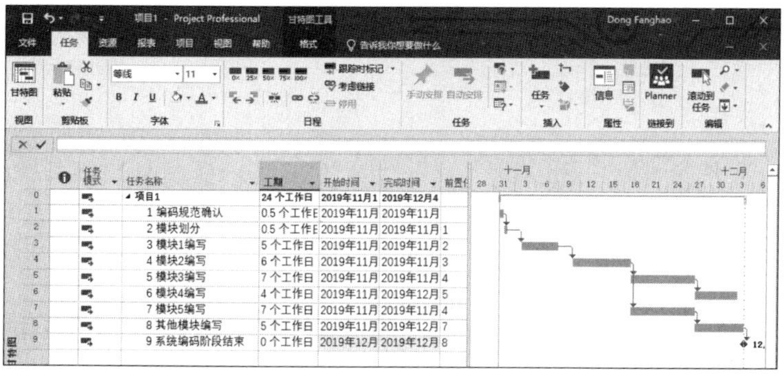

图4.61　多重关键路径

在图 4.61 中可以看到，关键路径有 2 条，分别是线框内的 2 个“任务组”。2 个任务组都有各自的结束时间，也就有各自的关键路径。

注意：即使出现了多条关键路径，但还有一条总的关键路径，总关键路径便是真正影响项目结束日期的那条关键路径。在图 4.60 中，最上面一条便是总关键路径。

4.5 辅助功能设定

关联性设定完毕后，进度计划的主要工作基本结束，下面介绍一些辅助信息的设定。

4.5.1 “任务信息”界面详解

选择【视图】→【甘特图】视图，当鼠标双击某条任务时，会出现“任务信息”对话框，如图 4.62 所示。

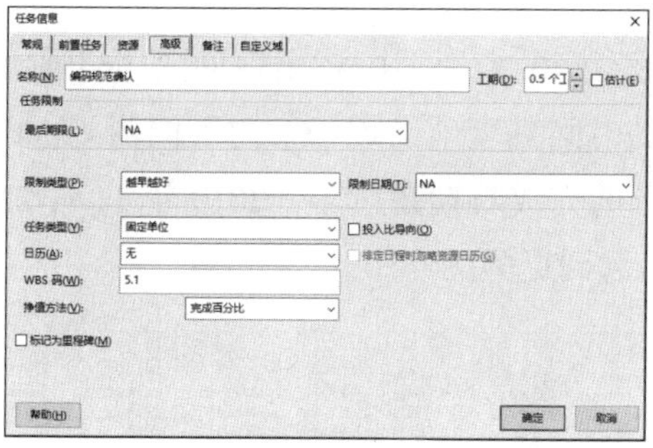

图4.62　任务信息界面

在所有选项卡中，“高级”选项卡对于进度计划的排定有非常重要的作用，下面针对“高级”选项卡中的任务限制进行说明。

1. 任务限制类型

任务限制有两种：一种是“最后期限”，起到提醒作用，并不影响进度安排；另一种是“限制类型”，为强制限制，一旦设定后，便会强制影响到进度的安排。强制“限制类型”有如下几种：

◎ 越早越好（默认类型，表示不做限制）；

◎ 必须开始于某个日期；

◎ 必须完成于某个日期；

◎ 不得晚于某个日期开始；

◎ 不得晚于某个日期完成；

◎ 得早于某个日期开始；

◎ 不得早于某个日期完成；

◎ 越晚越好。

通常情况下选择“越早越好”作为任务限制类型，这是最规范的方式。

2. 期限设定

举例说明，为任务“编码规范确认”设定一个“最后期限”，用于提醒项目经理该任务在“2019 年 11 月 21 日”时应该结束。如图 4.63 所示，在“任务信息”中进行设定。

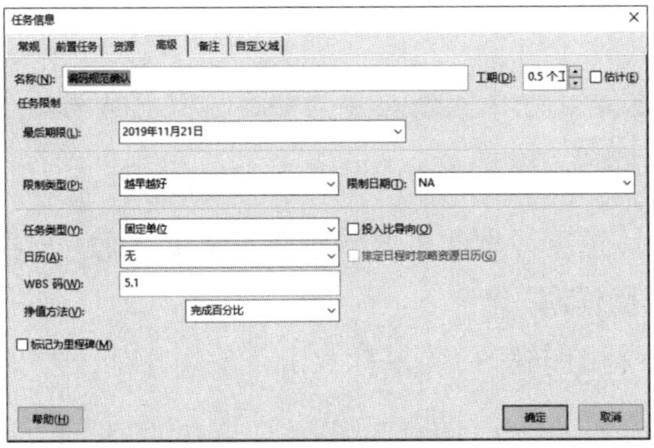

图4.63 期限设定时

经过设定后，甘特图右侧的条形图中将出现如图 4.64 所示的效果。在该条形图的“2019 年 11 月 21 日”的时间刻度中出现一个向下的箭头，此箭头用于提醒用户有一个限制日期。如果该任务的完成日期超过了“2019 年 11 月 21 日”，箭头依然存在，不影响日期的排定，只是起到提醒的作用。

图4.64 期限设定后

3. 强制限制的设定方法

强制限制指的是必须受到某种约束，这种约束一旦起作用，就不仅仅起提示作用，而且是必须遵守的。举例说明，为任务“编写需求分析说明书”设定一个限制：“不得晚于 2019 年 10 月 15 日完成”，具体设定的方法如图 4.65 所示。

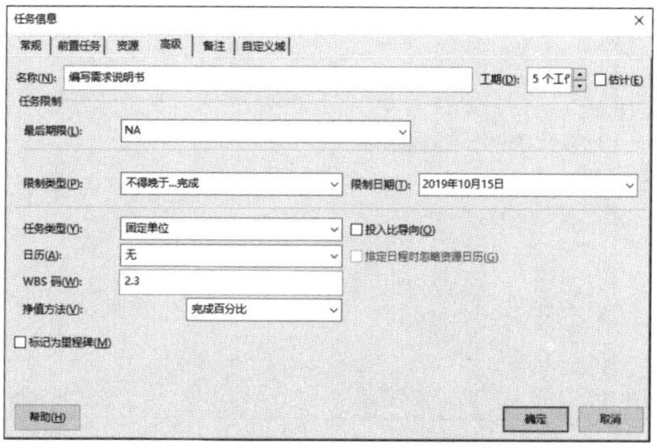

图4.65 限制设定的任务信息界面

在“任务信息”中的下拉框“限制类型”的下拉框中，选取“不得晚于…完成”的限制类型，在右侧“限制日期”中选取“2019 年 10 月 15 日”。单击【确定】按钮后，甘特图中的最左边的“标记”列中会出现一个小图标用于标识限制类型，如图 4.66 所示。

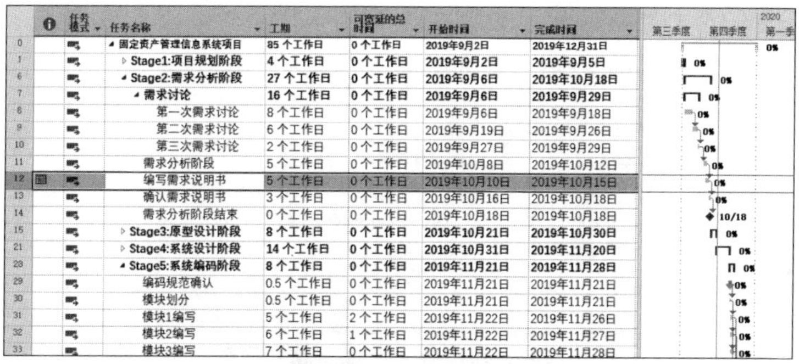

图4.66 设定限制后的甘特图的变化

此时该任务的最晚结束日期被强制设定为“2019 年 10 月 15 日”，无论前面的任务如何延迟，Project 都不会让这个任务的完成日期超过“2019 年 10 月 15 日”。当然，除非再次强制进行手工更新。

4. 取消期限与限制

如果想取消设定的“最后期限”，则在图 4.63 中的“最后期限”的后面选中日期，按【Delete】键删除日期便可。

如果想取消设定的“限制类型”，则在图 4.65 中的“限制类型”下拉框中选取“越早越好”，便可以取消“限制类型”，重新将该任务释放为“自由”状态。

4.5.2 备注信息

在输入任务信息时，如果将任务名称描述过长，将导致甘特图的信息展示不全。建议输入任务名称时，要做到简明扼要，一般控制在 15 个汉字以内。如果有更多需要说明的信息，可以将信息写入“任务备注”中。具体做法是鼠标双击某一个任务，在弹出的“任务信息”对话框中的“备注”选项卡中输入备注信息，如图 4.67 所示。

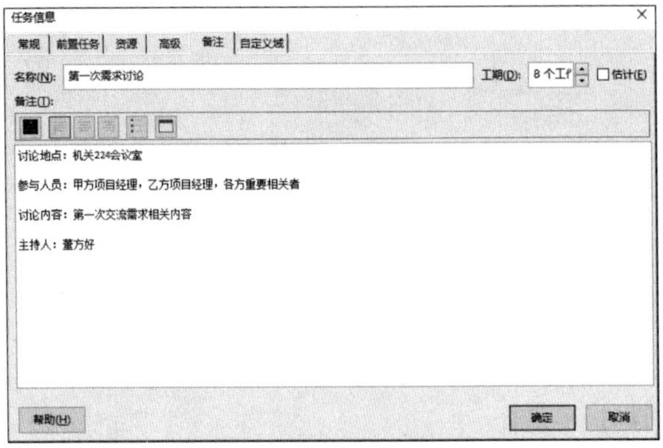

图4.67 输入备注信息

在此，推荐利用备注功能对项目的问题和风险进行管理，在大量的 Project 使用实践中，都采用“备注”的方式进行问题和风险的管理，如图 4.68 所示。

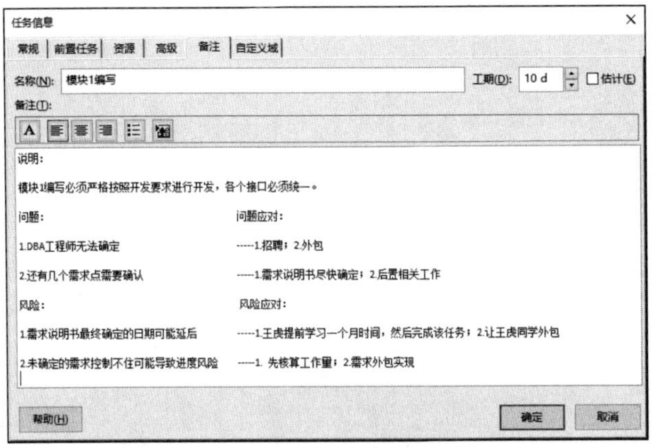

图4.68 利用备注管理问题和风险

凡是有“备注”的任务，“标记”栏中都会出现一个类似便签的图标显示有备注信息，并且当鼠标光标（指针）悬停该图标上时，可以浮动显示相关备注内容，如图 4.69 所示。

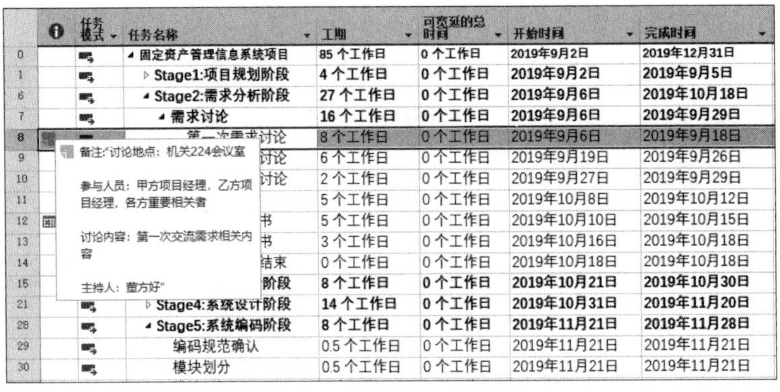

图4.69 备注信息的展示

第 5 章 项目资源计划编制

项目进度计划制订完毕后，现在开始项目资源计划的编制。在实际的项目计划编制过程中，项目进度计划与项目资源计划往往是互相制约的，这样会变成一个非常复杂的过程。项目资源指的是具体执行项目任务的人员、设备、材料以及可能需要的费用，简单来说就是执行项目所需要的“人”“财”“物”。

编制项目资源计划时需要考虑以下几大因素。

◎ 工作分解结构（WBS）。工作分解结构是编制项目资源计划的基础和依据，只有 WBS 分解的结果详细、具体，在分配资源时才能够更加科学和客观。

◎ 项目进度计划。项目进度计划决定了每一项工作的先后顺序，资源计划的编制应该服从于进度计划，从而保证项目的及时完工。当然，资源的使用有时受到某种限制，可能影响到进度计划的执行。例如，原本可以并行的任务有可能因为资源有限而必须串行，从而延长了项目工期。因此在资源计划编制过程中需要与进度计划一并考虑。

◎ 历史经验知识。如果遇到一些创新型项目缺乏资源计划编制经验时，可以参考他人或者相关专家的建议。

◎ 项目章程描述。项目章程中有可能约定所需的资源类型和数量，以保证项目的实施质量，在编制资源计划时需要考虑项目章程中是否有类似描述。

◎ 组织资源限制。组织资源限制指的是项目经理所在的组织内部是否有足够的资源支撑项目的要求，如果没有，是否还需要进行招募等需要考虑的问题。

本章将主要从下面几个方面来讲述：资源团队建立、任务资源分配、资源分配分析、资源分配调整及资源分配确认，如图 5.1 所示。

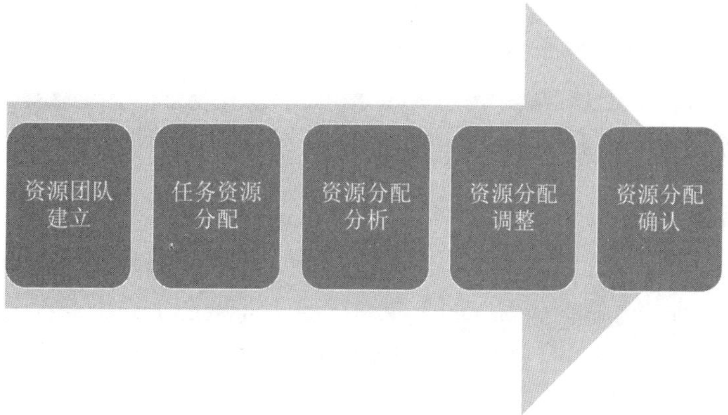

图5.1 项目资源计划编制流程

以下是对项目资源计划编制流程五个步骤的说明。

1. **资源团队建立**

项目通过项目进度计划编制过程，分解成若干具体的工作包，工作包最终由具体的项目团队资源完成，项目资源团队的建立不仅包括项目人力资源，还需要包含项目执行需要的物料资源以及费用资源。资源团队的建立就是把执行项目需要的各类资源进行梳理，形成一个广泛的项目团队，为执行项目做好准备。

2. **任务资源分配**

项目资源团队建立后，项目经理需要根据项目 WBS 需要，为每一个工作包（任务）分配具体的执行资源，人力资源是具体的任务负责人，也称之为执行者，在大型项目中一般只是任务负责人而非执行者，物料资源以及成本资源是人力资源的协助资源，协同完成对应的工作包（任务）。在任务资源分配时需要考虑多人共同负责一个工作包（任务）会导致无人负责的情况发生。

3. **资源分配分析**

项目所需资源通常是不“富裕”的，项目中投入的资源越少，往往决定项目投入更少的代价获取更大的收益。因此项目任务分配资源后，项目经理就需要对项目任务资源投入进行分析，查看是否存在资源冲突的现象，在资源投入有限的情况下，一旦出现资源冲突，将会给项目执行带来非常大的风险，其结果往往是项目任务无法按时、保质、保量完成，最终导致项目出现各种问题。

4. **资源分配调整**

项目经理有责任做好项目任务资源的合理分配，每个工作包（任务）都有对应的资源负责完成，并且资源不能存在浪费（闲置）以及资源不能存在较大情况的资源冲突导致执行出现问题。

5. **资源分配确认**

企业采用矩阵式的项目组织形式是最普遍的，项目资源计划编制完成后，项目团队资源需要对工作分配内容（工作项，工作周期（工期），开始时间，完成时间，交付质量等）进行确认，项目经理需要确保项目团队成员都认可及确保工作分配按时保质保量完成，尤其是单机版本编制的项目资源计划。

5.1 资源团队建立

5.1.1 建立资源的方法

以“固定资产管理信息系统项目”为案例进行介绍，项目经理使用 Project 2019 打开“固定资产管理信息系统项目 .mpp”文件，选取【资源】→【查看】→【资源工作组规划器】→【资源工作表】选项，可以看到如图 5.2 所示的空白资源工作表。

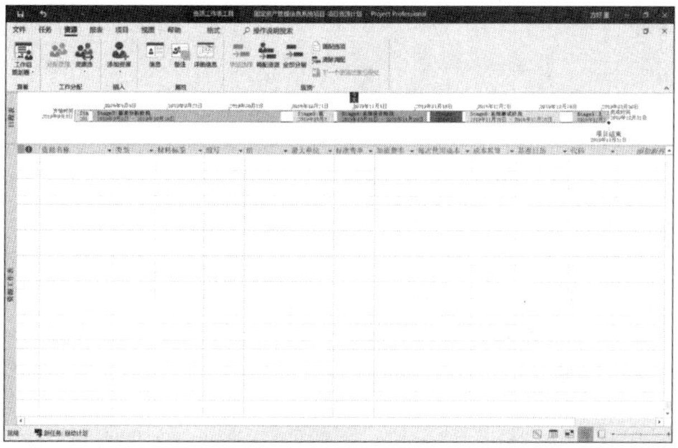

图5.2 资源工作表视图

在 Project Professional 中，资源信息的建立是通过资源工作表进行的。对于空白的“资源工作表”，有如下几种方法建立资源信息：

◎ 自企业建立工作组；

◎ Active Directory；

◎ 通讯簿；

◎ 手动输入资源。

在“项目向导”区域内，选择【资源】→【添加资源】下拉按钮便会出现如图 5.3 所示的下拉菜单。

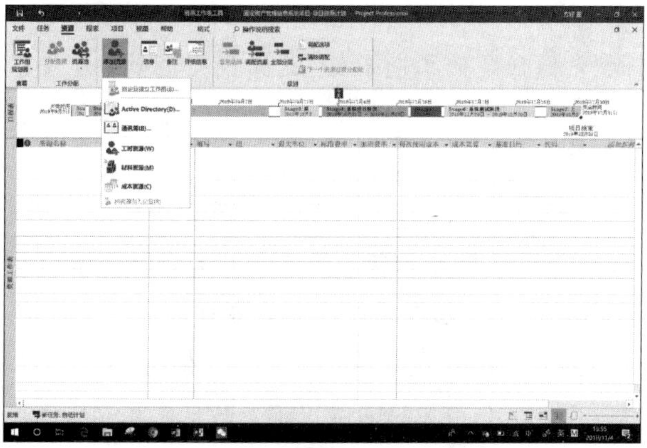

图5.3 制定资源的4种方法

在图 5.3 所示的窗口的左侧，列出了 4 种建立资源的方法。

（1）“自企业建立工作组”指的是，如果所在的组织已经部署 Project Server 或者采用了微软云端产品 Project Online 并且 Project Server 或 Project Online 已经建立了资源账户，同时使用的 Project Professional 已经与 Project Server 或 Project Online 成功进行了连接，则可以按照向导的提示，完成资源从 Project Server 或 Project Online 导入“资源工作表”的工作。

（2）“Active Directory”指的是，如果所在组织部署了 Windows Server 的活动目

录（AD），并且活动目录中建立了账户信息，便可以按照向导的提示完成资源信息的导入工作。

（3）通讯簿指的是，如果用户使用的电脑中安装了 Outlook 软件，并且该软件中存放着人员信息，则按照向导提示完成资源信息的导入。

（4）手动输入资源指的是，用手工的方式在“资源工作表”中一一输入资源信息。

前 3 种方式通常是在导入数据量比较大的资源库的情况下使用。如果所在组织有大量的资源信息，利用导入资源的方式可以减少很大工作量。

为了详细讲述资源的建立过程，本章介绍的资源建立方式均采用第 4 种方式。

5.1.2 资源类型

在 Project 2019 中，资源分类与 Project 2016 一致，资源分为 3 类：工时资源、材料资源以及成本资源。

◎ 工时资源：按照工时执行任务的人员和设备资源，也可以理解为按照时间来付费的资源。例如，人力成本一般情况下是按照工作时间来支付费用；如果租用了一些大型设备（推土机等），或者是租用了会议室等，这些设备或者场地也是工时资源。工时资源的工作往往受到时间的限制。

◎ 材料资源：材料资源是一个项目中用于完成任务的供应品、存货或其他消耗性产品。材料资源的例子有混凝土、钢材、管道、木材和玻璃等。当用户设置材料资源时，应定义材料标签或度量单位，如立方米、吨或箱。当给任务分配材料资源时，应指定工作分配的材料消耗。例如，一项工作分配需要 10 吨钢材。也可以设置材料的使用是可变的（使用的材料数量随任务的工期而变）还是固定的（不管任务工期多长，都使用相同数量的材料）。按照资源的投入数量执行任务的供应材料或者消耗材料，也可以理解为按照数量来计费的资源。这些资源的使用不会受到时间的限制。例如，纸张、钢筋、混凝土等资源。

◎ 成本资源：成本资源是项目的财务债务。成本资源的示例包括差旅费、资产成本或其他固定任务成本。设置成本资源时，设置默认的按比例分摊成本累算值。向任务分配成本资源时，应指定分配的成本值，不能设置任何工时值。如果 Project 计算的值不能满足特定的累算需要，则可以输入按时间分段的成本值。

5.1.3 建立工时资源

在实际的项目管理过程中，工时资源是最重要的，如在 IT 项目中，很少用到材料资源，作为工时资源的人力资源是各级项目管理者最关心的内容。

建立工时资源的方法：单击【资源】→【资源工作表】选项，进入资源工作表视图，开始新建资源。

1. 输入基本信息

在第一个空白行的“资源名称”列中输入工时资源的姓名，例如“刘刚”。在“类型”中选择“工时”，如图 5.4 所示。

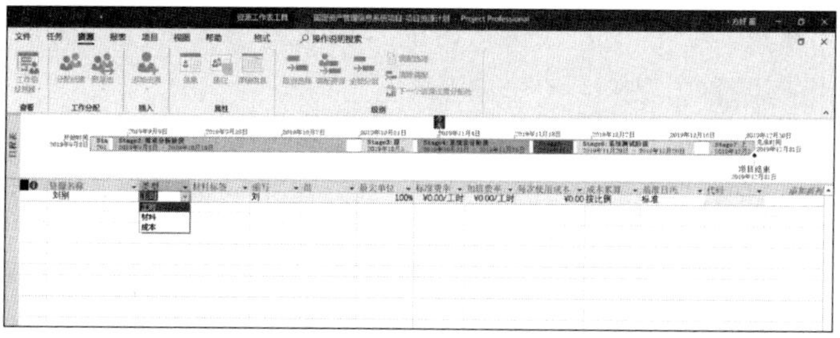

图5.4 输入工时资源的基本信息

2. 设置工作时间

设置资源的工作时间目的是为资源定义日历信息。之所以设置资源的日历信息，是因为资源的工作时间可能与项目或者个别任务的工作时间冲突，具体的资源日历与项目日历以及任务日历的区别请参见本书的 3.4 章节的内容。

具体的设置方法：在图 5.4 所示的“资源工作表”中双击该资源，打开如图 5.5 所示的“资源信息”对话框。

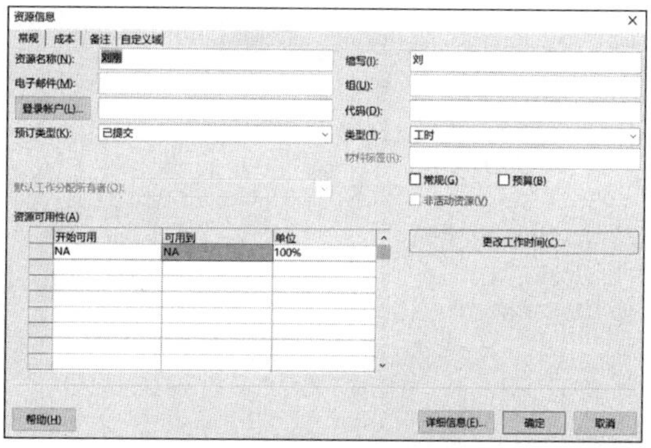

图5.5 资源信息对话框

在如图 5.5 所示的页面中，单击【更改工作时间】按钮，将打开如图 5.6 所示的对话框。

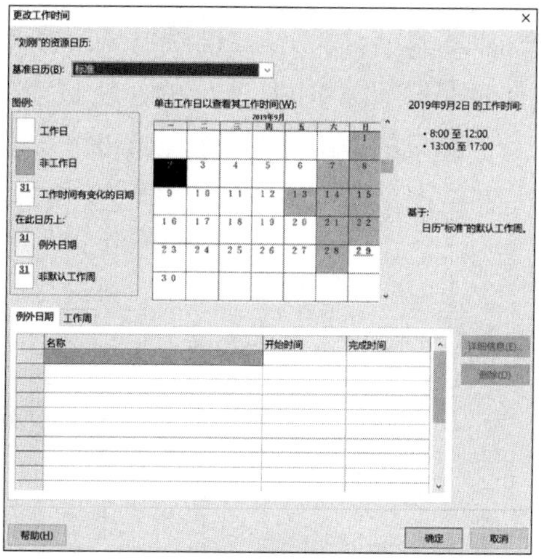

图5.6 设置资源日历

在如图 5.6 所示的对话框中，根据资源的日历实际情况进行设置。

设置资源日历有两种方法：

◎ 第一种是在“基准日历”下拉框中选择当初为该资源建立的日历（日历如何设置请参考第 3 章中相关介绍）；

◎ 第二种方法是直接在“例外日期”中进行“工作 / 非工作时间”的设置，在此对话框中完成的日历的“工作 / 非工作日”修改只对本资源有效，而不会影响到项目中的其他日历信息。

具体的设置方法请参见 3.4 内容，本处不做详述。

3. 设置工时资源成本信息

资源的成本信息指的是资源在该项目中工作时，如何计算所消耗的成本。具体的做法是单击图 5.5 中的【成本】选项卡，将打开如图 5.7 所示的“资源信息”对话框。

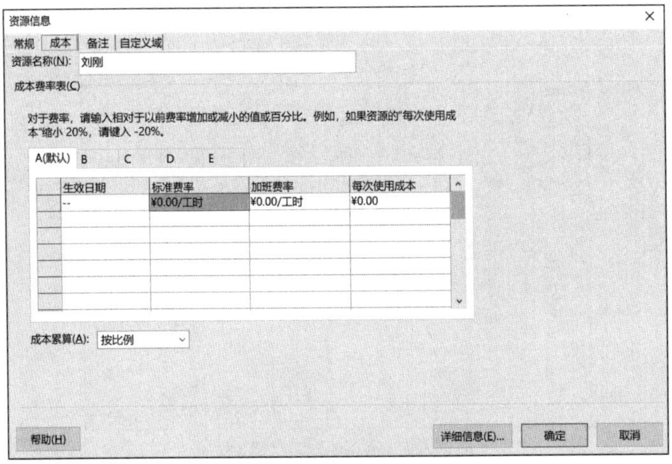

图5.7 设置资源成本信息

在图 5.7 中，用户可以输入有关该资源成本费率的信息，具体代表的意义如下。

（1）标准费率。Project 中的标准费率指的是该资源被分配到任务中以后成本计算的方式。默认单位是“每小时”。当然，单位也可以进行修改，例如修改为“天”，但是一般情况下核算工作量是按照小时来进行的，所以费率的单位建议依然采用 Project 的默认值，这样计算的结果的准确性可以得到保证。举例说明具体的计算方式：刘刚的每月工资是 5000 元人民币，经过换算以后得出大约每个小时 30 元人民币，则在标准费率输入框中输入“30”。

> 注意：在实际的 Project 应用过程中，为了能够方便项目费用核算，一般是按照公司平均工资进行计算，这样也可以起到工资保密的效果。

（2）加班费率。如果在资源分配到某一任务以后，额外指定了“加班工时”，在计算该任务总成本时候，加班工时部分的成本将按照该“加班费率”的输入值计算。加班费率的单位也默认为“小时”。

（3）每次使用成本。指的是一旦该资源被分配一次，便一次性在该任务上发生的成本。例如，刘刚需要出差才能够完成某项工作。在出差期间，刘刚的标准费率是“30/小时”。如果该任务的工时是 10 天（$8 \times 10 = 80$ 个工时），则该任务的成本（不包括交通费的部分）是 $30 \times 80 = 2400$；但是往返的交通费在刘刚出差期间只发生了一次，因此这次发生的交通费就被称为“每次使用成本”。

（4）生效日期。生效日期指的是以上 3 种费率信息的有效时间区间。例如，从 2019 年 10 月 1 日开始，由于公司整体薪水发生了变化，为了能够比较客观地反映项目成本随之受到的影响，Project 中所有资源的费率需要进行一次调整。这种调整的方式就是在图 5.8 所示的对话框中的“生效日期”的第二行开始指定“2019 年 10 月 1 日”，然后在该行的后续列中依次输入调整后薪水计算方式。例如，刘刚从 2019 年 10 月 1 日之后的工资变为 5880 元，因此标准费率经过换算是“35/ 小时”，如图 5.8 所示。

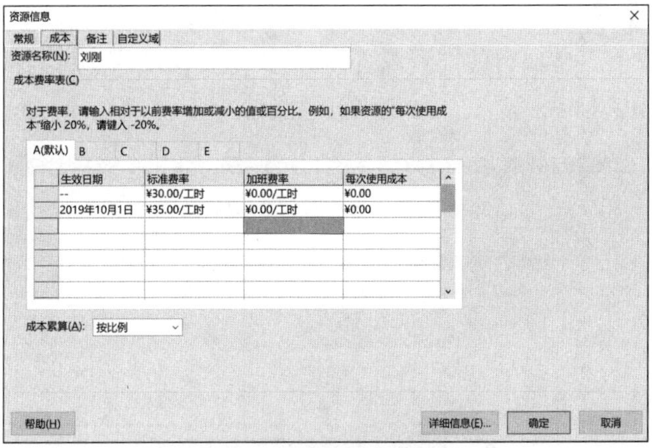

图5.8　生效日期设置

（5）A、B、C、D、E。在图 5.8 中可以发现有以上 5 个大写字母。这 5 个大写字母的意思是每个资源可以有 5 套费率标准。例如，刘刚在此项目中可能扮演多种角色，角色不同可能费率就不同，因此设定多套费率后，将资源分配到任务中时，可以选择该资源按照哪套费率进行计算。

注意：默认情况下，资源均使用的是 A 费率，如果需要换为其他的费率需要在“资源使用状况”中才能够完成，具体的操作方法是在“资源使用状况”视图中双击该资源所执行的任务，在打开的“工作分配信息”对话框中进行设置，如图 5.9 所示。

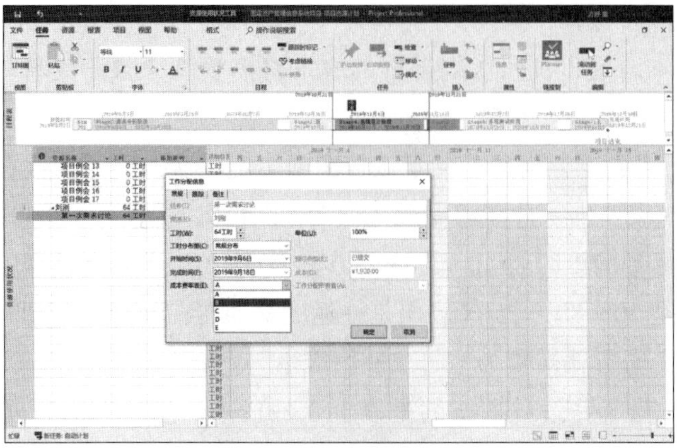

图5.9 其他费率表的选择

（6）成本累算。有关成本累算方式的解释，为了便于读者更好地理解，放到后面章节进行介绍。

将成本信息设置完成后，工时资源的设置基本就结束了。

5.1.4 建立材料资源

1. 输入基本信息

在“资源工作表”空白行的“资源名称”列中输入材料资源的名称，如“纸张”，然后在“类型”中选择“材料”，如图 5.10 所示。

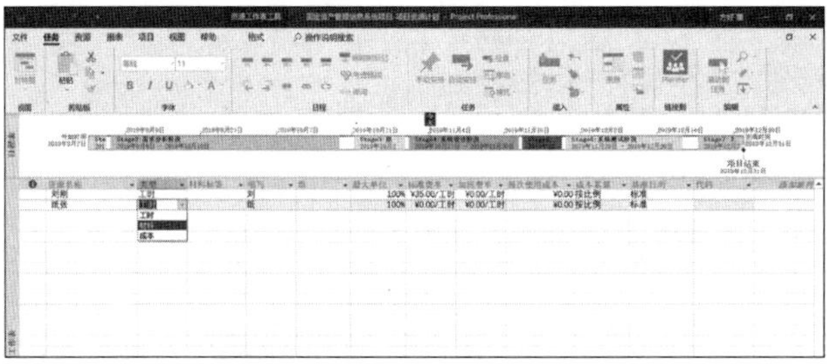

图5.10 输入材料资源的基本信息

2. 设置工作时间

因为材料资源不是按照工时进行工作，因此没有日历信息的设置页面，不需要进行工作时间的设置。

3. 设置材料标签

在图 5.10 中，“纸张”资源类型后面有“材料标签”资源属性，材料标签的意义类似材料单位的概念，如钢筋以吨为单位，水管以米为单位。对应纸张资源，在“材料标签”文本框中输入该资源的计量单位“包”。“材料标签”只在材料资源中使用，工时资源与成本资源不需要使用材料标签属性。

4. 设置材料资源成本信息

双击“纸张”资源，在打开的“资源信息”对话框中选择【成本】选项卡，将显示如图 5.11 所示的界面。

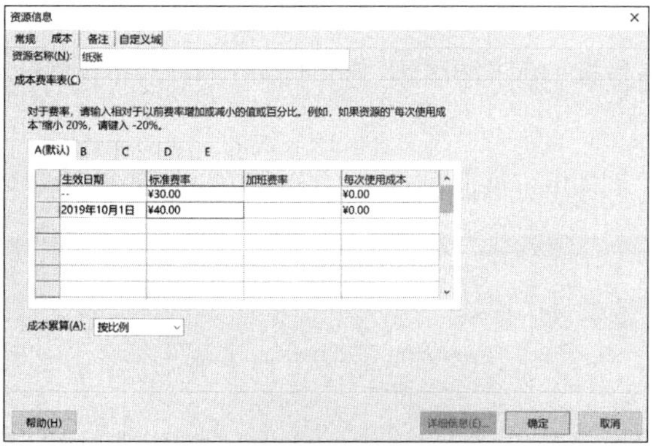

图5.11 设置材料资源成本

（1）标准费率。在图 5.11 中的“标准费率”与“工时资源”出现的“标准费率”是有区别的，材料资源的标准费率没有时间单位。这是因为材料资源的计费是按照“材料标签”中标明的单位来计算的。例如，图 5.11 中描述的意思是，纸张的费率是“每包 30 元人民币”。

（2）加班费率。材料资源不会涉及加班，因此该输入框不能编辑。

（3）每次使用成本。材料资源中的每次使用成本指的是一旦该资源被分配一次，便一次性在该任务上发生的成本。

（4）生效日期。材料资源的生效日期指的是以上 3 种费率信息的有效时间区间。图 5.11 所示的意思是，从当前时间至“2019 年 10 月 1 日”之前所有费率按照第一行进行成本计算，“2019 年 10 月 1 日”以后（包括该日期）按照第二行所描述的费率进行成本计算，纸张从“2019 年 10 月 1 日”之后的单价变为“40 元 / 包”。

（5）A、B、C、D、E。这 5 个大写字母的意思是材料资源也可以有 5 套费率标准。例如，纸张可能有 A4、A3 和 B5 等型号，设定多套费率后，在将该资源分配到任务中时，可以选择按照哪套费率进行计算，具体的选择方法与工时资源相同。

（6）成本累算。有关材料资源成本累算方式的解释，将在后面的章节中进行介绍。

5.1.5 建立成本资源

1. 输入基本信息

在“资源工作表”空白行的“资源名称”列中输入成本资源的名称，例如“出差费”；然后在“类型”中选择“成本”，如图 5.12 所示。

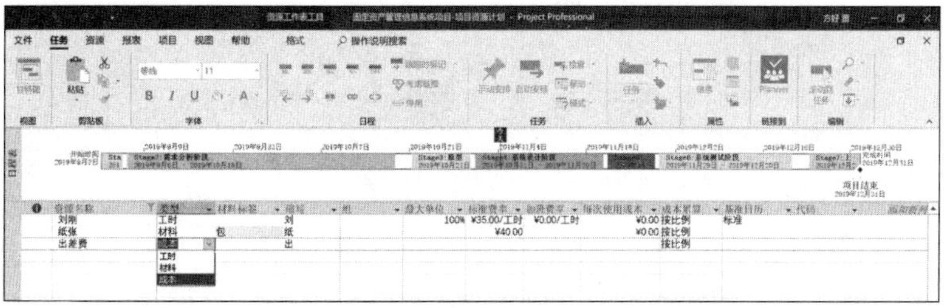

图5.12 输入成本资源的基本信息

2. **设置工作时间**

因为成本资源不是按照工时进行工作，因此没有日历信息的设置页面，不需要进行工作时间的设置。

经过以上操作，可以在“资源工作表”中建立好资源，如图 5.13 所示。

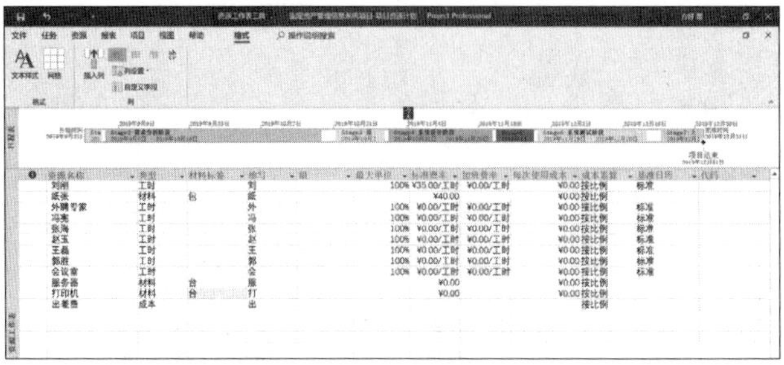

图5.13 资源建立后的资源工作表

因为项目资源团队存在三种类型的资源，所以在建立资源团队时存在资源团队清单混乱的情况，如图 5.13 所示。为了清晰地展现项目资源团队，Project 2019 可以使用“视图”选项卡的“按指定标准为项目分组”功能进行资源团队整理。单击【视图】→【数据】→【分组依据】下拉按钮，选择“资源类型”选项，如图 5.14 所示。

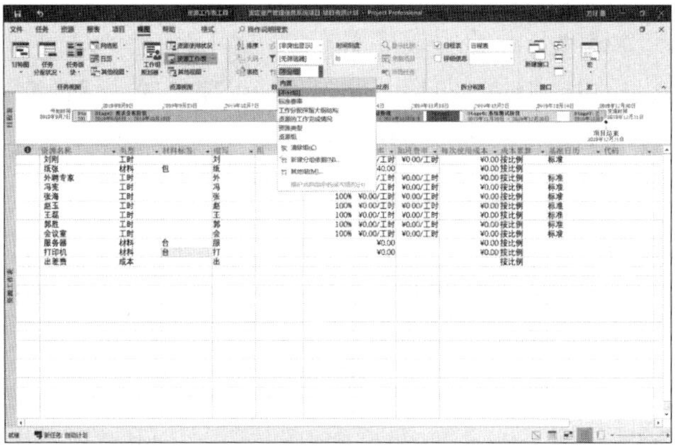

图5.14 资源类型分组

选择“资源类型”分组规则，项目资源团队清单会根据资源类型进行分组展现，梳理出清晰的项目团队资源，无须利用 Excel 进行整理，如图 5.15 所示。

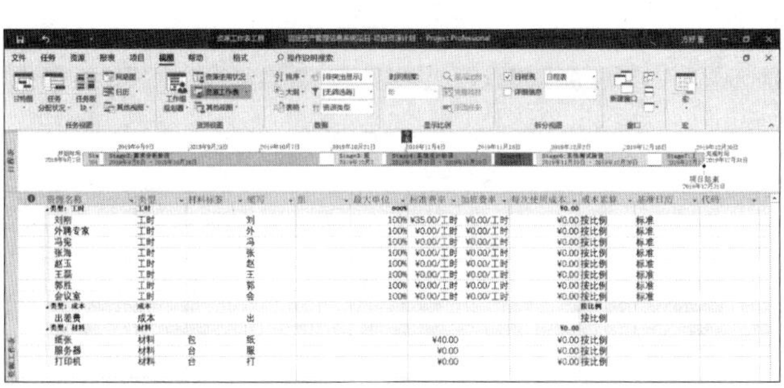

图5.15 资源类型分组梳理

注意：图 5.13 中的“会议室”资源被设置为了“工时”类型，为什么呢？这是因为“会议室”作为一种资源是按照时间计费或者使用的，所以不能当作材料一次性地消耗到项目当中，也就不能被设置为“材料”资源。

材料资源一定是在项目中被消耗掉的资源。图 5.13 中的“服务器”“打印机”等材料资源在装修项目中会投入项目中并且不会再被其他项目使用，所以设定为“材料”。出差费就是具体出差需要花的钱，对于供应商的费用一般也采用“成本”资源进行管理，如合同费用。

5.2 任务资源分配

资源信息建立完毕后，选择【任务】→【甘特图】返回到甘特图视图中，用户可以针对每一项任务展开资源分配的工作。在 Project 中资源分配常用 4 种方式：给一个任务分配一个资源、给一个任务分配多个资源、给多个任务分配多个资源以及利用工作组规划器分配。

5.2.1 给一个任务分配一个资源

在任务的“资源名称”属性中，单击下拉按钮，在下拉框中选择一个资源进行分配，如图 5.16 所示。

图5.16 分配资源的第一种方式

这种分配方式的优点是操作简便，通过下拉的方式不但可以对任务分配单个资源，还可以方便分配多个资源（选择多个资源）。

注意：事实上，在实际的项目管理过程中，建议尽可能地一个任务分配一个资源，这样做的好处是可以明确职责。如果一个任务上的资源出现过多对于后续的项目检查和控制会带来一定困难。如果的确存在一个任务多个资源执行的情况，可以先按照后续的方法进行分配，但是到了执行期间，建议还是进行尽可能地拆分，直到拆分到每个人能够清晰地明确自己的任务为止。

5.2.2 给一个任务分配多个资源

一个任务有可能由多个资源一起执行，如“第一次需求讨论”工作需要刘刚、王磊、张海 3 个人一起完成，如何将 3 个人一起分配到任务上去呢？除了通过第一种下拉方式选择多个资源的方式外，还可以通过下面的处理方式进行。

在如图 5.16 所示的界面中，双击“第一次需求讨论”任务信息，在弹出的“任务信息”对话框中选择“资源”选项卡，如图 5.17 所示。

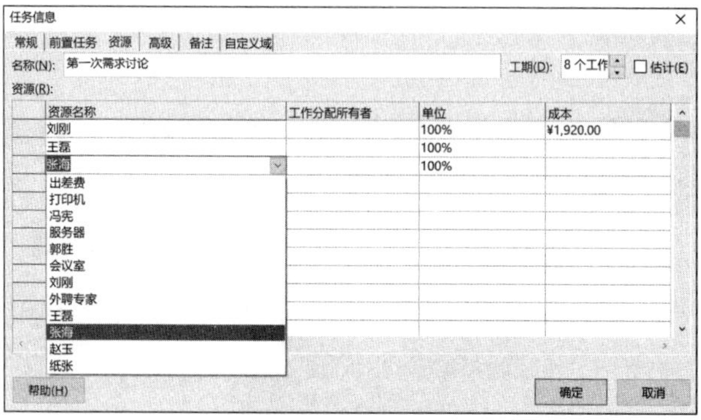

图5.17 分配资源的第二种方式

在图 5.17 中的“资源名称”下拉框中，依次勾选参与此任务的资源的复选框，然后单击【确定】按钮，3 人便都被分配到“第一次需求讨论”任务的资源名称上，分配结果如图 5.18 所示。

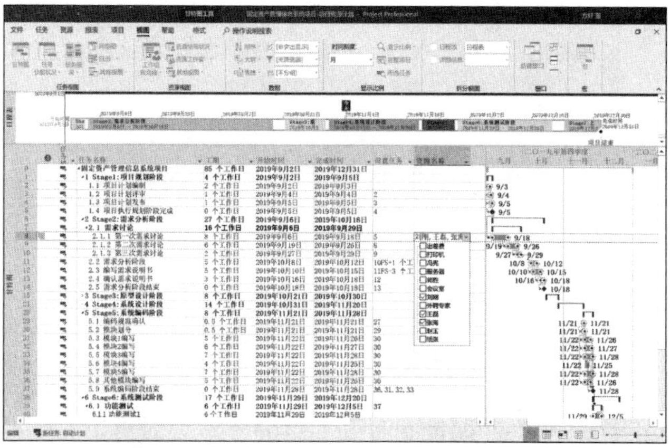

图5.18 多个资源分配到一个任务的情形

5.2.3 给多个任务分配多个资源

有些情况下，相同的多个资源可能同时做多项工作，如果用上述两种办法分配资源，会加大项目经理的工作量。为了提高资源分配效率，Project 2019 提供了同时向多个任务分配多个资源的功能。

具体做法：在甘特图视图中，先选取多个任务，方法是按住 Ctrl 键的同时，使用鼠标左键依次选中需要同时分配相同资源的任务，如图 5.19 所示。

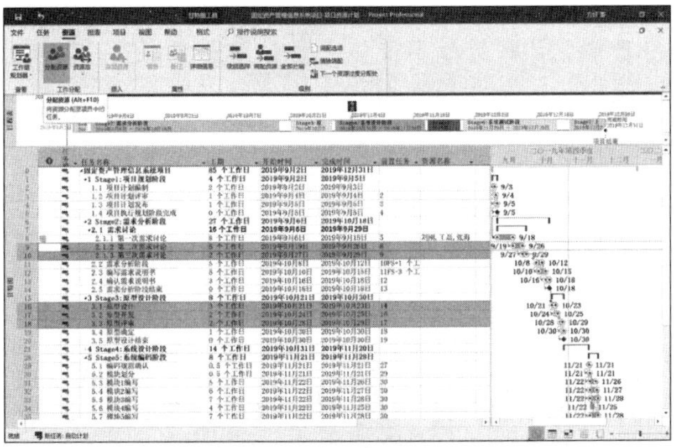

图5.19 同时选中多个任务

在图5.19中，需要给5个任务同时分配“王蒙、张华、赵孟”3人。选中这5项任务以后，选择【资源】→【分配资源】按钮，打开如图5.20所示的“分配资源”对话框。

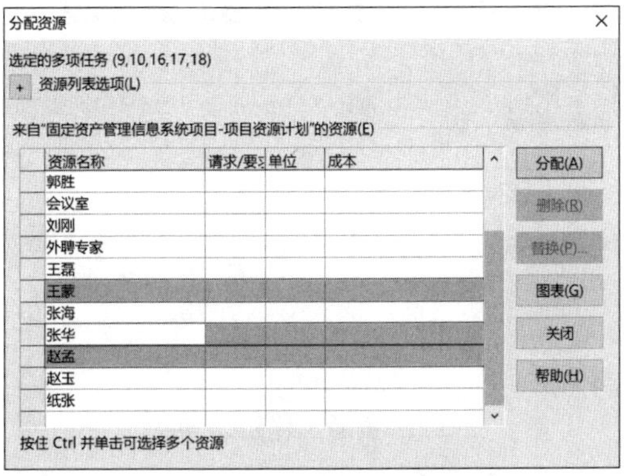

图5.20 同时选中多个资源

在“分配资源”对话框中，按住【Ctrl】键的同时，单击鼠标在“资源”列表中选择相关人员。选择完毕后，单击右上角的【分配】按钮。被选中的3个人员即被分配到前面选择的5个任务上，如图5.21所示。

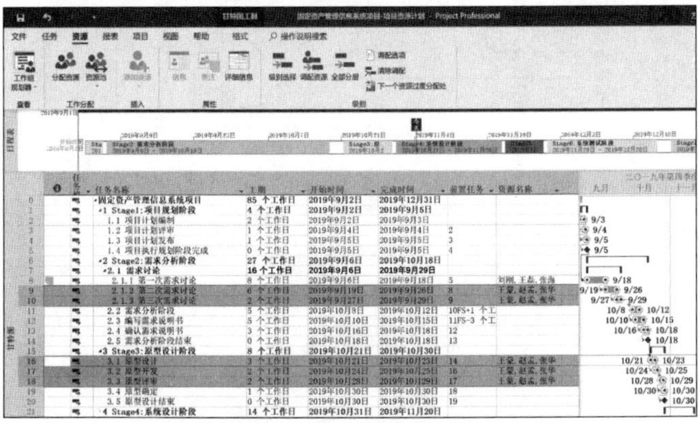

图5.21 同时分配多个资源后的效果

注意：通过“分配资源”对话框不仅能批量分配资源，还可以实现批量替换资源、删除资源的功能。例如，在项目的执行过程中，“郭胜”因为某种原因需要离开此项目组，则就需要在Project中将资源“郭胜”全部删除或者是批量替换为其他资源。此时，利用“分配资源”对话框中的“删除”或者“替换”功能就可以轻松实现，而且还可以通过单击“图表”按钮查看每个资源的工时占用情况。

5.2.4 工作组规划器

“工作组规划器”功能主要用来帮助项目经理解决在项目资源的分配过程中出现的资源冲突问题，利用“工作组规划器”可以及时识别资源冲突问题，将资源分配与资源冲突分析及资源调配需要三步完成的工作在一步中完成。

将视图切换到“工作组规划器”视图，选择【资源】→【视图】→【工作组规划器】选项之后，出现如图 5.22 所示效果。

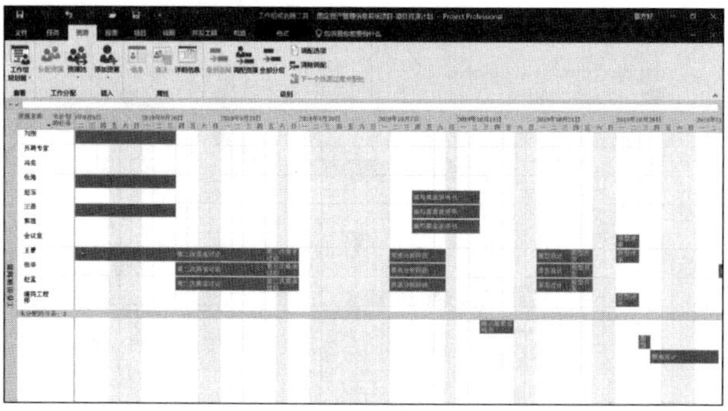

图5.22 资源工作组规划器

从图 5.22 中可以看到，视图的左侧是资源名称，右侧是资源分配的任务，下端是未分配资源的任务。

利用“工作组规划器”进行任务资源的分配方式是，选择未分配资源的任务，如图 5.23 所示。

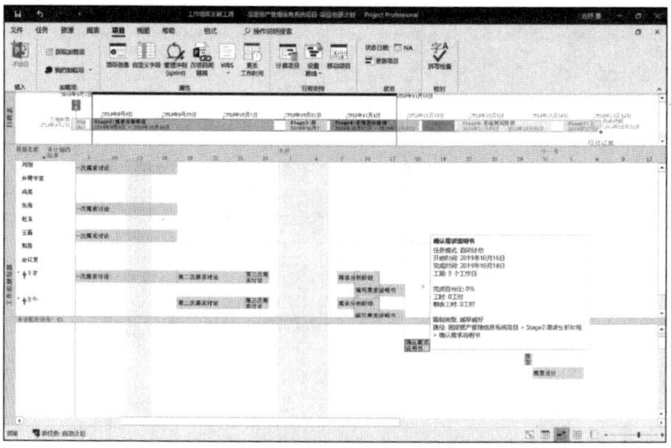

图5.23 资源工作组规划器资源分配

从图 5.23 中可以看到，选择未分配资源的任务后，任务框四周变为绿色，然后将该任务拖曳到横道图中对应的分配给当前任务的资源上，如图 5.24 所示。

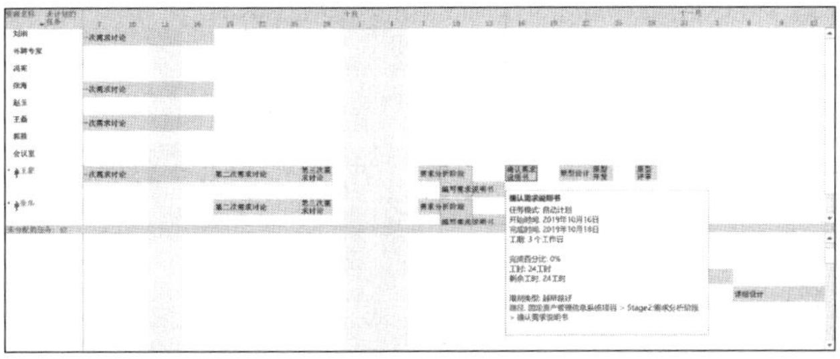

图5.24 资源工作组规划器资源分配

利用“工作组规划器”进行任务资源的分配，使项目经理可以直观地看到哪些资源在对应的任务要求的时间段内是空闲的，项目经理只需要找到这些时间段内空闲的资源分配给任务即可。当资源在该时间段内有任务分配时，任务条形图会显示冲突，如图 5.25 红色框图所示。

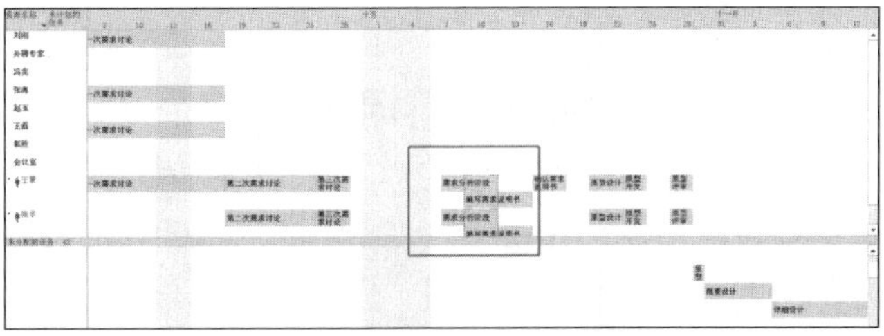

图5.25 资源工作组规划器资源冲突

如图 5.25 所示，资源“王蒙”对应的“编写需求说明书”任务条边框变为红色，同时资源名称也变为红色，表示该资源在这一时间段内同时分配了两项任务，导致该资源过度分配。从资源分配调配的方式来解决，将该任务分配给另外一个资源“郭胜”，实现对资源的调配，如图 5.26 所示。

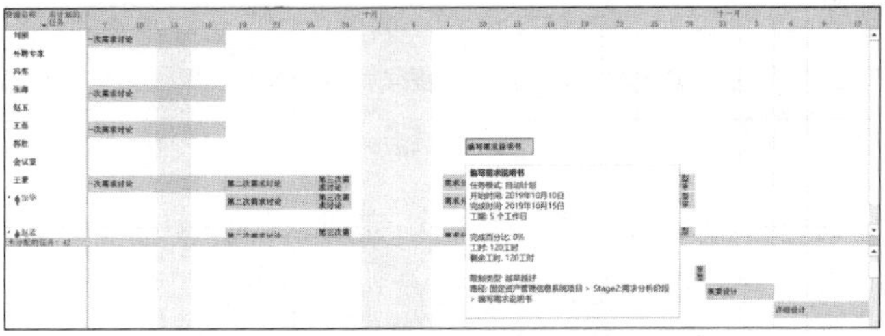

图5.26 资源工作组规划器资源调配

如图 5.26 所示，将任务“编写需求说明书”分配给“郭胜”后，资源“王蒙”的颜色变为黑色，同时，对应的“编写需求说明书”任务框红色消失，即对资源冲突进行了调配。

“工作组规划器”实质上是图形化了的“资源分配”“资源冲突分析”及“资源调配”的工具。

5.2.5 资源分配单位

在甘特图视图中，单击任何一条任务，在打开的【任务信息】对话框中的【资源】选项卡中，可以看到该任务上资源的分配情况，如图 5.27 所示。

图5.27 资源分配时的单位

在图 5.27 中可以看到，任务“原型确定”有 4 项资源，分别是“编码工程师”“王蒙”“服务器”“会议室”。每个资源的右侧都有“单位”的输入项。其中资源“编码工程师”的单位是 300%，表示在该任务上需要 3 个“编码工程师”。资源“王蒙”的单位是 100%，表示资源“王蒙”在该任务上每天投入 100%的时间，即每天在该任务上的工作时间为 $8 \times 100\% = 8$ 小时。材料“服务器”的单位设为“1 台”，表示在该任务上需要一台“服务器”。资源“会议室”在该任务上投入为 100% 的时间，即每天在该任务上的工作时间为 $8 \times 100\% = 8$ 小时。

通常，如果资源为真实的人员，如“王蒙”，那么单位就不要超过 100%，当然可以小于 100%，例如 50% 表示该资源在任务上不是全职参与而是每天只投入 4 个小时（8 个小时的 50%）。岗位资源（类似编码工程师之类的资源）可以用 $n \times 100\%$来表示需要 n 个该岗位的资源。

5.3 资源分配分析

利用上节讲到的资源分配方法在甘特图中完成资源分配的工作后，如何查看分配的情况，如何得知有没有资源分配冲突、有没有资源闲置、有没有任务还没有被分配资源呢？本节将对资源分配情况的分析进行介绍。

选择【资源】→【查看】→【工作组规划器】→【资源使用状况】选项，可以看到如图 5.28 所示的内容。

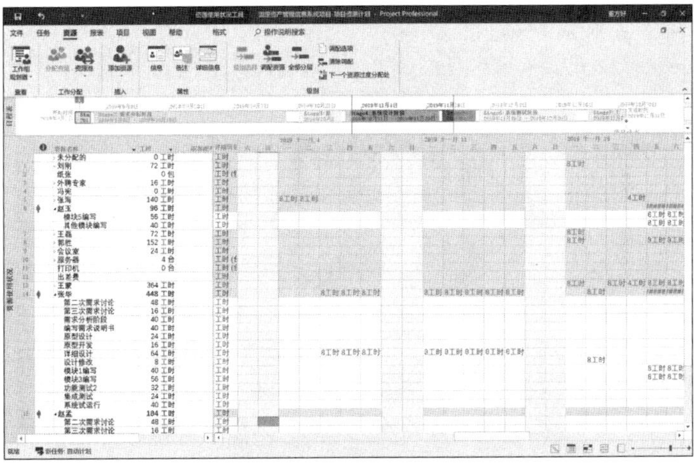

图5.28 资源使用状况

5.3.1 未分配的

如图 5.28 所示，“未分配的”指的是尚未分配资源的任务，此功能用于提醒还有哪些任务没有分配资源执行。发现还有没被分配资源的任务，就需要再次返回到甘特图视图中继续分配资源到任务。

> 注意：如果“未分配的”列表中有里程碑任务，可以不进行资源的分配。例如，“需求分析阶段结束”等表示阶段结束的里程碑可以没有资源执行。里程碑任务是项目经理用来标识项目任务进度的工具。

5.3.2 按照资源分组展示分配情况

从图 5.28 中可以看到，资源“张华”被分配了 13 项任务，总共的工时为 448 工时。其他资源，例如“王磊”“王蒙”等资源的任务分配情况都可以通过单击资源名称前面的伸缩号查看。

5.3.3 过度分配的资源

从图 5.28 中同样可以看到资源“张华”的分配状况，总共被分配了 13 项任务，总工时为 448 工时。但是，在 Project 环境中可以看到“张华”的颜色是红色的，并且“张华”的前面有一个红色“人”形标记或者。出现以上情况表明资源“张华”处于过度分配状态。

在 Project 中这样解释过度分配：为资源分配了过多的任务，以至于资源无法在可用工作时间内完成这些任务。

资源“张华”出现了红色的警告，表示 Project 自动检测出了该资源被过度分配，具体在什么时间被过度分配，可以在如图 5.28 所示的右侧视图中，拖动滚动条，就可以看到如图 5.29 所示的内容。

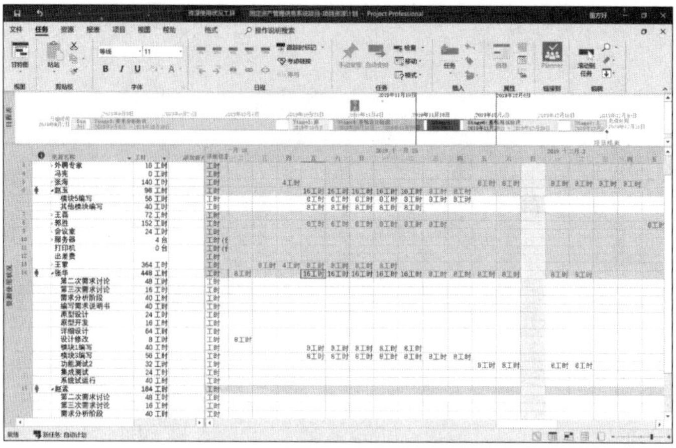

图5.29 资源过度分配情形

从图5.29中可以得知，在“2019年11月18日”这一周的周五后的几天内，资源“张华”被同时分配多项任务（“模块1编写”“模块3编写”）中，而且在每个任务上均需要付出每天“8工时”的工作量，从而累加起来每天要工作“16工时”或者更多时间，所以导致了过度分配。

5.3.4 过度分配的设置

选择【资源】→【查看】→【资源工作表】视图，可以发现每个资源均有一个“最大单位”的属性，资源是否过度分配是通过检查实际的分配量是否超过了“最大单位”中的值来进行判断，如图5.30所示。

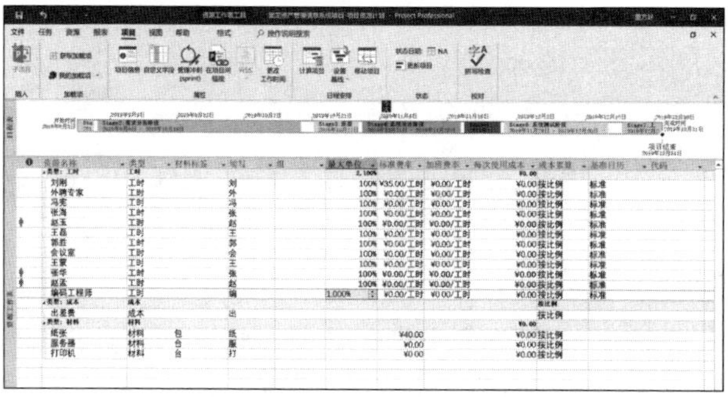

图5.30 资源工作表中的“最大单位”

在图5.30中，只有工时资源的“最大单位”有值，而且默认值为100%，“编码工程师”的最大单位被笔者改为了“1000%”，表示该岗位对应的资源可用量为10个人。如果在分配过程中，同一天的“编码工程师”被分配的总量超过了1000%，则该资源就会变为红色，即过度分配了。

5.3.5 过度分配的报表

Project 2019中设置了对应资源过度分配的报表，选择【报表】→【查看报表】→【资源】下拉按钮→【过度分配的资源】选项，可以查看过度分配资源的统一报表，如图5.31所示。

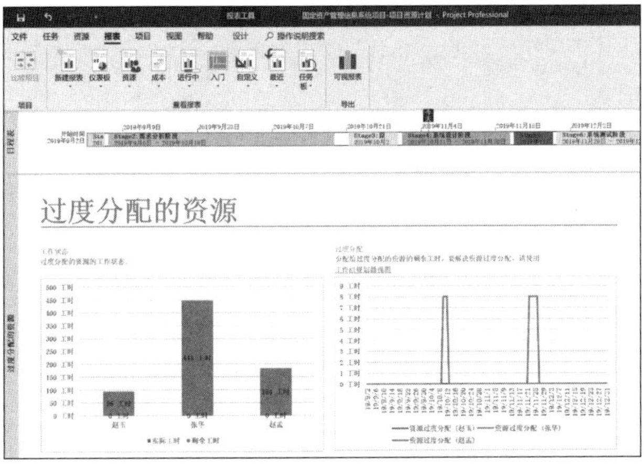

图5.31　资源过度分配报表

在图 5.31 中，项目中存在过度分配的资源会统一展示在报表中，包括过度分配的工时数量和过度分配资源的时间分析，便于项目经理进行分析。

5.4 资源分配调整

利用 Project 软件可以自动发现过度分配的资源，从而指导项目管理者进行合理的资源分配。前面讲到了利用【资源】→【查看】→【资源使用状况】可以发现过度分配的资源，本节将介绍如何消除资源的过度分配，即资源调配。

5.4.1 利用功能区命令进行调配

当发生资源过度分配时，一种方法是可以通过 Project 的功能区命令实现调配。在当前视图为“资源使用状况”的情况下，选取【资源】→【级别】→【调配资源】按钮，如图 5.32 所示。

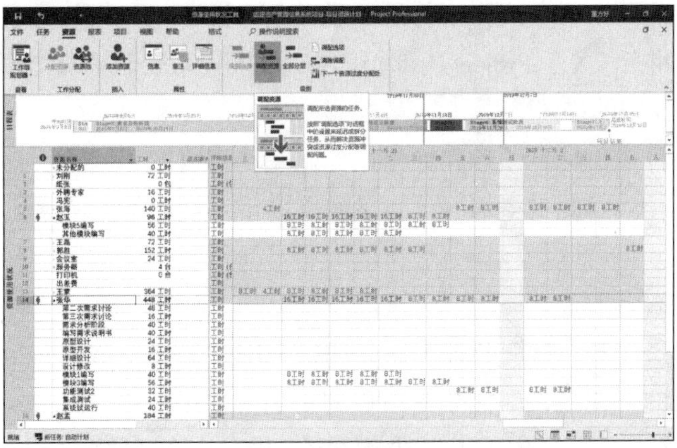

图5.32　调配资源

单击图 5.32 中的【调配资源】按钮后，打开如图 5.33 所示的“调配资源”对话框。

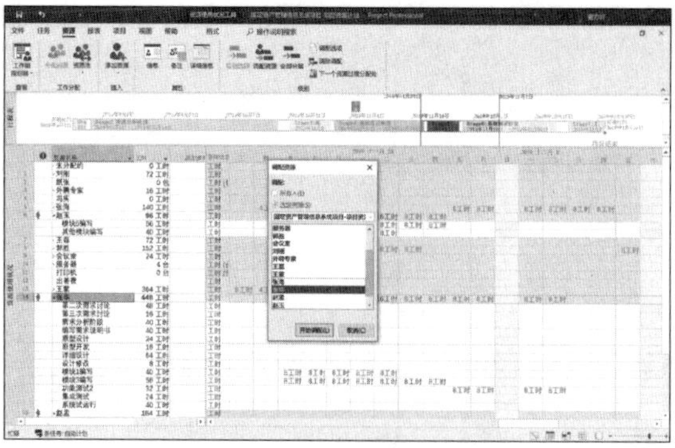

图5.33 “调配资源”对话框

在图 5.33“调配资源”对话框中，选择“张华”，然后单击【开始调配】按钮。Project 2019 可自动完成调配工作，调配后，“张华”的红色自动消失，如图 5.34 所示。

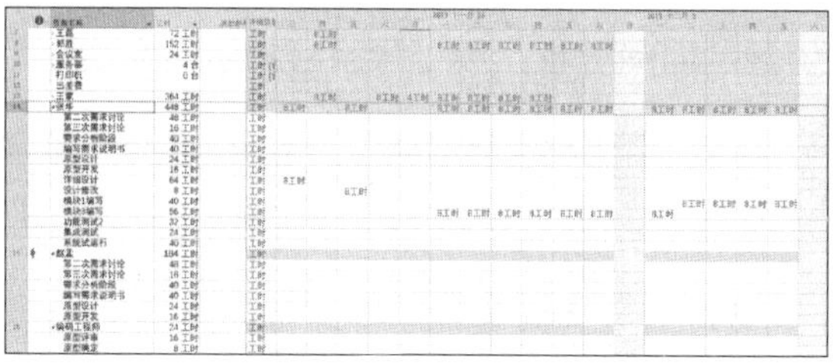

图5.34 调配以后

在图 5.34 中可以看到，资源“张华”的过度分配现象消失了。Project 2019 采用何种方法进行的调配？经过仔细查看后，读者会发现 Project 2019 自动将有并行的任务改为串行关系，最终消除资源在每天的工时分配不超过 8 工时，但是这样调配容易导致项目工期变长。

对于 Project 2019 而言，它采取两种办法调配资源：延迟任务和拆分任务。延迟任务指的是将并行的两个任务改为串行的两个任务；拆分任务指的是将有并行部分的任务断开，以避免冲突。关于 Project 内部更详细的调配算法，本章不作赘述，本书的“问题解答”章节有详细的描述。

在实际的项目中，延迟任务和拆分任务往往都不可取，因为上述两种操作都会带来项目工期的延长。因此更多情况下，最好采取手工调配的方式来解决资源的过度分配问题。

5.4.2 手工进行资源调配

仍以资源“张华”的过度分配为例，如果利用在上一小节中介绍的功能区调配的方法会导致项目的工期延误。如果此项目的工期要求很严格，Project 自动调配显然就不合理了。这时候就需要考虑手工来进行调配工作，具体做法如下。

1. 在资源使用状况中发现问题

在资源使用状况视图中，可以发现关于资源过度分配的问题，变红色即为过度分配的预警，如图 5.35 所示。

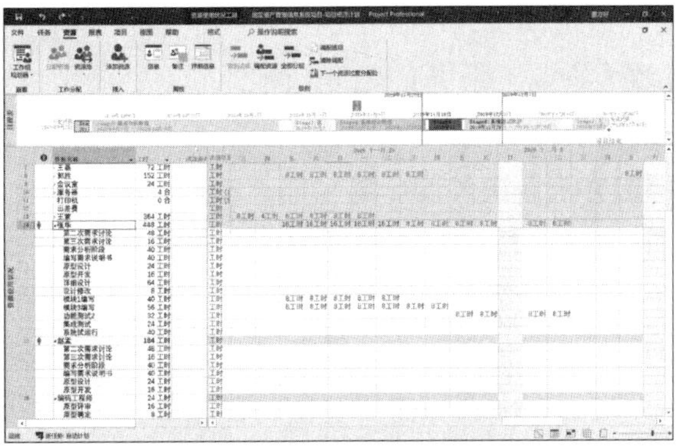

图5.35 再现资源过度分配

2. 返回到甘特图中分析问题

发现存在过度分配的问题后，返回到甘特图视图中分析问题。在甘特图的视图内，选择【视图】→【数据】→【筛选器】→【显示自动筛选】选项，甘特图的每一列都出现一个向下的箭头，如图 5.36 所示。

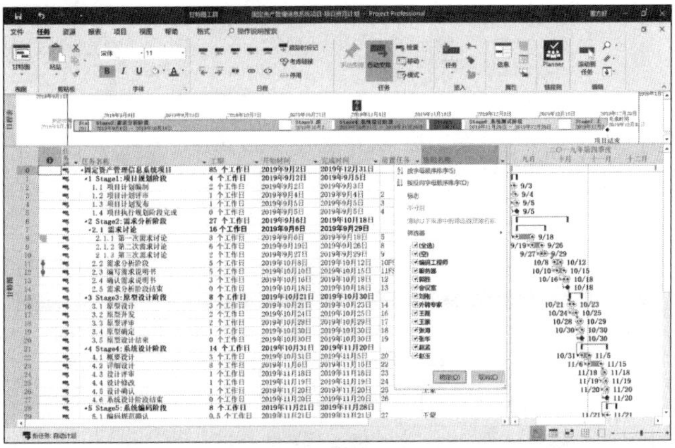

图5.36 自动筛选后的甘特图

单击“资源名称”右侧的箭头，选取“张华”后，甘特图中出现的任务都是与该资源相关的任务，如图 5.37 所示。

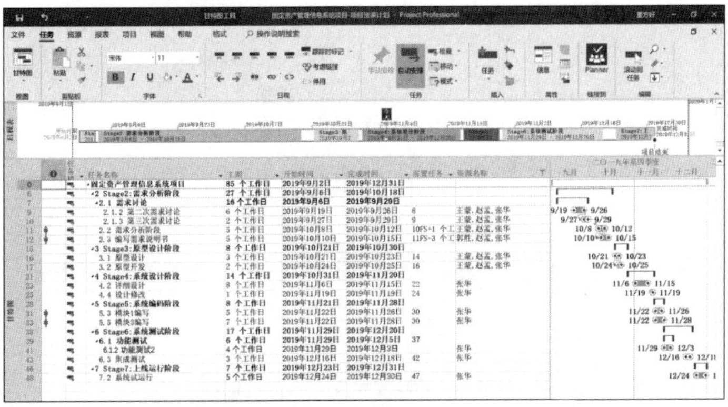

图5.37 自动筛选结果后的甘特图

从图 5.37 中的右侧横道图中，可以很快发现“张华”参与的任务有重叠的部分，这些重叠部分直接导致了资源“张华”变红。读者可以关注在甘特图左侧的，提示多个任务存在相同资源的过度分配。

3. 采用替换资源的方法解决过度分配

通过手动方式解决资源过度分配时需要保证工期不受影响，因此一般采取替换资源的方式进行。

在甘特图视图中选中需要替换资源的任务，选择【资源】选项卡→【分配资源】，在打开的“分配资源”对话框中选择需要替换的资源“张华”，如图 5.38 所示。

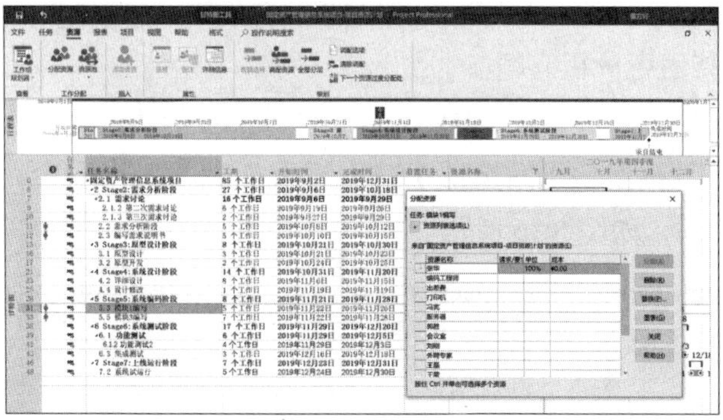

图5.38 选择被替换的资源

在“分配资源”对话框中，单击右侧的“替换”按钮，将打开如图 5.39 所示的“替换资源”对话框。

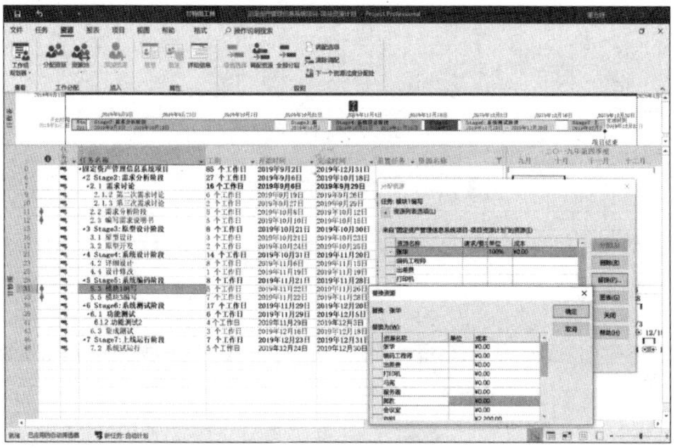

图5.39 选择新资源

在图 5.39 中，选择一个替换“张华”的资源，如“郭胜”，并单击“确定”按钮。

> 注意：不要选择“王蒙”“赵孟”，因为这两个资源与“张华”已经从事相同的任务了，如果选择了其中的一个，将直接导致“王蒙”或者是“赵孟”被过度分配。

替换后甘特图将显示为如图 5.40 的效果，虽然任务仍然并行，但是由不同资源来完成。

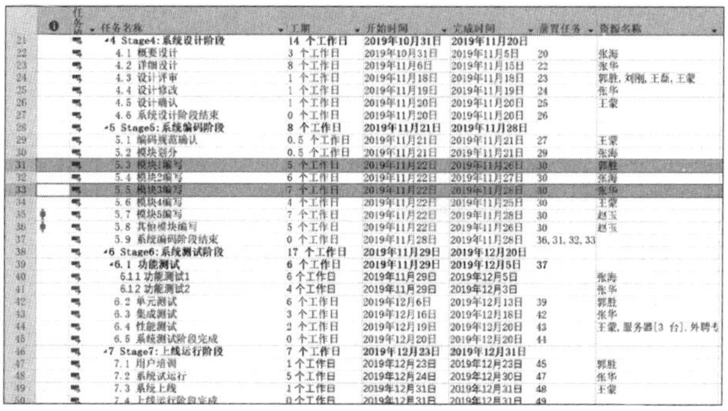

	任务名称	工期	开始时间	完成时间	前置任务	资源名称
21	4 Stage4：系统设计阶段	14 个工作日	2019年10月31日	2019年11月20日		
22	4.1 概要设计	3 个工作日	2019年10月31日	2019年11月5日	20	张海
23	4.2 详细设计	8 个工作日	2019年11月6日	2019年11月15日	22	张华
24	4.3 设计评审	1 个工作日	2019年11月18日	2019年11月18日	23	郭胜，刘刚，王磊，王蒙
25	4.4 设计修改	1 个工作日	2019年11月19日	2019年11月19日	24	张华
26	4.5 设计确认	1 个工作日	2019年11月20日	2019年11月20日	25	王蒙
27	4.6 系统设计阶段结束	0 个工作日	2019年11月20日	2019年11月20日	26	
28	5 Stage5：系统编码阶段	8 个工作日	2019年11月21日	2019年11月28日		
29	5.1 编码规范确认	0.5 个工作日	2019年11月21日	2019年11月21日	27	王蒙
30	5.2 模块划分	0.5 个工作日	2019年11月21日	2019年11月21日	29	张海
31	5.3 模块1编写	5 个工作日	2019年11月22日	2019年11月26日	30	郭胜
32	5.4 模块2编写	6 个工作日	2019年11月22日	2019年11月27日	30	张海
33	5.5 模块3编写	7 个工作日	2019年11月22日	2019年11月28日	30	张华
34	5.6 模块4编写	4 个工作日	2019年11月22日	2019年11月25日	30	王蒙
35	5.7 模块5编写	7 个工作日	2019年11月22日	2019年11月28日	30	赵玉
36	5.8 其他模块编写	5 个工作日	2019年11月22日	2019年11月26日	30	赵玉
37	5.9 系统编码阶段结束	0 个工作日	2019年11月28日	2019年11月28日	36,31,32,33	
38	6 Stage6：系统测试阶段	17 个工作日	2019年11月29日	2019年12月20日		
39	6.1 功能测试	6 个工作日	2019年11月29日	2019年12月5日	37	
40	6.1.1 功能测试1	6 个工作日	2019年11月29日	2019年12月5日		张海
41	6.1.2 功能测试2	4 个工作日	2019年11月29日	2019年12月3日		张华
42	6.2 单元测试	6 个工作日	2019年12月6日	2019年12月13日	39	郭胜
43	6.3 集成测试	3 个工作日	2019年12月16日	2019年12月18日	42	张华
44	6.4 性能测试	2 个工作日	2019年12月19日	2019年12月20日	43	王蒙，服务器[3 台]，外聘专
45	6.5 系统测试阶段完成	0 个工作日	2019年12月20日	2019年12月20日	44	
46	7 Stage7：上线运行阶段	7 个工作日	2019年12月23日	2019年12月31日		
47	7.1 用户培训	1 个工作日	2019年12月23日	2019年12月23日	45	郭胜
48	7.2 系统试运行	5 个工作日	2019年12月24日	2019年12月30日	47	张华
49	7.3 系统上线	1 个工作日	2019年12月31日	2019年12月31日	48	王蒙
50	7.4 上线运行阶段完成	0 个工作日	2019年12月31日	2019年12月31日	49	

图5.40　替换资源

在图 5.40 中，可以看到第一项任务的资源中出现了“郭胜”的名称，“张华”从该任务的资源列表被替换了。

如果要在替换前查看“郭胜”在该时间段内是否可用，单击图 5.38 中的【图表】按钮，可以看到资源的可用性，如图 5.41 所示。

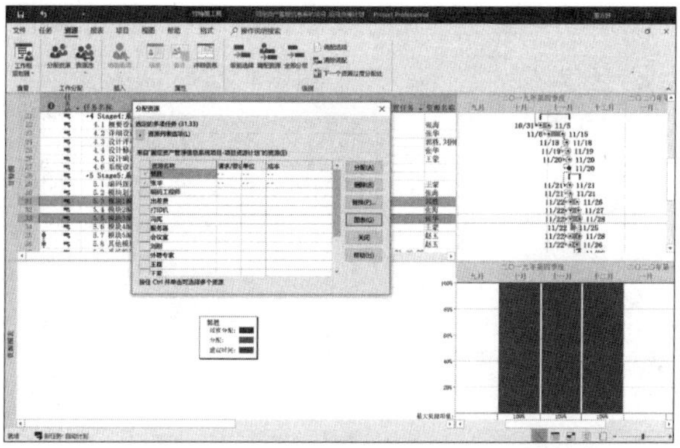

图5.41　查看资源可用性

> 注意：在 Project 2019 中，从图 5.41 返回甘特图的方法是，选择【视图】→【拆分视图】选项，取消选择“详细信息”复选框即可。

在图 5.41 中可以发现“郭胜”在即将被分配的任务的时间段内的“剩余可用性”是满足条件的。因此在该时段内替换“张华”是没有问题的。

以上是资源手动调配最常用的方法，读者也可以采用调整任务并行到串行方式加上修改项目日历的方式调整资源过度分配，这会导致加班的现象存在，显然不是合理的方法。

5.4.3 资源计划编制完成

重复 5.1 节 ~5.4 节的操作，读者可以顺利地完成资源计划的编制。衡量资源计划编制质量有以下几个原则：

（1）每个任务均由资源执行（摘要任务与里程碑除外），里程碑任务可以不分配资源，默认项目经理是项目里程碑的负责人；

（2）每个任务应该只有一个资源执行（为了能够分清楚责任），评审会等多人参与的除外；

（3）没有过度分配的资源，除非项目经理不关注资源工时投入。

5.5 资源分配确认

资源计划编制完成之后，难免需要输出用以审批或者工作分配等用途，并且需要项目团队资源认可确认工作分配是可以在项目计划内完成的，这就需要将项目资源计划输出便于项目资源进行确认 。掌握输出的技巧对于熟练使用 Project 软件有着很大的帮助。

5.5.1 利用甘特图的分组方式输出

将视图切换到甘特图，选择【视图】→【数据】→【分组依据】→【资源】选项，出现如图 5.42 所示的效果。

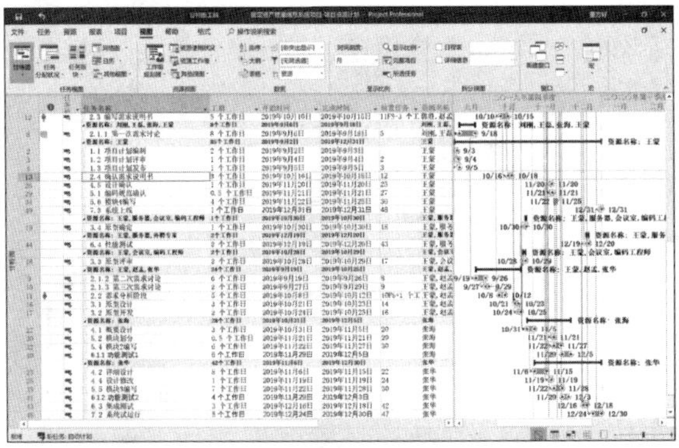

图5.42 甘特图按照资源名称分组后

用户可以直接将图 5.42 的结果打印输出，正式打印前可以选择【文件】→【打印】选项预览打印效果，如图 5.43 所示。

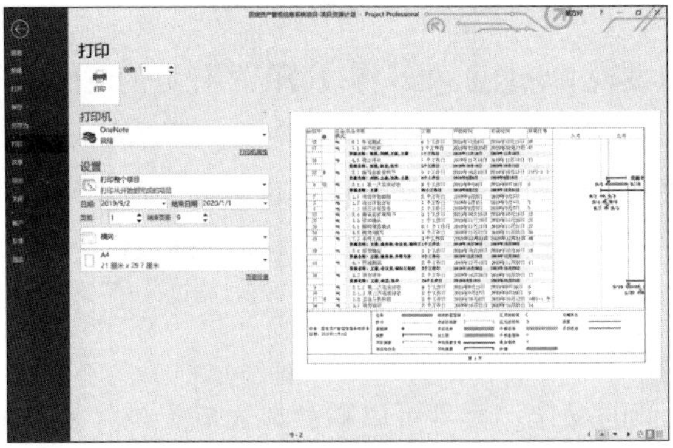

图5.43 打印预览

5.5.2 利用筛选输出特定资源计划

将视图切换到甘特图，选择【视图】→【数据】→【筛选】→【自动筛选】选项之后，出现如图 5.44 所示的效果。

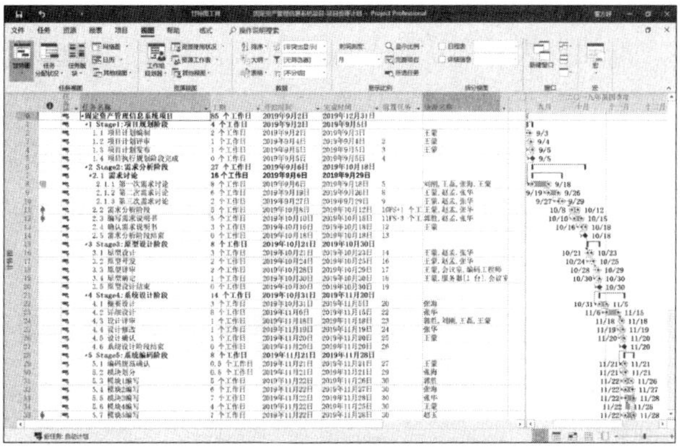

图5.44　甘特图自动筛选

可以利用自动筛选将每个独立资源的任务分配进行梳理，形成每个资源的任务分配清单，通过自动筛选选择资源“张华”，显示“张华”所有的任务分配清单，如图 5.45 所示。

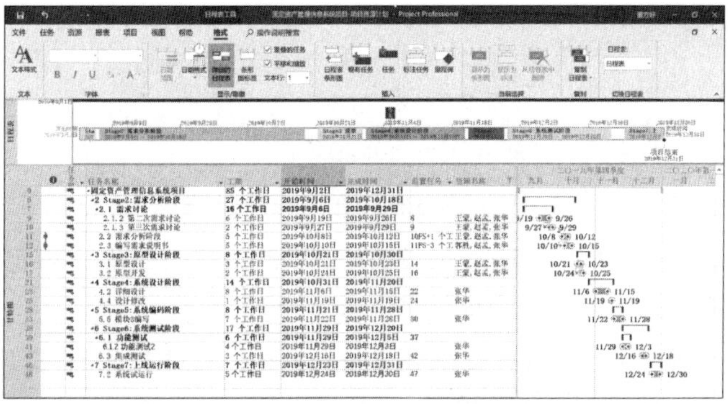

图5.45　甘特图任务自动筛选

可以直接将图 5.45 的结果打印输出，正式打印前可以选择【文件】→【打印】选项预览打印效果，如图 5.46 所示。

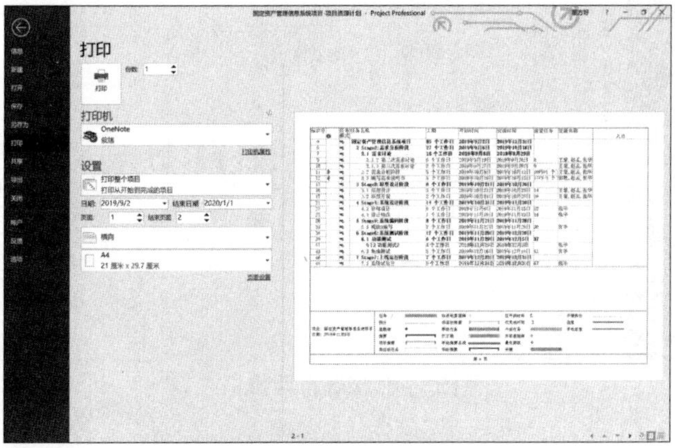

图5.46　打印预览

打印后就可以让“张华”签字确认该项目上需要完成的工作。

5.5.3 利用报表输出

Project 2019 客户端的报表功能更加强大，不仅自带“仪表板”“资源”等相关数据的报表，还允许用户自定义报表。

选择【报表】→【查看报表】→【仪表板】→【项目概述】选项，将出现如图 5.47 所示的 Project 2019 自带的报表。用户单击【资源】【成本】等，可以查看更多报表，此处不再赘述。

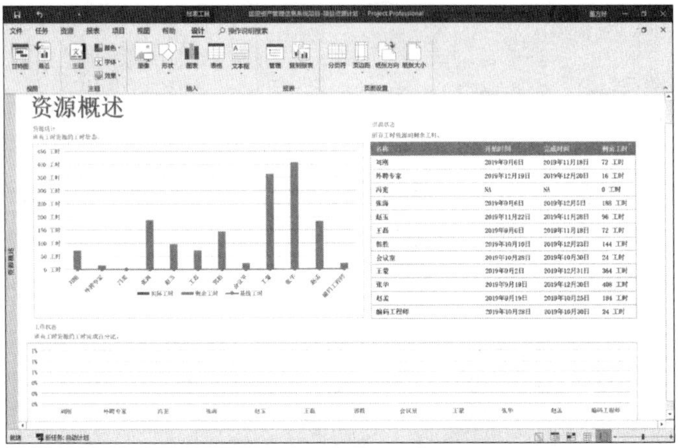

图5.47 Project 2019自带报表

在图 5.47 中，单击“资源概述”报表中的“资源统计”表格后，出现如图 5.48 右侧所示的“字段列表”，可以在 Project 2019 提供的报表基础上，自定义出自己需要的报表，对于日常监控项目资源执行提供了方便。

报表定义以后可以直接将图 5.47 的结果打印输出，正式打印前可以选择【文件】→【打印】预览打印效果，如图5.48所示。

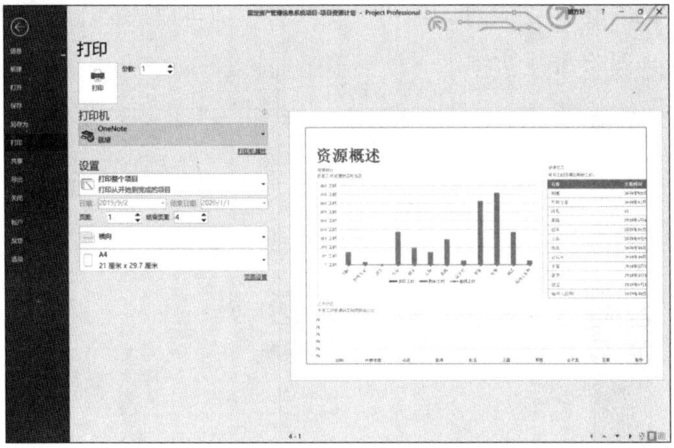

图5.48 报表打印预览

第 6 章 项目成本计划编制

项目成本计划是项目管理中很重要的一部分。通常，项目三要素指的是项目的时间、质量、成本。在如今的项目管理中，节省成本成为一项非常重要的工作，项目成本计划是实现成本控制的前提条件和基础。成本计划的编制和执行也是考察一个项目绩效的重要指标。

项目成本管理大概分为成本估算、成本预算、成本控制三个方面。

成本估算指的是按照工作分解结构确定的活动，估算出每项活动所需要的资源以及相关的各种花销。这些成本包括但不限于人工、材料、设备、服务、设施、应急准备金等方面。如果没有专业的成本评估师，则需要召集内部专家一起决策。

成本预算指的是将单个活动或计划的估算费用进行汇总，以便确立整个项目的费用计划基准的过程。汇总得到的总体成本需要与项目启动时约定的项目成本预算进行对比，检查是否能够满足项目的最初成本预算的约定。

成本控制指的是在计划活动执行期间，对项目成本的执行进行监控以及施加影响的过程。目的是保证潜在的成本支出不超过项目启动阶段的总体成本要求。

本章针对项目成本计划（成本估算与成本预算）将主要从下面几个方面来讲述：资源费率确定、项目成本计划、成本计划分析、成本计划调整及成本计划输出，如图 6.1 所示。

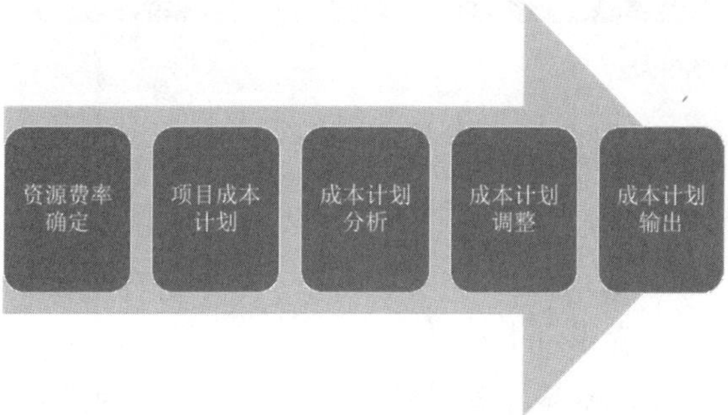

图6.1 项目成本计划编制流程

以下是对项目成本计划编制流程五个步骤的说明。

1. 资源费率确定

项目成本是由组织 / 企业在项目上的资源投入量以及对应的资源费率共同决定的，对项目成本计划进行编制，首先需要明确项目资源费率，项目资源投入量在项目资源计划中已经形成，有了资源费率与资源投入量，即可以估算项目成本计划。在 Project

中仅有“工时”类资源与“材料”类资源具有资源费率的属性，“成本”资源没有资源费率或者“成本”可以理解为费率为 1。

2. **项目成本计划**

资源费率确定后，结合项目资源计划形成的项目资源投入量，Project 可以自动计算（估算）出项目成本计划，项目成本计划采取自下而上的评估方法，子任务成本向上汇总到摘要任务形成摘要任务成本，摘要任务汇总到阶段任务形成阶段任务成本，阶段任务成本继续向上汇总形成项目成本。自上而下的成本估算通常在项目章程或者项目任务书中进行估算。

3. **成本计划分析**

任何项目都首先在组织 / 企业层面形成项目预算（Budget），根据项目预算自上而下估算阶段成本；项目成本计划自下而上评估形成项目执行成本估算，两者之间的对比差异是项目成本计划分析的重点，如果项目成本计划大于项目预算，则项目成本必然超支，项目无法有效执行；只有在项目成本计划小于项目预算的情况下，项目才能正常执行，项目成本计划分析就是需要分析项目预算与项目成本计划之间的差异，满足项目成本计划小于项目预算。

4. **成本计划调整**

通过项目成本计划自下而上地估算，一旦项目成本计划超过项目预算，项目经理有责任对项目成本计划进行调整，压缩项目成本计划投入，满足项目预算要求，有时项目上还需要满足阶段性预算的要求。

5. **成本计划输出**

项目成本计划编制完成后，需要采取多种输出方式满足管理要求，如项目阶段成本报告，项目成本概要汇报以及项目成本时间维度的要求——项目所需现金流。

6.1 资源费率确定

6.1.1 任务成本分类

在 Project 2019 版本中，涉及成本来源的列默认有两项：固定成本和成本。涉及的公式如下。

◎ 成本＝固定成本＋资源成本；

◎ 资源成本＝工时资源成本＋材料资源成本 + 成本资源成本；

◎ 工时资源成本 = 工时资源投入量 × 工时资源费率；

◎ 材料资源成本 = 材料资源投入量 × 材料资源费率。

固定成本指的是在一定时期和一定业务量范围内，不受业务量增减变动影响而能保持不变的成本，如内部培训费用、设备折旧、管理费用摊销等。

在 Project 中默认没有“资源成本”列，“资源成本”的值默认累计在“成本”列中，如果不设置“固定成本”时（固定成本默认为“0”），“成本”即等于“资源成本”。

打开“固定资产管理信息系统项目 .mpp”文件，要让“固定成本”列与“成本”列在甘特图中出现，可以使用“插入列”的方式。具体方式：选择任意一列，单击鼠标右键，在弹出的下拉菜单中选择【插入列】，将出现如图 6.2 所示的下拉框。

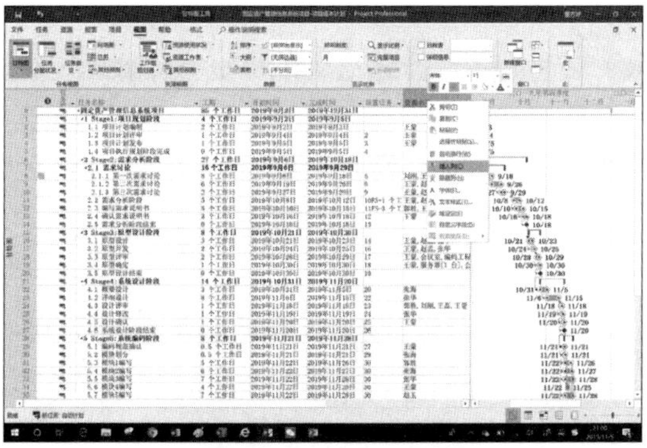

图6.2 插入任务属性列

在图 6.2 中单击“插入列”下拉框中的“成本”，如图 6.3 所示。

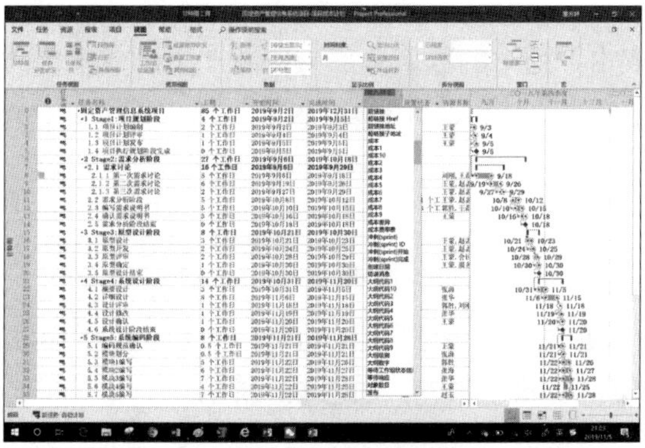

图6.3 选择成本任务属性列

“成本”列就出现在甘特图中。在 Project 2019 中，还可以采用输入域名查询的方式快速插入列，在图 6.3 中，直接在“键入列名”处输入“成本”，则下拉框直接将成本列检索出来，如图 6.4 所示。

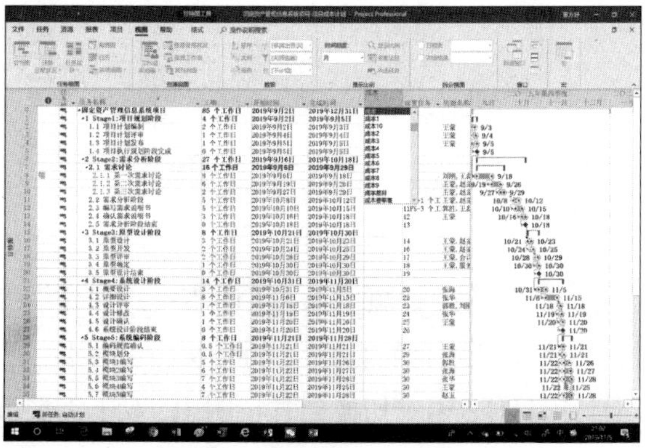

图6.4 手动输入“成本”

在图 6.4 中输入“成本”属性后，单击下拉框中的“成本”，“成本”列出现在甘特图中。

采用同样的办法可以将“固定成本”插入甘特图中。最终可以得到如图 6.5 所示的效果。

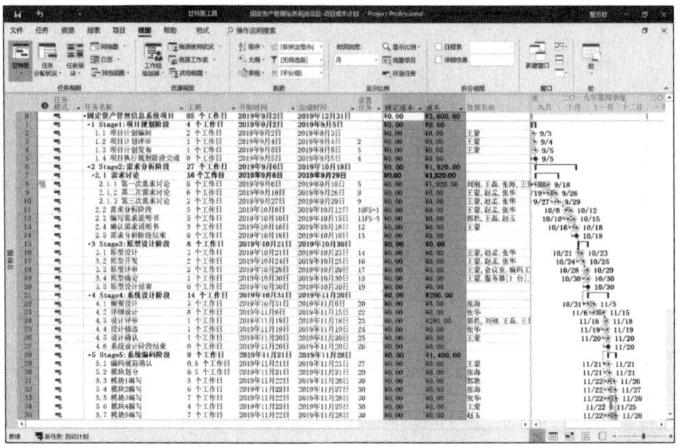

图6.5 插入成本、固定成本列

图 6.5 所示的“成本”列中的数值全部为资源产生的成本，“固定成本”的值需要手工录入，在本例中因为没有输入“固定成本”，所以图 6.5 中的任务的“固定成本”均为“0”。

6.1.2 资源费率设定

“工时”类资源与“材料”类资源费率设定方式请参考 5.1.3 小节与 5.1.4 小节。资源费率设置完成后，通过【任务】→【视图】→【资源工作表】选项进入“资源工作表”视图，可查看项目资源费率表，如图 6.6 所示。

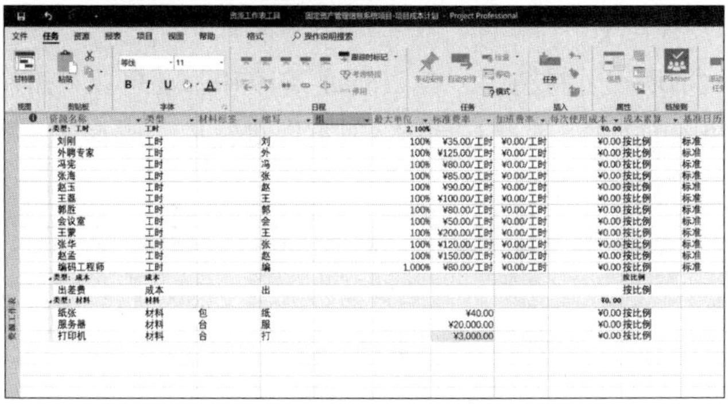

图6.6 项目资源费率表

6.1.3 成本类资源使用

“成本”类资源没有费率，在“资源工作表”中不可以设定，“成本”类资源同“工时”类资源，与“材料”类资源类似，但成本的分配方式不同，“成本”类资源成本是直接由项目经理分配到项目任务中。切换到甘特图中，双击需要分配成本资源的任务，在弹出的“任务信息”对话框中的“资源”选项卡中进行分配，如图 6.7 所示。

图6.7 成本资源分配成本

如图 6.7 所示，任务“原型确定”的资源列表中，在原有的资源下方依次选择添加了“出差费”一项成本类型的资源，并且具体的数值可以直接在右侧的“成本”属性中直接输入。例如，输入的值为“3000”，系统自动显示为“￥3,000.00”。

单击【确定】按钮后，“甘特图”的结果如图 6.8 所示。

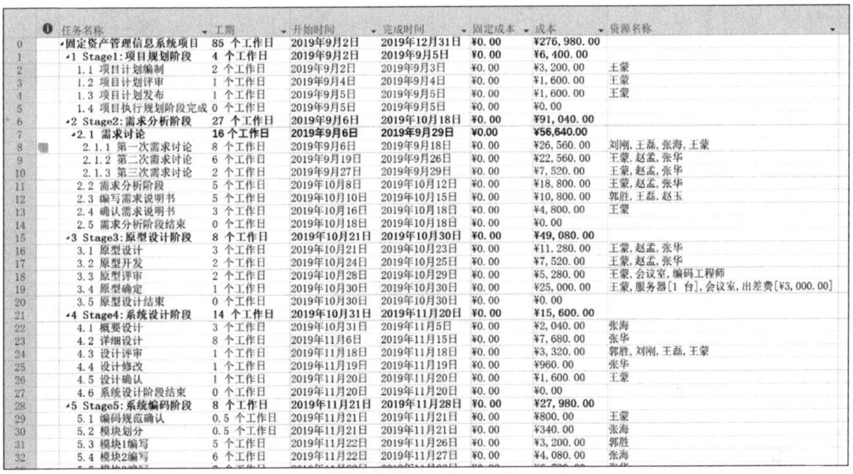

	任务名称	工期	开始时间	完成时间	固定成本	成本	资源名称
0	固定资产管理信息系统项目	85 个工作日	2019年9月2日	2019年12月31日	¥0.00	¥276,980.00	
1	1 Stage1:项目规划阶段	4 个工作日	2019年9月2日	2019年9月5日	¥0.00	¥6,400.00	
2	1.1 项目计划编制	2 个工作日	2019年9月2日	2019年9月3日	¥0.00	¥3,200.00	王蒙
3	1.2 项目计划评审	1 个工作日	2019年9月4日	2019年9月4日	¥0.00	¥1,600.00	王蒙
4	1.3 项目计划发布	1 个工作日	2019年9月5日	2019年9月5日	¥0.00	¥1,600.00	王蒙
5	1.4 项目执行规划阶段完成	0 个工作日	2019年9月5日	2019年9月5日	¥0.00	¥0.00	
6	2 Stage2:需求分析阶段	27 个工作日	2019年9月6日	2019年10月18日	¥0.00	¥91,040.00	
7	2.1 需求讨论	16 个工作日	2019年9月6日	2019年9月29日	¥0.00	¥56,640.00	
8	2.1.1 第一次需求讨论	8 个工作日	2019年9月6日	2019年9月18日	¥0.00	¥26,560.00	刘刚,王磊,张海,王蒙
9	2.1.2 第二次需求讨论	6 个工作日	2019年9月19日	2019年9月26日	¥0.00	¥22,560.00	王蒙,赵孟,张华
10	2.1.3 第三次需求讨论	2 个工作日	2019年9月27日	2019年9月29日	¥0.00	¥7,520.00	王蒙,赵孟,张华
11	2.2 需求分析阶段	5 个工作日	2019年10月8日	2019年10月12日	¥0.00	¥18,800.00	王蒙,赵孟,张华
12	2.3 编写需求说明书	5 个工作日	2019年10月10日	2019年10月15日	¥0.00	¥10,800.00	郭胜,王磊,赵玉
13	2.4 确认需求说明书	3 个工作日	2019年10月16日	2019年10月18日	¥0.00	¥4,800.00	王蒙
14	2.5 需求分析阶段结束	0 个工作日	2019年10月18日	2019年10月18日	¥0.00	¥0.00	
15	3 Stage3:原型设计阶段	8 个工作日	2019年10月21日	2019年10月30日	¥0.00	¥49,080.00	
16	3.1 原型设计	3 个工作日	2019年10月21日	2019年10月23日	¥0.00	¥11,280.00	王蒙,赵孟,张华
17	3.2 原型开发	2 个工作日	2019年10月24日	2019年10月25日	¥0.00	¥7,520.00	王蒙,赵孟,张华
18	3.3 原型评审	2 个工作日	2019年10月28日	2019年10月29日	¥0.00	¥5,280.00	王蒙,会议室,编码工程师
19	3.4 原型确定	1 个工作日	2019年10月30日	2019年10月30日	¥0.00	¥25,000.00	王蒙,服务器[1 台],会议室,出差费[¥3,000.00]
20	3.5 原型设计结束	0 个工作日	2019年10月30日	2019年10月30日	¥0.00	¥0.00	
21	4 Stage4:系统设计阶段	14 个工作日	2019年10月31日	2019年11月20日	¥0.00	¥15,600.00	
22	4.1 概要设计	3 个工作日	2019年10月31日	2019年11月5日	¥0.00	¥2,040.00	张海
23	4.2 详细设计	8 个工作日	2019年11月6日	2019年11月15日	¥0.00	¥7,680.00	张华
24	4.3 设计评审	1 个工作日	2019年11月18日	2019年11月18日	¥0.00	¥3,320.00	郭胜,刘刚,王磊,王蒙
25	4.4 设计修改	1 个工作日	2019年11月19日	2019年11月19日	¥0.00	¥960.00	张华
26	4.5 设计确认	1 个工作日	2019年11月20日	2019年11月20日	¥0.00	¥1,600.00	王蒙
27	4.6 系统设计阶段结束	0 个工作日	2019年11月20日	2019年11月20日	¥0.00	¥0.00	
28	5 Stage5:系统编码阶段	8 个工作日	2019年11月21日	2019年11月28日	¥0.00	¥27,980.00	
29	5.1 编码规范确认	0.5 个工作日	2019年11月21日	2019年11月21日	¥0.00	¥800.00	王蒙
30	5.2 模块划分	0.5 个工作日	2019年11月21日	2019年11月21日	¥0.00	¥340.00	张海
31	5.3 模块1编写	5 个工作日	2019年11月22日	2019年11月26日	¥0.00	¥3,200.00	郭胜
32	5.4 模块2编写	6 个工作日	2019年11月22日	2019年11月27日	¥0.00	¥4,080.00	张海

图6.8 成本资源分配后的甘特图

在图 6.8 中可以看到，“原型确定”任务的“资源名称”属性中增加了一类成本资源“出差费 [￥3,000.00]”。

按照上述的方法，可以为每一项任务分配不同数值的成本资源，在上例中，“出差费”可以分配到其他的任务中，并且分配不同的具体出差费用，那如何计算该项目上一共需要多少出差费呢？请参考 6.5 小节。

6.2 项目成本计划

6.2.1 任务成本计算方法

从图 6.8 所示的“成本”列中的数值可以得知项目的总成本为“￥276.980.00”，还可以得知每个阶段、每个任务的成本数值。

下面以“原型确定”任务为例说明 Project 2019 是如何计算出任务成本的。

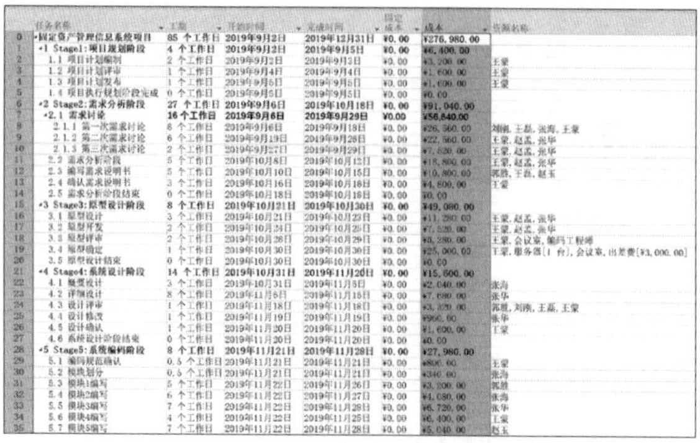

图6.9 成本的计算结果

从图 6.9 中可以看到，该任务“原型确定”的资源为“王猛”工时资源，工期为“1 个工作日”，表明在该任务上总共投入的工时为 1 个工作日 ×8 工时＝ 8 工时；资源“服务器”投入为“1 台”，资源“出差费”为“￥3,000.00”，资源“会议室”工期为“1 个工作日”，表明在该任务上总共投入的工时为 1 个工作日 ×8 工时＝ 8 工时。选择该任务，选择【视图】→【拆分视图】，勾选【详细信息】复选框，将视图进行拆分，显示任务详细信息，可以看到任务资源在该任务上投入的工时信息，如图 6.10 所示。

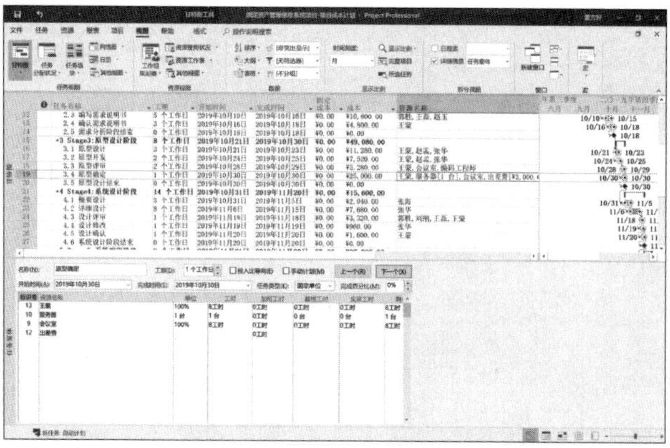

图6.10 任务资源详细信息

从图 6.10 中可以看到资源在任务“原型确定”中的投入情况，通过【资源】→【查看】→【资源工作表】选项，查看各资源对应的费率信息，如图 6.11 所示。

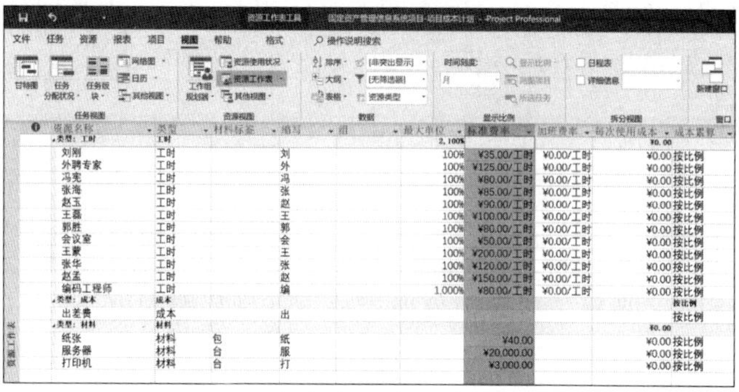

图6.11 任务资源成本详细信息

在图 6.10 中，鼠标右键单击“任务详细信息”，选择【成本】选项，“任务详细信息”视图显示资源在该任务上的成本情况，如图 6.12 所示。

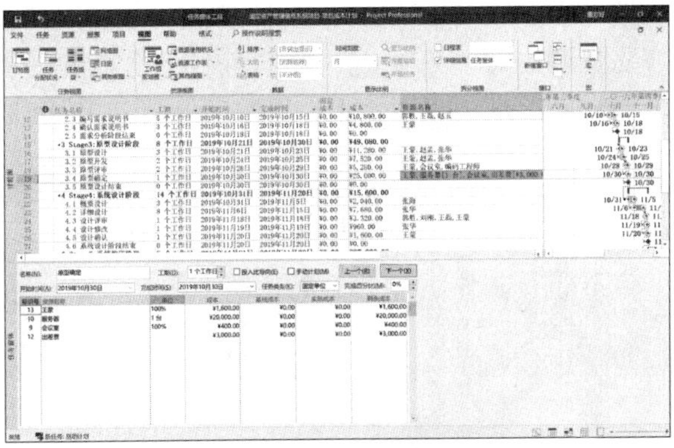

图6.12 任务资源成本详细信息

从图 6.12 中可以看到任务投入的资源对应的成本。

资源“王猛”的成本：￥200.00/ 工时 ×1 个工作日 ×8 工时 = ￥1,600.00。

资源“服务器”的成本：￥20,000.00/ 台 ×1 台 = ￥20,000.00。

资源“会议室”的成本：￥50.00/ 工时 ×1 个工作日 ×8 工时 = ￥400.00。

资源“出差费”的成本：￥3,000.00。

该任务上的总成本 = 固定成本 + 工时资源成本 + 材料资源成本 + 成本资源成本 =0+ ￥1,600+ ￥20,000.00+ ￥400.00+ ￥3,000.00= ￥25,000.00。

因此任务的总成本的公式如下：

任务总成本 = 固定成本 + 工时资源成本 + 成本资源成本 + 材料资源成本。

每个任务的成本最终会自动累加到上一级的任务，直到最顶层的任务。如图 6.9 所示，在项目最顶层任务对应的“成本”列可以看到项目的总成本。

6.2.2 阶段任务成本计算方法

6.2.1 小节描述了任务的成本计算方法，在项目管理过程中，通常还需要了解分析阶段任务成本信息，在 Project 软件中，根据自下而上的成本估算计算方式，项目阶段成本是由阶段内所有子任务的成本累计计算得出，如图 6.13 所示。

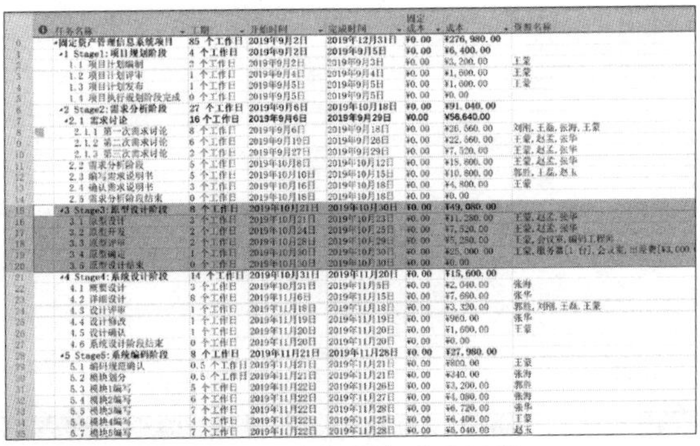

图6.13 阶段任务成本计算

从图 6.13 中可以看到阶段任务“Stage3：原型设计阶段”的总成本为“￥49,080.00”，对应成本是该阶段下五个任务的成本累加：￥11,280.00+ ￥7,520.00+ ￥5,280.00+ ￥25,000.00+0= ￥49,080.00。阶段任务由下级任务组成，阶段任务成本必然是下级任务成本的累加。在此需要强调一种特殊情况，当阶段任务含有父任务的时候，阶段成本计算方式有一点区别，如图 6.14 所示。

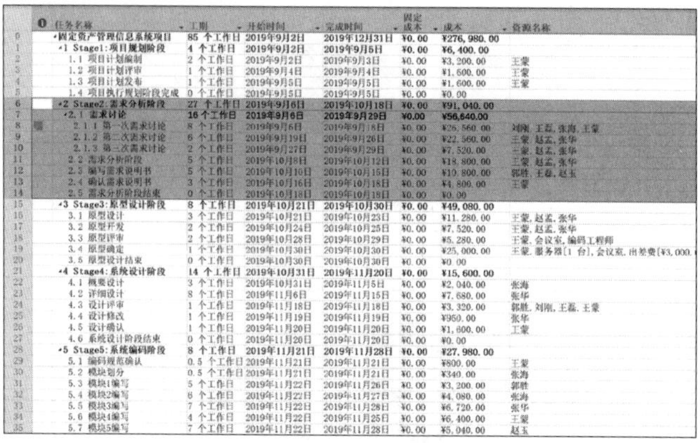

	任务名称	工期	开始时间	完成时间	固定成本	成本	资源名称
0	固定资产管理信息系统项目	85 个工作日	2019年9月2日	2019年12月31日	¥0.00	¥276, 980. 00	
1	1 Stage1:项目规划阶段	4 个工作日	2019年9月2日	2019年9月5日	¥0.00	¥6, 400. 00	
2	1.1 项目计划编制	2 个工作日	2019年9月2日	2019年9月3日	¥0.00	¥3, 200. 00	王蒙
3	1.2 项目计划评审	1 个工作日	2019年9月4日	2019年9月4日	¥0.00	¥1, 600. 00	王蒙
4	1.3 项目计划发布	1 个工作日	2019年9月5日	2019年9月5日	¥0.00	¥1, 600. 00	王蒙
5	1.4 项目执行规划阶段完成	0 个工作日	2019年9月5日	2019年9月5日	¥0.00	¥0.00	
6	2 Stage2:需求分析阶段	27 个工作日	2019年9月6日	2019年10月18日	¥0.00	¥91, 040. 00	
7	2.1 需求讨论	16 个工作日	2019年9月6日	2019年9月29日	¥0.00	¥56,640.00	
8	2.1.1 第一次需求讨论	8 个工作日	2019年9月6日	2019年9月18日	¥0.00	¥26, 560. 00	刘刚, 王磊, 张海, 王蒙
9	2.1.2 第二次需求讨论	6 个工作日	2019年9月19日	2019年9月26日	¥0.00	¥22, 560. 00	王蒙, 赵孟, 张华
10	2.1.3 第三次需求讨论	2 个工作日	2019年9月27日	2019年9月29日	¥0.00	¥7, 520. 00	王蒙, 赵孟, 张华
11	2.2 需求分析阶段	5 个工作日	2019年10月8日	2019年10月12日	¥0.00	¥18, 800. 00	王蒙, 赵孟, 张华
12	2.3 编写需求说明书	5 个工作日	2019年10月10日	2019年10月15日	¥0.00	¥10, 800. 00	郭胜, 王磊, 赵玉
13	2.4 确认需求说明书	3 个工作日	2019年10月16日	2019年10月18日	¥0.00	¥4, 800. 00	王蒙
14	2.5 需求分析阶段结束	0 个工作日	2019年10月18日	2019年10月18日	¥0.00	¥0.00	
15	3 Stage3:原型设计阶段	8 个工作日	2019年10月21日	2019年10月30日	¥0.00	¥49, 080. 00	
16	3.1 原型设计	3 个工作日	2019年10月21日	2019年10月23日	¥0.00	¥11, 280. 00	王蒙, 赵孟, 张华
17	3.2 原型开发	2 个工作日	2019年10月24日	2019年10月25日	¥0.00	¥7, 520. 00	王蒙, 赵孟, 张华
18	3.3 原型评审	2 个工作日	2019年10月28日	2019年10月29日	¥0.00	¥5, 280. 00	王蒙, 会议室, 编码工程师
19	3.4 原型确定	1 个工作日	2019年10月30日	2019年10月30日	¥0.00	¥25, 000. 00	王蒙, 服务器[1 台], 会议室, 出差费[¥3, 000.
20	3.5 原型设计结束	0 个工作日	2019年10月30日	2019年10月30日	¥0.00	¥0.00	
21	4 Stage4:系统设计阶段	14 个工作日	2019年10月31日	2019年11月20日	¥0.00	¥15, 600. 00	
22	4.1 概要设计	3 个工作日	2019年10月31日	2019年11月5日	¥0.00	¥2, 040. 00	张海
23	4.2 详细设计	8 个工作日	2019年11月6日	2019年11月15日	¥0.00	¥7, 680. 00	张华
24	4.3 设计评审	1 个工作日	2019年11月18日	2019年11月18日	¥0.00	¥3, 320. 00	郭胜, 刘刚, 王磊, 王蒙
25	4.4 设计修改	1 个工作日	2019年11月19日	2019年11月19日	¥0.00	¥950. 00	张华
26	4.5 设计确认	1 个工作日	2019年11月20日	2019年11月20日	¥0.00	¥1, 600. 00	王蒙
27	4.6 系统设计阶段结束	0 个工作日	2019年11月20日	2019年11月20日	¥0.00	¥0.00	
28	5 Stage5:系统编码阶段	8 个工作日	2019年11月21日	2019年11月28日	¥0.00	¥27, 980. 00	
29	5.1 编码规范确认	0.5 个工作日	2019年11月21日	2019年11月21日	¥0.00	¥800. 00	王蒙
30	5.2 模块划分	0.5 个工作日	2019年11月21日	2019年11月21日	¥0.00	¥340. 00	张海
31	5.3 模块1编写	5 个工作日	2019年11月22日	2019年11月26日	¥0.00	¥3, 200. 00	郭胜
32	5.4 模块2编写	6 个工作日	2019年11月22日	2019年11月27日	¥0.00	¥4, 080. 00	张海
33	5.5 模块3编写	7 个工作日	2019年11月22日	2019年11月28日	¥0.00	¥6, 720. 00	张华
34	5.6 模块4编写	4 个工作日	2019年11月22日	2019年11月25日	¥0.00	¥6, 400. 00	王蒙
35	5.7 模块5编写	7 个工作日	2019年11月22日	2019年11月28日	¥0.00	¥5, 040. 00	赵玉

图6.14 阶段任务成本计算

阶段任务“Stage2：需求分析阶段”的总成本为“￥91,040.00”，对应成本并不是该阶段任务下面所有任务的成本累计。因为任务“需求讨论”作为下级的父任务，其成本等于该下级任务“第一次需求讨论”“第二次需求讨论”“第三次需求讨论”成本累加和，所以“Stage2：需求分析阶段”的总成本等于“需求讨论”“需求分析阶段”“编写需求说明书”“确认需求说明书”“需求分析阶段结束”这五个任务成本的累计和。

为了读者记忆方便，可以概要为：阶段任务成本等于其直接下级任务的累计和。

6.2.3 项目成本计划形成

基于 6.2.2 小节的描述，项目总成本的计算形式是累加了所有项目一级阶段任务的成本，单击【视图】→【数据】→【大纲】下拉按钮，选择“级别（1）”，如图 6.15 所示。

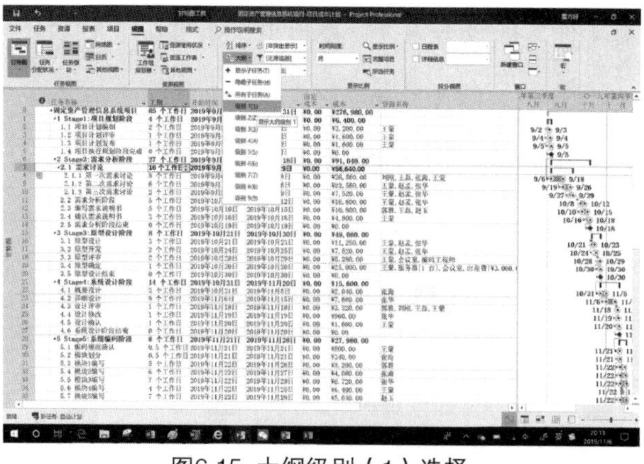

图6.15 大纲级别（1）选择

选择大纲“级别（1）”，甘特图显示项目第一级大纲数据信息，也就是阶段信息，在该视图中可以清晰地看到项目成本信息、标识号为“0”的任务成本信息及各阶段任务成本信息，如图 6.16 所示。

图6.16 第一级大纲成本信息

项目“固定资产管理信息系统项目”总成本为“￥276,980.00”，项目总成本就是其直接下级任务的成本累计，由此得出，利用 Project 可以自下而上的评估分析项目所需的成本信息，并且可以分析每个任务、每个阶段的成本信息。至此，基于项目进度计划、项目资源计划以及项目成本计划的两个步骤，可以得出初版的项目成本计划，接下来项目经理需要分析项目成本计划的可行性。

6.3 成本计划分析

6.3.1 项目预算设定

在 Project 中，项目成本的数值随着成本计划的变化会变化，从而无法直观地得到项目的预算费用，也无法直观得知目前的项目成本计划是否超出了预算。为了解决这个问题，在 Project 2019 版本中，利用“预算”来应对这种情况。

任何项目都会在项目启动前确定项目的“预算”，项目预算是组织 / 企业赋予项目团队执行项目的总成本，在无项目变更的情况下，项目“预算”是固定的，不能随便超出，超出“预算”意味着项目成本失控。

1. 创建“预算”类型的成本资源

首先在 Project 中创建“预算”类型成本资源，用该资源管理项目“预算”。在资源工作表视图中，新增一种类型为“成本”的资源，名称为“项目预算”，如 6.17 所示。

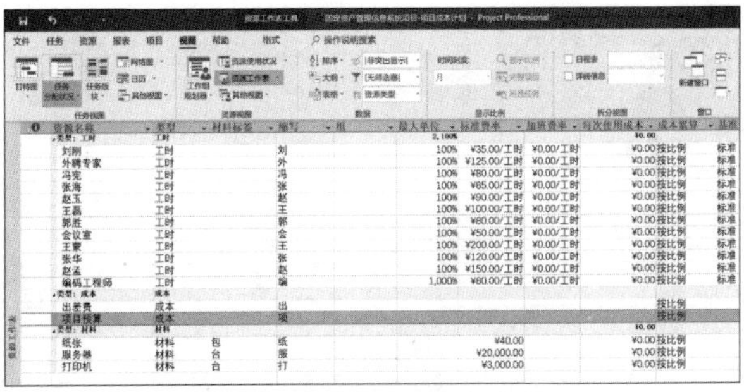

图6.17 定义新的成本资源

在图 6.17 中，双击“项目预算”资源，弹出如图 6.18 所示的对话框。

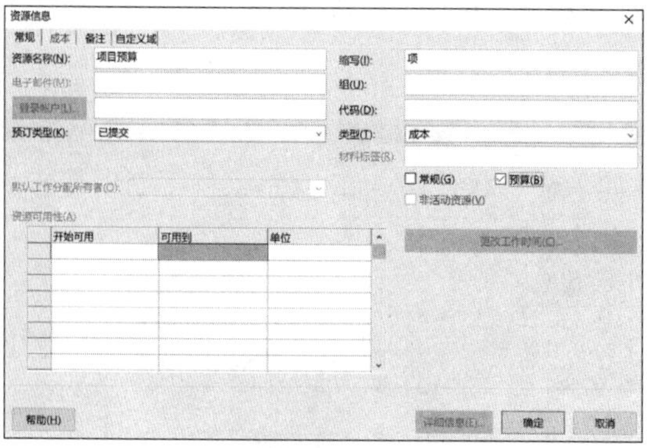

图6.18 资源信息对话框

在图 6.18 所示的对话框中，勾选“预算”复选框，然后单击【确定】按钮，创建好了“预算”型的成本资源。该选项的目的是用来说明该资源只用于预算使用，在项目计划中，该资源只能分配给项目，即标识号为“0”的任务，不能分配给其他的任务。

2. 将资源分配给项目

将视图切换到甘特图，双击标识号为“0”的任务（项目摘要任务），弹出“摘要任务信息”对话框，选择【资源】选项卡，如图 6.19 所示。

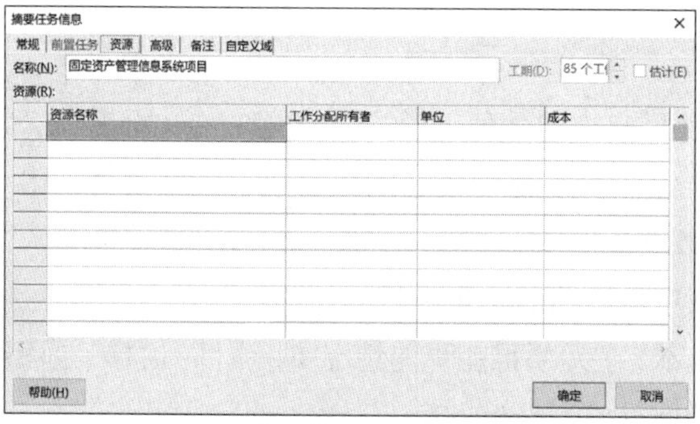

图6.19 项目摘要任务详细信息

在图 6.19 中的“摘要任务信息”中的【资源】选项卡中，单击资源名称行，将“项目预算”资源分配给“固定资产管理信息系统项目”，如图 6.20 所示。

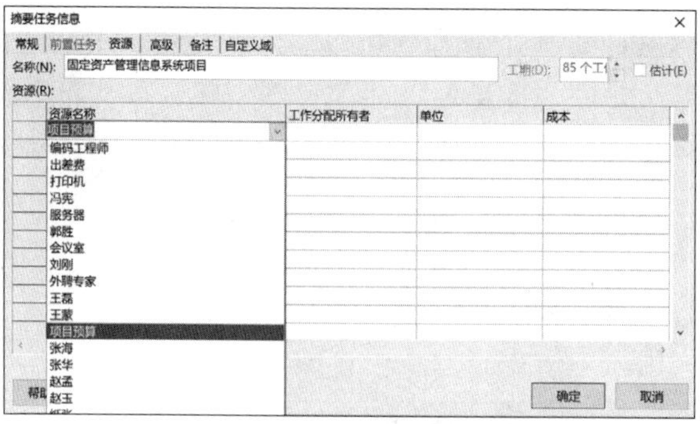

图6.20 分配预算资源给项目摘要任务

选择资源名称为“预算”的资源。单击【确定】按钮。完成项目预算资源的分配，项目资源计划如图 6.21 所示。

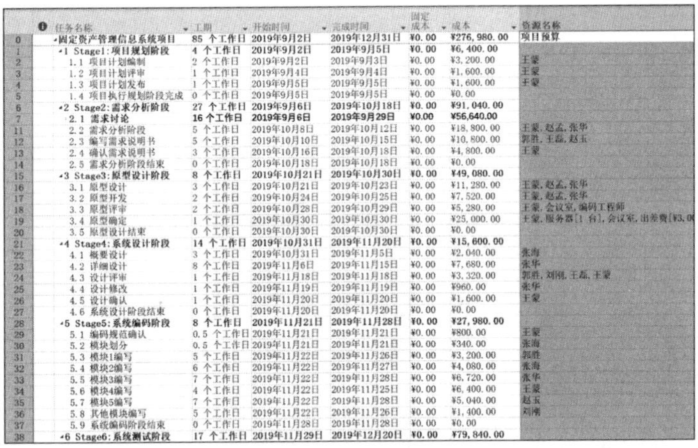

	任务名称	工期	开始时间	完成时间	固定成本	成本	资源名称
0	固定资产管理信息系统项目	85 个工作日	2019年9月2日	2019年12月31日	¥0.00	¥276,980.00	项目预算
1	1 Stage1:项目规划阶段	4 个工作日	2019年9月2日	2019年9月5日	¥0.00	¥6,400.00	
2	1.1 项目计划编制	2 个工作日	2019年9月2日	2019年9月3日	¥0.00	¥3,200.00	王蒙
3	1.2 项目计划评审	1 个工作日	2019年9月4日	2019年9月4日	¥0.00	¥1,600.00	王蒙
4	1.3 项目计划发布	1 个工作日	2019年9月5日	2019年9月5日	¥0.00	¥1,600.00	王蒙
5	1.4 项目执行规划阶段完成	0 个工作日	2019年9月5日	2019年9月5日	¥0.00	¥0.00	
6	2 Stage2:需求分析阶段	27 个工作日	2019年9月6日	2019年10月18日	¥0.00	¥91,040.00	
7	2.1 需求讨论	16 个工作日	2019年9月6日	2019年9月29日	¥0.00	¥56,640.00	
11	2.2 需求分析阶段	5 个工作日	2019年10月8日	2019年10月12日	¥0.00	¥18,800.00	王蒙,赵孟,张华
12	2.3 编写需求说明书	5 个工作日	2019年10月10日	2019年10月15日	¥0.00	¥10,800.00	郭胜,王磊,赵玉
13	2.4 确认需求说明书	3 个工作日	2019年10月16日	2019年10月18日	¥0.00	¥4,800.00	王蒙
14	2.5 需求分析阶段结束	0 个工作日	2019年10月18日	2019年10月18日	¥0.00	¥0.00	
15	3 Stage3:原型设计阶段	8 个工作日	2019年10月21日	2019年10月30日	¥0.00	¥49,080.00	
16	3.1 原型设计	3 个工作日	2019年10月21日	2019年10月23日	¥0.00	¥11,280.00	王蒙,赵孟,张华
17	3.2 原型开发	2 个工作日	2019年10月24日	2019年10月25日	¥0.00	¥7,520.00	王蒙,赵孟,张华
18	3.3 原型评审	2 个工作日	2019年10月28日	2019年10月29日	¥0.00	¥5,280.00	王蒙,会议室,编码工程师
19	3.4 原型确定	1 个工作日	2019年10月30日	2019年10月30日	¥0.00	¥25,000.00	王蒙,服务器[1 台],会议室,出差费[¥3,0
20	3.5 原型设计结束	0 个工作日	2019年10月30日	2019年10月30日	¥0.00	¥0.00	
21	4 Stage4:系统设计阶段	14 个工作日	2019年10月31日	2019年11月20日	¥0.00	¥15,600.00	
22	4.1 概要设计	3 个工作日	2019年10月31日	2019年11月5日	¥0.00	¥2,040.00	张海
23	4.2 详细设计	8 个工作日	2019年11月6日	2019年11月15日	¥0.00	¥7,680.00	张华
24	4.3 设计评审	1 个工作日	2019年11月18日	2019年11月18日	¥0.00	¥3,320.00	郭胜,刘刚,王磊,王蒙
25	4.4 设计修改	1 个工作日	2019年11月19日	2019年11月19日	¥0.00	¥960.00	张华
26	4.5 设计确认	1 个工作日	2019年11月20日	2019年11月20日	¥0.00	¥1,600.00	王蒙
27	4.6 系统设计阶段结束	0 个工作日	2019年11月20日	2019年11月20日	¥0.00	¥0.00	
28	5 Stage5:系统编码阶段	8 个工作日	2019年11月21日	2019年11月28日	¥0.00	¥27,980.00	
29	5.1 编码规范确认	0.5 个工作日	2019年11月21日	2019年11月21日	¥0.00	¥800.00	王蒙
30	5.2 模块划分	0.5 个工作日	2019年11月21日	2019年11月21日	¥0.00	¥340.00	张海
31	5.3 模块1编写	5 个工作日	2019年11月22日	2019年11月26日	¥0.00	¥3,200.00	郭胜
32	5.4 模块2编写	6 个工作日	2019年11月22日	2019年11月27日	¥0.00	¥4,080.00	张海
33	5.5 模块3编写	7 个工作日	2019年11月22日	2019年11月28日	¥0.00	¥6,720.00	张华
34	5.6 模块4编写	4 个工作日	2019年11月22日	2019年11月25日	¥0.00	¥6,400.00	王蒙
35	5.7 模块5编写	7 个工作日	2019年11月22日	2019年11月28日	¥0.00	¥5,040.00	赵玉
36	5.8 其他模块编写	5 个工作日	2019年11月22日	2019年11月26日	¥0.00	¥1,400.00	刘刚
37	5.9 系统编码阶段结束	0 个工作日	2019年11月28日	2019年11月28日	¥0.00	¥0.00	
38	6 Stage6:系统测试阶段	17 个工作日	2019年11月29日	2019年12月20日	¥0.00	¥79,840.00	

图6.21 带有预算资源的项目资源计划

> 注意：如何在甘特图中出现标识号为 0 的项目摘要任务呢？可选择【格式】→【显示 / 隐藏】，勾选“项目摘要任务”复选框。

3. 为项目的预算赋值

预算类型资源分配完成后，选择【资源】→【查看】→【资源使用状况】视图，在默认的视图中，插入“预算成本”列，如图 6.22 所示。

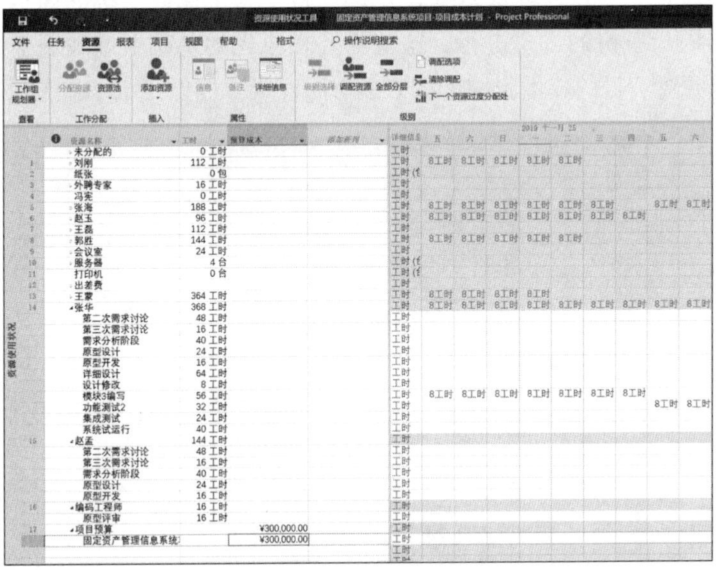

图6.22 为项目预算赋值

在新插入的“预算成本”列中，输入该项目的预算“¥300,000.00”。输入该值后，选择【任务】→【视图】→【甘特图】视图，在甘特图中插入“预算成本”列。可以看到项目的预算，如图 6.23 所示。

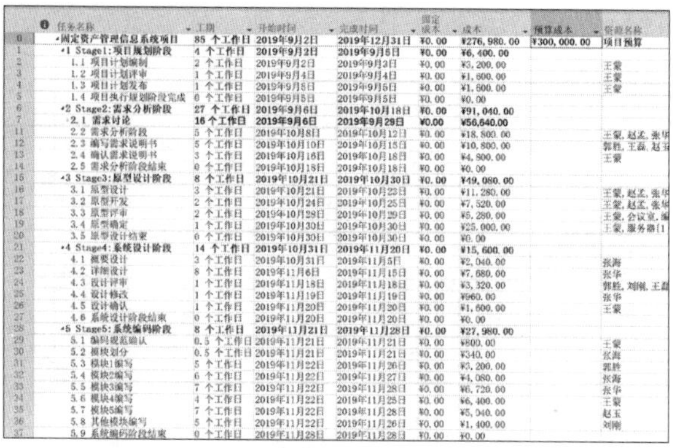

图6.23 项目预算在甘特图中的展示

在图 6.23 中，可以看到项目的预算为“￥300,000.00”，目前成本计划的值为“￥276,980.00”，通过对比项目“预算”与“成本”，可以实时对比当前的成本计划是否满足组织 / 企业对该项目的预算。

6.3.2 项目成本分析

项目预算与项目成本分别设定后，项目经理可以清晰地查看及分析项目成本计划状态，项目成本计划必须满足小于或等于项目预算的情况下项目才有执行的意义，否则项目在规划之初就已经超支。

在图 6.23 所示项目中，当前项目计划成本为“￥276,980.00”，小于项目预算“￥300,000.00”，说明该项目成本计划是可行的。

项目规划过程中项目经理被告知，在该项目中为了保证系统的高可用性，必须采取数据服务器同步备份的方式进行，这就需要在原先的基础上增加服务器投入，新投入的服务器资源对项目的成本影响如图 6.24 所示。

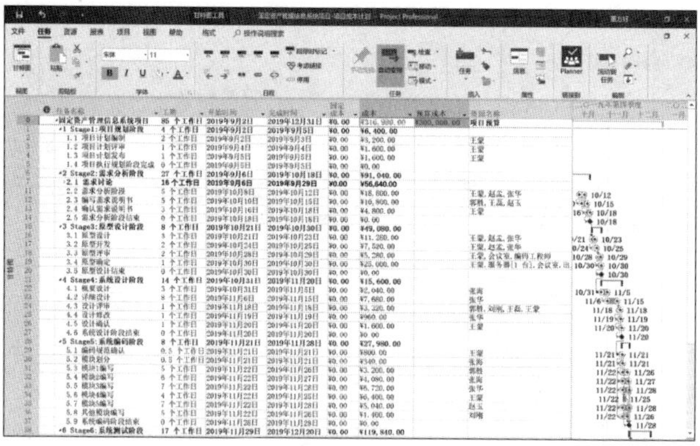

图6.24 新的项目成本计划

由于新增了 2 台服务器，导致项目成本计划发生了变化，由原先计划的“￥276,980.00”变化为“￥316,980.00”，超出了项目预算“￥300,000.00”，项目成本计划无法正常进行，需要对项目成本计划进行调整。

6.4 成本计划调整

成本计划调整的目的是使调整后的项目成本计划满足项目预算要求，根据 6.1 小节与 6.2 小节的描述，项目成本计划由项目投入资源的量以及费率综合得出，那么调整项目成本计划的抓手也就是降低项目资源投入量或者降低资源的费率。简单来讲就是在满足项目质量要求的情况下，实施“偷工减料”。

6.4.1 调整工时投入

1. 调整工时资源投入量

在图 6.24 所示的“甘特图”区域内，在任务属性字段“工期”后面插入任务属性字段“工时”，可以查看到所有任务投入的资源工时量，如图 6.25 所示。

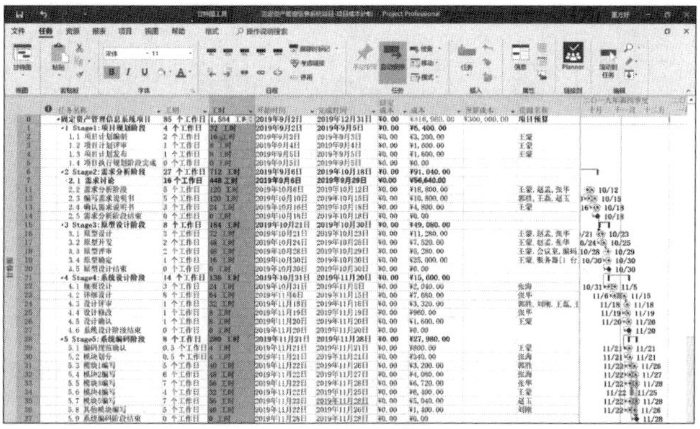

图6.25 项目任务资源投入量

通过对任务工时量的分析，可以快速定位到工时投入较多的任务，如任务“需求分析阶段”与“编写需求说明书”都需要投入“120 工时”量，直接产生较多的成本投入。减少对应任务工时量投入的方法有如下两种。

（1）减少任务的工期投入量。

在图 6.25 中，在任务“需求分析阶段”任务上，将工期由“5 个工作日”减少到“2 个工作日”，对应的任务工时减少，任务成本降低，如图 6.26 所示。

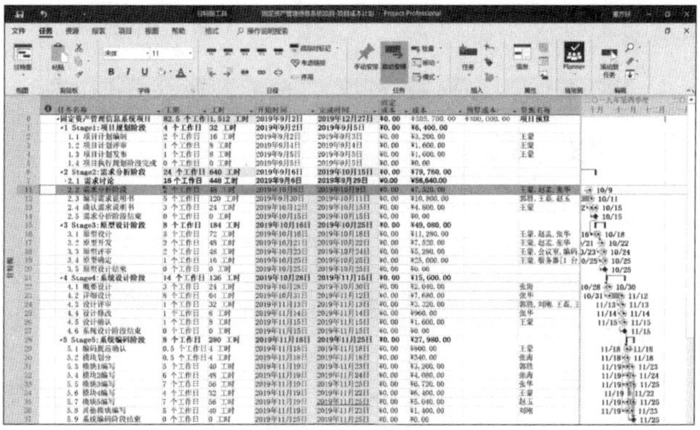

图6.26 减少任务工期减少任务工时

减少任务工期后，该任务对应的工时降低到“48 工时”，成本降至“￥7,520.00”，达成降低成本的诉求。如果任务工期不能减少，还需要降低任务工时的话，需要采用第二种方法。

（2）减少工时资源投入百分比。

如图 6.26 所示，如果任务“编写需求说明书”不能通过压缩任务工期达到压缩任务工时，工期必须投入“5 个工作日”，可以通过减少资源投入百分比的方法实现，具体方法如下。双击任务“编写需求说明书”，打开“任务信息”对话框，选择“资源”选项卡，如图 6.27 所示。

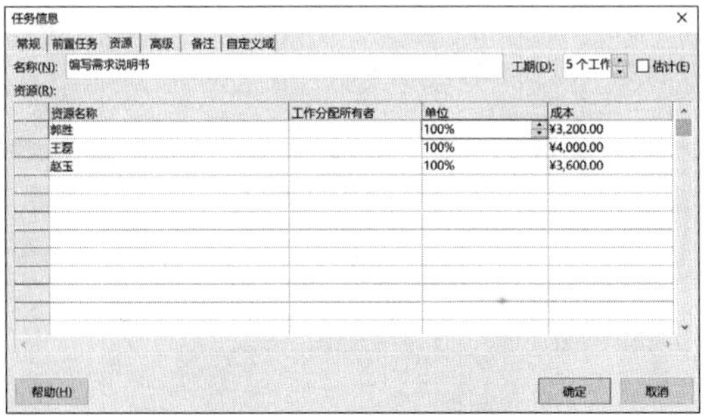

图6.27 任务资源投入百分比

将对应资源的投入百分比降低为 50%，如图 6.28 所示。

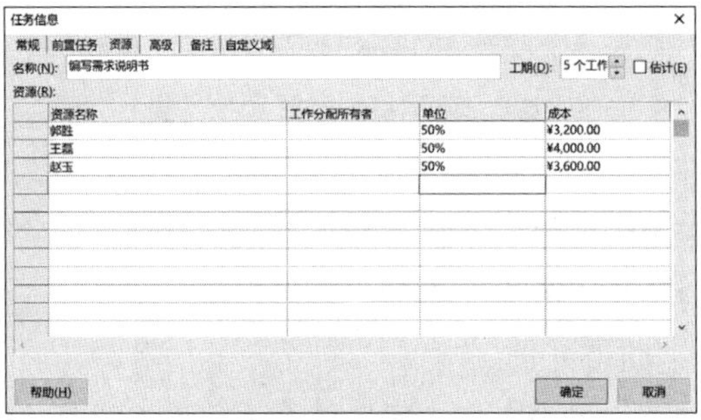

图6.28 减少资源投入百分比

如果减少资源投入百分比后，任务的工期变长，可将任务工期还原至原先的工期，此时可以发现该任务的工时投入量减少，任务的成本随之降低，如图 6.29 所示。

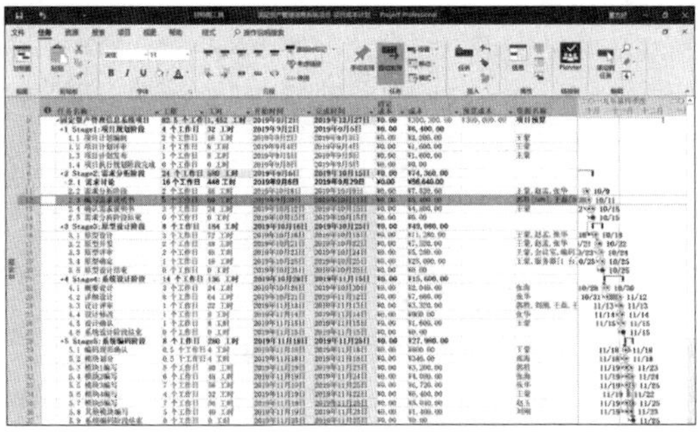

图6.29 减少资源投入百分比降低工时投入

以上两种方法是常用的减少任务资源投入工时的方法，在具体项目上可以灵活采用。

2. **调整材料资源投入量**

在如图 6.25 所示的“甘特图”区域内，任务属性“工时”不但呈现的是“工时”资源的工时量，同时还呈现了“材料”资源的投入量，也就是说在 Project 工具中，材料资源的投入量是通过任务“工时”属性来展示的，这一点请读者注意。调整材料资源的投入量相对简单，在图 6.25 中，可以通过“资源名称”快速定位到需要“材料”资源投入的任务，如图 6.30 所示。

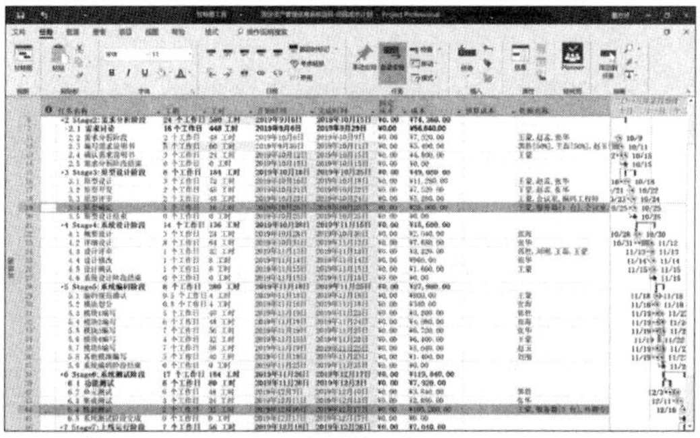

图6.30 任务材料资源

任务“性能测试”需要投入“5 台”材料资源“服务器”，通过减少“服务器”材料资源，由“5 台”减少“4 台”，从而实现降低材料资源投入量的目的。双击任务“性能测试”，打开“任务信息”对话框，选择“资源”选项卡，如图 6.31 所示。

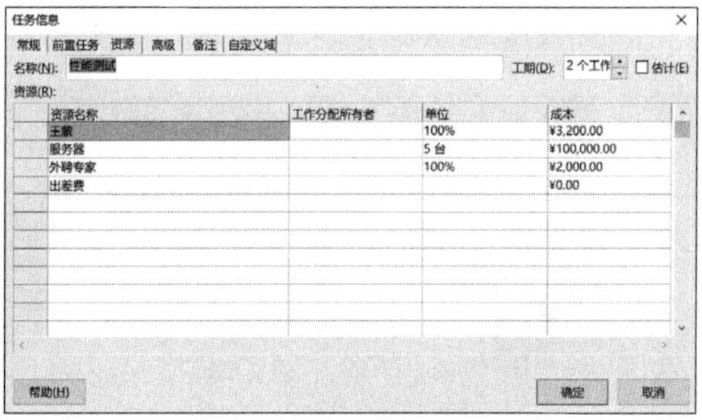

图6.31 任务资源标签卡

将资源“服务器”单位由“5 台”调整为“4 台”，如图 6.32 所示。

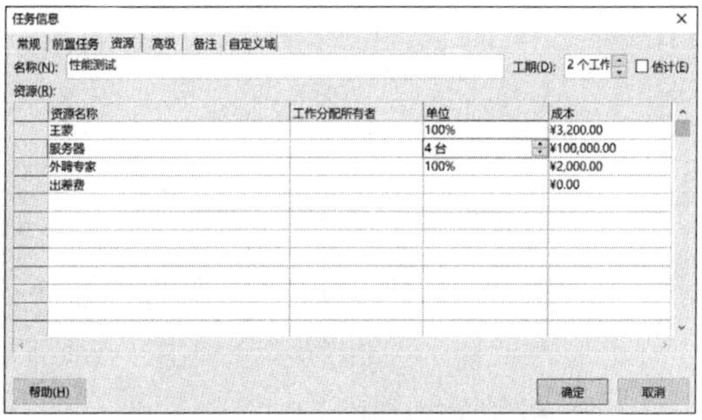

图6.32 降低材料资源投入量

降低“服务器”资源投入量后，项目任务投入量减少，并且任务投入成本相应减少，如图 6.33 所示。

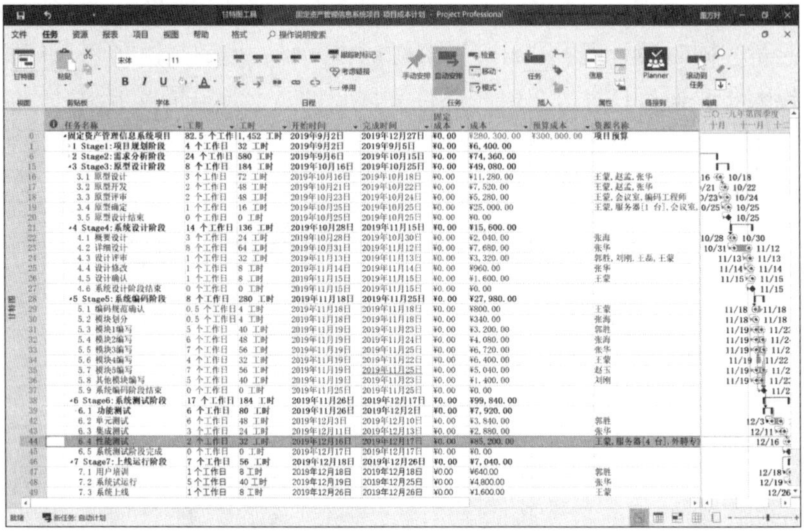

图6.33 减少材料资源投入量调整项目成本

6.4.2 调整资源费率

1. 调整工时资源费率

如果按照项目要求，无法降低“工时”资源投入量的话，可以通过降低“工时”资源费率的方式降低项目成本投入，如图 6.24 所示项目成本计划，项目任务工期与资源投入量都不能进行调整。将视图切换到资源工作表，如图 6.34 所示。

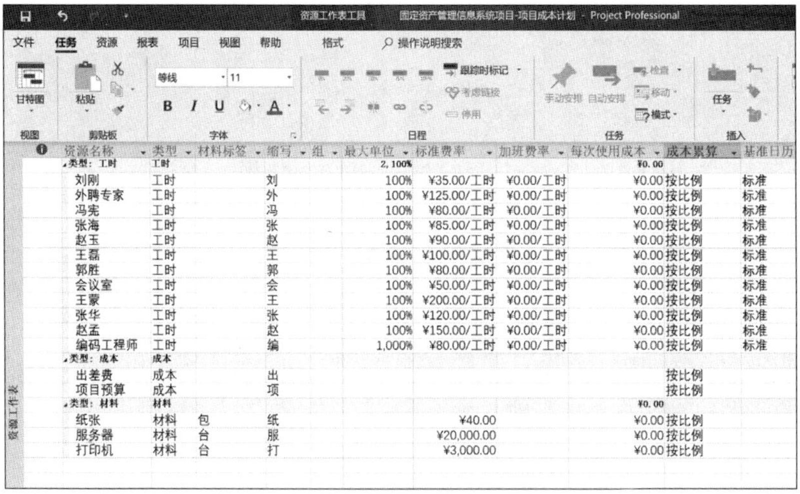

图6.34 资源工作表视图

调整“工时”资源费率，在图 6.34 中，调整资源属性“标准费率”来降低项目成本，在此调整“外聘专家”与“编码工程师”的费率分别由“￥125.00/ 工时”和“￥80.00/ 工时”降至“￥100.00/ 工时”和“￥60.00/ 工时”，如图 6.35 所示。

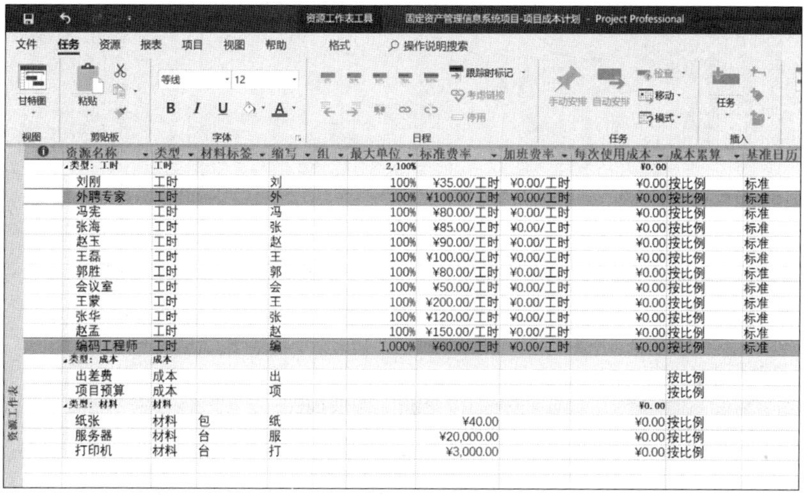

图6.35　调整工时资源费率

“工时”资源费率调整后，返回项目甘特图视图，查看项目成本计划调整后的状态，如图 6.36 所示，项目成本计划降低到“￥316,260.00”。

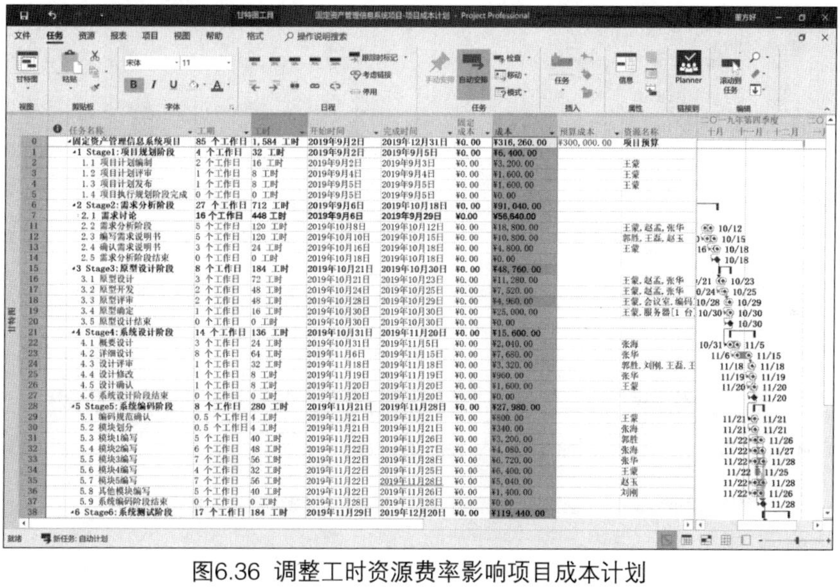

图6.36　调整工时资源费率影响项目成本计划

注意：调整“工时”资源费率时，必须保证“工时”资源投入的质量问题，也就是说“减料”必须要保证项目的质量要求。

2. 调整材料资源费率

如果按照项目要求，降低“工时”资源投入量仍然无法达成项目成本计划要求的话，就需要通过降低“材料”资源费率的方式降低项目成本投入，如图 6.36 所示项目成本计划，将视图切换到资源工作表，如图 6.37 所示。

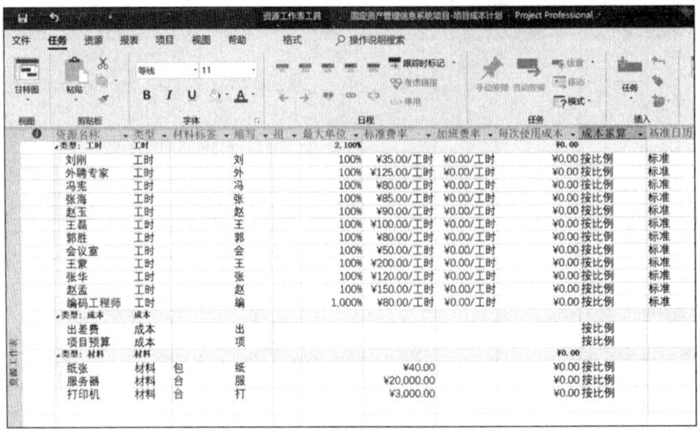

图6.37 资源工作表视图

调整“材料”资源费率，以实现任务成本的总量，在图 6.37 中调整“服务器”与“打印机”的费率分别由“￥20,000.00/ 工时”和“￥3,000.00/ 工时”降至“￥14,000.00/ 工时”和“￥2,000.00/ 工时”，如图 6.38 所示。

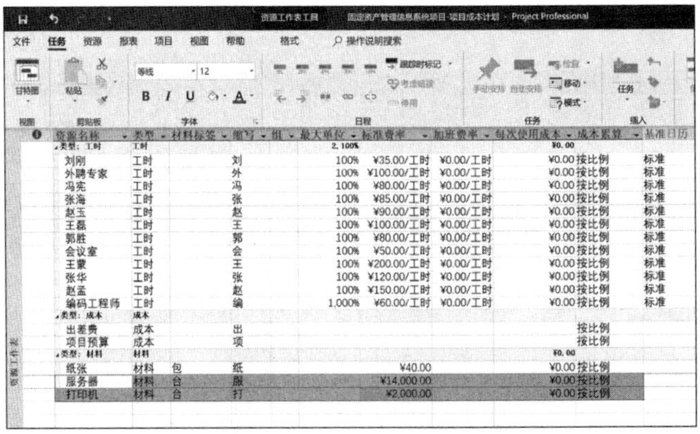

图6.38 调整工时资源费率

“材料”资源费率调整后，返回项目甘特图视图，查看项目成本计划调整后的状态，如图 6.39 所示，项目成本计划降至“￥280,260.00”。

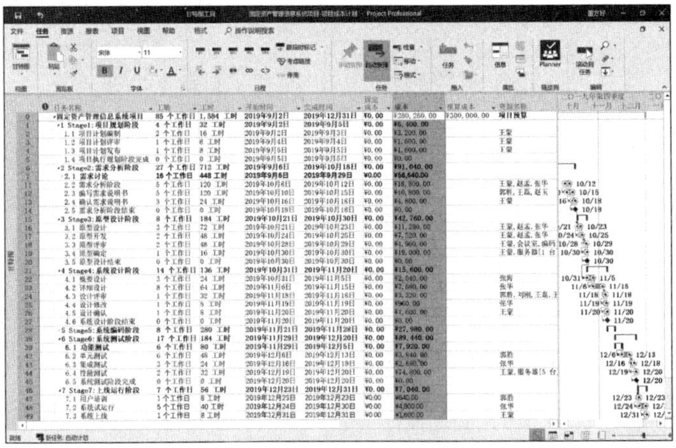

图6.39 调整材料资源费率影响项目成本计划

> 注意：调整“材料”资源费率时，必须保证“材料”资源投入的质量问题，也就是说“减料”必须要保证项目的质量要求。

6.4.3 调整成本资源投入

如果按照项目要求，降低“工时”与“材料”资源投入量仍然无法达成项目成本计划要求，就需要通过降低“成本”资源投入量的方式降低项目成本投入，如图 6.39 所示项目成本计划，找到对应投入“成本”资源的任务，如图 6.40 所示。

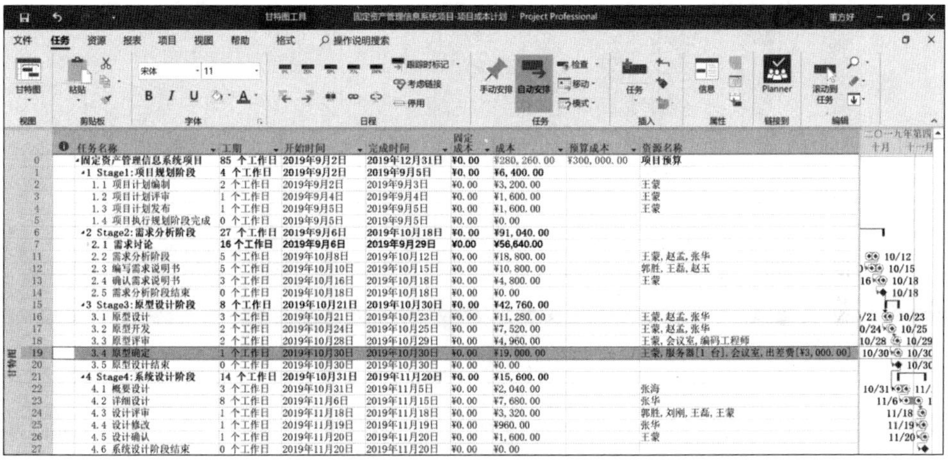

图6.40 成本资源投入

调整“成本”资源费率以实现任务成本的总量，在图 6.40 中双击任务“原型确定”，打开“任务信息”对话框，如图 6.41 所示。

图6.41 任务信息对话框

调整“成本”资源“出差费”由“￥3,000.00”至“￥2000.00”，单击【确定】按钮返回项目甘特图，并查看项目成本计划。如图 6.42 所示，项目成本计划降至“￥279,260.00”。

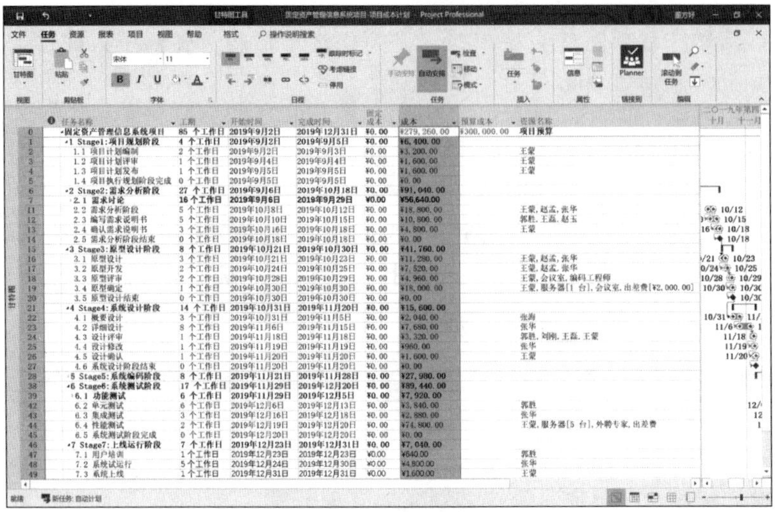

图6.42 调整材料资源费率影响项目成本计划

如果以上项目成本计划的调整仍然不能满足项目预算要求的话（仍然超过预算），这时候，项目经理就需要跟项目负责组织申请更多预算来满足项目执行要求。

6.5 成本计划输出

项目成本计划作为项目规划的重要组成部分，需要通过不同的形式进行汇报工作，项目成本计划可以按照项目阶段成本计划、资源详细成本计划以及时间维度的成本计划方式输出，同时可以利用“报表”功能输出项目成本计划报表。

1. 输出阶段成本计划

在项目甘特图视图，选择【视图】→【数据】→【大纲】下拉框中的“级别（1）”，如图 6.43 所示。

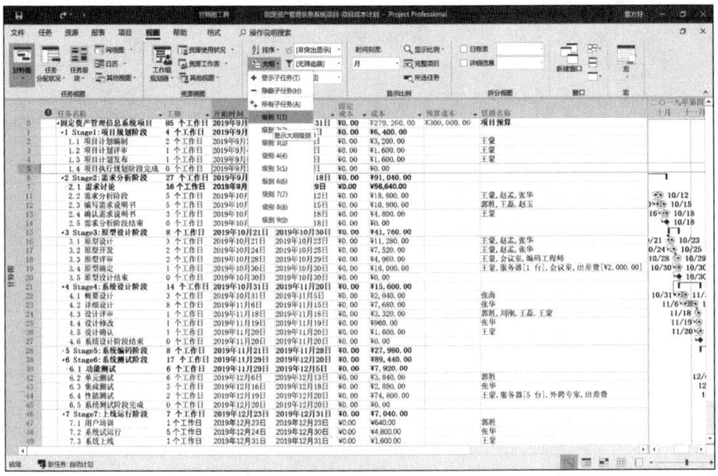

图6.43 显示大纲级别（1）

选取“级别（1）”之后，在“甘特图”中将得出如图 6.44 所示的阶段成本计划。

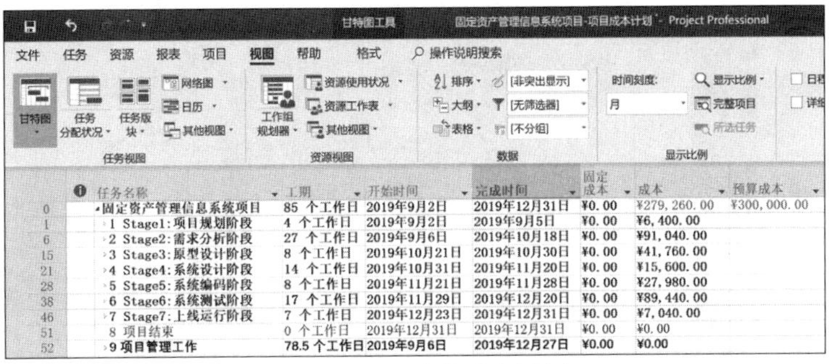

图6.44 项目阶段成本计划

在图 6.44 中，可以看到按照阶段汇总出的成本计划。可以将当前的视图打印输出，选择【文件】→【打印】选项可以预览打印的效果，如图 6.45 所示。

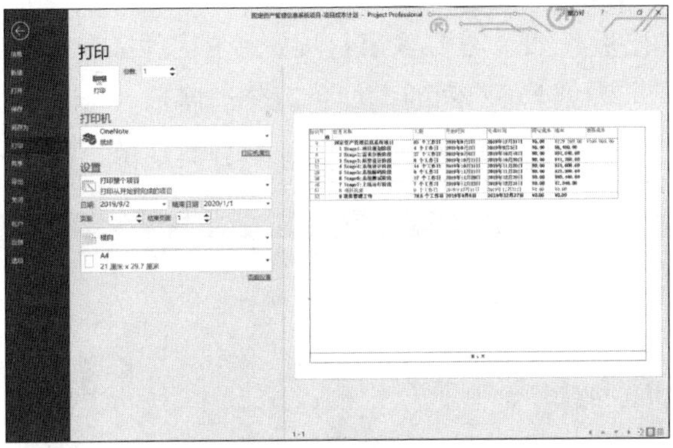

图6.45 阶段成本计划

2. 输出详细成本计划

在项目甘特图视图，选择【视图】→【数据】→【大纲】下拉框中的“所有子任务”，则会显示全部任务的成本情况，如图 6.46 所示。

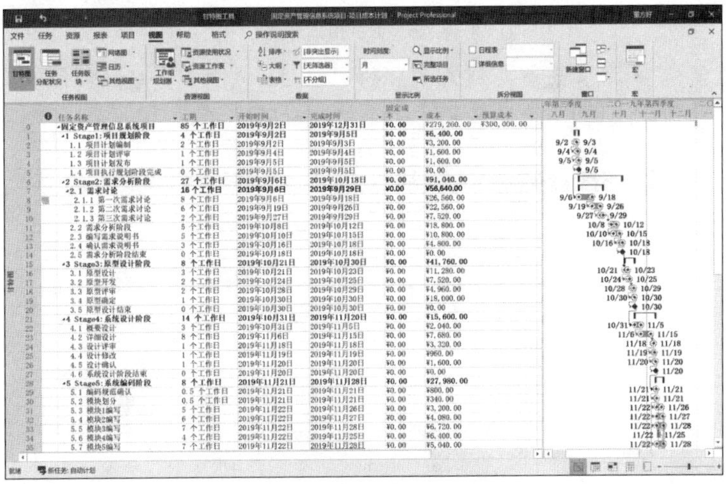

图6.46 项目成本计划

同样可以采取打印预览的方式展示打印效果，如图 6.47 所示。

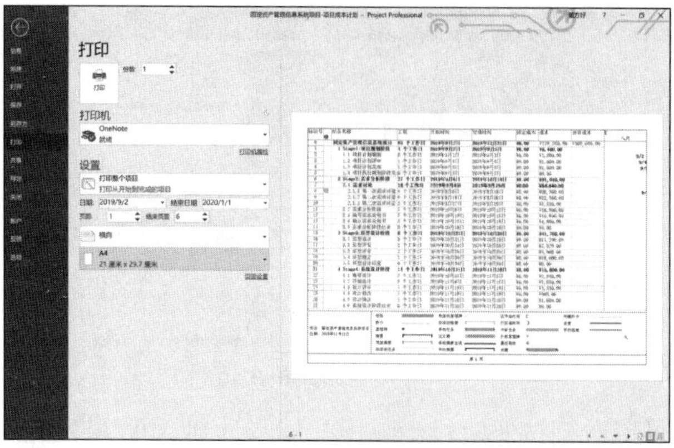

图6.47 项目成本计划打印预览

3. 资源分类成本计划

项目任务成本输出后，如果需要输出每项资源的项目成本计划，需要采用资源工作表视图查看输出，也可以针对不同的类型资源分组展示。

打开项目资源工作表视图，可以查看到资源的分类清单，如图 6.48 所示。

图6.48 项目资源清单

在“资源名称”后面插入一列资源属性“成本”，可以查看到每一项资源在该项目上的成本计划，如图 6.49 所示。

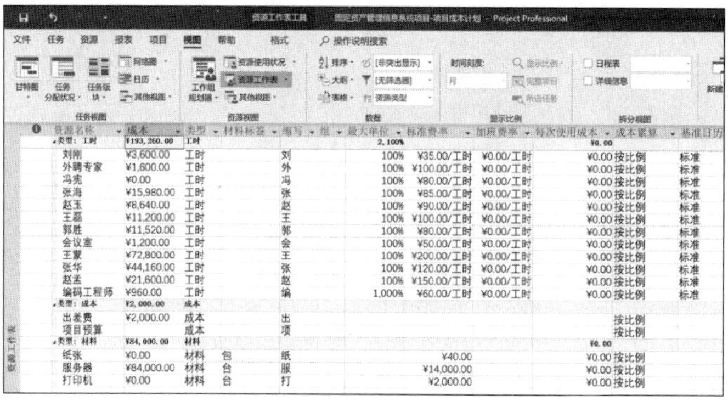

图6.49 项目资源成本计划

在图 6.49 中，不但可以看到每一项资源在项目上的成本投入，还可以看到根据不同的资源类型查看的资源成本计划。例如，在该项目上“工时”类型资源的项目总成本投入计划为“￥193,260.00”，“材料”类型资源的项目总成本投入计划为“￥84,000.00”，而“成本”类型资源的项目总成本投入计划为“￥2,000.00”。

同样可以采取打印预览的方式展示打印效果，如图 6.50 所示。

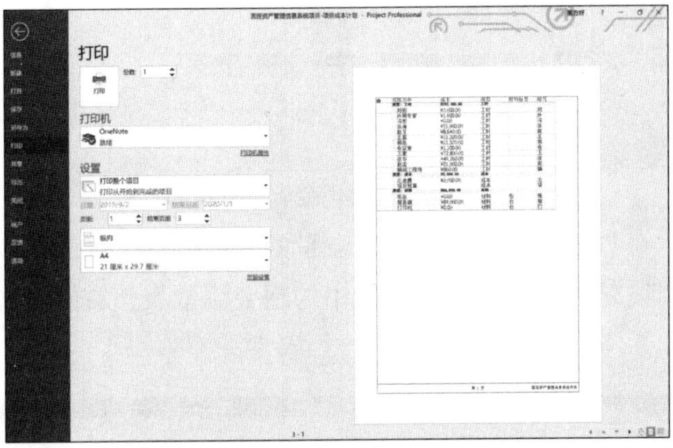

图6.50　项目资源成本计划打印预览

4. 项目成本总体计划

项目成本计划按照总体汇总方式输出需要用到 Project 工具提供的报表来实现，如查看项目总体成本概况，可以利用“成本概述”仪表板功能。

选择【报表】→【查看报表】→【仪表板】→【成本概述】选项，显示如图 6.51 所示“成本概述”图表。

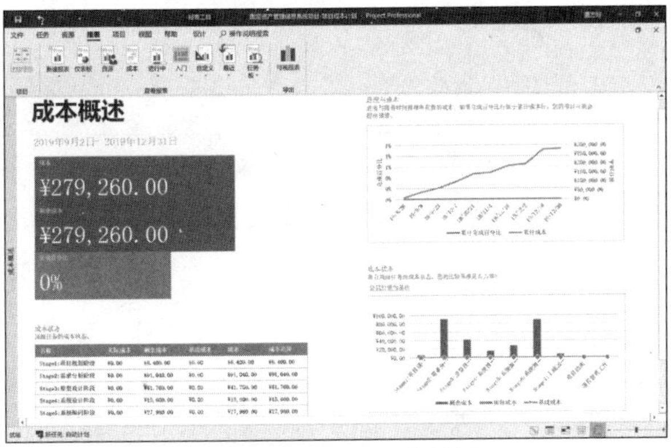

图6.51　项目成本仪表板

5. 项目现金流量报表

现金流量是财务部门非常关心的问题，利用现金流量报表，财务部门可以了解每天项目使用资金的情况，从而为项目的顺利实施做好资金准备。

选择【报表】→【查看报表】→【成本】→【现金流量】选项，显示如图 6.52 所示“现金流量”图表。

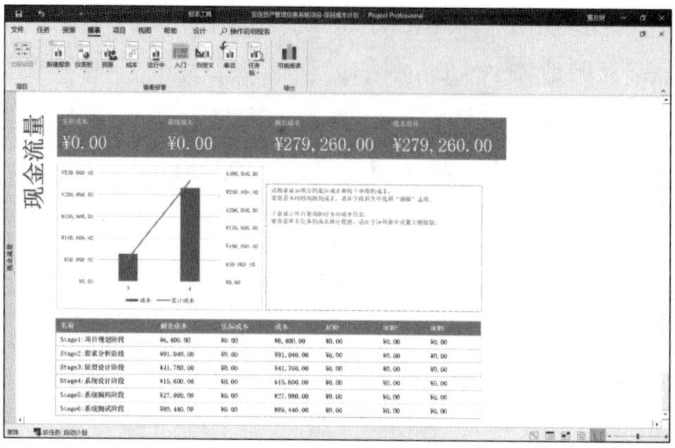

图6.52 选择现金流量报表

在图 6.52 中，可以根据需要调整现金流量的周期跨度，默认是按照“季度”展现项目现金流量。调整方法是单击图 6.52 图中的现金流量表，右侧出现“字段列表”，如图 6.53 所示。

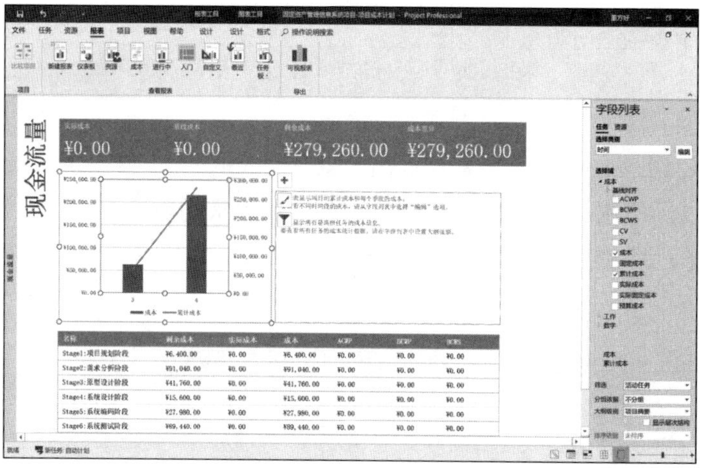

图6.53 现金流量报表

在图 6.53 中，单击针对“时间”的【编辑】按钮，打开“编辑时间刻度”对话框，如图 6.54 所示。

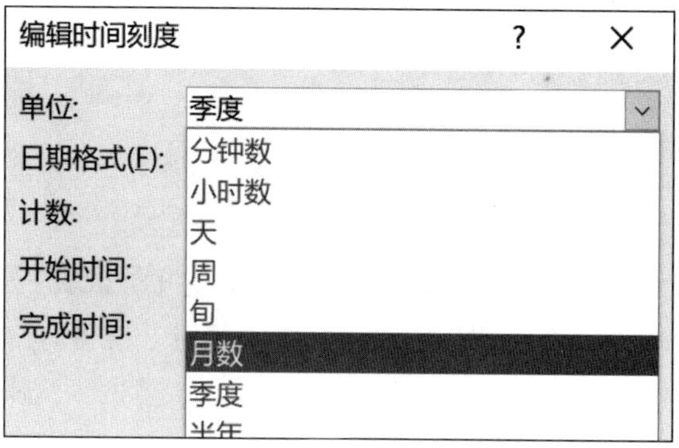

图6.54 现金流量时间调整

选择“单位”为“月数”，然后单击【确定】按钮返回调整后的项目现金流量表，如图 6.55 所示。

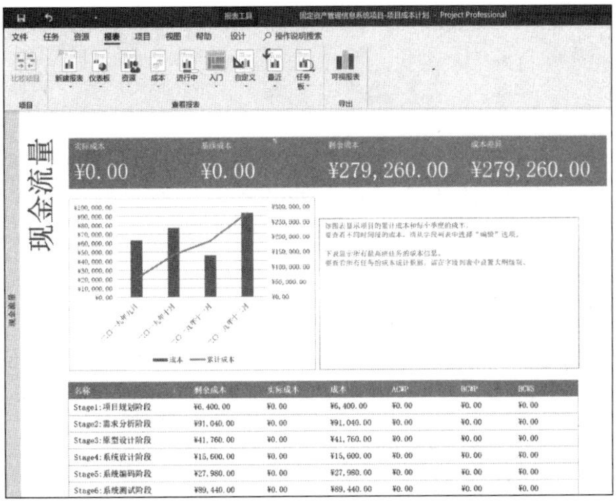

图6.55 按“月数”展现现金流量时间

影响现金流量报表的因素如下。

项目现金流量表受制于投入成本的时间因素，在资源工作表中每个资源还具有一项“成本累算”的选项，“成本累算”的设置会直接影响项目现金流量表。在资源工作表视图，双击资源打开“资源信息”对话框，选择“成本”选项卡，如图 6.56 所示。

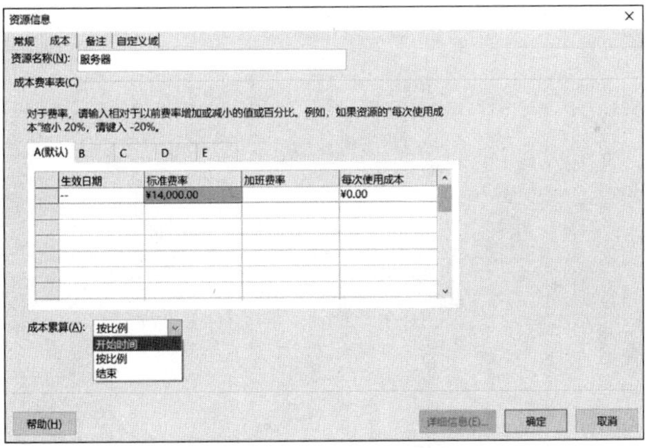

图6.56 “资源信息”对话框

在图 6.56 中，下拉框的部分为“成本累算”方式，在 Project 中有三种方式：按比例（默认）、开始时间、结束，分别表示的意思如下。

按比例：按照任务的完成比例来计算成本的实际消耗。

开始时间：任务一旦开始，成本便全部计入实际消耗。

完成：任务只有 100% 完成之后，成本才全部计入消耗。

明白以上三种方式所表示不同的意思之后，将资源“服务器”的“成本累算”设置为“开始时间”，意思是“服务器”在开始每项任务之时（“服务区”对应任务完成百分比不为零）需要一次性投入该任务的全部成本，之后再次生成的现金流量报表发生了变化，如图 6.57 所示。

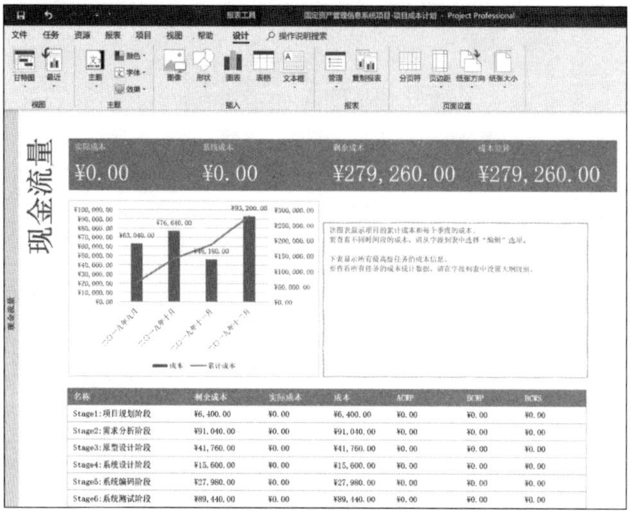

图6.57 新的现金流量表

请读者自行判断，图 6.57 表中的数据与图 6.55 图中的数据有何不同。

第 7 章 项目计划执行管理

截至第六章，利用 Project 已经编制出了项目进度计划、项目资源计划以及项目成本计划，项目计划编制结束后需要及时发布给项目相关者，以便得到确认及信息的共享，然后进入项目执行管理过程。

执行过程是项目管理过程中的重要组成部分，通常我们会关注项目管理的三个重要过程：项目规划过程、项目执行过程与项目监控过程。项目执行过程是指按照项目规划过程产生的项目各类计划执行的过程，执行过程是项目规划过程落地的过程，也是检验项目规划是否正确的过程，同时执行过程又为项目监控过程提供了基本的数据支撑，三者紧密结合在一起为整个项目管理过程提供支持。

利用 Project 进行执行管理，要包含两个基础内容：一是项目执行管理，二是项目信息共享管理。

在 PMI 的 PMBOK 指南中介绍了关于项目沟通管理的内容，项目沟通管理指的是如何恰当及时地将项目的信息进行规划、收集、生成、发布、存储、检索、管理、控制、监督和最终处置。在这些过程中，项目经理需要极大地发挥组织协调的作用，务必使得项目相关者都能够在必要的时间内得到项目真实的汇报信息。项目沟通管理包括沟通规划、信息发布、绩效报告等内容。本章将介绍如何使用 Project 软件实现项目执行管理以及实现“项目计划信息发布”。

首先来分析项目执行管理，项目执行是与项目规划以及项目监控紧密结合的过程，在 Project 工具中，执行管理核心模型如图 7.1 所示。

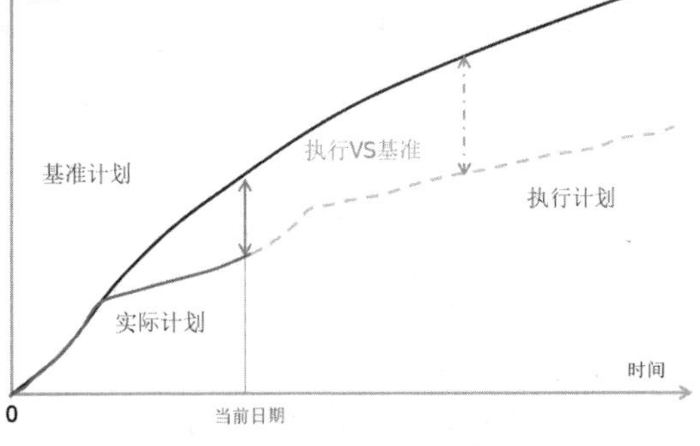

图7.1 方好Project 项目管控模型

该模型是笔者在 Project 工具项目管理实践过程中总结得出的，也称为方好 Project 项目管控模型，该模型有三条曲线，分别定义为基准计划、执行计划与实际计划。

基准计划（Baseline）：项目规划完成后形成的项目计划，并且该计划是经过组织/企业管理部门认可或审核通过的，是作为项目执行过程中考核的基线（Baseline），用黑色实线标识。

执行计划（Forecast）：项目执行过程中随项目实际情况随时发生变化的项目计划，该计划是动态的未来执行计划，用黄色虚线标识。

实际计划（Actual）：项目实际执行过的计划，截至当前日期以前的项目实际执行状态，该计划是过去实际执行的计划，是不可以被修改的历史计划，用绿色实线标识。

从模型可以得出以下信息：

（1）项目基准计划一旦确定（审批通过）就相对固定不变，除非发生项目变更；

（2）项目执行计划是随时变化的，并且受制于项目基准计划与实际计划的共同影响；

（3）实际计划是随着执行计划在执行的，绿色实际线随黄色执行线运转；

（4）执行计划、实际计划与基准计划之间会存在差异，这个差异就是需要监控的内容；

（5）实际计划与基准计划的差异对比，反映的是已经完成工作与基准计划的差异，这个差异是过去式的历史差异，只能被追溯不能被修改；

（6）执行计划与基准计划的差异对比，反映的是未来执行工作与基准计划的差异，这个差异是将来的差异，是项目管理可以并且需要及时修正的；

（7）红色箭头线差异的重要程度小于黄色箭头线差异，项目经理要时刻减小黄色箭头线差异；

（8）项目经理应该并且有责任保证黄色执行线无限地与黑色基准线一致，则项目执行越贴近项目计划。

对于项目执行过程的信息共享，Project 工具分为三个方面展开：一是通过单机版的 Project 工具实现信息共享；二是通过服务器版本的 Project Server 实现信息共享；三是通过云端版本的 Project Online 实现信息共享。

7.1 项目基线

如“方好 Project 管理模型”所示，项目计划发布执行之前需要首先确定项目基线，因为项目计划发布后会经常发生变化，如果没有将最初的项目计划保存为“基线”，当项目计划发生变更后就无法体现项目计划变更的情况，也就无法实现对项目执行过程的监控管理。

项目基线是项目执行的第一条规则，无基线不执行。

7.1.1 项目基线定义

Project 中的基线是一组原始的开始日期、完成日期、工期、工时和成本的估计值。在用户完成并精确调整项目计划之后，项目正式开始执行前保存这些估计值。估计值是用于衡量项目变化的主要参照点。基线保存有大约 20 条信息，包括任务、资源和工作分配的汇总信息以及时间分段信息。最多可保存 11 个基线，通常按照 10 个基线的方式进行管理。

因为基线提供用于衡量项目实际进度的参照点，所以它包含任务工期、开始日期和完成日期、成本以及其他要进行监控的项目变量的最佳估计值。如果基线信息与当前数据不同，表示原始计划不正确。一般来说，如果项目的范围或性质发生变化，就会出现这种差异。如果项目风险承担者认为该差异是合理的，可在项目进行过程中的任何时间修改或重新制定基线。如果项目的工期持续时间很长，或项目的计划任务，或成本发生显著更改，以至于初始基线数据不再相关，此时保存多个基线尤其有用。

如“方好 Project 管理模型”所示，如果把黑色项目基线计划去掉，项目执行过程将失去对比的参考点，项目执行状态就无法有效判断是“好”还是“坏”。

中期计划是在项目开始后保存的一组当前项目数据，可用来与基线进行比较，以评估项目进度。中期计划仅保存两条信息，即当前任务开始日期和完成日期。最多可以保存 10 个中期计划，中期计划使用的场景越来越少，本书不作为重点介绍。

7.1.2 项目基线保存

> 注意：在保存基线前一定要保证项目各种计划已经确认，确认的形式多种多样，如签字确认、邮件确认、口头承诺等。

打开“固定资产管理信息系统项目 .mpp”文件，该文件已经通过前面章节完成项目进度计划（进度满足 2020 年 1 月 1 日之前完成项目）、项目资源计划（满足资源状况）与项目成本计划（满足￥30 万预算要求），并且该计划已经由项目经理王蒙提交管理部门审核通过，如图 7.2 所示。

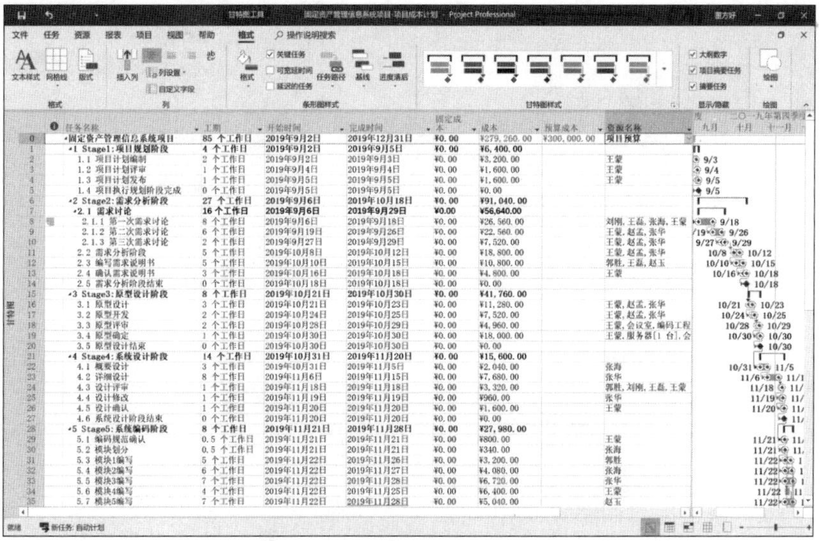

图7.2 审核通过的项目计划

项目经理或项目管理部门负责人对审批通过的项目计划设置项目基线，单击【项目】→【日程安排】→【设置基线】→【设置基线(S)】选项，如图7.3所示。

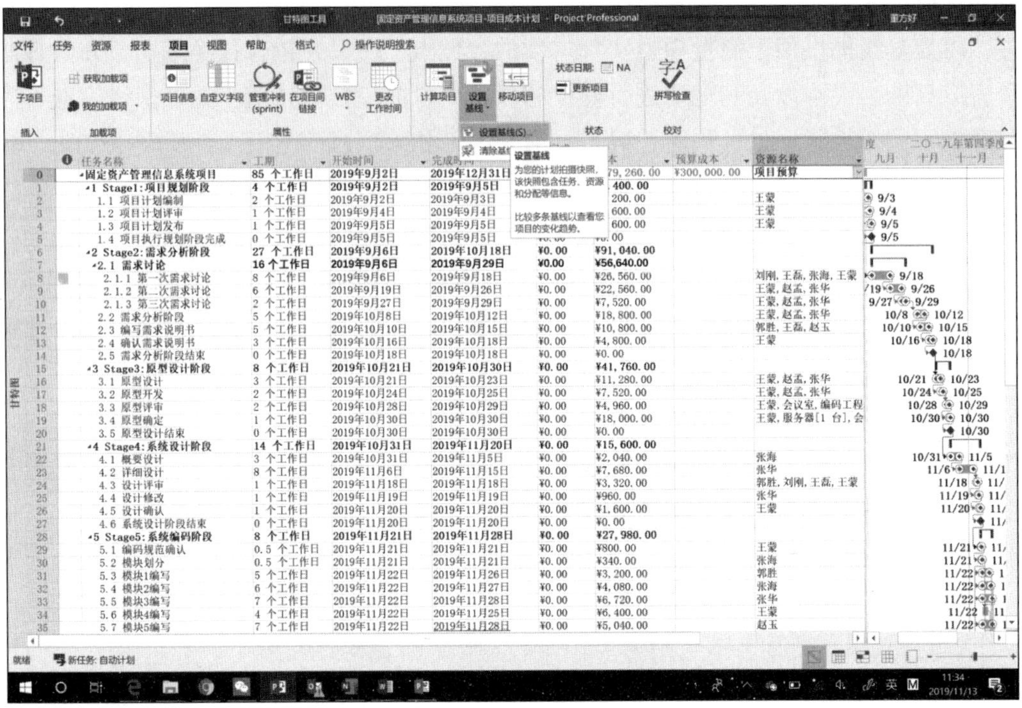

图7.3 设置项目基线

单击【设置基线】后，会打开“设置基线”对话框，显示项目基线设置的详细信息，如图7.4所示。

图7.4 设置项目基线对话框1

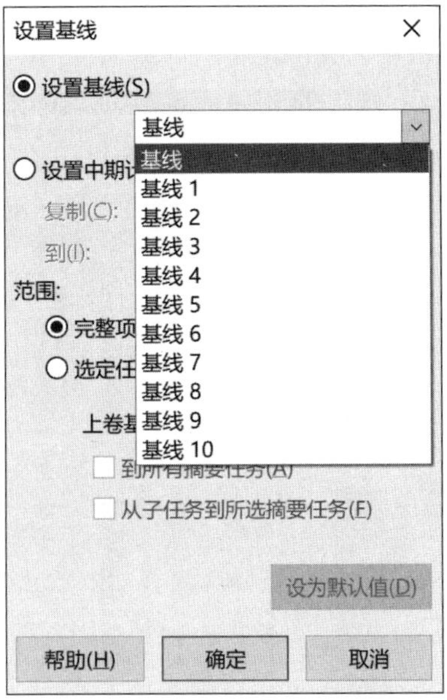

图7.5 设置项目基线对话框2

通过单击【基线】下拉框，可以看到 Project 提供了从“基线”到“基线 10”一共“11”个基线版本，如图 7.5 所示。具体“11”个基线的最佳使用实践详见 7.1.4 小节。

单击图 7.4 中的【确定】按钮完成项目基线保存。

> 注意：基线保存的工作一般不是项目经理来完成的，基线保存通常由组织 / 企业的项目管理部门，如 PMO 或者计划管理部来实现，或者由项目经理的直接领导来实现。项目经理给自己的项目计划保存基线就会出现“既当运动员又当裁判员”的现象。

7.1.3 项目基线查看

项目基线保存的操作，相关的列（基线需要保存的数据）均被保存了一份。项目经理如何查看已经保存好的项目基线呢？

Project 2019 中，项目基线通常通过项目跟踪甘特图来查看。可以简单理解甘特图是用来规划项目计划使用的，跟踪甘特图是用来监控项目执行使用的。单击【视图】选项卡→【任务视图】→【甘特图】下拉按钮→【跟踪甘特图】，如图 7.6 所示。

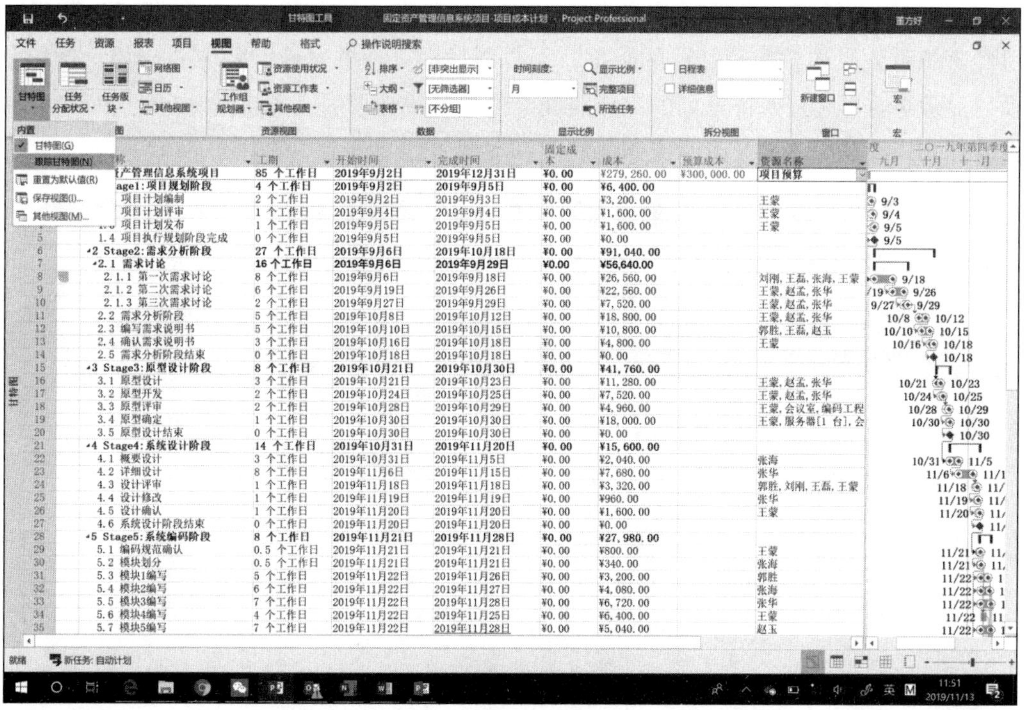

图7.6 切换跟踪甘特图

单击【跟踪甘特图】后，Project 视图发生变化，在跟踪甘特图中，最显著的变化是在横道图中，不再是每个任务有一条横道图，而是两条横道图，如图 7.7 所示。

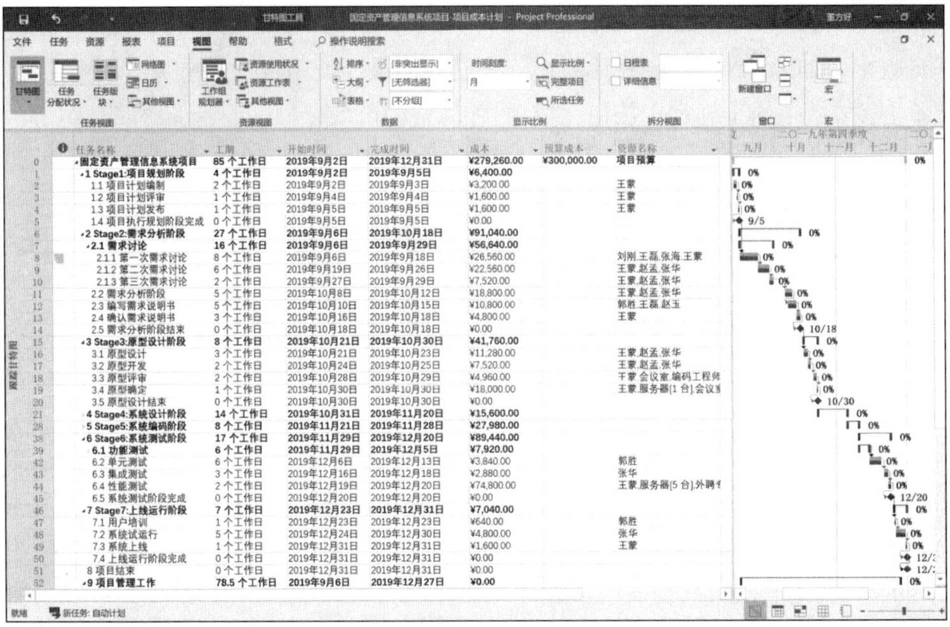

图7.7 项目跟踪甘特图

在跟踪甘特图视图中，下面的一条黑色横道图就是项目的基线，上面的一条红色横道图就是项目的执行计划，其中红色代表关键任务，蓝色代表非关键任务。如果项目经理想看到具体的项目基线的数据，可以通过插入任务属性列的方式查看。例如，项目经理想看到项目基准计划的完成时间数据与基线计划的成本数据，在任务属性“完成时间”后面插入一列“基线完成时间”，如图 7.8 所示。

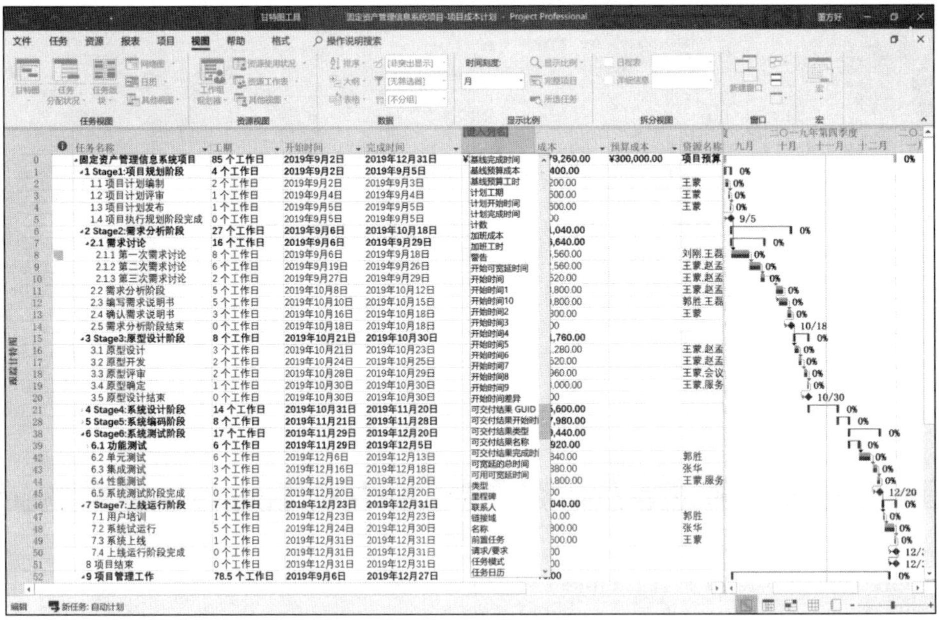

图7.8 插入“基线完成时间”

在任务属性“成本”后面插入一列“基线成本”，如图 7.9 所示。

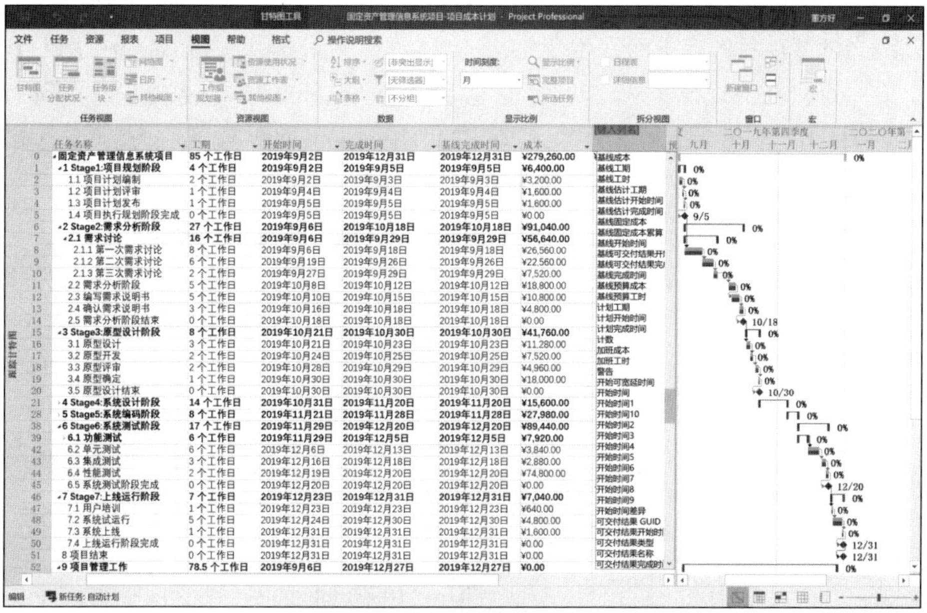

图7.9 插入“基线成本”

“基线完成时间”与“基线成本”两个任务属性常用来在跟踪甘特图中查看项目基线信息。插入两个值后可以在跟踪甘特图查看到如图 7.10 所示信息。

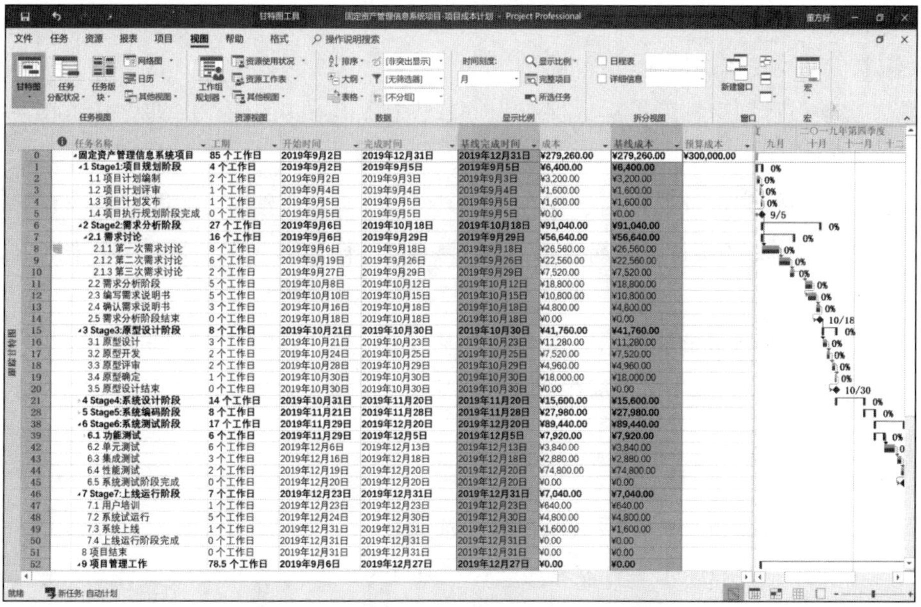

图7.10 带项目基线信息的跟踪甘特图

图 7.10 中，如果没有保存项目基线，这两列数据就是空值，在项目计划刚刚保存了项目基线后，项目“完成时间”与“基线完成时间”、“成本”与“基线成本”都是相等的，因为计划还没执行，也就是模型中的黑线与黄线是重合的。

7.1.4 项目基线最佳实践

本小节重点讲述Project中11个基线的项目管理最佳实践，在具体项目管理过程中，项目基线会随着项目的变更而发生变化，基线会发生变化升级。Project 中的 11 个基线的命名有一个潜在的规律，从“基线”“基线 1”“基线 2”“基线 3”一直到“基线 10”，笔者将“基线”起一个名字为“基线 0”，这样 Project 中的基线就成为了“基线 0”“基线 1”“基线 2”“基线 3”……“基线 10”，对这 11 个基线重新做个约定。

“基线 0”：最新的项目基线，类似游标的最新值，永远是最新值；

“基线 1”：第一版项目基线，是第一次计划审批通过后的基线，也称之为“第一版计划”；

“基线 2”：第二版项目基线，是第二次计划审批通过后的基线，也称之为“第二版计划”；

“基线 3”：第三版项目基线，是第三次计划审批通过后的基线，也称之为“第三版计划”；

……

“基线 10”：第十版项目基线，是第十次计划审批通过后的基线，也称之为“第十版计划”。

通过以上的重新命名定义，可以看出 Project11 个基线中，“基线 0”永远是最新的基线，“基线 1”至“基线 10”是十个历史的基线版本，也就是说 Project 中可以使用 10 个基线来管理项目变更过程。

这 11 个基线具体的使用过程如下。

第一次项目计划审核通过后，保存为“基线 0” 与“基线 1”，即“基线 0”=“基线 1”；

第二次项目计划审核通过后，保存为“基线 0”与“基线 2”，即“基线 0”=“基线 2”，此时“基线 0”！ =“基线 1”，“基线 1”作为第一次项目计划审核后的基线版本；

第三次项目计划审核通过后，保存为“基线 0”与“基线 3”，即“基线 0”=“基线 3”，此时“基线 0”！ =“基线 2”，“基线 2”作为第二次项目计划审核后的基线版本；

以此类推……

第十次项目计划审核通过后，保存为“基线 0”与“基线 10”，即“基线 0”=“基线 10”，此时“基线 0”！ =“基线 9”，“基线 9”作为第九次项目计划审核后的基线版本；

每次在保存项目基线时，需要保存两次基线，而不是只保存一次基线。以第一次保存基线为例说明，打开“固定资产管理信息系统项目 .mpp”文件，单击【项目】→【日程安排】→【设置基线】→【设置基线 (S)】，如图 7.11 所示。

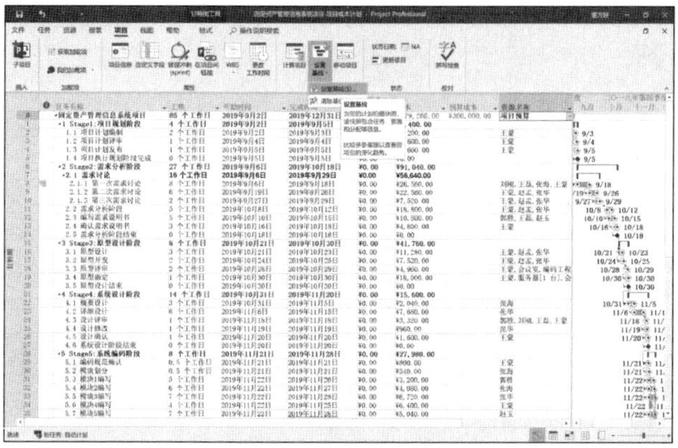

图7.11 设置项目基线

打开“设置基线”对话框，显示项目基线设置的详细信息，如图 7.12 所示。

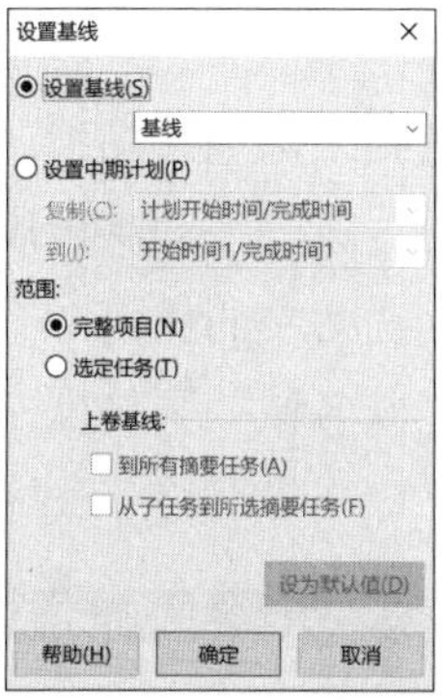

图7.12 第一次设置项目基线

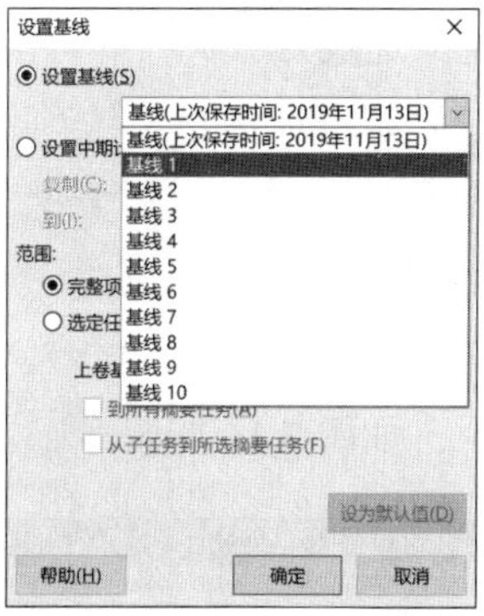

图7.13 设置项目基线对话框

在图 7.12 中，直接单击【确定】按钮，将“基线”也就是“基线 0”进行保存。完成“基线 0”保存后，不用改变计划，然后再打开“设置基线”对话框，如图 7.13 所示，选择“基线 1”后单击【确定】按钮，将“基线 1”保存，此时“基线 0” = “基线 1”，在任务属性“完成时间”后面插入两个任务属性“基线完成时间”与“基线 1 完成时间”，如图 7.14 所示。

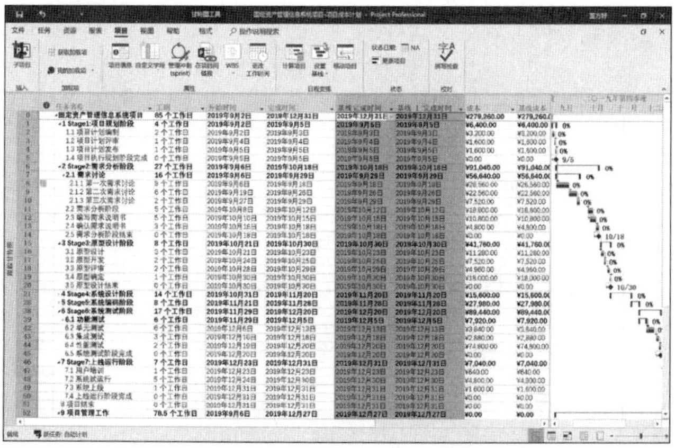

图7.14 查看“基线0”与“基线1”

7.2 项目执行

项目执行被很多项目经理理解为就是“干活”，在项目管理与 Project 工具中，项目执行不但是“干活”，更多是指按照项目计划（进度、资源、成本）执行各项计划任务，即必须遵循计划执行。

按照实际情况反馈实际情况是项目执行的第二条规则。

以下几种方式是常用的项目执行反馈的方式，在项目执行过程中，有可能会是几种方式相互结合。

7.2.1 更新完成百分比

体现项目执行的第一种方式是由项目经理通过 Project Professional 打开经过审核通过并保存项目基线的项目计划，将视图切换到跟踪甘特图视图，根据实际情况更新每一项任务的“完成百分比”属性域。

打开“固定资产信息系统项目 .mpp”项目文件，切换到跟踪甘特图视图，在跟踪甘特图视图数据中“完成百分比”属性域默认是不显示的，需要手动将该属性域加入跟踪甘特图视图。加入的方式：右键单击“跟踪甘特图”视图中的任何一个属性域，在出现的下拉选项中选择“插入列”，然后在新插入列“域名城”下拉框中选择“完成百分比”，如图 7.15 所示。

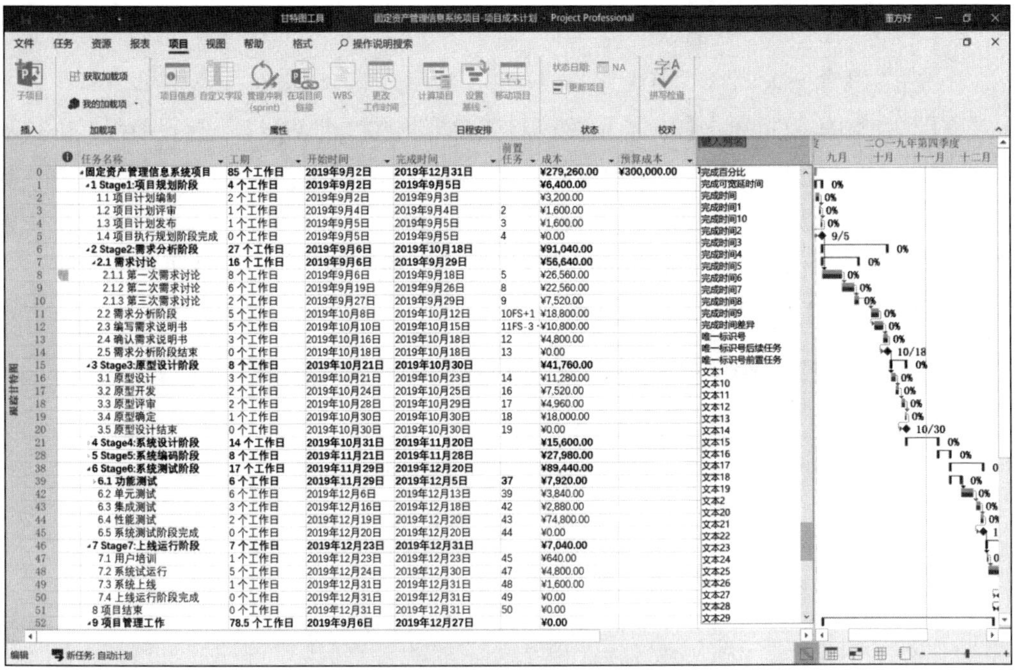

图7.15 插入“完成百分比”

选择“完成百分比”后，该属性域便会出现在跟踪甘特图的视图中，如图 7.16 所示。

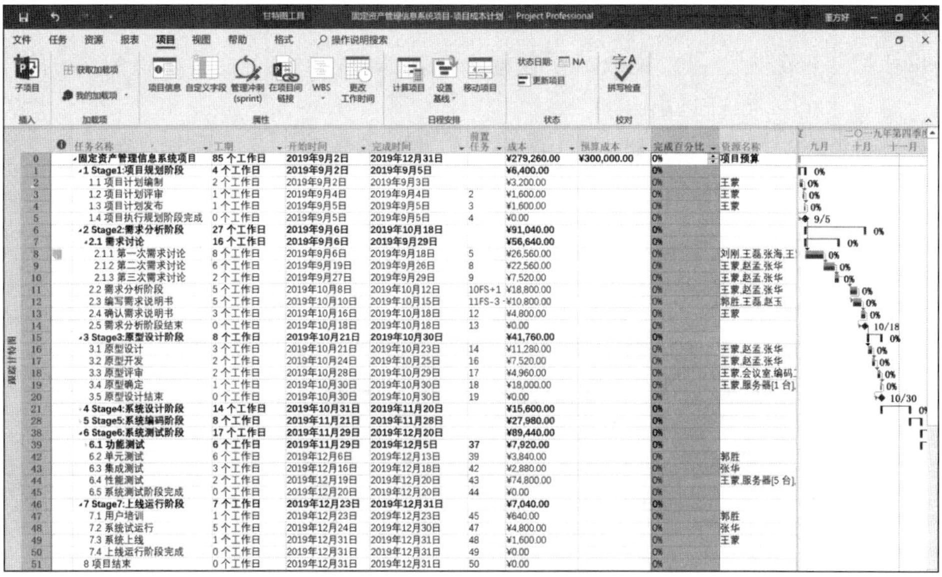

图7.16 显示“完成百分比”视图

下面用案例来说明“完成百分比”如何更新。

1. 直接更新完成百分比

案例描述：“固定资产信息系统项目”开始一周以后，项目经理王蒙根据项目的实际执行情况准备更新 Project 文件，当时的实际情况是该项目的第一个任务“项目计划编制”已经全部完成，“项目计划评审”全部完成，“项目计划发布”完成了10%。

项目经理王蒙在图 7.16 中，在“项目计划编制”“项目计划评审”任务相对应的“完成百分比”中输入“100%”，表示该任务已经全部完成；在“项目计划发布”任务相对应的“完成百分比”中输入“10%”，表示该任务完成了 10%，如图 7.17 所示。

图7.17 在“跟踪甘特图”中更新“完成百分比”

从图 7.17 中可以看到，更新“项目计划编制”“项目计划评审”“项目计划发布”任务的“完成百分比”之后，这三项任务的父节点任务（摘要任务）“Stage1：项目规划阶段”的完成百分比自动变化为“78%”，整个项目的完成百分比也自动变化为“2%”。

在 Project 2019 中，父节点任务被称为“摘要任务”，摘要任务的“完成百分比”是通过该摘要任务所属已经完成的子任务工期之和与该摘要任务所有子任务的工期之和对比后乘“100%”计算出来的。

2. 通过更新任务更新完成百分比

更新任务“完成百分比”还可以通过使用“更新任务”对话框的方式完成。具体的方法：在跟踪甘特图中将“项目计划编制”任务选中，选取【任务】→【日程】→【跟踪时标记】→【更新任务】按钮，如图 7.18 所示。

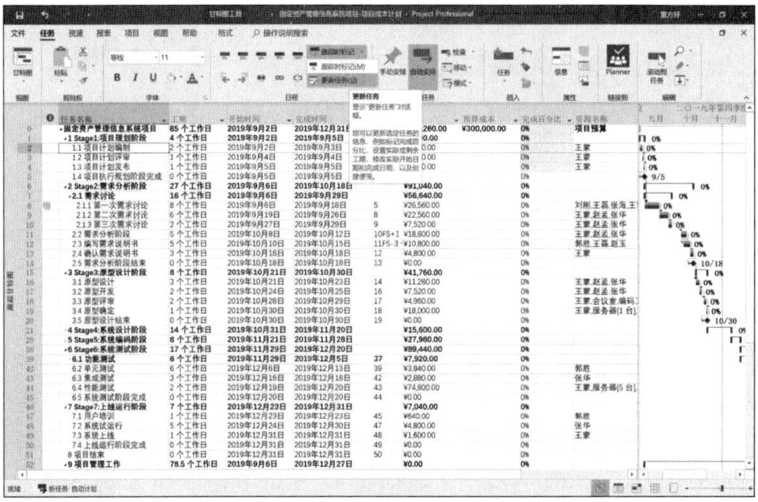

图7.18 利用选项卡更新“完成百分比”

单击【更新任务】，将打开“更新任务”对话框，如图 7.19 所示。

图7.19 “更新任务”对话框

图 7.19 中 “更新任务”对话框中的“名称”表示任务名称，“工期”表示任务所需要的全部工期，“完成百分比”表示任务的完成情况，“实际工期”表示任务已经完成的部分实际消耗的工期，“剩余工期”表示任务没有完成的部分需要的工期。此对话框中的三种工期之间的关系为“剩余工期”=“工期”—“实际工期”。

> 注意：“实际工期”的值可以大于“工期”，当“实际工期”大于“工期”时，“工期”的值将变化为“实际工期”的值来表示该任务实际所需要的工期。

为了体现该任务的进度，在图 7.19 中的“完成百分比”输入框中输入“100%”表示该任务全部完成，单击【确定】按钮完成更新。再重新打开“项目计划编制”任务的“更新任务”对话框，可以发现“实际工期”的值自动变化为“工期”的值，“剩余工期”的值变化为“0”，如图 7.20 所示。

图7.20　通过选项卡更新“完成百分比”

从图 7.20 中可以看到，如果只更新“完成百分比”，该任务的“实际开始”“实际完成”的值自动变化为与计划中的“开始时间”“完成时间”相等的值。

3. 通过任务属性更新完成百分比

除了以上两种方法，还有一种方法可以更新任务执行完成百分比，那就是“任务属性”更新。在跟踪甘特图视图中，双击任务“项目计划编制”，弹出“任务信息”对话框，如图 7.21 所示。

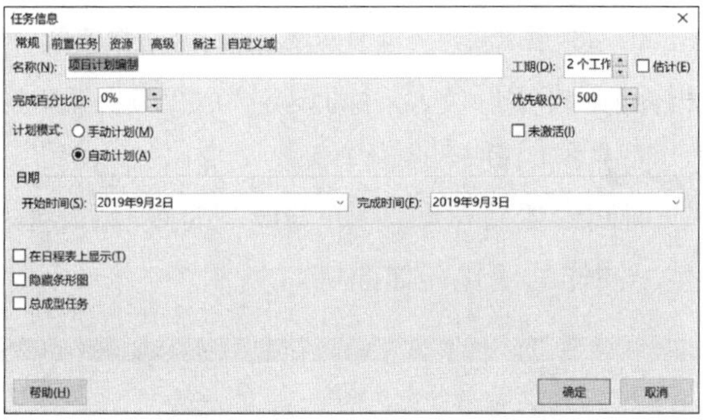

图7.21　利用任务信息更新“完成百分比”

在图 7.21 中，直接更新“完成百分比（P）”属性对应的百分比，如从“0%”更新到“100%”后，单击【确定】按钮完成任务百分比更新。

7.2.2 更新实际开始时间与实际完成时间

上一小节介绍的是通过更新“完成百分比”更新任务进度，本节介绍的内容是通过更新“实际开始时间”与“实际完成时间”来体现任务进度。

案例：项目开始一周后，需要再次更新项目的进度信息，经过实际调查，项目的实际进度情况如下。

任务“第一次需求讨论”已经全部完成，实际的完成时间不是计划的“2019 年 9

月 18 日”，而是延迟了一天结束，实际的完成时间为“2019 年 9 月 19 日”。

通过下列的操作体现以上项目的进度情况：选中“第一次需求讨论”任务，选取【任务】→【日程】→【更新任务】按钮，打开“更新任务”对话框，如图 7.22 所示。

图7.22 “第一次需求讨论”的更新任务对话框

在图 7.22 所示的对话框中的“实际—完成”输入框中选择该任务的实际完成时间“2019 年 9 月 19 日”，单击【确定】按钮，该对话框关闭。再次通过选择【任务】→【日程】→【跟踪时标记】→【更新任务】选项，打开该对话框，查看该任务的进度信息，如图 7.23 所示。

图7.23 更改实际完成时间之后的任务进度信息

从图 7.23 中可以看到，将实际完成时间设定为“2019 年 9 月 19 日”后，由于开始时间没有发生变化，而完成时间延迟了 1 天，“完成百分比”不用单独设置，工具会自动判断实际“完成”时间设置后自动计算。与此同时跟踪甘特图该任务的“工期”“完成时间”也相应地发生了同样的变化，如图 7.24 所示。

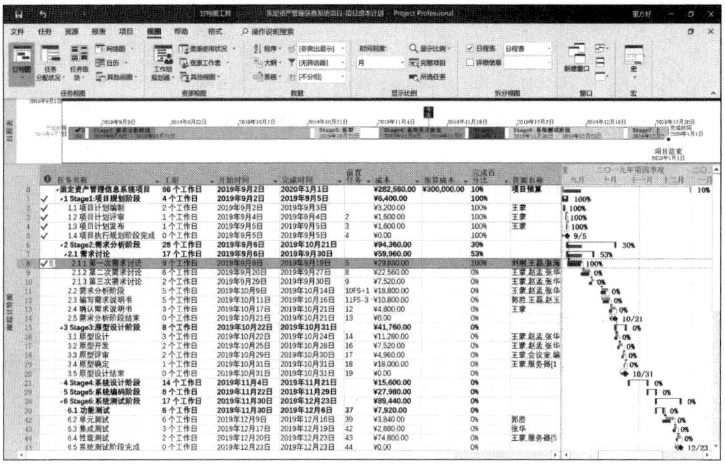

图7.24 进度更新后的跟踪甘特图

从图 7.24 中右侧的横道图中可以看到，“第一次需求讨论”任务的实际工期比原来的工期增加了，两个横道叠在一起能够发现差别。

更新“实际开始时间”与更新“实际完成时间”一致，请参考更新“实际完成时间”操作。

7.2.3 更新实际工期与剩余工期

另外一种更新进度的方法是通过直接修改“实际工期”与“剩余工期”达到更新进度的目的，一旦填写了任务的“实际工期”并且“剩余工期”为“0”，说明该任务已经完成。

如上，同样的场景，项目继续执行了一周，最新的项目进展情况如下：任务“第二次需求讨论”工作进行了“3 天”，估计还需要“4 天”。

体现上述进度的操作方法：在甘特图中选中 “第二次需求讨论”任务，选择【任务】→【日程】→【跟踪时标记】→【更新任务】选项，打开“更新任务”对话框，如图 7.25 所示。

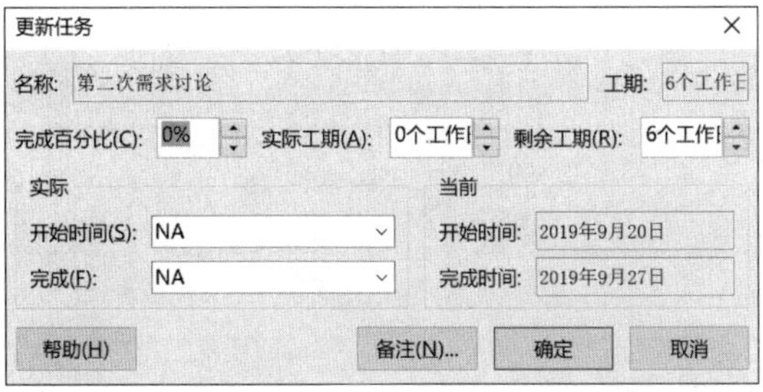

图7.25 “第二次讨论”任务更新之前的信息

在图 7.25 所示的对话框中的“实际工期”输入框中输入“3 个工作日”，在“剩余工期”输入框中输入“4 个工作日”，单击【确定】按钮，再次打开该对话框后如图 7.26 所示。

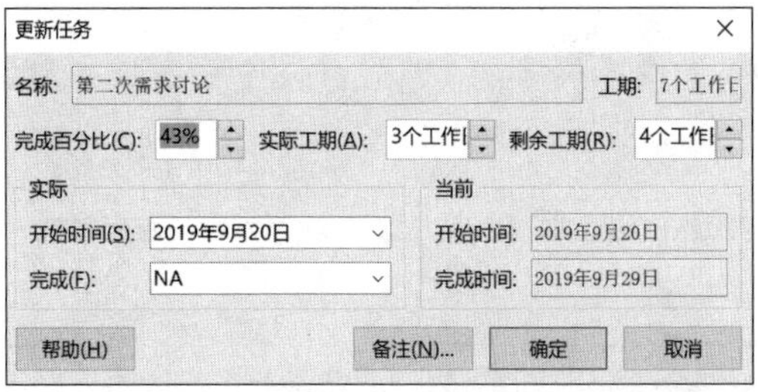

图7.26 通过更新“实际工期”与“剩余工期”更新任务进度

从图 7.26 中可以看到，实际工期被修改为“3 个工作日”，剩余工期被修改为“4 个工作日”后，Project 自动计算出“完成百分比”为“43%”。计算的公式：“实际工期”/(“实际工期”+“剩余工期”)×100%＝3/(3＋4)×100%＝43%。任务“实际开始时间”自动取自该任务的计划开始时间“2019 年 9 月 20 日”，由于该任务还没有全部完成，因此“实际完成”没有实际的日期。

7.2.4 批量更新任务进度

以上三种更新进度的方式是针对单一任务进行的，在实际的项目进度更新中，经常发生批量更新项目进度的情况，Project 通过下述的方法实现批量更新。

1. “日程”工具组

选取【任务】→【日程】组，在日程组左上角显示任务跟踪工具，如图 7.27 所示。

图7.27 快速跟踪工具栏

实现批量进度更新的方法：按住鼠标左键选择跟踪甘特图最左侧的任务标识号，选中多个任务。单击日程组中图标中的任意一个，被选中的任务的“完成百分比”会被批量按照图标中显示的“百分比”更新，为了提高效率，Project 将“0%”“25%”“75%”“100%”作为快速的百分比设置选项。

例如，项目继续执行了两周，“Stage2: 需求分析阶段”摘要任务所属的所有子任务全部完成，实现该进度更新的方法为选中多个任务，如图 7.28 所示。

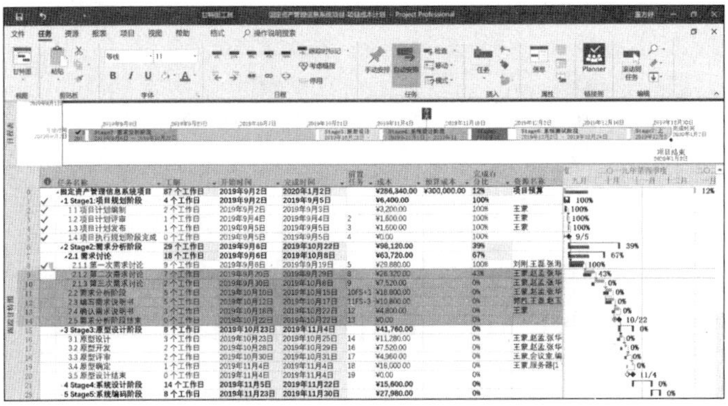

图7.28 选中多个任务

单击日程组中的，被选中任务的“完成百分比”被统一修改为“100%”，如图 7.29 所示。

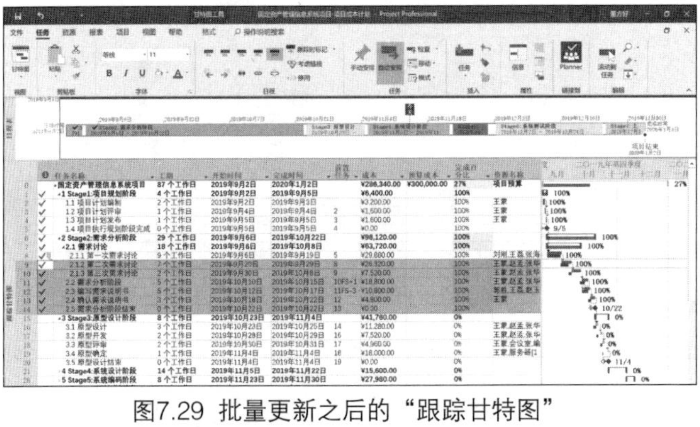

图7.29 批量更新之后的“跟踪甘特图”

2. **更新项目**

上述方法是通过使用日程组工具的方法实现项目进度批量更新，除此之外，可以通过打开“更新项目”对话框实现项目进度的批量更新。具体方法：在跟踪甘特图中用鼠标将多个任务选中后，选择【项目】→【状态】→【更新项目】按钮，打开“更新项目”对话框，如图 7.30 所示。

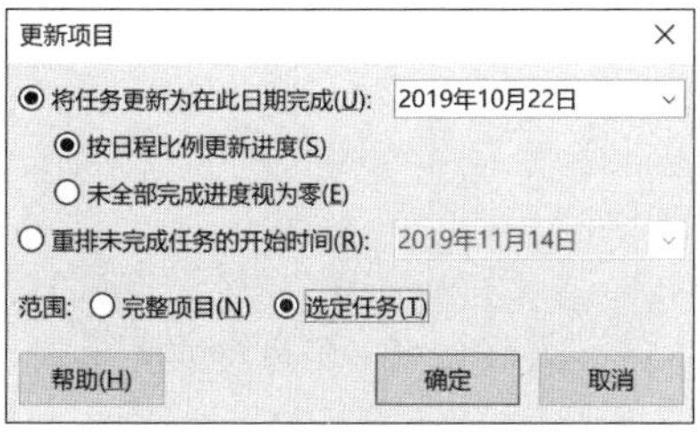

图7.30 更新项目对话框

图 7.30 所示的“更新项目”对话框中，“按日程比例更新进度”指的是如果单击该对话框的“确定”按钮，Project 将自动计算被选中的任务截至“2019 年 10 月 22 日”当天应该完成的百分比，并使用该百分比批量修改被选中的多个任务的“完成百分比”。

例如，单击图 7.30 中的【确定】按钮被单击后，选定任务的“完成百分比”均会被按照“2019 年 10 月 22 日”的完成标准来更新，如图 7.31 所示。

> 注意：如果选中“完整项目”单选按钮，则项目计划按照 2019 年 10 月 22 日进行更新，如果选中“选定任务”单选按钮，则只对选择的项目按照 2019 年 10 月 22 日的进度进行更新。

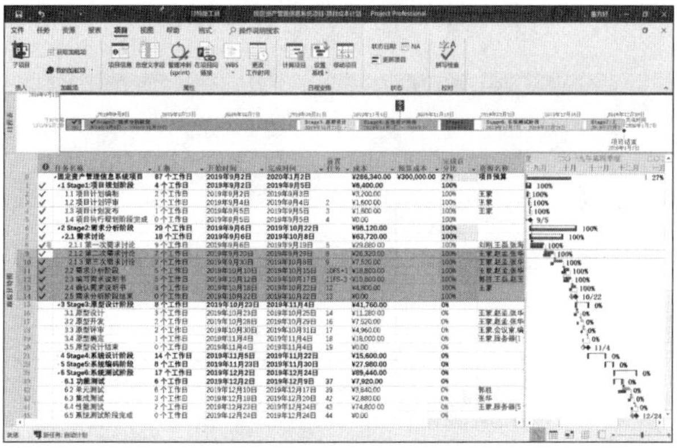

图7.31 更新项目对话框

综上所述，在只有 Project Professional 的情况下，可以通过以上 4 种方法由项目经理在自己的电脑上更新任务的进度，从而达到更新整个项目进度的目的。

7.2.5 更新资源

项目执行过程中，会发生资源变化的情况，根据项目执行的规则，按照实际情况更新即可。例如，任务“原型设计”资源“王蒙”不能参加，需要另外的资源“赵玉”替换“王蒙”，项目经理打开跟踪甘特图视图，双击任务“原型设计”，打开“任务信息”对话框后选择“资源”选项卡，如图 7.32 所示。

图7.32 任务信息对话框

选择需要替换的资源“王蒙”，通过下拉选择新的资源“赵玉”，如图 7.33 所示。

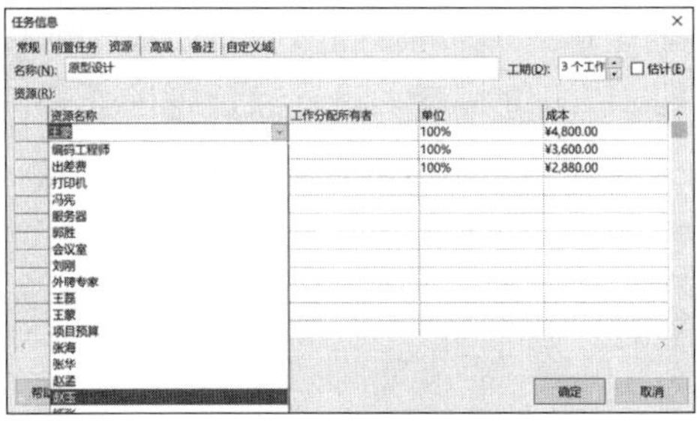
图7.33 替换资源

选择“赵玉”后，单击【确定】按钮完成资源替换。这种替换资源的方法仅适合进度百分比为“0%”的任务，如果该任务已经由该资源完成了部分工作，也就是进度超过了“0%”，则需要另外的替换资源方式。例如，任务“概要设计”已经进行了“50%”的工作，现在资源“张海”有其他紧急任务，需要替换资源“张华”，如图 7.34 所示。

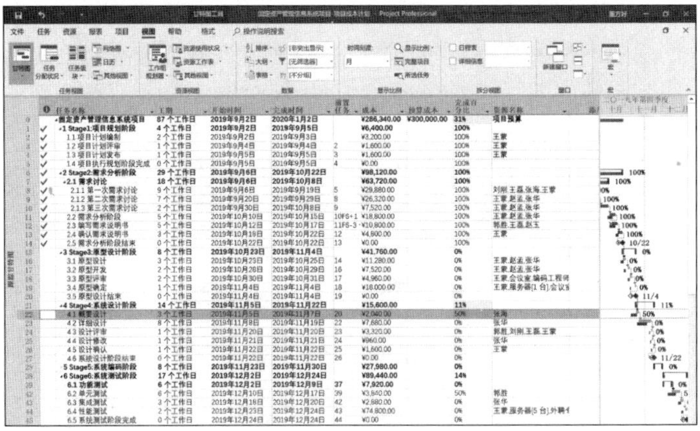
图7.34 任务进度“50%”

这个任务资源不能直接利用上面的方式替换为“张华”，Project 会提示删除由资源“张海”完成的任务工时，如图 7.35 所示。

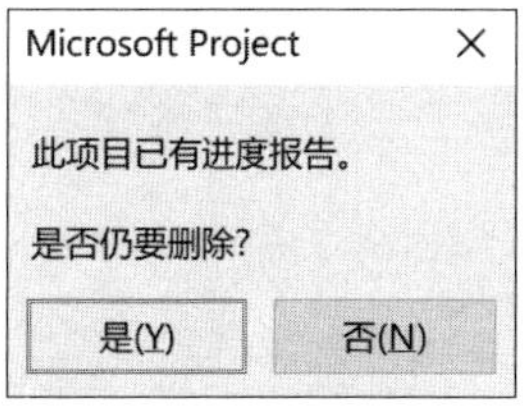

图7.35 删除提醒

这种替换方式会导致“张海”在此任务上的已有投入工时丢失。正确的方式是利用“资源分配”对话框替换，如 7.34 所示，资源“张华”替换“张海”的剩余部分任务工作，选择该任务，单击【资源】→【工作分配】→【分配资源】按钮，打开“分配资源”对话框，如图 7.36 所示。

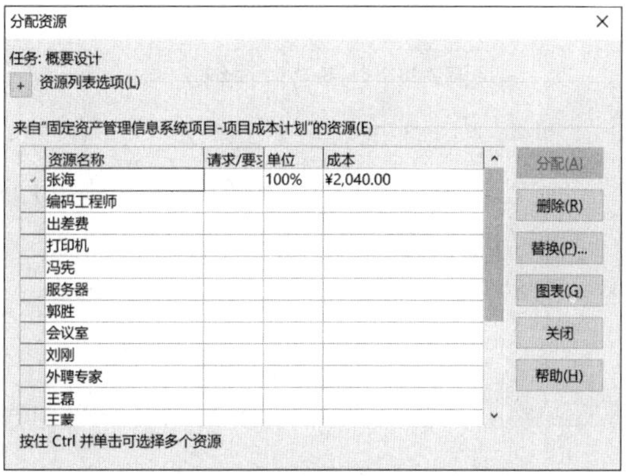

图7.36 选择被替换资源

选择“张海”资源后，单击右侧【替换】按钮，打开“替换资源”对话框，选择新的资源“张华”，如图 7.37 所示。

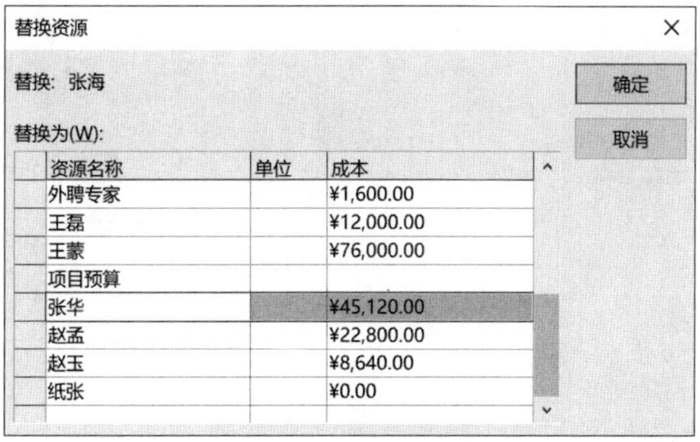

图7.37 替换资源

单击【确定】按钮，返回到项目【跟踪甘特图】可以查看资源“张海”仍然是任务的资源，显示的资源是该资源原先投入的工作分配，在该任务后续“50%”的工作中该资源并不需要投入，而是有新的资源“张华”来完成后续“50%”的工作。单击【视图】→【拆分视图】→【详细信息】复选框，可以查看到具体的资源替换后的工时分配情况，如图 7.38 所示。

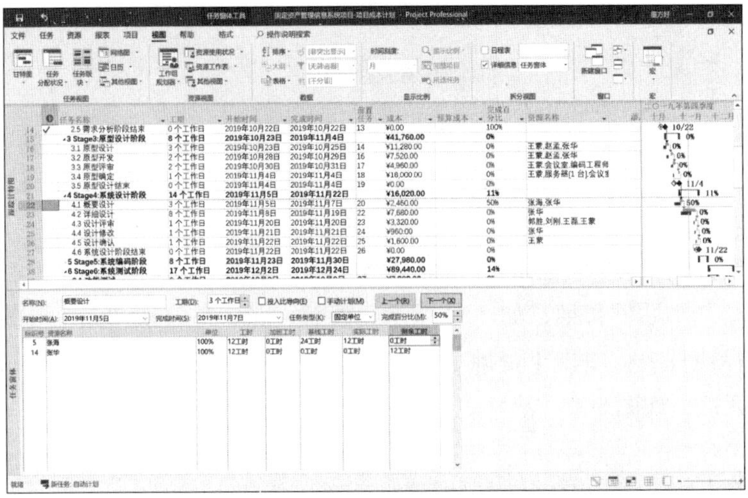

图7.38 任务资源详细工时

资源“张海”实际工时为“12 工时”，剩余工时为“0 工时”，“12 工时”是已经由该资源完成“50%”所投入的实际工时，剩余工时为“0 工时”说明后续在该任务上该资源不需要投入；资源“张华”实际工时为“0 工时”说明该新资源还未投入任何工时到该任务，剩余工时“12 工时”说明该新资源后续还需要完成任务的“50%”工作，资源完成替换。

这种资源替换的方式虽然有点复杂，但却是最“保险”的资源替换。

7.2.6 更新成本

如果项目执行过程中，项目成本投入发生变化，可以直接更新成本投入信息。例如，任务“原型确定”计划需要“出差费”为“￥2,000.00”，现在由于其他原因需要增加费用到“￥3,000.00”，通过“任务信息”对话框修改增加费用即可，如图 7.39 所示。

图7.39 增加成本投入

修改后，单击【确定】按钮，完成成本更新。

7.3 项目信息共享

项目执行与项目共享是息息相关的，项目经理完成项目规划后，如果不能及时有效地将项目规划信息发布到项目相关者，那么再好的规划都不能付诸执行，Project 工具根据不同的应用场景，有不同的信息共享方式。

7.3.1 Project 2019信息共享

单机版本的 Project 工具共享项目信息主要有以下几种方式。

1. 邮件发送项目文件

这是一种最普遍的项目信息共享方式，将做好的项目计划文件“固定资产信息系统项目 .mpp”以邮件附件的方式发送给项目相关者，项目相关者接收后利用 Project 工具打开“固定资产信息系统项目 .mpp”查看项目信息。这种方式必须有一个前提条件，项目相关者必须安装 Project 工具才能打开。如果项目相关者没有安装 Project 工具，项目计划文件“固定资产信息系统项目 .mpp”需要用到 Project 工具的“照片”功能将项目转化为图片共享给项目相关者，具体方式详见第 10 章。

2. 打印项目文件发送

将项目文件“固定资产信息系统项目 .mpp”打印后可以将项目信息共享给项目相关者。

3. 通过开发调用邮件发送

Project 工具同样提供了开发的能力，可以基于代码开发将任务对应的资源的邮箱结合起来，将任务按照资源的邮箱发送邮件。

7.3.2 Project Server 2019信息共享

项目计划基线保存后，该文件信息依然在该用户的本地，为了能够将项目计划尽快发布出去，需要将项目的计划信息保存至 Project Server。

1. 将项目文件保存到 Project Server 中

项目计划信息得到确认后，可以将本地的项目文件保存到服务器中并发布共享管理。方法是单击功能区中【文件】选项卡→【另存为】选项，打开如图 7.40 所示的对话框。

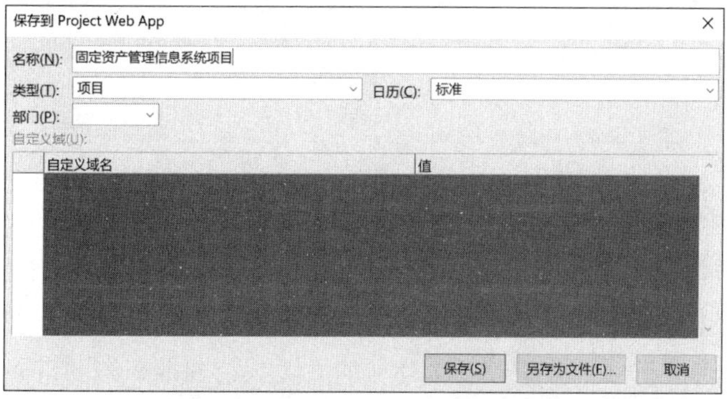

图7.40　向Project Server中保存项目

在图 7.40 中的“名称”对话框中输入项目名称“固定资产管理信息系统项目”，然后单击【保存】按钮。此时，Project Professional 开始向 Project Server 发送项目信息，这个过程可能需要持续若干秒，具体的时间与文件的大小以及网络带宽有关系。

注意：将脱机文件保存到服务器中时，不能直接单击【保存】按钮，如果单击了【保存】按钮，该项目文件依然在本地，并没有发布出去。因此，只能选择“另存为”的方式进行，“另存为”就是另存到 Project Server 中。

Project Professional 如何与 Project Server 链接请查阅 Project Server 章节。

服务器上保存成功之后，如果用户登录 Project Server 是无法在项目中心看到该项目的，只有“发布”的项目才能被项目组或者其他管理者看到。只保存没有发布的项目表示还没有完全确定项目的相关信息。

2. 将资源替换为企业资源

由于“固定资产管理信息系统项目 .mpp”文件是脱机编制的，脱机编制时使用的资源为该项目文件的本地资源。这些资源信息作为本地资源，Project Server 服务器上是无法识别并收到项目任务分配信息的，因此在正式发布之前，需要将该文件的本地资源替换为“企业资源”（关于企业资源的建立后面章节中将有描述）。只有企业资源才能通过 PWA 接收到项目任务。

替换的方式是：选择【资源】→【插入】→【添加资源】→【自企业建立工作组】选项，将打开如图 7.41 所示的对话框。

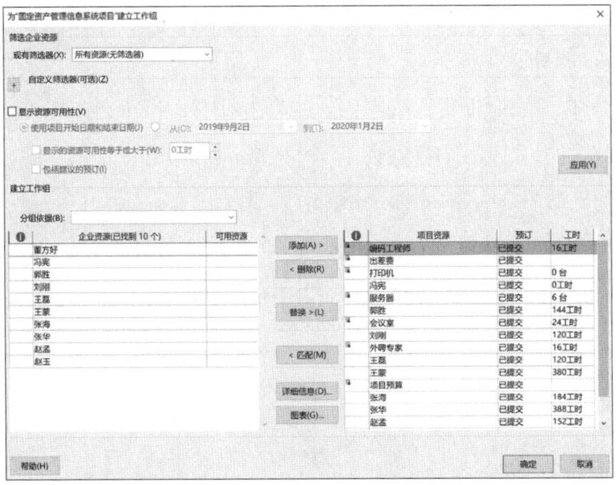

图7.41 获得企业资源

图 7.41 左侧为企业资源库中的资源信息，右侧为项目的本地资源，由于本地资源在服务器上无法得到识别，因此需要将右侧的本地资源替换为左侧的企业资源。可以直接单击图中的【替换】按钮进行一一替换，也可以将左侧的企业资源多选后“添加”到本地资源中，再进行一一分配。具体分配的方法与第四章介绍的资源分配方法相同。

3. 发布项目文件

当项目文件被成功保存并且资源信息也替换完毕后，用户可以发布整个项目计划，发布的方式如下：选择【文件】→【发布】选项，项目的计划信息就会被成功发布到 Project Server 上。单击【发布】按钮之后，会弹出一个新的对话框，询问用户为该项目创建项目网站的选项。如图 7.42 所示。

图7.42　项目工作环境设置选项

在正常情况下，用户直接在图 7.42 所示的图中单击【发布】按钮，使得发布操作继续。经过数秒之后，发布成功。从此，在 Project Server 的项目中心可以看到该项目的详细信息，任务的资源也可以在 Project Server 中接收到任务信息。

4. 项目信息共享查看

项目信息发布后，团队成员可以登录 Project Server 进行查看，检查项目信息的正确性。

（1）查看项目中心。

使用项目成员账号登录 Project Server，单击“项目”菜单，可以在项目中心看到“固定资产信息管理系统项目”，如图 7.43 所示。

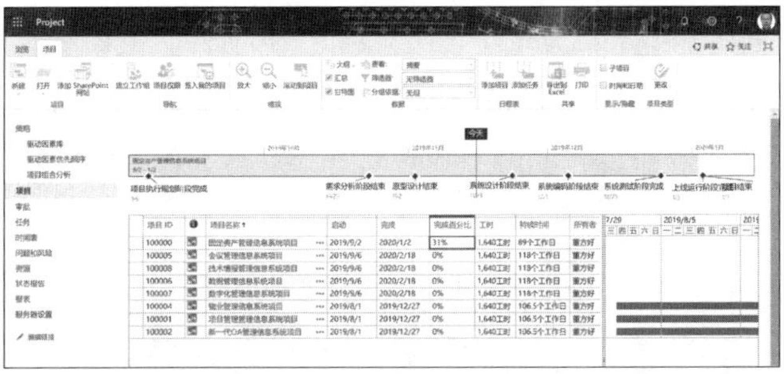

图7.43　查看已经发布的项目

单击项目名称“固定资产信息管理系统项目”，可以看到项目的详细甘特图，如图 7.44 所示。

图7.44　项目详细甘特图

以上表明项目信息的发布是正确的，可以看到以上信息，其他具有“项目中心”权限的人员同样也可以看到项目信息，达到了项目信息共享的目的。

（2）查看资源中心。

除了通过“项目”选项查看项目信息，还可以选择“资源”选项进入资源中心，查看资源分配的情况，如图 7.45 所示。

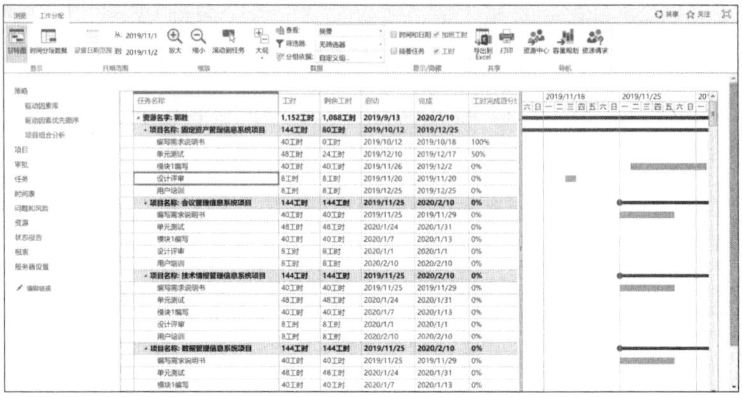

图7.45　资源中心

从图 7.43 中可以看到资源“郭胜”在“固定资产信息管理系统项目”中的任务分配情况，从资源的角度证明信息发布也是成功的。

（3）查看任务中心。

还有一种验证方法：由于当时在获取企业资源时，“李浩”将自己也分配到了一个任务上去，因此“李浩”可以在 Project Server 中查看属于自己的任务。单击“我的任务”可以得到如图 7.46 所示的界面。

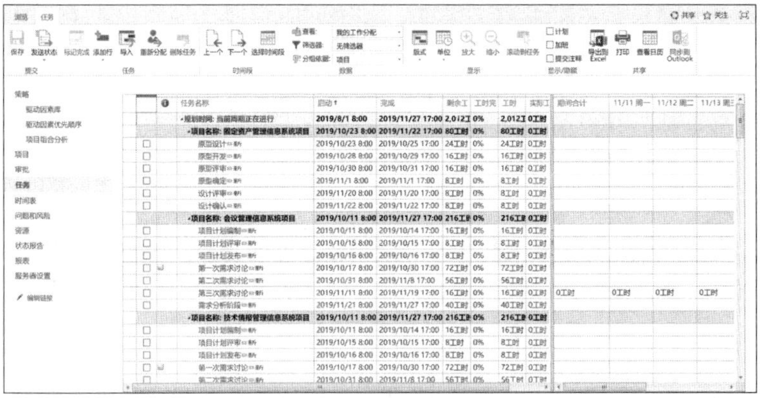

图7.46　“我的任务”

至此，可以确认项目计划信息发布成功了。

7.3.3 Project Online信息共享

利用 Project Online 共享项目信息的方式与 Project Server2019 的信息共享方式一致，只要将本地的 Project Server 访问地址修改为 Project Online 访问地址即可。

第 8 章 项目监控管理

项目在执行过程中，项目成员与项目经理通过一起协调沟通，完成项目的正常执行。但是，任何一个项目在执行过程中都会或多或少地出现一些问题，最典型的问题是进度延误或者费用超支。项目经理、项目管理办公室、高层管理者、客户等项目相关者必须实时监控项目执行情况，及时发现问题并解决问题，以实现项目的最终目标。

项目监控管理包含两个关键词：监查和控制，即项目执行过程需要随时监查其状态并施加控制，保证项目执行过程能够最大限度地遵循项目计划（项目基线）。再来回顾一下“方好 Project 管控模型”，如图 8.1 所示。

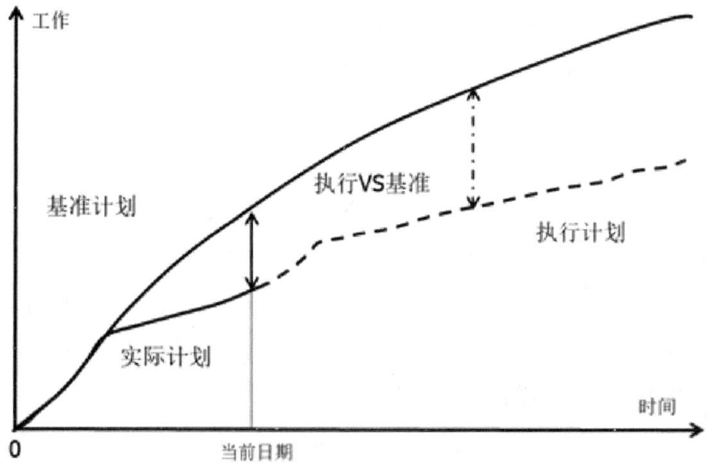

图8.1 方好Project项目管控模型

如模型所示，项目监控管理过程的监查管理，就是随时监查项目实际执行过程和预计未来执行过程与项目基线计划的差异，即红色箭头偏差与黄色箭头偏差。

红色箭头偏差：代表已经实际完成工作与项目基准的偏差，代表的是实际过去过程，这是当前项目经理等项目管理者最喜欢的偏差监查点，即站在现在看过去的项目执行状态。但需要注意的是，这是一种并不推荐的监查模式，因为不管投入多少项目管理精力投入这个过程的监控，都已经是历史了，只对项目复盘总结经验有用，对项目本身意义不大。

黄色箭头偏差：代表未来计划要完成的工作与项目基准的偏差，代表的是未来的执行过程，这是当前项目经理等项目管理者不太喜欢的监查点，即站在现在看未来项目的执行状态，这是笔者推荐的一种监查模式，因为项目要站在当前已经达成的实际基础上展望未来项目应该如何发展，这种发展趋势与既定的项目基准的差异多大，项目经理只要控制未来的差异越小越说明项目的未来是健康的。

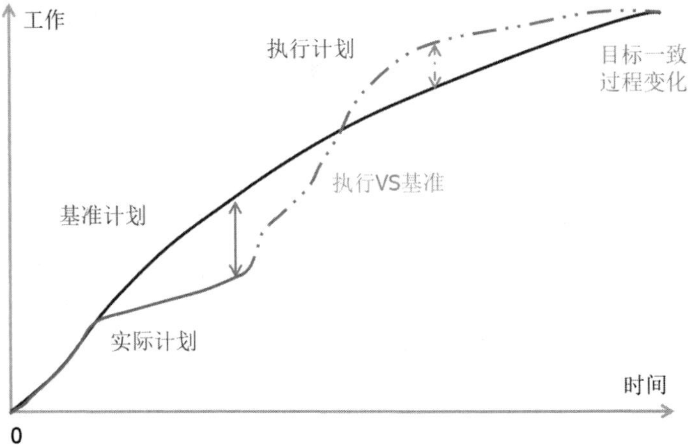

图8.2 方好Project项目管控模型

如图 8.2 模型所示，项目监控管理过程的控制管理，就是要对红色箭头与黄色箭头的高度施加控制，黄色箭头的高度越小，说明项目越受控，如果黄色箭头的高度越大，说明项目越不受控，即失控（Out Of Control）。控制管理也称为纠偏，其核心思想是无限拉近黄色执行计划与基线的距离，能重合是最好的。读者可以分析一下，黄色执行线与黑色基线差异如果是负值，说明项目状态是好还是不好呢?

如果项目监控过程中发现项目未来的执行已经失控，无法用黄色执行线与黑色基线对比管控项目的话，则需要对项目执行计划进行调整，当然也会存在即使调整项目也无法满足黄色执行线与黑色基线的综合管理时，就不能仅仅进行项目调整了，而是需要对项目施加变更管理，重新确定项目基线，如图 8.3 所示。

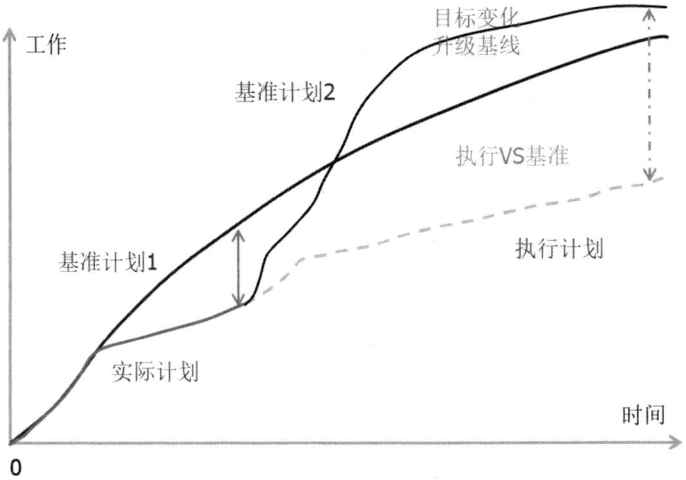

图8.3 方好Project项目管控模型

如图 8.3 模型所示，通过升级项目基线重新对项目执行过程进行监控，保证项目按照新的基线运行。项目基线升级策略与最佳实践，请查阅第 7.1.4 小节。

本章主要介绍如何利用 Project 客户端达到实时监控项目的目标，利用 Project Server 与 Project Online 实施项目监控管理将在后续章节描述。本章将从以下几个方面进行描述：

◎ 对项目进度计划的监控；

◎ 对项目资源计划的监控；

◎ 对项目成本计划的监控；

◎ 对项目变更的管控。

8.1 项目进度计划监控

项目进度计划监控是项目监控过程中最为基础的内容，项目进度计划包含很多的监控内容，通常监控进度从以下几个维度展开。

工期（Duration）：工期是指任务执行的跨度，开始时间与完成时间之间的工作日跨度，如计划 3 个工作日完成的工作，现在需要 5 个工作日完成，则工期出现 2 个工作日偏差，工期偏差不代表任务一定会延迟完成。

开始时间（StartDate）：开始时间是指任务开始投入工作的时间点，开始时间点延迟不一定代表任务一定会延迟完成。

完成时间（FinishDate）：完成时间是指任务完成的时间点，完成时间点延迟代表任务一定发生延迟，但工期不一定有偏差。

完成百分比（Complete）：完成百分比是指任务实际工期占任务总工期的比例，完成百分比不等于工时完成百分比，工时完成百分比是指实际工时占任务总工时的比例。

挣得值管理（进度）：项目进度绩效管理指数 SPI，>1 进度提前，<1 进度落后，=1 与计划一致。

8.1.1 进度数据监控

利用进度数据对项目进行监控是最直接的方式，这有点类似常用 Excel 将基线数据与执行和实际数据展示出来是一致的思路。本节以“完成时间”作为进度数据监控的例子介绍。

打开“固定资产管理信息系统项目 .mpp”文件，进入项目跟踪甘特图视图，在视图中通过鼠标右键分别插入任务属性列“基线完成时间”“实际完成时间”与“完成百分比”，如图 8.4 所示。

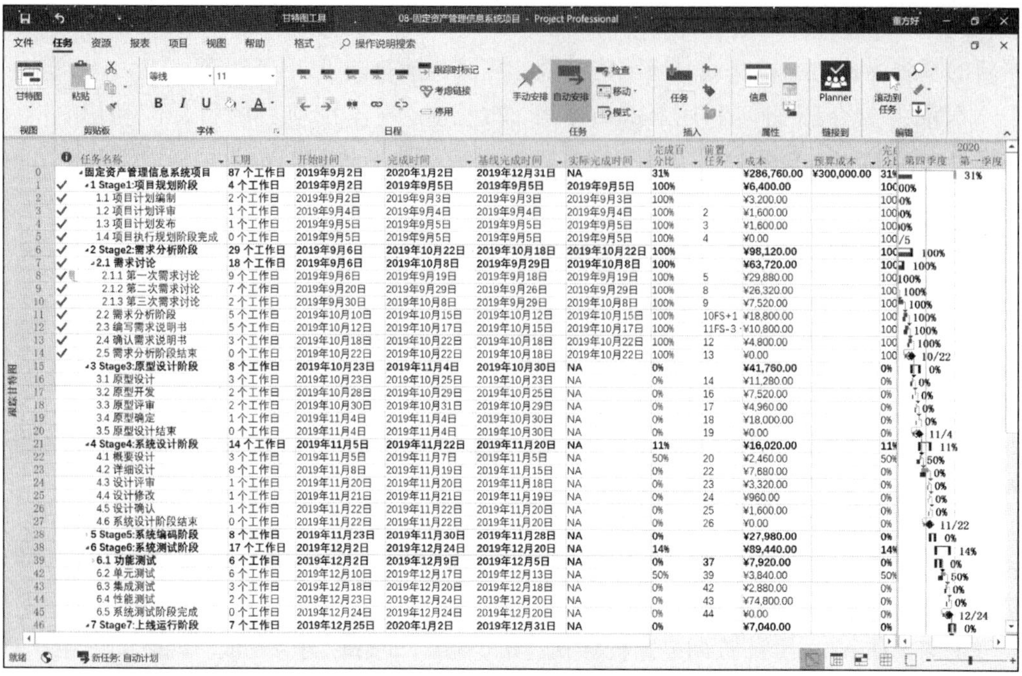

图8.4 跟踪甘特图视图调整

通过图 8.4 中三列完成时间数据，可以对项目任务执行的完成时间点状态进行检查，“基线完成时间”是相对不变的，除非项目基线发生变化。“实际完成时间”只有在任务完成后才有数据，“N/A”表示当前该任务还没有完成。例如，任务“需求分析阶段结束”里程碑的“基线完成时间”是“2019 年 10 月 18 日”而实际完成时间是“2019 年 10 月 22 日”（当然“完成时间”也是“2019 年 10 月 18 日”），通过对比“完成时间”与“基线完成时间”可以看到该任务完成时间点延后了“4 个自然日”。

利用同样的方法，可以监查“开始时间”“工期”的进度数据偏差，这样的偏差监查方式由 Project 工具提供基础数据，项目经理需要对数据进行人为的处理分析才行，这就导致管理的效率不高。使用过 Excel 的读者都知道 Excel 是可以通过计算的方式对比两列数据的偏差的，在 Project 工具中也可以实现类似的偏差计算方式，如 8.1.2 小节所述。

8.1.2 进度偏差监控

通过进度偏差数据进行监控，可以提高项目经理的管理效率，首先采用 Excel 表的偏差计算方式实现进度偏差监控。

打开“固定资产管理信息系统项目 .mpp”文件，进入项目跟踪甘特图视图，在视图中通过鼠标右键分别插入任务属性列“基线完成时间”“实际完成时间”与“完成百分比”，如图 8.4 所示。在 Excel 表中，可以对两列值进行减法运算，在 Project 工具中也可以，在“实际完成时间”后面插入一列“文本 1”，如图 8.5 所示。

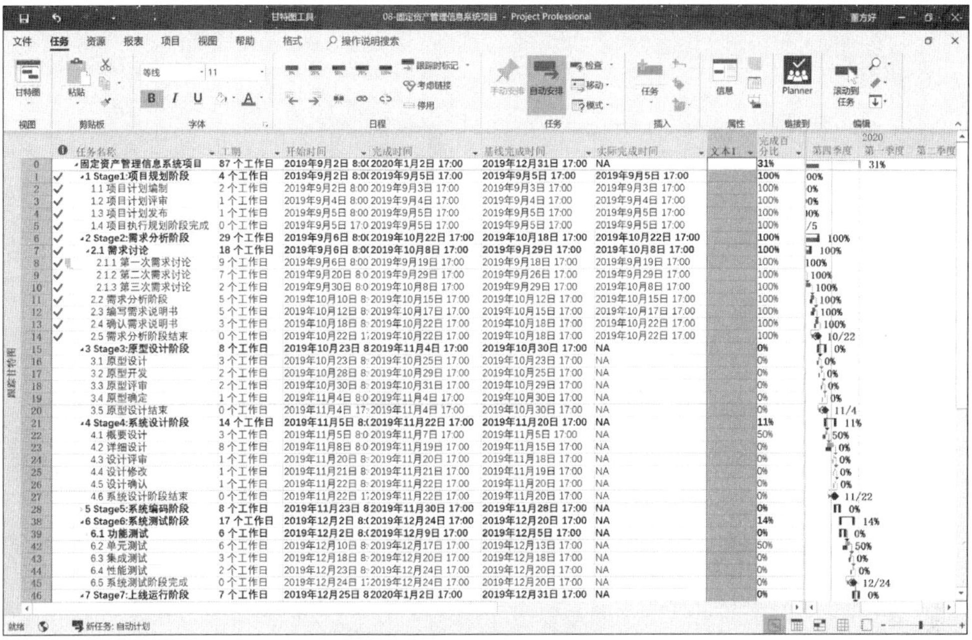

图8.5 跟踪甘特图视图调整

利用“文本 1”列模拟 Excel 使用方法，实现对“完成时间”与“基线完成时间”的偏差计算。鼠标右键单击“文本 1”标题，在弹出的菜单中选择“自定义字段”，自定义字段是对新增加的任务属性列“文本 1”进行定制化的描述，如图 8.6 所示。

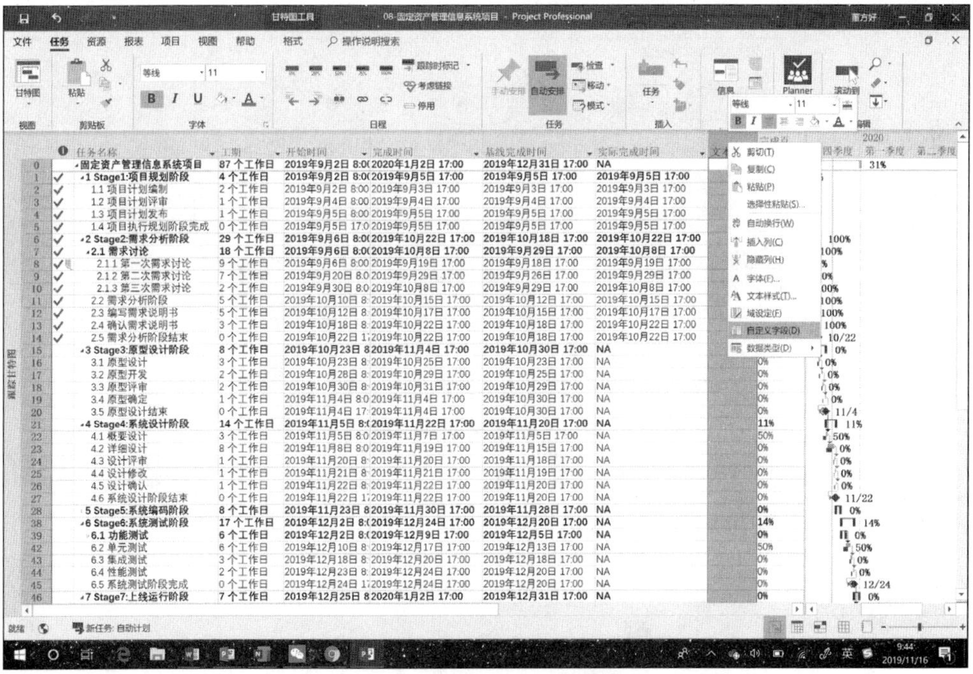

图8.6 选择“自定义字段”

打开“自定义域”对话框中进行偏差运算，如图 8.7 所示。

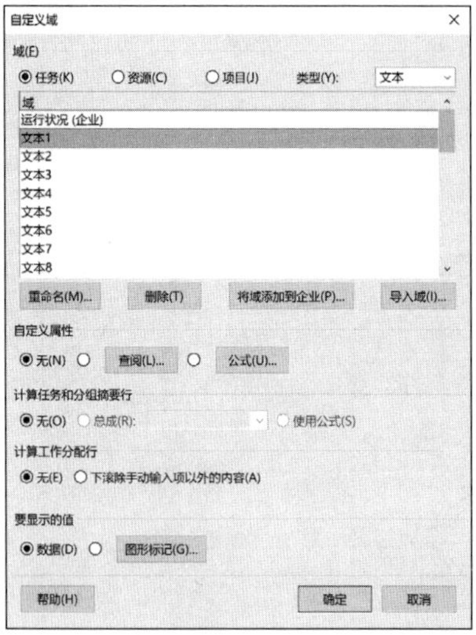

图8.7 自定义域

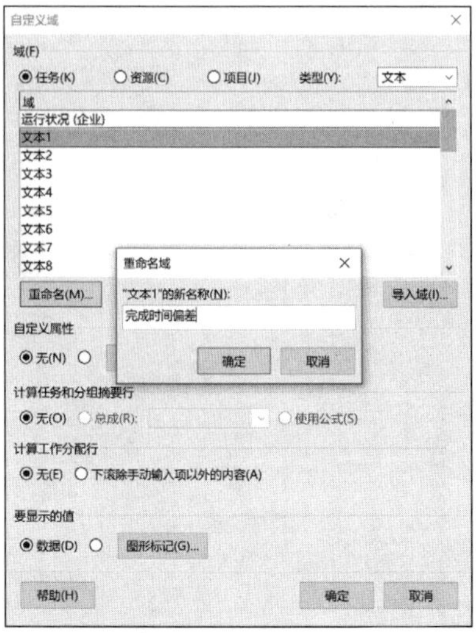

图8.8 重命名“自定义字段”

“自定义域”对话框实现对任务属性定义，不但可以对任务属性定义，还可以对“资源”“项目”属性进行自定义。单击【重命名 (M)…】按钮，在打开的“重命名域”对话框中将该任务属性重新定义为“完成时间偏差”，如图 8.8 所示，单击【确定】按钮完成重命名。在“自定义域”对话框，单击【公式 (U)…】按钮弹出如图 8.9 所示公式编辑对话框。

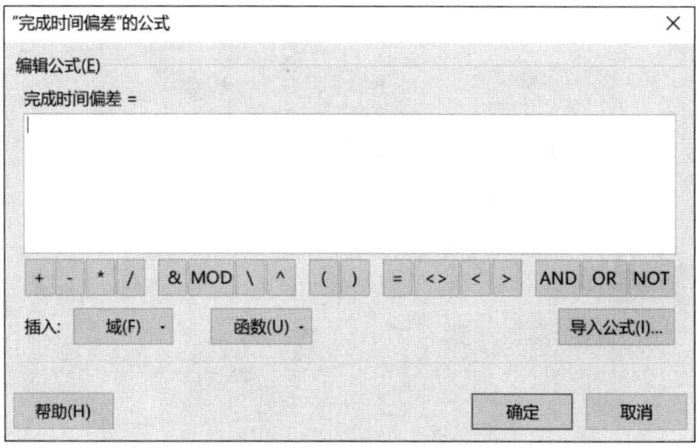

图8.9 自定义公式编辑

该对话框可以类似 Excel 表格公式编辑，可以手动输入也可以选择输入，单击【插入：域 (F)】可以在弹出属性选择对话框中选择，如图 8.10 所示。

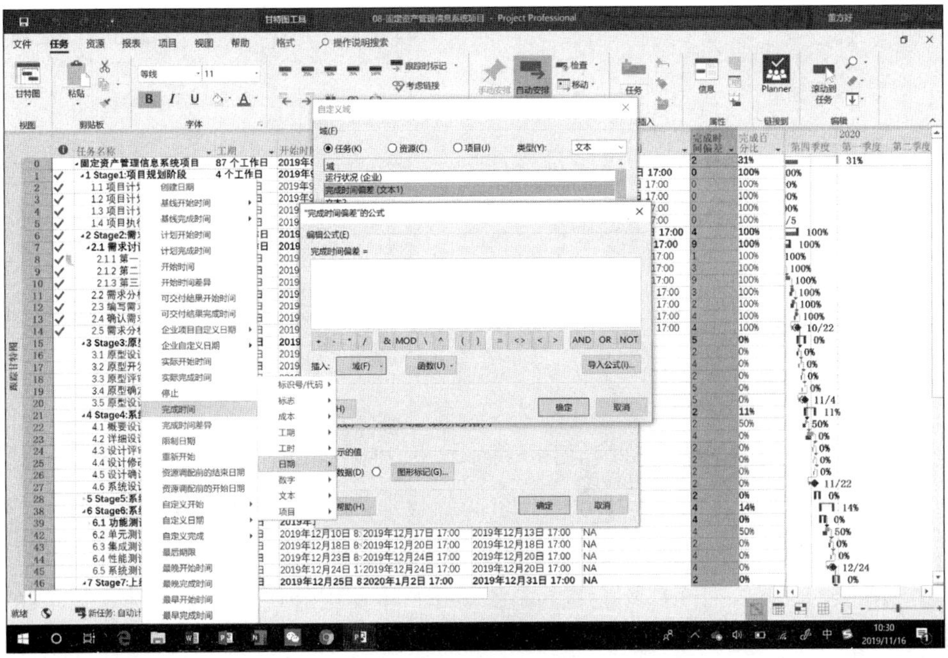

图8.10　选择任务属性

图 8.10 所示选择任务的“完成时间”，并输入“–”，如图 8.11 所示。

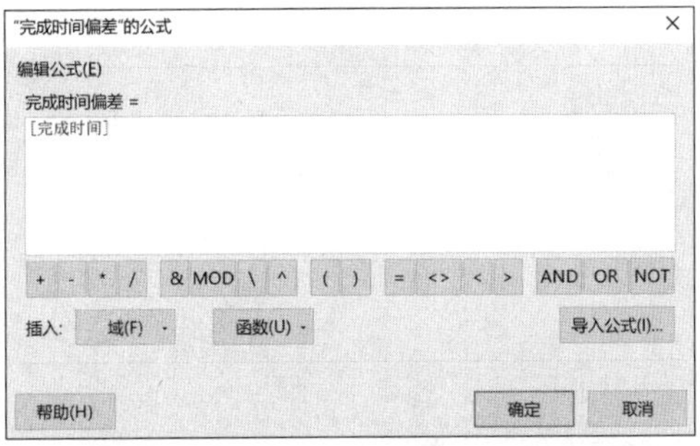

图8.11　选择任务“完成时间”属性

利用同样的方法，插入“基线完成时间”属性列，完成后如图 8.12 所示。

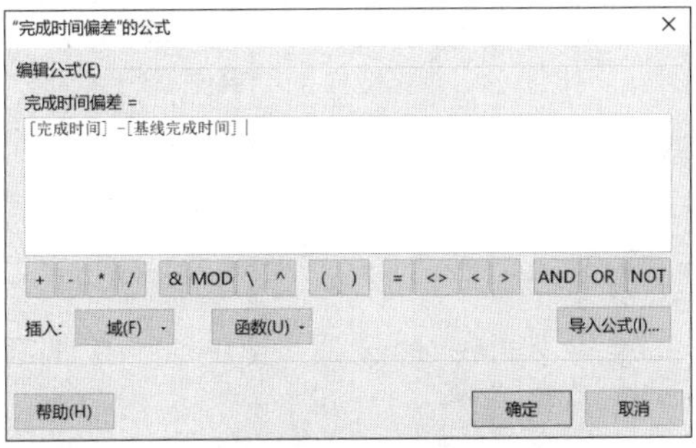

图8.12　选择任务“完成时间”属性

单击【确定】按钮，完成该自定义域属性公式设定，返回自定义域对话框，如图 8.13 所示。

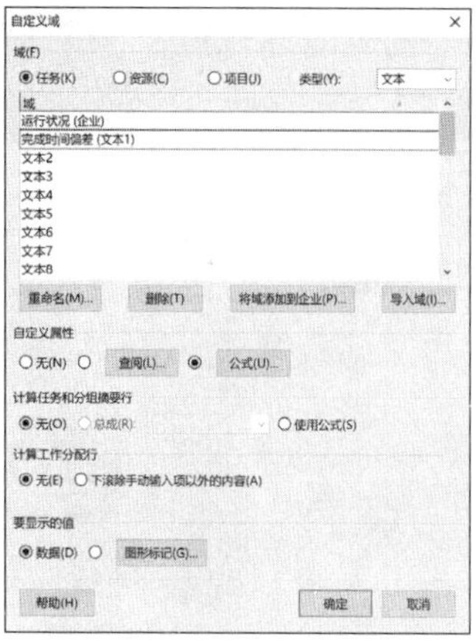

图8.13 设置“计算任务和分组摘要行”

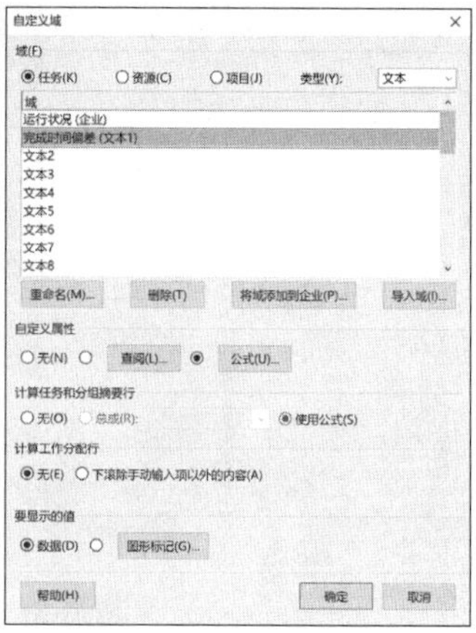

图8.14 选择“使用公式”

在图 8.13 中，设置“计算任务和分组摘要行”，选中“使用公式 (S)”单选按钮，该选项的作用是让设置的公式能够对摘要任务（父任务）也启用公式，如果该选项不选择，则摘要任务（父任务）不会进行计算。选中【使用公式 (S)】单选按钮后单击【确定】按钮完成对“完成时间偏差”定义，如图 8.14 所示。在返回的跟踪甘特图视图可以查看“完成时间偏差”计算值，如图 8.15 所示。

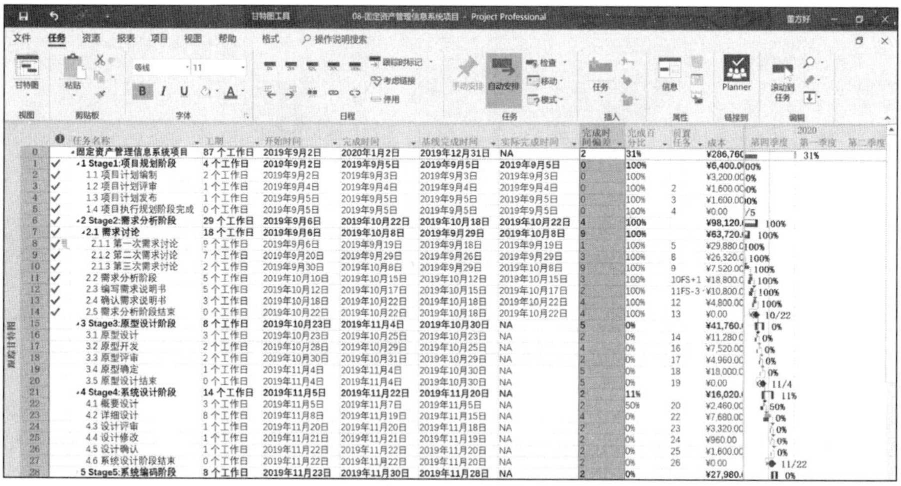

图8.15 “完成时间”偏差属性

在图 8.15 中可以查看到“完成时间”与“基线完成时间”的对比偏差，该偏差可以由 Project 工具实时计算产生，不需要项目经理人工计算。通过此公式计算出来的偏差包含了“非工作日”的时间，如任务“需求分析阶段结束”的“完成时间”是“2019 年 10 月 18 日”，该任务的“基线完成时间”是“2019 年 10 月 22 日”，其完成偏差是“4 个自然日”，但因为“2019 年 10 月 19 日”与“2019 年 10 月 20 日”是非工作日，该任务实际的完成偏差是“2 个工作日”。在 Project 工具中，如果要将非工作日的差异去除，需要修改自定义域公式为 ProjDateDiff([基线完成时间],[完成时间])/480，如图 8.16 所示。

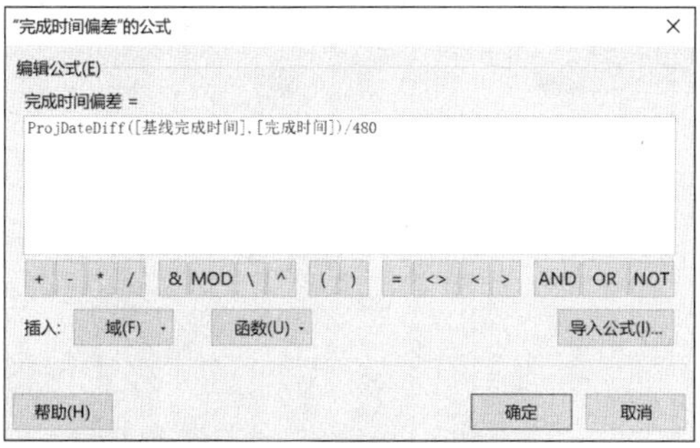

图8.16 去掉非工作日公式

公式调整后，单击【确定】按钮返回跟踪甘特图，可以查看到去除了非工作日计算的完成时间偏差，如图 8.17 所示。

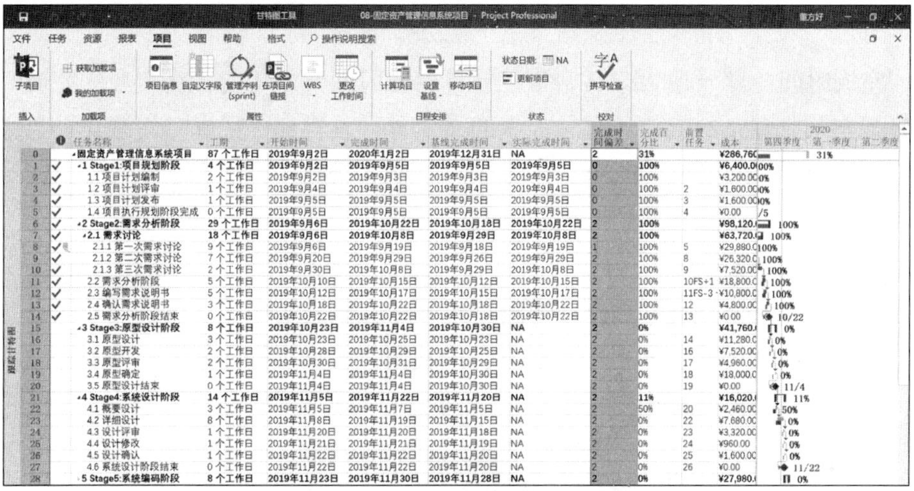

图8.17 去掉非工作日的完成时间偏差

在图 8.17 中，可以看到任务“需求分析阶段结束”的“完成时间偏差”为“2”而不是“4”，其中的两天非工作日已经通过公式进行了去除。

> 注意：“偏差”指的是当前执行计划与基线计划的偏差，而不是实际计划与基线计划的偏差，原因有两个：一是实际计划是沿着执行计划执行的，也就是说一旦任务完成了，实际计划的值等于执行计划的值，因此用执行计划就可以代表已经完成的任务的实际计划；二是项目监控是监控未来的执行情况，站在今天看未来还没有实际值，但是有执行值。

如果对于操作公式有技术难度，可以直接引用 Project 自带的偏差进行监控，作为专业的项目管理工具，Project 自带了偏差计算功能，在图 8.4 中，在实际完成日期的后面插入一列“完成时间差异”，如图 8.18 所示。

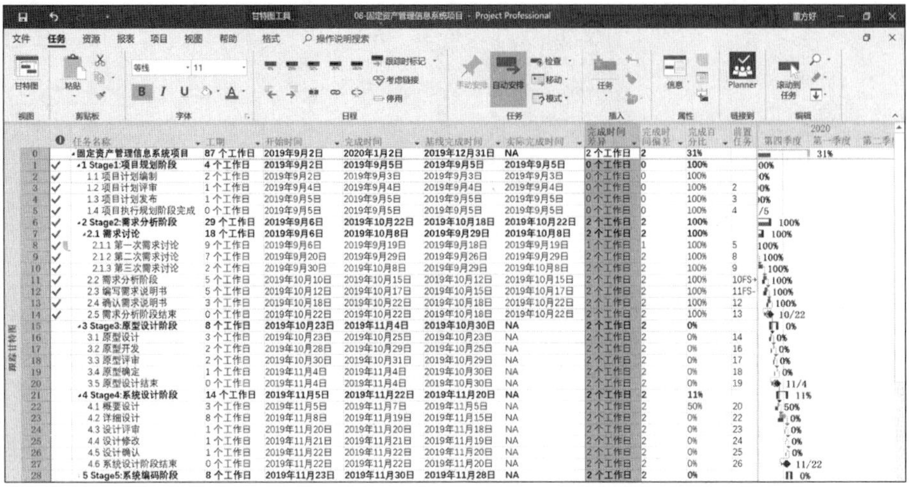

图8.18 插入“完成时间差异”列

“完成时间差异”是 Project 自带的计算完成时间偏差功能，其实现的完成时间监控逻辑与本节自定义的偏差计算是一致的，读者可以看到“完成时间差异”与“完成时间偏差”的计算值完全一致。

利用同样的原理，读者可以进行“开始时间”“工期”的进度偏差管控设置。

8.1.3 跟踪甘特图监控

以上的监控手段是通过数据或者经过运算后的数据实现的，数据偏差很直接但不直观，在 Project 工具中，提供了跟踪甘特图视图，通过执行计划横道图与基线计划横道图的对比，可以直观展现项目进度的执行状态。

选择【视图】→【跟踪甘特图】视图，如图 8.19 所示。

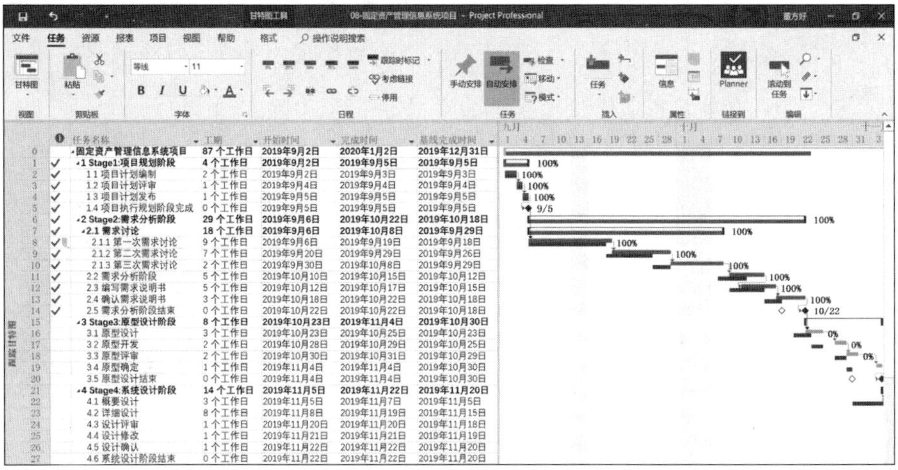

图8.19 跟踪甘特图

在甘特图中，左侧每个任务在右侧的区域对应一条横道图，横道图的长度表示“工期”的长短，横道图的起始位置表示任务的“开始时间”，结束位置代表任务的“完成时间”。

图 8.19 所示的“跟踪甘特图”左侧的每个任务在右侧区域对应上下两条横道图，下面的横道图的长度代表任务的“基线工期”大小，起始位置表示任务的“基线开始时间”，结束位置表示任务的“基线完成时间”。上面的横道图的长度表示任务的“工期”长短，起始位置表示任务的“开始时间”，结束位置表示任务的“完成时间”。

从两条横道图的差别中可以得到任务最新计划任务与“基线”计划的偏差情况。当任务的“工期”与“基线工期”相同，而且“开始时间”与“基线开始时间”相同，“完成时间”与“基线完成时间”相同时，两条横道图重合，如果上述值有不相等的情况，两条横道图就会出现错位的情况。

例如，图 8.19 中的“第一次需求讨论”任务对应的两条横道图的“开始时间”是相同的，但是“完成时间”不同，说明该任务当前的“工期”大于“基线工期”，“完成时间”晚于“基线完成时间”；还可以发现由于“第一次需求讨论”任务的延期，后续任务均发生了延期。

跟踪甘特图能够以交错的横道图的形式直观地反映项目当前执行计划与最初基线计划的对比情况，对于项目计划监控有很大的帮助。

> 注意：如果没有“基线”计划，在跟踪甘特图中，当前执行计划的执行状态就没有对比目标，执行状态自然就无法查看到，所以说“基线”技术是项目管理执行监控过程中的一项核心技术，项目经理必须掌握并利用好。

8.1.4 多基线甘特图

上一小节介绍的跟踪甘特图体现的是当前计划与当前最新计划（基线 0）的对比情况，但是在实际的项目管理过程中，经常发生项目计划多次变更的情况，项目经理需要同时对比查看多个基线版本与当前计划的执行对比情况。Project 允许保存多个基线，具体内容请查阅 7.1.4 小节。

Project 工具默认的跟踪甘特图提供的是当前执行计划与“基线 0”的比较信息，无法从该视图中得到当前执行计划与其他“基线”的对比。为了解决这个问题，Project 提供了多基线甘特图来对比多个基线的信息，选择【视图】→【任务视图】→【其他视图】，打开如图 8.20 所示对话框。

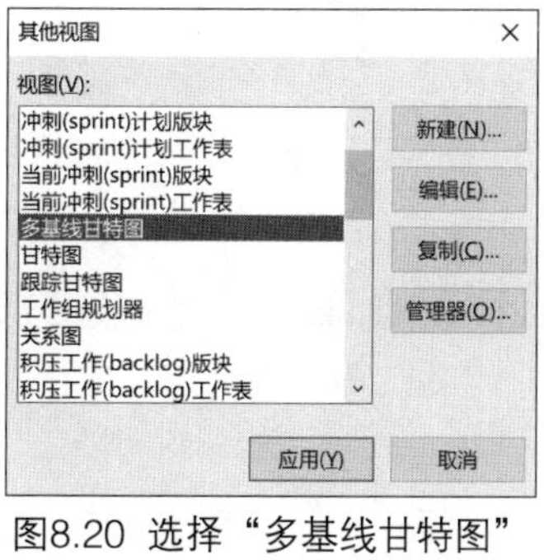

图8.20　选择“多基线甘特图”

在图 8.20 所示的“其他视图”对话框中，选中“多基线甘特图”，单击【应用】按钮，出现多基线甘特图视图，如图 8.21 所示。

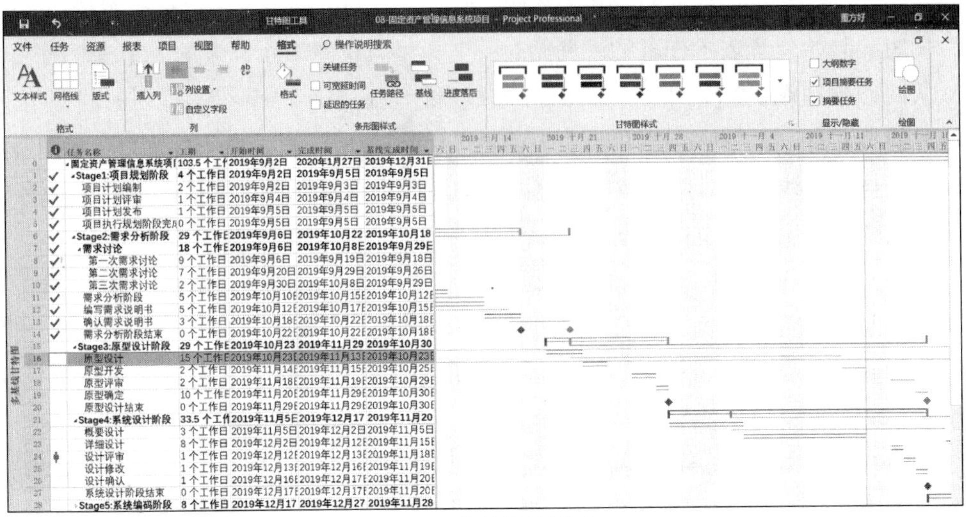

图8.21 多基线甘特图

在图 8.21 中，每个任务对应了三个横道图，分别代表该任务的三套基线数据。通过多基线甘特图，可以实现在一个视图中对比历次项目计划的修改情况的目的。

> 注意：要看到多基线甘特图的前提是已经保存了多个基线。

8.1.5 进度状态标记监控

以上几种方式都是与“基线”计划相关的监控方式，没有与“当前时间”进行对比，如任务执行需要 5 天，任务已经进行了 2 天，完成百分比只有 10%，按照通常的理解，这时的完成百分比应该是 40%（模糊平均计算），则进度延迟了 30%，这种计算方式采用了“当前时间”的概念，在 Project 工具中有若干种跟“当前时间”相关的进度监控方式，首先来看第一种“状态标记”方式，“状态标记”的计算方法如下。

（1）如果任务已 100 % 完成，Project 会将“状态”域设置为“完成”。

（2）如果任务的开始日期晚于状态日期，则“状态”域包含“将来任务”。

（3）如果时间分段的累计完成百分比至少分布到状态日期的前一天，则“状态”域包含“按时”。

（4）如果时间分段的累计完成百分比未达到状态日期前一天的午夜，则“状态”域包含“延迟”。

在图 8.4 中，在“任务名称”前面插入一列任务属性“状态标记”，如图 8.22 所示。

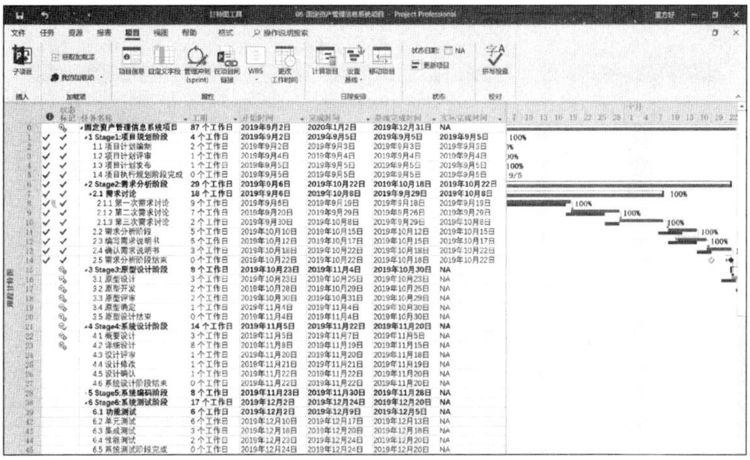

图8.22 利用“状态标记”监查任务进度

在图 8.22 中可以看到，前面两个阶段的任务是完成的，“状态标记”为✓，有几个任务是延迟的，“状态标记”为。有一个阶段任务是进度正常的，“状态标记”为 。

Project 判断任务“延迟”的标准如下：在状态日期（状态日期指的是检查项目进度的日期）“2019 年 11 月 17 日”的情况下，“详细设计”任务完成百分比应该等于“75%”。如果将该任务的完成百分比调整为“75%”，该任务的状态变化为“正常”，如图 8.23 所示。

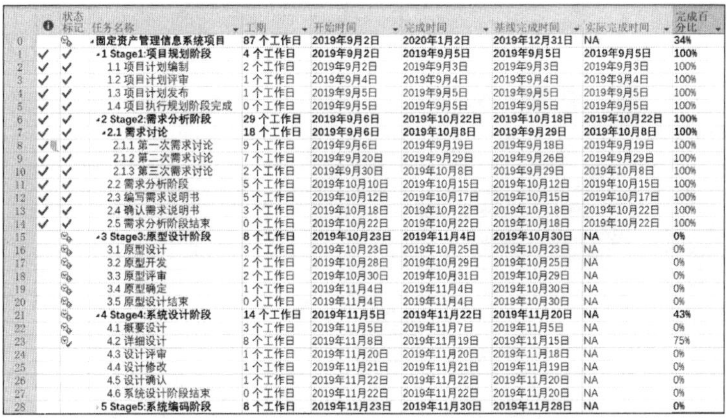

		状态标记	任务名称	工期	开始时间	完成时间	基线完成时间	实际完成时间	完成百分比
0			固定资产管理信息系统项目	87 个工作日	2019年9月2日	2020年1月2日	2019年12月31日	NA	34%
1	✓	✓	1 Stage1:项目规划阶段	4 个工作日	2019年9月2日	2019年9月5日	2019年9月5日	2019年9月5日	100%
2	✓	✓	1.1 项目计划编制	2 个工作日	2019年9月2日	2019年9月3日	2019年9月3日	2019年9月3日	100%
3	✓	✓	1.2 项目计划评审	1 个工作日	2019年9月4日	2019年9月4日	2019年9月4日	2019年9月4日	100%
4	✓	✓	1.3 项目计划发布	1 个工作日	2019年9月5日	2019年9月5日	2019年9月5日	2019年9月5日	100%
5	✓	✓	1.4 项目执行规划阶段完成	0 个工作日	2019年9月5日	2019年9月5日	2019年9月5日	2019年9月5日	100%
6	✓	✓	2 Stage2:需求分析阶段	29 个工作日	2019年9月6日	2019年10月22日	2019年10月18日	2019年10月22日	100%
7	✓	✓	2.1 需求讨论	18 个工作日	2019年9月6日	2019年10月8日	2019年9月29日	2019年10月8日	100%
8	✓	✓	2.1.1 第一次需求讨论	9 个工作日	2019年9月6日	2019年9月19日	2019年9月18日	2019年9月19日	100%
9	✓	✓	2.1.2 第二次需求讨论	7 个工作日	2019年9月20日	2019年9月29日	2019年9月26日	2019年9月29日	100%
10	✓	✓	2.1.3 第三次需求讨论	2 个工作日	2019年9月30日	2019年10月8日	2019年9月29日	2019年10月8日	100%
11	✓	✓	2.2 需求分析阶段	5 个工作日	2019年10月10日	2019年10月15日	2019年10月12日	2019年10月15日	100%
12	✓	✓	2.3 编写需求说明书	5 个工作日	2019年10月12日	2019年10月17日	2019年10月15日	2019年10月17日	100%
13	✓	✓	2.4 确认需求说明书	3 个工作日	2019年10月18日	2019年10月22日	2019年10月18日	2019年10月22日	100%
14	✓	✓	2.5 需求分析阶段结束	0 个工作日	2019年10月22日	2019年10月22日	2019年10月18日	2019年10月22日	100%
15			3 Stage3:原型设计阶段	8 个工作日	2019年10月23日	2019年11月4日	2019年10月30日	NA	0%
16			3.1 原型设计	3 个工作日	2019年10月23日	2019年10月25日	2019年10月23日	NA	0%
17			3.2 原型开发	2 个工作日	2019年10月28日	2019年10月29日	2019年10月25日	NA	0%
18			3.3 原型评审	2 个工作日	2019年10月30日	2019年10月31日	2019年10月29日	NA	0%
19			3.4 原型确定	1 个工作日	2019年11月4日	2019年11月4日	2019年10月30日	NA	0%
20			3.5 原型设计结束	0 个工作日	2019年11月4日	2019年11月4日	2019年10月30日	NA	0%
21			4 Stage4:系统设计阶段	14 个工作日	2019年11月5日	2019年11月22日	2019年11月20日	NA	43%
22			4.1 概要设计	3 个工作日	2019年11月5日	2019年11月7日	2019年11月5日	NA	0%
23			4.2 详细设计	8 个工作日	2019年11月8日	2019年11月19日	2019年11月15日	NA	75%
24			4.3 设计评审	1 个工作日	2019年11月20日	2019年11月20日	2019年11月18日	NA	0%
25			4.4 设计修改	1 个工作日	2019年11月21日	2019年11月21日	2019年11月19日	NA	0%
26			4.5 设计确认	1 个工作日	2019年11月22日	2019年11月22日	2019年11月20日	NA	0%
27			4.6 系统设计阶段结束	0 个工作日	2019年11月22日	2019年11月22日	2019年11月20日	NA	0%
28			5 Stage5:系统编码阶段	8 个工作日	2019年11月23日	2019年11月30日	2019年11月28日	NA	0%

图8.23 调整“完成百分比”后的再次检查进度

图 8.23 所示结果的原因分析：“详细设计”的工期为“8 个工作日”，时间区间为“2019 年 11 月 8 日至 2019 年 11 月 19 日”，当状态日期为“2019 年 11 月 17 日”时，该任务应该工作 6 个工作日，应该完成的百分比是 6/8 × 100% =75%，如果“完成百分比”小于 75%，进度检查的结果应该是“延迟”；如果“完成百分比”在 75% 与 100%之间，进度检查结果应该是“按时”；如果“完成百分比”是 100%，进度检查的结果是“完成”。

了解到进度“状态”检查原理后，可以按照上述的方法，利用调整“状态日期”不定期地监控项目的进度情况。项目“状态日期”通过项目信息进行调整，单击【项目】→【属性】→【项目信息】按钮打开项目信息对话框，如图 8.24 所示。

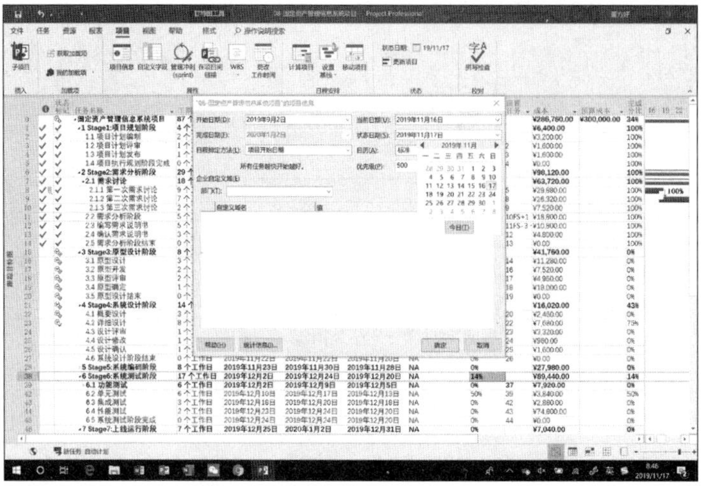

图8.24 调整项目“状态日期”

“状态日期”是项目经理模拟监控项目状态的日期，是可以调整的，如需根据每天的日期自动调整，则选择“今日 (T)”，状态日期会自动根据计算机的日期调整。

8.1.6 进度线监控

上一小节介绍的是在“状态标记”域监控项目进度的方法，本小节介绍在甘特图右侧的条形图区域内检查项目进度的方法，即进度线法，也称为“前锋线”。

打开“固定资产管理信息系统项目 .mpp”文件，进入项目跟踪甘特图视图，在条形图区域内单击鼠标右键，在弹出的选项中选中“进度线”，如图 8.25 所示。

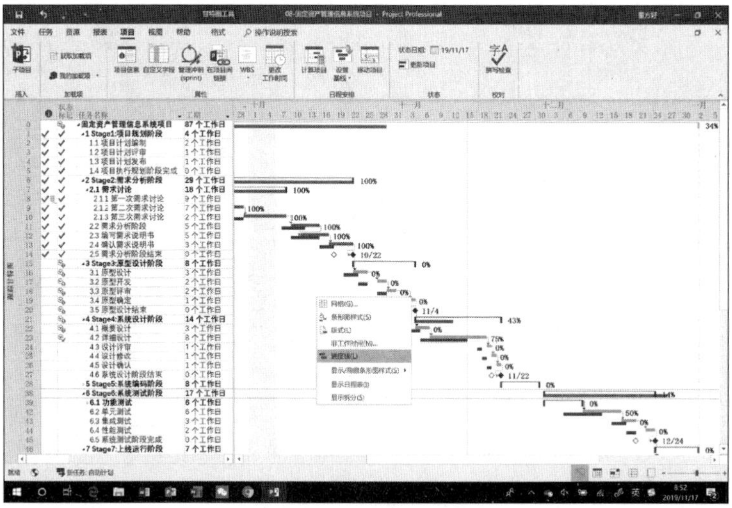

图8.25 进度线

在图 8.25 中选择“进度线”后，打开如图 8.26 所示对话框，勾选“显示（Y）：”前的复选框并选中“在项目状态日期”前的单选按钮，然后单击【确定】按钮。

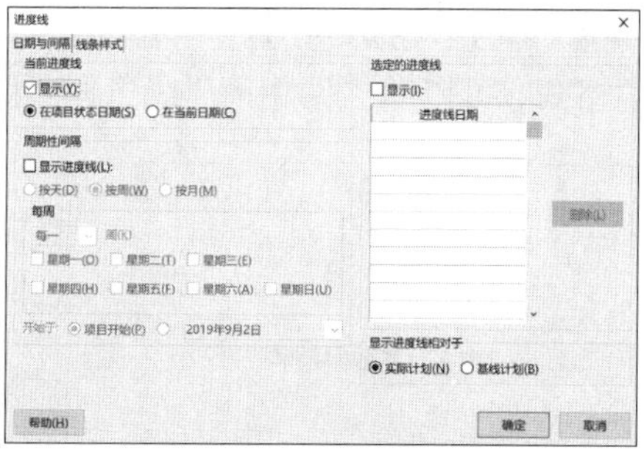

图8.26 进度线设置对话框

在图 8.26 中单击【确定】后，条形图区域出现一条红色的折线，“进度线”的检查日期为“2019 年 11 月 17 日”，任务“详细设计”在该日期的进度线是竖直线，说明在“2019 年 11 月 17 日”的状态监查日期，该任务满足应该完成百分比，即该任务的实际进度满足进度计划要求。

如果任务按时完成，进度线是一条竖直线，如果进度延迟，则竖直线发生左偏移。

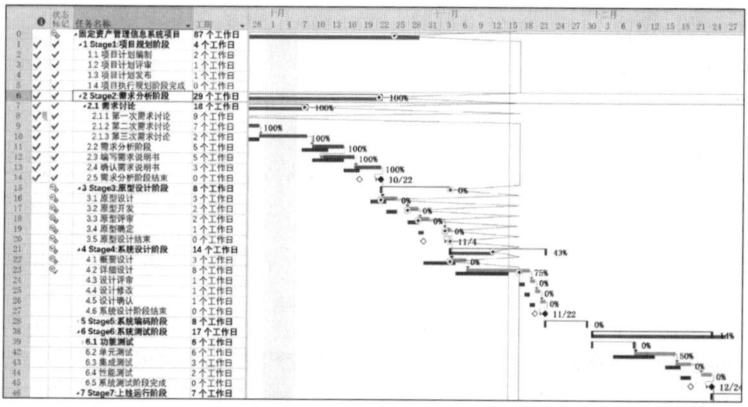

图8.27 项目任务的进度线

在实际的应用中，可以在横道图区域中加入多条进度线，用来体现在不同的检查日期下，进度完成的情况对比。利用进度线可以直观地通过线条扭曲的方向来判断在某个日期时进度提前的任务、进度按时的任务、进度延迟的任务的情况。如果想改变进度线的格式或者删除进度线，可以双击进度线的线条，双击后打开如图 8.28 所示对话框。

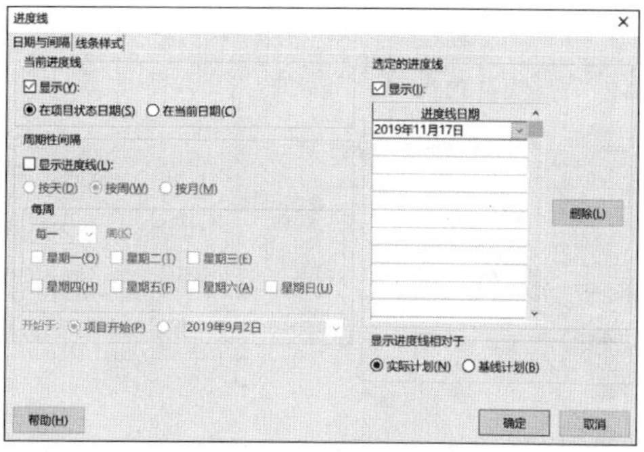

图8.28 进度线参数1

在图 8.28 中，可以定义进度线的显示周期、删除进度线、选择进度线对应的计划数据。如果要设置进度线的格式，可以单击图中的“线条样式”选项卡，如图 8.29 所示。

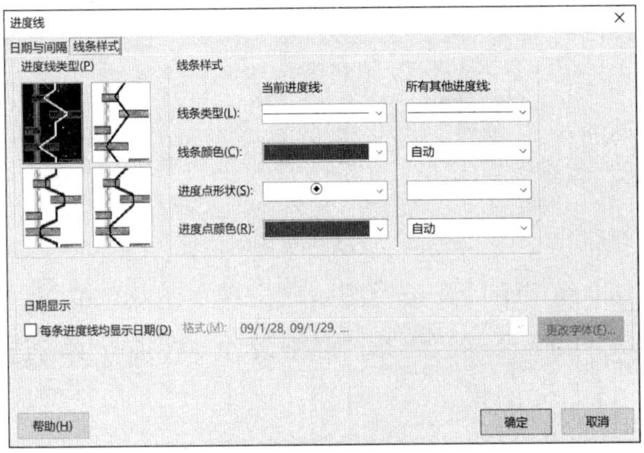

图8.29 进度线参数2

8.1.7 进度状态灯监控

在项目监控过程中，项目经理和其他管理者也会利用“红绿灯”更加直观高效地查看项目进度执行状态，将进度偏差值通过转化为“红绿灯”来展示，从而为项目管理者带来更大的管理方便。

“红绿灯”作为 Project 工具的潜在功能，需要读者进行一些操作设置才可以使用，以“完成时间差异”为例讲述“红绿灯”的制作。打开“固定资产管理信息系统项目 .mpp”文件，进入项目跟踪甘特图视图，在视图的“任务名称”前面通过单击鼠标右键方式插入任务属性列“文本 2”，如图 8.30 所示。

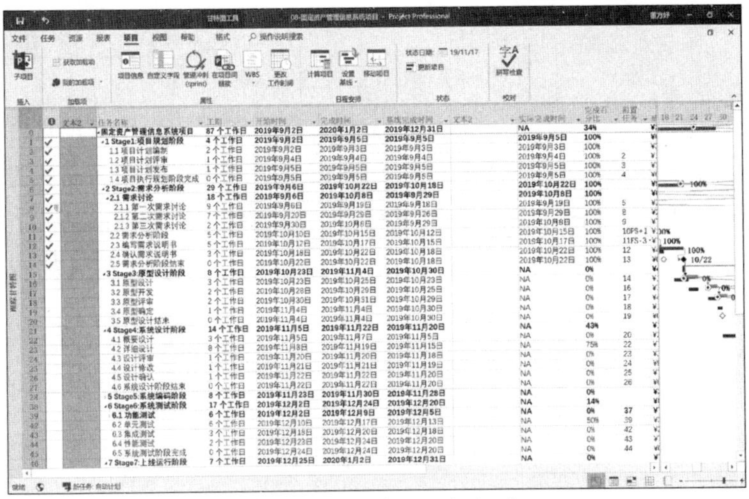

图8.30 插入自定义“文本2”

利用可自定义的“文本 2”任务属性列实现对“完成时间”与“基线完成时间”的偏差的状态灯制作。鼠标右键单击“文本 2”标题，选择“自定义字段”，如图 8.31 所示。

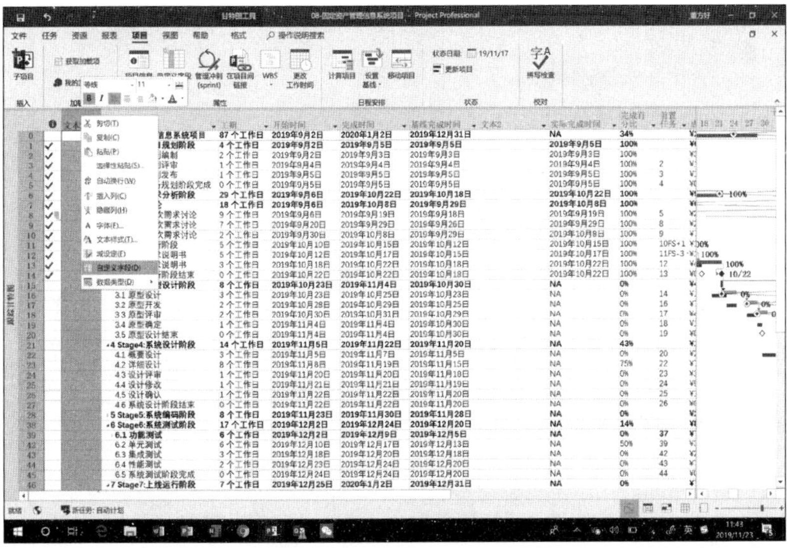

图8.31 选择“自定义字段”

自定义字段是对新增加的任务属性列“文本 2”进行定制化的描述，在弹出的“自定义域”对话框中进行设置，如图 8.32 所示。

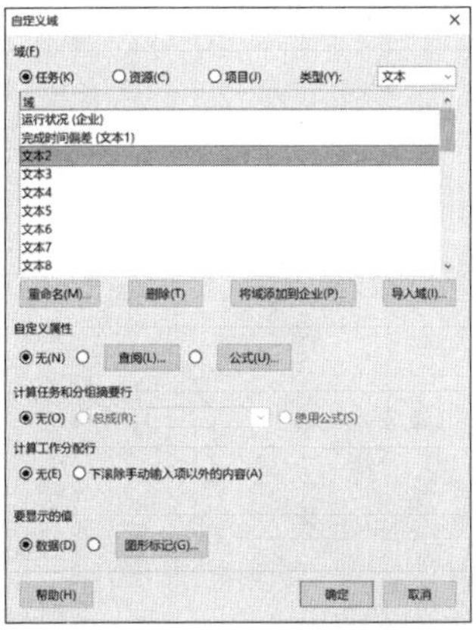

图8.32 选择“自定义字段”

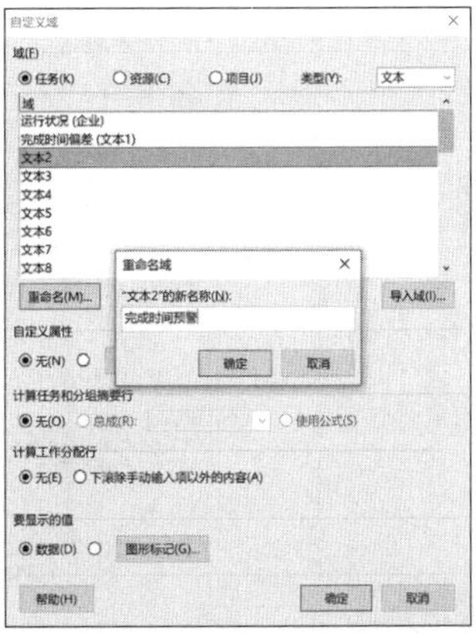

图8.33 重命名“自定义字段”

单击【重命名 (M)…】按钮，将该任务属性重新定义为“完成时间预警”，如图 8.33 所示，单击【确定】按钮完成重命名。在“自定义域”对话框，单击【公式 (U)…】按钮弹出公式编辑对话框，填写公式：[完成时间差异]/ 480，如图 8.34 所示。

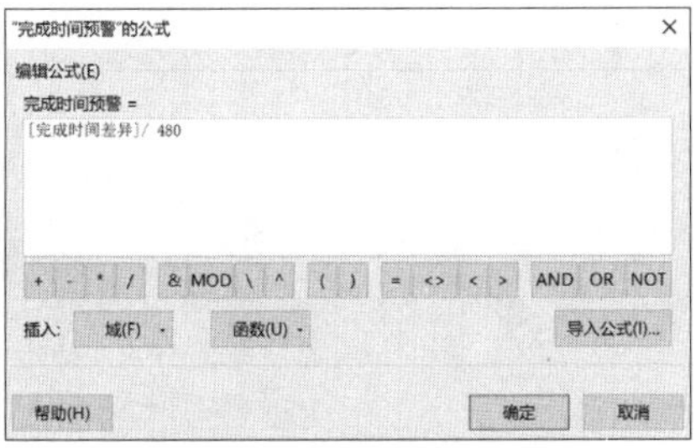

图8.34 自定义公式编辑

单击【确定】按钮，完成自定义域属性公式设定，返回“自定义域”对话框，如图 8.35 所示。

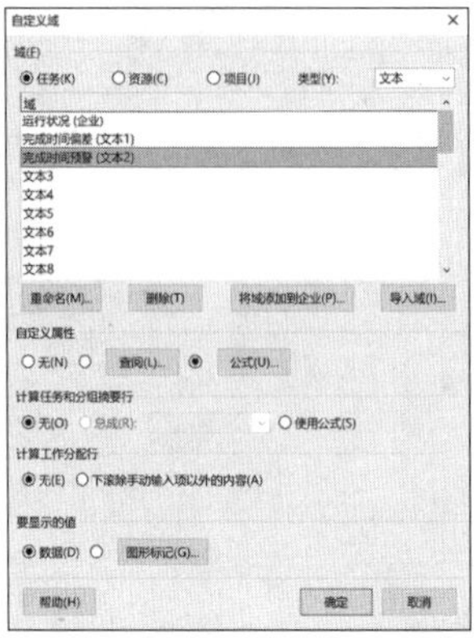

图8.35 设置“计算任务和分组摘要行”

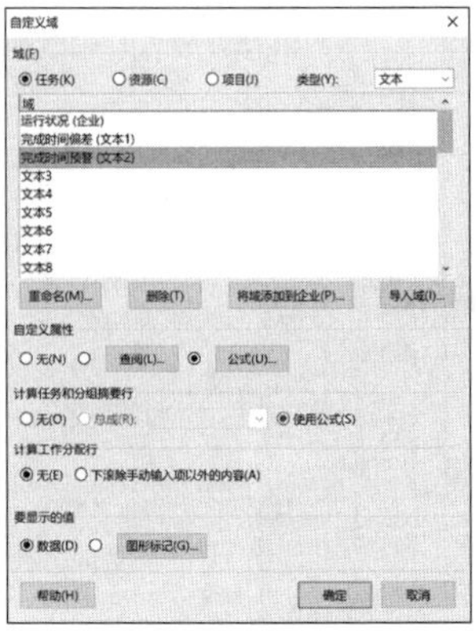

图8.36 选择“使用公式”

在图 8.35 中，设置“计算任务和分组摘要行”，选中“使用公式 (S)”单选按钮，Project 不但要显示任务（子任务）的状态，还需要通过计算显示摘要任务（父任务）的状态。如图 8.36 所示，选择“使用公式 (S)”后，单击【图形标记 (G)…】按钮，在打开的对话框中对公式计算的偏差值设置阈值，如图 8.37 所示。

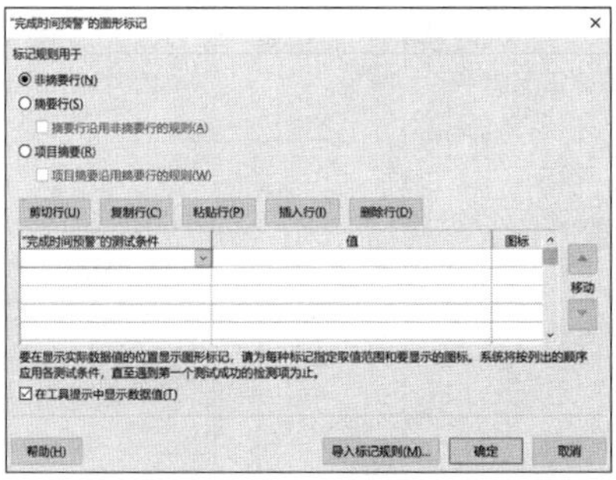

图8.37 设置阈值1

在图 8.37 中可以查看到该自定义红绿灯的阈值条件，根据一般的项目管理阈值设置，超过“5 个工作日”为红灯，不超过“2 个工作日”为绿灯，在“2 个工作日”到“5 个工作日”之间为“黄灯”的逻辑进行设置，如图 8.38 所示。

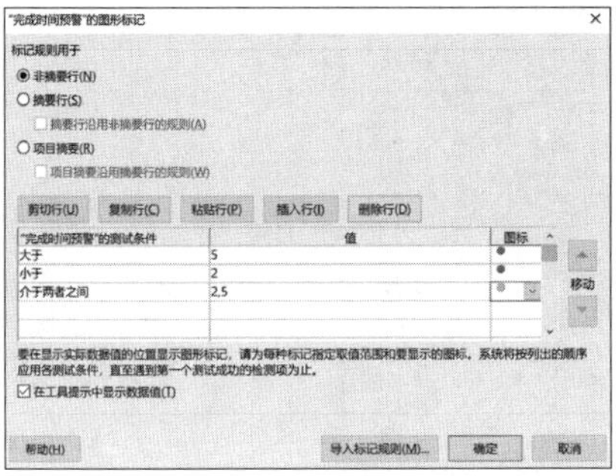

图8.38 设置阈值2

设置完成后，单击【确定】按钮返回，再单击“自定义域”对话框【确定】按钮完成该红绿状态灯的设置。

> 注意：图 8.38 中左上方的“标记规则用于”设置需要将“摘要行 (S)”以及“项目摘要 (R)”均设置一遍，设置的方式是先后选择各自的单选按钮，再把各自后面的复选框选中。否则在应用时会出现摘要行与项目摘要行没有图标的情况。

此时进入项目跟踪甘特图视图时，能看到该进度偏差可以用红绿状态灯进行显示，如图 8.39 所示。

图8.39　进度状态灯

可以看到利用状态灯可以更加直观地查看项目执行状态，右键单击“完成时间预警”，选择“域设定 (F)”，在打开的“字段设置”对话框中对文本格式进行设定，如图 8.40 所示。

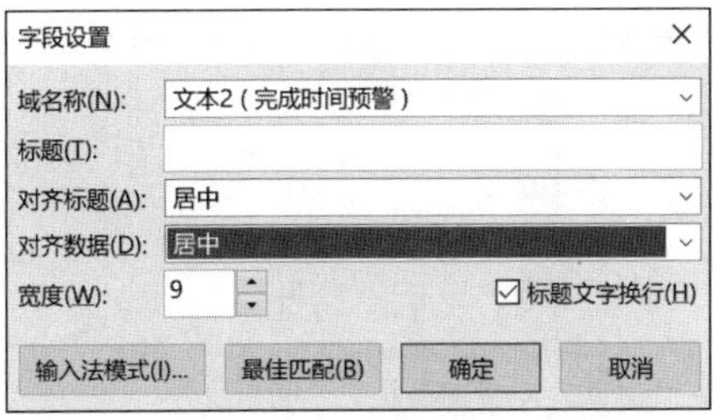

图8.40　设置格式

在图 8.40 所示的对话框中，将“对齐标题 (A)”与“对齐数据 (D)”都设置为“居中”，单击【确定】按钮，视图会更加清晰，如图 8.41 所示。

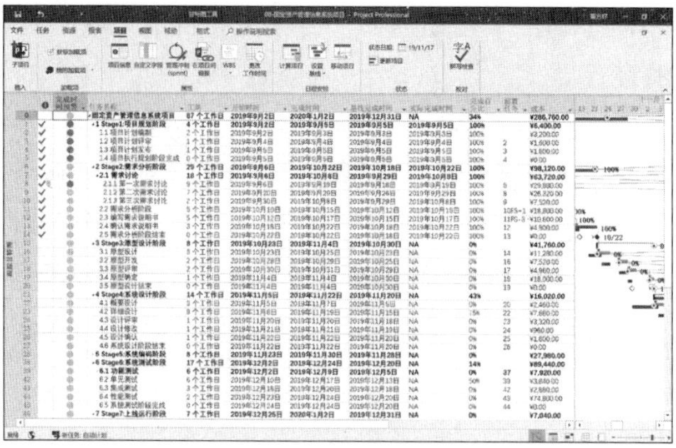

图8.41 调整后的视图

如图 8.41 所示，“完成时间预警”可以非常醒目地提示项目管理者完成时间发生的情况。当“完成时间差异”的值发生变化时，“完成时间预警”域会自动根据测试条件改变图形标记。

在以往的项目管理过程中，监控项目的困难之处便是项目管理者如何能够在纷繁复杂的项目计划中快速定位出现问题的位置，采用“图形标记”的方法，面对项目中的众多任务，项目管理者从此不需要依次查看每一条任务的“完成时间预警”的数值，只需要通过醒目的标识便可以迅速定位出现问题的任务，从而为快速解决问题提供了帮助。

笔者在为很多客户部署 Project 环境时经常被问到一个问题：Project 能帮助项目管理者带来什么？

Project 是一套优秀的通用项目管理工具，但是它自己并没有任何“做项目”的能力，如果能够非常灵活地运用它，它能给项目管理者带来的最大帮助就是像“红绿灯”一样及时监控项目、迅速发现问题。

采用同样的方法可以在跟踪甘特图视图中加入自定义域“工期预警”“开始时间预警”，该域的定义过程与“完成时间预警”类似，此处不再赘述。“工期预警”“开始时间预警”加入“跟踪甘特图”视图后的效果如图 8.42 所示。

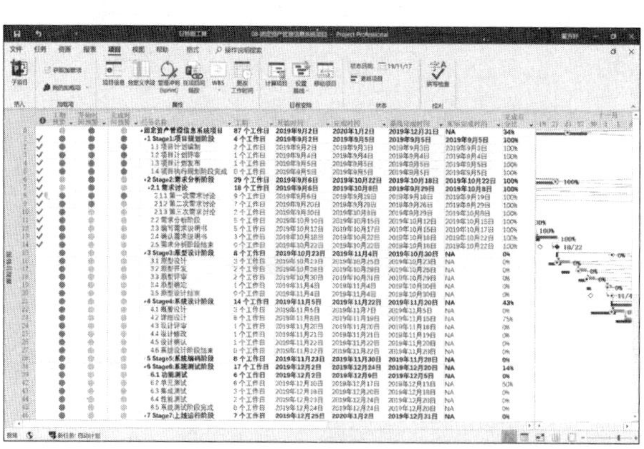

图8.42 更新后的跟踪甘特图

8.1.8 进度报告监控

报告是项目管理者经常使用的一种项目进度监控的方法，进度报告不但可以实现项目进度数据的综合分析，还可以直接将进度报告放入 PPT 中进行项目集中汇报，在 Project 工具中，集成了项目报告能力，其中进度报告是相当重要的一部分内容。

打开“固定资产管理信息系统项目 .mpp”文件，通过【报表】→【查看报表】进入项目报表查看视图，Project 工具默认提供了以下几类报告：

（1）仪表板类报告；

（2）资源类报告；

（3）成本类报告；

（4）进度类报告；

（5）敏捷类报告。

这五类报告是工具默认提供的，读者可以根据项目实际展示报告需求，进行项目报告自定义，如图 8.43 所示。

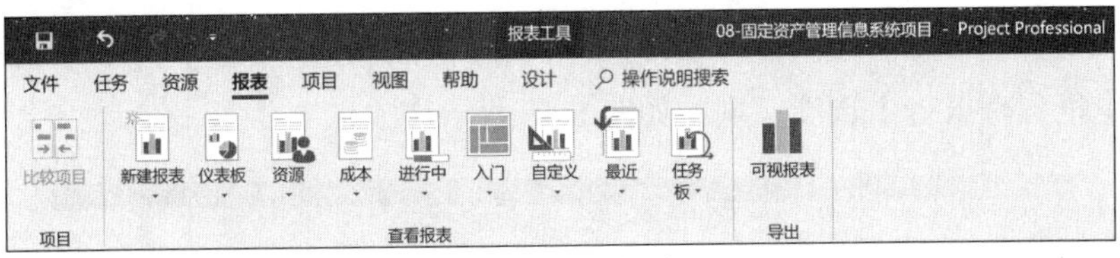

图8.43 项目报告

利用 Project 提供的进度监控报告，可以采用“仪表板”和“进行中”两大类别，如需要汇总查看项目进度情况，可以通过【报表】→【仪表板】→【项目概述】选项查看项目整体进度情况，如图 8.44 所示。

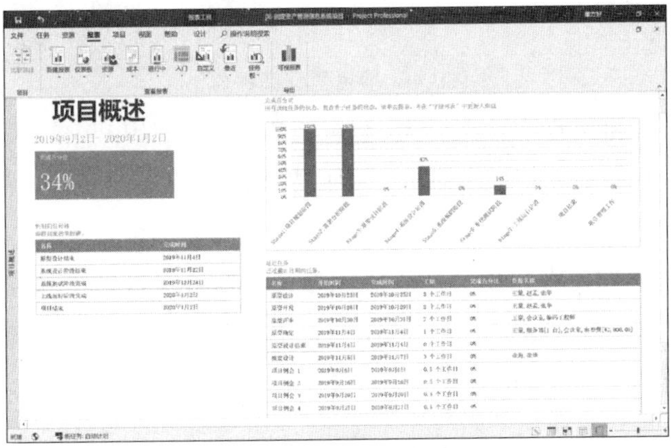

图8.44 项目概述报告

在项目概述报告中，可以查看到项目整体进度为“34%”，项目起止日期为“2019 年 9 月 2 日—2020 年 1 月 2 日”，即将到期的里程碑情况，项目阶段完成百分比以及延期任务清单，项目管理者可以以“项目概述”作为项目整体报告。

如果项目管理想查看项目进度曲线，可以通过【报表】→【仪表板】→【进度】，查看进度曲线，如图 8.45 所示。

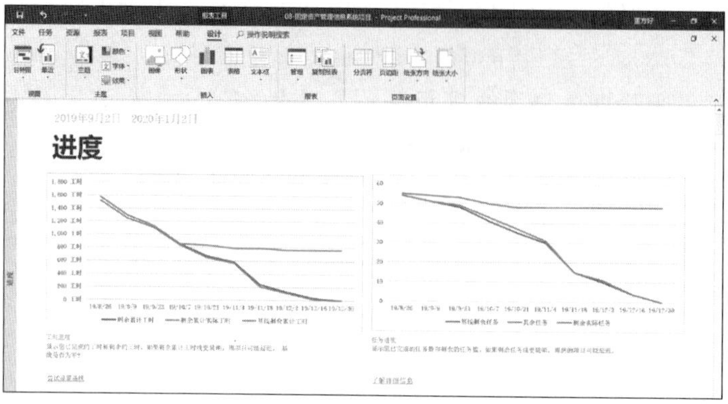

图8.45 项目进度报告

项目进度报告利用基线与执行数据的对比进行统计分析，利用“工时”与“任务数”两个维度展示项目进度状态。

如果项目管理者想监控项目里程碑执行状态，可以通过【报表】→【查看报表】→【进行中】→【里程碑报告】选项实现，如图 8.46 所示。

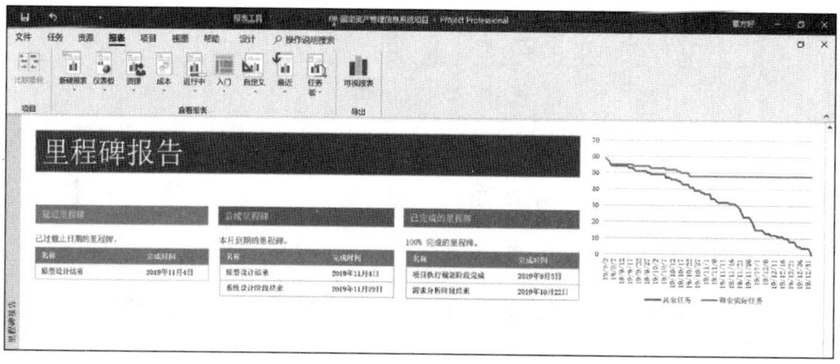

图8.46 项目里程碑报告

项目里程碑报告将里程碑状态分为“延迟里程碑”“后续里程碑”与“已完成里程碑”三类，通过三个里程碑清单可以清晰展示项目节点状态。

8.1.9 挣得值监控（进度）

挣得值监控是一种先进的项目绩效监控方式，挣得值管理（简称 EVM）是目前比较流行的项目监控方式，尤其在国际协作项目上更是普遍使用，在国内的项目管理过程中也开始广为流传，在 Project 工具中，挣得值管理是默认支持的。下面简要描述挣得值管理模型。

PV：计划价值（历史版本称之为 BCWS）是为计划工作分配的经批准的预算，它是为完成某活动或工作分解结构 (WBS) 组成部分而准备的一份经批准的预算，不包括管理储备。通俗理解为已完成工作匹配基准预算的值（Project 工具计算截止到当前日期或者状态日期）。

EV：挣值（历史版本称之为 BCWP）是对已完成工作的测量值，用该工作的批准预算来表示，是已完成工作的经批准的预算。通俗理解为完成的工作挣了多少。

AC：实际成本（历史版本称之为 ACWP）是在给定时段内，执行某活动而实际发生的成本，是为完成与 EV 相对应的工作而发生的总成本。

通过以上三个基本参数可以计算出 SV、CV 两个偏差值。

SV：进度偏差是测量进度绩效的一种指标，表示为挣值与计划价值之差。它是指在某个给定的时点，项目提前或落后的进度，它是测量项目进度绩效的一种指标，等于挣值（EV）减去计划价值（PV）。进度偏差是一种有用的指标，可表明项目进度是落后还是提前于进度基准。当项目完工时，全部的计划价值都将实现（即成为挣值），所以进度偏差最终将等于零。最好把进度偏差与关键路径法 (CPM) 和风险管理一起使用。

公式：SV = EV － PV。

CV：成本偏差是在某个给定时点的预算亏空或盈余量，表示为挣值与实际成本之差。它是测量项目成本绩效的一种指标，等于挣值（EV）减去实际成本（AC）。项目结束时的成本偏差，就是完工预算（BAC）与实际成本之间的差值。由于成本偏差指明了实际绩效与成本支出之间的关系，所以非常重要。负的 CV 一般都是不可挽回的。

公式：CV = EV － AC。

SPI：进度绩效指数是测量进度效率的一种指标，表示为挣值与计划价值之比，反映了项目团队完成工作的效率。有时与成本绩效指数（CPI）一起使用，以预测项目的最终完工估算。当 SPI 小于 1.0 时，说明已完成的工作量未达到计划要求；当 SPI 大于 1.0 时，则说明已完成的工作量超过计划。由于 SPI 测量的是项目的总工作量，所以还需要对关键路径上的绩效进行单独分析，以确认项目是否将比计划完成日期提前或推迟完工。SPI 等于 EV 与 PV 的比值。

公式：SPI = EV/PV。

CPI：成本绩效指数是测量预算资源的成本效率的一种指标，表示为挣值与实际成本之比。它是最关键的指标，用来测量已完成工作的成本效率。当 CPI 小于 1.0 时，说明已完成工作的成本超支；当 CPI 大于 1.0 时，则说明到目前为止成本有结余。CPI 等于 EV 与 AC 的比值。

公式：CPI = EV/AC。

从以上挣得值分析模型可以看出，利用挣得值监控进度的指标主要有两个，一个是 SV，一个是 SPI。打开“固定资产管理信息系统项目 .mpp”文件，在跟踪甘特图视图中插入“BCWP”“BCWS”“ACWP”“SV”“SPI”五个任务属性域，如图 8.47 所示。

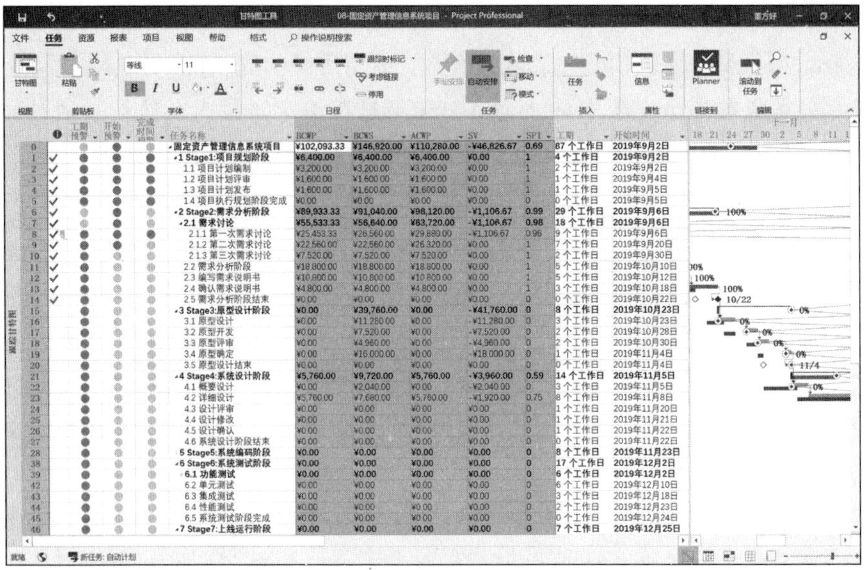

图8.47 增加挣值模型数据的跟踪甘特图

通过图 8.47 可以基于挣值数据进行项目进度监控，如“Stage1：项目规划阶段”所有的任务 SV 值都为“0”并且对应的 SPI 值都为“1”，则表示该阶段所有的任务都是按照进度正常进行的，没有偏离基准值。而任务“第一次需求讨论”的 SV 值为“-￥1,106.67”并且SPI值为“0.96”，小于1，则表示该任务的进度与基准相比是落后的。

Project 工具针对挣值管理形成了一张报告供管理者使用，通过【报表】→【查看报表】→【成本】→【挣值报告】查看，如图 8.48 所示。

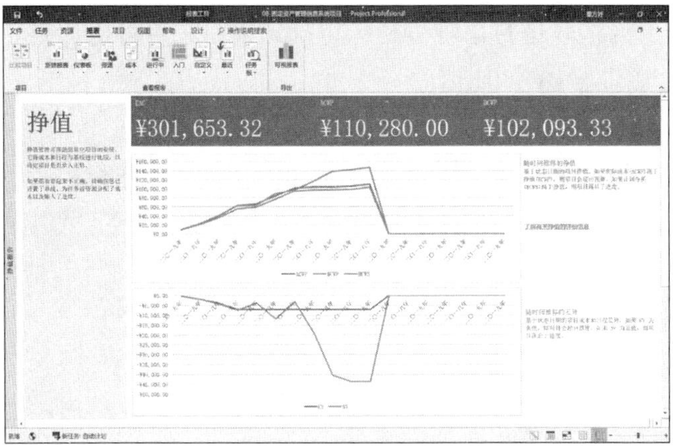

图8.48 挣值模型报告

以上提供了众多监控项目进度的方法，读者可以根据自己的项目特点和习惯选择适合的方式。

项目进度计划通过以上方式发现问题（主要是延迟发生，部分项目也不允许太提前）后，需要对项目进度计划进行控制，请参考 4.4 节关键路径法，结合资源投入计划进行进度计划调整，让项目进度计划执行遵循基线计划。

8.2 项目资源计划监控

项目资源计划监控是为了保证项目监控执行过程良好运行，资源计划监控从项目资源投入与项目资源投入冲突调整两个维度展开。在项目资源计划监控过程中还需要监控资源归口投入的情况。

8.2.1 任务资源数据监控

利用资源工时数据对项目资源投入进行监控是最直接的方式，打开“固定资产管理信息系统项目 .mpp”文件，进入项目跟踪甘特图视图，在视图中通过鼠标右键分别插入任务属性列“工时”“基线工时”“实际工时”与“完成百分比”，如图 8.49 所示。

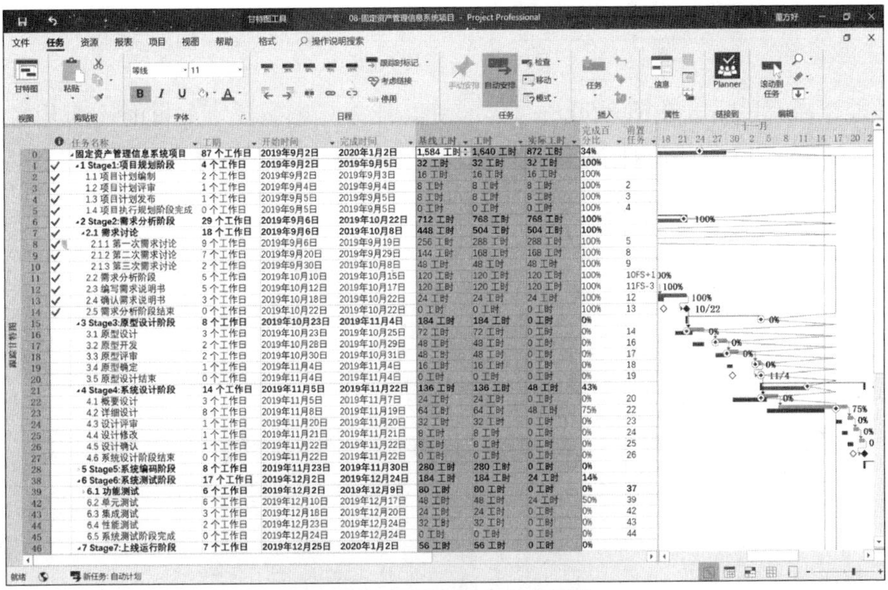

图8.49 跟踪甘特图视图调整

通过图 8.49 中三列工时数据，可以对项目任务资源投入工时状态进行检查，“基线工时”相对是不变的，除非项目基线发生变化。“实际工时”只要在任务开始执行后才有数据，“工时”是当前项目执行该任务需要投入的所有资源工时。例如，任务“第二次需求讨论”的“基线工时”是“144 工时”，而“实际工时”是“168 工时”，通过对比“基线工时”与“实际工时”可以看到该任务完成时该任务的资源工时投入超过了“24 工时”，这是对已经完成任务资源工时的分析，对于还没有完成的任务，通过图 8.49 可以看出资源工时投入还是按照计划进行的，只是投入的时间延迟了（也就进度延迟了，但是资源工时投入没有发生变化）。

由于项目进展的需要，“原型评审”任务需要增加“郭胜”与“刘刚”资源，增加后的项目计划如图 8.50 所示。

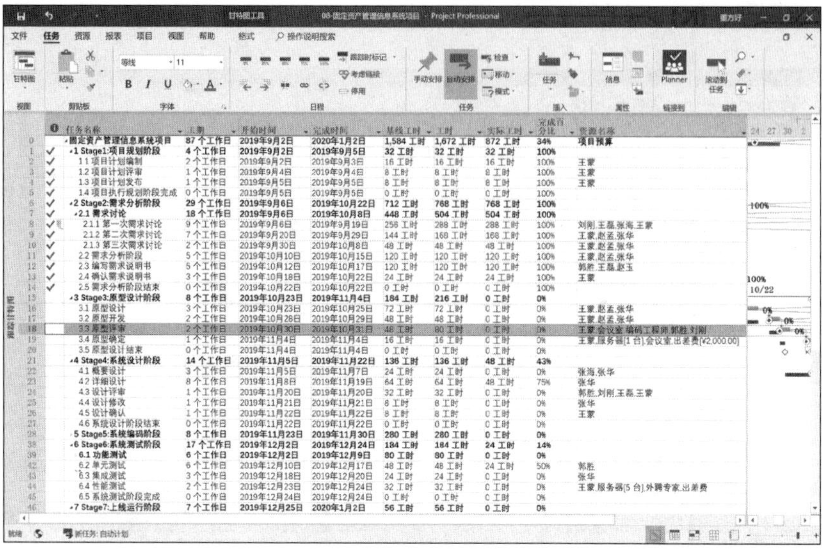

图8.50 资源投入调整

资源投入调整后，在图 8.50 中可以看到，任务“原型评审”目前还未开始，但是需要投入的资源工时已经由原先计划的基准工时“48 工时”调整到现在的“80 工时”，未来该任务执行时，需要投入的资源工时比原计划增加了 32 工时。

8.2.2 资源偏差监控

资源任务工时投入偏差也可以类似进度偏差监控实现，打开“固定资产管理信息系统项目 .mpp”文件，进入项目跟踪甘特图视图，插入一列“文本 5”，重命名为“工时偏差”并自定义公式为“([工时]–[基线工时])/60”，如图 8.51 所示。

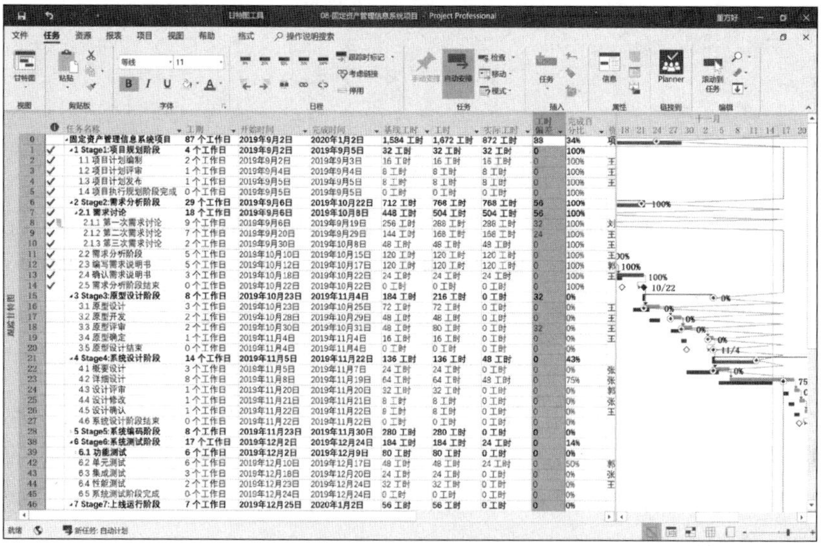

图8.51 增加工时偏差

如果读者对于操作公式有技术难度的话，可以直接引用 Project 自带的工时偏差进行监控，在图 8.51 中，在实际工时的后面插入一列“工时差异”，如图 8.52 所示。

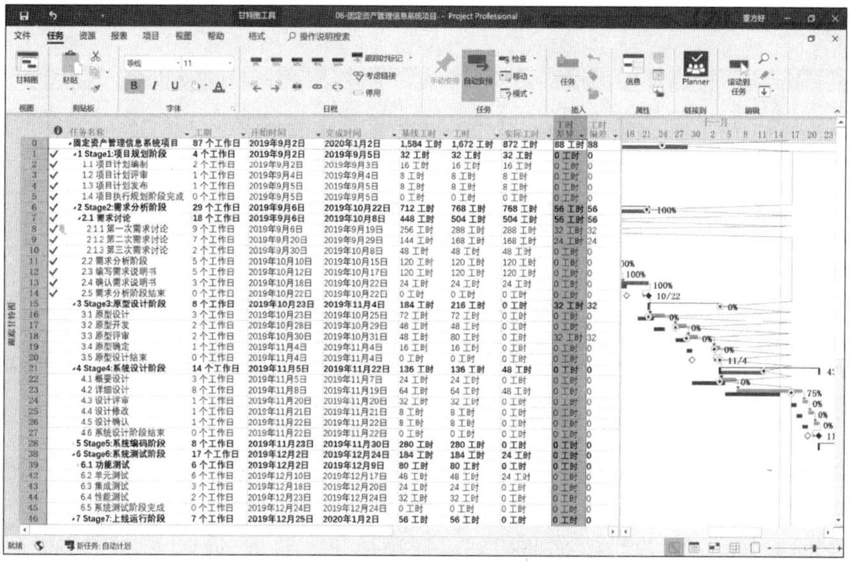

图8.52　插入“工时差异”列

8.2.3 工时状态灯监控

资源工时投入监控同样可以利用红绿状态灯进行执行过程资源监控，打开“固定资产管理信息系统项目.mpp”文件，进入项目跟踪甘特图视图，插入一列“文本 6”，重命名为“工时预警”并自定义公式为“([工时]-[基线工时])/60”，设置阈值大于 40 工时为红灯，小于 16 工时为绿灯，介于 16 工时与 40 工时为黄灯，如图 8.53 所示。

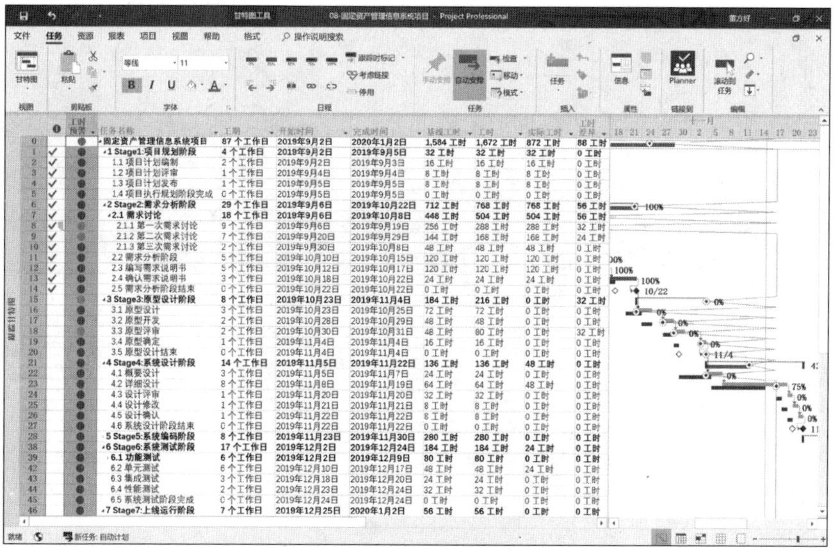

图8.53　增加工时预警灯

8.2.4 资源工时监控

对于项目资源计划，除了需要管控项目任务工时投入外，还需根据资源类型及归口进行资源工时管控，以资源为中心展开工时管控。打开“固定资产管理信息系统项目.mpp”文件，进入项目资源工作表视图，插入资源属性列“基线工时”“工时”与“实际工时”，如图 8.54 所示。

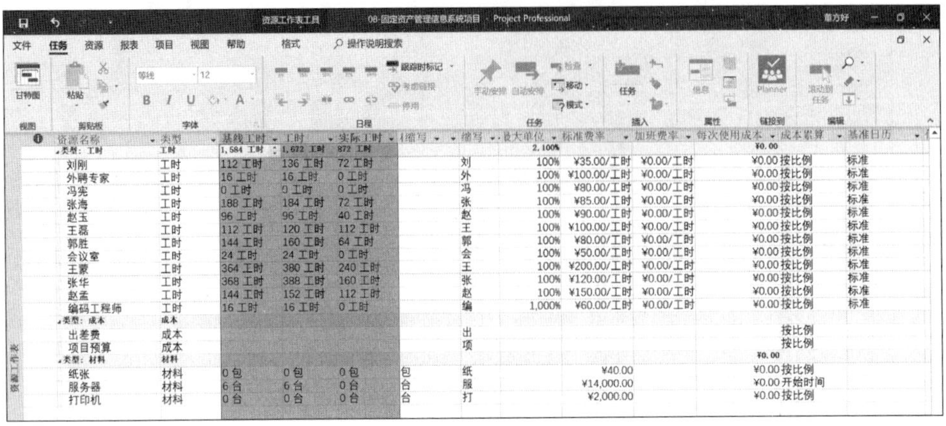

图8.54 调整资源工作表

在图 8.54 中可以通过数据来监控项目资源总工时投入的状态，在该视图中同样可以采用工时偏差与资源工时投入状态灯来监控资源投入状态，资源工时投入状态灯的制作读者可以自己尝试一下。

8.2.5 资源状态图监控

项目资源工时投入根据项目任务的实际需要，存在时而连续、时而间断的特点。Project 工具为了更好地实现资源工时的投入管理，提供了资源工时投入状态图，图形化的方式更便于项目管理者对项目资源工时投入进行高效管控。打开“固定资产管理信息系统项目 .mpp”文件，进入项目跟踪甘特图视图，选择任务“需求分析阶段”，单击【资源】→【分配资源】按钮，如图 8.55 所示。

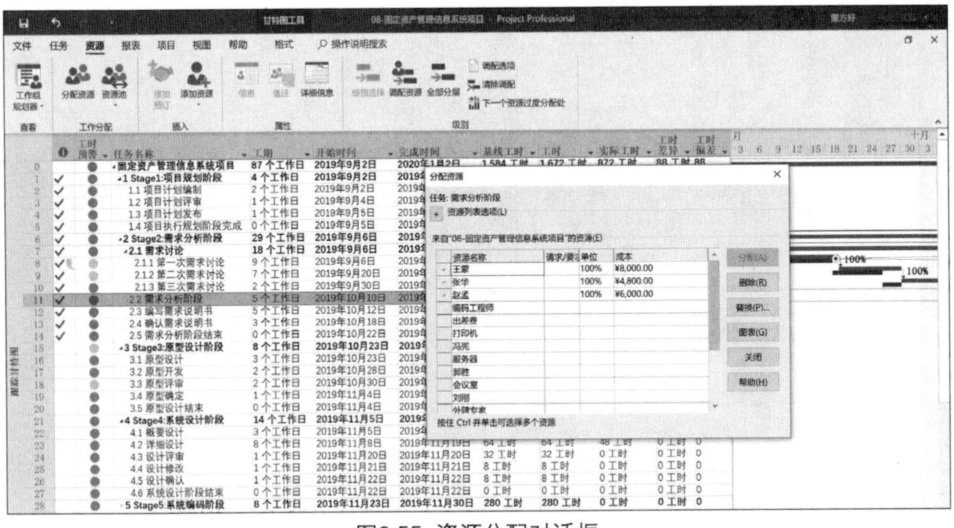

图8.55 资源分配对话框

在图 8.55 中选择需要查看的资源“王蒙”，单击【图标 (G)】按钮打开资源工时投入图表，如图 8.56 所示。

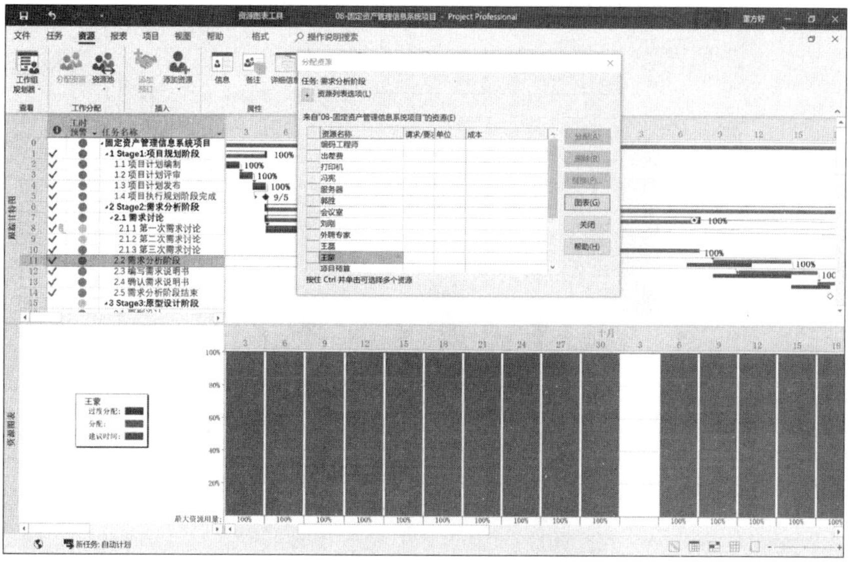

图8.56　资源工时投入图表

图中展示了资源“王蒙”在项目周期内投入的工时状态，蓝色柱代表投入的额度，满额为“100%”，空白为不投入。拉动水平条形图可以查看不同日期的资源投入情况。

8.2.6　资源报告监控

如 8.1.8 小节所述，Project 工具提供的报告分析包含了资源类报告，通过资源类报告，项目管理者可以对项目资源整体投入进行管控，通过【报表】→【查看报表】→【仪表板】→【工时概述】，打开项目工时概述报告，如图 8.57 所示。

图8.57　工时概述报告

“工时概述”报告以汇总的方式，按照时间轴分析项目工时投入情况。项目管理者也可以利用项目资源详细报表查看资源投入情况，通过【报表】→【查看报表】→【资源】→【资源概述】，打开项目资源概述报告，如图 8.58 所示。

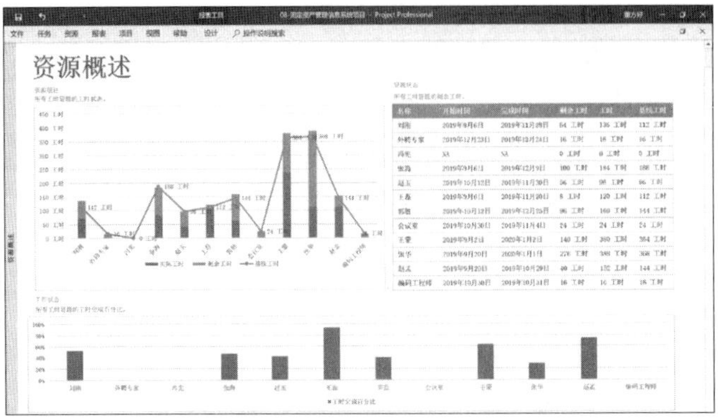

图8.58 资源概述报告

通过以上的方式，项目管理者可以对项目资源计划执行过程进行监控，并结合 5.4 章节介绍的内容进行资源计划调整。

8.3 项目成本计划监控

项目成本计划监控是项目监控过程中最“难”的内容，成本涉及的内容多并且不能出现数字的偏差，项目成本计划执行监控通过以下维度展开：

（1）任务成本；

（2）资源成本；

（3）项目预算与总成本；

（4）挣得值管理（成本）。

8.3.1 成本数据监控

利用任务成本数据对项目成本计划进行监控是最直接的方式，打开“固定资产管理信息系统项目 .mpp”文件，进入项目跟踪甘特图视图，在视图中通过鼠标右键分别插入任务属性列“成本”“基线成本”“实际成本”与“剩余成本”，如图 8.59 所示。

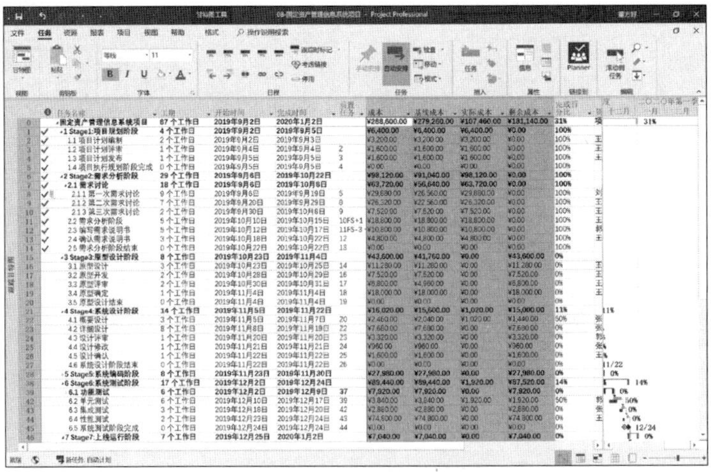

图8.59 跟踪甘特图视图调整

通过图 8.59 中四列成本数据，可以对项目任务成本状态进行检查，“基线成本”相对是不变的，除非项目基线发生变化。“实际成本”只有在任务开始执行后才有数据，“成本”是当前项目执行该任务需要投入的所有成本。例如，任务“第二次需求讨论”的“基线成本”是“￥22,560.00”，而“实际成本”是“￥26,3200.00”，通过对比“基线成本”与“实际成本”可以看到该任务完成时其成本投入超过了“￥3,760.00”，这是对已经完成任务成本的分析，对于还没有完成的任务，通过图 8.59 可以看出“原型评审”任务因为增加“郭胜”与“刘刚”资源导致成本增加了“￥1,840.00”，剩余成本为“￥6,800.00”。通过成本数据监控可以查看到详细的各成本具体值，缺点是不直观。

8.3.2 成本偏差监控

为了解决成本数据分析不直观的缺点，可以利用成本偏差值监控项目成本计划执行情况。打开“固定资产管理信息系统项目 .mpp”文件，进入项目跟踪甘特图视图，插入一列“成本 1”，重命名为“成本偏差”并自定义公式为“[成本]–[基线成本]”如图 8.60 所示。

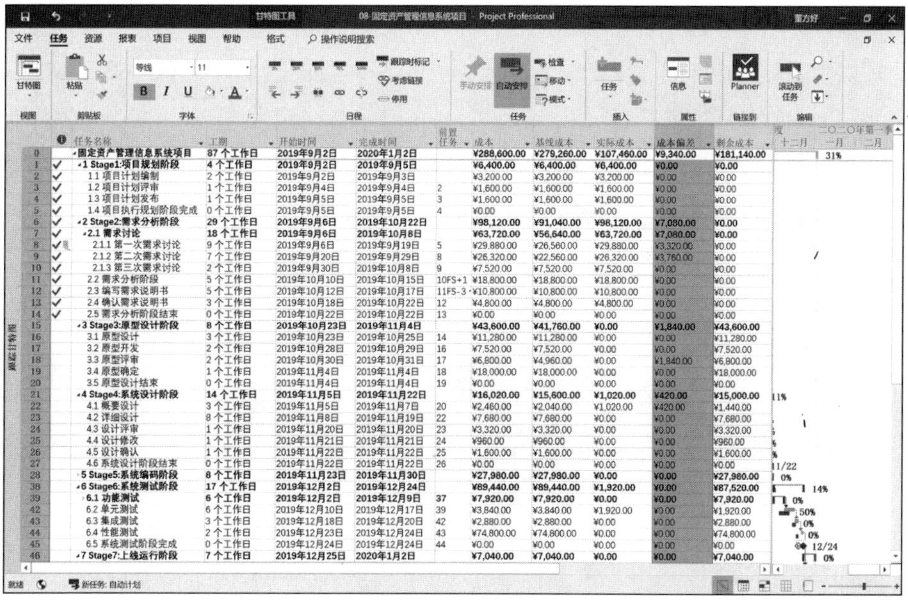

图8.60　增加成本偏差

如果读者对于操作公式有技术难度的话，可以直接引用 Project 自带的成本偏差进行监控，在图 8.60 中，在实际成本的后面插入一列“成本差异”，如图 8.61 所示。

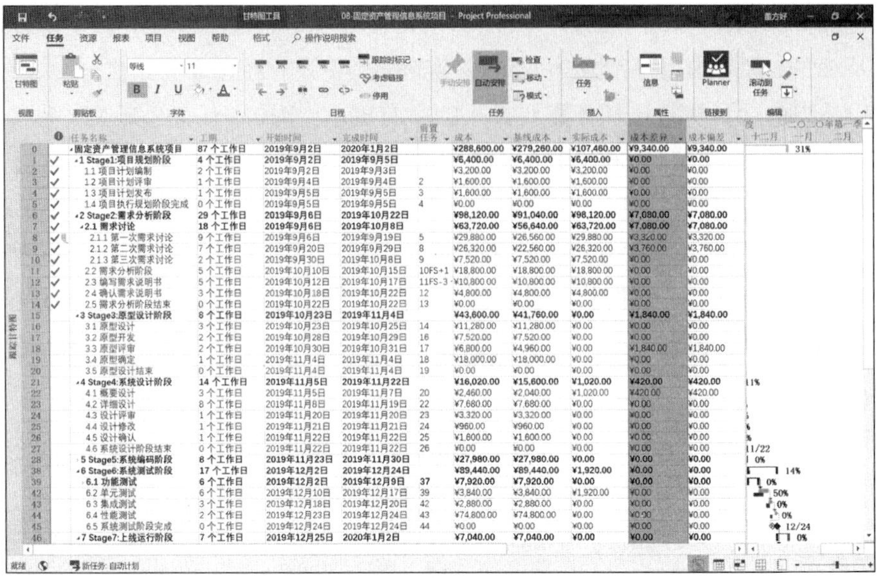

图8.61 插入“成本差异”列

8.3.3 成本状态灯监控

项目成本计划监控同样可以利用红绿状态灯进行执行过程成本监控，打开“固定资产管理信息系统项目 .mpp”文件，进入项目跟踪甘特图视图，插入一列“文本 7”，重命名为“成本预警”并自定义公式为“[成本]–[基线成本]”，设置阈值大于 1000 为红灯，小于 100 为绿灯，介于 100 与 1000 为黄灯，如图 8.62 所示。

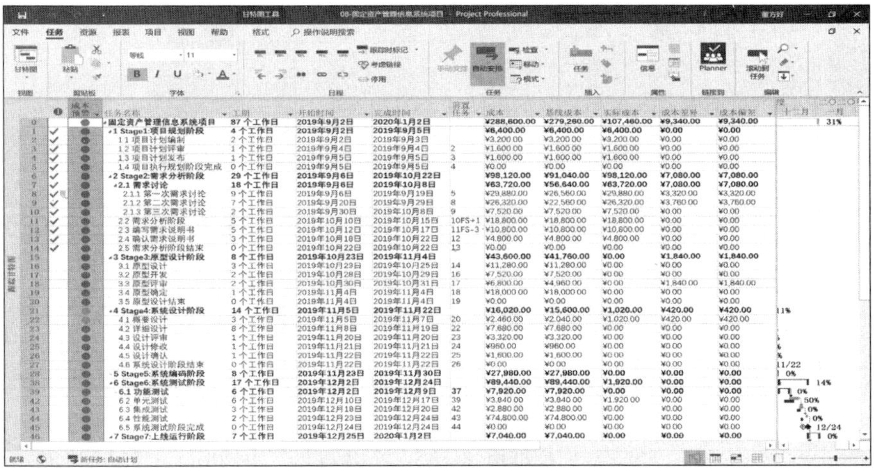

图8.62 增加成本预警灯

8.3.4 资源成本监控

对于项目成本计划，除了需要管控项目任务成本投入外，还需根据资源类型及归口进行资源成本管控，以资源为中心展开成本管控。打开“固定资产管理信息系统项目 .mpp”文件，进入项目资源工作表视图，插入资源属性列“基线成本”“成本”“实际工时”与“剩余成本”，如图 8.63 所示。

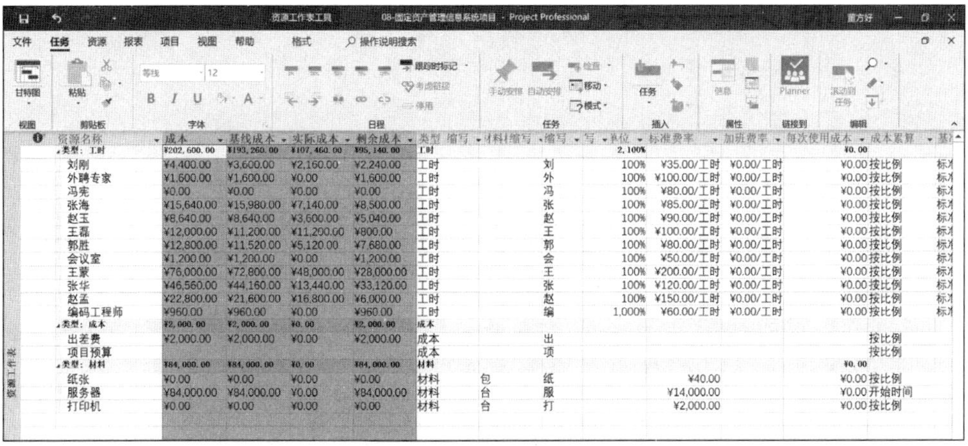

图8.63 调整资源工作表

在图 8.63 中可以通过数据监控项目资源总成本投入的状态，在该视图中同样可以采用成本偏差与资源成本投入状态灯来实现项目资源成本的监控，读者可以自己尝试一下。

8.3.5 成本报告监控

如 8.1.8 小节所述，Project 工具提供的报告分析包含了成本类报告，通过成本类报告，项目管理者可以对项目成本整体投入进行管控，通过【报表】→【查看报表】→【仪表板】→【成本概述】选项打开项目成本概述报告，如图 8.64 所示。

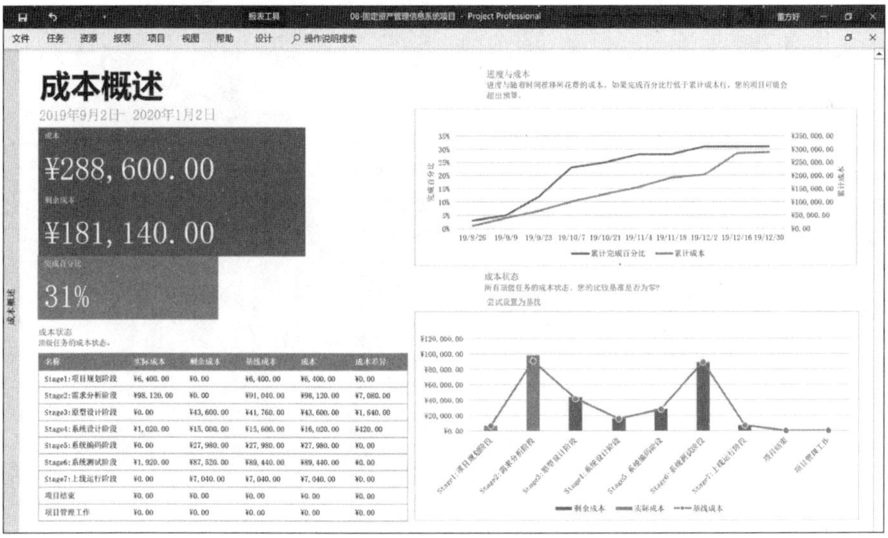

图8.64 成本概述报告

“成本概述”报告以汇总的方式，按照时间轴分析项目成本投入情况。项目管理者也可以利用项目成本详细报表查看成本投入情况，通过【报表】→【查看报表】→【成本】→【任务成本概述】选项，打开项目任务成本概述报告，如图 8.65 所示。

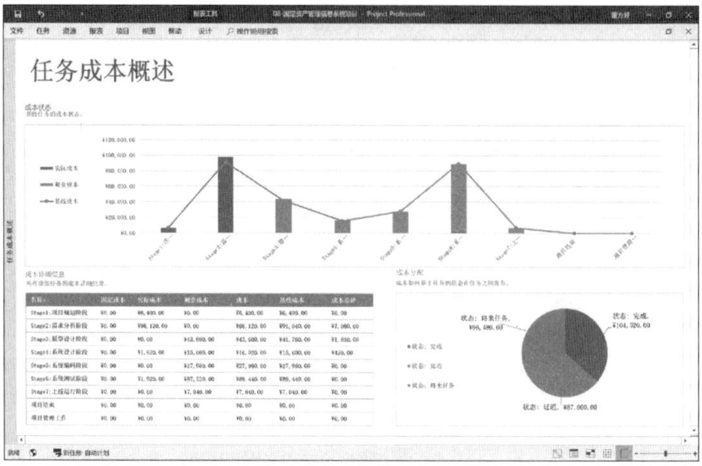

图8.65 任务成本概述报告

8.3.6 挣得值分析（成本）

如 8.1.9 所述，利用挣得值监控成本的指标主要有两个，一个是 CV，一个是 CPI。打开“固定资产管理信息系统项目.mpp”文件，在跟踪甘特图视图中插入“BCWP”“BCWS”“ACWP”“CV”“CPI”五个任务属性域，如图 8.66 所示。

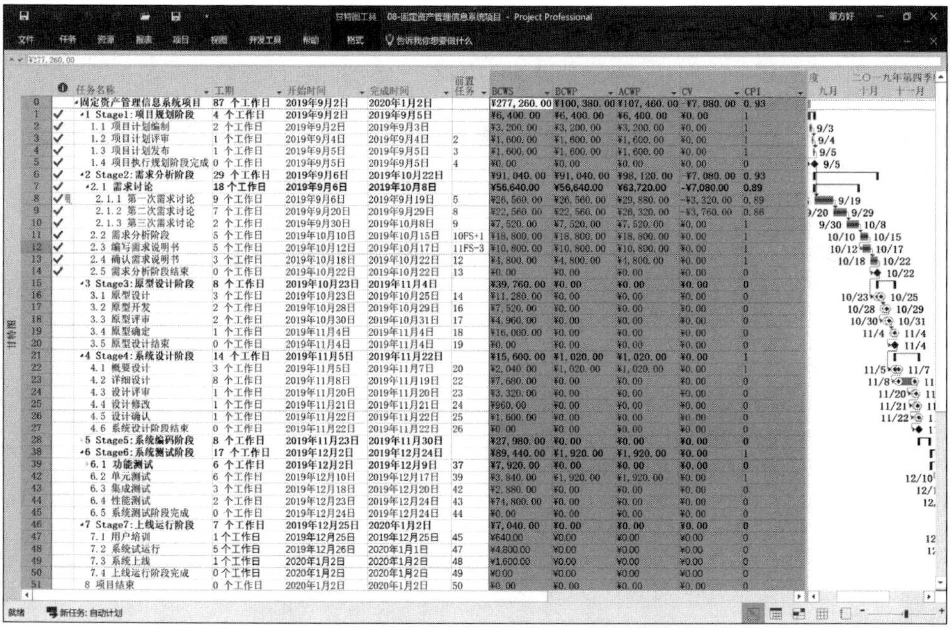

图8.66 增加挣值模型数据的跟踪甘特图

通过图 8.66 可以基于挣值数据进行项目成本监控。例如，“Stage1：项目规划阶段”所有的任务 CV 值都为“0”并且对应的 SPI 值都为“1”，则表示该阶段所有的任务都是按照成本基准计划正常进行的，没有偏离基准值；而任务“第一次需求讨论”的 CV 值为“－￥3,320.00”并且 CPI 值为“0.89”，小于 1，则表示该任务的成本与基准相比是落后的。

通过以上的方式，项目管理者可以对项目成本计划执行过程进行监控，并结合 6.4 章节内容进行成本计划调整。

8.4 项目变更管控

前面三节描述的项目执行监控是在项目基线没有发生变化的情况下进行的，这种执行监控称之为“项目调整”；如果项目计划执行过程中发生了基线的变化，则是项目变更管控的内容，项目变更管控的核心内容是管控项目基线。

如图 8.3“方好 Project 项目管控模型”所示，项目执行过程中发生基线变更时，需要升级项目基线。项目基线调整首先由项目经理确定新的项目范围，然后根据第 4 章、第 5 章与第 6 章的内容调整项目计划满足新的项目范围，最后由项目管理部门根据基线的设定规范设置新的项目基线，详细请参考第 7.1.4 小节。

8.4.1 项目基线变更

假设项目“固定资产管理信息系统项目”对应的“原型开发”与“概要设计”都需要 10 工作日才能完成，项目经理调整了项目计划，项目管理部重新定义项目基线，更新“基线 0”，保存“基线 2”，如图 8.67 所示。

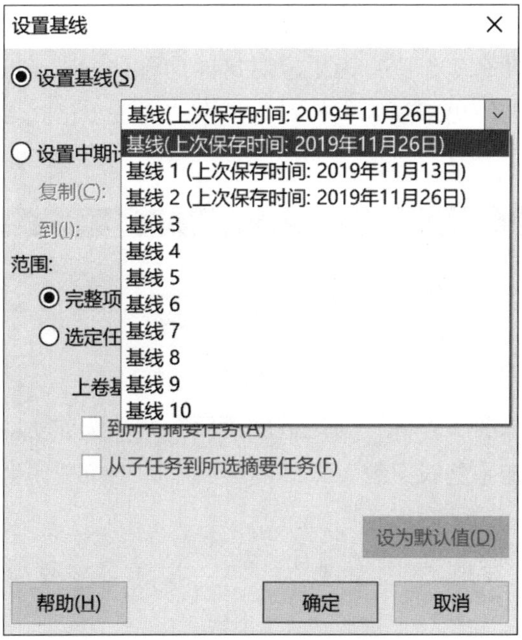

图8.67　更新项目基线2

基线（基线 0）直接覆盖更新，基线 1 作为历史版本保留，基线 2 作为新的版本，体现是第二次更新基线。基线更新后监查项目跟踪甘特图，所有状态灯都是绿色，差异值都是 0，这是因为当前最近基线升级后，该基线与当前执行计划是一致的，如图 8.68 所示。

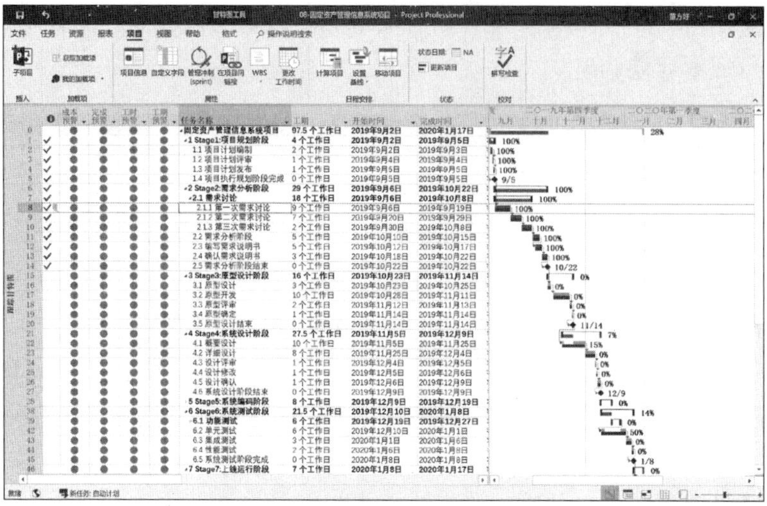

图8.68 更新后的跟踪甘特图视图

基线升级是非常严肃的工作，项目经理不能随便更新基线，必须经过项目管理部门的认可才可以。

8.4.2 多项目基线监控

上一小节介绍了项目基线的升级，在项目执行监控过程中，项目经理与其他管理者会经常提出一个问题，对项目基线进行了升级处理，那么当前的项目执行与前期的项目基线的对比会是什么状态呢？为了应对这样的管理诉求，Project 工具中提供了快速查看当前计划执行与历史基线版本的对比视图，通过【格式】→【条形图样式】组查看，如图 8.69 所示。

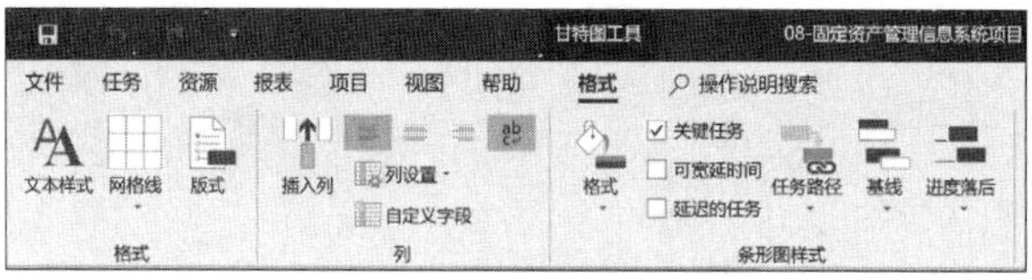

图8.69 历史基线对比选项

在图 8.69 中可以看到“基线”与“进度落后”两个选项功能，以此来对比监控多基线的执行情况。单击【基线】或者【进度落后】的下拉按钮会出现选择基线的下拉列表，如图 8.70 所示。

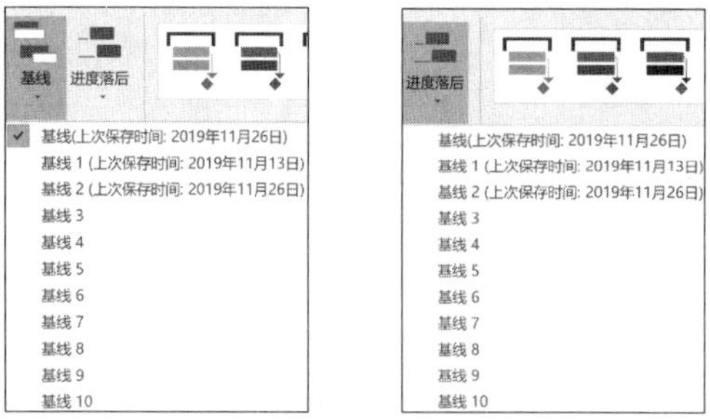

图8.70 历史基线对比选择

通过基线分析是将当前执行的项目计划与不同版本基线之间的对比分析，Project 默认是跟最新的基线（基线 0）作对比分析，形成跟踪甘特图。当选择“基线 1”时，在跟踪甘特图的横道图中可以清楚看到，项目跟踪甘特图的对比基线变成了“基线 1”，如图 8.71 所示。

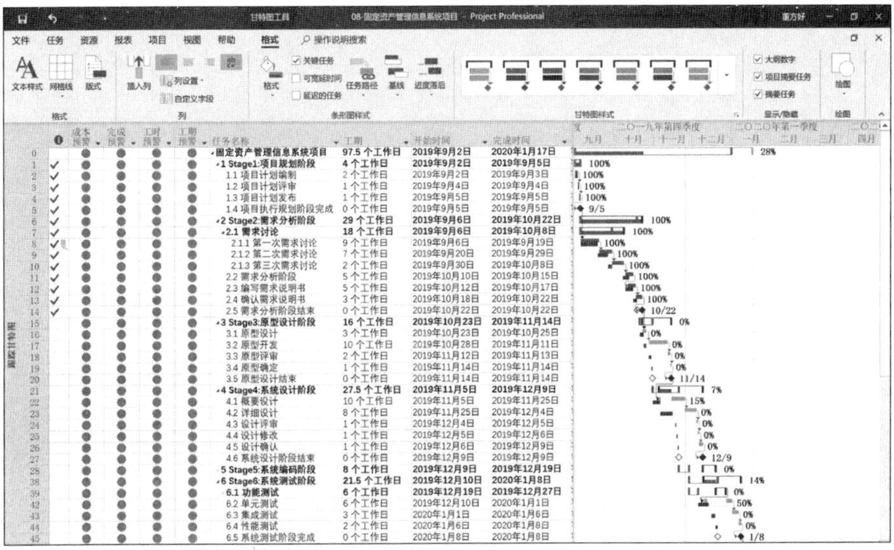

图8.71 跟踪甘特图基线1对比

原本当前执行计划与基线（基线 0）是一致的，现在通过选择了“基线 1”，横道图中执行计划与基线 1 计划的差异就可以显示出来。

同样的，当通过“进度落后”选择基线 1 时，跟踪甘特图中的横道图区域显示的是当前执行与基线 1 的进度差异，如图 8.72 所示。

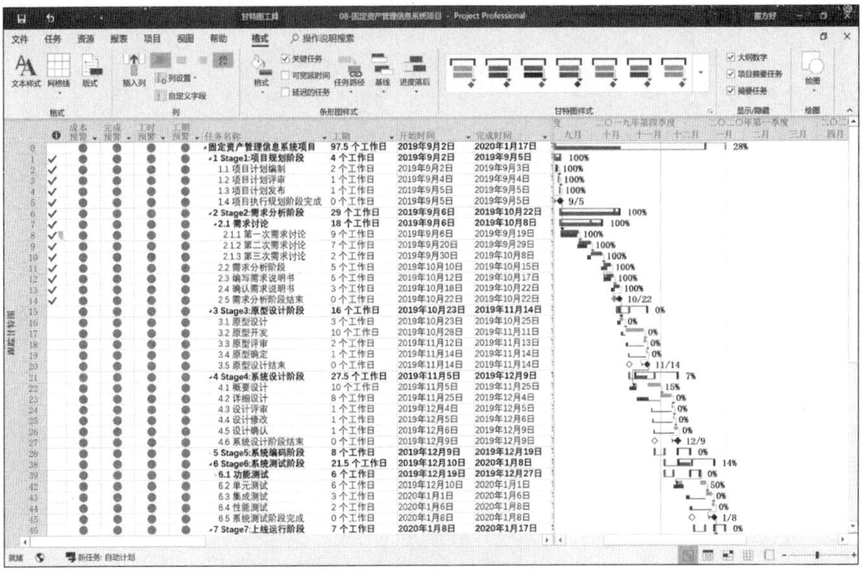

图8.72 进度落后基线1对比

横道图中出现了一个小尾巴来提示进度相对于基线 1 的差异情况。

对于项目变更，首先不要排斥项目变更，其目的是更好地体现项目的实际情况，对应的项目计划变更是为了更好地管理实际项目执行情况，即计划赶不上变化，更需要计划来控制变化，所以项目管理者需要积极拥抱项目变更，更积极地实施项目控制，以期得到良好的项目成果。

第 9 章 项目执行数据分析

在实际的项目管理活动中，项目经理需要不定期地制订项目的各种报告，传统的 Excel 或者 PPT 方式占用了项目经理太多的时间，利用 Project Professional 2019 出具各种项目报告是一种非常方便的选择。截至上一章，项目的进度计划、资源计划、成本计划、项目执行与监控已经制订完毕，在以上过程中计划需要提交给相关部门和领导进行评审，执行过程中也需要制订各种报告进行项目状态的汇报，利用 Project 的多种报告输出功能可以快速制作出用以评审及过程监控的报表，而且在 Project 2019 版本中提升了“可视化”报表的功能，可以支持强大的报表自定义能力。本章将介绍如何利用 Project 2019 版本以及相关的工具将各种项目计划与执行过程报告输出。

9.1 筛选功能

在计划的编制与执行过程中，Project 2019 对应的计划文件存储了大量的项目计划数据，利用 Project 2019 软件的“筛选”功能可以从众多的数据中按照自定义的筛选条件找到项目管理者所希望得到的视图或报表。

Project 2019 软件不但可以实现 Excel 常规的筛选功能，如自动筛选，还可以根据项目管理者的需要进行特殊的筛选。

下面列举实际项目管理中用到的案例对“筛选”功能的应用进行说明。

9.1.1 按照“里程碑”筛选任务信息

在向各级管理层汇报项目时，级别较高的项目管理人员并不希望看到详细的计划，查看项目阶段与里程碑计划即可。

打开“固定资产信息系统项目 .mpp”项目文件，将当前的视图切换到跟踪甘特图，接着选择【视图】→【数据】→【筛选器】下拉按钮，可以使用“筛选器”功能，如图 9.1 所示。

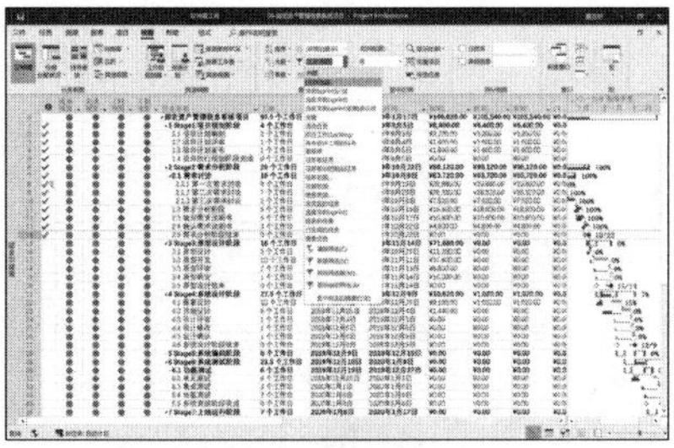

图9.1 筛选器功能

通过筛选器功能选择“里程碑”，此时项目计划会按照“里程碑”进行筛选，如图 9.2 所示。

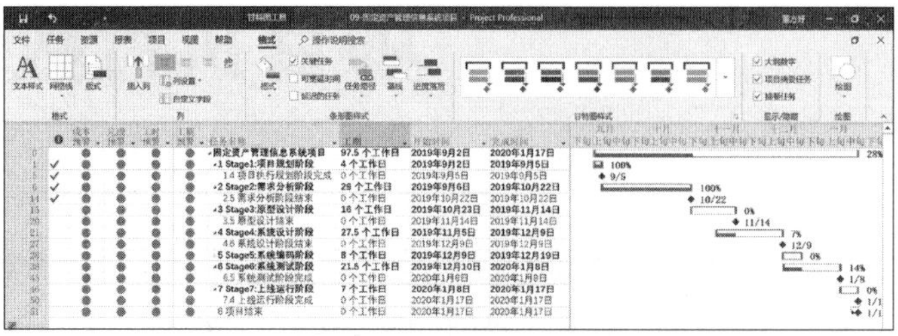

图9.2 里程碑进度计划

从图 9.2 中可以得到该项目每个阶段的开始时间、结束时间以及项目的里程碑计划信息。图右侧的横道图也非常清晰地表示出了每个里程碑的时间节点信息。

读者可以按照图 9.2 所示的结果，将筛选后的视图进行打印输出。

在 Project 2019 中还可以实现里程碑筛选与项目日程表结合的方式表达更全面直观的项目里程碑状态，单击【视图】→【拆分视图】→【日程表】复选框，选中“日程表”显示项目日程表条形图，如图 9.3 所示。

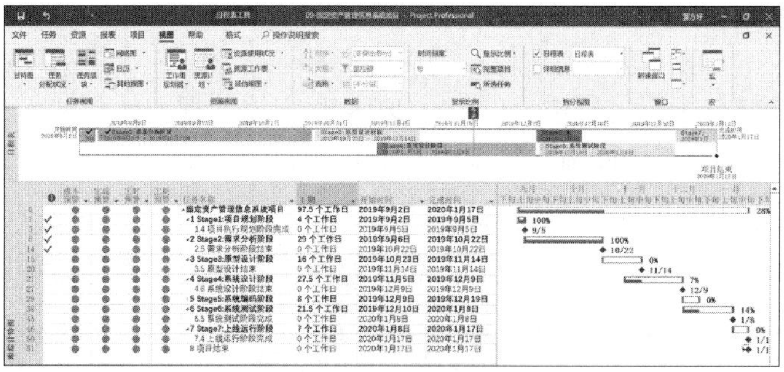

图9.3 显示日程表视图

在项目计划编制章节已经描述过日程表的设置过程，在图 9.3 中，通过筛选后，可以将项目里程碑任务添加到项目日程表中，显示更全面的项目阶段与里程碑信息，如图 9.4 所示。

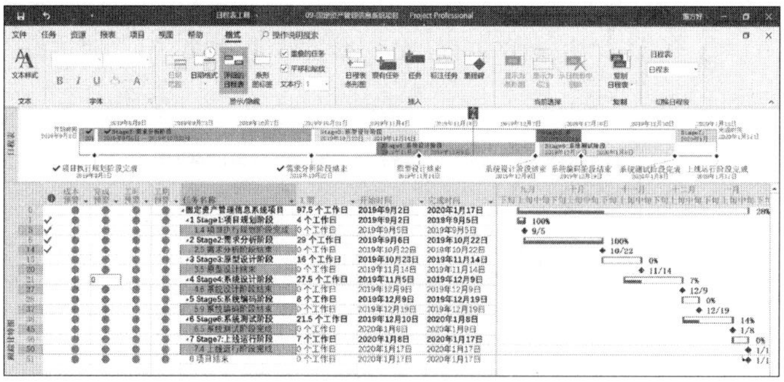

图9.4 显示带阶段与里程碑的日程表视图

通过筛选与日程表结合，就可以呈现更全面、简要的项目整体状态。

9.1.2 按照“日期范围”筛选任务信息

在项目的执行过程中，经常碰到需要得到某一个时间段内计划任务信息的情况，此时可以利用“日期范围”筛选来实现。例如，若需要汇报在“2019 年 11 月 1 日”至“2019 年 11 月 11 日”时间段执行的任务报表可以按照这种方法操作。

首先将当前的视图切换到跟踪甘特图，接着选择【视图】→【数据】→【筛选器】按钮→【日期范围】，可以打开如图 9.5 所示的“日期范围”对话框。

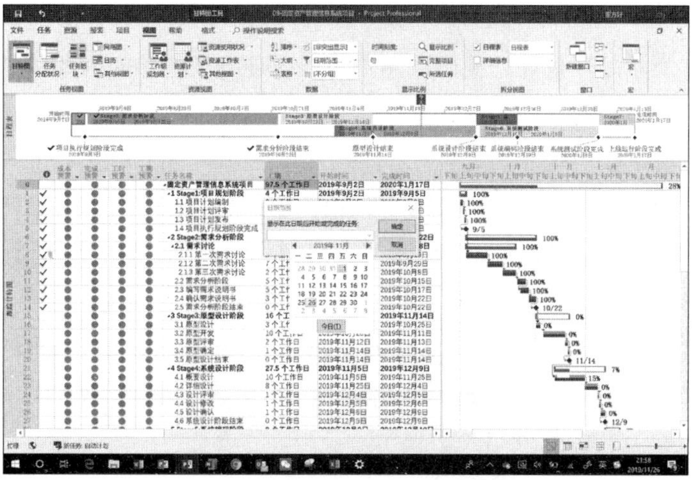

图9.5 选择日期范围的开始时间

在图 9.5 所示“日期范围”对话框的时间下拉框中选择开始时间为“2019 年 11 月 1 日”，单击【确定】按钮以后，继续在出现的对话框中输入结束时间“2019 年 11 月 15 日”，如图 9.6 所示。

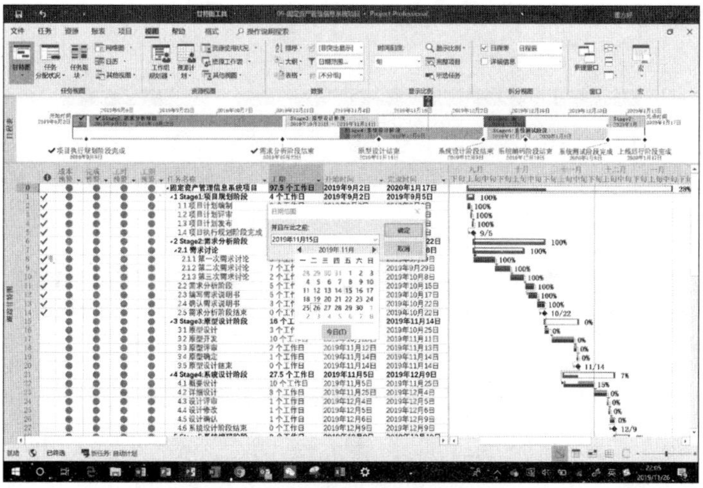

图 9.6 选择日期范围的结束时间

日期范围的“开始时间”与“结束时间”设定好后，单击【确定】按钮可以得到如图 9.7 所示的该日期范围内的进度计划。

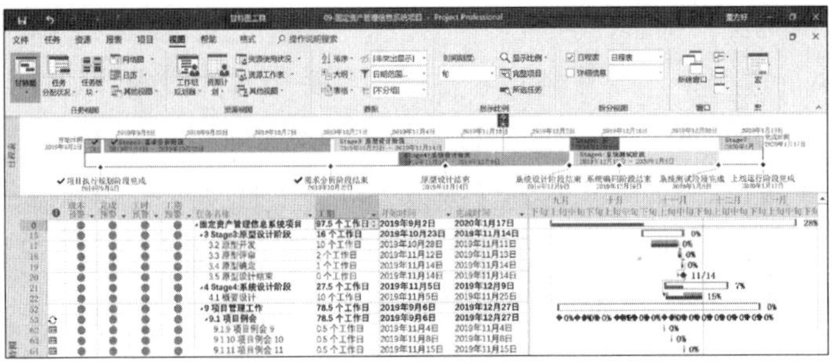

图9.7 日期范围内的进度计划

按照图 9.7 所示的项目计划视图，用户可以方便地安排该时间段内的项目工作以及管控项目执行过程。

9.1.3 按照资源筛选任务信息

在计划信息分发及针对资源的管控过程中，可能希望得到某一个资源所有计划任务信息，则可以利用“按照资源”筛选的方法得到。例如，需要在所有任务中筛选出资源“郭胜”参与的任务详细信息，可以执行下面的操作。

选择【视图】→【数据】→【筛选器】→【使用资源】，得到如图 9.8 所示的对话框。

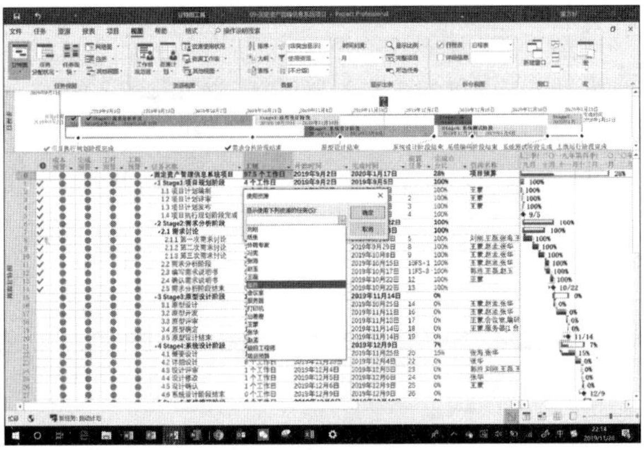

图9.8 按照资源的筛选

在 9.8 所示的对话框中，输入需要筛选的资源名称“郭胜”之后，单击【确定】按钮后出现如图 9.9 所示的结果。

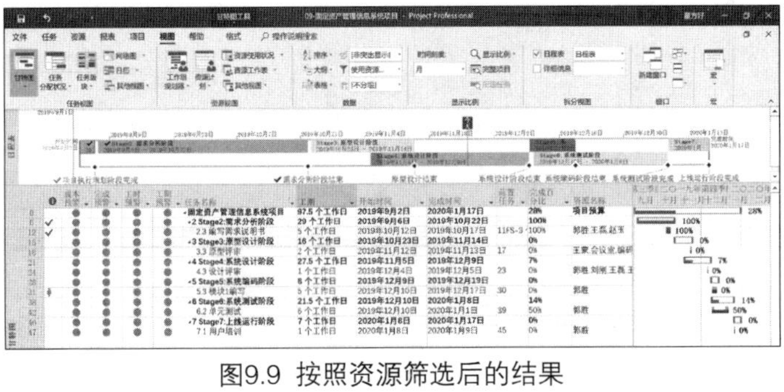

图9.9 按照资源筛选后的结果

图 9.9 所示的结果为资源“郭胜”参与的所有任务。可以采用相同的方法筛选出其他资源的任务。

9.1.4 其他筛选器

以上两个小节中介绍的“里程碑”“日期范围”以及“资源”筛选是常用到的“筛选”功能。下面对 Project 2019 提供的其他筛选功能进行说明。

◎ 任务范围：在任务标识号之间筛选任务。

◎ 关键：筛选所有的关键任务。

◎ 具有估计工期的任务：筛选出“工期”列中带有“？”标记的所有任务。

◎ 已完成的任务：筛选出“完成百分比”等于“100%”的任务。

◎ 摘要任务：筛选出有子任务的任务。

◎ 未完成的任务：筛选出“完成百分比”小于“100%”的任务。

◎ 延迟的任务：筛选出当前进度延迟的任务。

◎ ……

除了以上常用“筛选”功能之外，Project 还提供了更多的筛选器，选取【视图】→【数据】→【筛选器】→【其他筛选器】，可以选择如图 9.10 所示的更多的筛选器。

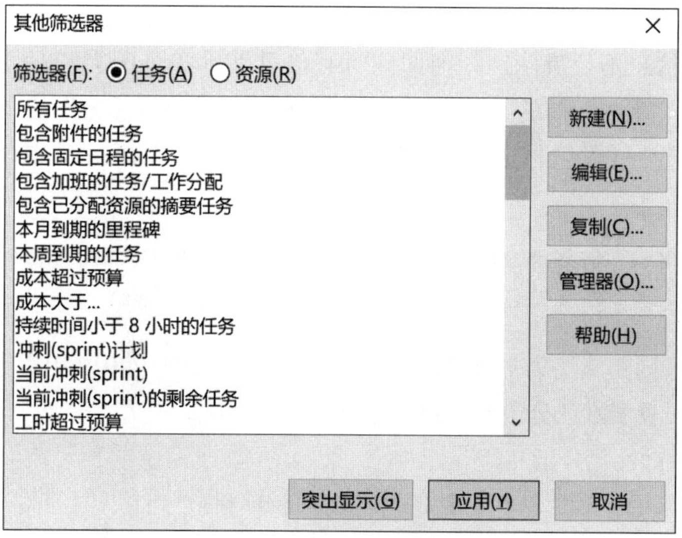

图9.10 更多的筛选器

使用者可以根据自己的需要从图 9.10 中选取相应的筛选器输出个性化的视图。

9.1.5 自动筛选

除了前面介绍的具体筛选功能外，Project 2019 提供了类似 Excel 的自由选择的筛选功能 “自动筛选”。

选取【视图】→【数据】→【筛选器】→【显示自动筛选】选项，读者会发现跟踪甘特图中每列的标题都增加了类似 Excel 的选择下拉框，可以随时在任何一个列中选择筛选条件，如图 9.11 所示。

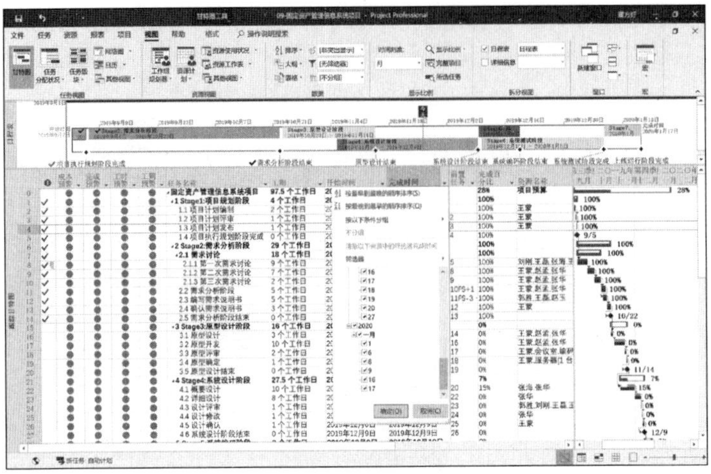

图9.11 自动筛选

Project 2019“自动筛选”比 Excel 更人性化，已经预设了很多筛选条件，能够帮助项目经理快速找到所关心的数据和信息。当然也可以利用多个任务属性列的筛选实现组合筛选功能。

9.1.6 取消“筛选”

当选择某个筛选之后，当前视图显示的计划信息只是满足筛选条件的内容，不满足筛选条件的信息不予展示。如何回到所有信息展示的页面呢？只需取消当前的筛选即可。取消“筛选”指的是将当前的视图恢复到“所有任务”的范围，选取【视图】→【数据】→【筛选器】→【无筛选器】选项，便可以取消之前的筛选，重新看到所有的任务信息。

9.2 分组功能

按照某种共同的属性集中分类展示项目信息，是 Project 2019 中提供分组功能的目的。分组功能设置了默认分组与自定义分组。

9.2.1 按照“关键性”分组

Project 2019 中，“关键性”是工具自动判断项目进度计划中的关键任务，也就是项目的关键路径对应的任务，项目执行过程中，项目管理人员需要重点关注项目关键路径对应的任务。按照“关键性”分组的目的是按照不同的任务关键属性展现任务信息，对于任务“关键性”控制很有帮助，选取【视图】→【数据】→【分组依据】→【关键性】选项，便可以得到如图 9.12 所示的按照“关键性”分组以后的跟踪甘特图。

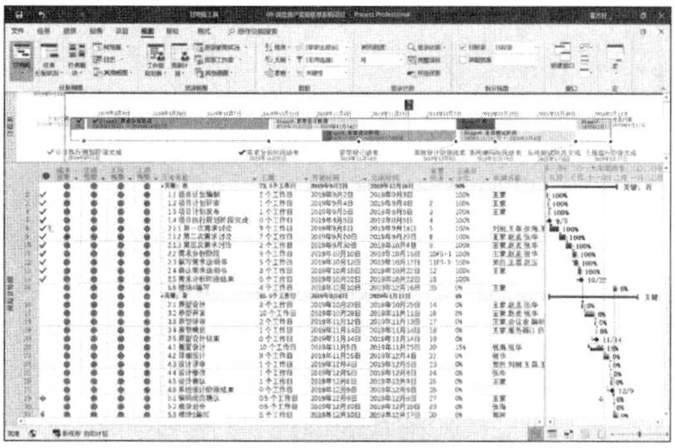

图9.12 按照关键性分组

从图 9.12 可以得知该项目中关键性的值共有两类，分别可以看到关键任务有哪些，非关键任务有哪些，在实际的应用中，利用此分组可以发现关键性任务的分布情况，从而对关键任务继续重点关注或者进行其他操作。

9.2.2 其他常用分组

Project 2019 中提供了其他常用的分组，简述如下。

◎ 任务完成情况：按照任务完成百分比的数值对任务进行分组。

◎ 优先级：按照任务的优先级的数值对任务进行分组。

◎ 优先级保持大纲结构：按照任务的优先级的数值对任务进行分组并且保持任务的大纲数字结构。

◎ 先按工期再按优先级：先按照工期再按照优先级的数值对任务进行分组。

◎ 工期：按照任务的工期数值对任务进行分组。

◎ 活动与非活动：按照任务的活动状态进行分组。

◎ 状态：按照任务的状态的数值对任务进行分组。

◎ 自动计划与手动计划：按照任务的计划类型的数值对任务进行分组。

◎ 资源：按照任务的分配的资源对任务进行分组。

◎ 限制类型：按照任务的“必须开始于……”等限制类型进行分组。

◎ ……

除了以上常用“分组”功能之外，Project 还提供了更多的分组依据，选取【视图】→【数据】→【分组依据】→【其他组】，可以选择应用如图 9.13 所示的更多的分组依据。

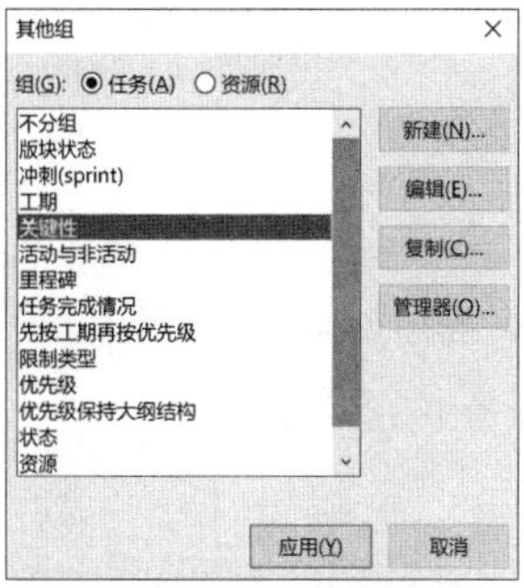

图9.13 其他分组

项目经理可以根据自己的需要从图9.13中选取相应的分组依据输出个性化的视图。

9.2.3 自定义“关键/状态”分组

在实际的项目管理过程中，可能需要得到按照项目关键任务进行分组后，再按照任务状态进行分组的计划信息，但是在跟踪甘特图视图中，Project 默认没有提供对“先按照关键再按任务状态”的分组功能。Project 2019 软件在分组方面提供了用户自定义的功能，用来满足不同用户个性化的分组需求。

下面介绍如何利用分组的“自定义”来实现此功能。

选取【视图】→【数据】→【分组依据】→【新建分组依据】，打开如图 9.14 所示的对话框。

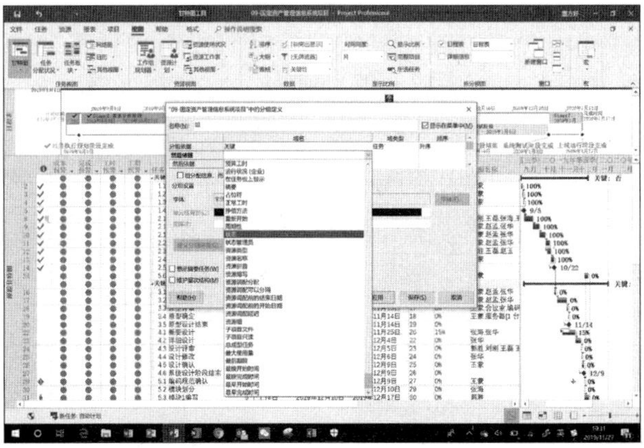

图9.14 自定义分组依据

在图 9.14 所示对话框的“分组依据”中选取“关键”，“然后依据”中选取“状态”，单击“应用”按钮，得到如图 9.15 所示的结果。

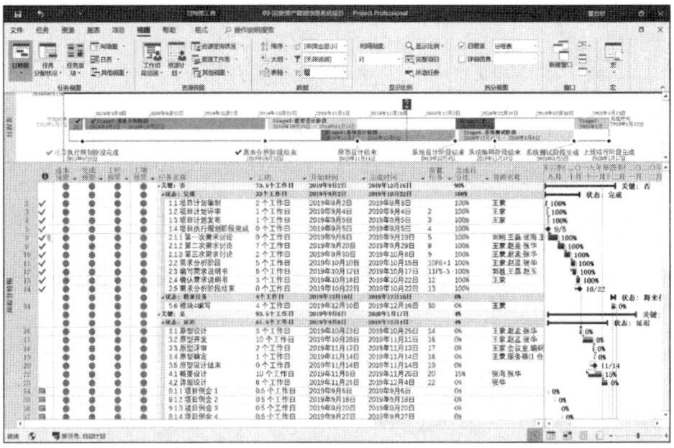

图9.15 按照关键再按任务状态的甘特图

图 9.15 所示的视图是先按关键分组再按任务状态分组的任务列表，利用该视图，项目经理可以明确地得知关键任务执行状态情况。

9.2.4 成本分组

在 Project 2019 版本中，不但甘特图类视图可以进行分组查看，资源工作表也可以进行分组查看数据。资源类型有工时、材料以及成本，如何能知道这三种类型的资源所产生的成本各是多少呢？利用分组功能就可以实现。

首先将视图切换到资源工作表，插入资源属性列“成本”，然后选择【视图】→【数据】→【分组依据】→【资源类型】，将出现如图 9.16 所示的分组计算结果。

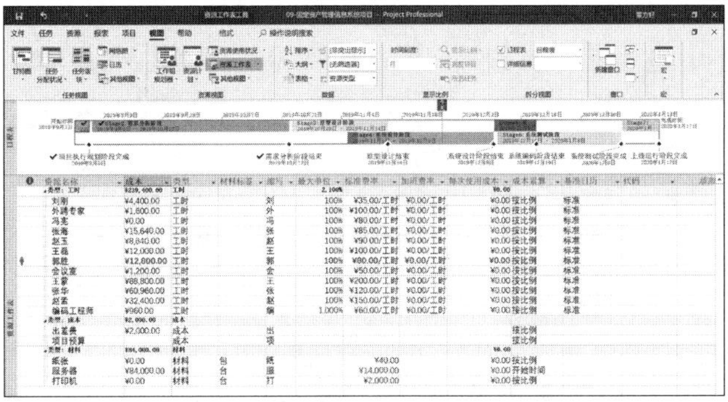

图9.16 按照“资源类型”分组的“资源工作表”

在图 9.16 中，可以看到三种类型资源各自汇总的成本数量以及每个资源具体的成本数量。此分组视图对于分析项目成本分布和项目成本管理有较大的好处。

对于项目资源有归口的情况下，可以利用资源的“组”属性分别定义每个资源的归口组，然后再依据资源组进行分组查看每个归口的项目成本投入情况，如图 9.17 所示。

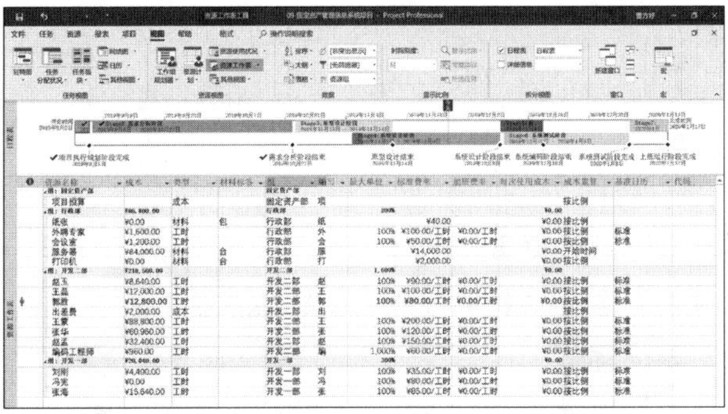

图9.17 按照“资源组”分组的“资源工作表”

9.2.5 取消分组

取消分组指的是回到没有任何分组的情况，选取【视图】→【数据】→【分组依据】→【不分组】可以取消之前的分组依据。

9.3 突出显示功能

“突出显示”基本上继承了 Project 2016 版本功能，结合 Excel 中常用的颜色技术，突出显示从技术层面上来讲也是一种筛选工具，其最大的特点是不改变项目计划的显示格式，而只对筛选出来的数据进行颜色标示，即突出显示出来，便于项目经理在项目计划中查看关注的信息。

"突出显示"作为一种筛选工具，可以继承 Project 2019 中所有的筛选器，包含工具常用的筛选器以及自定义的筛选器。

9.3.1 按照"里程碑"突出显示任务信息

项目经理在项目执行过程中需要重点关注项目里程碑任务，又要兼顾非里程碑任务，为了实现此功能，可以利用突出显示功能，选择项目甘特图视图，选择【视图】→【数据】→【突出显示】→【里程碑】，甘特图视图如图 9.18 所示。

图9.18 按里程碑突出显示

在图 9.18 中，里程碑任务利用黄色进行突出显示，项目经理在项目计划中不但能够看到项目所有任务情况，还可以通过突出显示的方式将项目计划中所有的里程碑任务突出显示出来，便于快速查阅里程碑状态。

9.3.2 其他常用突出显示

Project 中提供了其他常用的突出显示，简述如下。

◎ 关键：将关键任务进行突出显示。

◎ 具有估计工期的任务：将具有估计工期的任务突出显示。

◎ 已完成的任务：将任务完成百分比等于 100%的任务突出显示。

◎ 摘要任务：将所有含有子任务的任务（父任务）突出显示。

◎ 使用资源：按照输入的资源对任务进行突出显示。

◎ 未完成的任务：将所有任务完成百分比小于 100%的任务突出显示。

◎ 延迟的任务：将所有进度延迟的任务突出显示。

◎ ……

9.3.3 自定义"未完成里程碑"突出显示

在实际项目管理过程中，系统默认自带的突出显示选项不能够满足项目经理的项目管理要求。例如，项目经理需要突出显示"未完成的里程碑"，而不是所有的"里程碑"都突出显示。下面就以这个实例，说明如何利用自定义功能实现。

选择项目甘特图视图，选择【视图】→【数据】→【突出显示】→【新建突出显示筛选】，如图 9.19 所示。

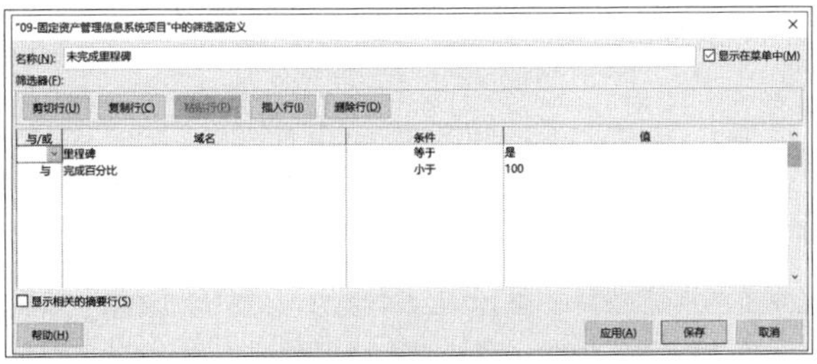

图9.19　突出显示未完成里程碑设置

如图 9.19 所示，对需要突出显示的筛选器进行设置，设置“里程碑”与“完成百分比”，单击【保存】按钮，跟踪甘特图如图 9.20 所示。

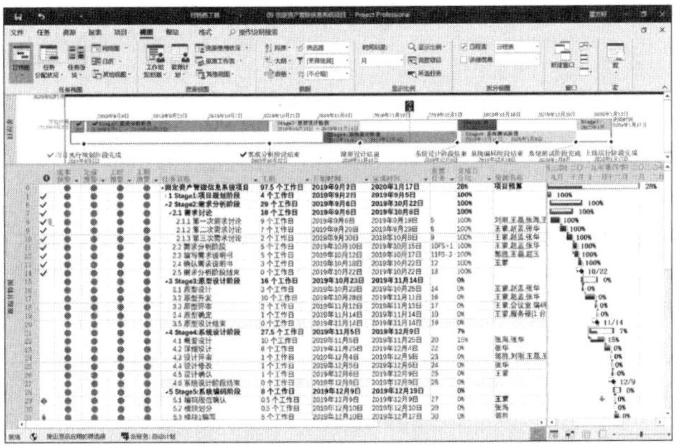
图9.20　突出显示未完成里程碑

如图 9.20 所示，任务“需求分析阶段结束”里程碑完成百分比等于 100%，所以不进行突出显示。

9.3.4 取消突出显示

取消突出显示指的是回到没有任何突出显示的情况，选取【视图】→【数据】→【突出显示】→【非突出显示】，可以取消之前的突出显示操作。

9.4 视图应用

视图是 Project 2019 展现给用户的各种信息界面，不同的视图传达不同的项目信息，了解并熟练地使用视图是提高 Project 2019 使用能力的一个重要方面。

选取【视图】选项卡，Project 功能区显示如图 9.21 所示。

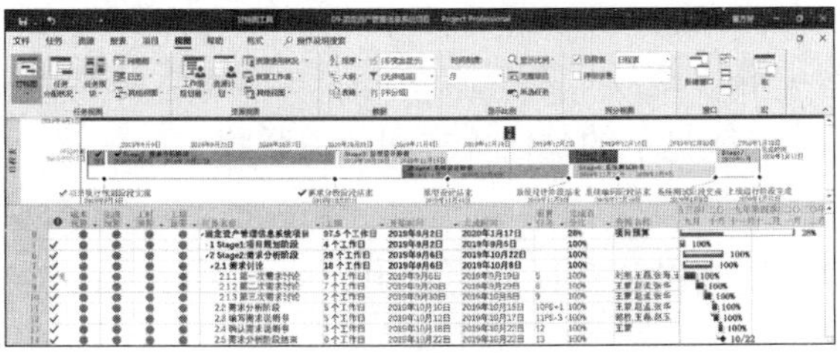
图9.21　视图功能区

本节将针对计划阶段的几个主要的视图进行说明。

1. **日历视图**

“日历”视图非常直观地展示了每月、每周、每天的任务的分布情况，选择【视图】→【任务视图】→【日历】，如图 9.22 所示。

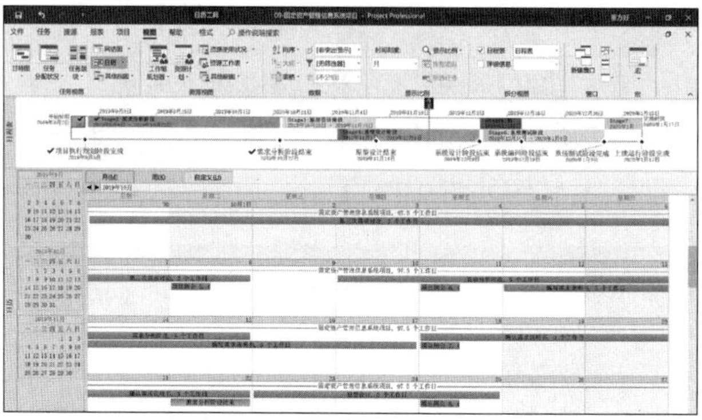

图9.22 日历视图

从图 9.22 中可以看到 2019 年 10 月每周的工作安排。“第三次需求讨论”工作需要在 10 月 8 日（星期二）结束；“编写需求说明书”周六开始、周四完成……很多实用的工作安排信息都可以从日历视图中得到。项目经理可以将图 9.22 稍做处理后打印出来，张贴在办公室内作为项目团队每月、每周的工作目标。

2. **网络图视图**

“网络图”视图非常直观地向项目经理展示了每个任务与其他任务之间的关联关系情况，选择【视图】→【任务视图】→【网络图】，如图 9.23 所示。

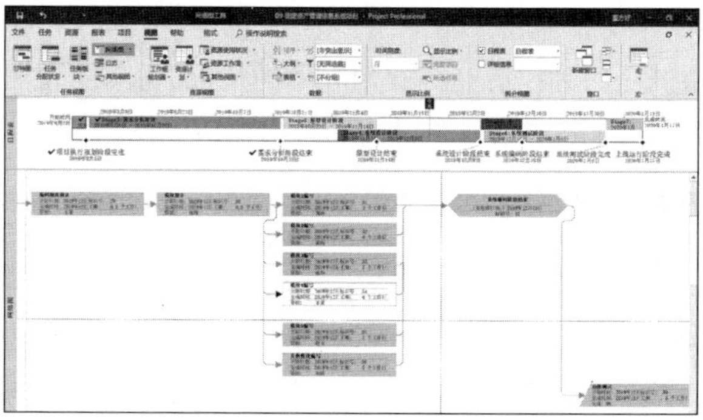

图9.23 网络图视图

从图 9.23 中可以看到各个任务之间的关联关系都可以从网络图视图中得到。

红色区域显示的是该任务为“关键任务”，蓝色区域显示的是该任务为“非关键任务”，任务之间的连接线显示的是任务之间的关联状态。

3. **任务分配状况视图**

“任务分配状况”视图以每项任务为索引，展现出每一条任务被分配的资源，如图 9.24 所示。

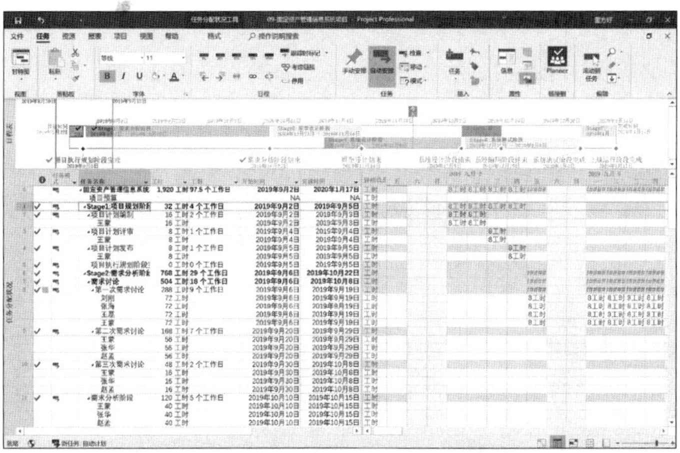

图9.24 任务分配状况视图

从图 9.24 中可以详细了解每一项任务的资源分配情况。利用该视图，项目经理可以在会议上非常清楚地向每个资源讲述任务分配的情况，听取资源团队对任务分配的意见，从而推动计划的最终确定。

4. 资源使用状况视图

“资源使用状况”在第 5 章中曾经有过介绍，它是以每个资源为索引，展现每个资源被分配任务的情况，如图 9.25 所示。

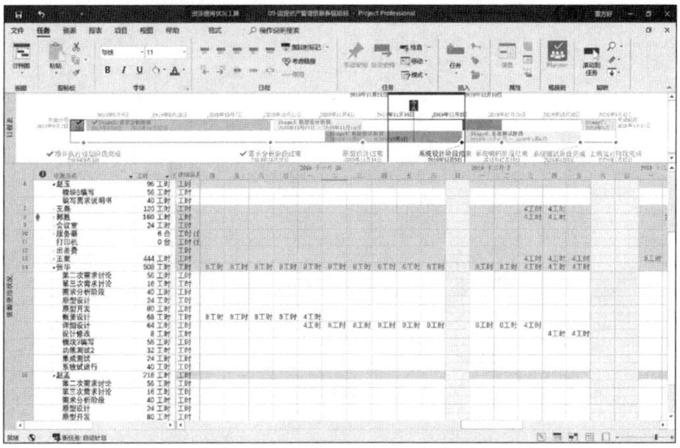

图9.25 资源使用状况视图

从图 9.25 中的“资源使用状况”中可以清楚了解哪些任务没有分配资源、每个资源被分配了哪些任务、哪些资源被过度分配了等信息（资源被过度分配在该视图中是通过红色字体显示）。

其他视图本章暂不做介绍，后面章节中会有所涉及。

9.5 报表功能应用

在 Project 2019 版本中延续了 Project 2016 版本中部分报表功能，并且做了调整，更加便于项目管理者基于 Project 2019 的项目数据与 Excel 功能的集成实现报表强大的自定义能力，以及敏捷看板的报告能力。

Project 2019 版本中，对于项目报表从三个应用层面进行实现：

（1）利用与 Excel 集成功能实现分类项目信息展现；

（2）利用可视化报告（与 Excel 以及 Visio 集成）实现可视化报告；

（3）敏捷看板报告。

9.5.1 报表分类

Project 2019 版本中的报表分为如下几种：新建报表、仪表板、资源、成本、进行中、入门、自定义、最近。选择【报表】→【查看报表】后，显示如图 9.26 所示的页面。

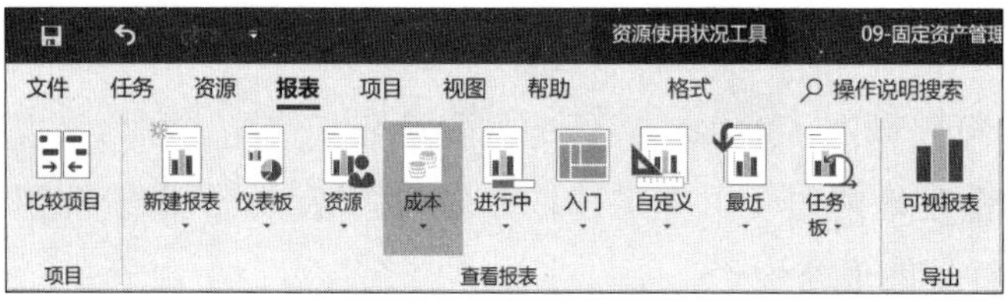

图9.26 报表种类

在图 9.26 中，任意单击某一报表下拉按钮，可以进入该类型的报表下一级子报表。例如，单击“仪表板”下拉按钮出现如图 9.27 所示内容。

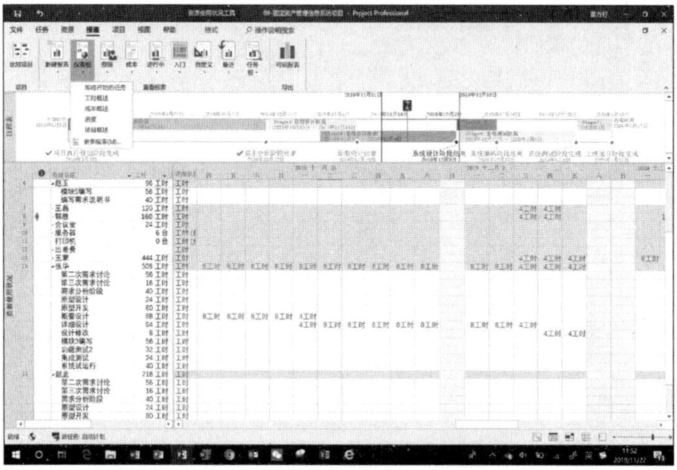

图9.27 当前操作报表子类

Project 采用上述的方法提供了共计 26 种默认报表，下面介绍各种报表的功能。

9.5.2 报表解释

1. 仪表板

◎ 项目概述：展示项目总体摘要信息，包括项目的开始时间、结束时间、整体进度、项目到期里程碑、阶段完成百分比、延迟任务等信息，如图 9.28 所示。

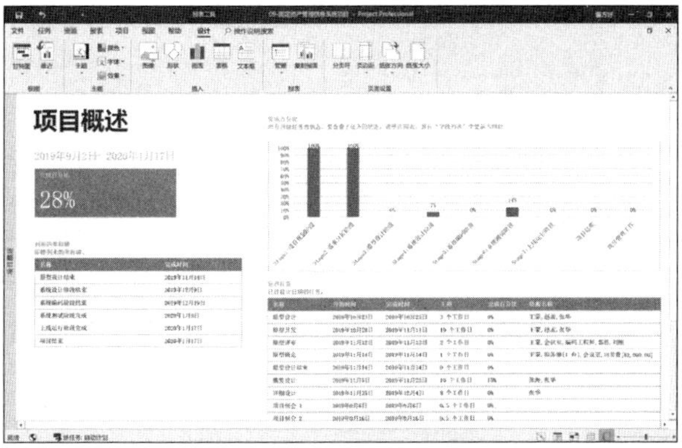

图9.28 “项目概述”报表

◎ 进度：以燃尽图的模式展示项目工时进度与任务进度的执行状态，如图 9.29 所示。

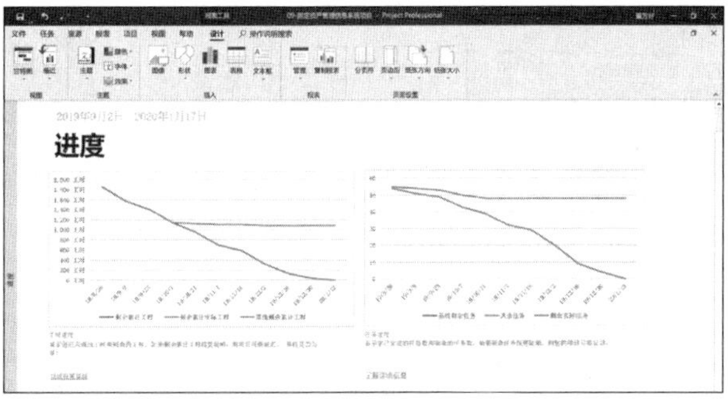

图9.29 “进度”报表

◎ 成本概述：展示项目成本维度的各类信息，如项目成本、剩余成本、完成进度、各阶段成本情况、进度与成本的时间匹配关系以及各类成本与阶段之间的关系，如图 9.30 所示。

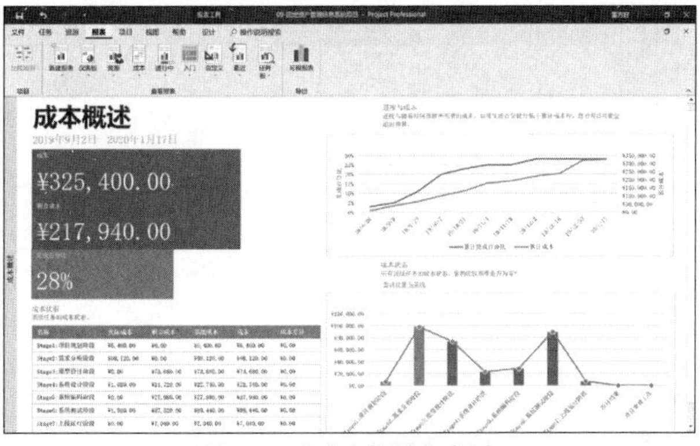

图9.30 “成本概述”报表

◎ 工时概述：展示项目跟工时相关数据的报表，可以根据时间与阶段分别统计分析，如图 9.31 所示。

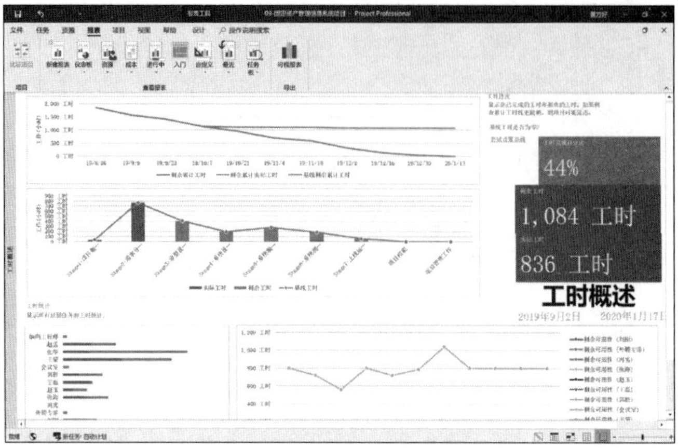

图9.31 “工时概述”报表

◎ 即将开始的任务：展示当前项目在当前需要处理的工作任务，如图 9.32 所示。

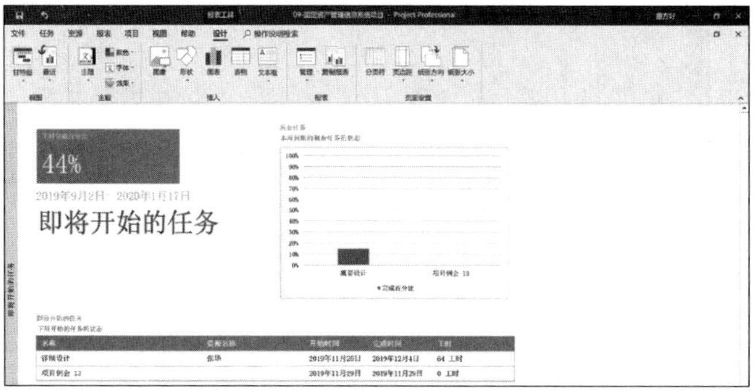

图9.32 “即将开始的任务”报表

2. 资源

◎ 资源概述：展示项目所有团队成员（工时资源、材料资源、成本资源），如图 9.33 所示。

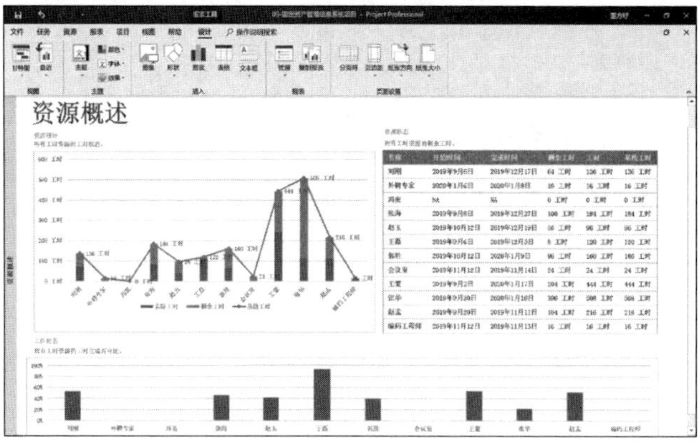

图9.33 “资源概述”报表

◎ 过度分配的资源：展示资源有过度分配的信息，如图 9.34 所示。

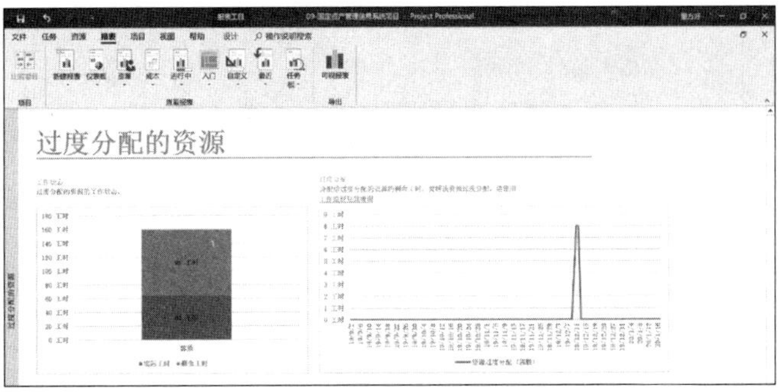

图9.34　“过度分配的资源”报表

3. **成本**

◎ 任务成本概述：展示项目以阶段方式查看项目任务成本状态以及不同状态任务成本的统计分析，如图 9.35 所示。

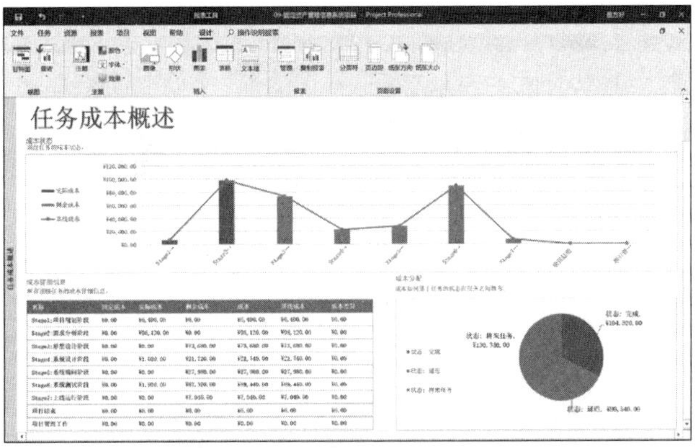

图9.35　“任务成本概述”报表

◎ 成本超支：展示项目按照阶段以及资源投入形成的成本超支数据，成本超支是项目执行成本与基准成本的差异，如图 9.36 所示。

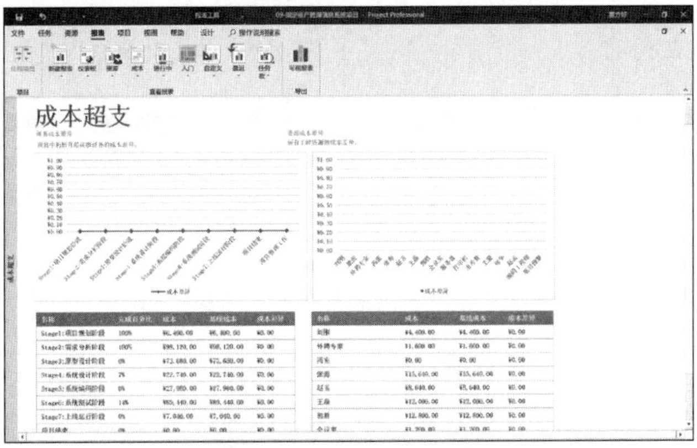

图9.36　“成本超支”报表

◎ 挣值：展示项目 EVM 挣值绩效数据模型数据，EVM 挣值数据模型是 Project 2019 自带的绩效管理模式，如图 9.37 所示。

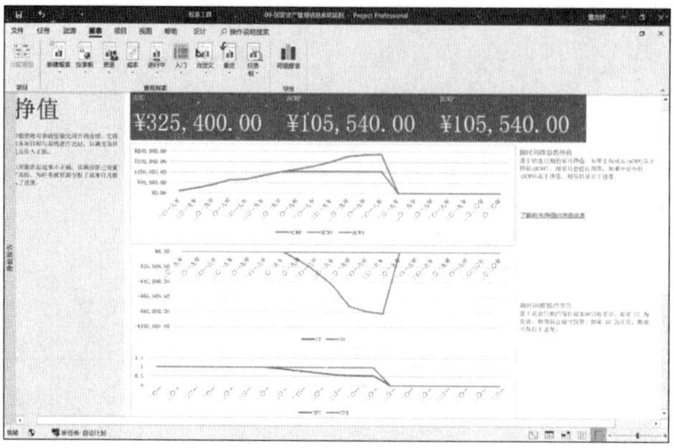

图9.37 “挣值”报表

◎ 现金流量：展示成本信息在指定周期时间内的分布情况，此报表对财务部门了解项目的资金使用情况非常有帮助，如图 9.38 所示。

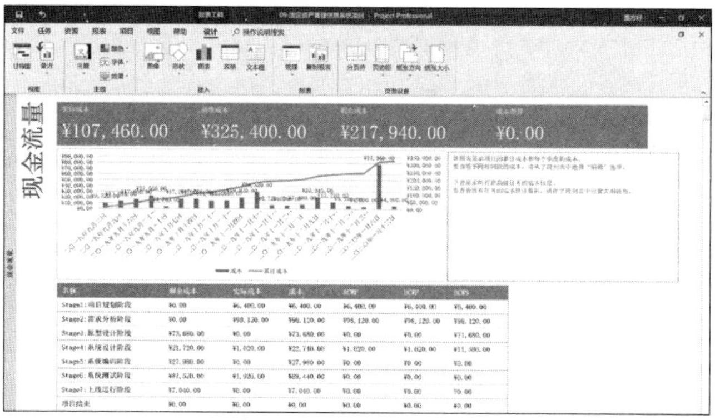

图9.38 “现金流量”报表

◎ 资源成本概述：展示项目资源在项目上的成本投入统计信息。

4. **进行中**

◎ 关键任务：展示所有关键路径上任务的执行状态，包括统计关键任务的状态以及每个关键任务的执行信息，如图 9.39 所示。

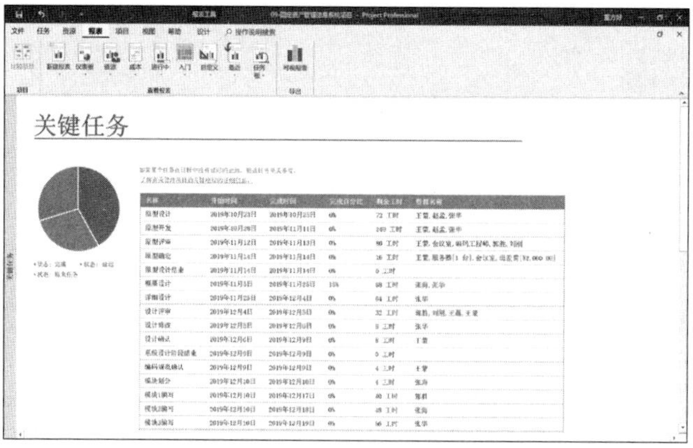

图9.39 “关键任务”报表

◎ 延迟的任务：与状态日期相比有所延迟的任务。如果已超过完成日期，或者任务未按计划进行，则该任务已延迟，如图 9.40 所示。

图9.40　“延迟的任务”报表

◎ 进度落后的任务：完成日期超过了基线完成日期的任务，如图 9.41 所示。

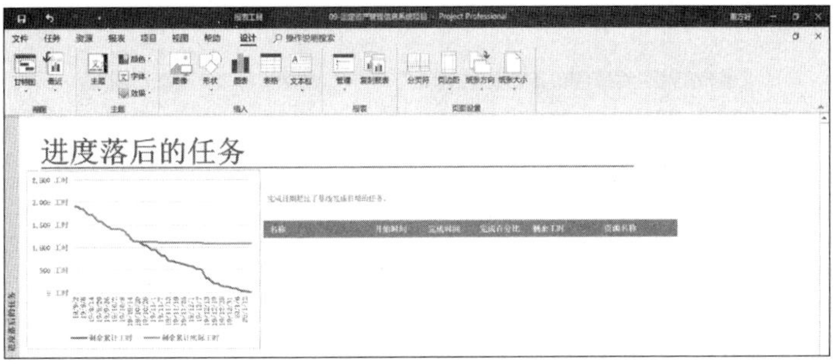

图9.41　“进度落后的任务”报表

◎ 里程碑报告：展示项目所有里程碑的执行状态，如延迟里程碑、后续里程碑、已完成的里程碑信息等，如图 9.42 所示。

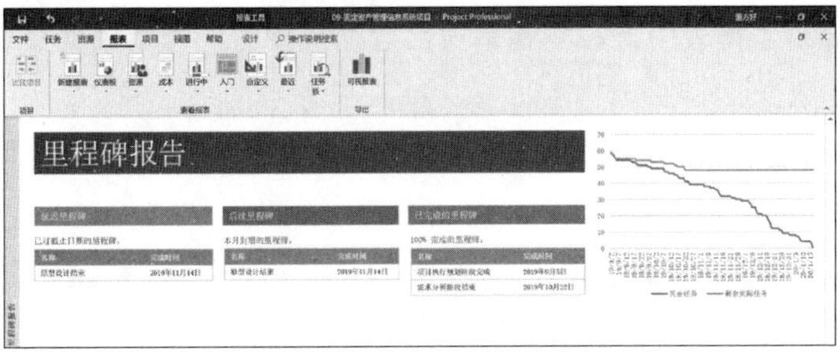

图9.42　“里程碑报告”报表

5. **入门**

“入门”展示了 Project 2019 版本如何实现项目报告的拓展性使用方法，主要包含以下几个内容。

◎ 与您的团队共享：展示如何一步一步实现项目信息报告通过 SharePoint 平台进行团队内项目信息共享，如图 9.43 所示。

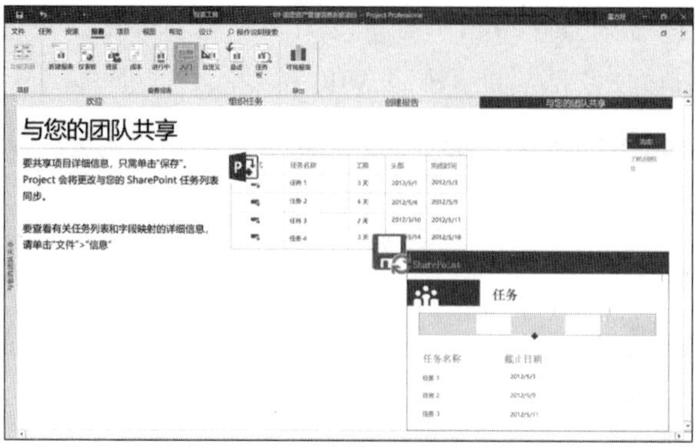

图9.43 “与您的团队共享”报表

◎ 创建报告：通过与集成多维数据集的模式显示报表的快速创建，支持数据列表以及数据图形化展示。

◎ 开始使用项目：通过菜单的方式引导进行报表的创建与共享。

◎ 最佳做法分析器：支持项目数据的多维数据分析，可以根据项目管理者的需求定制项目报告，如图 9.44 所示。

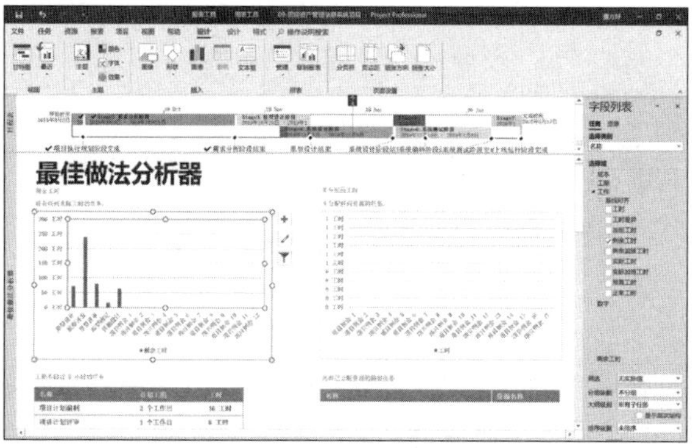

图9.44 “最佳做法分析器”报表

最佳做法分析器报表中，右侧就是项目数据选择器，可以根据报表的需要，通过右侧选择合适的数据展示在报告中。

◎ 组织任务：与项目团队通过 SharePoint 平台进行组织项目任务的共享和协同工作，如图 9.45 所示。

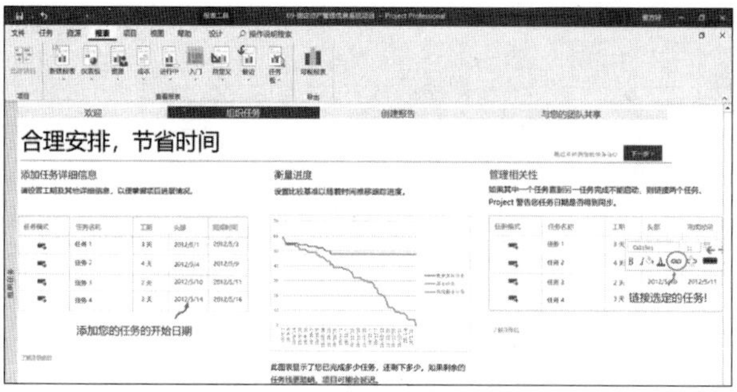

图9.45 “组织任务”报表

6. 任务板

“任务板”是 Project Online 桌面客户端中的功能（即订阅 Project Online 专业版以上版本的 Project 客户端，在普通购买的 Project 2019 版本中没有此功能），任务板基于项目计划与执行过程数据，自动根据任务板内容形成项目报告，主要包括以下几个看板。

◎ 任务看板 – 任务状态：展示任务执行状态的报告，以状态分类分析，如图 9.46 所示。

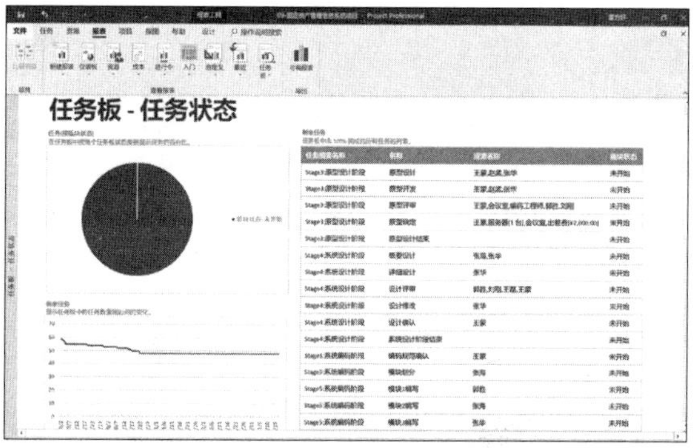

图9.46 “任务板–任务状态”报表

◎ 任务看板 – 工作状态：以资源为中心展示任务执行状态，如图 9.47 所示。

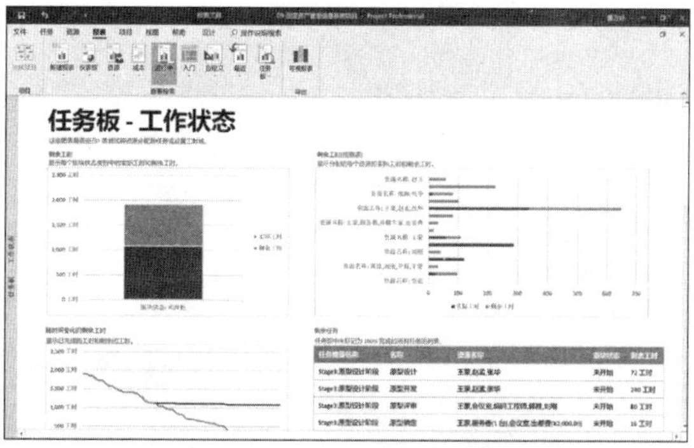

图9.47 “任务板–工作状态”报表

◎ 冲刺（sprint）状态：以敏捷管理模式下的冲刺分组状态报告，如图 9.48 所示。

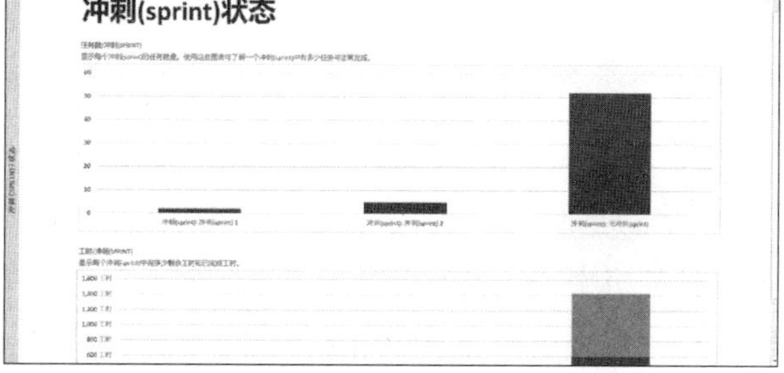

图9.48 “冲刺（sprint）状态”报表

◎ 当前冲刺 (sprint) – 任务状态：以敏捷管理模式下的当前冲刺任务状态报告，如图 9.49 所示。

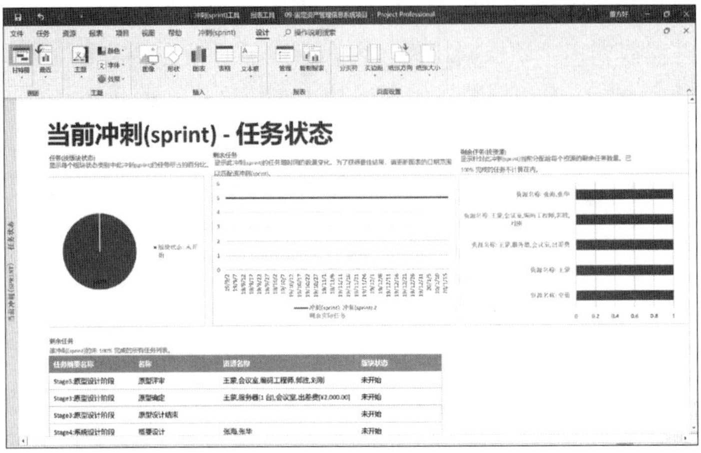

图9.49 “当前冲刺(sprint) – 任务状态”报表

◎ 当前冲刺 (sprint) – 工时状态：以敏捷管理模式下的当前冲刺工时状态报告，如图 9.50 所示。

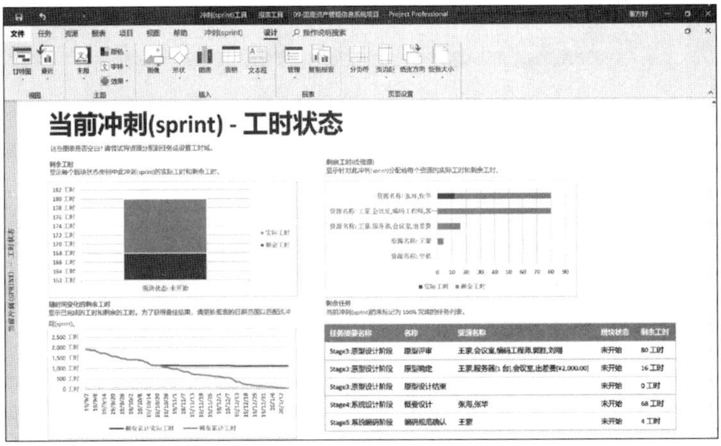

图9.50 “当前冲刺(sprint) – 工时状态”报表

9.5.3 常用报表

以上介绍的报表在计划与执行阶段都有可能用到，需要根据不同的项目在不同的时期的具体情况择优使用。

9.6 可视报表应用

可视报表是利用 Project 软件与 Excel 及 Visio 配合实现的一种图表形式的报表。实现这种功能需要读者在计算机中安装 Excel 2016 以上版本及 Visio 2016 以上版本，为了更好地匹配软件的可视化报表应用，推荐使用 Excel 2019 及 Visio 2019 版本。

9.6.1 操作方式

选择【报表】→【导出】→【可视报表】选项，打开如图 9.51 所示对话框。

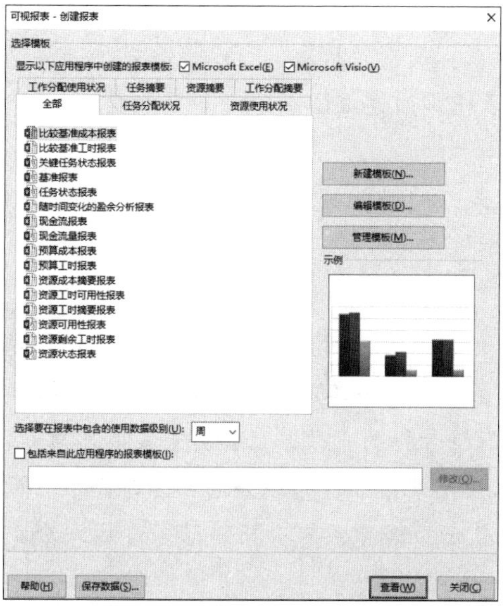

图9.51 “可视报表”对话框

9.6.2 内容介绍

如图 9.51 所示，最上面显示的是“Microsoft Excel”与“Microsoft Visio”，目的是询问用户用哪类文件呈现报告。如果将某一个选项取消，则在下方出现的报表就会减少该类报表，如撤选“Microsoft Visio”复选框，在下方的选项卡中就会缺少利用 Visio 生成的报表。如果撤选两个选项复选框，则所有报表均不显示。

在选项卡中，有如下几类报表。

（1）工作分配使用状况。

◎ 基准报表。使用此报表，可以查看先按季度然后按任务划分的项目图表。此报表将计划工时和成本与基准工时和成本进行比较。当计划工时超过比较基准工时或计划成本超过比较基准成本时，会有标记显示。

◎ 比较基准工时报表。使用此报表，可以查看显示项目的比较基准工时、计划工时以及实际工时的条形图。

◎ 比较基准成本报表。使用此报表，可以查看显示项目的比较基准成本、计划成本以及实际成本的条形图。

◎ 随时间变化的盈余分析报表。使用此报表，可以查看按时间绘制 AC（已完成工时的实际成本）、计划值（已完成工时的预算成本）和盈余值（已完成工时的预算成本）的图表。

◎ 预算工时报表。使用此报表，可以查看按时间显示预算工时、比较基准工时、计划工时以及实际工时的条形图。

◎ 预算成本报表。使用此报表，可以查看按时间显示预算成本、比较基准成本、计划成本以及实际成本的条形图。

（2）任务摘要。

◎ 关键任务状态报表。使用此报表，可以查看显示关键及非关键任务的工时与剩余工时的图表。数据栏表明工时完成的百分比。

（3）资源摘要。

◎ 资源剩余工时报表。使用此报表，可以查看按时间显示总工时量、工时以及剩余工时资源可用性的条形图。

（4）工作分配摘要。

◎ 任务状态报表。使用此报表可以查看一个图表，该图表显示项目中的任务的工时与工时完成百分比。当比较基准工时超过工时、比较基准工时等于工时以及工时超过比较基准工时时，会有符号指明。数据栏表明完成工时的百分比。

◎ 资源状态报告。使用此报表，可以查看显示每个项目的工时和成本值的图表。图表上每个框中的阴影表示工时完成百分比。随着资源中分配的工时趋于完成，阴影会越来越暗。

（5）任务分配状况。

◎ 现金流报表。使用此报表，可以查看按时间显示项目计划成本和实际成本的图表。成本按资源类型（工时、材料和成本）划分。当计划成本超过比较基准成本时会有标记显示。

（6）资源使用状况。

◎ 现金流报表。使用此报表，可以查看按时间显示项目计划成本和实际成本的图表。成本按资源类型（工时、材料和成本）划分。当计划成本超过比较基准成本时会有标记显示。

◎ 资源可用性报表。使用此报表，可以查看资源的任务分配情况以及资源的可用性情况。

◎ 资源工时可用性报表。使用此报表，可以查看按时间显示总工时量、工时以及剩余工时资源可用性的条形图。

◎ 资源工时摘要报表。使用此报表，可以查看按工时单位显示总工时量、工时以及剩余工时资源可用性的条形图。

◎ 资源成本摘要报表。使用此报表可以查看饼图，该图显示三种资源类型（成本、材料和工时）之间的资源成本划分。

9.6.3 功能演示

上一小节对每个可视报表进行了简单介绍，本小节对部分报表进行举例说明。

1. 现金流量表

现金流量表是每个单位财务部门需要了解的非常重要的项目财务信息。用户打开可视报表对话框之后，双击“任务分配状况”选项卡中的“现金流量表”，系统将进行一系列的运算过程，会自动生成一个 Excel 文件并启动 Excel 查看，如图 9.52 所示。

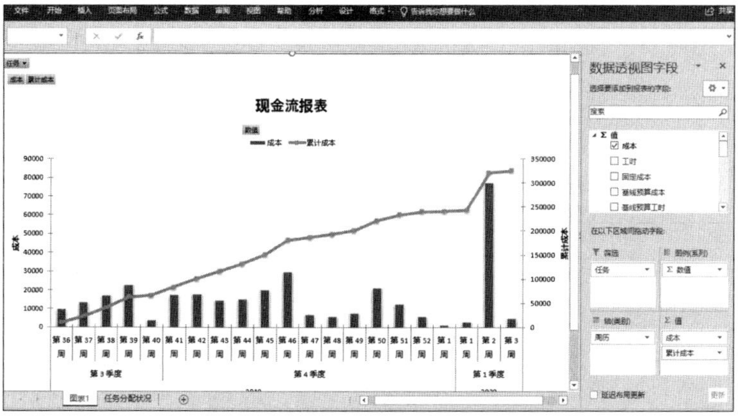

图9.52　“现金流量表”可视报表

在图 9.52 中，以柱状图的形式列出了从 2019 年第 3 季度到 2020 年第 1 季度每周的现金值，其中包含“成本”以及“累计成本”两项值，所以每周均有两个柱状图显示。

2. **预算成本报表**

在项目计划制订过程中，成本计划在不断发生变化，而且项目信息保存基准之后，成本计划也可能会不断变化，如何能够直观地展现“预算、成本、比较基准成本”三者的关系呢？通过可视的“预算成本报表”便可实现。

双击“预算成本报表”，经过系统一系列的计算之后，系统会生成一个新的 Excel 文件来展示生成的报表，如图 9.53 所示。

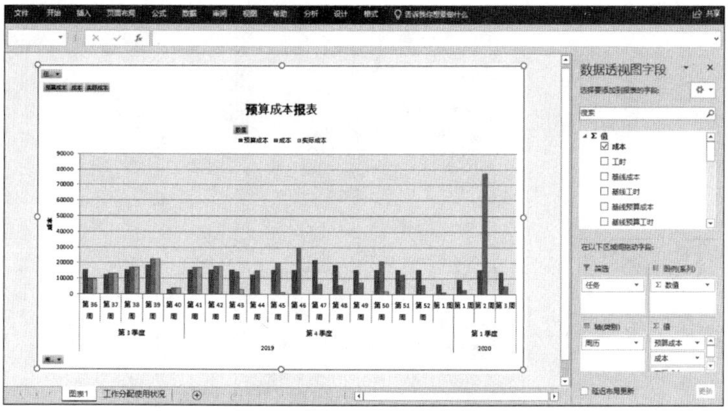

图9.53 柱状图显示的预算成本报表

在图 9.53 中可以看到哪些周的成本超过了预算，哪些周的成本是在预算范围内的。

9.6.4 报表模板维护

用户如果对默认的可视报表有修改的需求，可以单击图 9.51 右侧的【编辑模板】按钮来实现。通过编辑模板可以选择希望报表中出现的内容，如图 9.54 所示。

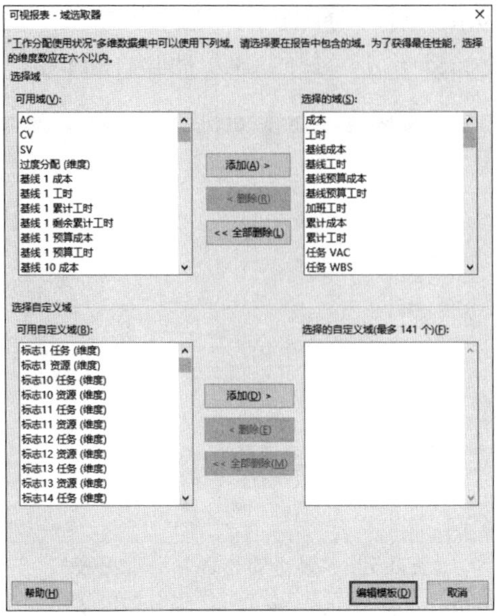

图9.54 可视报表的编辑模板

如图 9.54 所示，可以从左侧的“可用域”中选择希望在报表中出现的数据“添加”到右侧的“选择的域”中。或者从右侧“选择的域”删除不希望报表中出现的数据。

此外，如图 9.54 所示，不仅可以“添加”Project 默认的域，还可以添加用户自定义的域。

如果用户发现在当前的可视报表中，没有自己希望得到的报表，则可以单击图 9.51 中的“新建模板”来自定义新的报表模板文件。单击【新建模板】按钮，打开如图 9.55 所示对话框。

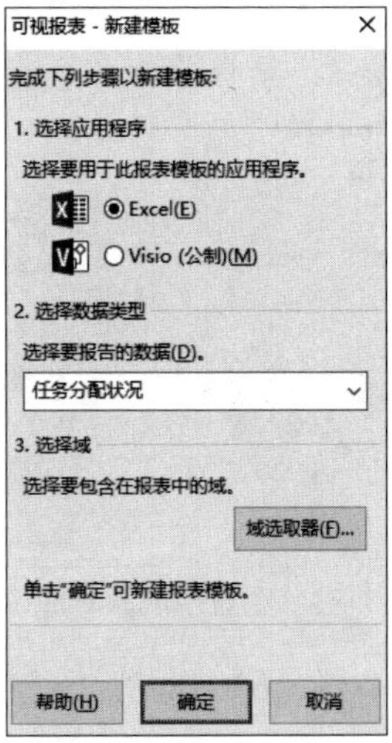

图9.55 可视报表的新建模板

如图 9.55 所示，新建模板时需要首先选择 Excel 或者 Visio 为报表的应用程序，再单击【域选取器】按钮，由用户定义出满足自身需求的可视报表。

9.7 日程表应用

Project 中日程表的应用在 9.1.1 小节已经介绍过，本节重点介绍一下批量任务添加与多日程表的使用方法。

9.7.1 单日程表应用

项目任务可以通过单击鼠标右键的方式添加到日程表中，如果需要添加的任务数量比较大，效率会比较低，此时可以采用批量添加的方法实现。打开“固定资产信息系统项目 .mpp”项目文件，如图 9.56 所示。

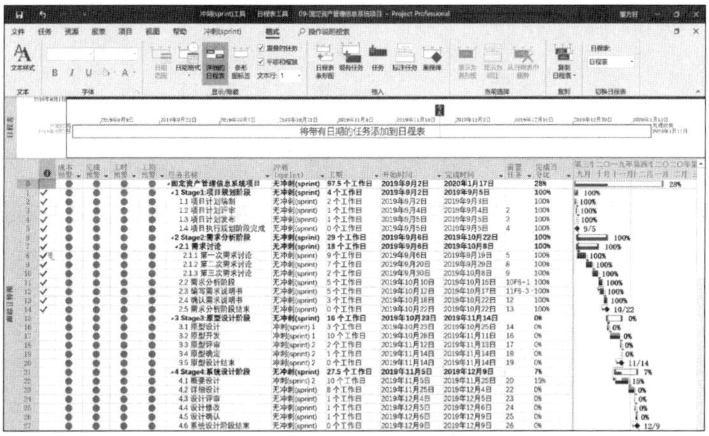

图9.56 跟踪甘特图

选择【视图】→【拆分视图】→【日程表】选项，项目跟踪甘特图中显示如图 9.56 所示的“日程表”窗体，日程表就是一个项目的时间轴，可以将项目信息分布到时间轴上便于查看，如图 9.57 所示。

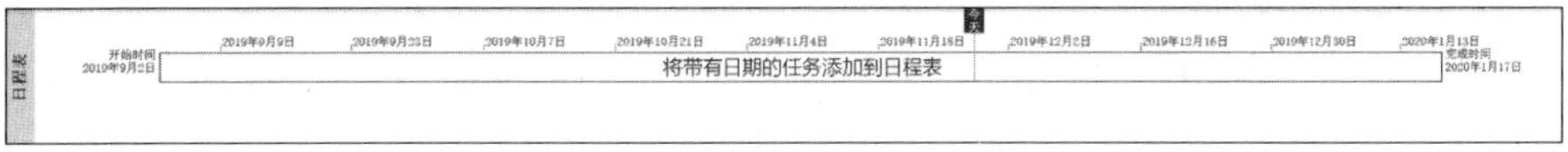

图9.57 项目日程表

现在需要在日程表中显示所有项目阶段，体现项目整体情况。首先通过【视图】→【数据】→【大纲】→【级别 1（1）】选项显示所有项目阶段，如图 9.58 所示。

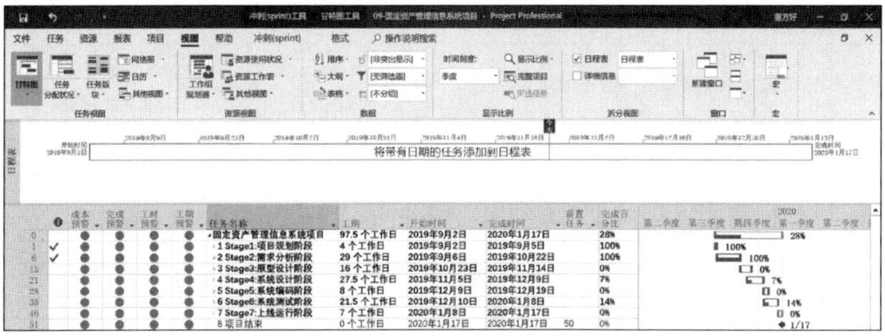

图9.58 查询所有项目阶段

利用鼠标左键点击左上角区域选中所有阶段，然后点击鼠标右键，通过选择“添加到日程表（A）”选项将选择的所有阶段添加到日程表，如图 9.59 所示。

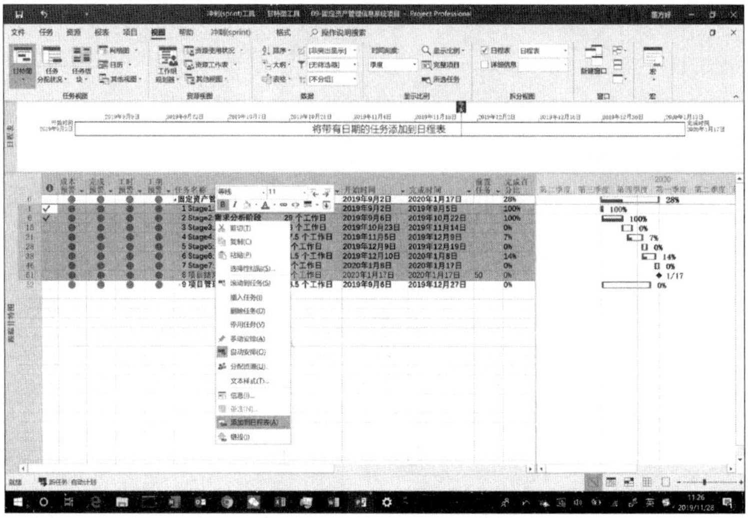

图9.59 项目阶段日程表添加

添加完成后，在日程表可以显示所有项目阶段的信息，添加后如图 9.60 所示。

图9.60 单项目日程表

日程表每个任务的颜色是可以调整的，可通过颜色设置让日程表更具查阅性。该日程表可以方便地拷贝到邮件、PPT 或者其他的编辑器中进行编辑和输出，对于管理者以及高级管理者，通过日程表可以高效地掌握项目的整体状态。

9.7.2 多日程表应用

在 Project 2019 版本中，不但支持单项目日程表的展现形式，还可以支持项目多日程表的展示形式。与单日程表相比，如果用户想把项目阶段与项目里程碑拆开在两个日程表中展示，这样可以更加清晰地展示项目信息。单击图 9.58 中日程表区域任一位置，选择【格式】→【插入】→【日程表条形图】选项，可以在日程表区域插入一个新的日程表，如图 9.61 所示。

图9.61 插入新的日程表

参考 9.1.1 小节介绍的方法，在第二条项目日程表中只添加项目里程碑信息，如图 9.62 所示。

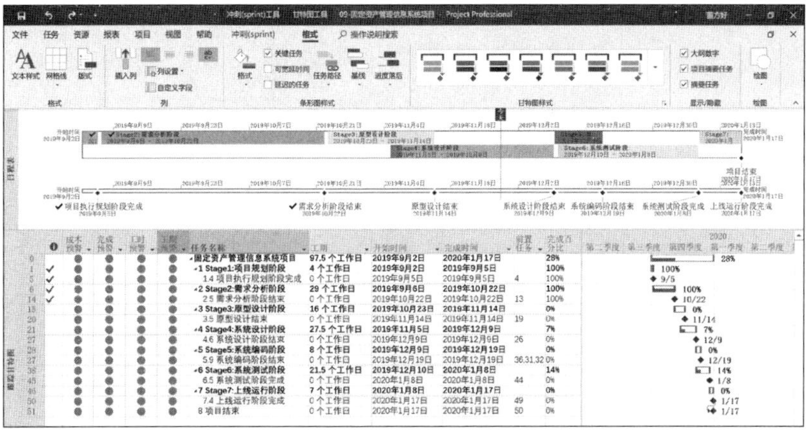

图9.62 多项目日程表

项目日程表的颜色和样式可以通过选项卡进行调整，选定日程表，单击【格式】选项卡，可以通过选项卡相关按钮（命令）对日程表进行操作即可。

9.8 项目计划对比

Project 除了本章描述的数据分析之外，还支持数据详细对比，在项目执行过程中详细地查阅多个版本的计划数据发生的任务增加、删除、调整等，都可以通过 Project 的计划对比功能实现。

项目执行过程中，项目经理每月会对项目计划进行调整，并保存为不同的项目计划文件：“固定资产信息系统项目 -201910.mpp”“固定资产信息系统项目 -201911.mpp”。现在通过 Project 对比功能展现对比。首先打开“固定资产信息系统项目 -201911.mpp”项目文件，选择【报表】→【比较项目】按钮，如图 9.63 所示。

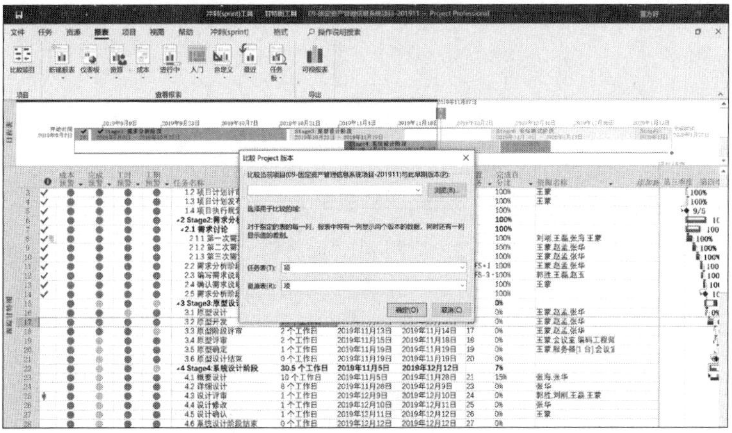

图9.63 项目计划对比选择

在图 9.63 中，通过“浏览 (B)…”选择需要对比的项目计划版本“固定资产信息系统项目 -201910.mpp”，如图 9.64 所示。

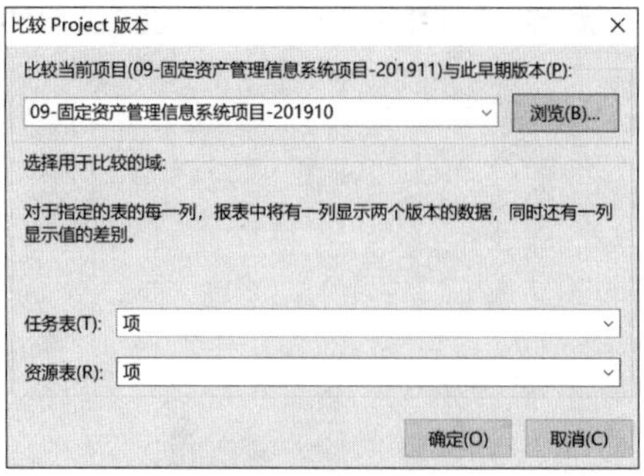

图9.64 选择对比项目

选择对比项目后，单击【确定】按钮，Project 会自动根据项目计划的差异形成报告，如图 9.65 所示。

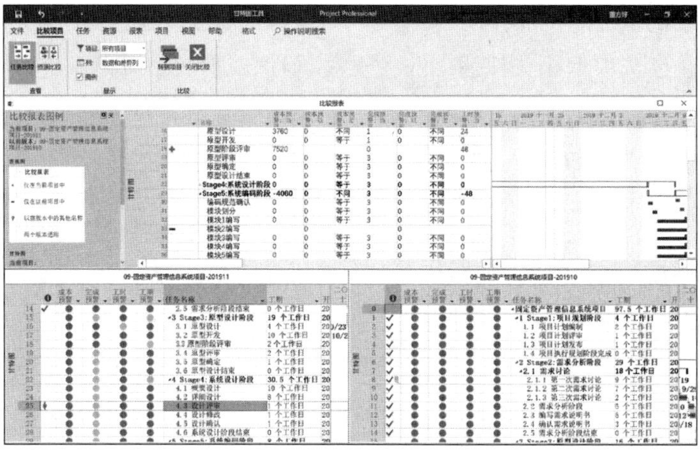

图9.65 项目计划对比报告

通过图 9.65 可以看到两个计划的对比分析报告，“+”表示是计划新增的任务，“–”表示计划任务被删除了。

第 10 章 项目收尾管理

项目经过项目启动、项目规划与项目执行监控过程完成，随着项目工作的完成与项目交付，项目经理与其他管理者（尤其是 PMO）需要对项目进行收尾管理。

在 PMBOK 中，这样描述“项目收尾管理”：

收尾过程组包括为正式完成或关闭项目、阶段或合同而开展的过程。本过程组旨在核实为完成项目或阶段所需的所有过程组的全部过程均已完成，并正式宣告项目或阶段关闭。本过程组的主要作用是确保恰当地关闭阶段、项目和合同。虽然本过程组只有一个过程，但是组织可以自行为项目、阶段或合同添加相关过程。本过程组也适用于项目的提前关闭，如项目流产或取消， 收尾过程组如图 10.1 所示

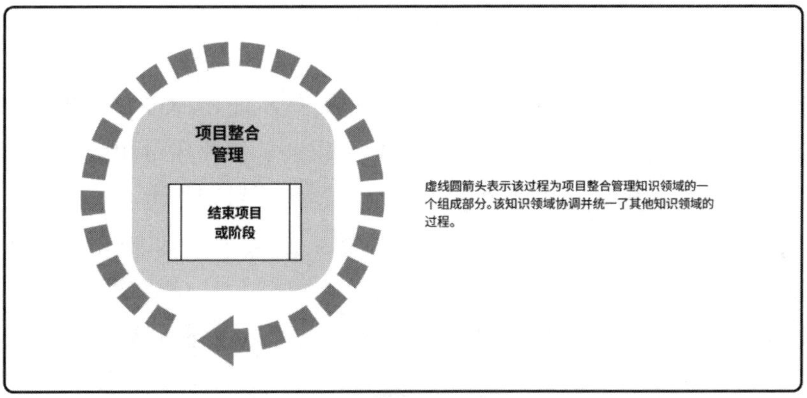

图10.1 收尾过程组

本过程的主要作用是存档项目或阶段信息，完成计划的工作，释放组织资源以展开新的工作。图 10.2 描述了本过程的输入和输出。

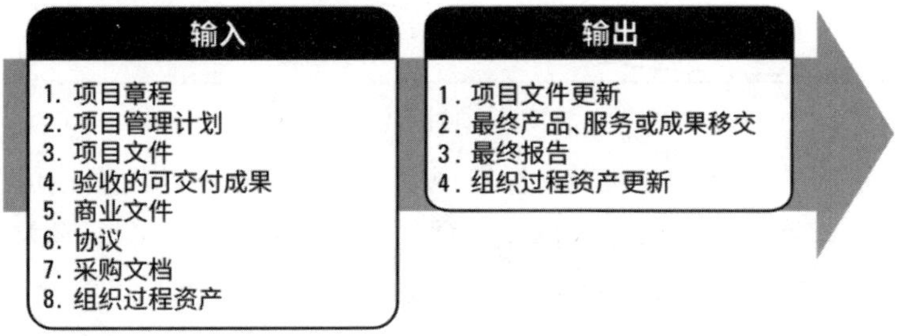

图10.2 结束项目或阶段：输入和输出

通过图 10.2 输入和输出可以看出，除了按照项目范围交付项目内容以及结束合同外，组织过程资产更新是一项在项目结束阶段非常重要的工作，组织过程资产包含的内容很多，作者根据多年的项目推广经验总结出基于 Project 工具实现组织资产更新的诸多经验，以项目计划模板的形式呈现。本章按照三个方面展开：

（1）项目计划模板重要性；

（2）项目计划模板规范；

（3）项目计划模板常见问题。

10.1 项目计划模板重要性

在项目启动之初，项目经理经常咨询 PMO 部门的一个问题就是："有没有项目模板可供参考,尤其是计划模板？"很多PMO组织会直接给项目经理提供历史的项目文件，项目经理从历史项目文件中获取相似的项目模板和计划，项目经理还需要自己根据历史资料抽象出项目计划，效果不佳并且效率不高，形成的计划模板也很难直接应用于当前项目。笔者给众多组织 / 企业提供过项目管理咨询与计划模板咨询服务，在这些企业和组织中可以很直接地发现，越是项目管理能力水平高的组织 / 企业，其过程资产与项目计划的模板资料越完善。

项目经理就如乐队的指挥，没有既定的乐谱，就不能指挥整个乐队演奏出曲子，项目经理在项目执行过程中需要基于项目计划（乐谱）指挥项目团队协同，计划模板就是为了提高项目经理编制高可用性项目计划，涵盖项目工作内容、工作交付物、工作时长、工作顺序、工作投入资源、工作投入资源成本等。因此规范并且适配的项目计划模板就非常重要！

如果用曲线来体现项目计划（模板）的重要性，可以用图 10.3 表示。

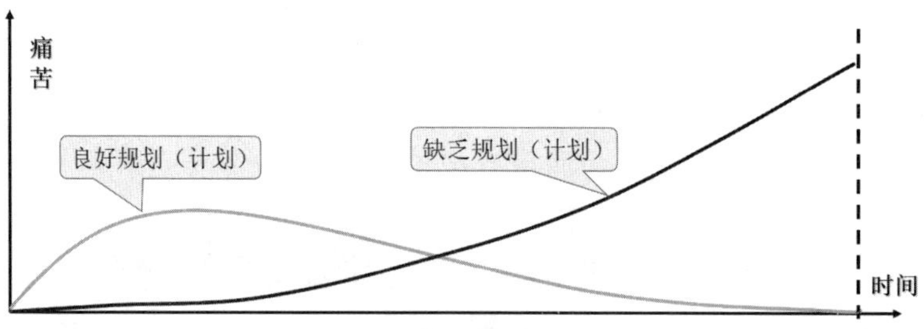

图10.3 项目痛苦曲线

一套规范适配的模板可大大提高良好规划的效率，项目计划模板可以有很多形式和要求，但必须遵循一条定律：项目经理拿到计划模板，可以在 1 周内根据模板编制出可执行的项目计划。项目计划模板样例如图 10.4 所示。

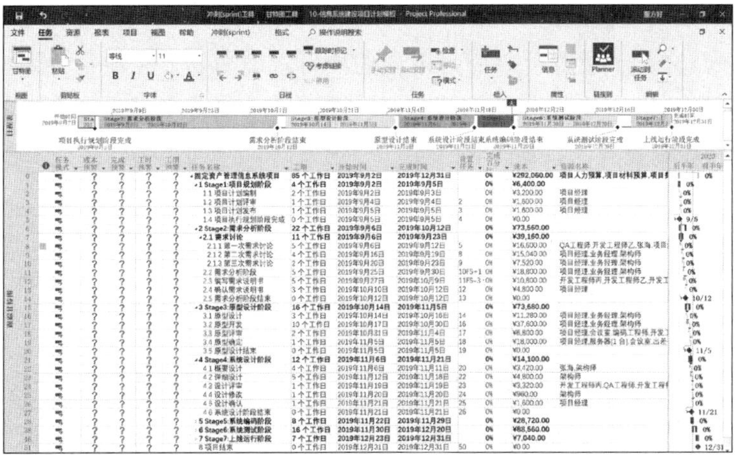

图10.4 项目计划模板样例

当读者定义好项目计划模板后，可以通过改变项目的开始日期来检查项目计划是否自动运算形成新的项目计划，判断计划模板的基本规范，选择【项目】→【属性】→【项目信息】→【开始日期】选项，将图 10.4 中计划模板的开始日期调整为“2020 年 3 月 2 日”，可以看到整个项目计划自动进行运算，如图 10.5 所示。

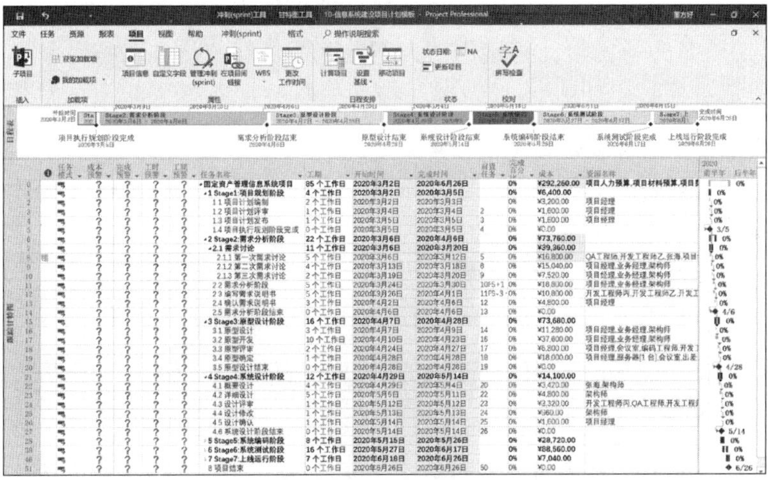

图10.5 项目计划验证

通过图 10.5 可以看到，在项目计划模板中修改了项目开始日期为“2020 年 3 月 2 日”，项目计划整体进行了运算，形成了新的项目计划，项目结束日期为“2020 年 6 月 26 日”，项目进度计划自动就已经形成了初稿，进度计划编制秒级实现。

以上计划模板的实现必须遵循以下的计划模板规范才行。

10.2 项目计划模板规范

项目计划模板非常重要，那什么样的项目计划模板是符合规范的呢？本节从 Project 工具设置与计划模板要求两方面详细描述项目计划模板必须遵守的规范。

10.2.1 Project 工具设置规范

Project 工具有若干设置可以满足不同的项目管理需要，在项目计划模板中，必须对 Project 工具进行以下规范设置。

1. 所有任务模式为“自动计划”

在示例计划模板中，如图 10.4 所示，所有的任务都是“自动计划”，没有一个任务是“手动计划”，手动计划类似一个钉子，会将计划任务锁定，当改变项目开始时间时，凡是“手动计划”的任务将不会根据项目逻辑进行自动计算。

2. 显示“项目摘要任务”

在示例计划模板中，如图 10.5 所示，当改变项目开始日期时，项目结束日期直接通过“项目摘要任务”体现出来，如果没有该“项目摘要任务”就很难直观有效地查看项目结束日期。“项目摘要任务”是项目整体信息的展现，在模板中必须含有该任务，因为“项目摘要任务”的数字标识是 0，笔者习惯称之为“0”任务。

3. 显示“大纲数字”

众所周知，项目计划含有项目管理的众多数据，是一份相当复杂的文件，高效地查看管理是必须被重视的，众多条目化的项目任务数据通过“大纲数字”可以便于项目经理更加有条理地进行管理，因此在项目计划模板中一定要体现出“大纲数字”，在某些密级比较高的项目中，直接用“大纲数字”代替“任务名称”，还起到了保密的作用。

10.2.2 项目进度计划模板规范

项目进度计划是项目计划的核心，项目进度计划模板的规范性主要体现在以下五个方面。

1. WBS 分解规范

WBS 分解规范针对“任务名称”列定义展开，如何分解请参考 4.1 章节。

a. WBS 分解结果，也就是任务明细要满足覆盖项目交付的工作内容，包括项目管理工作，即 WBS 分解结果 = 所有项目工作。

b. WBS 必须遵循由粗到细层级关系，一般为按照时间阶段发展的层级关系，或者是按照模块平行发展的层级关系。

c. WBS 分解中需要将阶段 / 模块与里程碑（有些时候也会结合质量门）结合起来，“Stage-Gate”模型的阶段与门也是同样的道理。

d. WBS 分级层级不宜过多，一般项目控制在 5 层级，更大项目适当放宽，对于更大型的项目需要考虑利用项目集的模式实现 WBS，将项目分成多个子项目再进行 WBS 分解。

e. WBS 分解时需要考虑“80h”原则，最直接的判断为工期不能超过“10 天”。

f. WBS 分解还需要考虑项目实例与项目模板的关系，需要考虑模板的通用性，因此 WBS 分解需要基于实例项目进行总结归纳，形成符合某一类型项目普遍适用，即抓大放小。

2. **工期估算规范**

a. 工期估算首先统一工期单位，通常用“工作日”，对超过 1 个月的项目可考虑用“工作周”，月度跨度太大不能使用。

b. 合理使用处于估算状态“？”，工期估算必须基于当前项目信息做出评估，尽可能消除处于估算状态的任务工期，同时允许保留。尤其在模板中不同项目差异比较大的任务通常采用“？”工期提醒未来项目经理。

c. 摘要任务工期一律采用自下而上的方式评估，自上而下适合在项目概要估算时采用。

3. **关联关系规范**

a. 关联关系即前置任务设置只设置任务（摘要任务不设置），任务是具体的工作内容，摘要任务都是任务的汇总展现。

b. 设置关联关系从第一个任务开始顺序设置，按照未来项目执行的顺序设置，切记不能跳跃设置，否则会导致混乱。

c. 合理使用 FS+？ d 以及 FS-？ d 的方式调整关联关系，提高设置效率。

d. 尽可能避免“SF”关系，以“FS”关系为主。

e. 关联关系设置完成后通常是瀑布式的，或者是阶段性瀑布式的；要尽量避免逆流（单独将里程碑放一起的除外，如图 10.6 所示，这种设置模式笔者不推荐）。

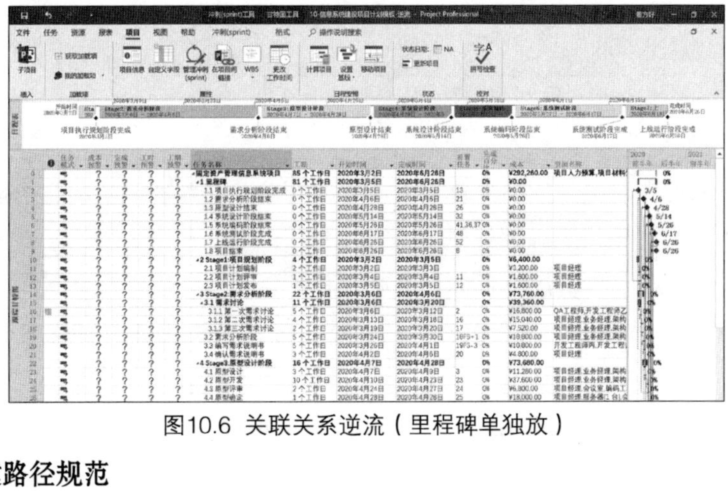

图10.6　关联关系逆流（里程碑单独放）

4. **关键路径规范**

计划模板中关键路径是一条清晰的路线，阶段里程碑通常都在关键路径中，项目结束里程碑一定在关键路径中。

5. **问题 / 风险规范**

问题与风险梳理在任务“备注”中，可强制每个任务分别梳理出 3 个对应的常规问题及解决方案，以及 3 个常规风险及应对策略。

10.2.3 项目资源计划模板规范

项目资源计划模板规范可能是最难的，读者重点关注以下三种规范即可。

1. 资源团队规范

a. 预算类资源最好区分工时预算资源、材料预算资源与成本预算资源，便于与项目立项时预算对应。

b. 工时类资源不能使用具体人名，统一采用角色或者职位，如项目经理，开发工程师或者电气工程师等。

c. 定义资源能力要求，利用资源“备注”属性描述。例如，项目经理，必须拥有类似项目实际经验超过 3 个；拥有 PMP 证书，最好拥有 PGMP 证书；熟悉信息化建设相关技术（数据库技术，开发技术），如图 10.7 所示。

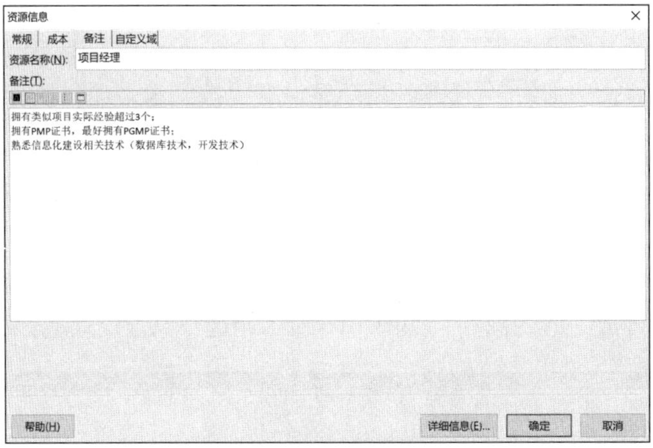

图10.7 资源能力要求

2. 资源分配规范

a. 资源分配首先明确一任务一负责人，责权明确，会议类任务可以分配多人。

b. 对于外包类任务只明确到外包负责人。

c. 摘要任务不能分配资源，具体任务必须分配资源。

d. 里程碑任务通常不分配资源，默认是项目经理负责，如有特殊可分配非项目经理资源。

e. 合理使用资源投入百分比，如“50%”表示资源投入一般精力，而“200%”表示需要投入两个资源。

3. 资源冲突规范

a. 在项目工时控制严格的组织 / 企业中尽量避免资源冲突出现，在项目工时控制不严格的情况下可以弱化，笔者建议采取第一种方式。

b. 在采用多人相同角色的情况下，资源计划中需要对项目资源投入总比进行设置，在资源工作表中设置资源的最大单位，如图 10.8 所示。

资源名称	成本	类型	材料标签	组	缩写	最大单位	标准费率	加班费率	每次使用成本	成本累算	基准日历
组：空值											
项目材料预算		成本			项					按比例	
项目费用预算		成本			项					按比例	
组：固定资产部				固定资产部							
项目人力预算		成本		固定资产部	项					按比例	
组：行政部	¥86,800.00			行政部		200%			¥0.00		
纸张	¥0.00	材料	包	行政部	纸		¥40.00		¥0.00	按比例	
外聘专家	¥1,600.00	工时		行政部	外	100%	¥100.00/工时	¥0.00/工时	¥0.00	按比例	标准
会议室	¥1,200.00	工时		行政部	会	100%	¥50.00/工时	¥0.00/工时	¥0.00	按比例	标准
服务器	¥84,000.00	材料	台	行政部	服		¥14,000.00		¥0.00	开始时间	
打印机	¥0.00	材料	台	行政部	打		¥2,000.00		¥0.00	按比例	
组：开发二部	¥193,560.00			开发二部		1,600%			¥0.00		
开发工程师甲	¥9,000.00	工时		开发二部	开	100%	¥90.00/工时	¥0.00/工时	¥0.00	按比例	标准
开发工程师乙	¥13,600.00	工时		开发二部	开	100%	¥100.00/工时	¥0.00/工时	¥0.00	按比例	标准
开发工程师丙	¥12,160.00	工时		开发二部	开	100%	¥80.00/工时	¥0.00/工时	¥0.00	按比例	标准
出差费	¥2,000.00	成本		开发二部	出					按比例	
项目经理	¥77,600.00	工时		开发二部	项	100%	¥200.00/工时	¥0.00/工时	¥0.00	按比例	标准
架构师	¥49,440.00	工时		开发二部	架	100%	¥120.00/工时	¥0.00/工时	¥0.00	按比例	标准
业务经理	¥28,800.00	工时		开发二部	业	100%	¥150.00/工时	¥0.00/工时	¥0.00	按比例	标准
编码工程师	¥960.00	工时		开发二部	编	1,000%	¥60.00/工时	¥0.00/工时	¥0.00	按比例	标准
组：开发一部	¥11,900.00			开发一部		300%			¥0.00		
QA工程师	¥3,640.00	工时		开发一部	Q	100%	¥35.00/工时	¥0.00/工时	¥0.00	按比例	标准
测试工程师	¥3,840.00	工时		开发一部	测	100%	¥80.00/工时	¥0.00/工时	¥0.00	按比例	标准
张海	¥4,420.00	工时		开发一部	张	100%	¥85.00/工时	¥0.00/工时	¥0.00	按比例	标准

图10.8 资源最大投入

如图 10.8 所示，“编码工程师”最大单位为“1000%”，说明在该项目上需要投入 10 个编码工程师。

10.2.4 项目成本计划模板规范

项目成本计划在进度计划与资源计划基础上主要从以下两个方面入手。

1. 项目预算规范

a. 项目预算只能是项目摘要任务上分配，并且通过工时资源预算、材料资源预算与成本资源预算展开，与项目立项过程整合。

b. 分别预算估算与管理，如图 10.9 所示。

	资源名称	工时	预算成本
	系统试运行	40 工时	
15	◢业务经理	192 工时	
	第二次需求讨论	32 工时	
	第三次需求讨论	16 工时	
	需求分析阶段	40 工时	
	原型设计	24 工时	
	原型开发	80 工时	
16	◢编码工程师	16 工时	
	原型评审	16 工时	
17	◢项目人力预算		¥220,000.00
	固定资产管理信息系统]		¥220,000.00
18	◢项目材料预算		¥70,000.00
	固定资产管理信息系统]		¥70,000.00
19	◢项目费用预算		¥10,000.00
	固定资产管理信息系统]		¥10,000.00

图10.9 预算分类管理

2. 任务成本规范

任务成本必须通过计算形成，不能手动输入任务成本，手动输入成本会导致成本计算不符合实际，如图 10.10 中“项目计划发布”成本“￥1,000.00”为手动输入，与资源实际投入的工时计算成本“￥1,600.00”是不匹配的。

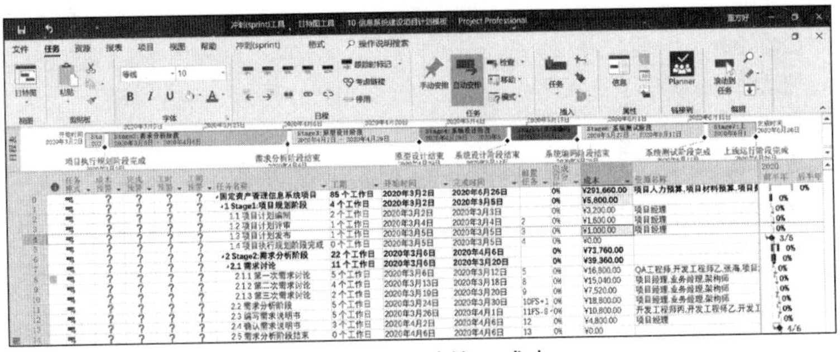

图10.10 手动输入成本

可以查看该任务的“固定成本”列，“固定成本”为“– ￥600.00”，这显然是不符合实际情况的。

10.2.5 项目执行监控模板规范

随着项目计划模板的规范性加强，项目执行监控的方式也需要更加规范，主要表现在以下三个方面。

1. 时间偏差值规范

a. 时间偏差存在工作日偏差与自然日偏差，计划模板中对于执行监控需要根据组织 / 企业的偏差管理规范约定，国内企业普遍倾向于自然日偏差，但趋势是工作日偏差。详细请参考 8.1.2 小节。

b. 完成时间偏差，开始时间偏差，工期偏差都需要参考该规范。

2. 状态灯规范

a. 在第 8 章中描述了如何制作使用状态灯进行项目监控过程，在制作红绿灯时只实现了红灯、绿灯和黄灯，在本章计划模板示例中出现了另外一个状态表示“？”，这个“？”是为了表示是该任务没有保存过基线，在模板规范中是不允许拥有基线数据的。将完成预警灯公式修改为：

IIf(ProjDateValue([基线完成时间])=4294967295," 无基线 ",IIf([完成时间差异]/480>5, " 严重延期 ",IIf([完成时间差异]/480<2," 完成正常 "," 完成预警 ")))。

设置状态灯的规则为如图 10.11 所示状态阈值。

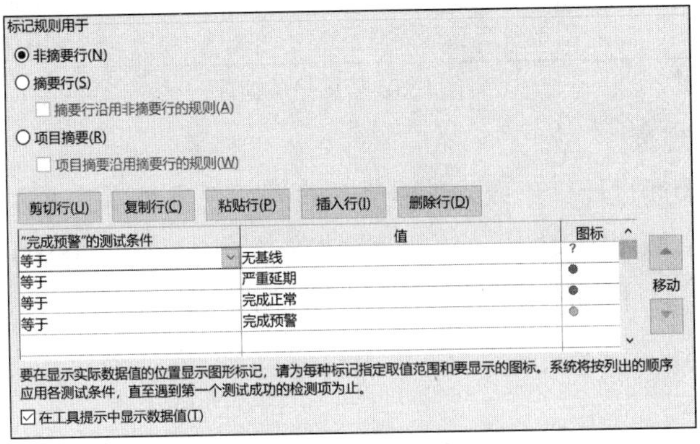

图10.11 状态阈值

b. 开始时间预警灯，工期预警灯都需要参考该规范。

3. 状态日期规范

状态日期是判断项目及任务状态的日期，项目每天都依次进展，状态日期也需要跟随项目日期推进，因此状态日期不能设置固定日期而需要设置动态日期，通过【项目】→【属性】→【项目信息】→【状态日期】选项调整为动态，如图 10.12 所示。

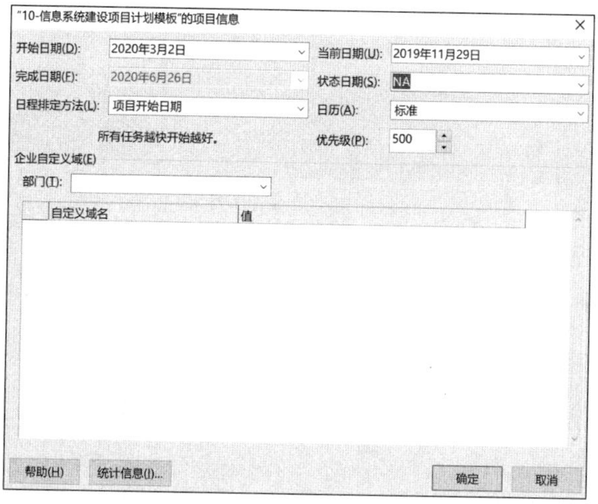

图10.12　调整状态日期

图 10.12 中，设置“状态日期 (S)”为“今日 (T)”，状态日期会自动改变，如图 10.13 所示。

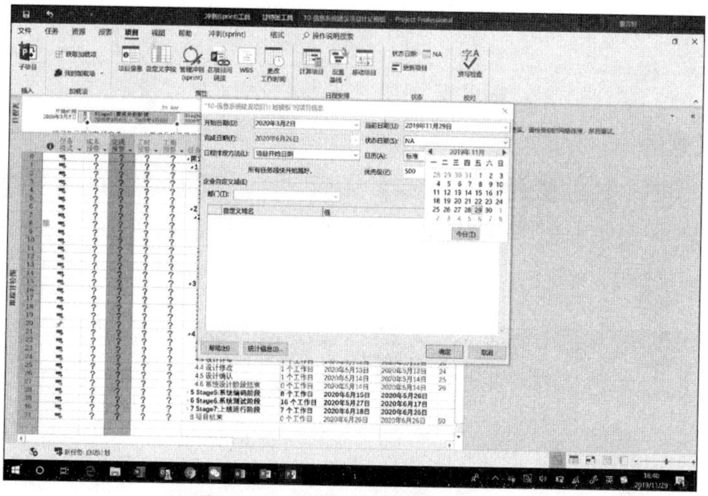

图10.13　调整状态日期为今日

10.3 项目计划模板常见问题

在项目计划模板编制过程中，经常会出现各种问题导致项目计划模板规范性不高，以下是笔者总结的在项目计划模板中容易出现的问题。

10.3.1 缺失“0”任务

项目模板计划视图中第一个任务从“1”开始，不是从“0”开始的，如图 10.14 所示。

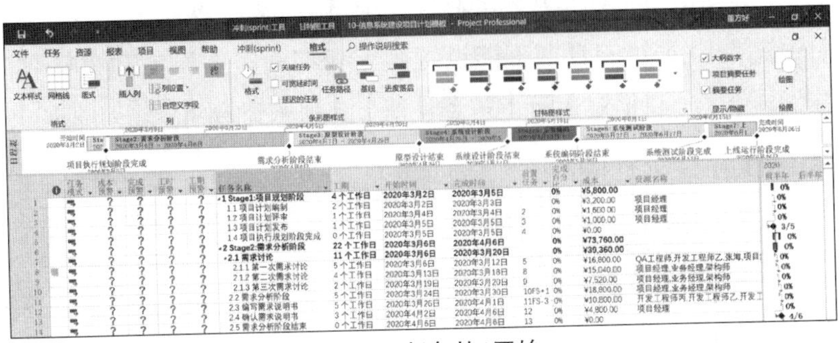

图10.14 任务从1开始

10.3.2 含有手动任务

项目模板计划中任务的“任务模式”有手动计划，如图 10.15 所示。

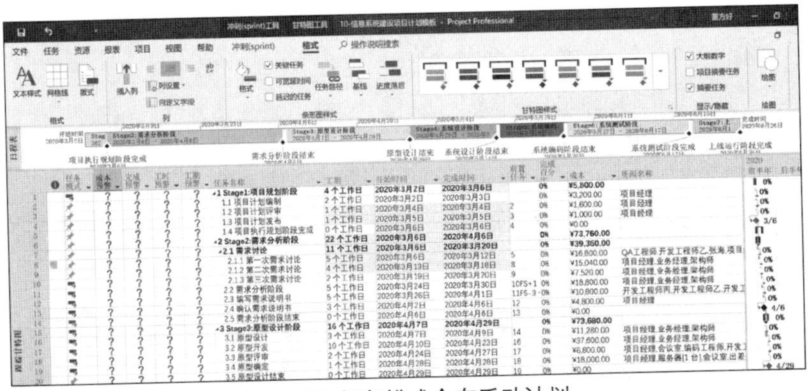

图10.15 任务模式含有手动计划

10.3.3 手动设置时间

项目模板计划中任务的开始时间或者完成时间通过手动设置，如果手动设置了开始时间或者完成时间，则任务标识栏中会出现日历窗口，如图 10.16 所示的任务“需求分析阶段”。

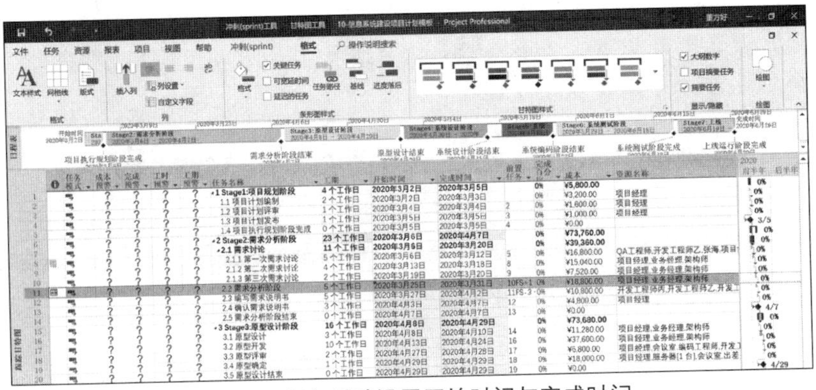

图10.16 任务手动设置开始时间与完成时间

10.3.4 不设置关联关系

任务开始时间与完成时间不是通过设置关联关系自动计算出来的，而是手动设置了按任务的开始时间与完成时间，如图 10.17 所示。

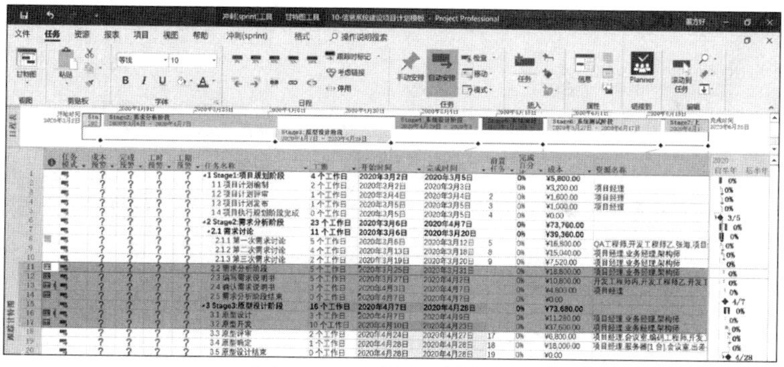

图10.17 不设置关联关系

10.3.5 设置具体人力资源

项目资源计划中，资源设置了具体人名，在项目资源计划模板中，资源需要设置为角色或者职位，如图 10.18 所示。

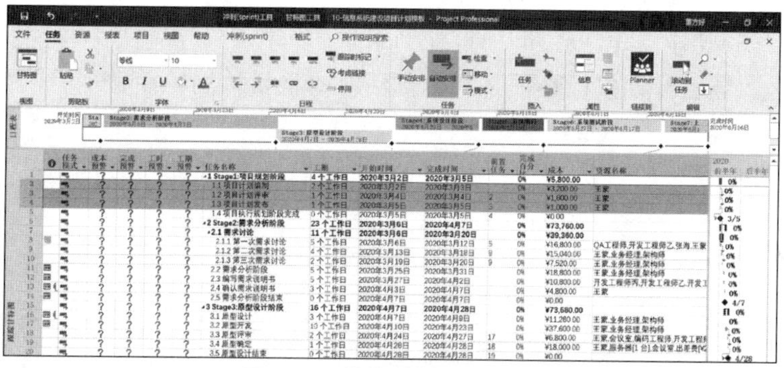

图10.18 设置具体人力资源

10.3.6 带有实际进展

项目计划模板中，虽然都是基于实际项目计划整理出来的，但是项目计划模板中不能含有实际的执行数据，如完成百分比不能大于 0%，如图 10.19 所示。

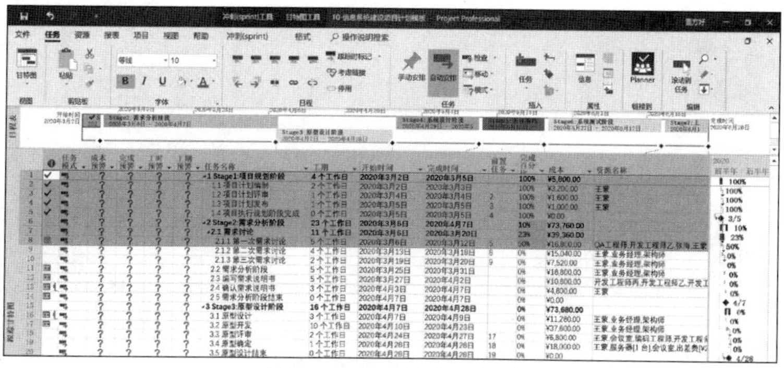

图10.19 含有百分比数据

10.3.7 带有项目基线

项目基线也是一类项目实际数据，项目计划模板中同样容易带有历史的基线数据，如图 10.20 所示只要不是“？”，状态灯说明有基线存在。

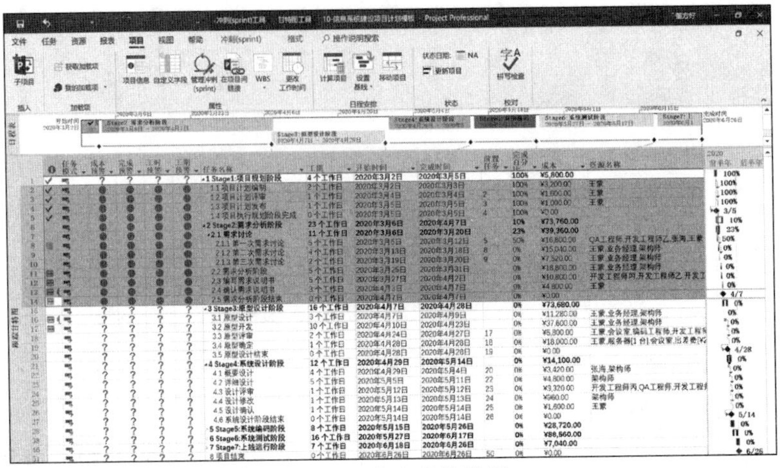

图10.20 含有基线数据

以上是项目计划模板的通用规范，读者可以根据组织 / 企业项目管理部门的具体规范参考细化，编制出高效的可行的项目计划模板。

总而言之，项目计划模板必须是一个“活”的项目计划。

第 11 章 项目集计划管理

前面章节介绍的基于 Project 实现的项目管理是围绕单个项目展开的，在实际项目管理过程中可能会出现同时管理多个项目的情况，这种情况的出现可能是基于资源共享的角度，或者是基于项目交付的角度，或者是为了集合在一起获取更大收益的角度。如果这些项目存在一定的相关性，则会组成“项目集”协调管理。

项目集（Program）是指经过协调统一管理以便获取单独管理时无法取得的效益和控制的一组相互联系的项目。项目集中的项目需要共享组织的资源，需要进行项目之间的资源调配。

项目集管理（Program Management）是指为了实现组织的战略目标和利益而对一组项目（项目集）进行的统一协调管理。项目集管理需要运用知识和资源来界定、计划、执行和汇总客户复杂项目的各个方面。

项目集管理不直接参与对每个项目的日常管理，所做的工作侧重在整体上进行规划、控制和协调，指导各个项目的具体管理工作。

“项目集”中主项目、单个的项目之间资源是共享的，而且项目和项目之间的任务可能会有关联关系。本章将从三个方面介绍项目集计划的编制：项目集计划合并，共享资源库的建立以及项目集执行监控。

11.1 项目集计划合并

Project 可以把若干个项目文件合并为一个大的项目文件，从而在一个 Project 环境中同时管理多个项目，完成项目间关联性的设定、资源的协调等工作，这种方式对于“项目集”的管理有着非常大的帮助，如长周期、多模块的协同研发项目以及实施类项目。

11.1.1 案例描述

执行“固定资产信息系统”项目的项目管理办公室（PMO）发现其他项目组执行的项目与此项目有着非常多的关联关系，项目与项目之间有着很多互相限制的条件。因此决定指派项目经理“小张”编制一个项目集的项目计划，项目集的名称为“11- 企业信息化项目集”，具体包含的项目有本书中一直使用的案例“固定资产信息系统”以及其他三个项目：邮件系统合并项目、办公自动化项目和视频保安系统项目。

11.1.2 合并项目

1. 建立主项目文件

打开 Project Professional，选择【文件】→【新建】→【空白项目】模板，新建一个空白的项目文件。选择【文件】→【保存】选项，在打开的“另存为”对话框中输入主项目的项目名称“11- 企业信息化项目集”，如图 11.1 所示。

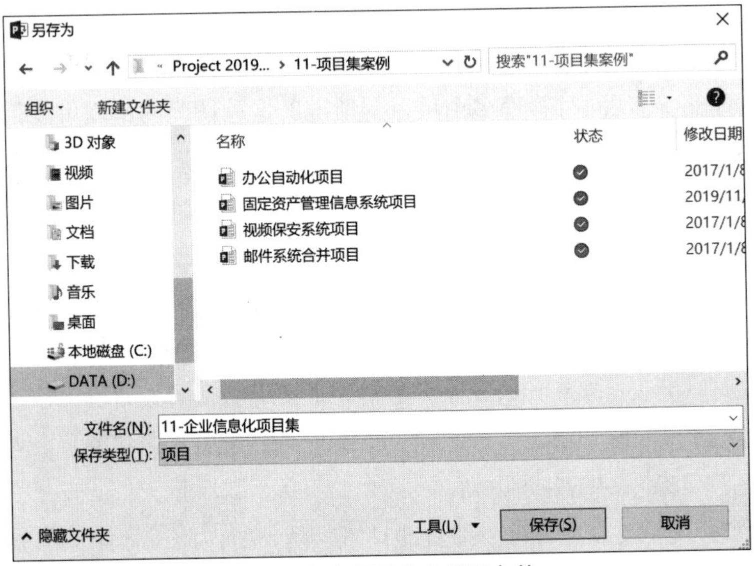

图11.1 保存项目集主项目文件

2. 显示主项目名称

选择【格式】→【显示 / 隐藏】组，勾选“项目摘要任务”以及“大纲数字”复选框，如图 11.2 所示。

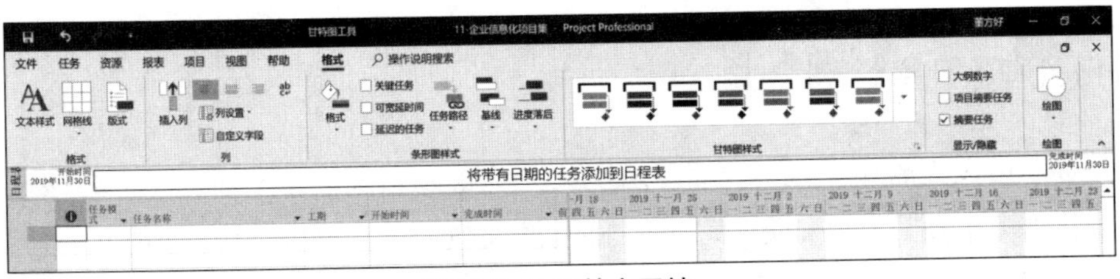

图11.2 设置基本属性

按照 11.2 所示的结果设置后，在该文件的甘特图中会出现一条“标识号”为“0”的任务，任务名称是“11- 企业信息化项目集”，效果如图 11.3 所示，该名称就是该项目文件的名称。这样做的目的是将下一步要插入的子项目，利用标识号为“0”的项目摘要任务实现项目群项目数据汇总。

图11.3　项目摘要任务

3. 插入项目

在图 11.3 中所示的甘特图中，单击第一个任务“11- 企业信息化项目集”下一行，然后选取【项目】→【插入】→【子项目】，在打开的对话框中选择在“案例描述”中提到的 4 个项目，如图 11.4 所示。

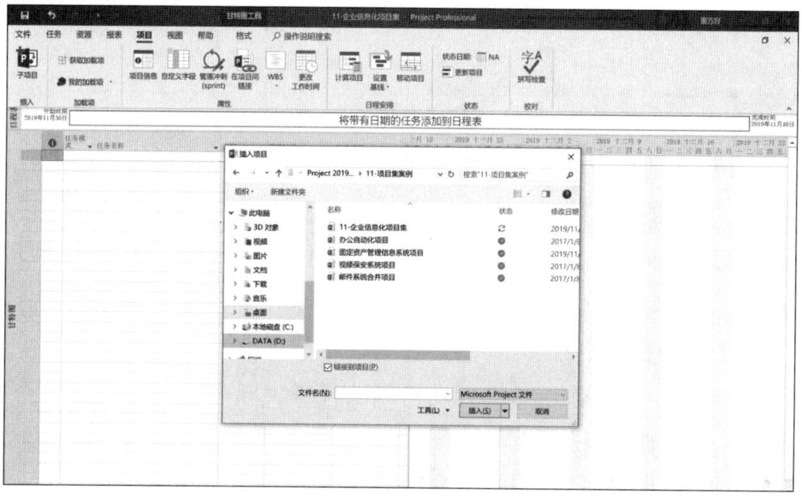

图11.4　将多个子项目选中并插入

一次性将多个项目选中后，单击【插入】按钮，上述四个项目会被合并到主项目中。合并后的效果如图 11.5 所示。

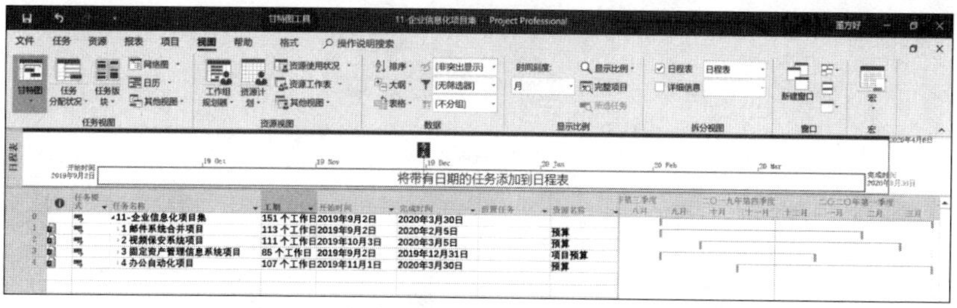

图11.5　合并项目以后的主项目的甘特图

从图 11.5 中可以看到，4 个子项目都以“摘要任务”的形式加入了主项目“11- 企业项目化项目集”，每个子项目左边的标记表明该摘要任务来源于项目文件。右边的条形图，表示每个项目的执行时间区域。

11.1.3 项目间的关联性设定

将项目合并以后，在新的文件中，既可以在“子项目”与“子项目”之间直接建立关联，也可以在不同项目的任务之间建立关联。

1. 子项目之间的关联

例如，“固定资产信息系统项目”必须在“视频保安系统项目”完成之后才能开始，可以直接在图 11.5 所示右侧的条形图中，在两个项目对应的条形图之间设置“前置任务”，建立两个项目之间的关联，结果如图 11.6 所示。

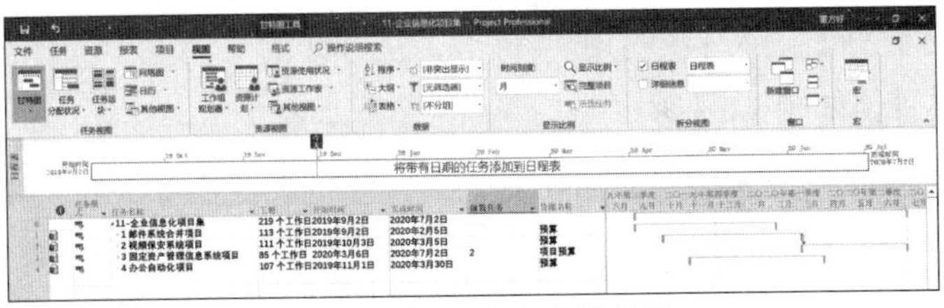

图11.6 项目名称之间的关联

在图 11.6 中，由于建立了“固定资产信息系统项目”与“视频保安系统项目”之间的关联，导致项目群的结束时间变为“2020 年 7 月 2 日”。

这个过程可以体现多个项目之间的关系，项目经理通过建立这种关联可以及时发现项目与项目之间产生的制约和影响。

2. 子项目之间的任务关联

项目合并以后，更大的作用是实现项目间的任务关联。

例如，“办公自动化项目”的任务“需求分析阶段结束”开始的前提是“邮件系统合并项目”的任务“系统试运行阶段”结束，从而需要在两个任务之间建立“结束—开始”的关联关系，如图 11.7 所示。

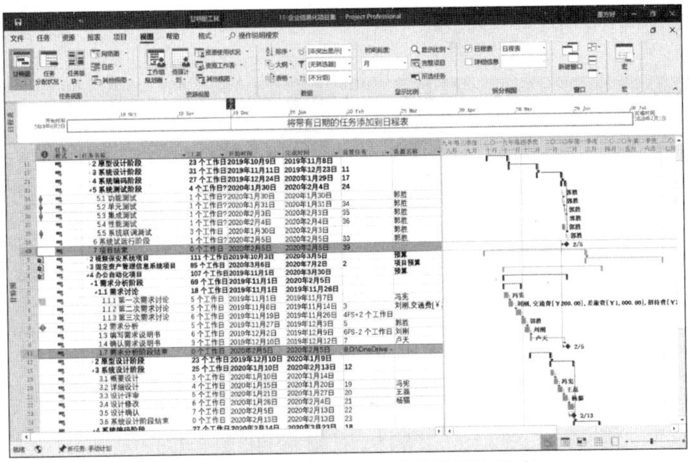

图11.7 跨项目的任务之间关联性设定

两个任务的“结束—开始”关联建立后，“办公自动化项目”的“需求分析阶段结束”的开始时间是“邮件系统合并项目”任务“系统试运行阶段”的结束时间。如果“邮件系统合并项目”的结束时间有改变，由于关联存在，“办公自动化项目”任务的开始时间也会受到影响。通过这种方法，可以动态监测项目之间的任务的关联性，保证多项目的协调一致。

11.1.4 合并项目后的数据汇总

项目合并后，各种必要的关联建立完毕，便可以形成一份高质量的“项目群”项目计划，如图 11.8 所示。从项目群文件的第一行（俗称 0 任务行）可以看到，项目群自动汇总了子项目的相关数据：工期、开始时间、结束时间、成本等。

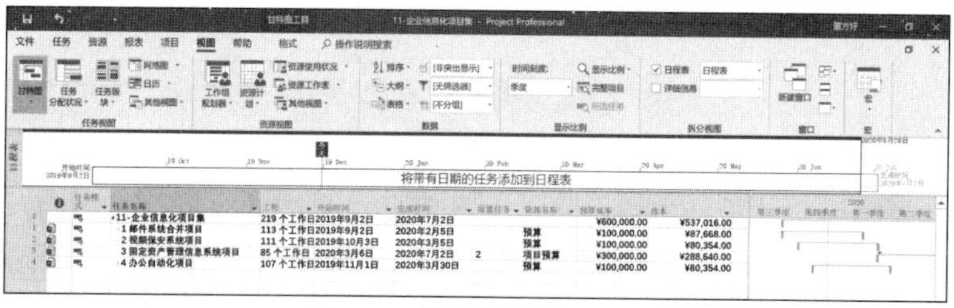

图11.8 项目群的数据汇总

从图 11.8 中可以看到，该项目群的总工期为“219 个工作日”，全部的项目在“2020 年 7 月 2 日结束”，项目群的总成本为“￥537,016.00”，总预算为“￥600,000.00”。

11.1.5 主项目与子项目的信息同步

Project 采用链接的方式实现项目合并，子项目并入主项目之后，子项目文件依然存在，因此子项目文件与主项目文件的信息同步非常必要。

1. 主项目同步子项目

Project 自动实现了主项目与子项目的信息同步，当在“主项目”中修改一个任务之后，保存“主项目”时，Project 会提示是否同步更新“子项目”文件，如图 11.9 所示。

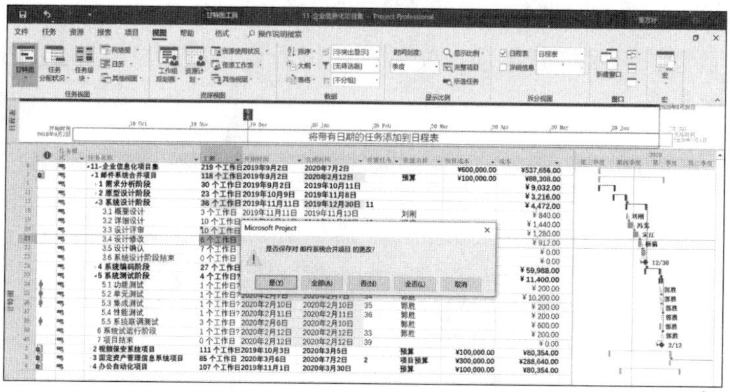

图11.9 主项目与子项目的同步

把“主项目”中的“邮件系统合并项目”的“设计评审”工期修改为“10 个工作日”，单击【文件】→【保存】按钮后，弹出如图 11.9 所示的提示信息，单击【是】按钮以后，再次单独打开“邮件系统合并项目”的 MPP 文件，可以看到“设计评审”任务的工期已经被自动修改为“10 工作日”，如图 11.10 所示。

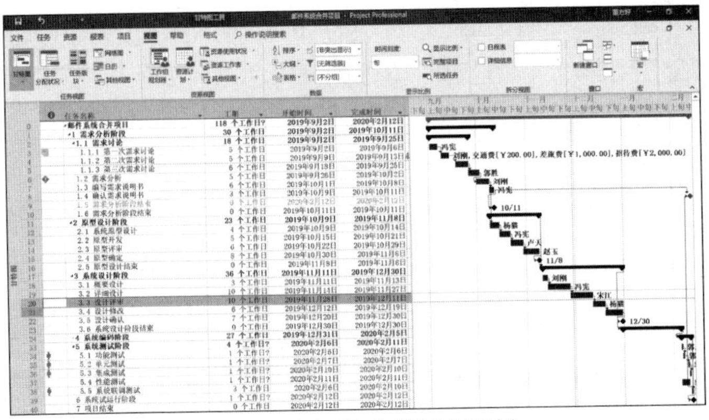

图11.10 子项目文件同步更新

2. 子项目同步主项目

如果更改子项目文件后，主项目文件中的信息也会被同时更新。例如，在子项目文件“邮件系统合并项目”中，将“系统原型设计”修改为“原型设计”，如图 11.11 所示。

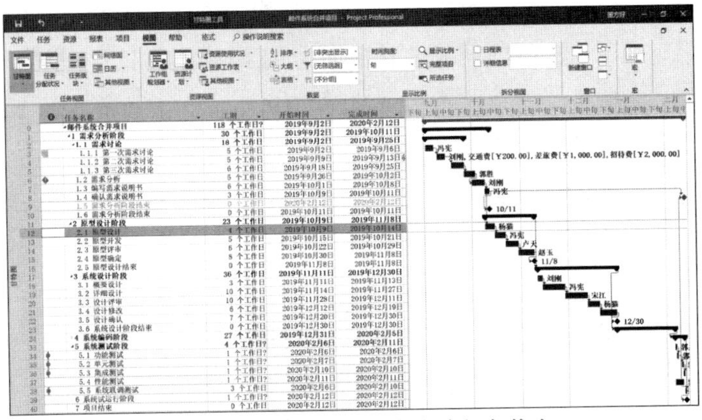

图11.11 在子项目文件中修改任务信息

修改子项目后，再次打开主项目文件，可以看到主项目文件中的该任务信息已经被同步了，如图 11.12 所示。

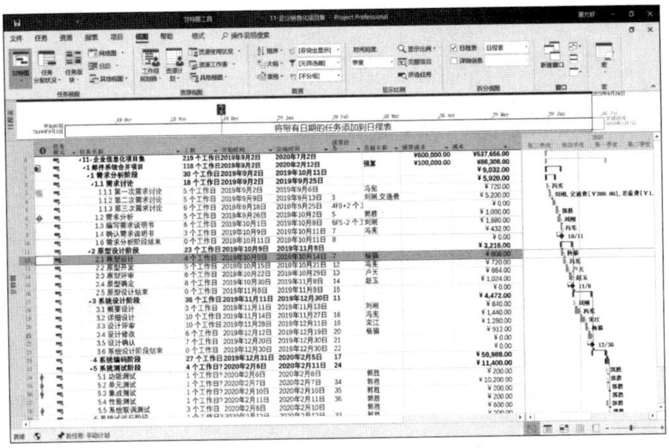

图11.12 主项目文件信息同步

3. 限制主项目对子项目的修改

如果项目群负责人只希望查看到各个子项目的状态，而不希望修改各个子项目的数据，但同时希望在主项目中可以模拟修改子项目的信息，可以在“插入项目”时采用“插入只读”的方式，项目合并后子项目的修改可以影响主项目，但是在主项目中不能更改子项目的内容，在一定程度上保证了数据的安全性。如图 11.13 所示，插入项目时【插入】下拉按钮有“插入只读”选项。

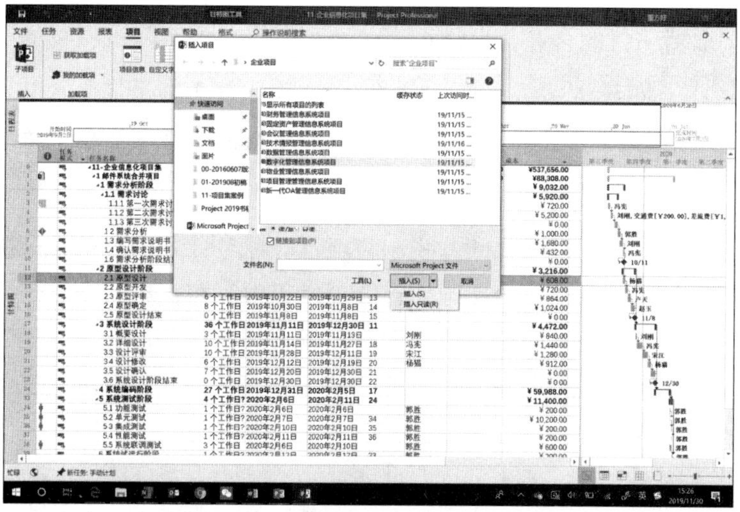

图11.13　“插入项目”时的只读选项

或者，直接在“主项目”中双击子项目名称，在弹出的“插入项目信息”对话框对应的“高级”选项卡中勾选“只读”复选框，如图 11.14 所示。

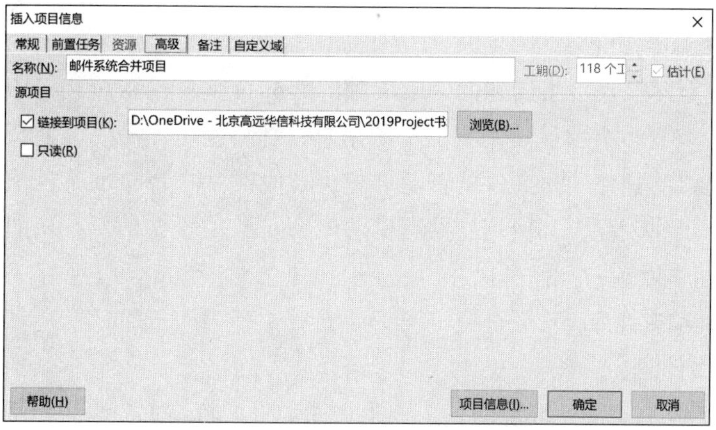

图11.14　修改子项目的只读属性

按照“插入只读”方式插入项目，或者修改子项目“只读”属性后，在主项目中展现子项目时，子项目的图标成为如图 11.15 所示的形状。

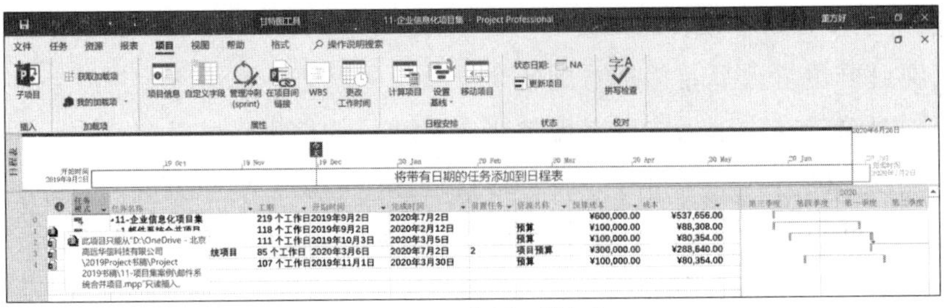

图11.15 只读项目的标记

如果希望取消项目的合并，方法很简单，在主项目中删除该项目的链接便可以取消该项目与主项目的合并关系。

11.2 共享资源库

前面介绍的是通过项目合并的方式制订项目群项目计划的方法，解决的主要问题是多项目之间的任务关联性。在实际项目管理过程中，存在多个项目之间没有任务的关联性，只有资源的关联性的情况，当多个项目之间的任务没有明显的关联性，但是资源却使用同一资源库时，为了实时得知资源在不同项目之间的分配状况，可以采取“共享资源库”的方法来解决。

> 注意：本小节介绍的“共享资源库”是在没有部署 Project Server 的情况下，使用 Project Professional 实现多项目资源管理的方法。如果部署了 Project Server，则本节内容不需要作为参考。

11.2.1 共享资源库简介

“共享资源库”是手工新建的一个单独的 Project 文件，这个文件中只在视图“资源工作表”中存放多个项目使用到的资源信息，甘特图中不需要任何任务信息。这个文件的用途是接受其他项目文件的资源共享，其他项目的 Project 文件不需要单独建立自己的“资源工作表”，都使用“共享资源库 .mpp”的资源信息，从而达到资源统一建立、统一维护、统一查看的目的。

11.2.2 建立共享资源库

1. 新建文件

在 Project Professional 环境中，选择【文件】→【新建】→【空白项目】选项，建立一个空白的项目文件，文件名保存为“共享资源库”（名字无所谓，但是必须能够让使用者清晰地识别），如图 11.16 所示。

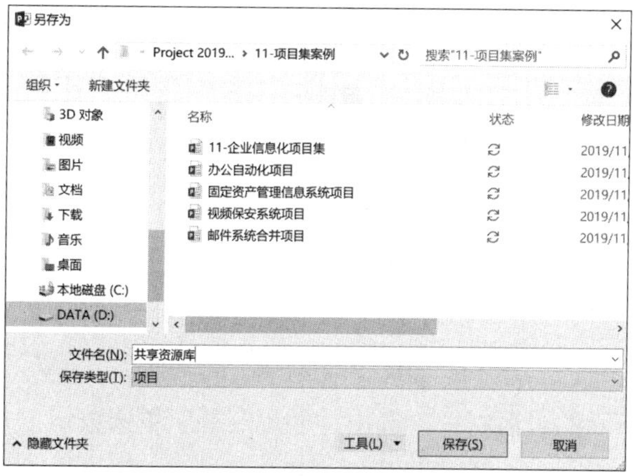

图11.16 保存共享资源库

2. 建立资源信息

“共享资源库”文件建立后，选择【资源】→【资源视图】→【资源工作表】选项，将视图切换到“资源工作表”，建立所有可能使用到的资源信息，如图 11.17 所示。

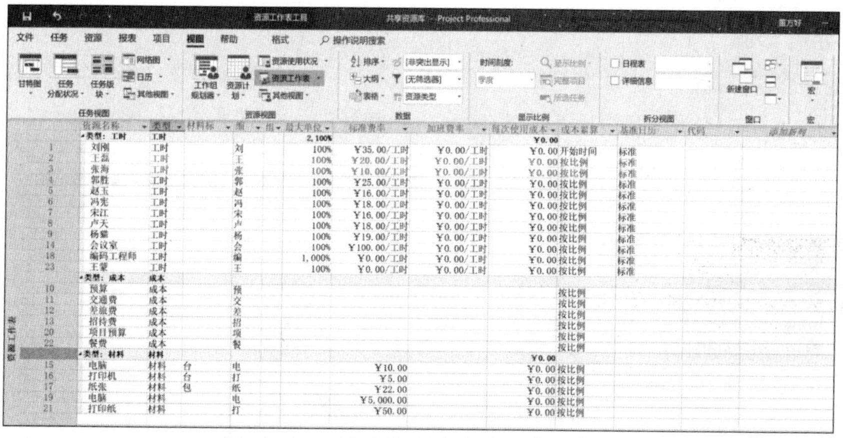

图11.17 在共享资源库中建立资源信息

11.2.3 使用共享资源库

1. 切换资源信息来源

资源库文件建立完毕后，打开所有即将使用该资源库的项目文件，即上一节提到的固定资产信息系统项目、办公自动化项目、邮件系统合并项目、视频保安系统项目 4 个项目文件。

依次在每个打开的项目文件中进行如下操作。例如，先打开“邮件系统合并项目”文件。

选择【资源】→【工作分配】→【资源池】→【共享资源】选项，打开如图 11.18 所示的对话框。

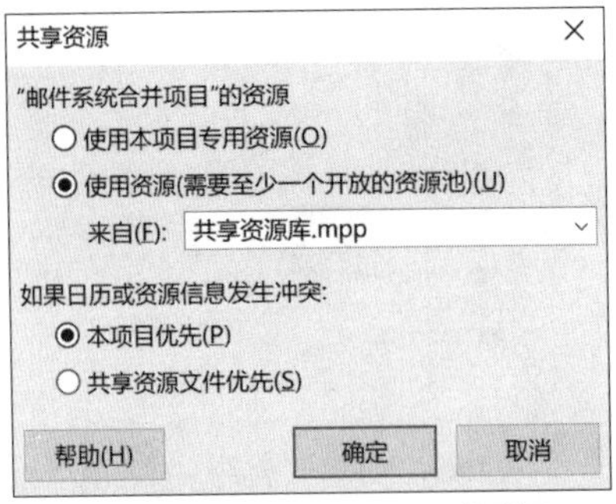

图11.18 “共享资源”对话框

在如图 11.18 所示的对话框中，选中“使用资源”单选按钮，并且在“来自”下拉框中选择刚刚建立完毕的“共享资源库 .mpp”。

选择完毕后，单击【确定】按钮，“邮件系统合并项目”的“资源工作表”中的资源被替换成“共享资源库”文件的资源信息。

采用同样的方法，将其他 3 个项目文件的资源信息切换为“共享资源库”中的资源信息。

2. 分配资源

设定 4 个项目文件使用统一的资源库以后，下一步的工作是进行资源分配，在各自的项目中把资源分配到具体的任务中去，如图 11.19 所示。

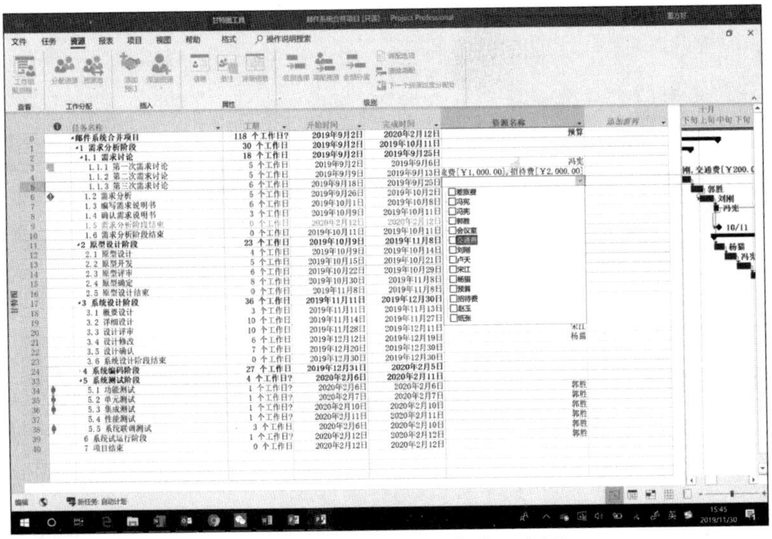
图11.19 在各自的项目中分配资源

3. 查看资源分配状况

查看资源的分配状况是“共享资源库”最为实用的功能。

打开“共享资源库 .mpp”文件，选择【视图】→【资源使用状况】选项，将视图切换到资源使用状况。在该视图内加入一个名称为“项目”的列，加入的方法是在“工时”列上单击鼠标右键，在弹出的选项中选择“插入列”，从“域名称”中选择“项目”，将该列插入当前的视图中，如图 11.20 所示。

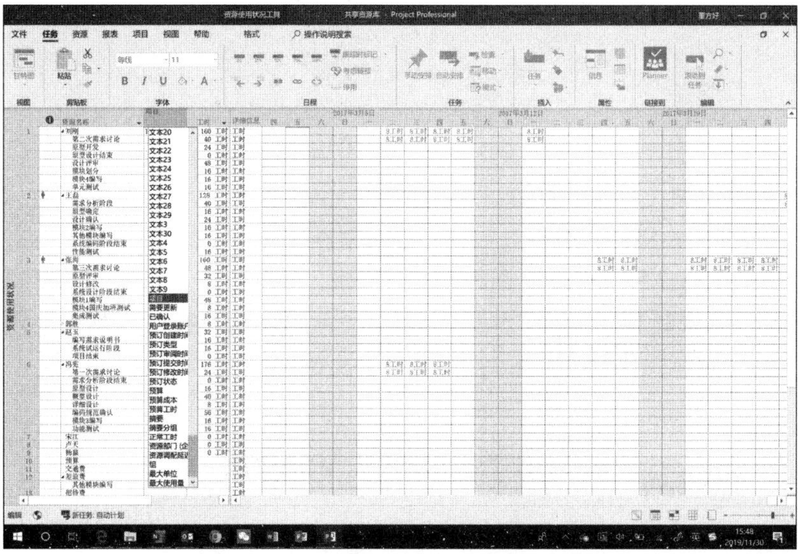

图11.20　在“资源使用状况”中增加“项目”

加入“项目”列的目的是可以看到同一资源在不同项目中的任务分配情况。“项目”列插入后，资源使用状况视图如图 11.21 所示。

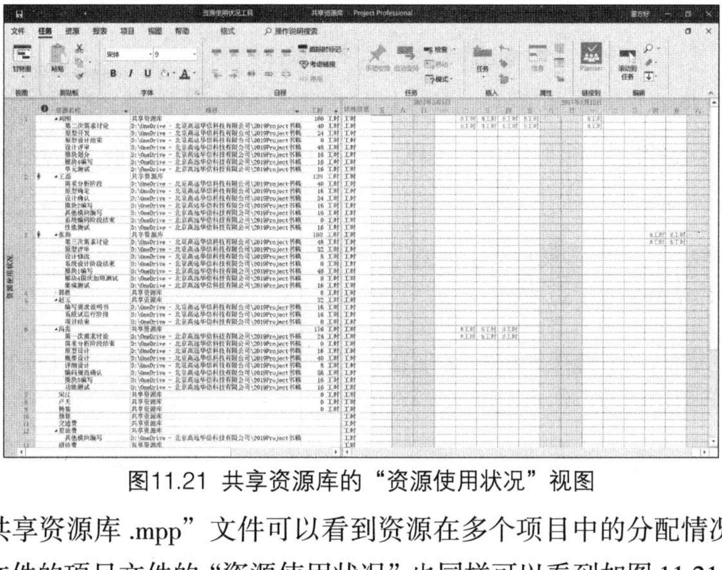

图11.21　共享资源库的“资源使用状况”视图

通过“共享资源库 .mpp”文件可以看到资源在多个项目中的分配情况，而且通过其他使用该文件的项目文件的“资源使用状况”也同样可以看到如图 11.21 所示的效果。

项目经理可以通过此功能进行多项目之间的资源调配，从而保证资源的合理利用及项目的顺利实施。

4. 取消共享资源库链接

项目文件中一旦使用了“共享资源库”文件，打开项目文件时，系统会提示是否同时打开“资源库文件”，如图 11.22 所示。

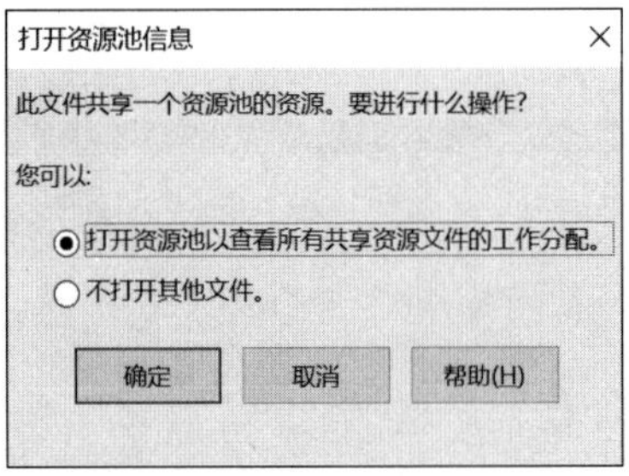

图11.22 打开项目文件时的提示

如果想取消项目文件与“共享资源库”的链接，可以打开“共享资源库”项目文件。选择【工具】→【资源共享】→【共享资源】选项，打开如图 11.23 所示的对话框。

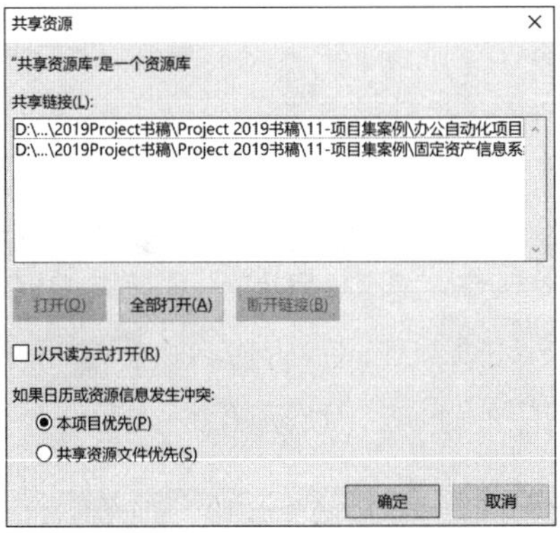

图11.23 断开共享资源库链接

在图 11.23 所示的对话框中，“共享链接”中显示的是共享此资源库的所有文件的路径描述。如果想断开某一个链接，可以选择某一个项目链接，单击【断开链接】按钮，则该项目与该资源库文件失去关系。

11.3 项目集执行监控

项目集执行监控与数据分析与单项目类似，请读者参考单项目执行监控与数据分析章节。

高级篇

第 12 章
需求管理
第 13 章
项目组合管理
第 14 章
项目计划管理
第 15 章
项目执行管理
第 16 章
项目监控管理
第 17 章
项目问题管理
第 18 章
项目风险管理
第 19 章
项目文档管理
第 20 章
企业资源管理
第 21 章
时间表管理
第 22 章
项目统计分析
第 23 章
项目收尾管理

第 12 章 需求管理

从本章开始，进入 Project Server 章节，介绍如何基于 Project Server 2019 实现企业项目管理、项目组合管理过程，相对于单机版本 Project 实现项目管理过程，涉及的内容更多，笔者依据项目管理核心过程进行阐述。

Project Server 2019 是一套完整的 PPM 解决方案，如图 12.1 所示。

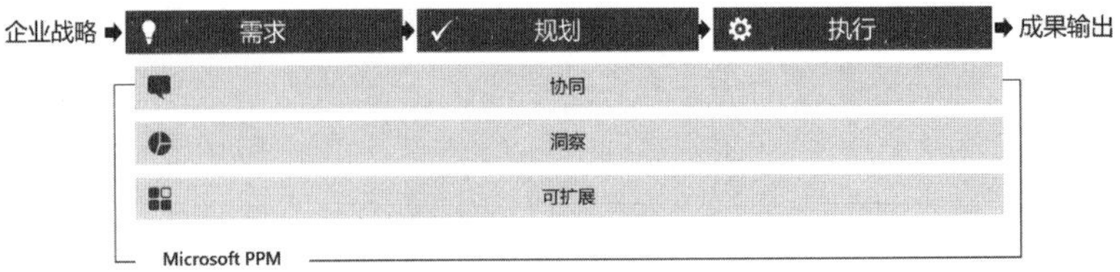

图12.1 PPM解决方案

Project Server 2019 从项目管理平台来看，主要实现如图 12.2 所示的管理职能。

图12.2 PPM解决方案能力

Project Server 项目管理从项目需求与组合管理、项目规划与执行管理、项目监控与过程辅助管理、知识管理与数据分析等方面，为组织 / 企业提供强大的项目管理、项目组合管理能力。首先来看需求管理。

什么是需求？

经济学家一般将需求定义为消费者在某一特定时间内按既定的价格对一种商品有购买愿意并且有能力购买的数量。在经济学家的定义中，需求有几个重要的属性：消费者、特定时间、既定的价格、能力。

什么是企业项目需求？

按照经济学家的定义，提取这几个重要的属性，就可以定义企业项目需求：企业在将来一年的时间里按年度预算对项目有意愿并且有能力执行的项目数量。

现在可以将需求的属性与企业需求一一对应。

◎ 消费者——企业（公司）；

◎ 特定时间——将来的一年（大企业可以做长期的规划）；

◎ 既定的价格——年度预算；

◎ 能力——企业资源的能力。

经济学家的定义只是一个统一的定义，企业项目需求有自己特定的属性，如项目需求是不是符合企业的战略目标、企业是不是能承担需求的风险、需求是不是满足企业自己定义的特定条件。

EPM 2019 中的需求管理是什么？

需求管理就是收集所有用户需求，在收集的过程中要求反映出企业项目需求的属性。这些需求属性将用于需求的组合分析，以筛选出企业应该执行的需求。

注意：关于需求管理（Demand Management）的解决方案，在微软 Project Server 2019 版本中没有明确的功能模块来实现需求管理，Project Server 2019 版本中，需求管理通过系统进行整合形成项目需求管理内容。本章将介绍 Project Server 2019 平台的需求收集流程和怎样定义自己企业的需求集流程。关于需求的组合分析介绍会在本书的后续章节中涉及。

12.1 需求管理能力

完整的需求管理应该是需求定义、需求确认、建立需求状态、需求评审、需求承诺。本书所指的需求管理是指需求管理用户实现需求收集的流程，在流程过程中用户需要录入的信息，流程的每一步可以用工作流来控制审批，当然也可以通过管理流程实现过程控制。本节我们将使用 EPM 2019 系统自带的需求管理来新建需求，以企业年度项目需求收集为例进行描述。

12.1.1 案例描述

读者都熟悉在组织 / 企业中，每年的最后一个季度是整体规划下一年度的时间，也称为项目预算季度。在这段时间内，各业务单元根据自己的业务发展规划梳理下一年度需要执行的项目需求，这些项目需求有些是能力提升的，有些是利润增长的，对任何组织 / 企业来说，如何及时有效地收集并分析组织 / 企业项目需求（机会），并提供项目预算数据分析都是一个非常大的挑战，常见问题如下：

◎ 如何及时有效地收集组织 / 企业项目需求（机会）；

◎ 如何能够对未来的项目进行预算分析评估；

◎ 如何通过技术手段科学化地对下一年度项目进行筛选；

◎ 从哪些方面对下一年度的项目进行筛选。

12.1.2 基本设置

首先确定哪些用户可以进行项目需求管理，在 Project Server 2019 中，有一个系统默认的权限组“项目组合经理组”，这个组内的成员可以对所有新的需求进行处理。当有新需求审批请求时，“项目组合经理组”的所有成员都会收到审批请求，如果一个人接受这个请求，那么所有人都会接受。如果一个人拒绝这个请求，那么所有成员都会拒绝这个请求。

1. 系统管理员登录 PWA

系统管理员通过浏览器，登录 Project Server 2019，如图 12.3 所示。

图12.3 登录PWA

2. 进入服务器设置页面

在图 12.3 中，选择【服务器设置】选项进入服务器设置页面，如图 12.4 所示。

图12.4 进入服务器设置页面

3. 进入项目组合经理组设置页面

在图 12.4 所示的图中，选择【安全性】模块，单击【管理组】，进入管理组页面，如图 12.5 所示。

图12.5 进入管理组

4. 将用户加入项目组合管理组

在图 12.5 中，单击【项目组合经理组】，如图 12.6 所示。在可用用户列表中选中人员“董方好”，单击【>】按钮添加到“选择的用户”，单击【保存】按钮。这样就把目标用户加入 “项目组合经理组”，该用户就有需求审批权限。

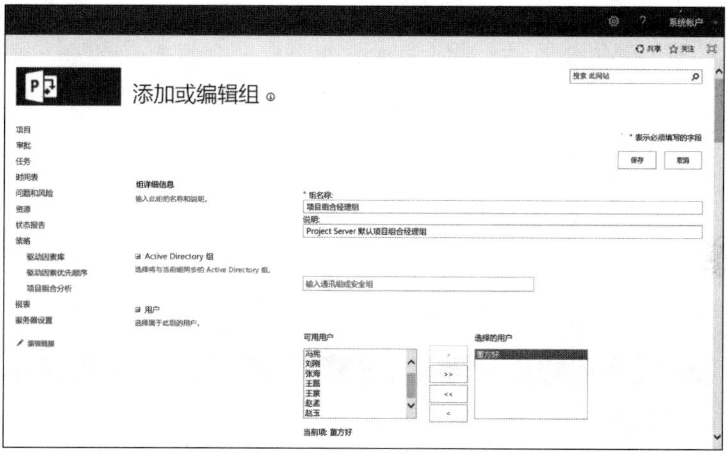

图12.6 项目组合经理组

5. 设置需求基本属性

Project Server 2019 默认情况下已经不再添加默认的需求属性及流程，需要管理员进行设置，为了便于项目组合分析，在本小节增加两个项目需求的属性：“项目预算成本”“项目业务方向”，具体操作如下。

系统管理员进入 Project Server 2019 服务器设置页面，如图 12.7 所示。

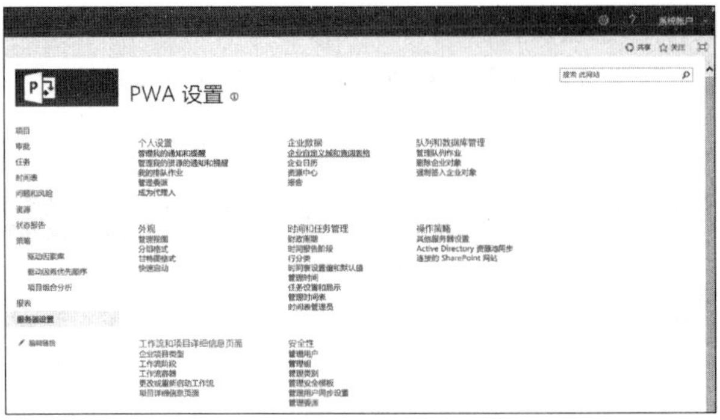

图12.7 服务器设置页面

在“企业数据”模块，单击【企业自定义域和查阅表格】进入属性自定义域页面，如图 12.8 所示。

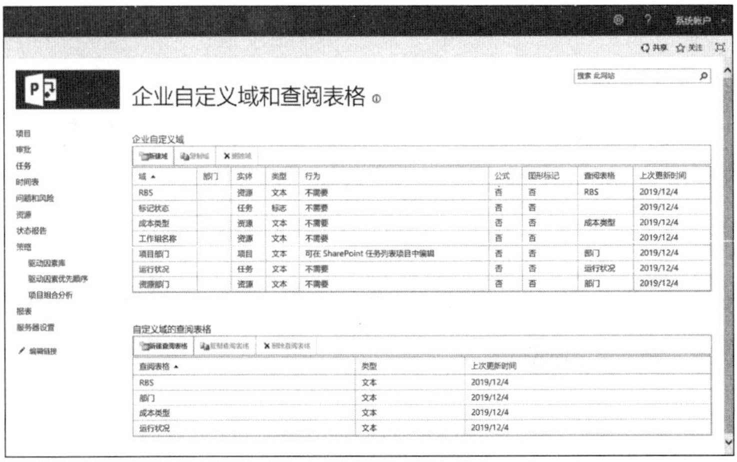

图12.8 项目自定义域页面

在图 12.8 自定义域和查阅表格页面中，通过“企业自定义域”可以扩展项目属性，单击【新建域】选项卡进入项目域新建页面，如图 12.9 所示。

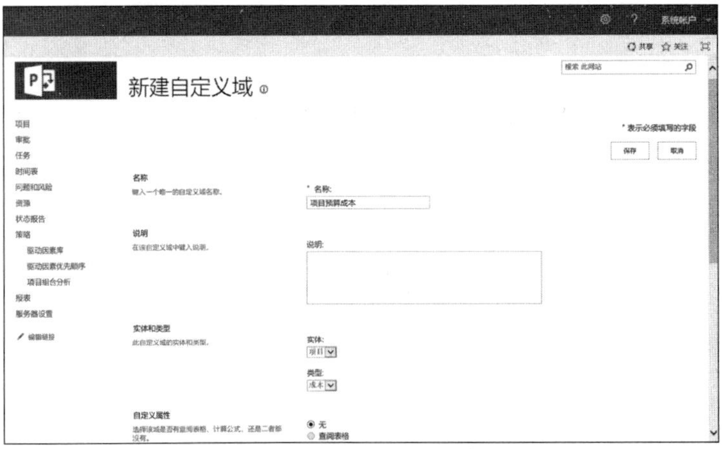

图12.9 新建自定义域详细页面

对应"名称"属性，填写"项目预算成本"；对应"说明"属性，输入"评估项目预算"；对应"实体和类型"，"实体"选择"项目"，"类型"选择"成本"。填写完成后，单击【保存】按钮，保存项目属性。利用同样的方式，添加项目属性"项目业务方向"。

6. **设置项目类型**

为了便于管理，在 Project Server 2019 中增加新的项目类型"项目需求"，管理者可以通过该类型添加项目需求。

系统管理员进入 Project Server 2019 服务器设置页面，如图 12.7 所示。选择"工作流和项目详细信息页面"模块，单击【企业项目类型】，对企业项目类型进行管理，如图 12.10 所示。

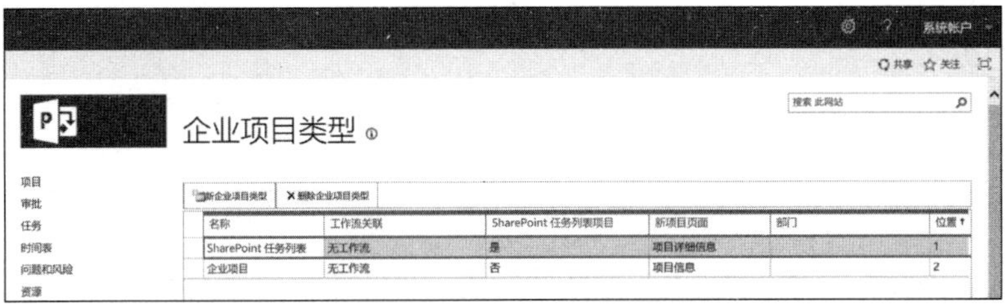

图12.10　企业项目类型管理

通过"企业项目类型"创建新的项目类型，单击"新企业项目类型"选项卡进入新项目类型创建页面，如图 12.11 所示。

图12.11　企业项目类型新建（一）

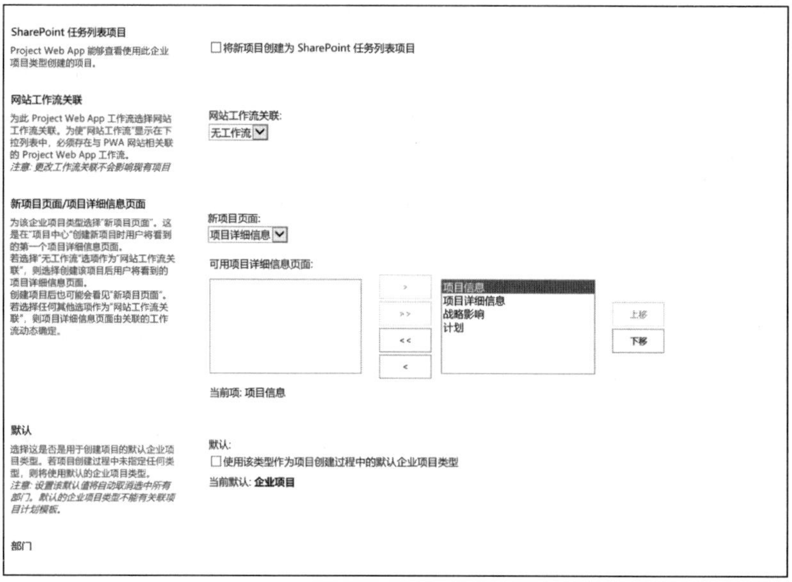

图12.12 企业项目类型新建（二）

在项目类型新建页面，对应“新项目页面 / 项目详细信息页面”选项中，将所有的项目详细内容都选中，便于新项目填报，如图 12.12 所示。填写完成后单击【保存】按钮。

新项目类型增加完成后，单击【项目】选项卡，在项目页面，单击【新建】下拉按钮查看已经增加的新的项目类型，如图 12.13 所示。

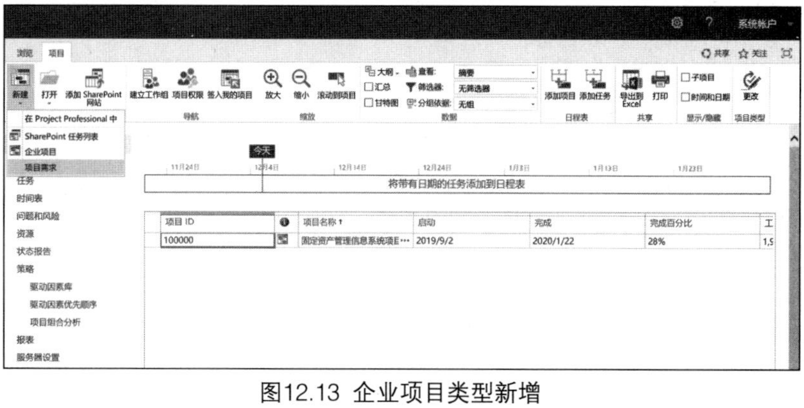

图12.13 企业项目类型新增

需求管理人员通过“项目需求”登记业务项目需求。

12.1.3 新建需求

1. 新建项目需求

需求管理人员通过浏览器登录 PWA，选择【项目】选项进入项目页面，如图 12.13 所示，单击【项目需求】进入创建新项目页面，如图 12.14 所示。

图12.14　项目需求新建页面

填写对应的项目需求信息后，单击【完成】按钮，完成一个项目需求的新建，如图 12.15 所示。

图12.15　项目需求新建完成

在左侧菜单中可以看到“战略影响”，这个模块将在下一章组合分析中详细说明。

2. 设置项目预算

单击【项目详细信息】选项可以查看到“项目业务方向”与“项目预算成本”两个自定义域，如图 12.16 所示。

图12.16 项目预算成本设置

3. 设置战略影响

项目需求提出一定为了实现企业的战略，对项目需求进行分析时也是基于项目预算成本与项目战略匹配的程度，单击【战略影响】菜单可以进入项目战略设定页面，如图 12.17 所示。

图12.17 项目战略影响设定

“项目战略影响”的每一项设置都是组织 / 企业战略分解的具体体现，“项目战略影响”也就是“企业战略驱动因素”设置，将在下一章项目组合管理中详细说明。

12.2 项目需求检索

随着项目需求的增加，在项目清单中可以通过视图定义实现显示检索。

12.2.1 通过视图筛选器检索

单击【项目】选项进入项目模块，查看所有类型项目列表，如图12.18所示。

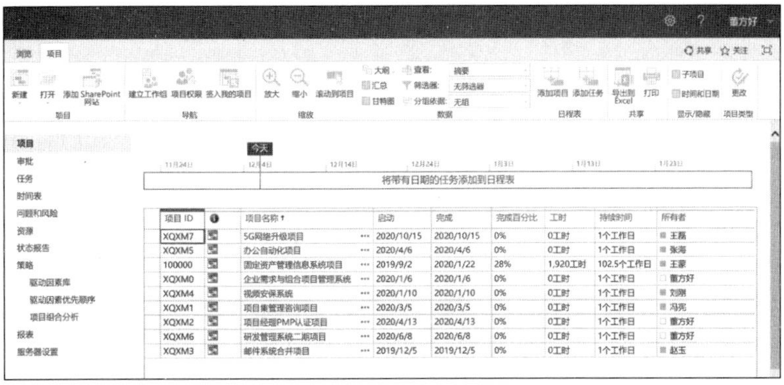

图12.18 项目列表

在Ribbon视图筛选器中创建需求项目筛选器，通过项目编号属性“XQXM”进行筛选，在“筛选器”下拉框中单击【自定义筛选器…】选项，如图12.19所示。

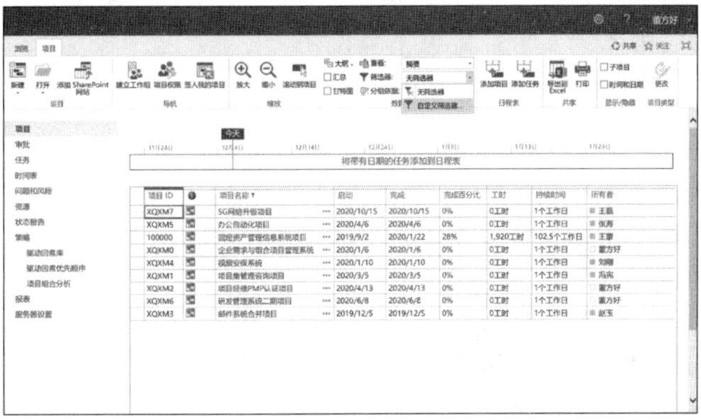

图12.19 项目列表自定义筛选器

在打开的“自定义筛选器”对话框中，设置“项目ID”并以“XQXM”进行筛选，如图12.20所示。

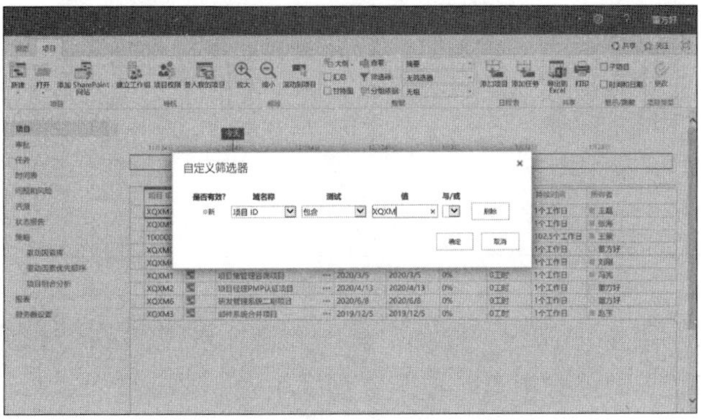

图12.20 项目列表自定义筛选器

设置完成后，单击【确定】按钮，可以查看只包含需求项目的项目列表，如图 12.21 所示。

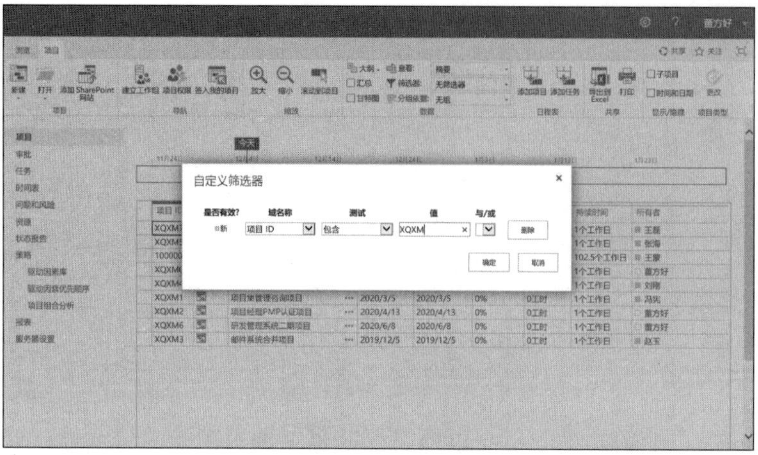

图12.21 项目列表筛选

自定义筛选器是一种比较简单的办法，缺点是不能永久保留。如果需要保留该筛选器，需要通过新建视图来实现，详见下节说明。

12.2.2 通过新建视图检索

在 Project Server 2019 中可以新建视图以满足数据检索要求，在图 12.18 中，项目列表包含需求项目，也包含其他项目，通过新建视图只显示需求项目，具体操作如下（需有管理员权限）：单击【服务器设置】→【外观】→【管理视图】进入管理视图页面，如图 12.22 所示。

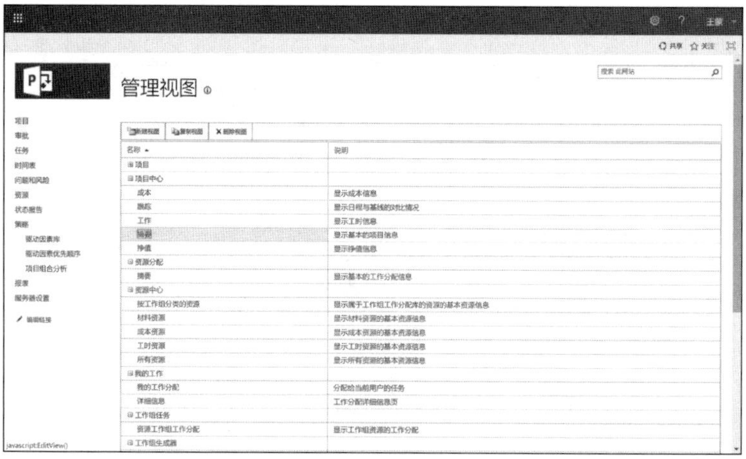

图12.22 管理视图

在“项目中心”类别中找到“摘要”视图，选择该视图单击【复制视图】按钮，通过复制视图创建新的“需求项目”视图，如图 12.23 所示。

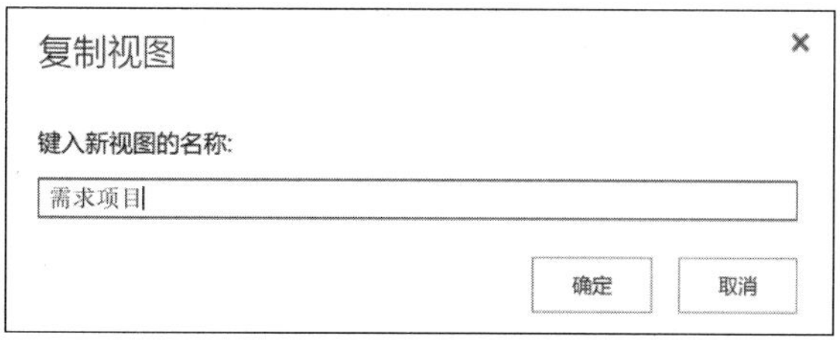

图12.23 创建视图

单击【确定】按钮完成创建，在“项目中心”视图中，单击创建好的“需求项目”视图进行编辑，如图 12.24 所示。

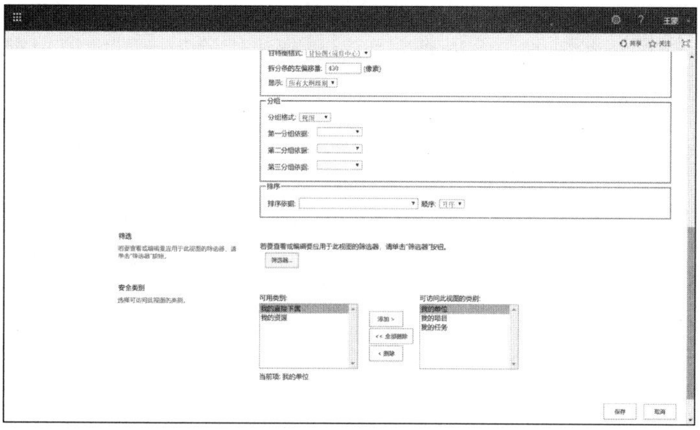

图12.24 编辑视图

在对应“筛选”模块，单击【筛选器…】按钮，打开“自定义筛选器”对话框，根据项目 ID 创建需求项目筛选器，如图 12.25 所示。

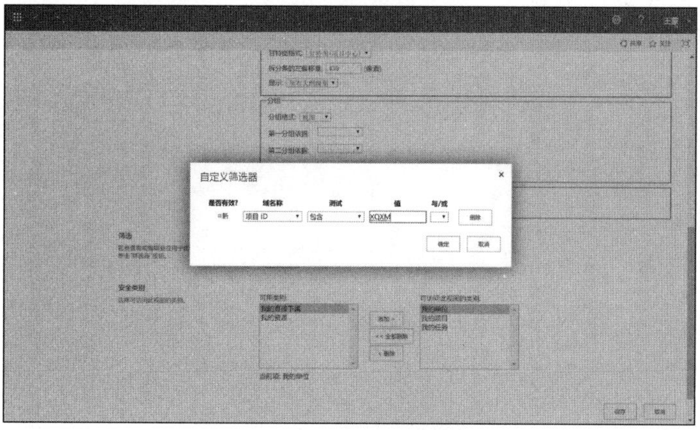

图12.25 创建筛选器

单击【确定】按钮后，保存该视图完成视图创建。再次通过“项目”选项打开项目列表，可以在“查看”下拉框中找到新创建的“需求项目”视图，如图 12.26 所示。

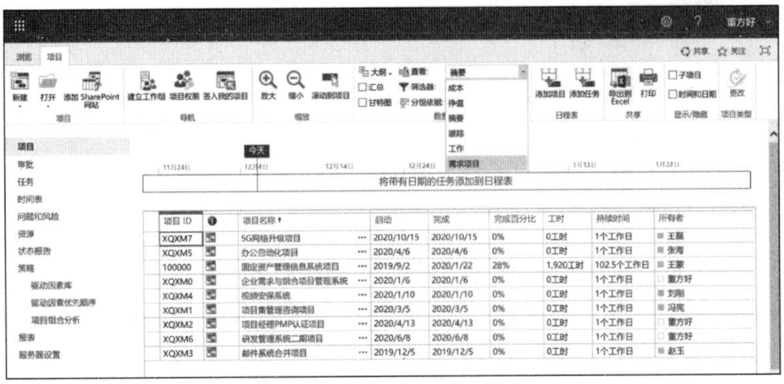

图12.26 项目中心展示新视图

选择“需求项目”新视图，可以查看到只有需求类项目，其他项目都被过滤掉了，如图 12.27 所示。

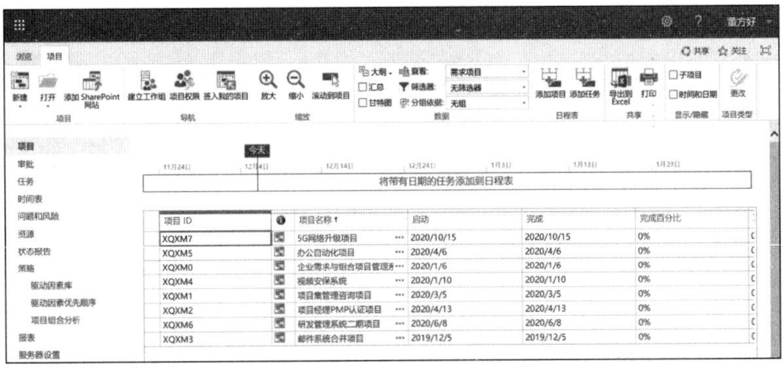

图12.27 项目中心展示新视图列表

13

第 13 章 项目组合管理

在组织项目管理体系中，项目组合管理（Project Portfolio Management）是组织 / 企业最高决策层关心的重点，项目组合管理的核心目标是如何根据组织 / 企业的战略目标从项目需求中选择正确的项目（即符合企业战略的项目），国内组织 / 企业也会通过“立项管理过程”实现项目组合管理过程。

在 Project Server 2019 版本，利用项目组合管理模块就可以执行项目选择过程，通过系统化的数据、通过科学的分析方法为组织 / 企业提供一套完整的端到端的项目组合管理解决方案。

本章通过以下三部分内容展开介绍：

◎ 项目组合管理知识介绍；

◎ 项目组合管理模块介绍；

◎ 项目组合管理模块管理实现过程。

13.1 项目组合管理知识介绍

1. 项目组合管理的概念

项目管理作为一门新兴管理学科，越来越受到业界广泛的关注，同时项目管理也被越来越广泛地应用在现代企业中。国内外项目管理专家学者提出的项目管理理论、企业项目管理理论、项目挣值管理等方法为成功实施项目管理提供了指导和帮助。随着企业内部项目的不断增多，对于企业高层管理者来说，如何管理多个项目，如何保证项目符合企业战略的要求，成为项目管理领域新的研究课题。近年来，国外的一些项目管理领域专家提出了项目组合管理的概念（Project Portfolio Management），国内外的企业开始基于项目组合管理的管理模型，通过系统化的方式进行企业项目选择过程。

（1）项目组合管理的含义。

要解释项目组合管理的含义，首先要看什么是项目组合。美国项目管理协会 PMI 对项目组合的定义为“A portfolio is a collection of projects, programs, subsidiary portfolios, and operations managed as a group to achieve strategic objectives”，即组合是项目、项目集、子项目组合以及其他工作聚合在一起，通过有效管理以满足业务战略目标。而项目组合管理是对项目组合的有效管理，PMI 对组合管理的定义为“Portfolio management is the centralized management of one or more portfolios to achieve strategic objectives”，即项目组合管理是指为了实现战略目标而对一个或多个项目组合进行的集中管理。项目组合管理是通过项目评价选择、多项目组合优化，确保项目符合企业的战略目标，从而实现企业收益最大化。

项目组合管理不是简单地对多个项目进行管理，而是超越了传统项目管理的边界，它作为企业项目和战略之间的桥梁，使项目实施和企业商业战略结合起来。

（2）项目组合管理与传统项目管理的区别，如表 13.1 所示。

表13.1 项目组合管理与传统项目管理的区别

对比内容	项目组合管理	传统项目管理
管理目标	项目选择和优化	项目完成交付
管理方式	自上而下，战略性的	自下而上，战术性的
管理范围	整个企业的所有项目	单个项目或项目群
管理周期	长期，企业只要有项目存在就会一直存在	短期，从项目启动到项目结束
管理决策层次	高层管理者/组织级管理者	项目经理/资源经理
重要干系人	企业高层管理者 财务经理 企业最终股东	项目发起人 项目经理 项目客户
管理内容	根据战略目标进行项目组合范围定义，进行项目分析选择、多项目组合分析、动态管理组合	项目管理的九大领域（PMI）：项目整体管理、范围管理、时间管理、费用管理、质量管理、人力资源管理、沟通管理、风险管理、采购管理

传统项目管理的特点如下。

传统的项目管理强调“怎样做项目”，通过有效的项目管理方法保证项目按照进度、成本、质量要求进行交付，是针对单个项目或项目群的管理方法。美国项目管理协会多年来发布的项目管理知识体系指南 PMBOK，从项目管理的十大领域介绍了在实施项目过程中需要管理的内容和方法。

传统项目管理主要是项目经理进行的管理活动，针对项目内部的管理，传统项目管理采取的是自下而上的管理方式，即数据从项目管理的底层开始收集，传送至高层经过分析后对项目进行管理和控制，不能及时发现与企业的目标发生偏差或不能超越企业执行和控制能力的项目。

项目组合管理的特点如下。

项目组合管理强调“做什么项目”，通俗讲就是解决“如何选择好项目”的问题，通过帮助组织将精力集中于产生最大价值的项目，将项目组合与企业目标结合在一起，获得项目之间的恰当平衡和组合，通过为最有价值的项目设定优先级和筹集资金，来最优化项目组合的价值，确保实际实施和运作与企业目标保持一致。

项目组合管理是组织以及战略层面的管理活动，是进行组织决策的过程，是面向多个项目的管理。

项目组合管理采取的是自上而下的管理方式，即先确定企业的战略目标，优先选择符合企业战略目标的项目，在企业的资金和资源能力范围内有效执行项目。

2. 项目组合管理的发展现状

早在20世纪50年代，美国一位经济学家Harry Markowz就提出了投资组合的概念，建立了金融证券等领域的投资组合方法，从风险和回报的角度来评估投资资产的价值和收益，形成了现代投资组合理论（Modern Portfolio Theory，缩写MPT）。随着MPT理论的传播，一些商业公司开始考虑如何在业务项目中应用这一理论。1981年，沃伦·麦克法兰首次将现代投资组合理论运用到项目的选择和管理中，通过项目组合的运作方式实现了在一定风险情况下的收益最大化。

项目组合管理利用了MPT的概念，并且也应用了三个关键评估标准来衡量项目：项目承担的成本、存在的风险以及投资潜在的收益。这时，项目成为企业的一项投资行为，项目决策建立在项目组合基础上而不是单个项目基础上。

近几年来，项目组合管理在国际项目管理领域得到了飞速发展和广泛应用。美国学者Russell D. Archibald 2003年在谈到项目管理发展现状时，提到项目组合管理是项目管理最新理论的重要发展方向之一。目前国外一些项目管理专家提出了项目组合管理的体系架构和管理过程，国内针对项目组合管理方面的研究也开始起步。项目组合管理软件在国内外企业中的广泛应用大大推动了项目组合管理的实践和发展。

目前美国项目管理协会PMI已经在积极推广项目组合管理PfMP认证，国内也有若干项目组合专家获得该认证。

3. 项目组合管理的目的和意义

越来越多的企业或组织面临着在同一时间内进行许多项目和项目群的情况，每个企业都希望对项目的投资取得最大的收益回报。作为项目管理领域未来的发展趋势之一的项目组合管理，已经得到了越来越多的企业的重视，其重要性也日益显现出来。

目前，企业在项目管理过程中存在以下问题。

◎ 缺乏统一的评估项目投资和选择的过程和方法，项目决策层大多还是主观进行项目决策，没有科学量化的项目选择评价标准。

◎ 对于项目的过程缺乏透明度和可控性，不能及时发现项目过程中出现的问题并对项目加以调整，造成项目的失败。

◎ 不能从战略层次考虑项目的收益，只关注单个项目的短期财务收益，忽视短期项目和长期项目、财务收益和非财务收益之间的平衡。

◎ 对项目的管理停留在项目的水平上，即以分散的项目为基础的单一项目管理，而不是将所有项目视为一个整体进行管理，忽视了企业是一个系统的战略整体。

◎ 不能在整个企业的范围内对所有项目进行统一的资源管理和分配，造成企业资源（财务和人力资源）的浪费。

◎ 由于企业资源有限，造成多个项目之间为得到关键资源而发生冲突和争论。

◎ 存在很多重复和冗余的项目。

而通过项目组合管理能够实现以下目标。

◎ 能够快速响应外部环境的变化，提高企业的竞争优势。

◎ 建立企业所有项目的视图，动态评价项目与战略目标的一致性。

◎ 在企业内建立一个统一的项目评估与选择机制。对项目的特性以及成本、资源、风险等项目要素按照统一的评价标准进行优先级别排序，选择符合企业战略目标的项目。

◎ 对企业里所有的项目进行平衡，平衡长期和短期、高风险和低风险以及其他因素的项目。

◎ 在企业范围内对项目分配企业的资源，保证企业资源达到最优化，同时确保项目的水平控制在企业的财务和资源能力之内，提高项目的成功率。

◎ 通过识别低价值的、不符合战略的、多余的、执行很差的项目来降低成本，从而降低运营风险。

◎ 通过改进项目选择、优化、排序等过程来增加企业的投资回报。

◎ 能够识别项目群和项目之间的依赖关系。

◎ 改善项目负责人和业务管理者之间的沟通关系，使业务管理者更加关注项目。

可见，企业通过进行项目组合管理，能够合理运用企业各种资源，快速适应市场环境的变化，提高企业项目包括IT信息化项目实施的成功率，从而提升企业的竞争优势。

4. 项目组合管理的主要框架内容

通过对国内外学者项目组合管理的研究成果进行分析，结合国内项目组合管理的发展现状，笔者认为项目组合管理过程主要应包括以下阶段内容。

（1）项目战略定位。

本阶段的主要目的是进行企业项目的战略定位，判断企业的项目是否与企业的战略方向一致。这个阶段的主要内容是宏观上进行与企业相关的战略目标分解，按照战略目标将企业项目进行组合分类，使企业战略目标与项目组合的目标结合在一起。同时在项目与企业战略目标相匹配的前提下，进行企业项目整体资源配置。要了解企业整个项目资源的情况，就需要建立企业所有项目信息和资源库，了解与项目相关的所有信息，以帮助企业后续进行选择决策。

（2）项目分析选择。

本阶段的主要目的是对具体的项目进行分析选择，衡量项目为企业带来的收益。这个阶段是整个项目组合管理过程的重要阶段。它的核心内容是建立企业项目统一的评价标准，并将每个项目与该标准进行衡量。同时对项目的资源、进度、成本、风险等影响评价标准的各种因素进行分析。最后进行项目选择，将不符合评价标准的项目暂停或中止。

（3）项目组合优化。

本阶段的主要目的是在项目分析的基础上，结合企业目前的资源约束条件，进行项目优化组合，使企业项目投资收益最大化。这个阶段也是整个项目组合管理过程的关键阶段。一方面通过优化模型进行多个项目的选择优化，另一方面在资源、成本等约束条件下，进行组合内项目平衡，确定最优项目组合。

（4）项目组合决策。

本阶段的主要目的是在上阶段项目组合优化的基础上，进一步调整项目组合，最终进行企业项目组合决策。企业项目决策者结合实际经验、企业现有项目的情况以及具体项目用户需求，进行项目组合最后调整，使企业项目组合之间进一步得到平衡。

（5）项目实施与跟踪管理。

本阶段的主要目的是通过企业项目的实施跟踪，及时了解组合项目的状态信息和变化情况。一方面建立企业项目组合视图，及时监控并了解影响项目组合分析的各种因素变化情况；另一方面及时对项目环境、战略目标、影响因素等变化情况进行审查，进行变更控制。企业在发生变更情况时或者一定时间周期内都需要重新开始项目组合管理流程。可见，项目组合管理过程是一个动态的持续执行、循环反复的过程，随着环境的不断变化，项目组合的分析优化也随之变化。企业通过实施上述过程，能够在企业中建立所有项目的全景图，动态地跟踪项目的执行情况，进行项目和资源优化组合，最终实现企业的战略目标。

5. 结论与建议

我国企业如何通过项目组合管理的实践来解决在项目管理上存在的若干问题呢？以企业的信息化 IT 项目为例，笔者认为可以从以下几点来逐步实施和改进。

（1）以企业信息化主管 CIO 为首成立 IT 项目管理小组，对企业现有在建的以及规划中的 IT 项目进行收集整理和检查，了解每个 IT 项目的实施状况。

（2）充分分析企业自身特点，结合企业的战略目标，建立企业 IT 项目统一评价指标和标准。

（3）按照评价标准对每个 IT 项目进行评估，中止重复的、冗余的、不符合企业战略目标的项目。

（4）必要时使用项目组合管理工具软件进行 IT 项目管理，通过软件进行项目实施监控和跟踪，及时分析影响 IT 项目评价的指标变化情况，动态进行项目组合优化。

面对企业不断变化的环境以及越来越多的项目信息，项目组合管理通过建立持续动态执行的管理过程，使企业在有限的资源情况下执行“适合的”项目，实现项目的战略价值。

13.2 项目组合管理模块介绍

13.2.1 项目组合管理模块简介

Project Server 2019 版本通过项目组合管理模块解决了企业项目需求管理以及项目筛选过程的问题。

Project Server 2019 版本中的项目组合管理通过定义企业战略目标、企业战略目标的优先级（通过算法进行分析）以及企业对于项目投入的成本和资源三个要素条件进行项目组合分析过程，通过算法解决项目选择的难点，为企业项目选择过程提供科学的数据支持，同时基于主观判断可以对项目选择过程进行调整。

项目组合分析模块通过以下五个步骤实现。

1. 战略目标

要进行项目组合分析，首先要定义企业一定时间段（一般为一年）的战略目标，即组织级战略目标，如市场占有率提高多少，当公司提出项目需求时，可以用市场占有率来衡量项目需求。由于不同部门的职责、负责的业务不同，也可以为不同的部门制定部门目标，如客服部的客服满意度提高了多少，这样当客服部提出项目需求时，可以用客户满意度这个指标衡量项目需求。

2. 创建

在项目执行前，只是一个项目需求，当需求提出者提出需求的时候，要填写需求成本、需求对战略目标的影响程序、需求对人力资源的要求等相关信息。Project Server 2019 提供了工作流（需要通过定制实现）的功能来控制需求信息的录入流程，不同的信息可以由不同的负责人来审批。

3. 选择

当需求的提出者们提出了大量的项目需求时，公司的决策层会根据需求对战略目标的影响程序排出项目需求的优先级，然后公司的决策层就要根据项目需求的优先级、公司的年度成本来选择项目。

4. 计划

在计划这个阶段，会根据公司在需求执行时间段里资源的需求与资源实际能力做选择，选择完成后，把选择结果提交给公司高层。公司高层批准后，就会做项目计划，开始执行。

5. 管理

在管理阶段，资源经理监控所有的资源计划。项目经理监控项目进度计划、成本计划和团队沟通等。

13.2.2 项目组合分析模块的作用

1. 控制流程实现自动化并加以强制实施

直观的工作流程设计器可帮助用户迅速定义项目组合管理控制流程并使之实现自动化。

◎ 定义工作流，使每个项目在其整个生命周期中都受到适当的管理控制。

◎ 利用最佳实践方法和使用直接可用的模板，有效管理所有的项目、程序和应用程序组合。

2. **合并数据收集并使之标准化**

通过自定义表单来简化组织中每项投资的数据收集并使之标准化。

◎ 定义模板，以使每项投资（项目、程序和应用程序）的数据和标准收集得以标准化。

◎ 将所有投资合并到一个中央存储库中，确保主管人员全面、深入地了解和控制整个项目组合。

◎ 捕获所有项目请求，并开发符合组织管理流程的详细业务案例。

3. **确定竞争性投资的优先级并进行有效评估**

使用最佳实践技术可以自动获得优先级得分并生成直观的图表，帮助用户从不同角度有效评估竞争性投资。

◎ 客观地定义并设置组织业务战略的优先级。

◎ 自动获得优先级得分，如战略值、财务值、风险、体系结构是否适合以及运营绩效，从而客观地评估项目、程序和应用程序。

◎ 使用优先级得分生成直观的图表，以便有效评估项目组合内的竞争性投资。

4. **选择最符合业务战略的项目组合**

优化并选择最符合组织的战略优先级的项目组合。界面易于使用，嵌入的最佳实践方法和分析技术可帮助用户为企业选择正确的投资策略。

◎ 利用精密的优化算法，根据成本和全时工作当量（FTE）等多种预算限制来选择最佳的项目组合。

◎ 识别并打破阻止项目组合接近“有效边界”的限制。

◎ 自动计算项目组合与组织的业务战略的符合程度。

◎ 实施理性而非感性的项目组合选择方法。

5. **有效管理项目组合绩效**

衡量并跟踪每项投资在其整个生命周期中的绩效，确保实现预期收益。

◎ 创建多个项目组合记分卡，以管理并跟踪活动的项目组合。

◎ 从项目组合级别深入了解，查看每项投资的最新状态报告。

◎ 完成定期状态报告，以便衡量一段时间内项目的绩效以及程序或应用程序的性能。

◎ 使用灵活的报表生成器创建并发布模板，简化组织中的报告过程并使之标准化。

13.3 项目组合管理模块的使用

13.3.1 定义项目驱动因素

什么是驱动因素？通俗地说，驱动因素是项目为什么要去做的理由。驱动因素定义的前提是怎样更好地实现企业的战略目标，与企业战略目标相结合。驱动因素应该在项目组合分析前定义完成。每一个企业项目驱动因素应该是可以控制、测量和唯一的。驱动因素的创建者应该是公司高层人员或者企业战略部门人员。

1. 创建驱动因素

登录 Project Server 2019，单击左侧【策略】模块的【驱动因素库】选项，进入驱动因素库管理页面，如图 13.1 所示。

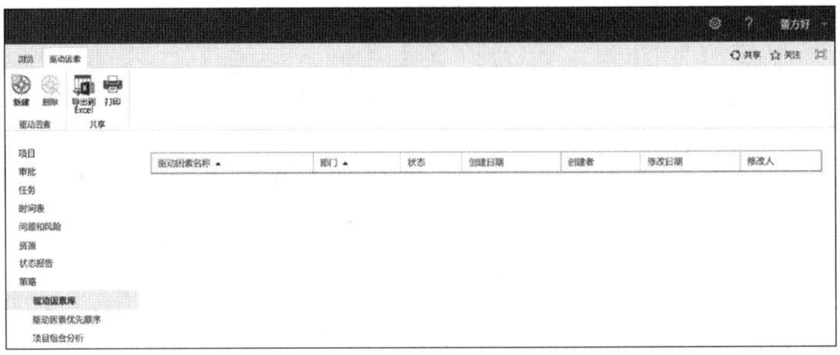

图13.1 驱动因素库

默认情况下，Project Server 2019 不会设置任何驱动因素，这是因为每个组织 / 企业的驱动因素是不一致的，需要项目组合管理人员根据组织 / 企业的战略进行定义。通过单击工具栏上的【新建】按钮，开始创建驱动因素，如图 13.2 所示。

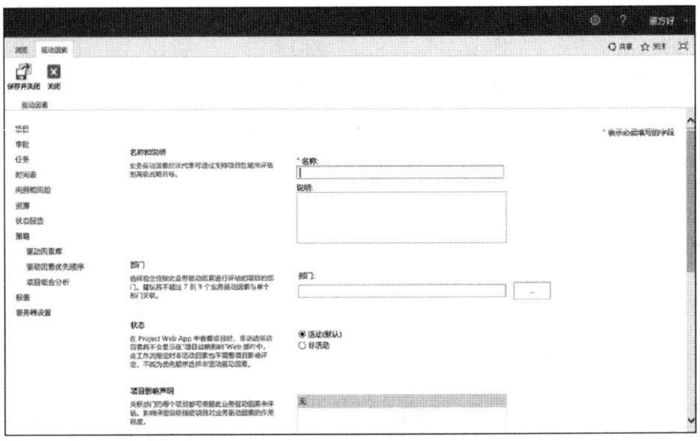

图13.2 开始新建驱动因素

在“名称”栏输入驱动因素的名称；在“说明”文档框中输入驱动因素的描述；在“部门”栏可以指定驱动因素所属的部门，如果没有指定，那么驱动因素属于组织驱动因素，任何需求提出者可以评定需求的驱动因素等级；“状态”栏决定驱动因素的状态，“活动”代表可用，如图 13.3 所示。

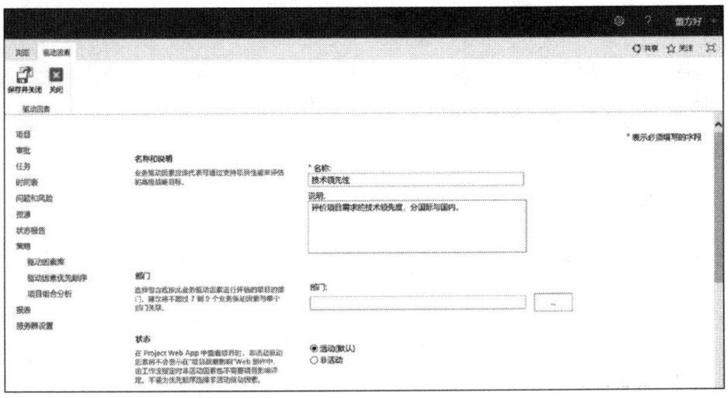

图13.3 新建驱动因素（一）

在“项目影响声明”栏，输入驱动因素每个等级的描述，系统默认分了五个等级，输入完成后，单击【保存并关闭】按钮，如图 13.4 所示。

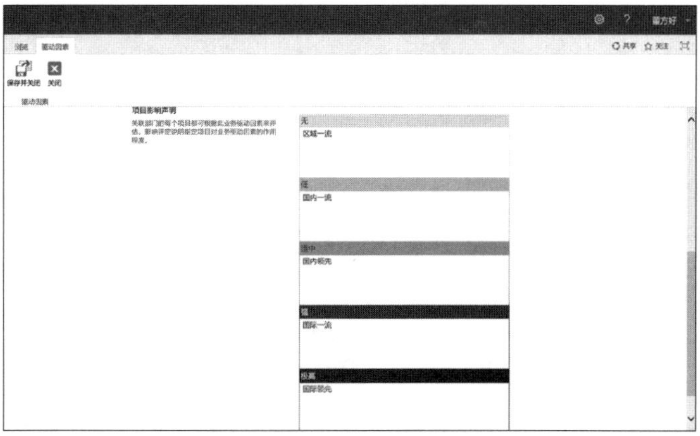

图13.4 新建驱动因素（二）

在驱动因素库中，可以看到创建好的驱动因素以及驱动因素的部门、状态、创建等相关信息，如图 13.5 所示。

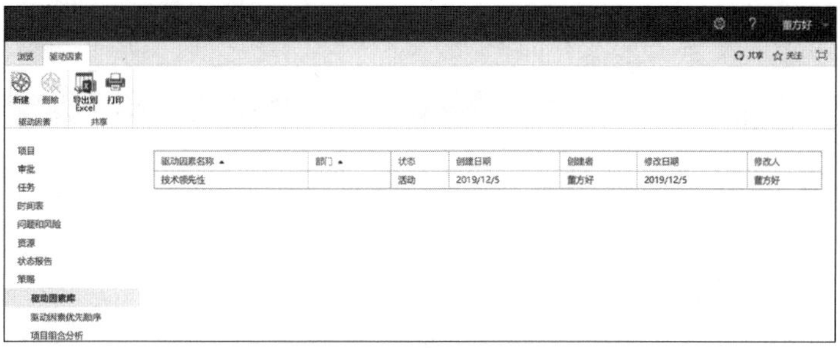

图13.5 驱动因素库

按照上述的驱动因素创建步骤，创建组织 / 企业所有驱动因素。作为示例，创建“管理效率提升”“客户满意度”“数据分析能力”“降低管理成本”等驱动因素，如图 13.6 所示。

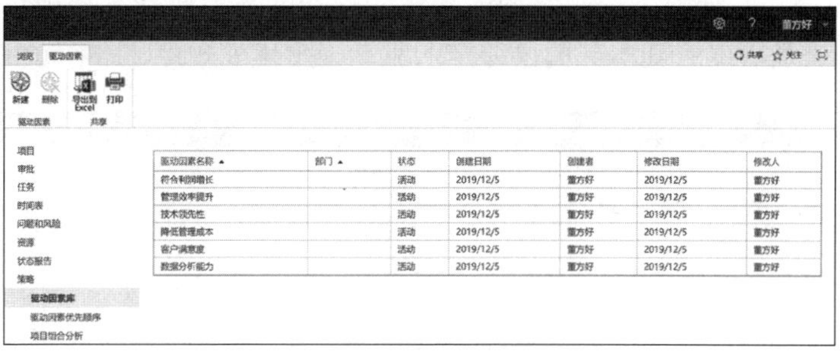

图13.6 驱动因素示例列表

2. 删除驱动因素

企业每年的战略目标根据实际情况都会发生相应的变化或者驱动因素定义不合理，

驱动因素管理者可以删除驱动因素。驱动因素管理者进入驱动因素库，在驱动因素列表中，选中驱动因素，单击工具栏上的【删除】按钮，如图 13.7 所示。

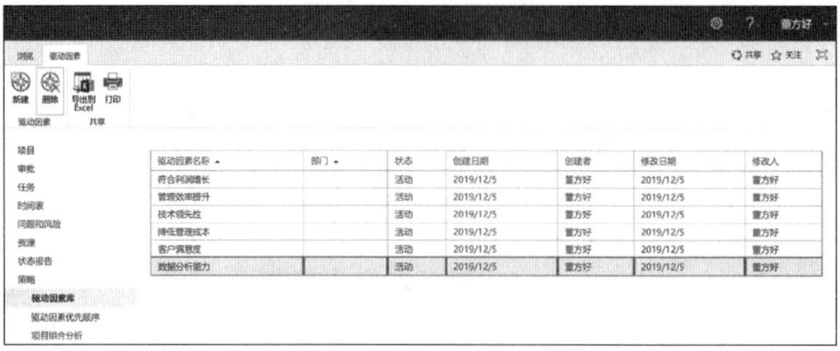

图13.7 删除驱动因素

3. 评定驱动因素优先级

驱动因素优先级是指驱动因素的重要程度，组织 / 企业会有很多驱动因素。在示例中有“符合利润增长”“管理效率提升”等六个驱动因素。在项目组合分析中，要求评定驱动因素的优先级别，即每个驱动因素所占比例为多大。

登录 Project Server 2019，单击左侧【驱动因素优先顺序】，进入驱动因素优先顺序评定页面，单击【新建】按钮，新建驱动因素的优先顺序，如图 13.8 所示。

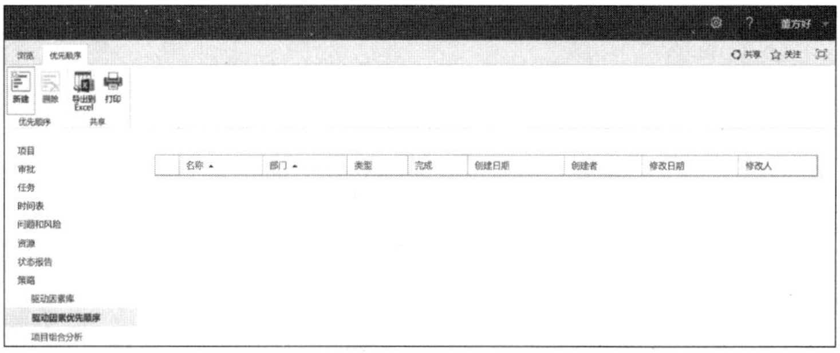

图13.8 开始评定驱动因素优先顺序

在“名称”栏，输入驱动因素优先顺序的名称；在“说明”栏，可输入驱动因素优先顺序的描述；“部门”栏是驱动因素优先顺序的标记属性，在项目组合分析中，只有本部门的人员可以看到本部门已评定的驱动因素优先顺序，如图 13.9 所示。

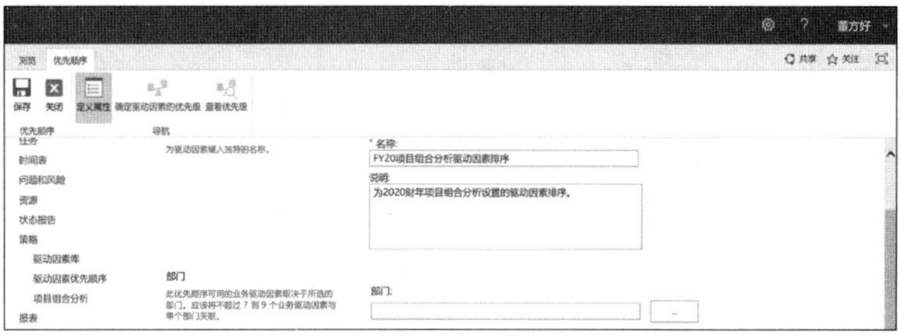

图13.9 开始评定驱动因素优先顺序（1）

在“优先级类型”栏，选择驱动因素优先顺序的评定方式，“已计算”方式通过比较两个驱动因素的重要程序来计算优先率，“手动”方式是手动指定优先率；在“确定以下驱动因素的优先顺序”栏，选择用于评定优先顺序的驱动因素，然后单击【下一个：确定驱动因素的优先级】按钮，如图 13.10 所示。

图13.10 开始评定驱动因素优先顺序（2）

在确定驱动因素的优先级页面，要求比较每两个驱动因素之间的关系。有“重要性远远高于”“重要性大大高于”“重要性高于”“重要性等于”“重要性低于”“重要性大大低于”“重要性远远低于”7 种比较关系。首先评定第一个驱动因素与其他因素的关系，选中小三角下的比较关系，如图 13.11 所示。

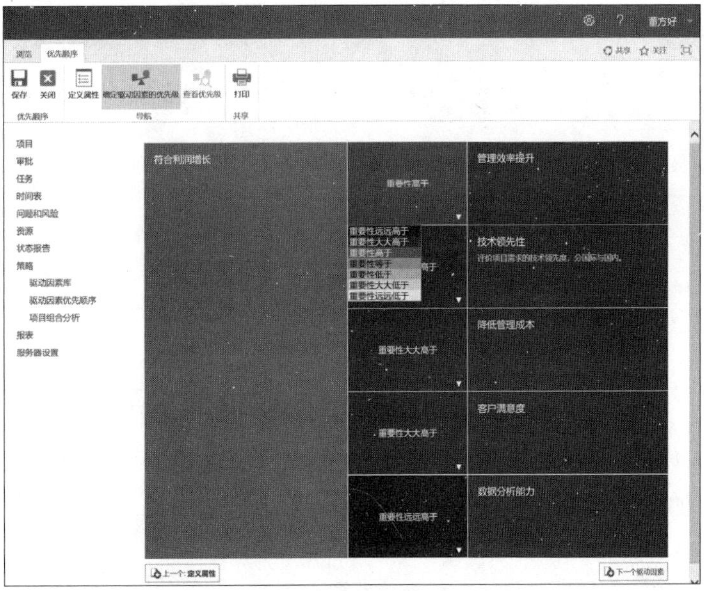

图13.11 开始评定驱动因素优先顺序（3）

然后单击下方的【下一个驱动因素】按钮，评定第二个驱动因素与其他驱动因素的关系，如图 13.12 所示。

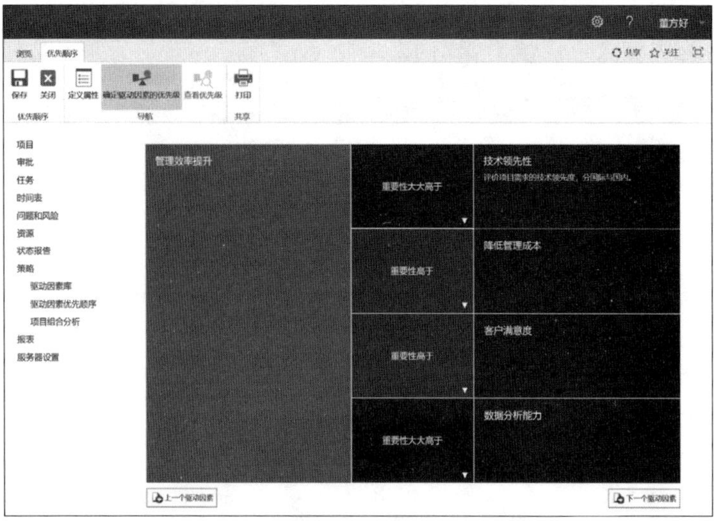

图13.12 开始评定驱动因素优先顺序（4）

单击右下角“下一个驱动因素”继续评定，经过一一比较所有的驱动因素后，系统会自动计算出驱动因素的优先顺序，如图 13.13 所示。

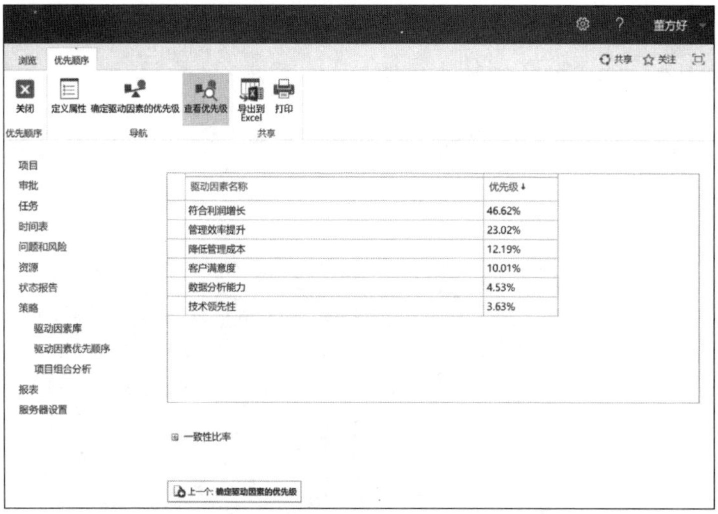

图13.13 开始评定驱动因素优先顺序（5）

单击图 13.13 中【一致性比率】按钮，可以查看驱动因素优先顺序之间的比较关系是不是合理。如果显示在红色区域，说明评定不合理，要求重新比较任意两者之间的关系，如图 13.14 所示。

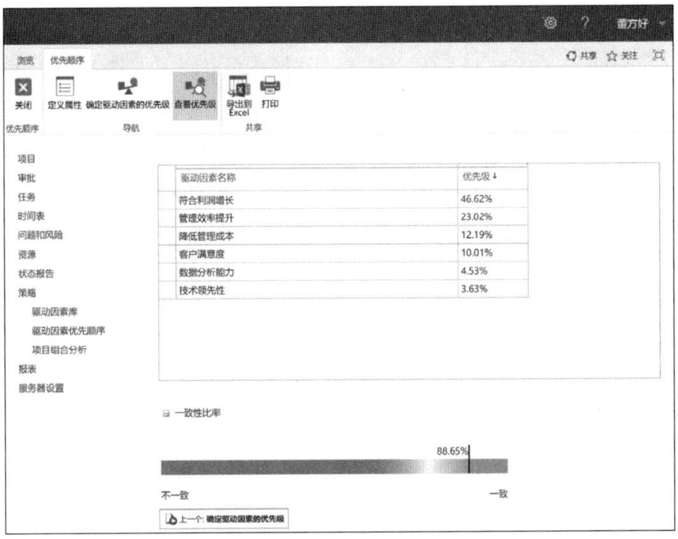

图13.14　驱动因素优先顺序评定是否合理图

至此，组织/企业战略经过“驱动因素库”与“驱动因素优先顺序”评定实现了战略分解与战略优先级排序。

13.3.2 捕获项目需求

捕获项目需求是指获取需求的相关信息，默认情况下要求捕获需求的相关信息如下。

◎ 项目预算成本；

◎ 评定需求对每个驱动因素的影响等级；

◎ 在每个时间段里的资源需求。

每个项目的这些信息将用项目的组合分析。在需求提出时，要求项目需求提出录入以下信息，具体的录入过程参考第 12 章的“需求管理”。

1. 指定需求的项目预算成本

当提出需求时，要求填写“项目预算成本”域，这个值将会用于项目组合成本分析。项目预算成本属性录入如图 13.15 所示。

图13.15　指定项目预算成本

2. **评定需求对每个驱动因素的影响等级**

当用户提出需求时，在项目属性“战略影响”页面，评定需求对每个驱动因素的影响等级，这个值将会用于项目组合分析，如图 13.16 所示。

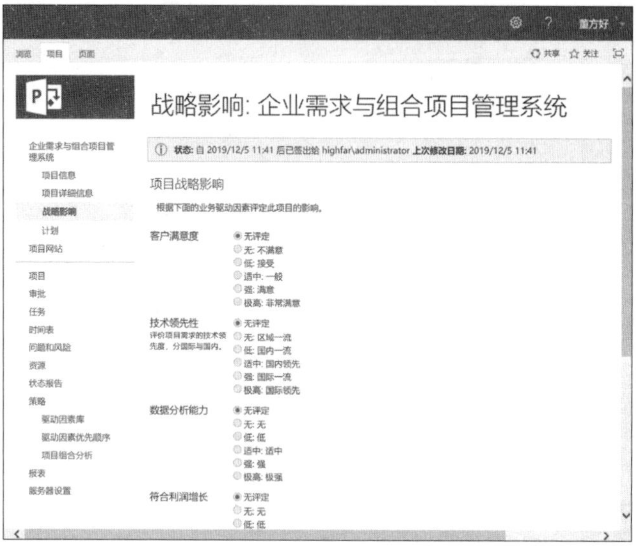

图13.16 项目驱动因素等级设定

13.3.3 项目组合分析

项目组合分析是在需求的成本、对驱动因素影响评定等信息的基础上，根据特定的分析模型，找出合适的项目

1. **创建组合分析模型**

登录 Project Server 系统，单击“项目组合分析”，进入项目组合分析页面，单击【新建】按钮，如图 13.17 所示。

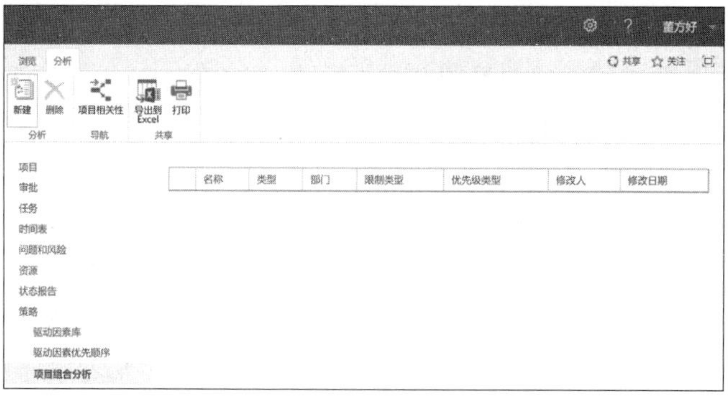

图13.17 开始新建组合分析模型

在“名称与说明”栏，输入组合分析模型的名称与说明；在“部门”栏，可选择组合分析模型所属的部门，部门的分析模型对应相应的优先级类型；在“优先级类型”栏选择用于组合分析的驱动因素优先级，如图 13.18 所示。

图13.18 新建组合分析模型

在“确定这些项目的优先顺序”栏，单击【选择项目】按钮，将弹出“选择项目”对话框，将可用项目列表中的项目添加到选择的项目列表，选择被组合分析的项目，如图 13.19 所示。

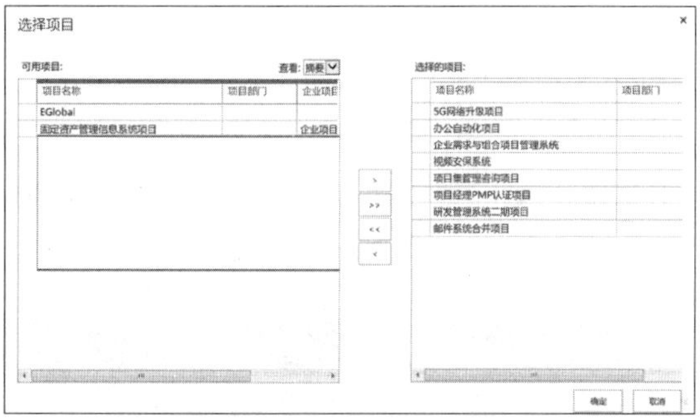

图13.19 选择被组合分析的项目

在图 13.19 中，单击【确定】按钮，将回到项目组合分析模型的新建页面。在“分析主成本限制”栏中，选择项目组合分析的约束条件，如图 13.20 所示。

图13.20 选择组合分析的成本约束条件

设置对应的项目组合分析条件后，单击【下一个：确定项目的优先级】按钮进入“确定项目的优先级”页面。默认情况下通过图 13.16 的战略影响设置后会自动带过来，也可以改动每个项目需求的驱动因素评定等级，如图 13.21 所示。

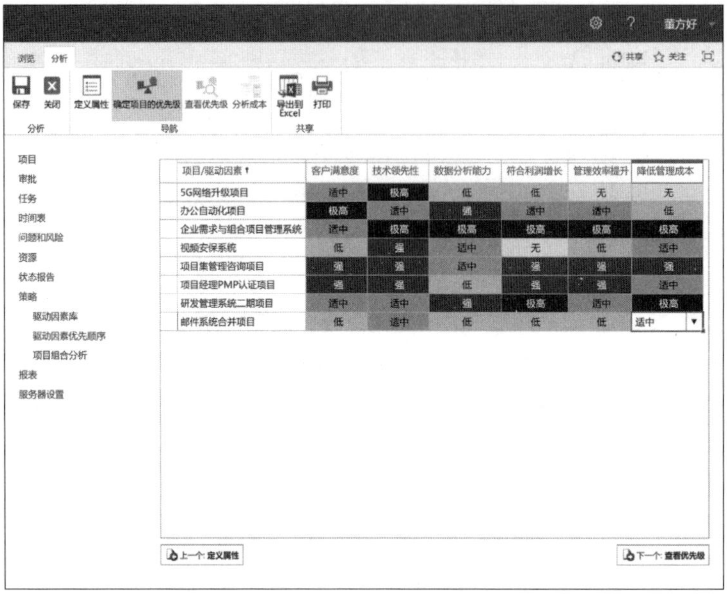

图13.21 每个项目的驱动因素评定等级

在图 13.21 中，单击【下一个：查看优先级】按钮，系统会根据驱动因素的优先级顺序及每个项目需求的驱动因素等级算出每个项目的优先级百分比，如图 13.22 所示。

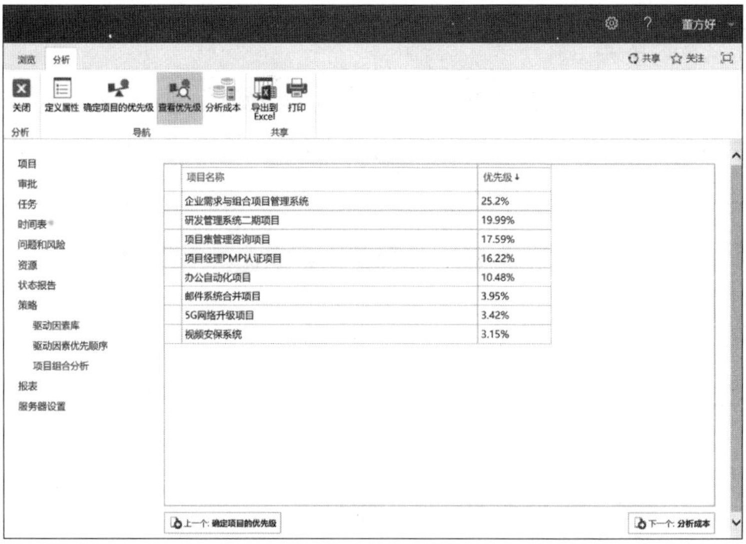

图13.22 每个项目的驱动因素评定等级

2. 基于成本组合分析项目

在图 13.22 中，单击【下一步：分析成本】按钮，进入项目成本组合分析的初始页面。在“成本限值”的文本框中会列出所有被选项目的总成本，所有项目的项目预算成本汇总作为项目组合分析的基线成本；左下方是“战略价值”图，反映出战略获得与成本的关系；右侧列出的是所有被选中的项目，如图 13.23 所示。

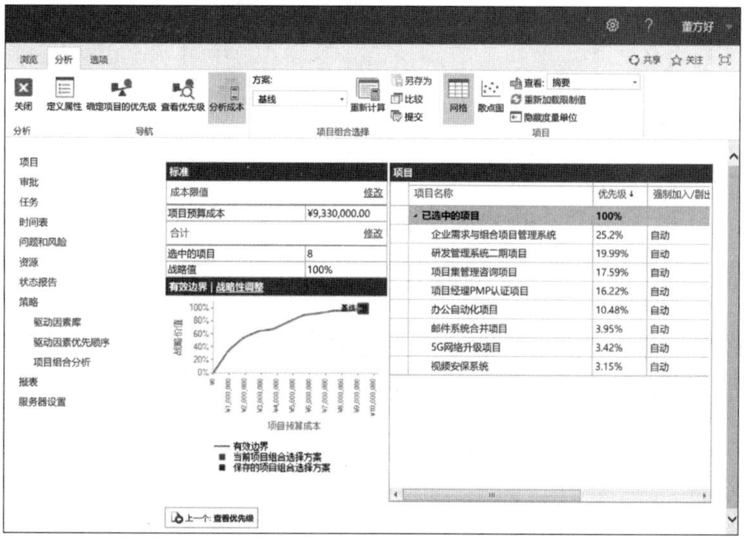

图13.23　初始项目成本组合分析图

组织 / 企业的年度预算是有限的，通过调整“成本限值”可以及时分析在预算成本不同的情况下，项目组合分析选择的不同方案，组织 / 企业就可以根据年度预算成本筛选收益最大化的项目组合选择。

如图 13.23 所示，当前的项目组合基线成本是“￥9,330,000.00”，如果年度预算只有“￥8,000,000.00”，项目组合分析人员将“成本限值”修改成“￥8,000,000.00”，然后单击【重新计算】按钮，如图 13.24 所示。

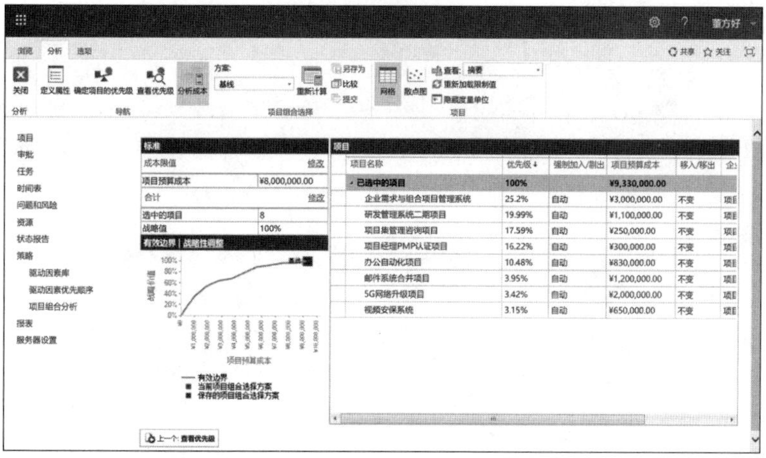

图13.24　调整成本限值

当分析人员把成本限值调整到“￥8,000,000.00”，经过系统的项目组合分析，在“未选中的项目”列表中“5G 网络升级项目”被移出，对应的项目状态为“移出”，如图 13.25 所示。

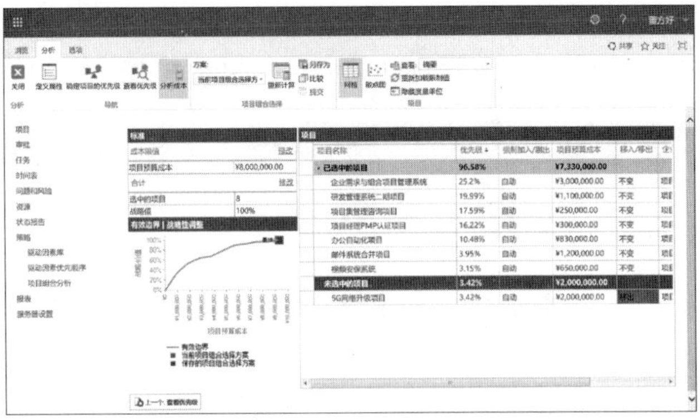

图13.25 调整成本后的项目选择图

如图 13.25 所示，成本投入在“￥8,000,000.00”时，项目组合分析的结果是选择 7 个项目可执行，1 个项目不选择执行；对应的企业项目战略分别是“96.58%”和“3.42%”，也就是说在投入“￥8,000,000.00”的情况下，可以实现企业战略的“96.58%”。为了方便分析在不同的成本投入下的项目组合分析选择，将该方案保存起来，单击【另存为】按钮，如图 13.26 所示。

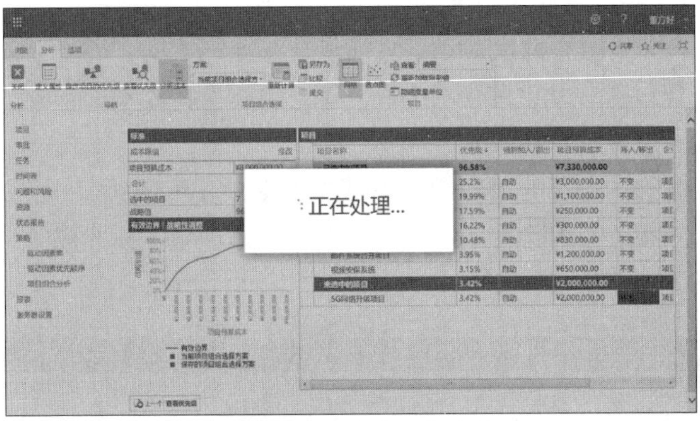

图13.26 保存组合分析方案

在“项目组合选择方案名称”输入框输入方案名称，单击【确定】按钮，如图 13.27 所示。

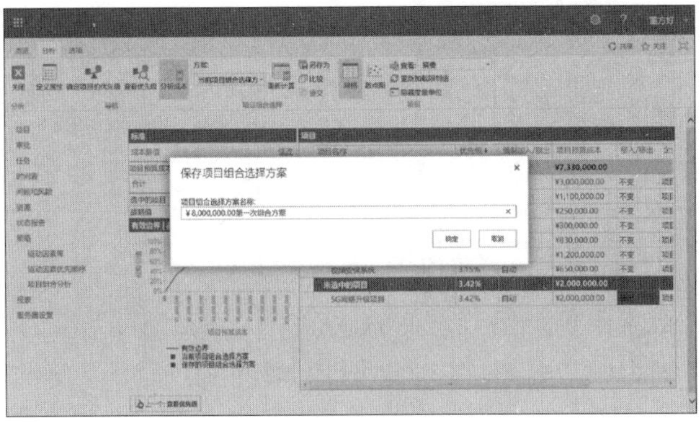

图13.27 保存组合分析方案名称

利用同样的方法，如果再次减少成本投入“￥5,000,000.00”时，系统可以得到新的组合分析方案结果，如图 13.28 所示。

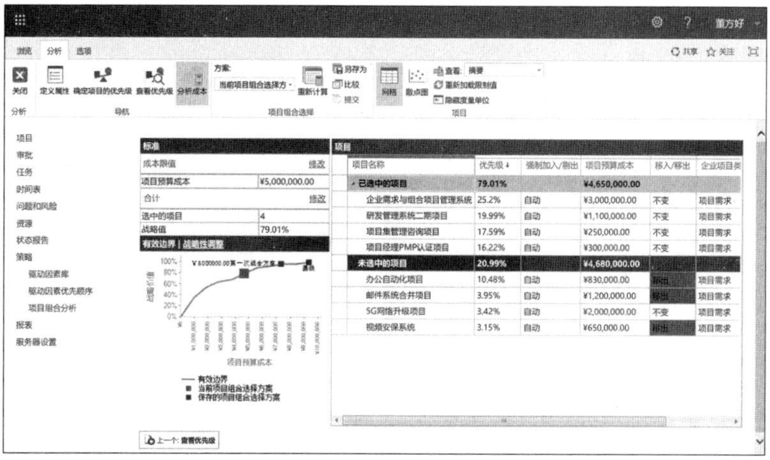

图13.28 组合分析方案

根据同样的方法可以创建多套项目组合方案，通过系统的项目组合分析，通过科学的数据对项目选择进行分析判断，这是基于数据的客观分析；在项目组合分析中，会加入专家团队的主观分析，在 Project Server 2019 版本中，通过“强制加入 / 剔出”栏，可以更改项目的选中状态，如“5G 网络升级项目”是一个非常好的项目，可以强制加入选择方案中，如图 13.29 所示。

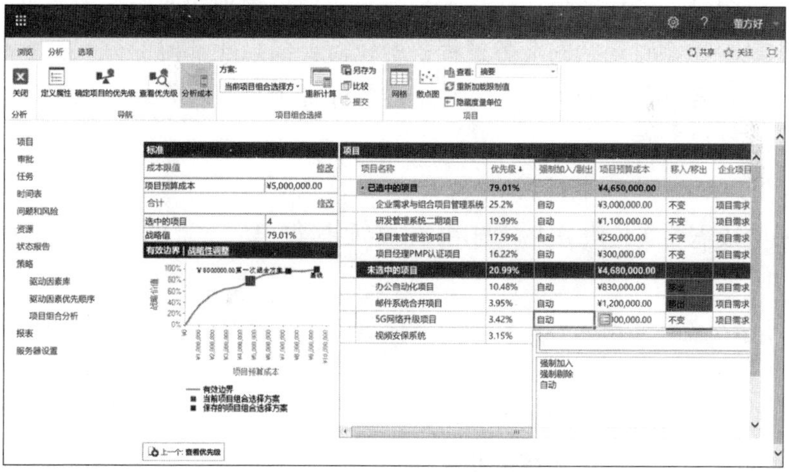

图13.29 强制改变项目选择状态

同样的原理，还可以将已选中的项目“强制剔除”。

项目组合分析人员可以不断调整成本限值以及主观分析，来分析项目的选择情况，将分析结果存档，这样多个版本就可以形成组合分析战略图。单击【比较】按钮，可以查看不同版本之间的区别，如图 13.30 所示。

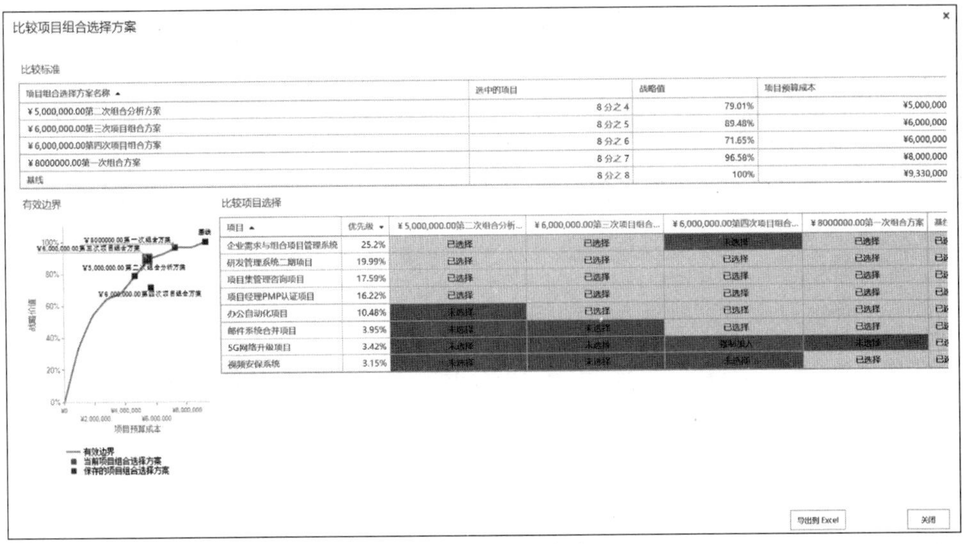

图13.30 组合分析战略图

3. 提交选择结果与投资人沟通

形成组合分析战略图后，单击【导出到 Excel】按钮可将数据导出到 Excel 中，将 Excel 文件交付投资人讨论与沟通。

13.4 怎么进行项目的组合分析

企业项目组合管理涉及企业战略管理与企业项目管理的业务交叉，所以项目组合管理信息化是一项相对复杂的业务过程，不仅需要信息化部门的介入，更需要项目管理部门以及各业务部门的积极参与。为了能够保证项目组合管理信息化的成功，建议企业按照如下过程实施。

1. 客户现状调研与分析阶段

在这一阶段需要实施服务人员与用户一起研讨得出以下资料（主要部分）：

◎ 公司组织机构基本信息；

◎ 公司以及各部门的战略目标细分与分值（非常重要）；

◎ 项目优先级评估要素；

◎ 公司与项目管理相关各人员信息；

◎ 公司项目组合管理基本流程信息；

◎ 财务科目信息；

◎ 项目监控指标信息（非常重要）；

◎ 企业资源能力信息；

◎ 企业项目分类信息。

以上信息是需要提供信息的主要部分，更多细节信息需要在实施过程中进行再次确认。

2. **系统配置阶段**

此阶段的主要任务是将在第一步中调研的结果配置在系统当中。在配置过程中需要与用户逐一进行确认。主要的配置工作如下。

◎ 组织机构的设置；

◎ 用户的设置；

◎ 权限的设置；

◎ 项目组合信息设置；

◎ 工作流的设置：基本流程（项目阶段）、生命周期（项目步骤）、流程节点转换条件设置等；

◎ 财务科目的设置；

◎ 战略目标的设置；

◎ 项目监控指标的设置：进度、财务、风险、范围、资源等；

◎ 项目监控视图设置；

◎ 项目报表设置；

◎ 企业资源池设置。

3. **系统培训阶段**

培训包括两类培训，第一类培训是基于产品使用的培训，第二类为基于系统维护的培训。

◎ 产品使用培训：针对即将使用本系统的人员进行完整的使用培训。

◎ 系统管理培训：以微软公司提供的产品管理手册，针对此产品的日常管理人员进行有效的培训。

4. **系统试运行阶段**

此阶段的任务是实施服务人员指导用户开始使用此系统。

5. **系统正式运行阶段**

此阶段为用户正式使用阶段，实施服务人员离开用户 ，系统进入售后服务阶段。

13.5 为什么要进行项目组合分析

项目组合分析是一个自上而下的项目组合管理解决方案，可用于识别、选择和提供最符合组织业务战略的项目组合，以此来帮助组织实现其潜力。下面是项目组合分析帮助用户获得对项目、程序及应用程序组合的全面、深入的了解和控制的 10 种主要方式。

1. **使管理过程实现自动化并强制实施该过程**

定义多个工作流，使每个项目在其整个生命周期（如从建议到实施后阶段）中都受到适当的管理控制。

2. 利用最佳实践方法

利用直接可用的模板（如业务推动因素库或风险评估）和嵌入的最佳实践方法，更加高效地管理组织范围内的项目、程序和应用程序组合。

3. 捕获中央知识库内的所有投资

合并企业知识库内的业务和信息技术（IT）投资，以便提高全面、深入的了解和控制能力。灵活的配置形式有助于管理员迅速生成和发布模板，使所有项目组合的数据集合得以标准化并使之简化。

4. 客观地设置业务战略的优先级

利用经过验证的技术为即将来临的规划期制定组织的业务战略，并设置业务战略的优先级。

5. 有效地设置竞争性投资的优先级并进行评估

利用最佳实践技术自动获得优先级评分（如战略值、财务值和风险）并开发出投资分析图，从而有效地从多个角度评估竞争性投资。

6. 优化预算并使所选投资符合业务战略

运行优化假设分析方案，以便确定折中结果并依据不同的预算和业务约束选择最符合用户所在组织的业务战略的最佳项目组合。

7. 接近有效边界

利用高级项目组合分析技术（如观点分析）识别并打破阻止项目组合接近有效边界的限制。

8. 衡量和跟踪项目组合的绩效

监控每项投资的绩效，确保实现预期收益。根据管理过程重新优化项目组合，使之一直符合组织的业务战略。

9. 无须安装部署

组合分析作为 Project Server 2019 中的一个功能模块，为企业高层领导服务，专注于项目的组合分析与选择。部署完 Project Server 2019 后通过简单的配置就可以使用组合分析模块。

10. 与整个项目生命周期紧密结合在一起

在 Project Server 2019 版本中进行企业项目管理过程，可以做需求的收集、分析、选择、计划、执行与收尾，用户无须在两套系统间切换。

14

第 14 章 项目计划管理

项目需求经过项目组合分析后，形成最终执行方案，利用第 4、第 5、第 6 章的方法编制完成项目计划，通过 Project Server 2019 实现项目执行过程的协同管理，包括项目模板管理，项目计划编制，项目计划发布，团队成员接收任务通知，任务执行汇报，任务汇报审核，项目执行监控与变更控制，项目收尾管理与问题、风险、文档管理。

利用 Project Server 2019 实现项目协同管理的核心流程如图 14.1 所示。

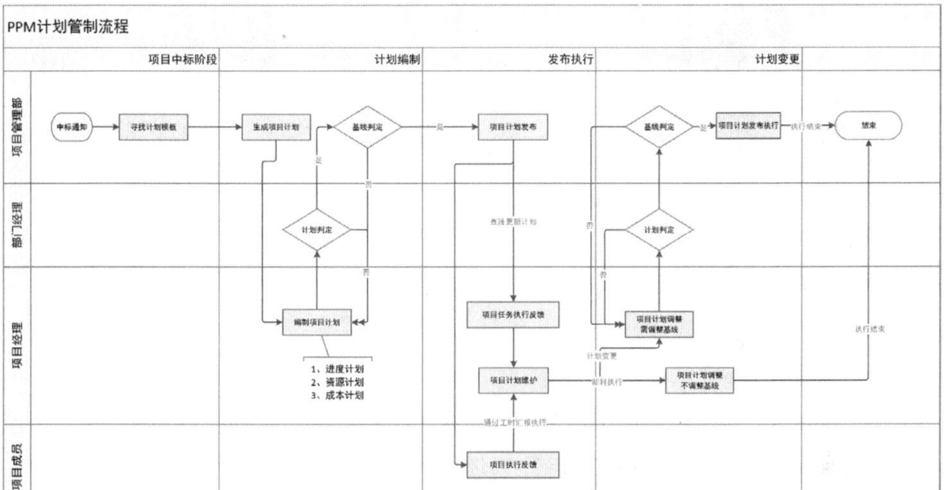

图14.1 Project Server 2019核心项目管理流程

如图 14.1 所示，不同的项目管理角色在协同项目管理时的职责是不同的。

◎ 项目管理部：项目管理部（PMO）主要实现项目统一管控职能，在具体的系统操作中要实现对项目基线的设定，项目基线的保存权限授予项目管理部，而不是项目经理设置项目基线。项目管理部还有项目过程资产管理职责，包括项目计划模板制定，项目问题库、项目风险库以及项目文档库的制定等。

◎ 部门经理：部门经理主要协助管理项目，参与项目计划评审，监控项目执行过程，保证项目正常开展。

◎ 项目经理：项目经理是项目管理流程中的核心人员，计划编制、执行审核、执行监控以及对应的问题解决、风险应对、文档交付都由项目经理负责，基线设定的权限不能赋予项目经理，项目经理按照项目基线执行。

◎ 项目成员：项目成员是项目任务的执行者，按计划执行并及时反馈，协助项目经理进行项目控制。

本章将从如下几个方面介绍如何基于 Project Server 实现项目计划管理：企业项目计划模板调用、项目计划编制、项目计划基线设置、项目计划发布以及发布后的信息查看。

14.1 项目计划模板调用

项目计划模板是组织 / 企业项目管理过程资产的重要体现，在 Project Server 2019 中，项目计划模板由项目管理部统一存储在企业计划模板库中供项目经理调用编制具体的项目计划，实现项目过程资产的优化利用。如何保存项目计划模板请参考 30.3 小节。

14.1.1 项目计划模板库

项目管理部将项目计划模板存储到企业项目计划模板库，单击【文件】→【新建】→【企业】选项查看企业项目计划模板库，如图 14.2 所示。

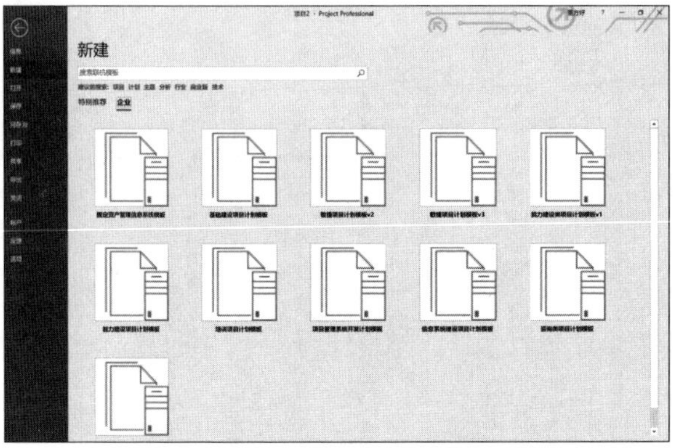

图14.2 查看项目计划模板库

14.1.2 Project Professional调用项目计划模板

任命项目经理后，项目经理利用 Project Professional 登录 Project Server，通过单击【文件】→【新建】→【企业】选项查看企业项目计划模板库，找到适合当前项目的项目计划模板“信息系统建设项目计划模板”，如图 14.3 所示。

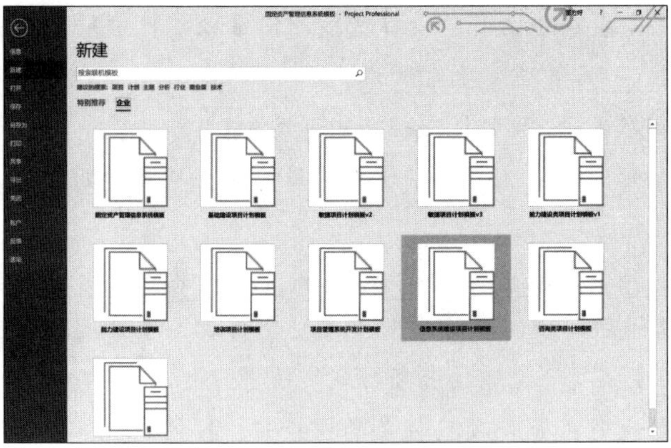

图14.3 查找项目计划模板

单击【信息系统建设项目计划模板】，Project Professional 从 Project Server 下载打开项目详细计划模板，如图 14.4 所示。

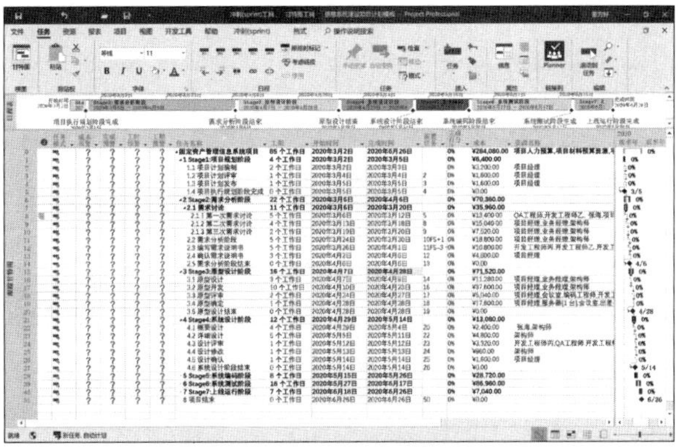

图14.4 打开项目计划模板

项目经理可以基于打开的项目计划模板进行项目计划详细编制过程，编制方法详见下一小节描述。

14.1.3 PWA调用项目计划模板

如果项目经理通过 PWA 调用项目计划模板，具体方法与 Project Professional 调用方法不同，项目经理登录 Project Server 2019，单击【项目】选项进入项目列表页面，如图 14.5 所示。

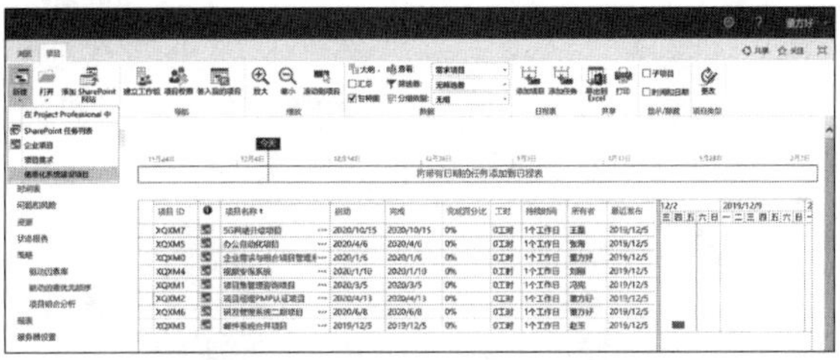

图14.5 Project Server项目列表

单击【项目】→【新建】→【信息化系统建设项目】选项，调用模板创建项目，在创建新项目页面填写相关的项目信息，如图 14.6 所示。

图14.6 创建新项目

单击【完成】按钮，系统自动调用“信息化系统建设项目”计划模板生成项目，如图 14.7 所示。

图14.7 调用计划模板创建项目计划

创建项目完成后，单击【计划】选项打开根据模板创建的项目计划信息，如图 14.8 所示。

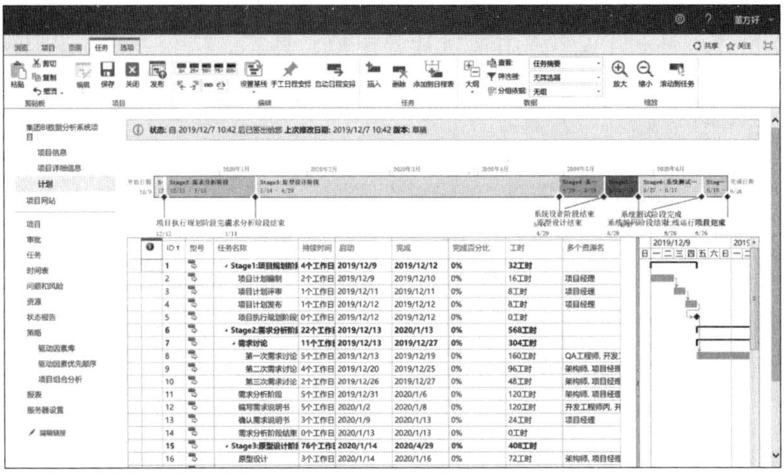

图14.8 调用计划模板创建项目计划展示

项目经理可以基于模板生成的项目计划进行项目计划详细编制过程，项目经理既可以在网页中编辑计划，也可以利用 Project Professional 2019 打开项目计划进行编辑。

以上两种调用项目计划模板库模板的方式，项目经理可以根据项目特点和使用习惯进行选择。

14.2 项目计划编制

利用项目计划模板生成项目计划后，不能直接将计划发布进入执行，而应该根据项目的具体范围和其他信息对项目计划进行详细编制，以适合项目具体要求，下面以 Project Professional 2019 调用计划模板编制为例进行说明。

14.2.1 将项目文件保存到Project Server中

利用项目计划模板生成项目计划后，项目经理需要及时将项目计划保存到 Project Server 2019 中。通过 14.1 小节调用“信息系统建设项目计划模板”生成项目计划后，单击【文件】→【另存为】命令，出现如图 14.9 所示的页面。

图14.9 向Project Server中保存项目

单击【保存】按钮，系统弹出保存信息输入对话框，如图 14.10 所示。

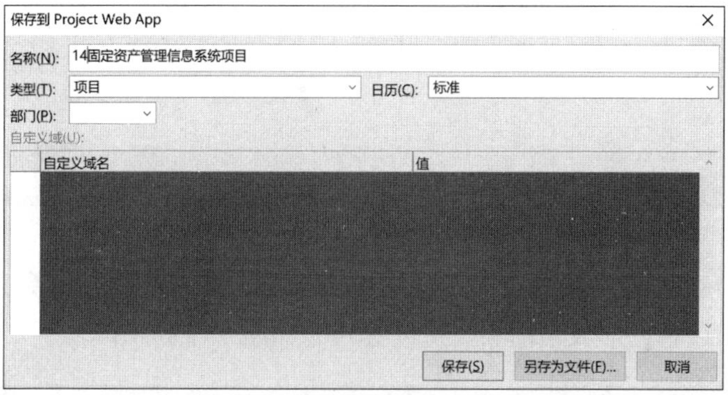

图14.10 保存项目信息

输入相应的项目名称，“类型（T）”必须是“项目”，单击【保存】按钮，如图 14.11 所示。

图14.11 完成项目计划保存

项目计划完成保存后，在状态栏右下角显示“已成功完成保存”提示。保存时间长短会受网络速度、服务器配置、计划数据量等因素影响。

14.2.2 Project Professional编辑/调整项目计划

项目计划保存完成后，项目经理需要进行以下几个内容的设置完成项目计划实例化。

1. 设置项目开始日期

按照项目计划模板规范定义的项目计划模板，项目进度计划可以通过设置项目开始日期快速形成，在项目计划中单击【项目】→【属性】→【项目信息】选项打开项目信息属性对话框，选择“开始日期”，如“2019 年 12 月 2 日”，如图 14.12 所示。

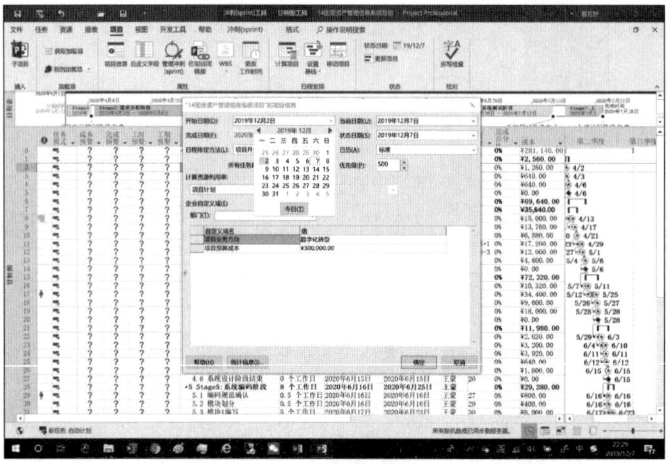

图14.12 设置项目开始日期

项目开始日期设置完成后，单击【确定】按钮，项目进度计划会自动根据项目开始日期进行自动计算，形成当前项目进度计划，如图 14.13 所示。

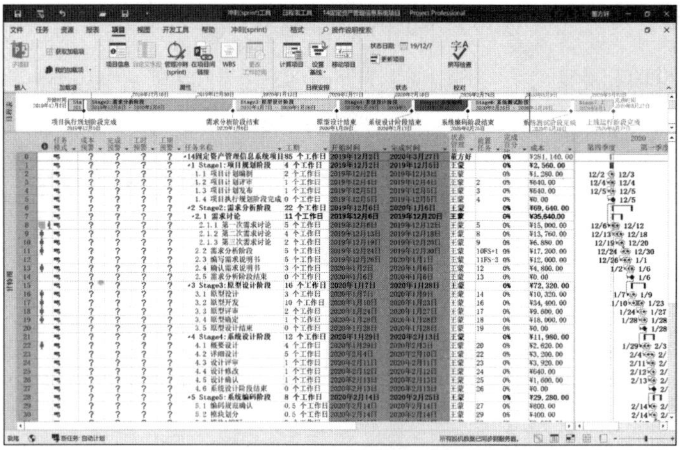

图14.13 根据项目开始日期计算项目进度计划

图 14.13 中，项目开始日期设置后，项目所有任务的开始日期与完成日期自动运算完成，并高亮显示，该项目开始日期设置为“2019 年 12 月 2 日”，自动运算完成后项

目完成日期是“2020 年 3 月 27 日”。

2. **设置项目状态日期**

“状态日期”是 Project 判断任务状态的日期，在图 14.12 中，设置项目“状态日期（S）”为“今日”，如图 14.14 所示。

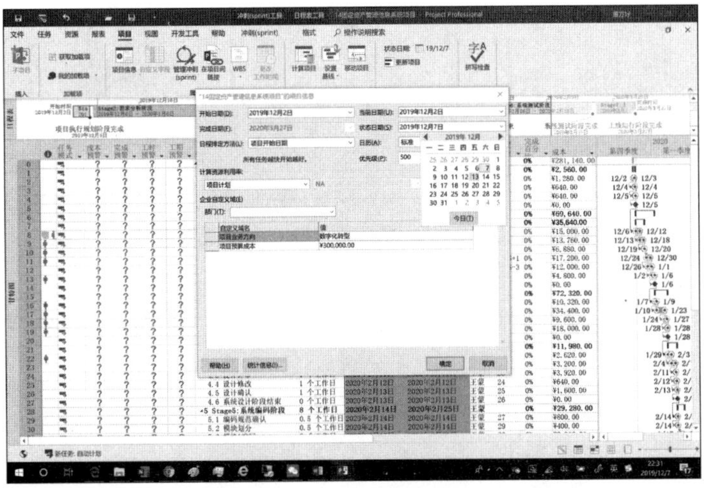

图14.14　设置项目状态日期

完成设置后单击【确定】按钮保存。

3. **调整项目进度计划**

如第 4 章所述，项目进度计划需要通过五个步骤完成规划，当利用项目计划模板完成项目计划后，项目进度计划需要按照进度计划编制的五个步骤对项目进度计划进行调整：

◎ 调整 WBS 分解与当前项目匹配；

◎ 调整任务工期与当前项目匹配；

◎ 调整任务关联关系与当前项目匹配；

◎ 寻找关键路径并对项目进度计划进行优化；

◎ 通过备注进行问题、风险的识别评估。

4. **调整项目资源计划**

按照项目计划模板规范，在项目计划模板中不能出现具体的人力资源而是利用职位 / 角色进行设置，当项目计划模板引用形成具体项目计划后，项目经理需要利用项目具体团队成员替换职位 / 角色，项目具体团队成员必须是“企业资源”。单击【资源】→【插入】→【添加资源】→【自企业建立工作组】选项，打开建立工作组对话框，如图 14.15 所示。

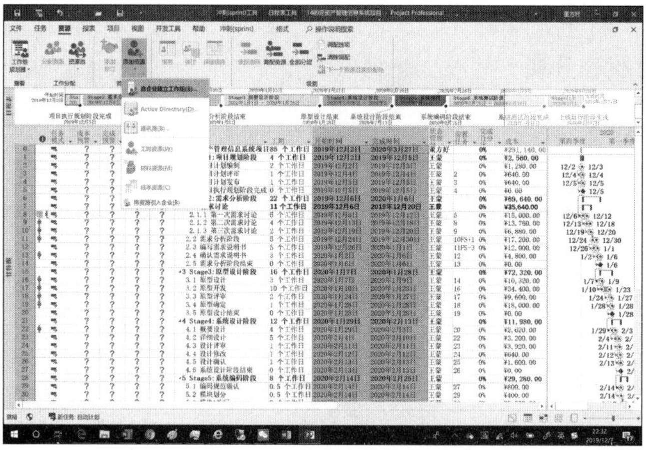

图14.15 自企业建立工作组

在对话框左侧是企业资源，右侧是项目资源，如有需要可以通过对话框上方的筛选器进行筛选，如图 14.16 所示。

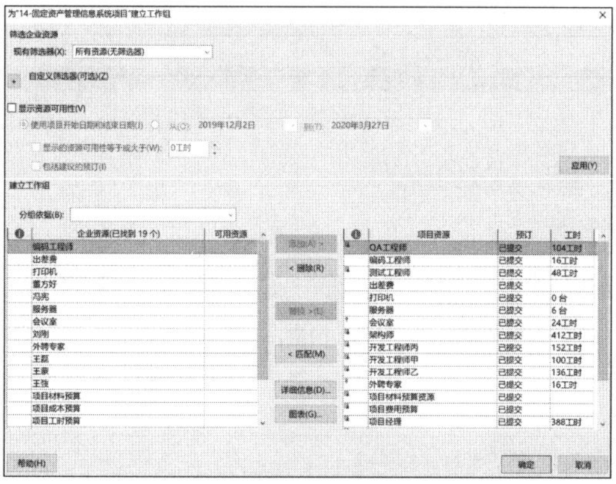

图14.16 建立工作组

在图 14.16 中，选中右侧的职位 / 角色，在左侧企业资源中选择具体的团队资源，通过单击中间的【替换 >(L)】按钮进行资源替换，如图 14.17 所示。

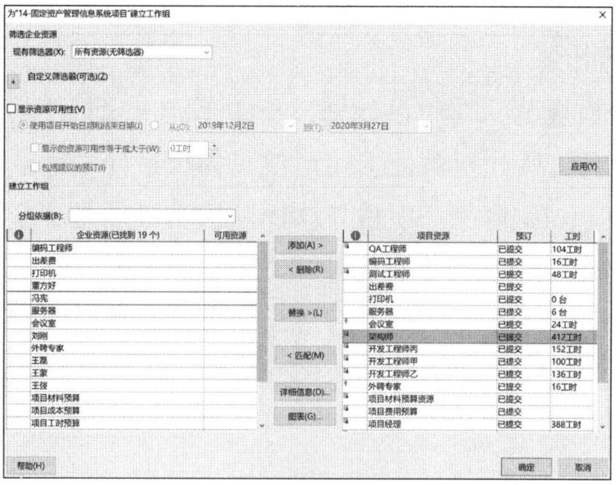

图14.17 替换资源（一）

选择匹配后，单击【替换 >(L)】按钮，替换后，该职位 / 角色名称“架构师”在项目资源清单中消失，资源“冯宪”添加到项目资源中，如图 14.18 所示。

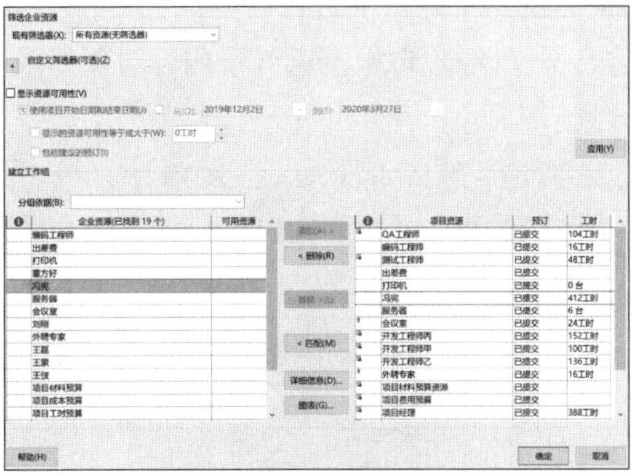

图14.18　替换资源（二）

依次将项目计划模板中的职位 / 角色替换后，单击【确定】按钮。重新打开“资源工作表”视图可以查看到该项目具体企业资源清单，如图 14.19 所示。

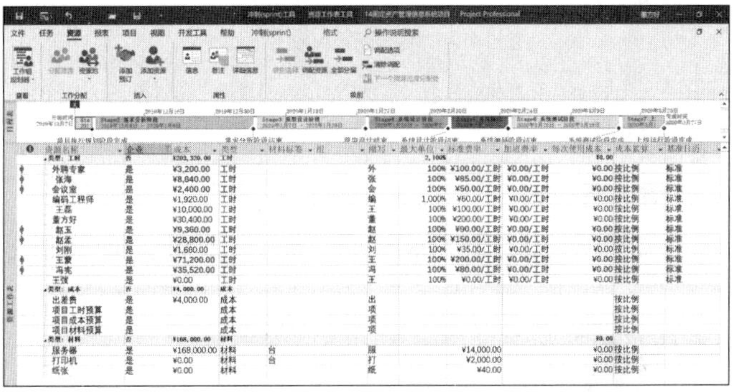

图14.19　企业资源清单

切换到甘特图视图可以查看到项目任务资源分配已经是具体的企业资源，如图 14.20 所示。

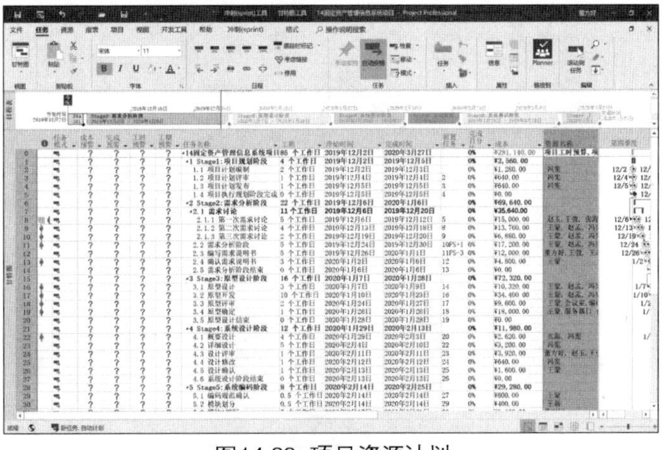

图14.20　项目资源计划

项目资源计划其他调整内容请参考第 5 章内容进行。

5. **调整项目成本计划**

项目成本计划自动根据企业资源费率进行计算形成，在图 14.20 中可以看到项目成本计划已经自动计算形成，项目经理再根据第 6 章内容对项目成本计划进行调整即可。

6. **保存签入项目计划**

项目计划调整完成需要保存到 Project Server 2019 中，单击【文件】→【保存】命令或者直接单击右上角【X】按钮关闭项目计划，弹出关闭对话框，如图 14.21 所示。

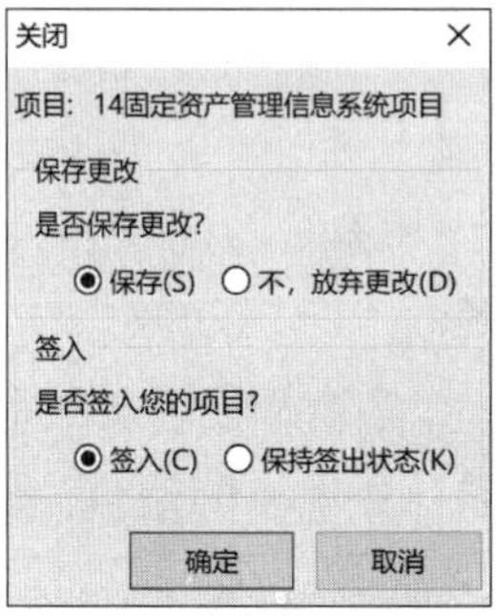

图14.21 保存签入项目计划

关闭项目计划时，请确保“保存并签入”。如果“保持签出状态”则下次打开项目计划时不能进行编辑操作。

14.2.3 PWA编辑/调整项目计划

利用 PWA 编辑 / 调整计划与利用 Project Professional 进行编制 / 调整计划基本类似，步骤如下。

1. **设置项目开始日期**

项目开始日期在项目创建时已经设置，可通过单击【项目信息】选项进入项目信息页面调整，如图 14.22 所示。

图14.22 项目信息页面

修改完成后单击【保存】按钮即可。

2. 设置项目状态日期

状态日期在 PWA 不能调整，如需调整必须使用 Project Professional 调整。

3. 调整项目进度计划

如第 4 章所述，项目进度计划需要通过五个步骤完成规划，当利用项目计划模板完成项目计划后，项目进度计划需要按照进度计划编制的五个步骤对项目进度计划进行调整：

◎ 调整 WBS 分解与当前项目匹配；

◎ 调整任务工期与当前项目匹配；

◎ 调整任务关联关系与当前项目匹配；

◎ 寻找关键路径并对项目进度计划进行优化；

◎ 通过备注进行问题、风险的识别评估。

在 PWA 中，项目进度计划的调整视图与 Project Professional 基本类似，如图 14.23 所示。页面上端是项目计划编辑功能区域，可以完成常规项目计划调整。

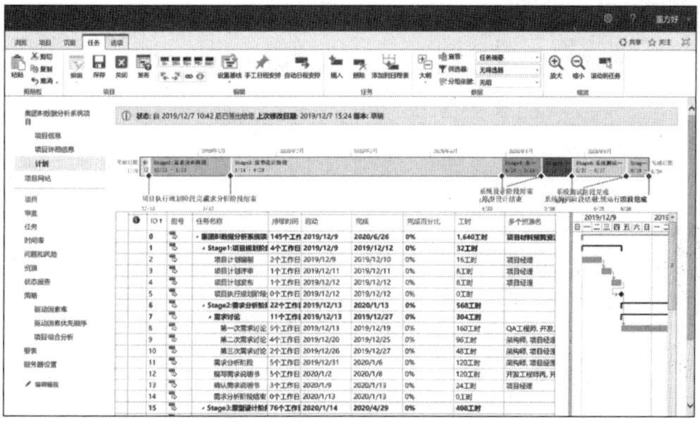

图14.23 项目计划编辑页面

4. 调整项目资源计划

利用PWA调整资源计划与Project Professional不同，实现方法如下：单击【项目】→【导航】→【建立工作组】选项，如图 14.24 所示。

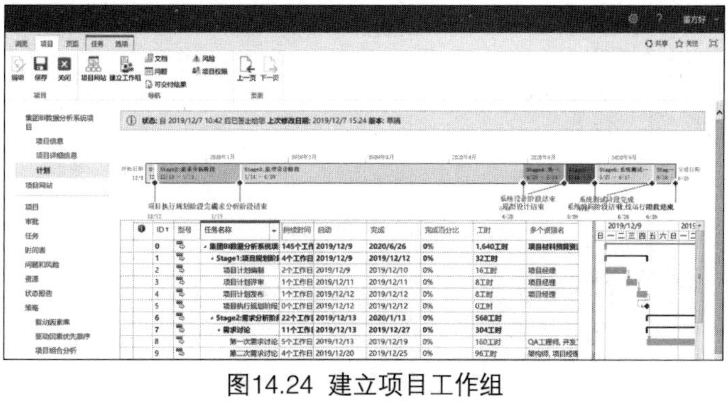

图14.24 建立项目工作组

进入资源工作组建立页面，如图 14.25 所示。

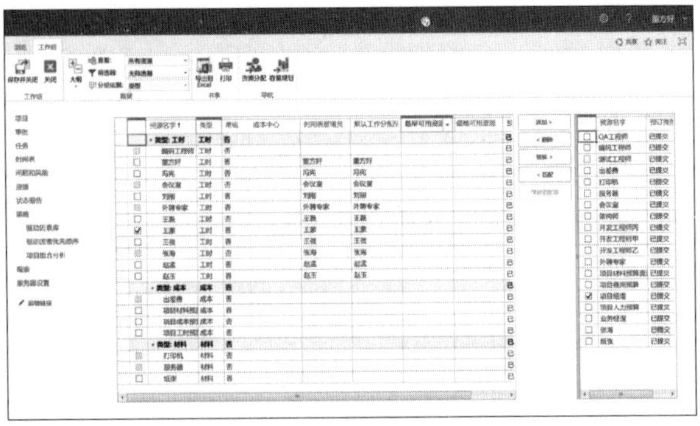

图14.25 自企业建立工作组

在图 14.23 中，左侧是企业资源，右侧是项目计划资源，选中右侧的职位 / 角色，在左侧企业资源中选择具体的团队资源，通过中间的【替换】按钮进行资源替换。例如，选择角色“项目经理”，利用企业资源“王蒙”替换，选择匹配好后单击【替换】按钮，替换完成后，该职位 / 角色名称“项目经理”在项目资源清单中消失，资源“王蒙”添加到项目资源中，如图 14.26 所示。

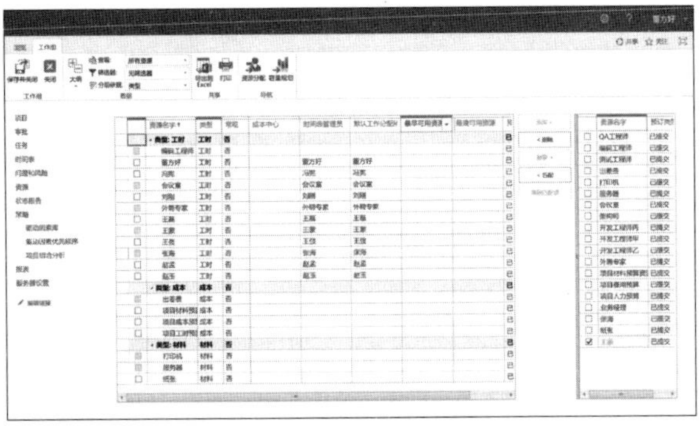

图14.26 替换资源

依次将项目计划模板中的职位 / 角色替换后，单击【保存并关闭】按钮关闭工作组页面。在项目计划页面，通过【任务】→【数据】→【查看】→【资源摘要】选项，查看项目资源团队清单，如图 14.27 所示。

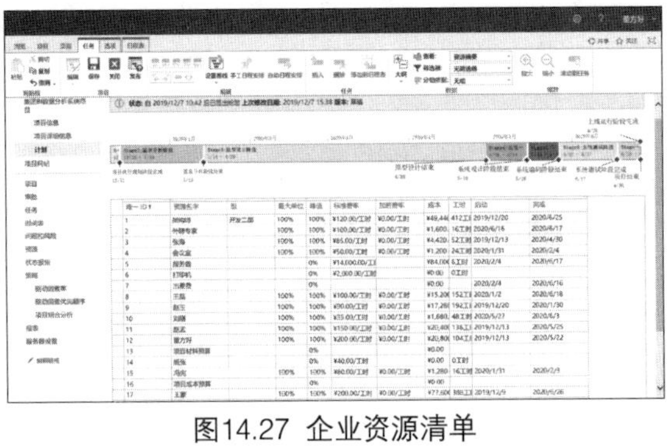

图14.27 企业资源清单

从任务摘要视图可以查看到，项目任务资源分配已经是具体的企业资源，如图 14.28 所示。

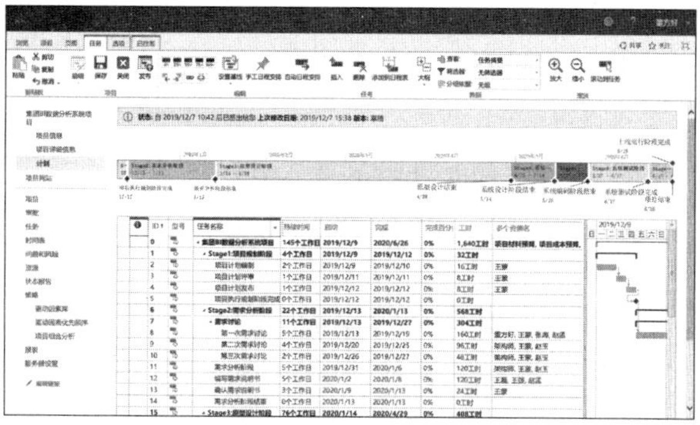

图14.28　项目资源计划

5. 调整项目成本计划

项目成本计划根据企业资源费率自动进行计算形成，通过【任务】→【数据】→【查看】→【任务成本】选项可以查看项目成本计划，如图 14.29 所示。

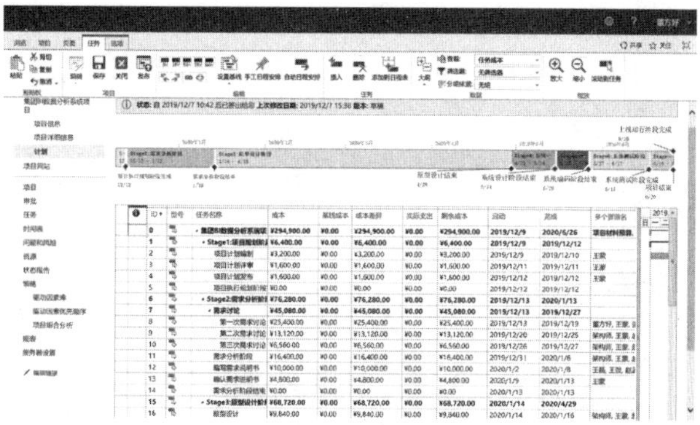

图14.29　项目成本计划

在图 14.29 中可以看到项目成本计划已经自动计算形成，项目经理再根据第 6 章内容对项目成本计划进行调整即可。

6. 保存签入项目计划

项目计划调整完成需要保存到 Project Server 2019 中，单击【任务】→【保存】按钮或者直接单击【关闭】按钮关闭项目计划，弹出关闭对话框，如图 14.30 所示。

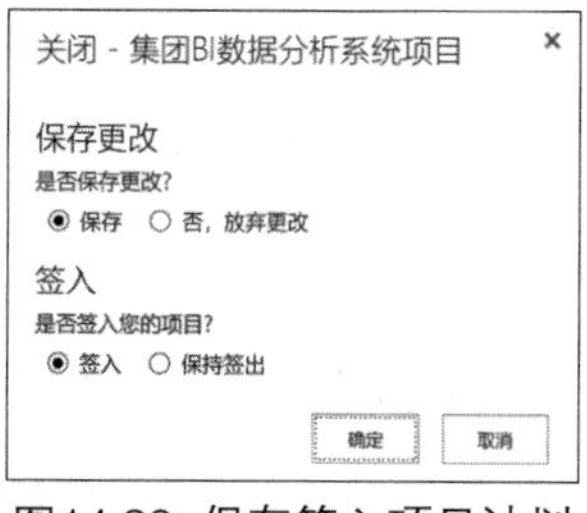

图14.30　保存签入项目计划

关闭项目计划时，请确保“保存并签入”。如果选中“保持签出”单选按钮则下次打开项目计划时不能进行编辑操作。

14.3 项目计划基线设置

上述项目计划调整完成并保存至 Project Server 中，项目管理部组织项目经理、项目相关部门进行计划评审，经过评审确定的项目计划由项目管理部设置项目基线，项目经理在基线设置完成后可以发布项目计划进入执行状态。

基于 Project Server 设置项目基线有两种途径：一是通过 Project Professional 进行设置；二是通过 PWA 进行设置。

14.3.1 利用Project Professional设置基线

项目管理部利用Project Professional登录Project Server，通过【文件】→【打开】→【项目管理系统】→【浏览】选项，从项目清单中找到目标项目打开，如图 14.31 所示。

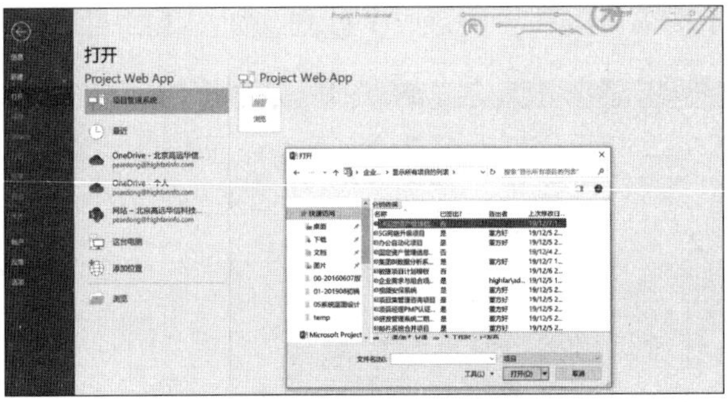

图14.31 Project打开项目

打开项目计划后，如果提示“签出”，请先单击【签出】按钮签出项目进行设置，通过【项目】→【日程安排】→【设置基线】→【设置基线（S）】选项，弹出“设置基线”对话框，如图 14.32 所示。

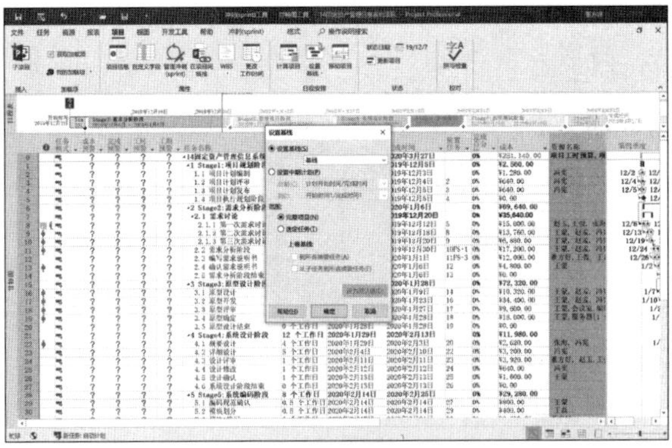

图14.32 基线设置对话框

设置基线的方式与7.1.4小节一致，单击【确定】按钮完成“基线”保存，同时保存“基线 1”，基线保存后，项目对应的状态灯都自动计算完成，如图 12.33 所示。

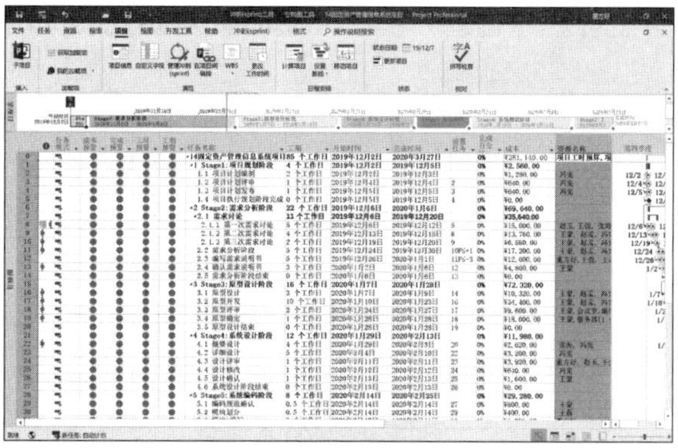

图14.33　基线设置完成

基线设置完成后，保存并签入项目。

14.3.2 利用PWA设置基线

在 Project Server 2019 中，还支持在 PWA 中进行基线设置，方法与 Project Professional 类似，项目管理部登录 PWA，通过【项目】选项进入项目列表页面，如图 14.34 所示。

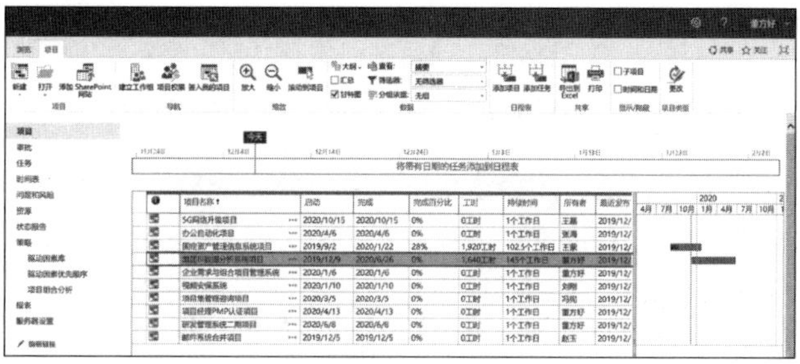

图14.34　项目列表

单击项目名称“集团 BI 数据分析系统项目”进入该项目对应的项目计划页面，如图 14.35 所示。

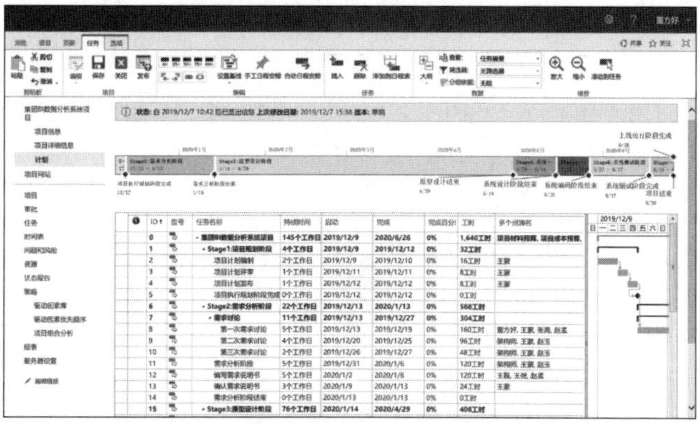

图14.35　项目计划

通过【任务】→【编辑】→【设置基线】→【设置基线】进行基线设置，如图 14.36 所示。

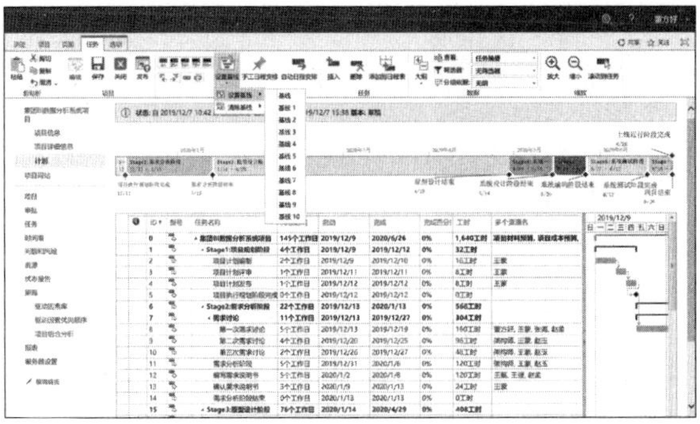

图14.36 项目基线

基线设置的方式与 7.1.4 小节一致，依次完成“基线”“基线 1”的保存。在 PWA 保存基线时状态栏会提示设置基线的状态，如图 14.37 所示。

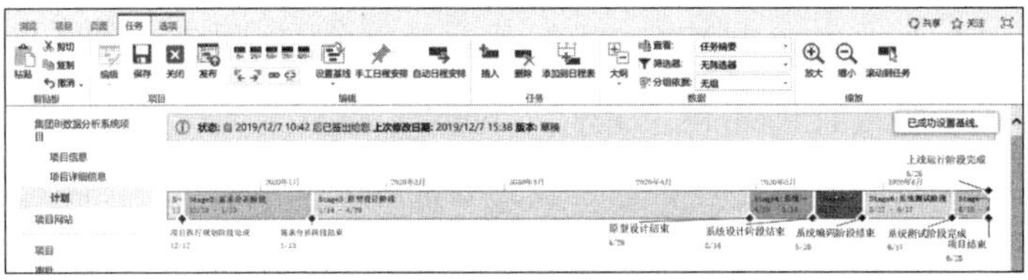

图14.37 项目基线保存状态

基线设置完成后单击【保存】按钮，然后单击【关闭】按钮，保持项目签入状态。

14.4 项目计划发布

上述基线保存后，项目计划并没有进入执行状态，项目任务负责人还没有收到任务执行消息，任务执行消息只有在项目计划发布的状态下才可以触发，项目计划发布同样可以采用 Project Professional 与 PWA 两种方式实现。

14.4.1 Project Professional发布项目计划

项目经理利用 Project Professional 登录 Project Server，打开项目计划并签出，如图 14.38 所示。

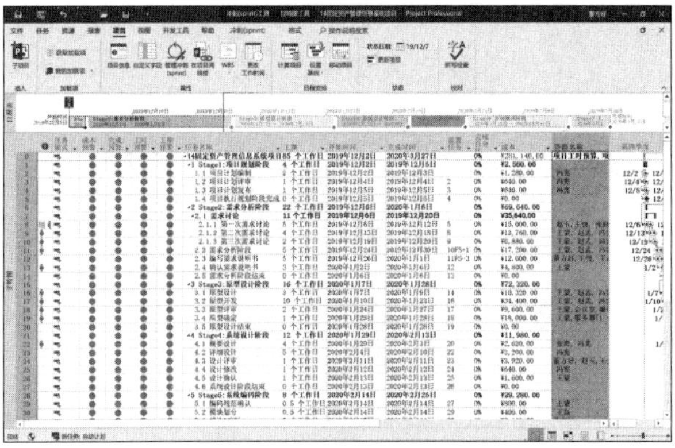

图14.38 项目经理打开项目计划

通过【文件】→【信息】→【发布】按钮，将项目计划发布出去，如图 14.39 所示。

图14.39　发布项目计划

单击【发布】按钮发布时，Project 弹出对话框询问是否创建项目网站，项目网站是用来管理项目过程文档交付物、项目问题、项目风险及其他项目过程资料的站点，系统创建时选择默认发布项目创建项目站点。单击【发布（P）】按钮，发布项目计划并创建项目站点，如图 14.40 所示。

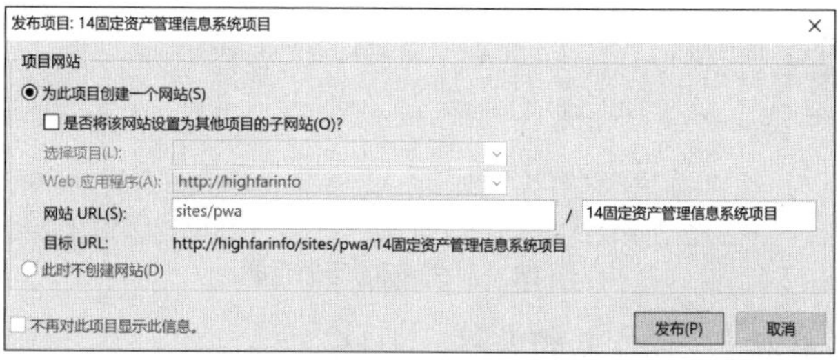

图14.40　创建项目站点并发布

项目计划发布过程中在右下角提醒进展，发布完成后关闭并签入项目计划。根据 14.5 小节中的操作可以查看项目计划发布信息。

14.4.2 PWA发布项目计划

利用 PWA 发布项目计划相对要简单得多，项目经理登录 Project Server，通过【项目】选项进入项目列表页面，单击项目名称进入项目计划页面，如图 14.41 所示。

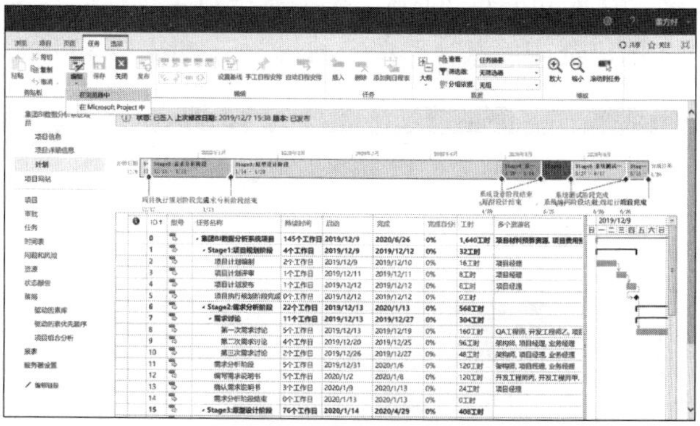

图14.41　打开项目计划

单击【编辑】→【在浏览器中】选项，该操作跟利用 Project Professional 打开项目计划并签出是一致的。打开后项目计划就可以发布了，如图 14.42 所示。

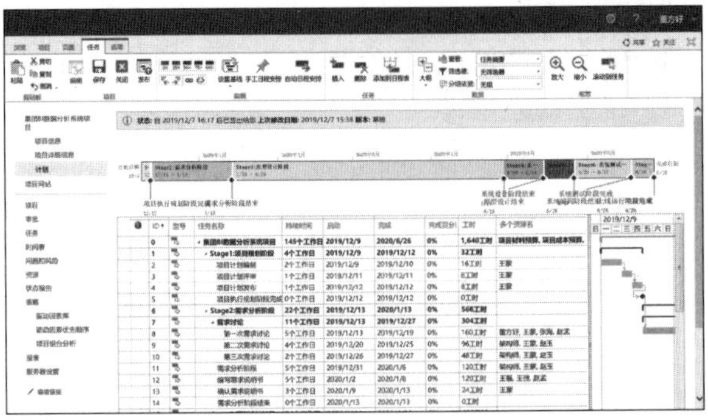

图14.42 编辑项目计划

在图 14.43 中，单击【任务】→【项目】→【发布】按钮发布项目计划，状态栏提示项目计划发布状态，如图 14.43 所示。

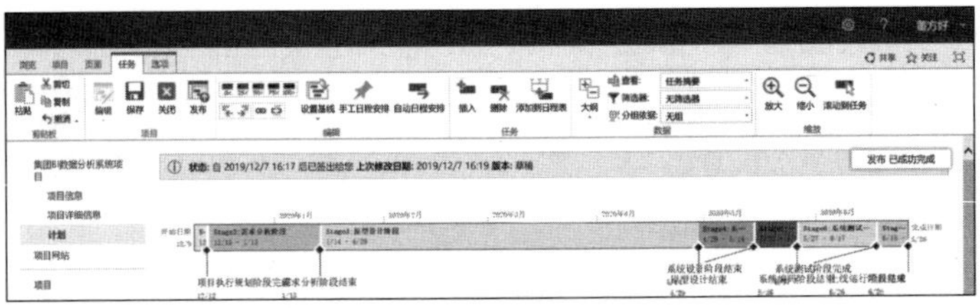

图14.43 发布项目计划

发布完成后，单击【关闭】按钮并签入项目。

14.5 项目发布信息查看

项目信息发布后，项目团队及其他有权限的用户可以登录 Project Server 进行查看，检查项目信息的正确性。

14.5.1 查看项目中心

项目经理“王蒙”登录 Project Server，单击【项目】选项进入项目列表页面，可以在项目列表看到“14 固定资产信息管理系统项目”，如图 14.44 所示。

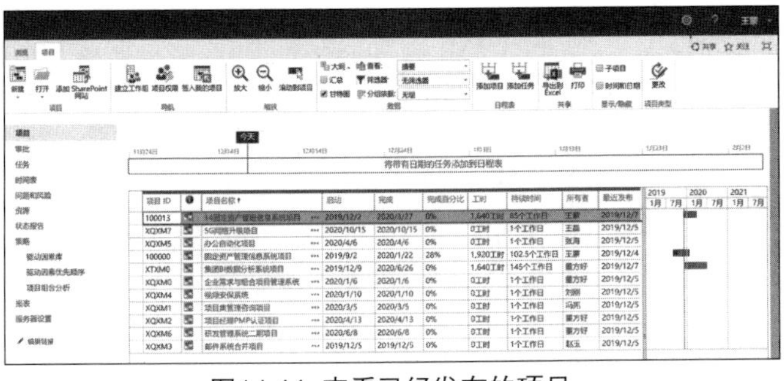

图14.44 查看已经发布的项目

单击项目名称“14 固定资产信息管理系统项目”，可以看到项目的详细计划甘特图，如图 14.45 所示。

图14.45　项目详细甘特图

以上表明项目信息的发布是正确的，“王蒙”可以看到以上信息，其他具有“项目”权限的人员同样也可以看到项目信息，达到了项目信息发布共享的目的。

14.5.2　查看资源中心

上一小节是通过“项目”查看到了项目信息，还可以选择“资源”进入资源中心，查看资源分配的情况，如图 14.46 所示。

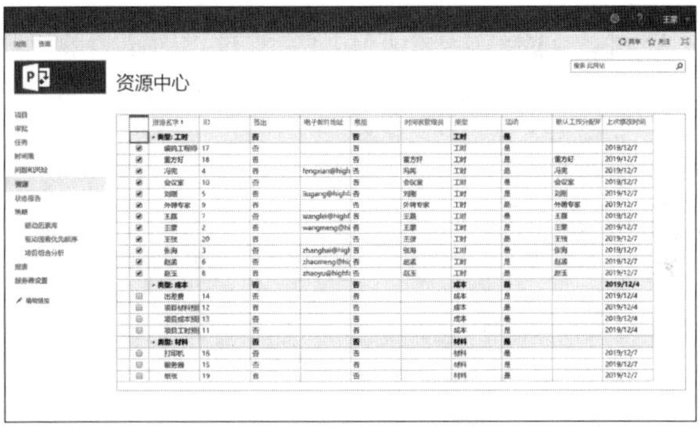

图14.46　资源中心

在图 14.46 中，单击【资源分配】下拉按钮，查看所选资源参与的项目任务分配信息，如图 14.47 所示。

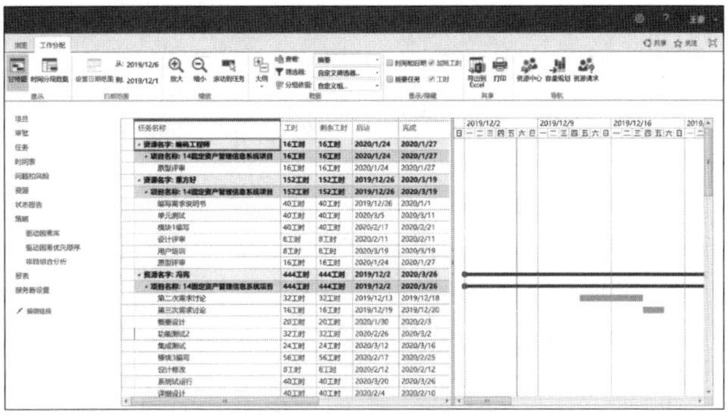

图14.47　资源分配信息

从图 14.47 中可以看到资源在“14 固定资产信息管理系统项目”中的任务分配情况。从资源的角度证明信息发布也是成功的。

14.5.3 查看任务中心

还有一种验证方法：由于当时在获取企业资源时，“王蒙”将自己也分配到了一个任务上去，因此“王蒙”可以在 Project Server 中查看分配给自己的任务。单击【任务】可以得到如图 14.48 所示的界面。

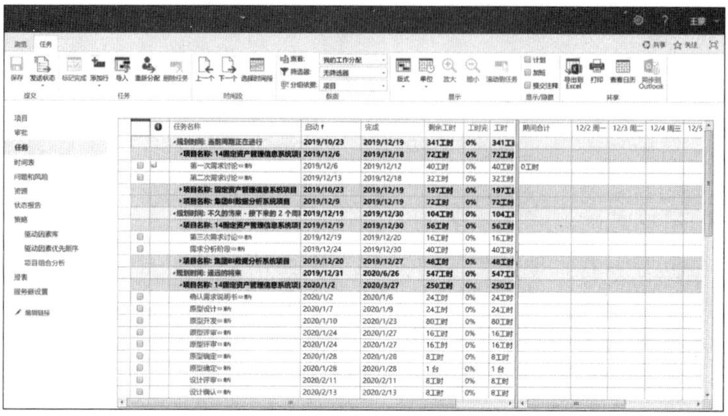

图14.48 查看“我的任务”

至此，可以确认项目计划信息发布成功了。项目计划发布成功后，项目进入执行过程，详见下章分解。

第 15 章 项目执行管理

在第 14 章中介绍了利用 Project Server 实现项目计划的发布，项目计划发布后项目进入执行阶段，项目成员开始在项目经理的组织下按照计划执行具体的任务。在执行过程中会出现下列很多情况，如任务提前完成或者延期完成、更换资源、增加任务、取消任务、任务反馈、任务审批等。

在 Project Server 的支持下，项目任务执行不再是项目团队口头汇报项目进展，项目经理线下收集项目执行，而是转变为项目经理通过 Project Server 发布项目计划(任务)，项目成员接收任务分配并执行、反馈项目任务执行状态，项目经理审核项目成本任务执行情况，是一个任务执行闭环流程。

本章将通过以下六个方面讲述如何利用 Project Server 实现项目执行管理。

◎ 任务分配接收；

◎ 任务反馈；

◎ 任务反馈审核；

◎ 任务状态发布；

◎ 任务自动审核发布。

15.1 任务分配接收

项目经理通过 Project Server 完成项目计划发布后，项目成员通过系统接收项目任务分配，从而进行任务执行，在 Project Server 中，项目成员接收任务分配的方式主要有三种：一是通过“任务”菜单接收项目任务分配；二是通过系统首页提醒接收任务分配；三是通过邮件提醒的方式接收任务分配。

这里利用上一章发布的项目计划作为案例讲述任务分配接收。

15.1.1 通过“任务”接收任务分配

项目成员冯宪登录 PWA，单击【任务】菜单进入任务列表页面，如图 15.1 所示。

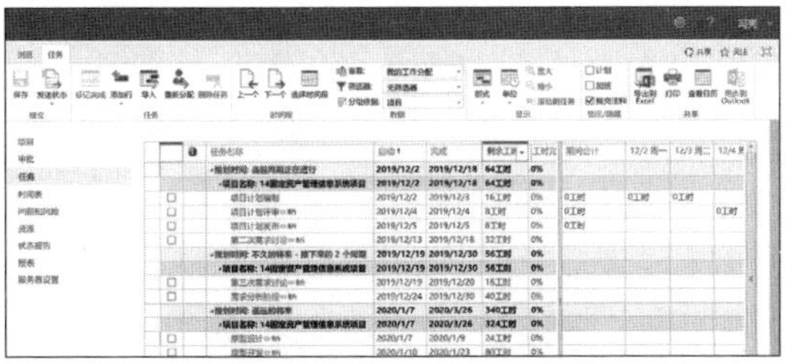

图15.1 任务列表接收任务分配

15.1.2 通过“提醒”接收任务分配

项目成员冯宪登录 PWA，在 PWA 首页中利用“跟踪您的工作”模块查看到该用户的提醒菜单，如图 15.2 所示。

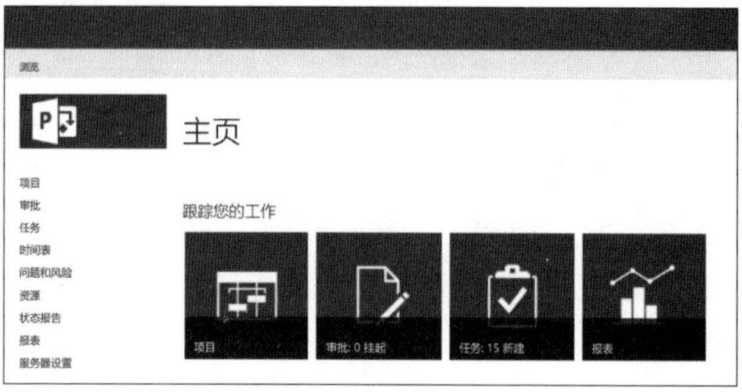

图15.2 系统提醒

在图 15.2 中的“跟踪您的工作”模块，单击【任务：15 新建】，进入当前用户任务分配清单页面，如图 15.3 所示。

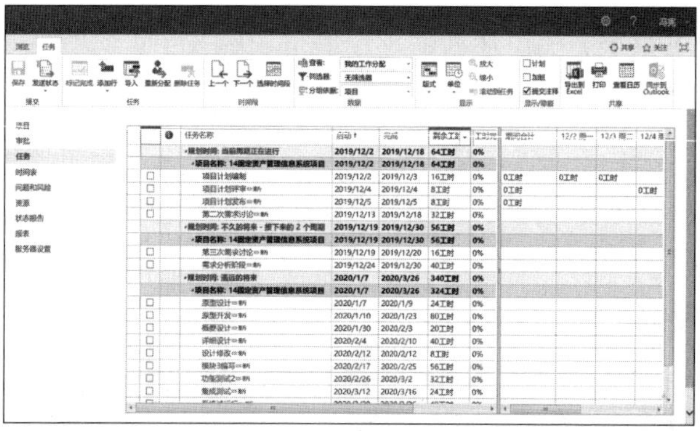

图15.3 任务分配清单

15.1.3 通过“邮件”接收任务分配

通过邮件接收任务分配通知必须配合邮件发送服务器与邮件通知提醒设置，邮件发送服务器配置请参考常见问题章节描述，项目成员通过邮件接收任务分配首先需要设置个人的邮件提醒规则，选择【服务器设置】菜单→【个人设置】→【管理我的通知和提醒】，如图 15.4 所示。

图15.4 管理通知和提醒

单击【管理我的通知和提醒】链接进入“管理我的通知和提醒”详细设置页面，如图 15.5 所示。

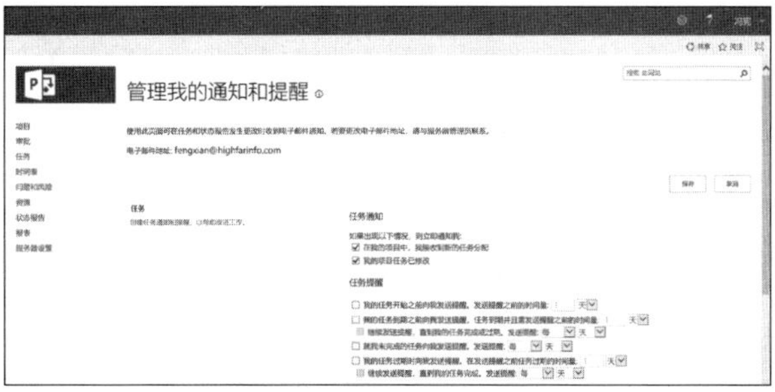

图15.5 通知和提醒详细设置

在图 15.5 中，“任务通知”和“任务提醒”都经过邮件服务器发送邮件，Project Server 默认勾选“任务通知”的两个选项复选框，也就是当有新任务分配给团队成员或者团队成员的任务分配发生变化时自动发送任务通知到用户邮箱中，如图 15.6 所示。

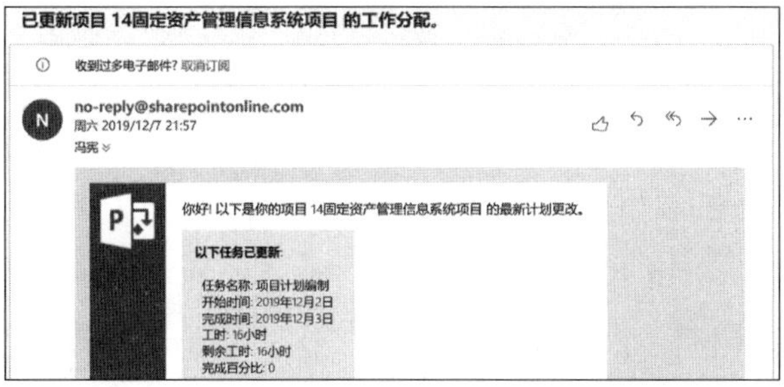

图15.6 邮件任务分配提醒

在邮件最下端可以查看到对应该项目的成员任务与提醒设置链接，如图 15.7 所示。

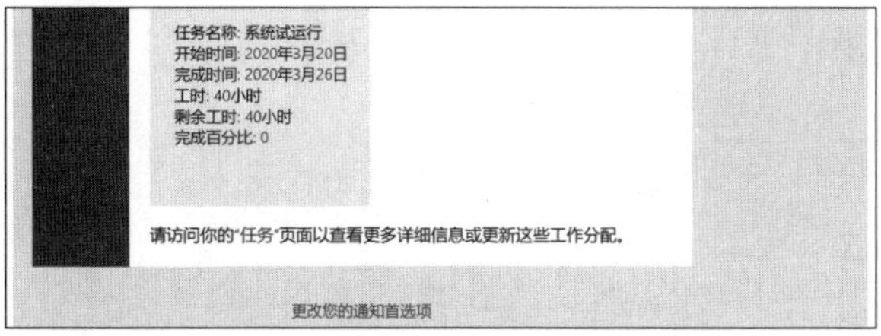

图15.7 邮件“任务”链接与提醒设置链接

15.2 任务反馈

项目成员通过以上方法接收到项目任务分配后，需要对项目任务进行更新反馈，任务更新反馈主要涉及以下几种情况。

15.2.1 删除(拒绝)任务分配

在资源查看到自己被分配的任务时，有权拒绝，因为实际情况中可能出现项目经理分配错误的情况。资源拒绝任务分配后，Project Server 会自动通知该项目的“项目经理”，项目经理可以根据实际情况判断是否分配错误后再次修正资源分配。需要注意的是，资源对任务的拒绝需要项目经理的确认方可生效。

例如，如图 15.3 所示，冯宪收到任务之后，发现任务“第三次需求讨论”不是自己承担的任务，经过与项目经理沟通后，项目经理让冯宪提交一个任务“删除”的操作。

冯宪首先将“第三次需求讨论”任务前的选择框选中，然后单击【任务】→【删除任务】按钮，系统弹出删除提示，如图 15.8 所示。

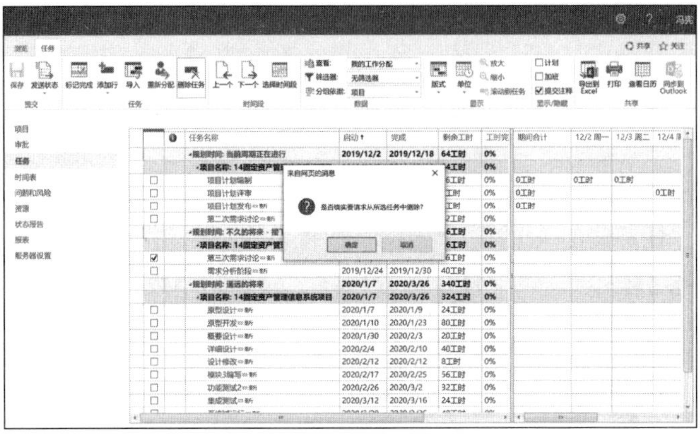

图15.8 删除任务提示

图 15.8 提示的意图是让用户确认是否要发出“删除任务”的请求，如果确认要发出该任务的删除请求，则单击【确定】按钮。

单击【确定】按钮后，该条任务将会被打上删除标记，该标记的方式是在任务信息中间画了一条删除线，如图 15.9 所示。

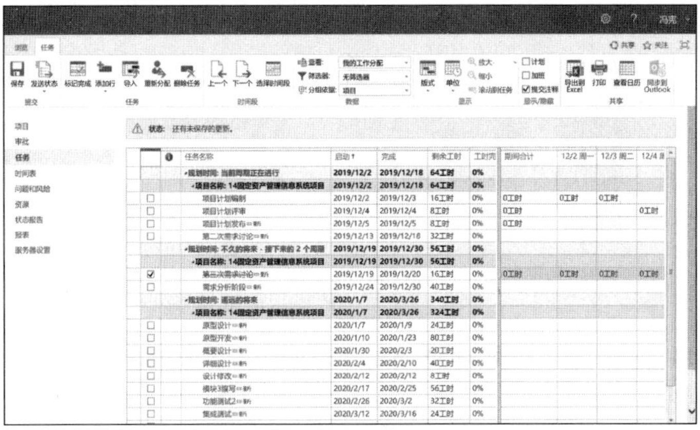

图15.9 打上删除标记的任务

如图 15.9 所示，任务“第三次需求讨论”被画了一条删除线。但是到目前为止，删除任务的请求还没有发出，系统提示“状态：还有未保存的更新”。单击图 15.9 左上方的【发送状态】下拉按钮，才能够将该请求发送给项目经理进行批准。资源提交的“删除任务”操作是无法直接修改计划数据信息的，必须得到项目经理的批准方可生效。

冯宪单击图 15.9 左上方的【发送状态】下拉按钮选择【选定任务】选项，将打开“提交更改”的确认对话框。如图 15.10 所示。

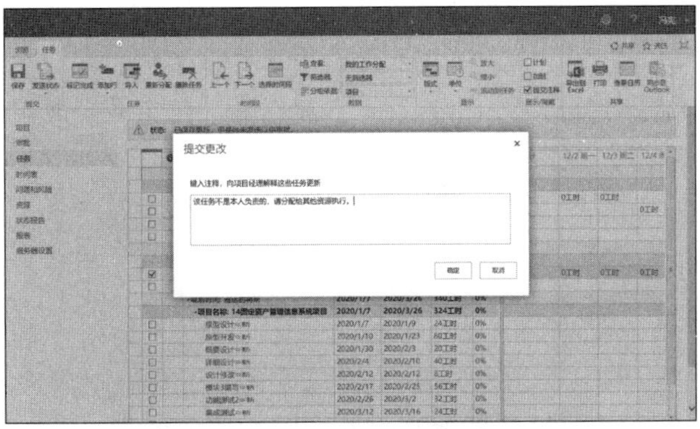

图15.10　任务提交后的注释填写对话框

图 15.10 所示对话框并不是默认选项，如果需要填写备注信息，请通过【任务】→【显示 / 隐藏】→选中【提交注释】复选框，选中后任何一项任务更改提交时，默认弹出的注释信息填写对话框。提交更改时键入注释，是为了增强项目成员与项目经理的沟通，能够让项目经理在审批任务更新请求时更加有据可依，并且在将来一段时间内进行项目回顾时，能够知道当时的详细情况。

冯宪在注释输入框内输入了具体的信息，然后单击【确定】按钮，该请求会发送至项目经理进行审批。

15.2.2 重新分配任务

在实际的项目管理过程中，存在任务的多级分配情况。例如，先把某一部分任务分配给一个部门经理，然后再由部门经理分配给每个项目成员。

Project Server 针对这一情况也提供了解决方案。例如，冯宪需要把项目经理分配给自己的任务继续分配给其他人员。在图 15.8 所示图中，单击【任务】→【任务】→【重新分配】图标，将打开一个重新分配页面，如图 15.11 所示。

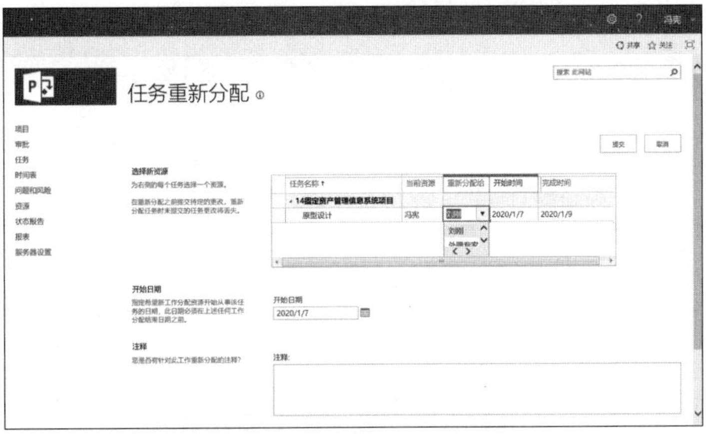

图15.11　任务重新分配页面

在图 15.11 中，左侧是内容提示，右侧是等待重新分配的任务信息，每个任务都有一列为“重新分配给”，单击该单元格，会出现一个下拉框，该下拉框内为该资源有权限可以再次分配的资源名称。如图 15.11 所示，第二项任务“项目计划评审”重新分配给了“刘刚”。

重新分配的资源选择完成后，可以在“开始时间”处重新定义该任务的开始时间，可以在“注释”中注明重新分配的原因等相关事项。

以上内容均填写完毕后，可以单击图 15.11 右上角的【提交】按钮，将此请求发送至项目经理进行审批。

15.2.3 汇报任务进度

团队成员如果认为分配的任务为应该执行的任务，则可以按照对该任务的实际情况来汇报。例如，任务“项目计划编制”原定的开始时间为“2019/12/2”，完成时间为“2019/12/3”。冯宪对于该任务的执行实际时间开始于“2019/12/2”，实际完成时间为“2019/12/3”，而且目前已经全部完成了。冯宪按照以上的实际情况进行更新，如图 15.12 所示。

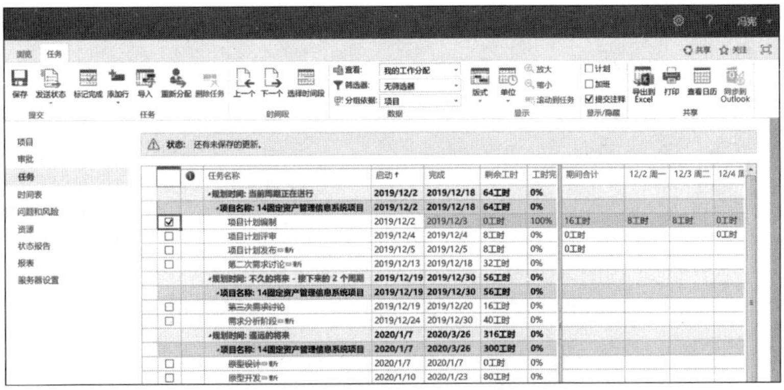

图15.12 如实更新任务的进度信息

如图 15.12 所示，将开始时间、完成时间、进度信息更新后，单击“提交选择的内容”，系统将弹出一个键入注释信息的输入框，如图 15.13 所示。

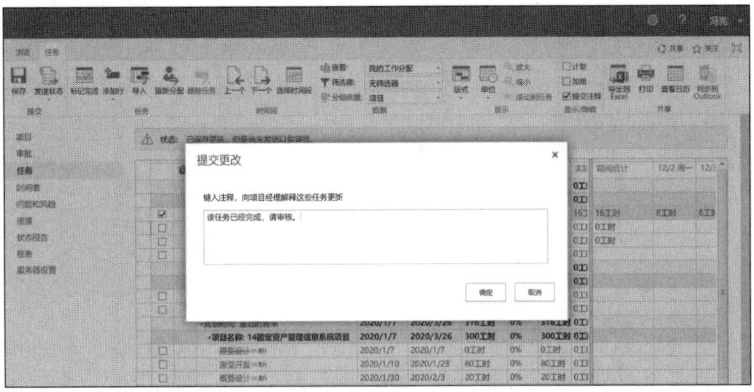

图15.13 进度信息汇报的注释信息填写

如图 15.13 所示填写注释信息后，单击【确定】按钮后，该任务的进度汇报信息将提交项目经理审批。

15.2.4 添加新任务

在“任务”列表页面，冯宪发现少了一项任务，可以自己添加任务至任务列表，该任务经项目经理审批后也可以进入所属的项目。

选择【任务】→【任务】→【添加行】下拉按钮，如图 15.14 所示。

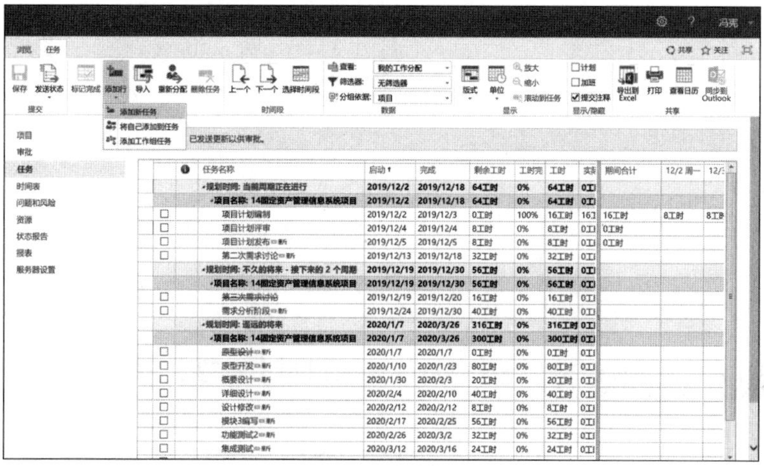

图15.14 添加任务

在下拉框中单击【添加新任务】选项，打开如图 15.15 所示新页面。

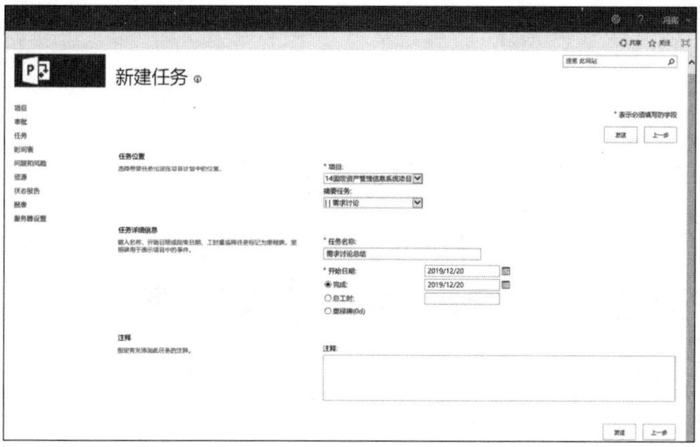

图15.15 添加任务页面

在如图 15.15 所示的新建任务页面中，选择“项目”“附属于摘要任务”，需要填写任务名称，并指定开始时间与完成时间。填写完毕后，单击“发送”按钮，新任务的添加申请会发送给项目经理审批。

15.2.5 链接问题

在任务执行过程中，团队成员如果遇到一些自己无法解决的问题，可以将出现的问题与该任务进行关联。

具体的操作方法：在“任务”列表中，单击某一任务名称，如单击“原型开发”任务，打开如图 15.16 所示的页面。

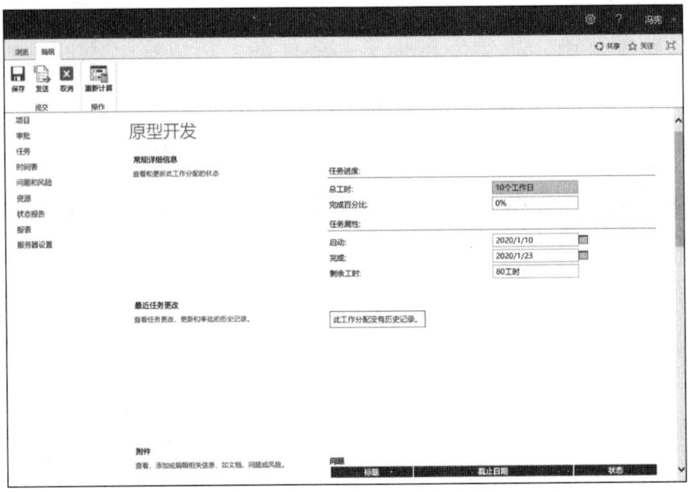

图15.16 任务详细信息页面

在图 15.16 所示的页面中，在附件内容区域找到【问题】，如图 15.17 所示。

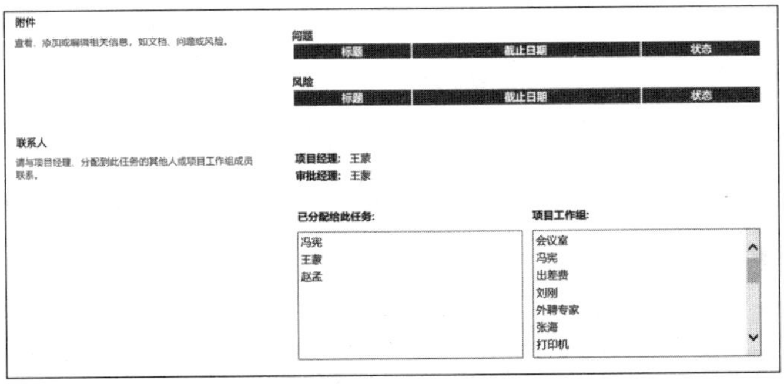

图15.17 问题、风险编辑页面

在图 15.17 中，单击“问题”链接，则打开如图 15.18 所示新页面。

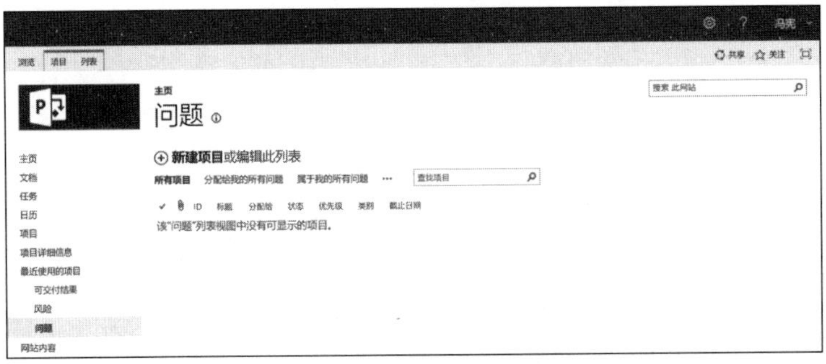

图15.18 问题的新增界面

单击图 15.18 中的【新建项目】按钮，在打开的页面中，输入问题的详细信息，如图 15.19 所示。

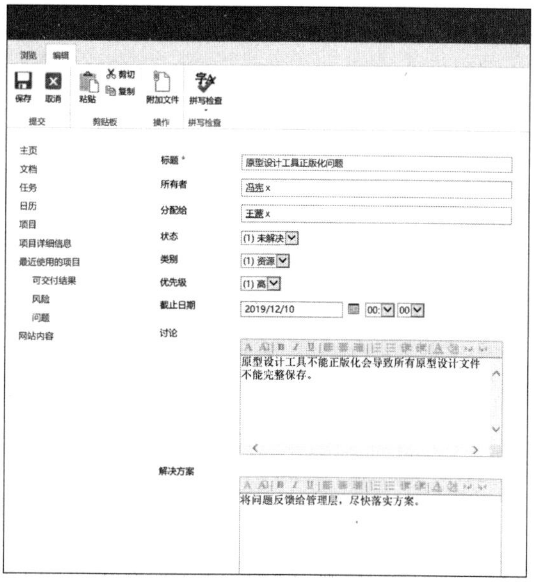

图15.19 问题的新增界面

在图 15.19 所示的页面中，输入必要的问题信息后单击【保存】按钮，问题添加完毕。在问题列表中查看该问题，如图 15.20 所示。

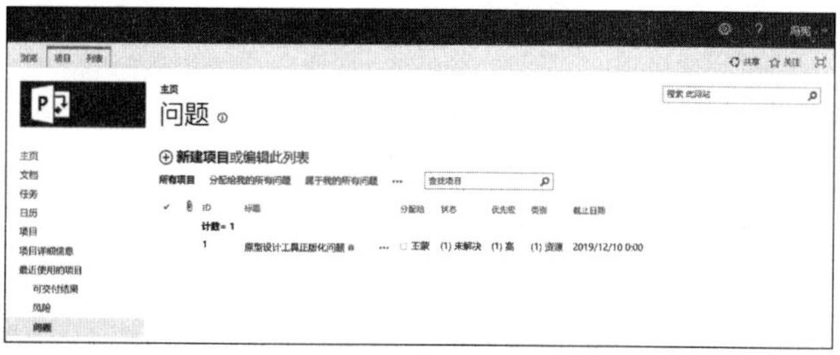

图15.20 问题列表

单击问题名称“原型设计工具正版化问题”显示问题详情，如图 15.21 所示。

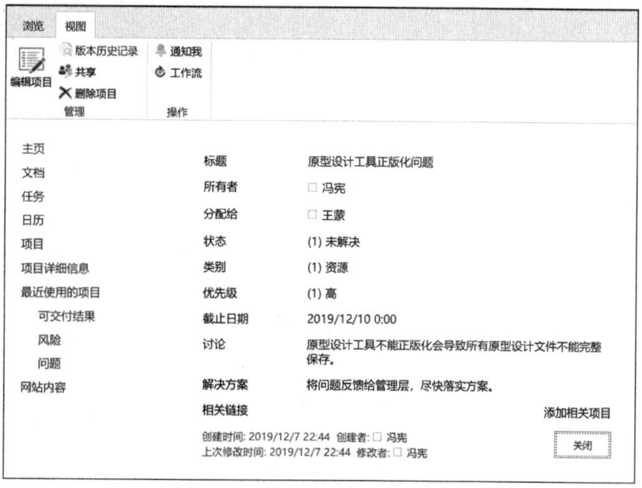

图15.21 问题查看页面

在问题查看页面通过单击【添加相关项目】链接可以实现该问题与任务关联，如图 15.22 所示。

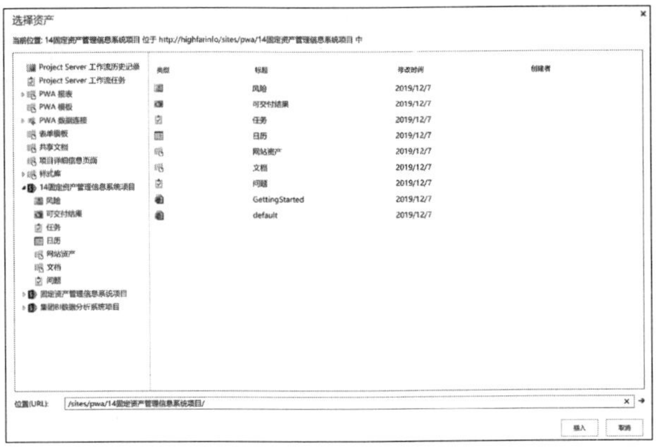

图15.22 问题链接任务页面

在图 15.22 中，单击“任务”打开任务清单，找到“原型开发”任务，如图 15.23 所示。

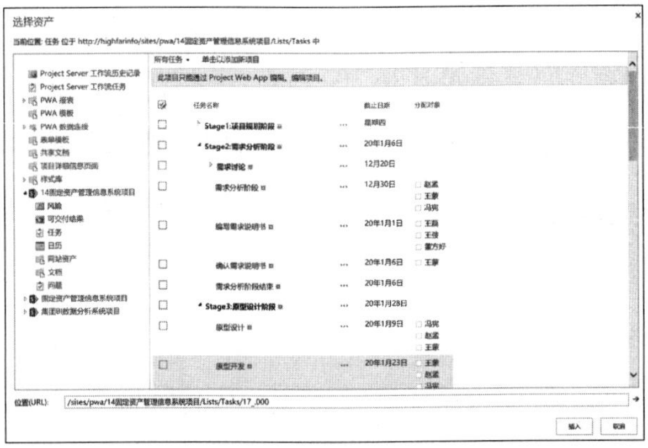

图15.23 问题链接任务选择

选择完成后，单击【插入】按钮，完成问题与任务链接，如图 15.24 所示。

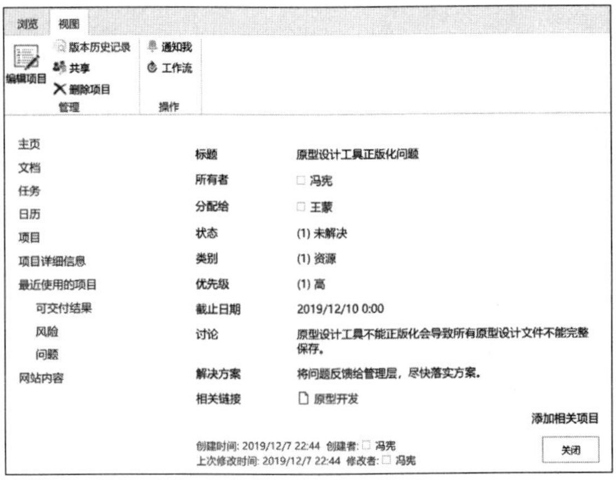

图15.24 问题链接任务

在任务反馈详细页面可以查看到任务与问题“原型设计工具正版化问题”相关联，如图 15.25 所示。

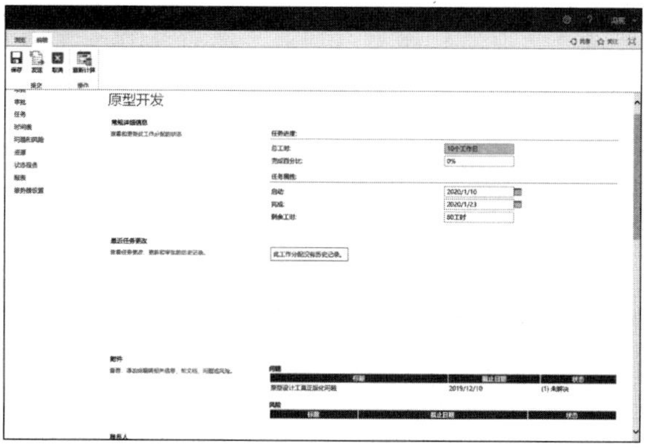

图15.25 任务链接问题

15.2.6 链接风险

在任务执行过程中，项目团队需要对风险进行及时识别与应对，可以将识别的风险与该任务进行关联。

具体的操作方法：在“任务”列表中，单击某一任务名称，如单击“原型开发”任务，打开如图 15.26 所示的页面。

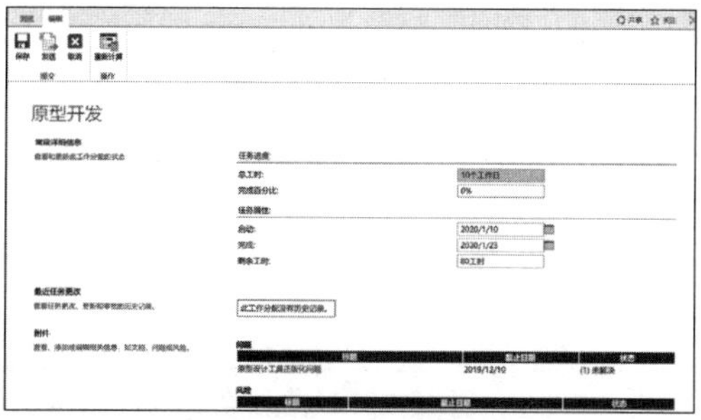

图15.26 任务详细信息页面

在图 15.26 所示的页面中，在附件内容区域找到“风险”，如图 15.27 所示。

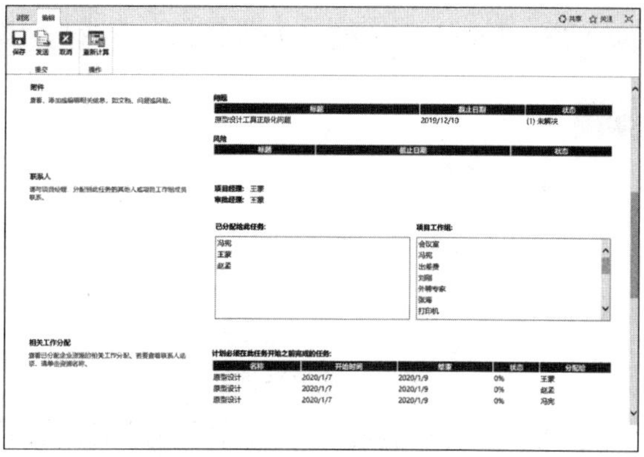

图15.27 问题、风险编辑页面

在图 15.27 中，单击【风险】链接，则打开如图 15.28 所示新页面。

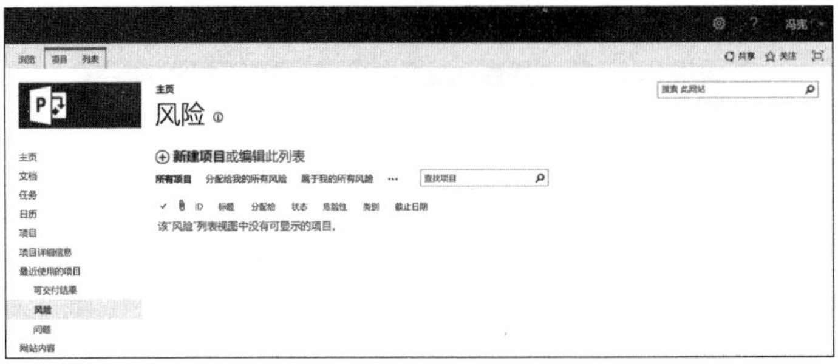

图15.28 风险的新增页面

单击图 15.28 中的【新建项目】链接，在打开的页面中，输入风险的详细信息，如图 15.29 所示。

图15.29 风险新增

在图 15.29 所示的页面中，输入必要的风险信息后单击【保存】按钮，风险添加完毕。在风险列表中查看该风险，如图 15.30 所示。

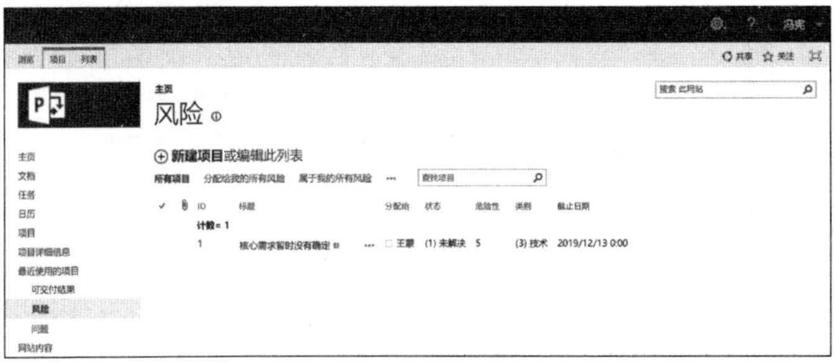

图15.30 风险列表

单击风险名称“核心需求暂时没有确定”显示风险详细，如图 15.31 所示。

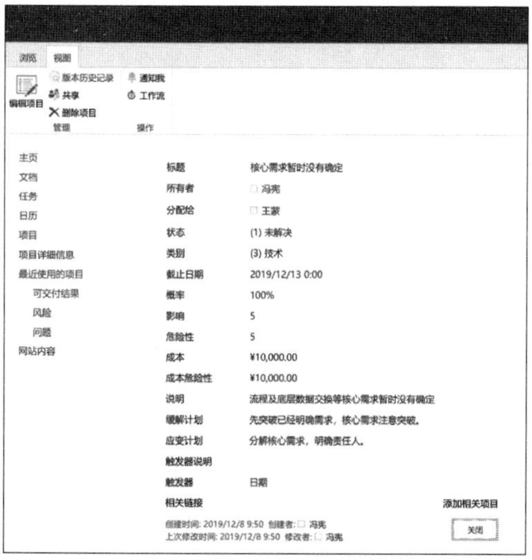

图15.31　风险查看页面

在风险查看页面通过单击“添加相关项目”可以实现该风险与任务关联，如图 15.32 所示。

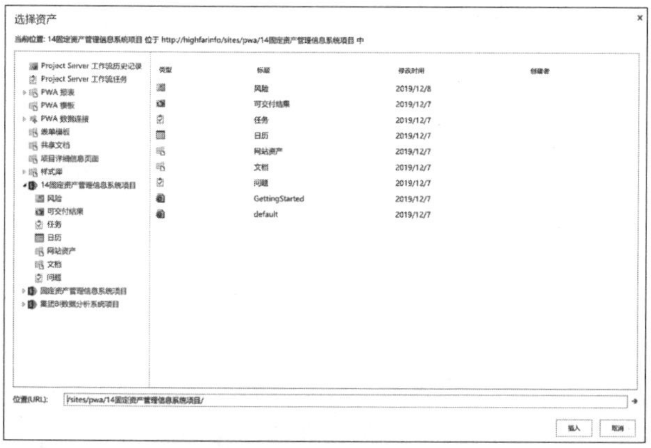

图15.32　问题链接任务页面

在图 15.32 中，单击“任务”打开任务清单，找到“原型开发”任务，如图 15.33 所示。

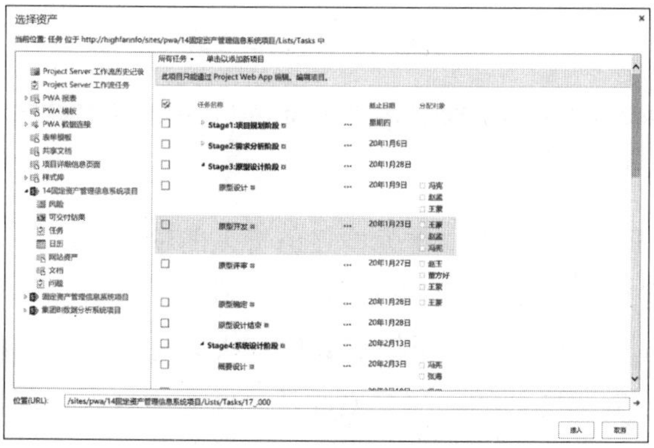

图15.33　风险链接任务选择

选择后，单击【插入】按钮，完成风险与任务链接，如图 15.34 所示。

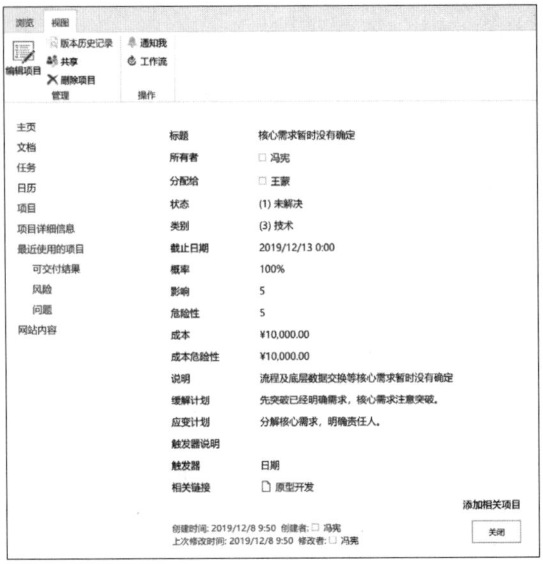

图15.34 风险链接任务

在任务反馈详细页面可以查看到任务与风险“核心需求暂时没有确定”相关联，如图 15.35 所示。

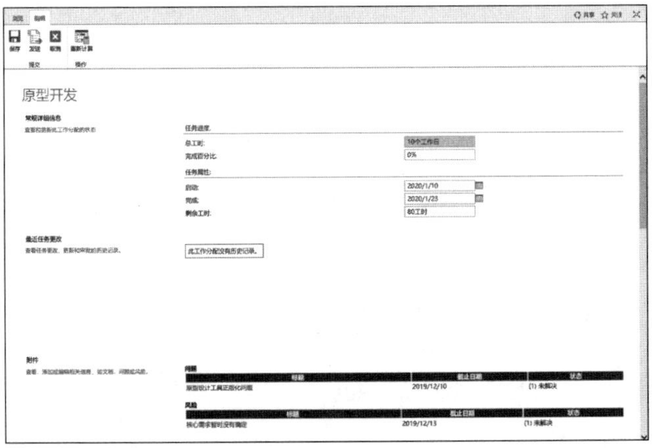

图15.35 任务链接问题

15.3 任务反馈审核

项目成员提报任务状态反馈，作为项目负责人的项目经理需要对项目成员提报的任务状态反馈进行审核，保证项目任务执行的正确性。

在 Project Server 中，任务状态反馈后具体审批人是任务的“状态管理员”，通常项目经理默认是状态管理员，如果需要更改任务状态审核人，需要更改任务“状态管理员”属性。

本节以上一节提交的四种类型任务反馈说明任务反馈审核方式。

15.3.1 审核删除(拒绝)任务分配

项目经理王蒙登录 PWA，通过【审批】选项进入审批页面，如图 15.36 所示。

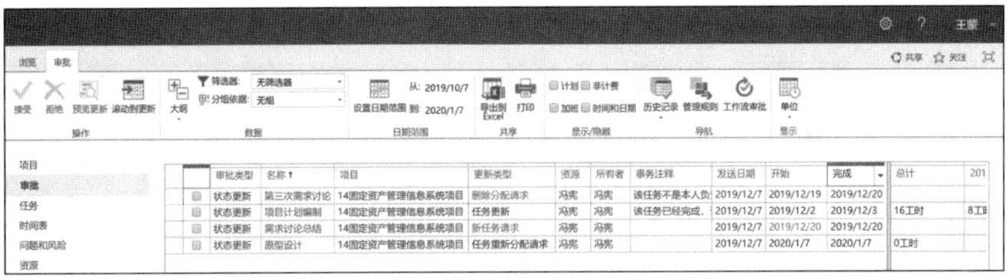

图15.36 审批页面

图 15.36 所示的审批清单中，第一条审批就是任务“第三次需求讨论”删除分配请求，单击任务名称“第三次需求讨论”可以查看详细任务状态反馈信息，如图 15.37 所示。

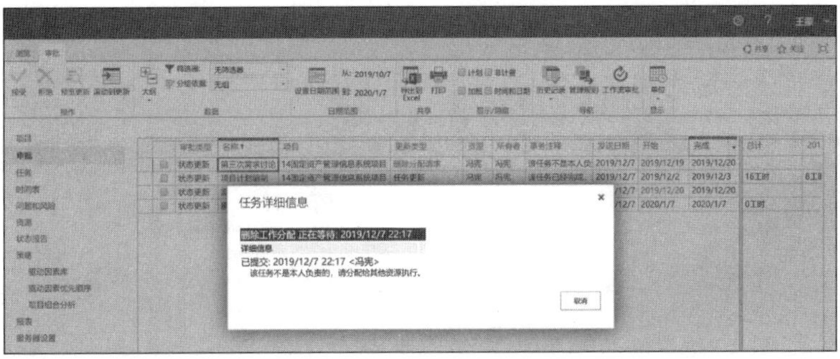

图15.37 删除任务分配详细信息

项目经理可以单击左上角【审批】→【操作】→【预览更新】按钮查看任务状态更新对整个项目计划的影响，如图 15.38 所示。

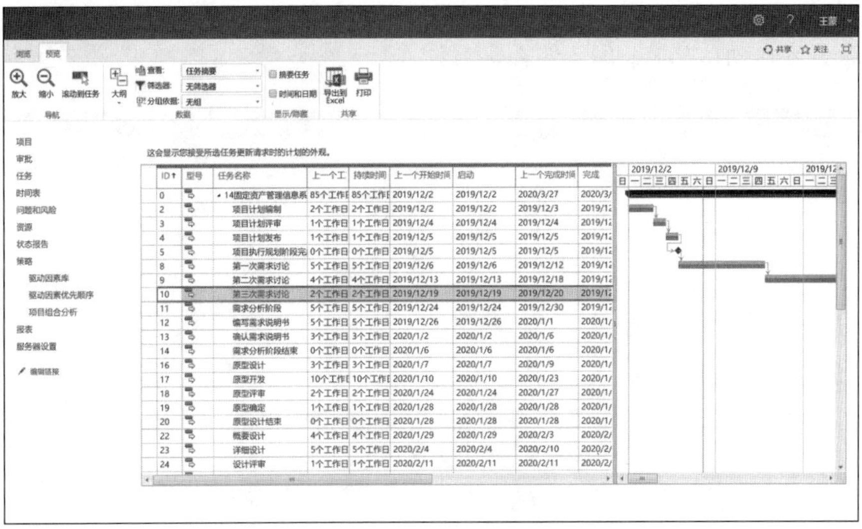

图15.38 审批预览

项目经理如果接受任务分配删除请求，可以单击图 15.38 中的【✓】按钮，如果不接受任务分配删除请求，可以单击图 15.38 中的【✕】按钮。

项目经理确认接受该任务分配删除请求，单击【✓】按钮，弹出确认审批对话框，填写详细的注释信息，如图 15.39 所示。

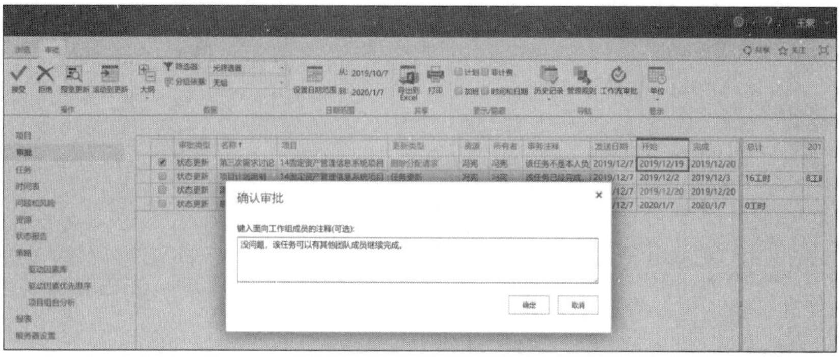

图15.39 确认审批注释

单击【确定】按钮完成确认审批。该审批信息在审批清单中消失，如图 15.40 所示。

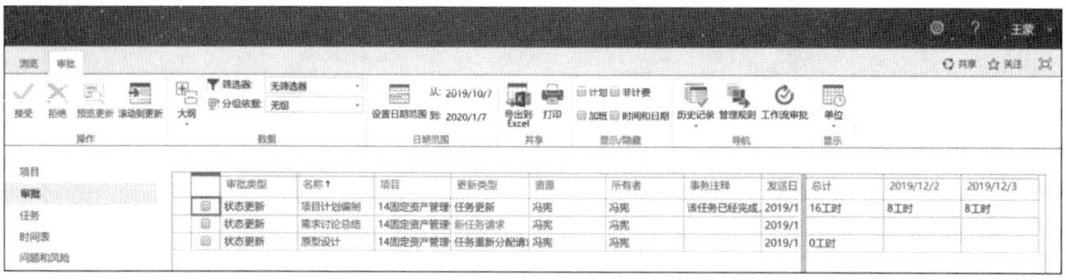

图15.40 审批删除任务分配请求后清单

15.3.2 审核重新分配任务

项目经理王蒙登录 PWA，通过【审批】选项进入审批页面，如图 15.40 所示。第三条审批就是任务“原型设计”重新分配请求，单击任务名称“原型设计”可以查看详细任务状态反馈信息，如图 15.41 所示。

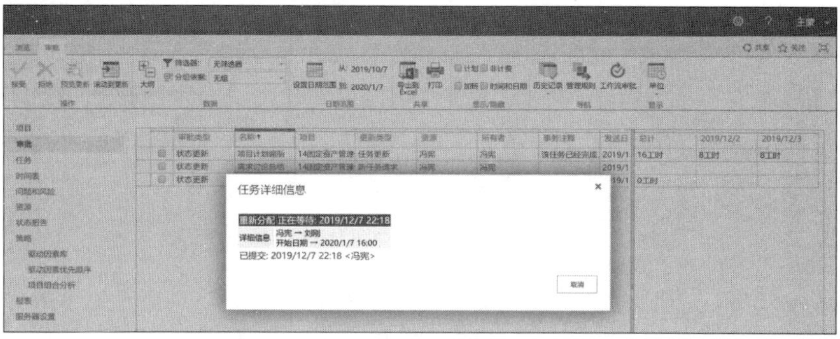

图15.41 重新分配任务详细信息

项目经理可以单击左上角【审批】→【操作】→【预览更新】按钮查看任务状态更新对整个项目计划的影响，如图 15.42 所示。

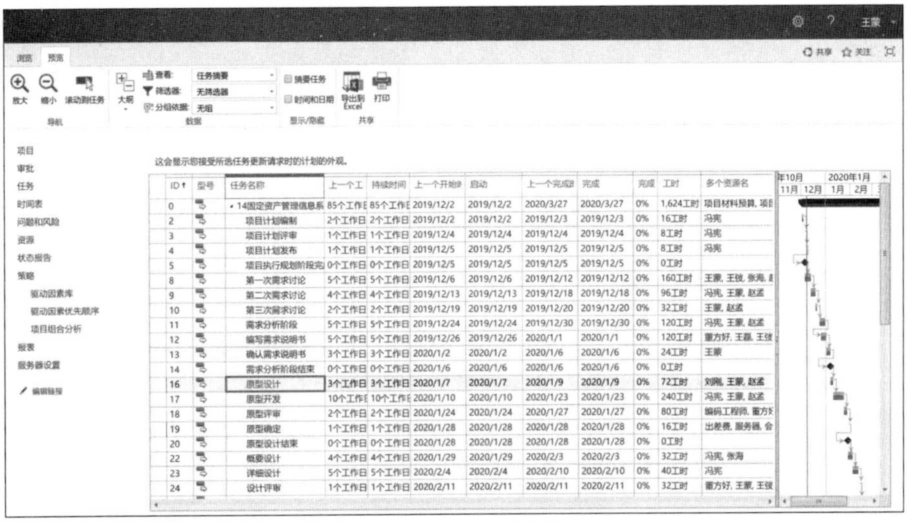

图15.42　重新分配审批预览

项目经理拒绝该任务重新分配请求，单击【 ✕ 】按钮，弹出确认拒绝对话框，填写详细的注释信息，如图 15.43 所示。

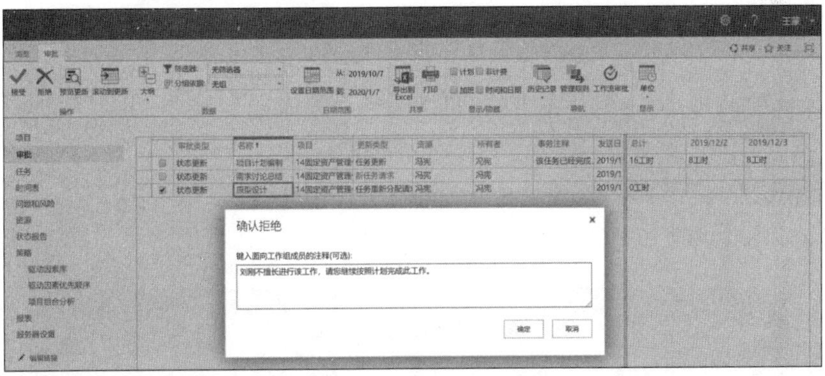

图15.43　确认拒绝注释

单击【确定】按钮完成确认拒绝。该审批信息在审批清单中消失，如图 15.44 所示。

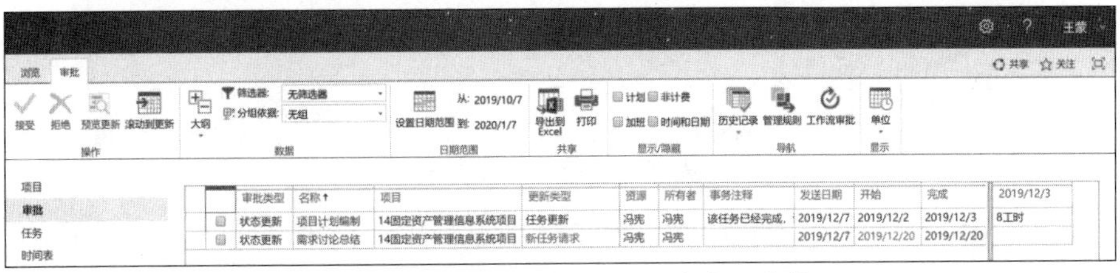

图15.44　审批重新任务分配请求后清单

15.3.3 汇报任务进度

项目经理王蒙登录 PWA，通过【审批】选项进入审批页面，如图 15.44 所示。审批清单中第一条审批就是任务“项目计划编制”任务更新请求，单击任务名称“项目计划编制”可以查看详细任务状态反馈信息，如图 15.45 所示。

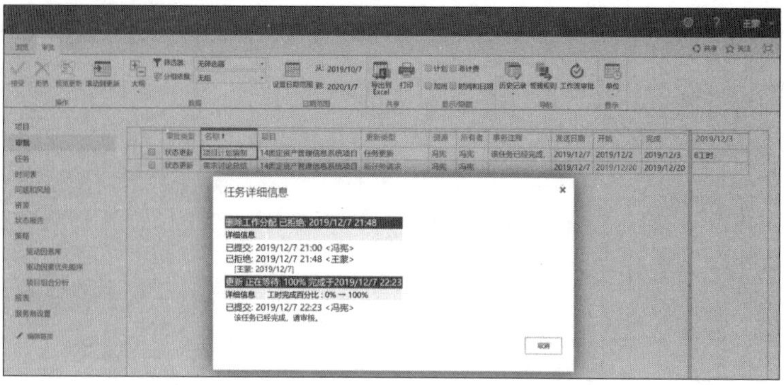

图15.45 更新任务分配详细信息

项目经理可以单击左上角【审批】→【操作】→【预览更新】按钮查看任务状态更新对整个项目计划的影响，如图 15.46 所示。

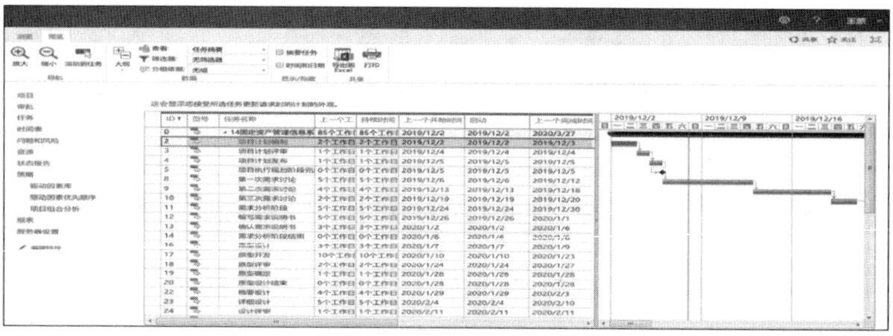

图15.46 审批预览

项目经理确认接受该任务更新请求，单击【✓】按钮，弹出确认审批对话框，填写详细的注释信息，如图 15.47 所示。

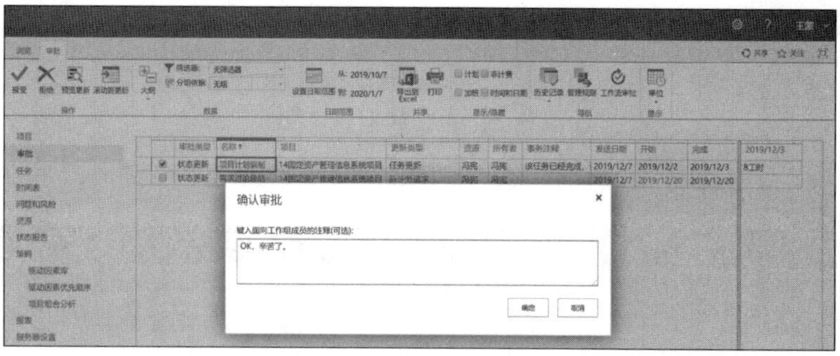

图15.47 确认审批注释

单击【确定】按钮完成确认审批。该审批信息在审批清单中消失，如图 15.48 所示。

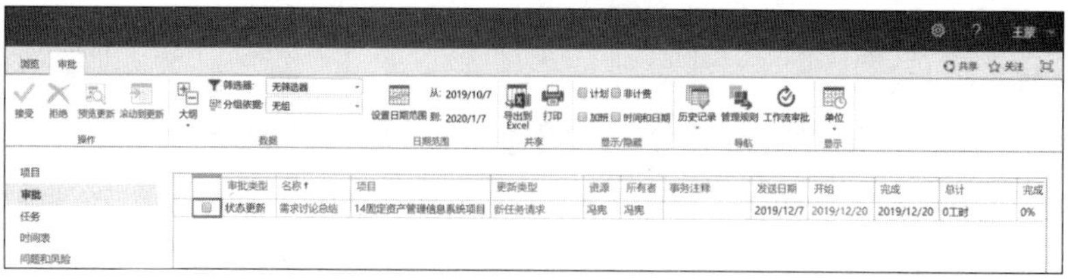

图15.48 审批更新任务分配请求后清单

15.3.4 添加新任务

项目经理王蒙登录PWA，通过【审批】选项进入审批页面，如图15.48所示。审批清单中“需求讨论总结”任务新增更新请求，单击任务名称“需求讨论总结”可以查看详细任务状态反馈信息，如图15.49所示。

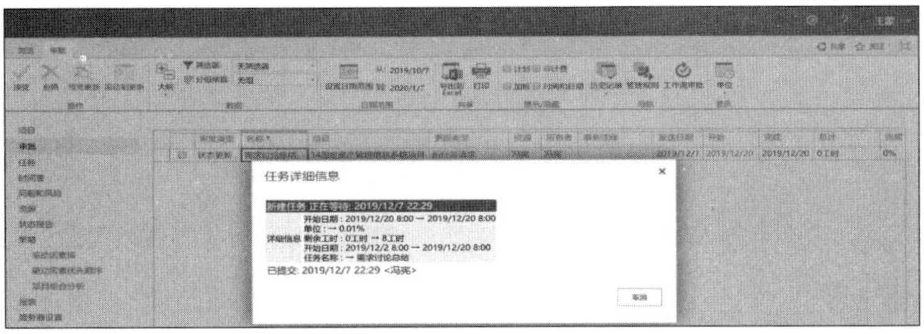

图15.49 新增任务分配详细信息

项目经理可以单击左上角【审批】→【操作】→【预览更新】按钮查看任务状态更新对整个项目计划的影响，如图15.50所示。

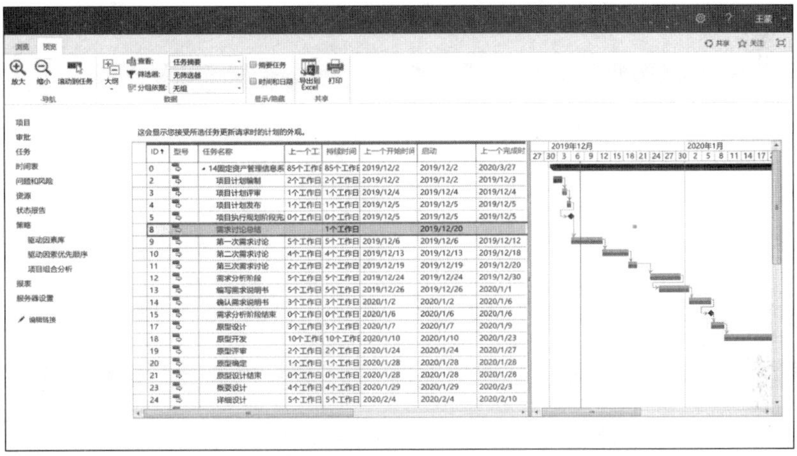

图15.50 审批预览

项目经理确认接受该任务新增更新请求，单击【✓】按钮，弹出确认审批对话框，填写详细的注释信息，如图15.51所示。

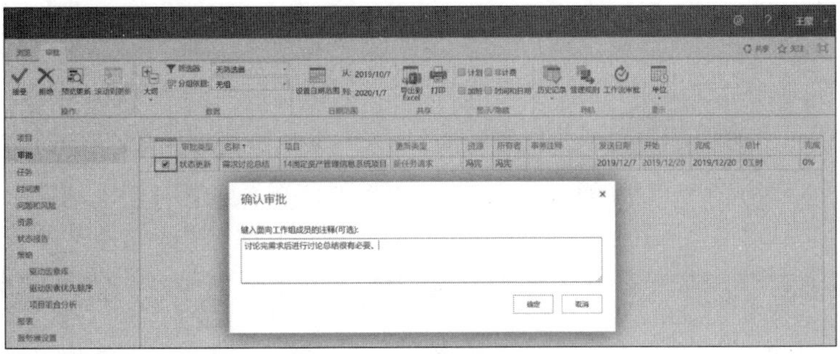

图15.51 确认审批注释

单击【确定】按钮完成确认审批。该审批信息在审批清单中消失，如图 15.52 所示。

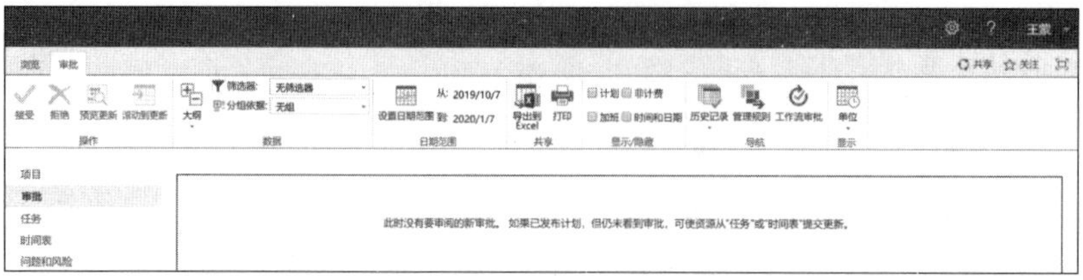

图15.52 审批更新任务分配请求后清单

15.4 任务状态发布

项目经理对项目的批准并不立刻生效，还需要进行发布操作，发布操作的目的就是把审批后的任务更新到项目计划中，并让项目相关人员都知悉。操作的方式是在审批“任务更新”视图中，单击【历史记录】下拉按钮，再单击【状态更新】链接。如图 15.53 所示。

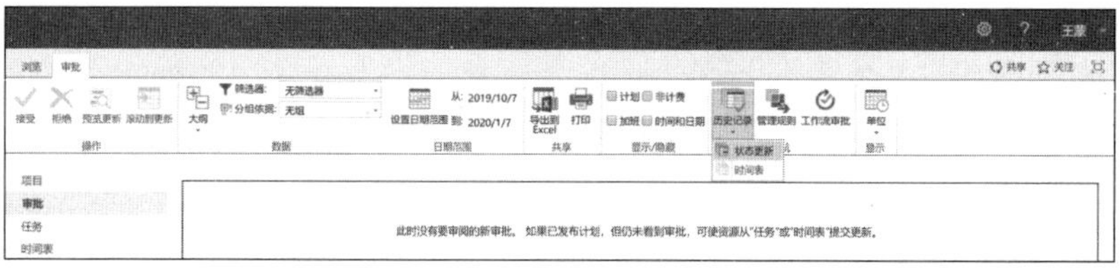

图15.53 准备发布更新请求

单击【状态更新】链接后，将打开如图 15.54 所示的更新发布页面。

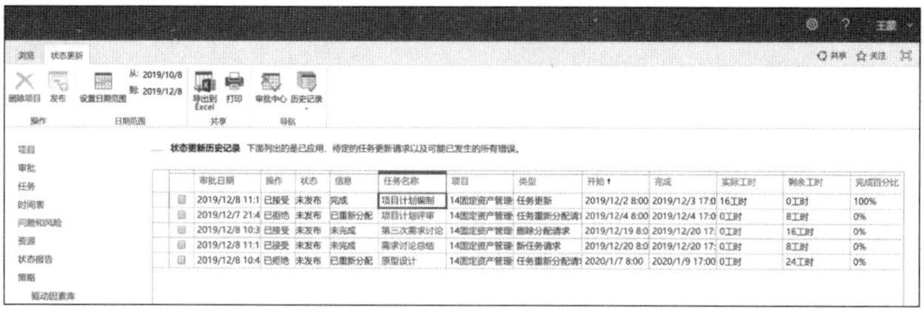

图15.54 对更新进行发布

如图 15.54 所示，已经审批但没有发布的信息状态显示为“未发布”。选择需要发布的任务更新，单击对应任务审核的任务名称可以查看到每个审批的详细信息，如单击任务“项目计划编制”可以弹出任务审批的详细信息，如图 15.55 所示。

图15.55　任务审批详细信息

可以多选需要发布的任务更新，单击功能区中的【发布】按钮，如图 15.56 所示。

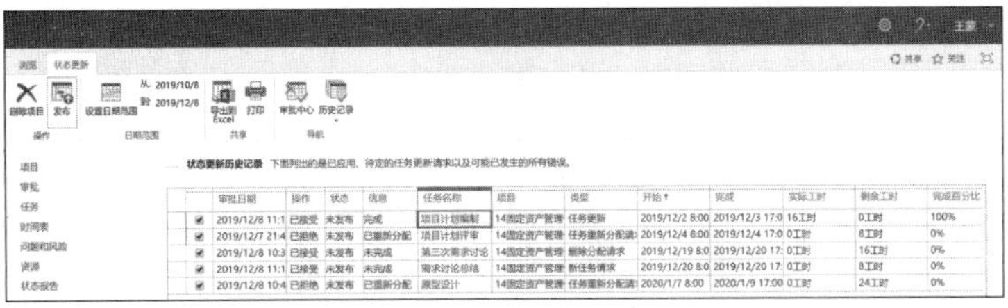

图15.56　任务审批发布

单击【发布】按钮后，系统页面提示发布的状态，等待发布成功，如图 15.57 所示。

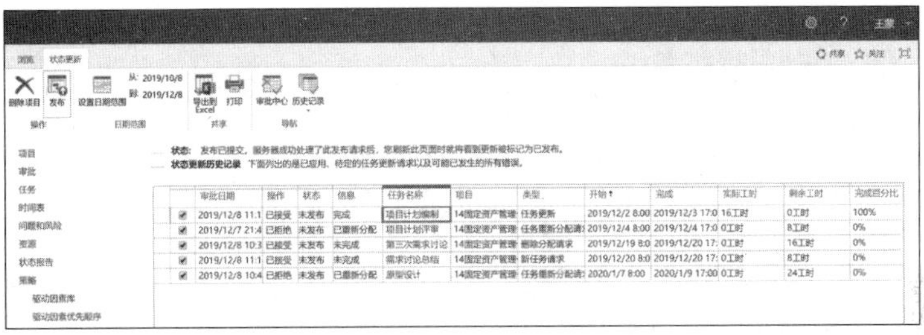

图15.57　任务审批发布状态提醒

发布完成后，该任务的更新状态显示为“已发布”，表明该任务更新已经正式发布在 Project Server 中，如图 15.58 所示。

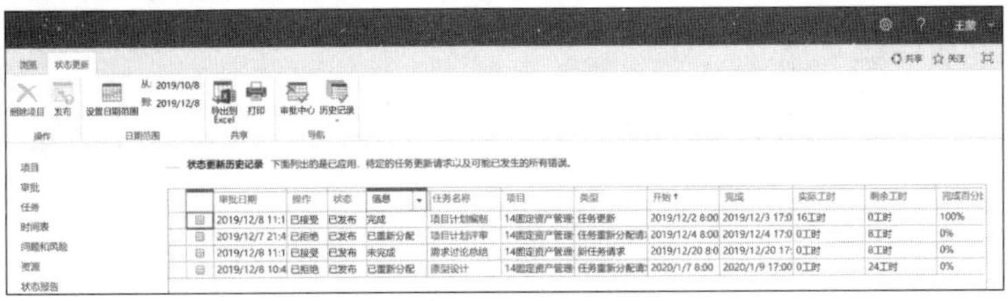

图15.58　任务更新发布

如果当前任务更新显示不能发布，可能的原因是该项目当前的状态为“签出”，请先将项目“签入”再执行以上操作。

在 PWA 中打开该项目计划，可以看到任务更新审批发布后的信息已经展示在项目计划中，如图 15.59 所示。

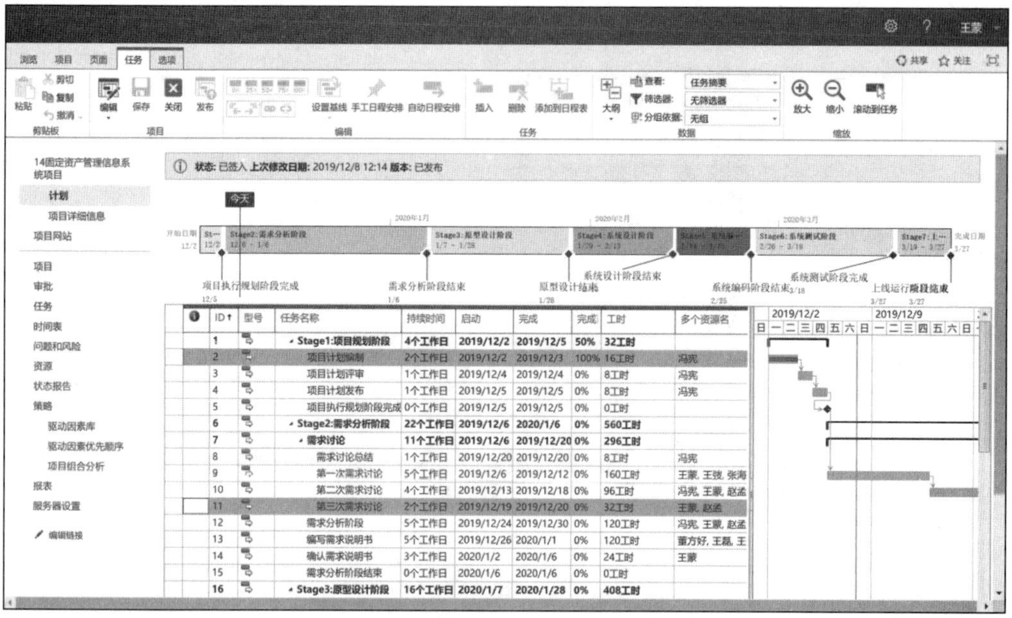

图15.59 任务更新发布后计划更新

任务“项目计划编制”进度完成“100%”，任务“第三次需求讨论”中资源冯宪已经不存在，任务“需求讨论总结”已经添加到项目计划中。

15.5 任务自动审核发布

如果项目任务数量很大，一条一条的任务更新审核操作对于项目经理来说十分烦琐。在 Project Server 中，可以通过设置自动审批的规则来降低项目经理的任务更新审批工作量。例如，“新增任务”请求均默认自动同意，某一资源提交的任务更新请求均默认自动同意等类似的自动审批规则。

这种规则的设置类似于我国的质量监督体系中的“免检”，可以将部分任务的请求默认自动审批，使得项目经理有精力去处理另外一些可能有争议的任务更新。

具体的设置方式是在图 15.53 的“任务更新”视图中，单击【管理规则】按钮，将打开如图 15.60 所示的页面。

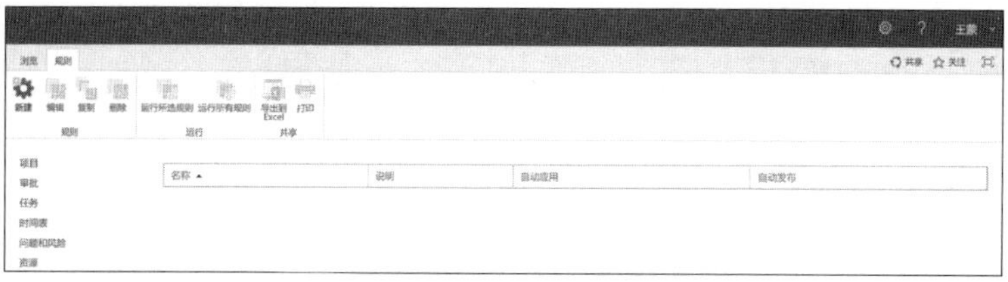

图15.60 管理规则的设置

在图 15.60 中，单击【新建】按钮，可以设置自动审批同意的具体规则，如图 15.61 所示。

图15.61　管理规则的创建过程

如图 15.61 所示，填写规则的名称、规则的注释，选择自动审批同意的请求类型。对于“请求类型”设置可以根据需要进行设置，如图所示，选择“任务更新”为“所有更新”设置，则当项目成员提交任务更新后，所有的任务更新请求都会自动审批通过，这显然不符合管理规则。在项目执行过程中会有如下的场景出现：如果任务实际完成时间不晚于项目任务基线完成时间，则任务更新自动审批通过并发布，如果不满足这个条件的任务更新，项目经理需要手动进行审核，具体的实现规则如下，在图 15.61 中选中“若更新的域与已发布项目中的某个域匹配”单选按钮，如图 15.62 所示。

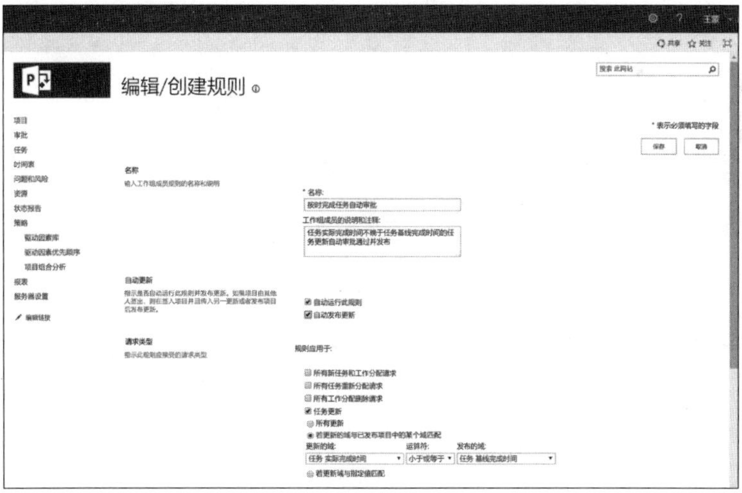

图15.62　设置审批规则

设置完成后，单击【保存】按钮完成保存。项目经理王蒙为自己设置了一条自动审批规则，如图 15.63 所示。

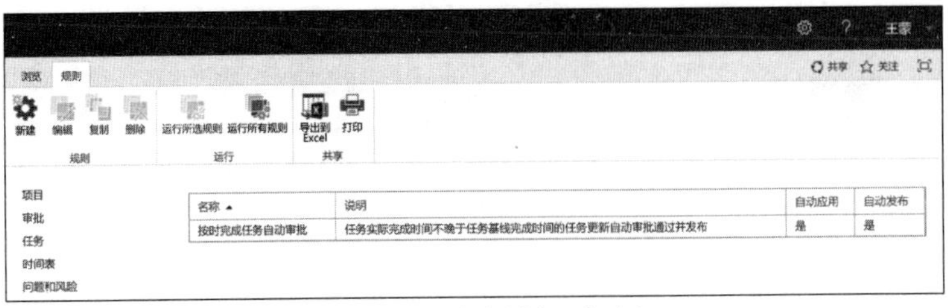

图15.63 自动审批规则列表

根据自动审批发布规则，只要是项目成员提交的任务进度更新满足“实际完成时间不晚于基准完成时间”，该任务更新将自动审批通过并发布，项目经理不需要做任何审批操作。

16

第 16 章 项目监控管理

基于 Project Server 2019 项目管理系统协同实现项目监控管理的管理理论依然是第 8 章提到的“方好 Project 管控模型”，Project Professional 可以与 Project Server 2019 实现项目信息互联互通。本章将重点描述如何基于 Project Server 2019 实现多项目监控管理。主要包括以下几个方面：

◎ 对项目进度计划的监控；

◎ 对项目资源计划的监控；

◎ 对项目成本计划的监控；

◎ 对项目变更的监控；

◎ 对项目状态的监控；

◎ 对项目问题的监控；

◎ 对项目风险的监控。

本章涉及系统配置的内容都应该是系统管理员进行设置的，为了结合业务说明，将配置过程与监控过程一起说明。

16.1 对项目进度计划的监控

如第 8 章所述，项目进度计划监控是项目监控过程中最为基础的内容，项目进度计划包含很多的监控内容，通常监控进度从以下几个维度展开：工期（Duration），开始时间（StartDate），完成时间（FinishDate），完成百分比（Complete），挣得值管理（进度）。在 Project Server 中同样可以基于以上维度展开。

16.1.1 进度数据监控

本节以“完成时间”作为进度数据监控的例子介绍如何在 Project Server 中实现进度数据监控。

登录 PWA，通过【项目】选项进入项目清单页面，如图 16.1 所示。

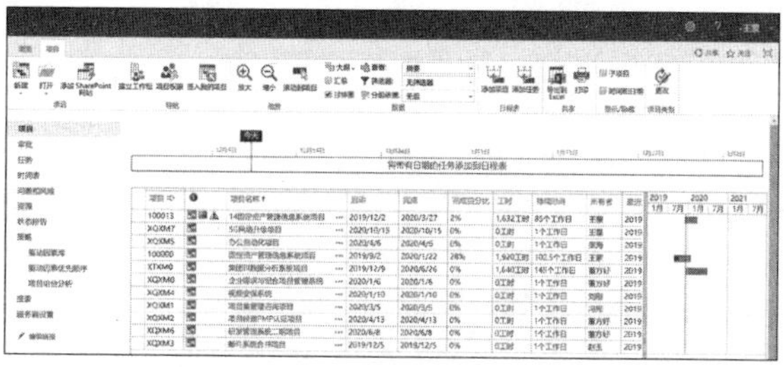

图16.1 项目清单

在图 16.1 中通过【项目】→【数据】→【查看】下拉按钮，切换到“跟踪”视图，如图 16.2 所示。

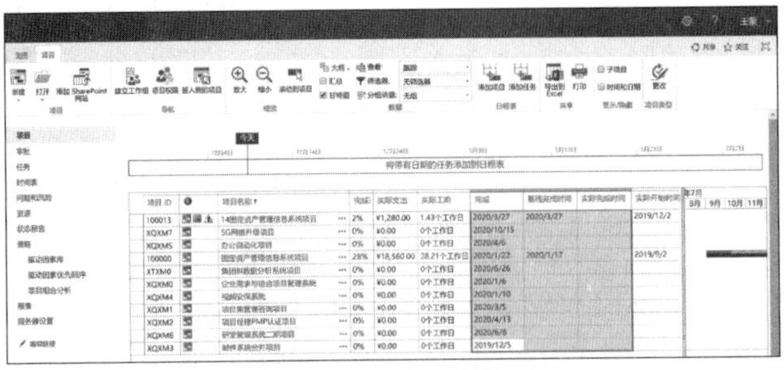

图16.2 项目跟踪视图

项目跟踪视图与跟踪甘特图类似，都是通过执行计划与基准计划对比的形式展现项目状态。通过图 16.2 可以看到“14 固定资产管理信息系统项目”的完成时间“2020/3/27”与基线完成时间“2020/3/27”一致，说明该项目完成时间状态没问题。

同样的，单击项目名称“14 固定资产管理信息系统项目”进入项目详细计划页面，如图 16.3 所示。

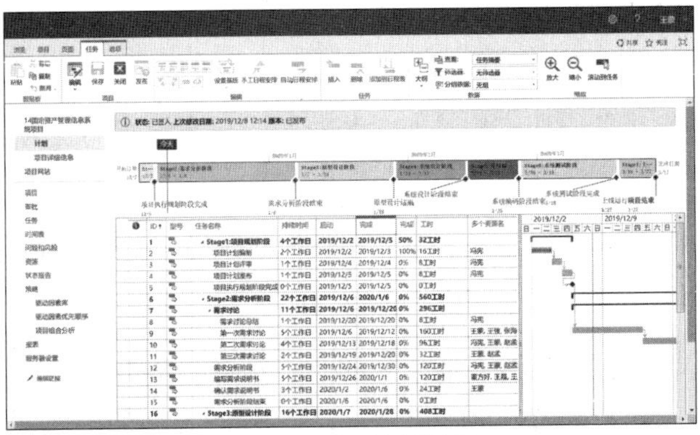

图16.3 项目计划视图

通过【任务】→【数据】→【查看】下拉按钮，切换到“任务跟踪”视图，如图 16.4 所示。

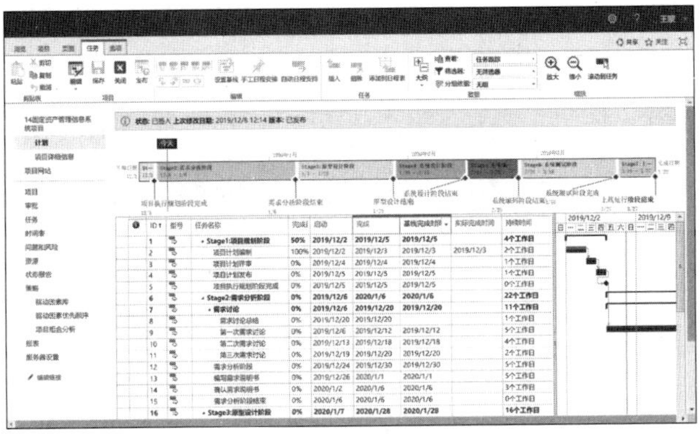

图16.4 项目计划任务跟踪视图

在图 16.4 中，可以查看到项目任务对应的完成（完成时间）、基线完成时间与实际完成时间的对比数据，通过对比这三组数据可以实现对项目任务完成时间维度的监控。

16.1.2 进度偏差监控

Project Server 中通过进度偏差数据进行监控，可以提高项目经理的管理效率，需要由管理员登录 PWA 对跟踪视图进行设置。

管理员登录 PWA，通过【服务器设置】菜单→【外观】→【管理视图】打开“跟踪”视图，如图 16.5 所示。

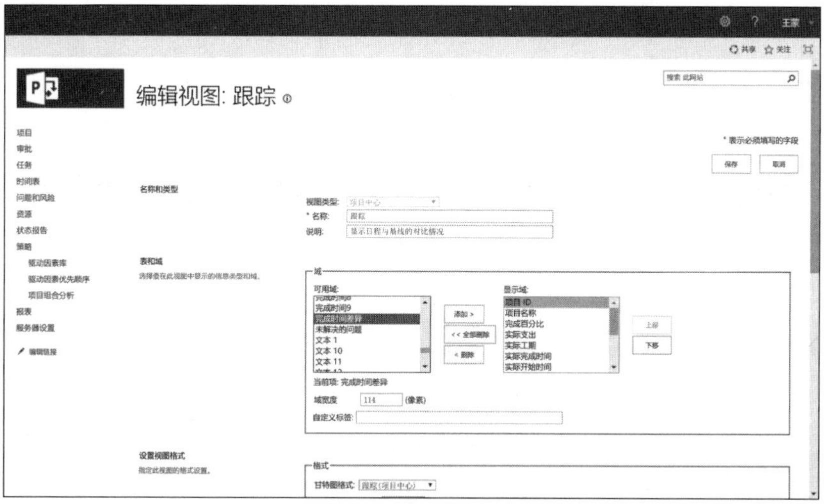

图16.5 项目跟踪视图编辑（一）

在“表和域”模块，从“可用域”中选择“完成时间差异”添加到“显示域”中，通过单击中间的【添加 >】按钮实现，添加完成后如图 16.6 所示。

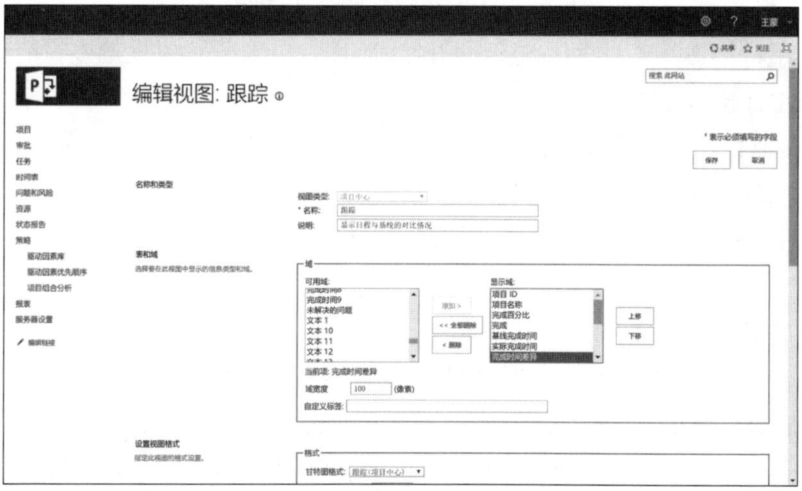

图16.6 项目跟踪视图编辑（二）

为了便于查看，通过“上移”和“下移”调整显示域顺序如图 16.6 所示后，单击【保存】按钮完成编辑。返回项目清单视图查看完成时间进度偏差，如图 16.7 所示。

图16.7 项目跟踪视图完成时间偏差

利用同样的方式调整项目计划“任务跟踪”视图，添加“完成时间差异”列，完成后如图 16.8 所示。

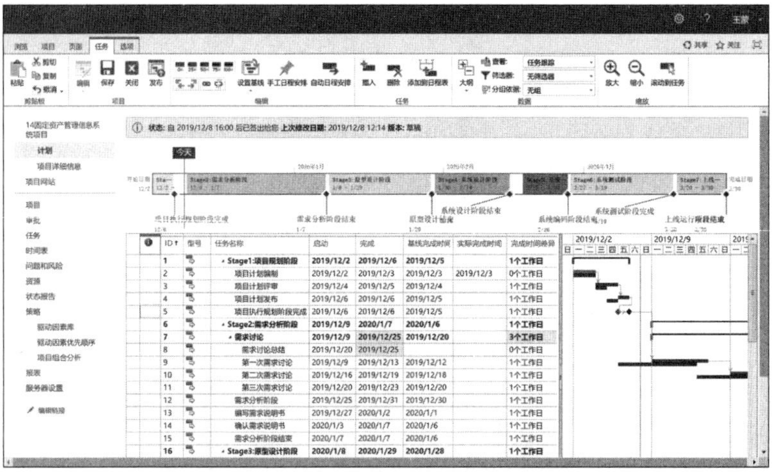

图16.8 项目计划跟踪视图完成时间偏差

利用同样的方式，用户可以进行“开始时间”“工期”的进度偏差管控设置。

16.1.3 跟踪甘特图监控

以上的监控手段是通过数据或者经过运算后的数据实现的，数据偏差很直接但不直观，在 Project Server 工具中，提供了项目列表“跟踪”视图与项目计划“任务跟踪”视图，通过执行计划横道图与基线计划横道图的对比直观展现项目进度执行状态，如图 16.7、图 16.8 所示。

16.1.4 进度状态灯监控

Project Server 同样支持利用“红绿灯”更加直观高效地查看项目进度执行状态，将进度偏差值通过转化为“红绿灯”来展示，从而为项目管理者带来更大的管理方便。Project Server 中红绿灯同样需要管理员提前定制好，以项目完成状态灯为例进行描述，具体方法如下。

管理员登录 PWA，通过【服务器设置】→【企业数据】→【企业自定义域和查阅表格】选项，进入自定义域页面，如图 16.9 所示。

图16.9 企业自定义域

在图 16.9 中单击【新建域】按钮开始创建项目完成状态灯，如图 16.10 所示。

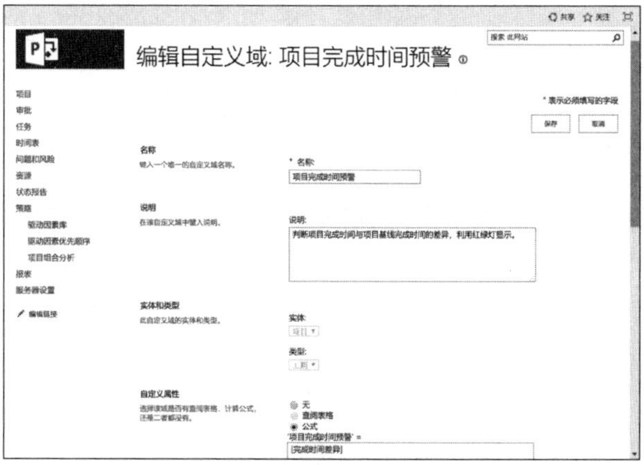

图16.10 项目完成状态灯定制（一）

在图 16.10 中填写相关信息，将公式设置为“[完成时间差异]/480”计算完成时间偏差的天数。在图 16.11 中设置偏差天数对应的状态灯逻辑。

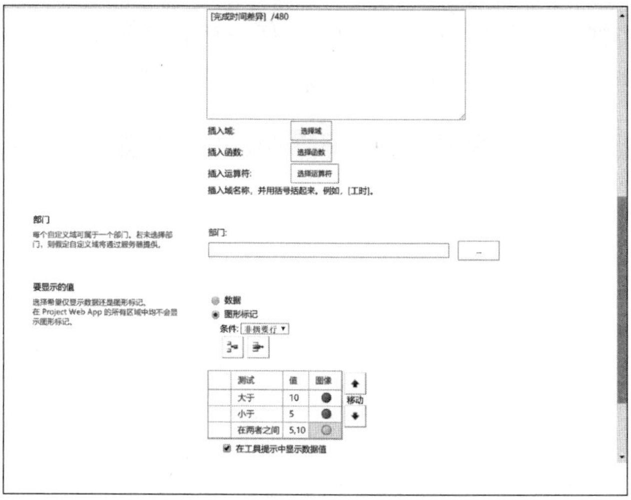

图16.11 项目完成状态灯定制（二）

设置完成后单击【保存】按钮完成设置，然后将“项目完成时间预警”域配置到项目中心“跟踪”视图中，如图 16.12 所示。

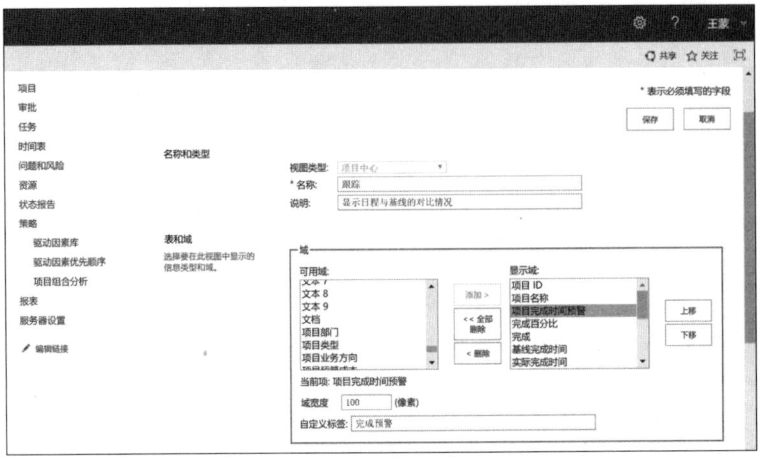

图16.12 项目完成状态灯定制（三）

返回项目跟踪视图查看项目完成时间状态灯，如图 16.13 所示。

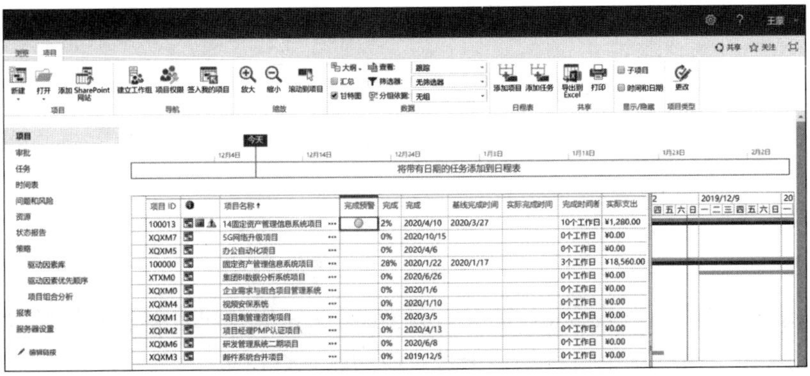

图16.13 带有项目完成状态灯的项目跟踪视图

利用同样的方法设置“项目工期状态灯”“任务完成状态灯”与“任务工期状态灯”，设置完成后项目中心视图调整为图 16.14 所示。

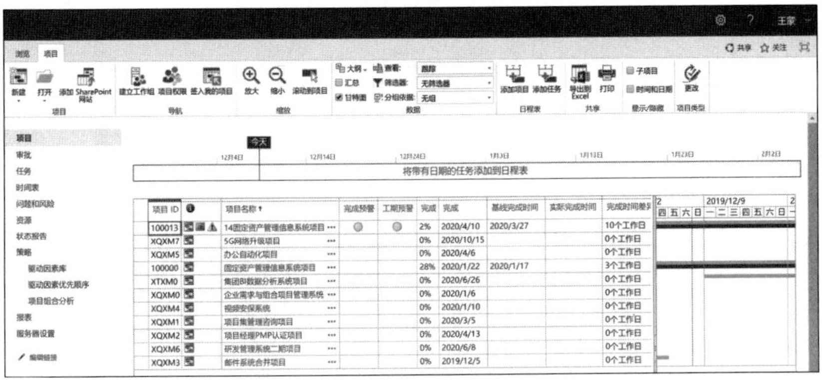

图16.14 带有项目完成状态灯的项目跟踪视图

任务中心视图调整为图 16.15 所示。

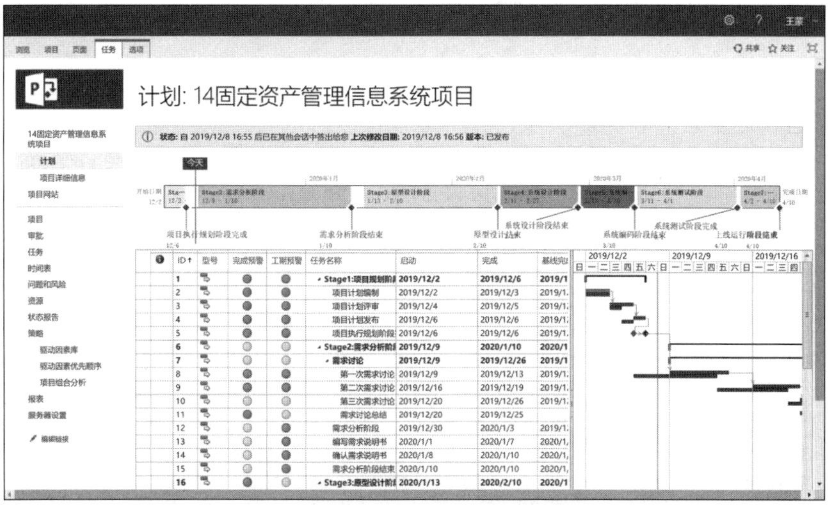

图16.15 带有项目完成状态灯的项目跟踪视图

利用 Project Professional 与 Project Server 协同项目监控，不需要在 Project Professional 设置红绿灯，只需要引用 Project Server 定义好的状态灯即可，方法如下：利用 Project Professional 打开项目计划，在跟踪甘特图中插入 Project Server 定义好的红绿灯，如图 16.16 所示。

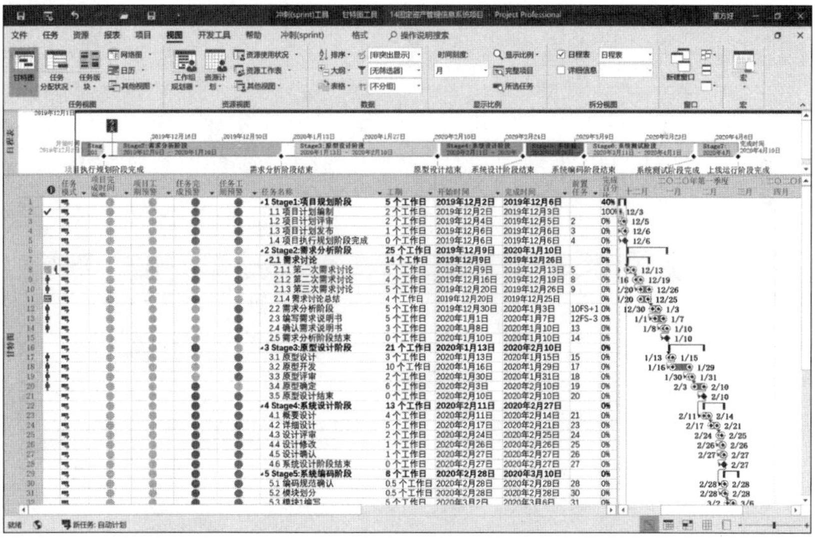

图16.16 Project Professional引用Project Server状态灯

16.1.5 进度报告监控

Project Server 基于 Project Professional 实现单项目状态报告，利用 Project Server 实现项目统计分析请参考项目统计分析章节描述。

16.1.6 挣得值监控（进度）

挣得值监控在 Project Server 已经默认定义了视图。在项目列表视图中，通过【项目】→【数据】→【查看】下拉按钮选择“挣值”视图，如图 16.17 所示。

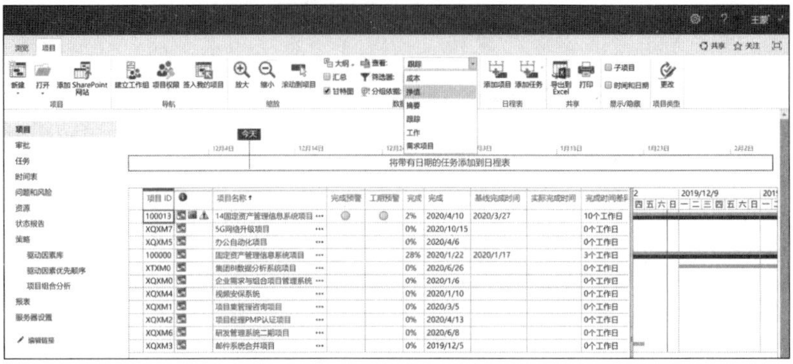

图16.17 切换挣值视图

挣值数据分析视图如图 16.18 所示。

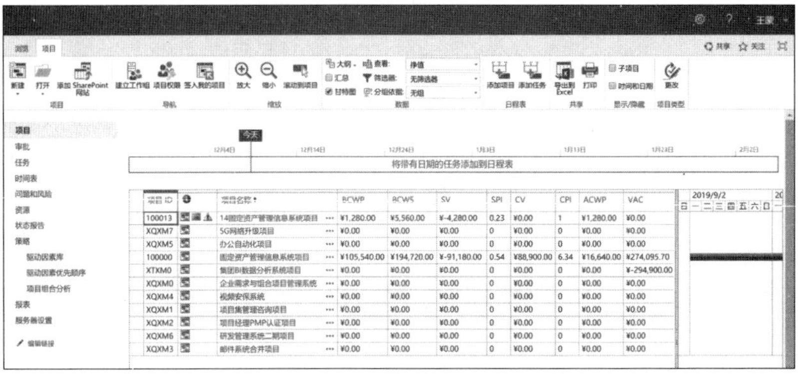

图16.18 项目挣值视图

同样将项目计划视图切换到项目计划挣值视图，查看项目任务挣值监控视图，如图 16.19 所示。

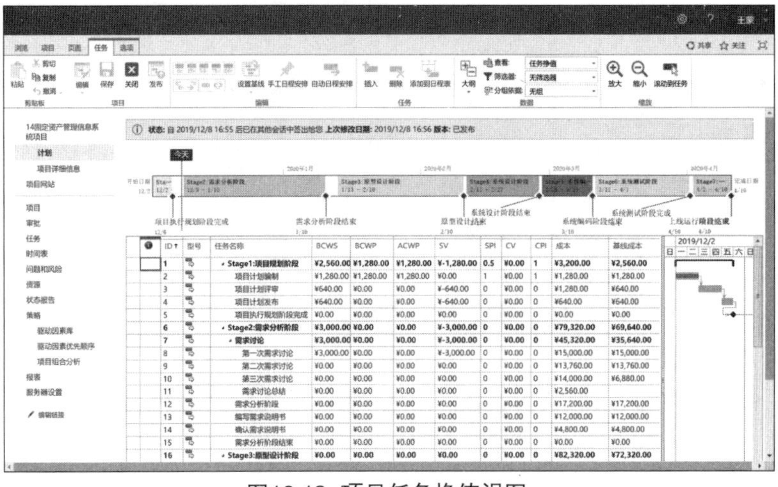

图16.19 项目任务挣值视图

以上提供了众多监控项目进度的方法，用户可以根据自己的项目特点和习惯选择其中适合的方式。

项目进度计划通过以上方式发现问题（主要是延迟发生，部分项目也不允许太提前）后，需要对项目进度计划进行控制，请参考 4.4 节关键路径法，结合资源投入计划进行进度计划调整，让项目进度计划执行遵循基线计划。

16.2 对项目资源计划的监控

项目资源计划监控是为了保证项目监控执行过程良好运行，资源计划监控从项目资源投入与项目资源投入冲突调整两个维度展开。在项目资源计划监控过程中还需要监控资源归口投入的情况。

16.2.1 资源数据及偏差监控

在 Project Server 中利用项目工时与任务工时数据对项目资源计划进行监控。在项目清单页面，通过【项目】→【数据】→【查看】下拉按钮选择“工作”视图，工作视图显示每个项目投入资源工时状态，如图 16.20 所示。

图16.20 项目工作视图

同样在项目计划视图通过【任务】→【数据】→【查看】下拉按钮选择“任务工时”视图，查看项目任务资源工时投入数据，如图 16.21 所示。

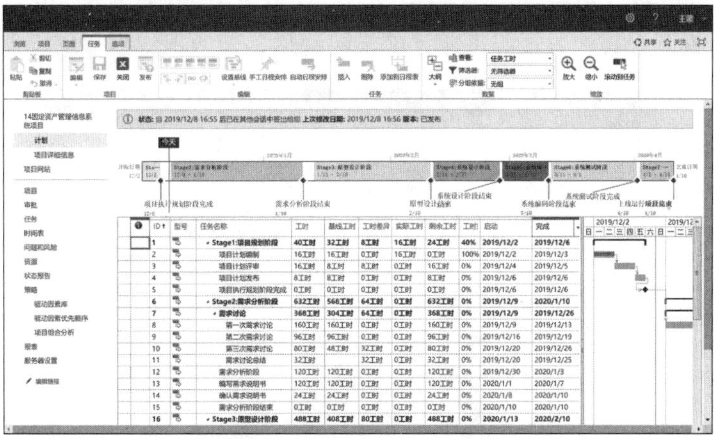

图16.21 项目任务工时视图

通过图 16.20 与图 16.21 可以实现对项目及任务投入资源工时的监控。

16.2.2 工时状态灯监控

参考 16.1.4 小节所述，定制项目工时预警与任务工时状态灯监控项目及任务工时投入状态，增加后项目中心视图显示如图 16.22 所示。

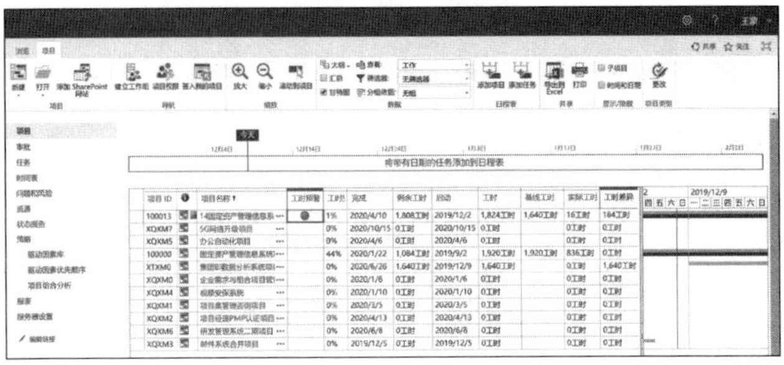

图16.22 项目工时状态灯

项目任务工时视图显示如图 16.23 所示。

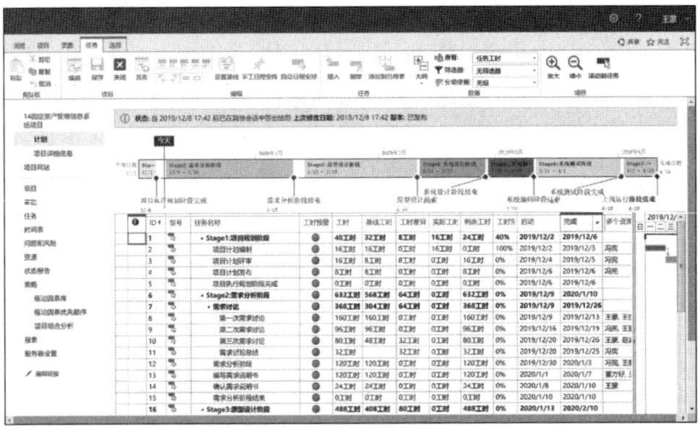

图16.23 项目任务工时状态灯

16.2.3 资源分配工时监控

Project Server 中对项目任务工作分配工时增加了视图，便于项目经理进行资源分配工时的监控，在项目计划页面，通过【任务】→【数据】→【查看】下拉按钮，选择“工作分配工时”视图查看项目资源工作分配工时数据，如图 16.24 所示。

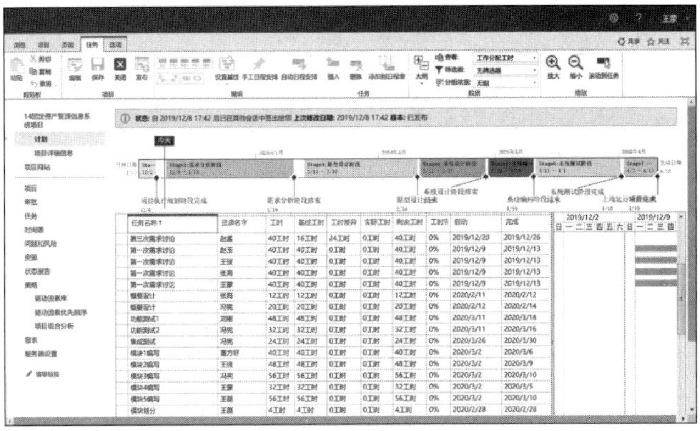

图16.24 项目工作分配工时视图

16.2.4 资源项目工时监控

以资源为中心查看在项目上的工时投入情况，在项目计划页面，通过【任务】→【数据】→【查看】下拉按钮选择“资源工时”视图，查看项目资源工时汇总数据，如图 16.25 所示。

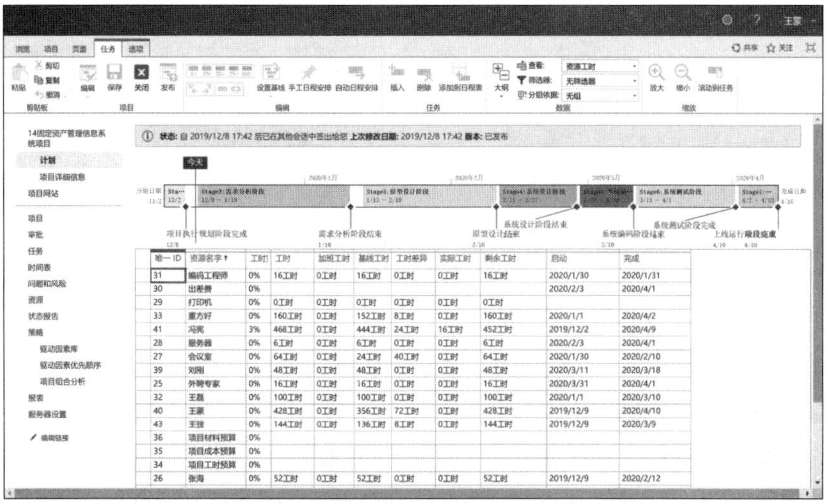

图16.25 项目资源工时视图

16.3 对项目成本计划的监控

16.3.1 成本数据及偏差监控

在 Project Server 中利用项目成本与任务成本数据对项目成本计划进行监控。在项目清单页面，通过【项目】→【数据】→【查看】下拉按钮选择“成本”视图，成本视图显示每个项目投入成本状态，如图 16.26 所示。

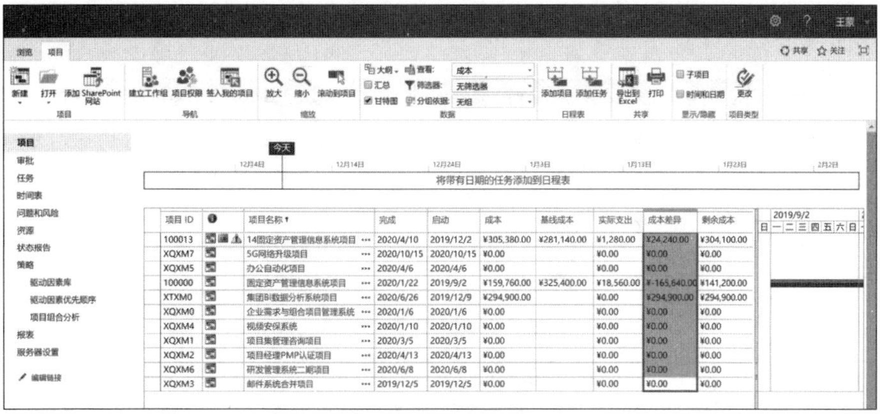

图16.26 项目成本视图

同样在项目计划视图通过【任务】→【数据】→【查看】下拉按钮选择“任务成本”视图，查看项目任务成本投入数据，如图 16.27 所示。

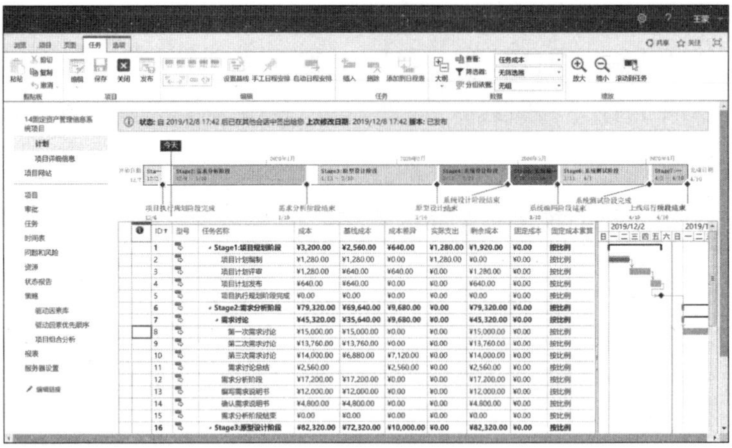

图16.27 项目任务成本视图

通过图 16.26 与图 16.27 可以实现对项目及任务投入成本的监控。

16.3.2 成本状态灯监控

参考 16.1.4 小节所述，定制项目成本预警与任务成本状态灯监控项目及任务成本投入状态，增加后项目中心视图显示如图 16.28 所示。

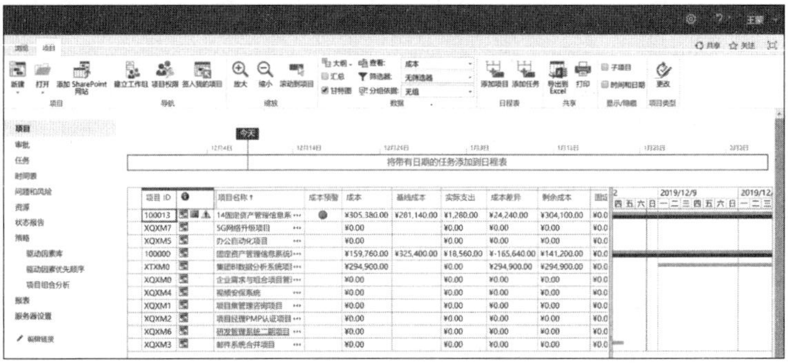

图16.28 项目成本状态灯

项目任务成本视图显示如图 16.29 所示。

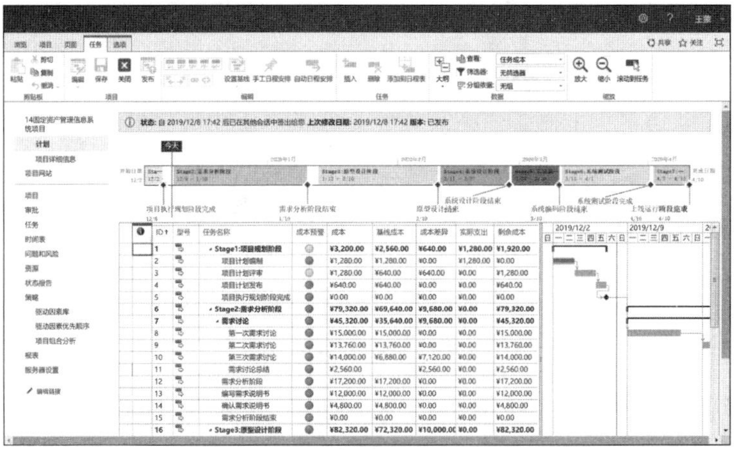

图16.29 项目任务成本状态灯

16.3.3 资源分配成本监控

Project Server 中对项目任务工作分配成本增加了视图便于项目经理进行资源分配成本的监控，在项目计划页面，通过【任务】→【数据】→【查看】下拉按钮选择“工作分配成本”视图查看项目资源工作分配成本数据，如图 16.30 所示。

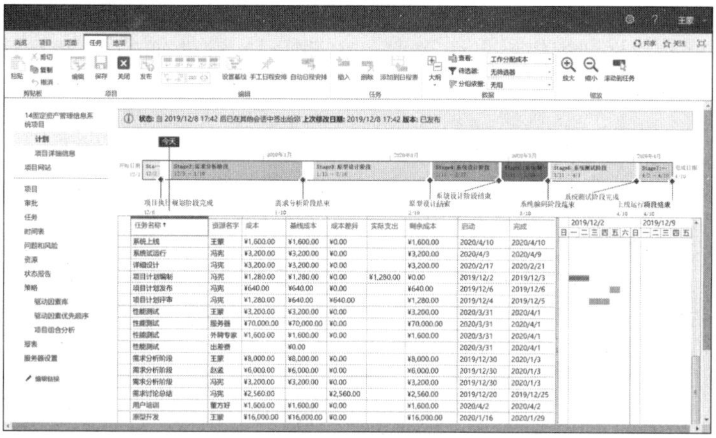

图16.30 项目工作分配成本视图

16.3.4 资源项目成本监控

以资源为中心查看在项目上的成本投入情况，在项目计划页面，通过【任务】→【数据】→【查看】下拉按钮选择“资源成本”视图查看项目资源成本汇总数据，如图 16.31 所示。

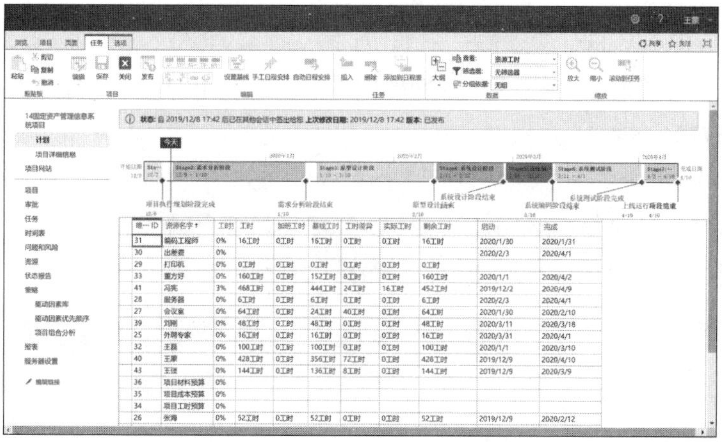

图16.31 项目资源工时视图

16.4 对项目变更的监控

Project Server 中对于项目变更控制比 Project Professional 更为严格，项目经理设置项目基线的权限被管理员取消，项目基线的设置权限通过管理员赋予了项目管理部，每次项目基线的变更都必须由项目管理部进行设置，项目经理只能按照项目基线推动工作。

系统管理员可以通过配置项目自定义域的方式自动判断项目基线数量，进而计算出项目变更的次数，这种方法只有在按照项目基线规范设置的基础上才能起作用，具体方式如下。

系统管理员登录 PWA，通过菜单【服务器设置】→【企业数据】→【自定义域和查阅表格】选项新建项目属性“变更次数”，如图 16.32 所示。

图16.32 项目资源工时视图

输入公式：SWITCH(ProjDateValue([基线 10 完成时间])<>4294967295,"9 次变更 "，ProjDateValue([基线 9 完成时间])<>4294967295,"8 次变更 "，ProjDateValue([基线 8 完成时间])<>4294967295,"7 次变更 "，ProjDateValue([基线 7 完成时间])<>4294967295,"6 次 变 更 "，ProjDateValue([基 线 6 完 成 时 间])<>4294967295,"5 次 变 更 "，ProjDate Value([基线 5 完成时间])<>4294967295,"4 次变更 "，ProjDateValue([基线 4 完成时间])<>4294967295,"3 次变更 "，ProjDateValue([基线 3 完成时间])<>4294967295,"2 次变更 "，ProjDateValue([基线 2 完成时间])<>4294967295,"1 次变更 "，ProjDate Value([基线 1 完成时间])<>4294967295,"0 次变更 ")，判断项目变更的次数，设置完成后单击【保存】按钮，并将该项目属性显示在项目“跟踪”视图，如图 16.33 所示。

图16.33 显示项目变更次数

项目变更控制其他内容请参考第 8 章内容。

16.5 对项目状态的监控

项目整体情况监控指的是利用 Project Server 的“状态报告”功能来完成对项目总体情况的汇报与沟通。

16.5.1 建立状态报告格式

项目状态报告一般由关心项目情况的高层管理者来定制并发出回应请求。具体做法是，具有“状态报告”定制权限的账户登录 PWA 以后，选择【状态报告】选项进入状态报告页面，如图 16.34。

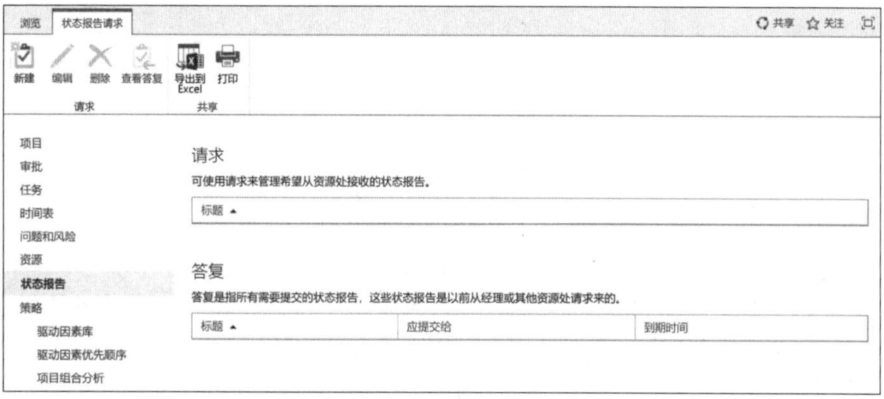

图16.34　定制状态报告

在图 16.34 所示页面中，单击“新建”按钮，进入下一步的操作页面，如图 16.35。

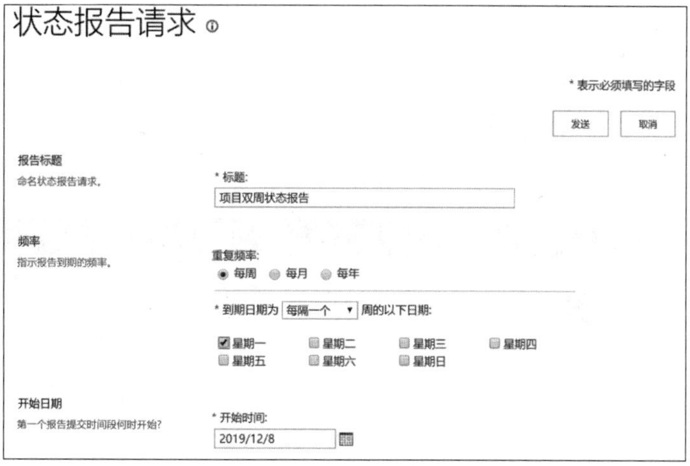

图16.35　新建状态报告（一）

在图 16.35 中，需要更改状态报告的“标题”、汇报的“频率”以及此报告起作用的“开始”时间。在“重复频率”中可以设置“每隔”若干日期的方法。设置完毕后，再接着设置如图 16.36 所示的剩余部分内容。

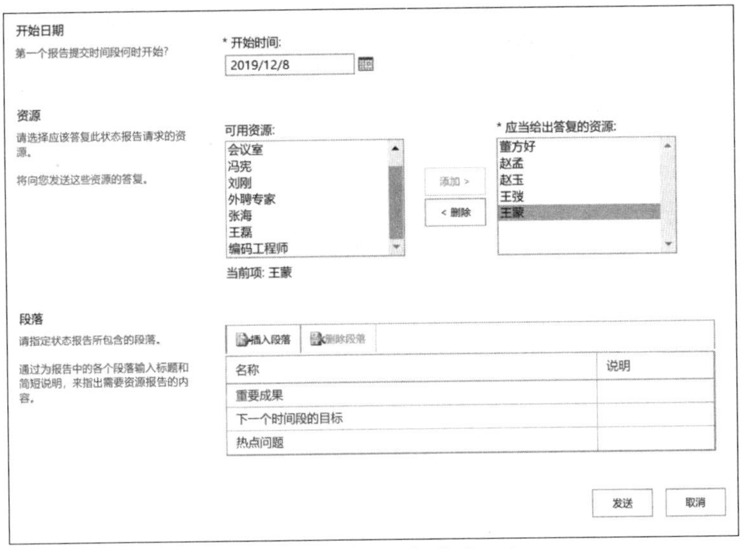

图16.36 新建状态报告（二）

图 16.36 所示的页面是图 16.35 的延续，从“资源”左侧下拉框中寻找此状态报告需要回应的人员名单，选中后单击【添加】按钮，将人员添加到右侧区域。在选择过程中，如果想去掉某个资源，可以在右侧列表中选中资源，再单击【删除】按钮，便可以将该资源移到左侧。人员选择完毕后，再定义需要回应人员回答问题的“段落”。图 16.35 中默认有三个段落，用户可以利用“插入段落”的命令再添加不同的段落，已有的默认段落名称也可以进行编辑修改。

定义完成之后，可以单击【发送】按钮，将此报告发出，相关的人员会周期性的收到该状态报告通知。

16.5.2 状态报告应答

状态报告发出后，对应应答人员登录 PWA 后可以看到状态报告提示，如图 16.37 所示。

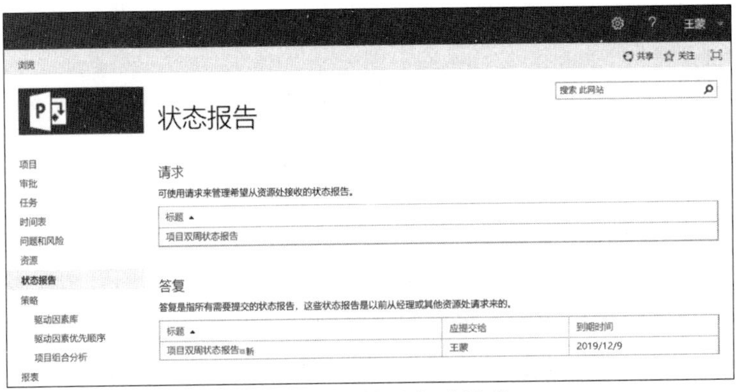

图16.37 收到状态报告请求

在图 16.37 所示的页面中，应该在“2019/12/9”之前汇报“项目双周周报”状态报告。单击“项目双周报告”进入报告内部，如图 16.38 所示。

图16.38 填写状态报告请求(一)

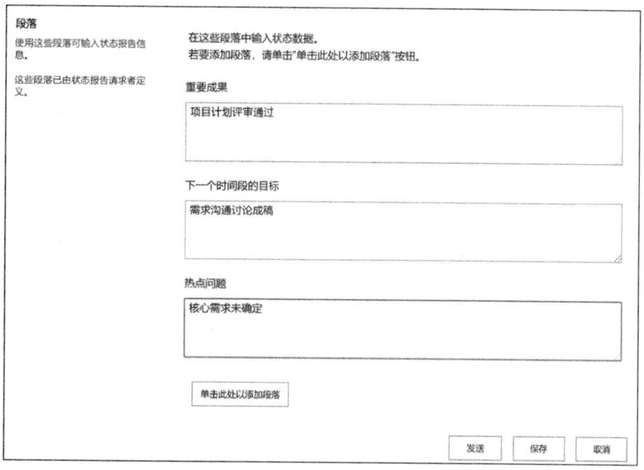

图16.39 填写状态报告请求(二)

用户根据制定的报告格式填写项目情况，填写完毕后单击【发送】按钮，其他用户也需要登录 PWA 采取同样的办法填写状态报告并发送。

16.5.3 状态报告展现

状态报告的发起人登录 PWA，进入“状态报告”查看答复，如图 16.40 所示。

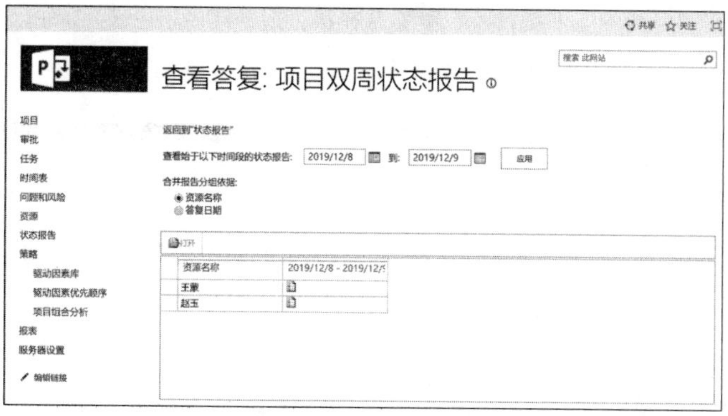

图16.40 查看状态报告

从图 16.40 中可以看到，赵玉发来了一份状态报告，选中该报告单击【打开】命令，可以看到状态报告的回复详情，如图 16.41 所示。

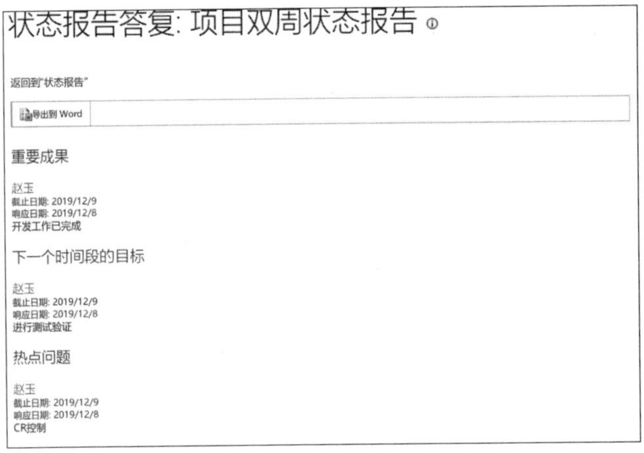

图16.41 查看状态报告详情

如图 16.40 所示，可以像选择 Excel 多行一样按住鼠标左键同时选择“王蒙”和“赵玉”两个状态报告打开查看，如图 16.42 所示。

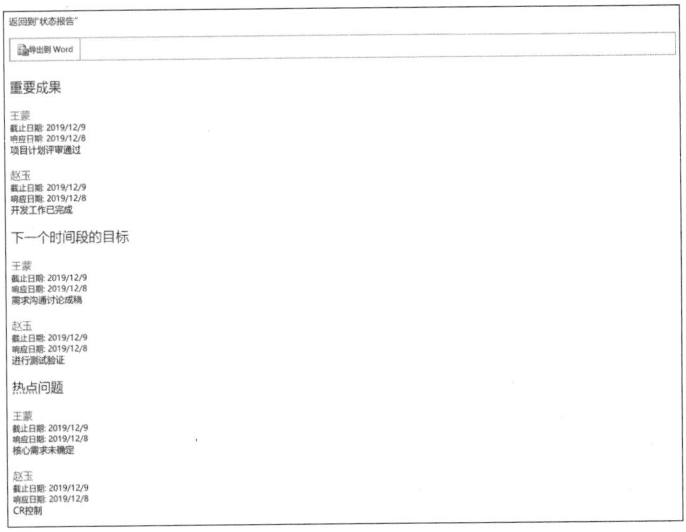

图16.42 查看合并状态报告详情

单击“导出到 Word”可以将报告导出到 Word 进行查看编辑。

16.6 对项目问题的监控

与 Project Professional 单机版本管理项目过程问题的方式不同，Project Server 中为每个项目发布时创建了项目网站，在项目网站中可以集中管理项目执行过程中存在的各类问题并实施监控，并且项目执行过程中产生的问题可与项目任务关联，查看到是哪些任务存在问题以及问题的处理状态是什么样的。

16.6.1 项目问题监控

登录 PWA，进入项目中心页面，查看项目存在的问题，如图 16.43 所示。

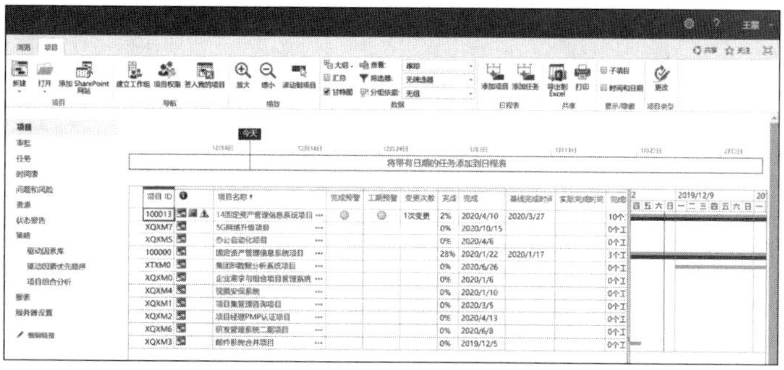

图16.43　查看项目问题状态

如果项目存在问题，在项目跟踪视图标识栏中显示问题符号，单击进入项目问题清单页面，如图 16.44 所示。

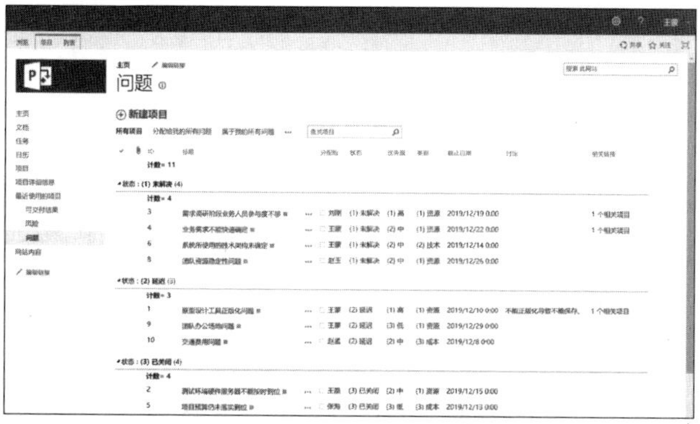

图16.44　项目问题清单页面

通过项目问题清单可以清晰地展现当前项目“未解决”的问题有 4 个，“延迟”的问题有 2 个，“已关闭”的问题有 4 个。问题对应的责任人、截止日期等信息都清晰展现。

16.6.2 任务问题监控

单击图 16.43 中的项目名称“14 固定资产管理信息系统项目”进入项目计划页面，如图 16.45 所示。

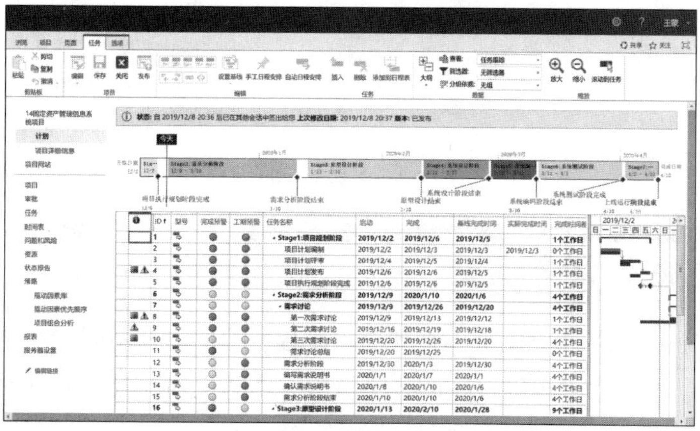

图16.45　项目计划页面

如果任务存在问题，在项目计划任务跟踪视图标识栏中显示问题符号，单击进入任务详细信息页面，如图 16.46 所示。

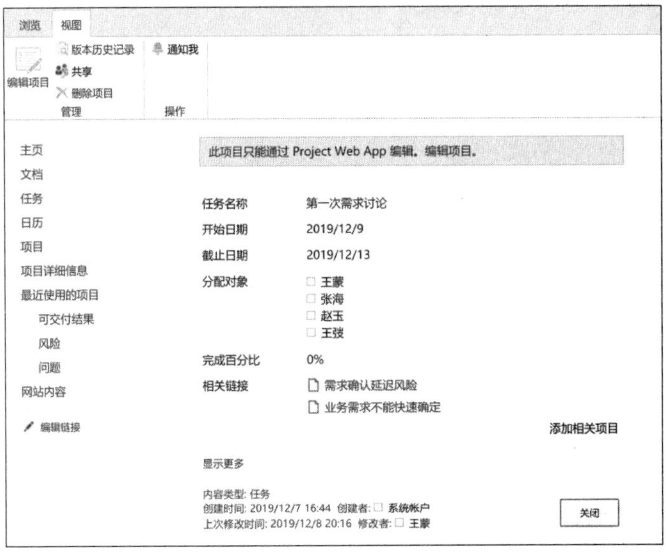

图16.46　任务关联项查看

任务“第一次需求讨论”存在“业务需求不能快速确定”问题，单击问题名称，打开问题详细信息页面，如图 16.47 所示。

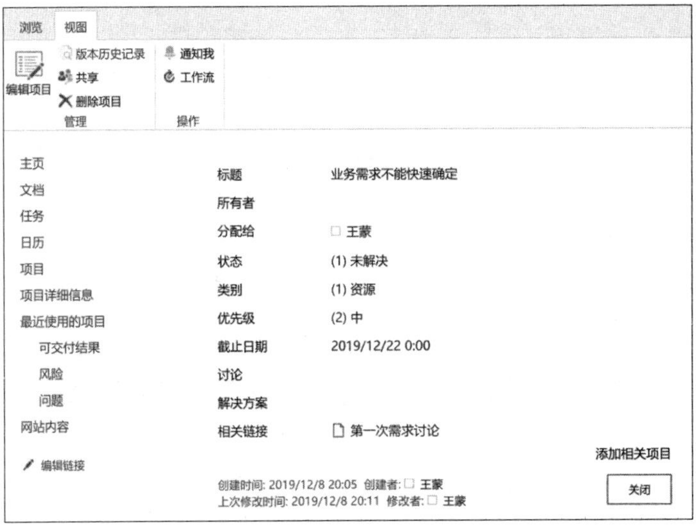

图16.47　任务关联问题

16.7　对项目风险的监控

与 Project Professional 单机版本管理项目过程风险的方式不同，在项目网站中可以集中管理项目执行过程中识别出来的各类风险并实施应对监控，并且项目执行过程中识别的风险可与项目任务关联，查看到是哪些任务存在风险以及风险的应对状态是什么样的。

16.7.1 项目风险监控

登录 PWA，进入项目中心页面，查看项目存在的风险，如图 16.48 所示。

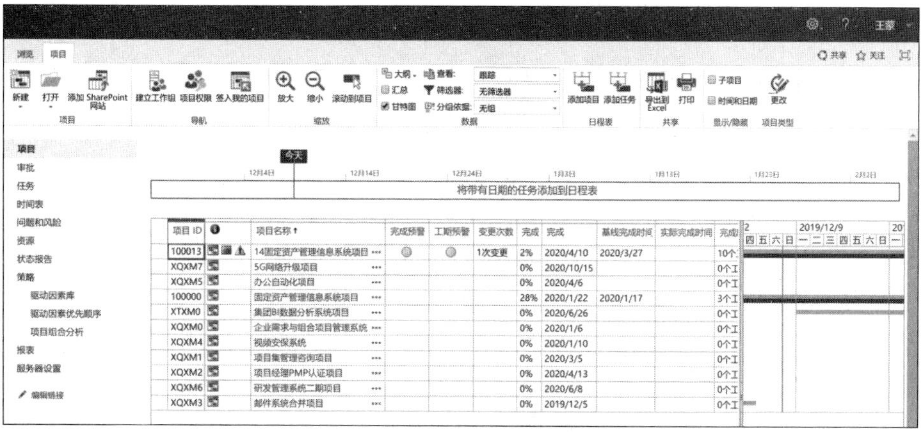

图16.48 查看项目风险状态

如果项目存在风险，在项目跟踪视图标识栏中显示风险符号⚠，单击⚠进入项目风险清单页面，如图 16.49 所示。

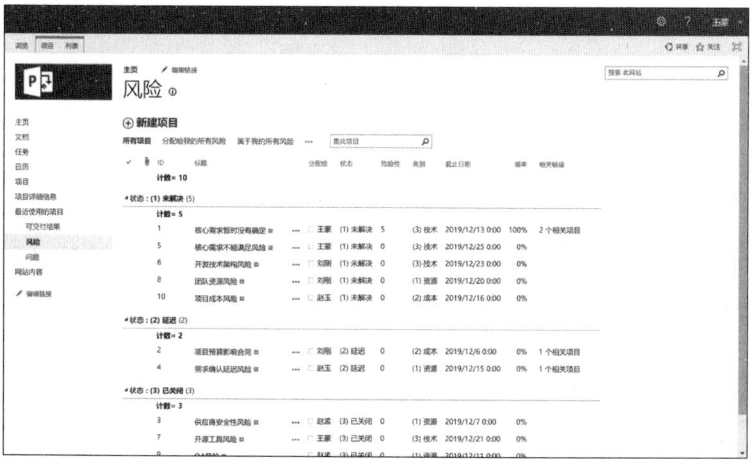

图16.49 项目风险清单页面

通过项目风险清单可以清晰地展现当前项目“未解决”的风险有 5 个，“延迟”的风险有 2 个，“已关闭”的风险有 4 个。风险对应的责任人、截止日期等信息都清晰展现。

16.7.2 任务风险监控

单击图 16.48 中的项目名称“14 固定资产管理信息系统项目”进入项目计划页面，如图 16.50 所示。

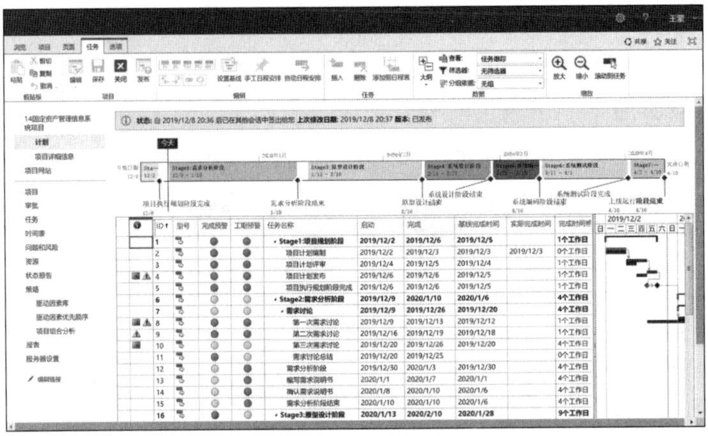

图16.50 项目计划页面

如果任务存在风险，在项目计划任务跟踪视图标识栏中显示风险符号⚠，单击⚠进入任务详细信息页面，如图 16.51 所示。

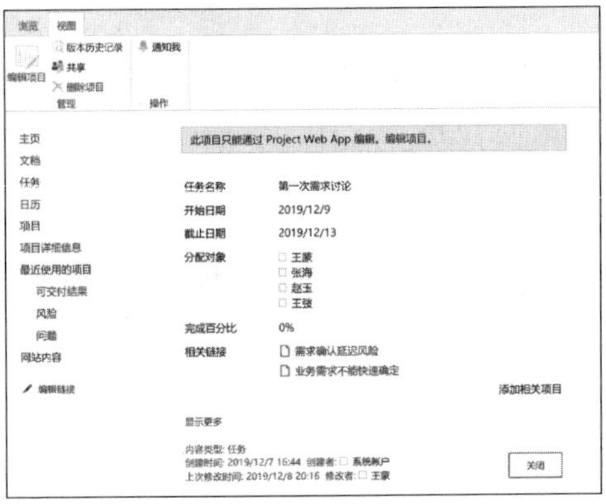

图16.51 任务关联项查看

任务“第一次需求讨论”存在“需求确认延迟风险”，单击风险名称，打开风险详细信息页面，如图 16.52 所示。

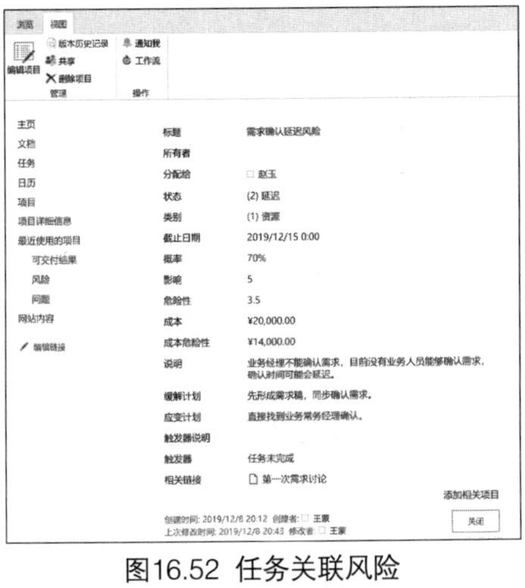

图16.52 任务关联风险

第 17 章 项目问题管理

项目自启动到关闭的整个项目管理过程中，问题一直伴随着项目全过程，因此如何有效地管控项目过程问题是项目管理者必须面对的并且必须解决的。基于 Project Server 2019 可以实现项目过程问题管理，并且问题管理与项目计划执行过程相匹配，协同管理。

问题与风险是相类似又有许多不同的两个对象。问题更多的是阐述当前已经发生的事件，只能通过解决来降低该事件对项目的影响；而风险更多是阐述基于当前情况与未来发展趋势进行识别的可能发生的事件，即可能发生又可能不发生，风险有正向风险（机会）与负面风险（威胁），必须通过积极应对来消除负面影响而支持正向机会产生。

本章从以下几个方面阐述如何使用 Project Server 实现项目问题管理过程。

◎ 提出问题；

◎ 分配问题；

◎ 解决问题；

◎ 监控问题；

◎ 问题知识库。

17.1 提出问题

项目执行过程中，任何项目相关者都可以提出项目存在的问题，项目问题除非有明确定义，否则所有问题的负责人都是项目经理。提出问题的过程就是在系统中登记问题的过程。

17.1.1 非任务关联问题

非任务关联问题是指不跟具体的项目计划任务相关联的问题，该类问题直接通过项目问题库提出登记。用户登录 PWA，进入项目清单页面，如图 17.1 所示。

图17.1 项目清单

单击项目名称"14 固定资产管理信息系统项目"进入项目计划页面，如图 17.2 所示。

图17.2 项目计划页面

在项目计划页面左侧单击【项目网站】选项进入项目网站，问题管理模块是项目网站共享协作的一部分，如图 17.3 所示。

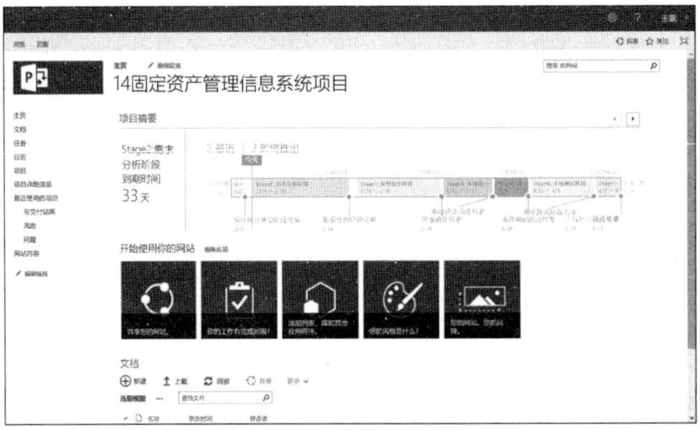

图17.3 项目网站

单击项目网站左侧【问题】选项进入项目问题清单，如图 17.4 所示。

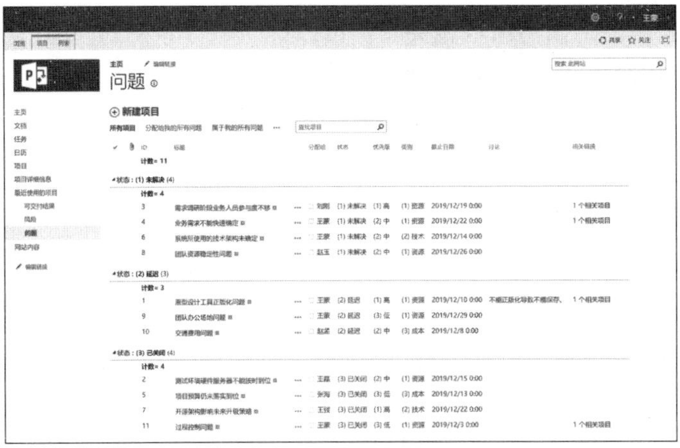

图17.4 项目问题清单

单击【新建项目】按钮进入项目问题创建详细页面，如图 17.5 所示。

图17.5　项目问题创建

如图 17.5 所示，填写问题详细信息，如果问题提出者不确定问题负责人，可以不填写“分配给”属性，如果确认了问题负责人，则填写具体的负责人，填写完成后单击【保存】按钮完成问题创建。

以上是创建项目问题最常规的方法，还有另外几种方法可以快速进入问题清单创建问题。

（1）对于已经创建过问题的项目，在项目清单页面，直接单击项目标识中的问题图标进入项目问题清单页面，进而创建项目问题，如图 17.1 所示。

（2）在项目计划页面，通过【项目】→【导航】选项单击【问题】链接进入项目问题清单页面，如图 17.6 所示。

图17.6　项目问题链接

17.1.2　任务关联问题

还有一类问题是跟任务相关联的，即任务执行时发生的问题，此类问题创建过程与上一节方式一致，需增加一步与任务的关联设置。常用的任务与问题关联方式有如下三种。

1. 通过查看问题进行关联任务

如图 17.4 所示，单击问题名称“团队资源稳定性问题”进入项目问题查看页面，如图 17.7 所示。

图17.7 项目问题查看

单击【添加相关项目】链接进入项目信息页面，与任务进行关联，如图 17.8 所示。

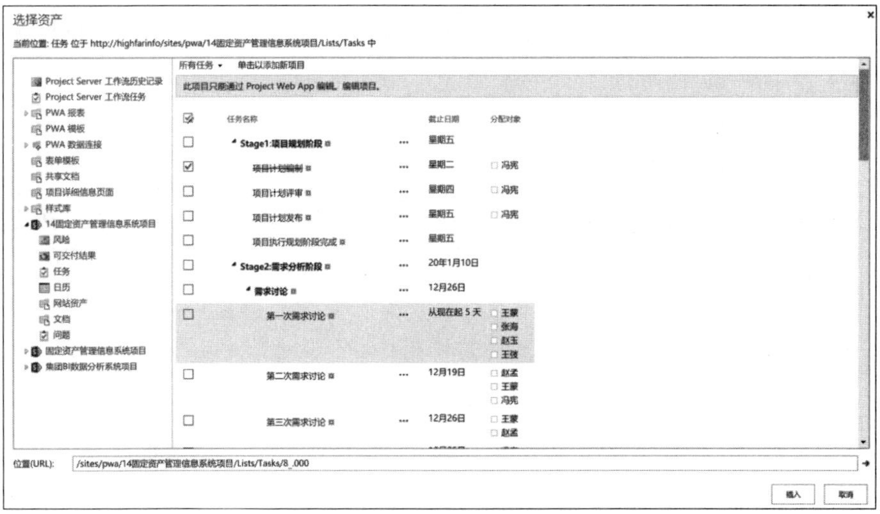

图17.8 项目问题关联任务

选择关联任务单击【插入】按钮即可。

2. 通过项目计划视图关联问题

如图 17.6 所示，选中具体的项目任务，通过【选项】→【链接至】单击【相关项目】链接，如图 17.9 所示。

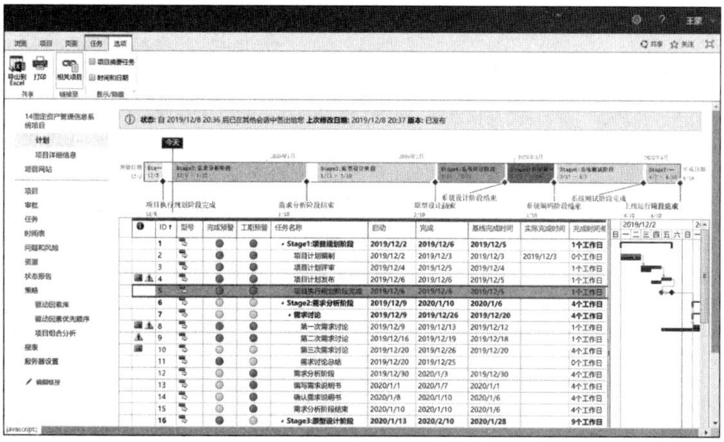

图17.9 项目任务关联问题

单击【相关项目】链接进入任务详细信息查看页面，进行问题关联，如图 17.10 所示。

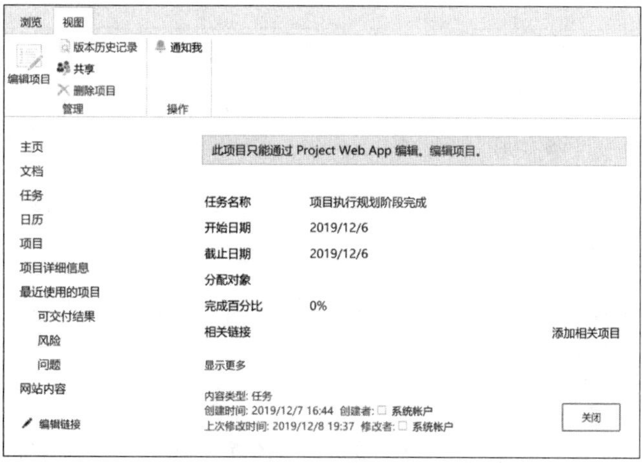

图17.10 项目任务详细信息

单击【添加相关项目】链接进入项目信息页面，与问题进行关联，如图 17.11 所示。

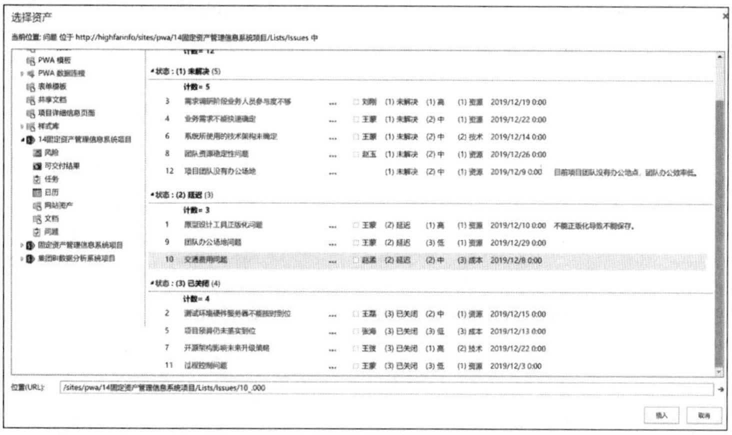

图17.11 项目任务关联问题

选择需要关联的问题，单击【插入】按钮完成关联。

3. 通过项目查看任务关联问题

在项目网站菜单中，单击【任务】选项进入项目任务查看页面，如图 17.12 所示。

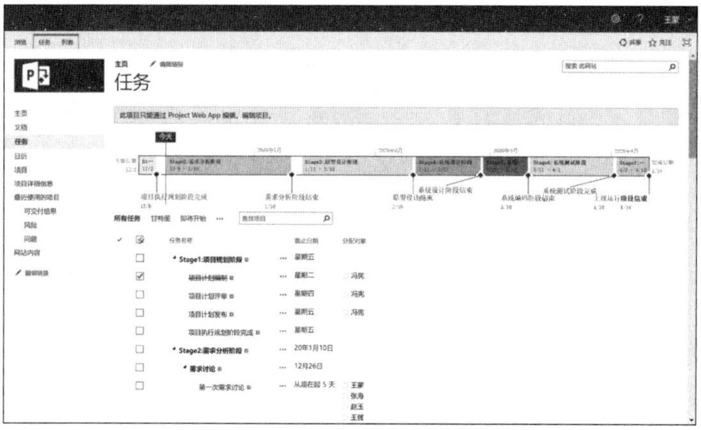

图17.12 项目任务查看页面

通过点击任务名称可以查看任务详细信息，如图 17.10 所示，在图 17.10 中通过“相关链接”可以查看该任务关联的问题。

17.2 分配问题

问题创建后，项目经理进入项目问题清单页面，进行问题责任人分配。通常有两种方法可以分配问题责任人。

17.2.1 问题分配责任人

项目经理进入项目问题清单页面，如图 17.13 所示。

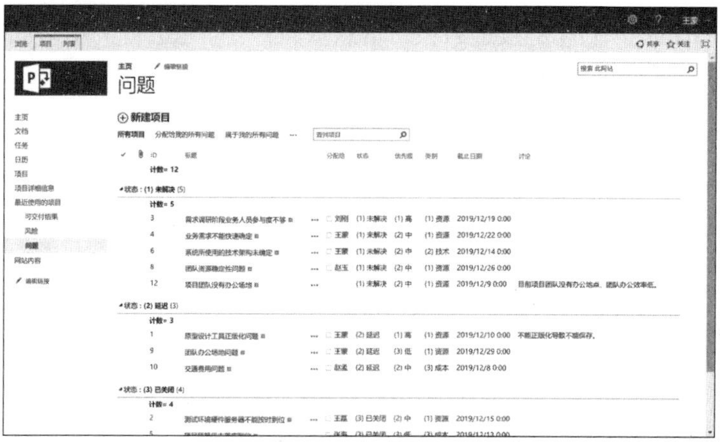

图17.13 项目问题清单页面

单击需要分配问题负责人的问题名称“项目团队没有办公场地”旁边的【···】按钮，选择“编辑项目”，如图 17.14 所示。

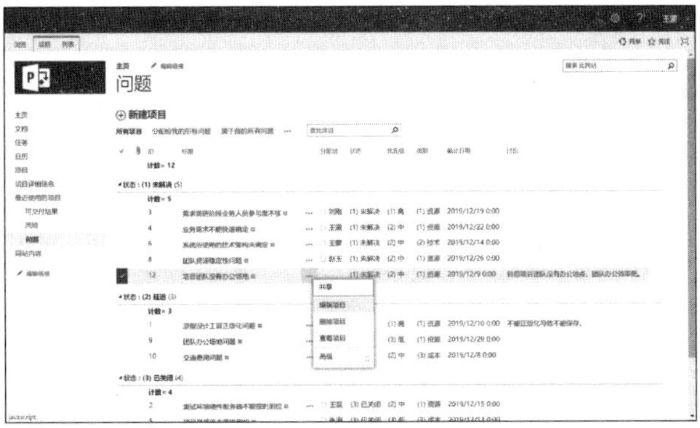

图17.14 项目问题清单页面

在问题编辑页面设置问题“分配给”属性，“分配给”问题的负责人，如图 17.15 所示。

图17.15 项目问题分配

分配完成后，单击【保存】按钮即可。

17.2.2 批量分配问题责任人

如果问题较多，项目经理需要快速进行问题责任人分配的话，可以通过批量处理的方式进行，在图 17.13 中，将问题清单调整为非分组状态，如图 17.16 所示。

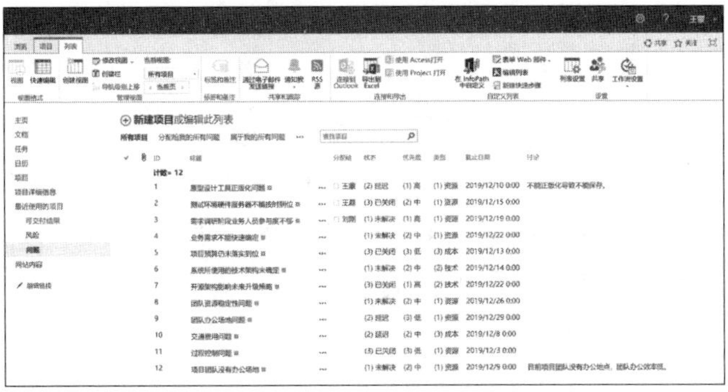

图17.16 项目问题清单

单击【列表】中的【快速编辑】按钮，将项目问题清单调整为网页快速编辑状态，如图 17.17 所示。

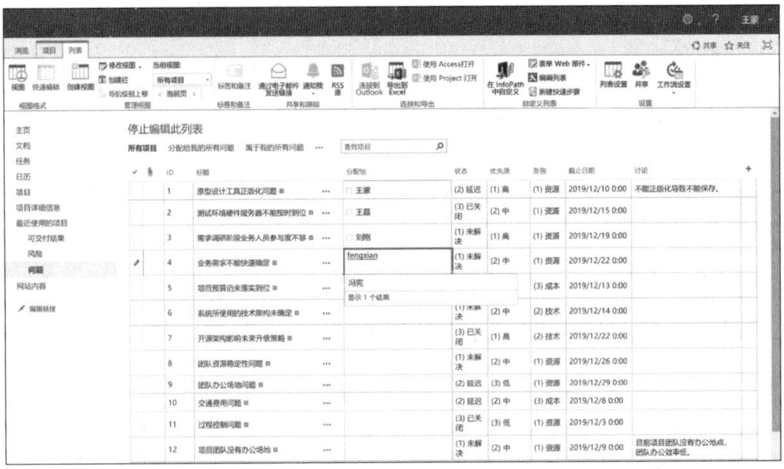

图17.17 项目问题清单快速编辑

项目经理可以在快速编辑栏中对项目问题责任人进行快速分配。分配完成后，单击【列表】中的【视图】按钮即可。

17.3 解决问题

项目问题分配责任人后，系统将问题推送给问题负责人进行处理。以用户冯宪为例，冯宪登录PWA，通过单击【问题和风险】菜单进入问题和风险待办页面，如图 17.18 所示。

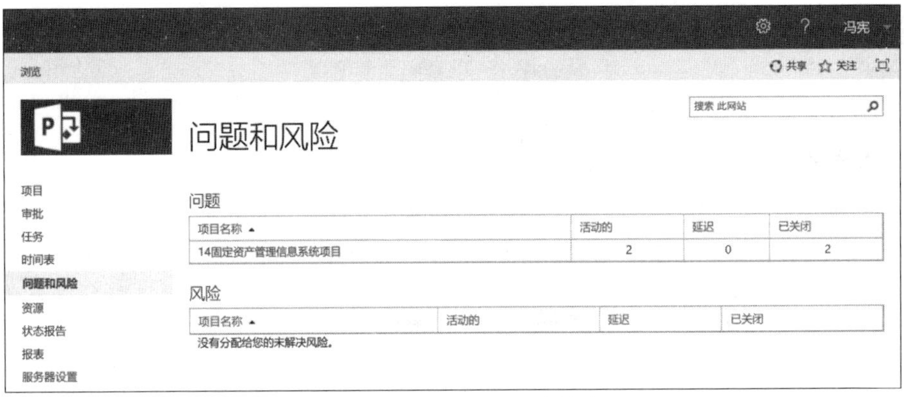

图17.18 项目问题和风险待办

通过问题待办可以看到当前用户在项目“14 固定资产管理信息系统项目”中有 2 个活动的问题和 2 个已关闭的问题。单击项目名称“14 固定资产管理信息系统项目”进入冯宪负责的问题清单页面，如图 17.19 所示。

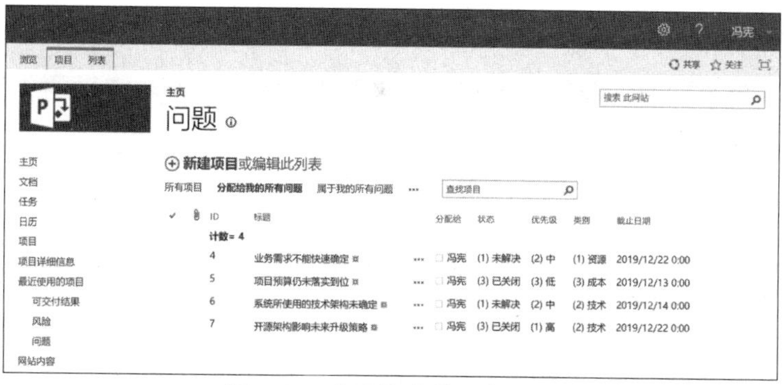

图17.19　分配给我的所有问题

图 17.19 是“分配给我的所有问题”，用户可以通过该视图解决项目问题，解决完成后，单击问题右侧的【…】按钮对问题进行编辑，如图 17.20 所示。

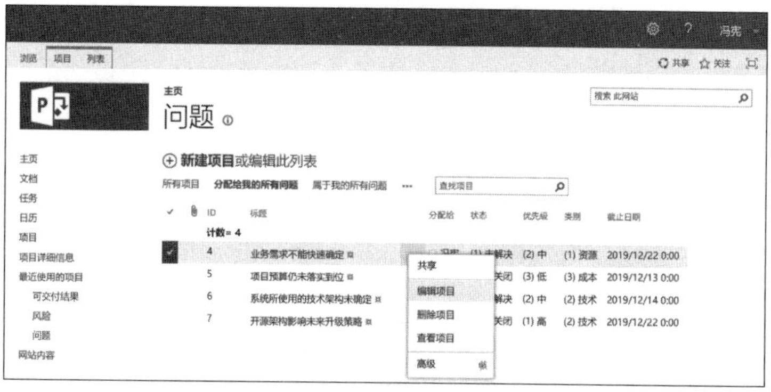

图17.20　编辑解决问题

在问题编辑页面输入问题状态与解决方案，如图 17.21 所示。

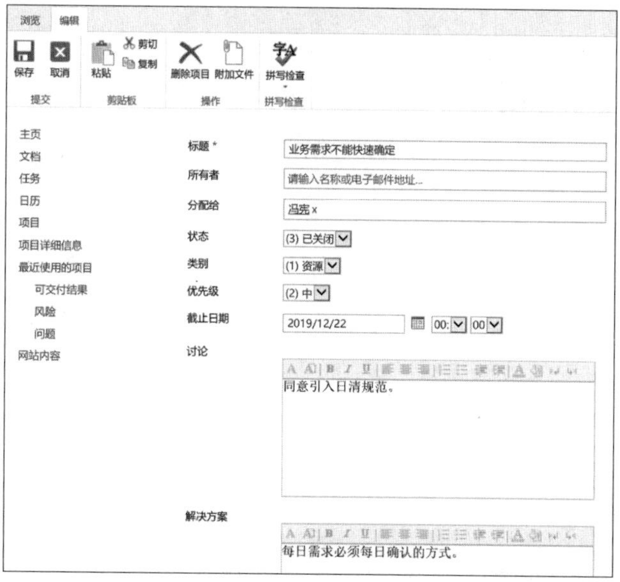

图17.21　更新问题状态与解决方案

更新完成后，单击【保存】按钮。

17.4 监控问题

项目问题监控请查阅第 16.6 节所述。

17.5 问题知识库

项目问题知识是组织 / 企业项目管理过程资产的重要组成部分，项目管理部负责收集各种类型项目共性的问题知识，形成企业项目问题知识库，项目知识库以项目网站模板的形式推送给具体的项目使用，项目问题知识库请查阅第 23 章项目收尾管理。

第 18 章 项目风险管理

本章从以下几个方面阐述如何使用 Project Server 实现项目风险管理过程。

◎ 识别风险；

◎ 分配风险；

◎ 解决风险；

◎ 监控风险；

◎ 风险知识库。

18.1 识别风险

项目执行过程中，任何项目相关者都可以识别项目存在的风险，项目风险除非有明确定义，否则所有风险的负责人都是项目经理。识别风险的过程就是在系统中登记风险的过程。

18.1.1 非任务关联风险

非任务关联风险是指不跟具体的项目计划任务相关联的风险，该类风险直接通过项目风险库提出登记。用户登录 PWA，进入项目清单页面，如图 18.1 所示。

图18.1 项目清单

单击项目名称“14 固定资产管理信息系统项目”进入项目计划页面，如图 18.2 所示。

图18.2 项目计划页面

在项目计划页面左侧单击【项目网站】选项进入项目网站，风险管理模块是项目网站共享协作的一部分，如图 18.3 所示。

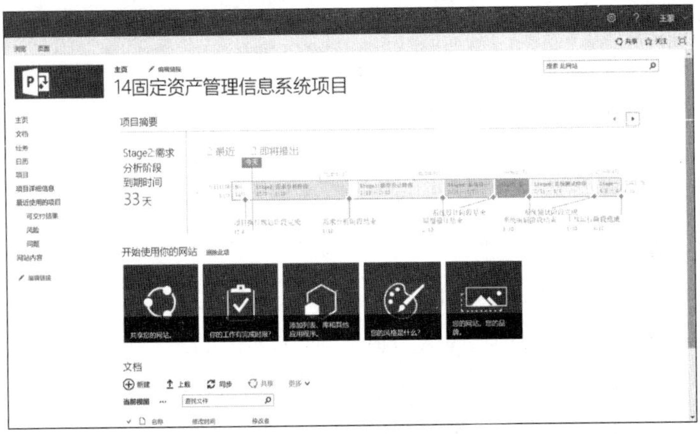

图18.3 项目网站

单击项目网站左侧【风险】菜单进入项目风险清单，如图 18.4 所示。

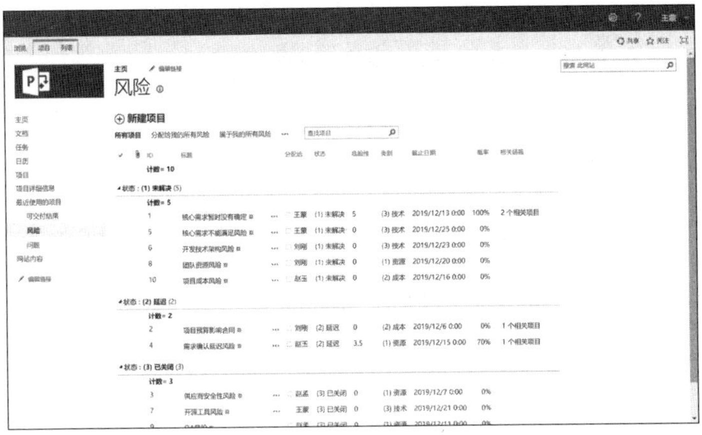

图18.4 项目风险清单

单击【新建项目】按钮进入项目风险创建详细页面，如图 18.5 所示。

图18.5　项目风险创建

如图 18.5 所示，填写风险详细信息，如果风险识别者不确定风险负责人，可以不填写“分配给”属性，如果确认了风险负责人，则填写具体的负责人，填写完成后单击【保存】按钮完成风险创建。

以上是创建项目风险最常规的方法，还有另外几种方法可以快速进入风险清单创建风险。

对于已经创建过风险的项目，在项目清单页面，直接单击项目标识中的风险图标，进入项目风险清单页面，进而创建项目风险，如图 18.1 所示。

在项目计划页面，通过【项目】→【导航】，单击【风险】链接，进入项目风险清单页面，如图 18.6 所示。

图18.6　项目风险清单

18.1.2 任务关联风险

还有一类风险是跟任务相关联的，即任务执行时发生的风险，此类风险创建过程与上一节方式一致，需增加一步与任务的关联设置。常用的任务与风险关联方式有如下三种。

通过查看风险进行关联任务。

在图 18.4 中，单击风险名称“项目预算影响合同”进入项目风险查看页面，如图 18.7 所示。

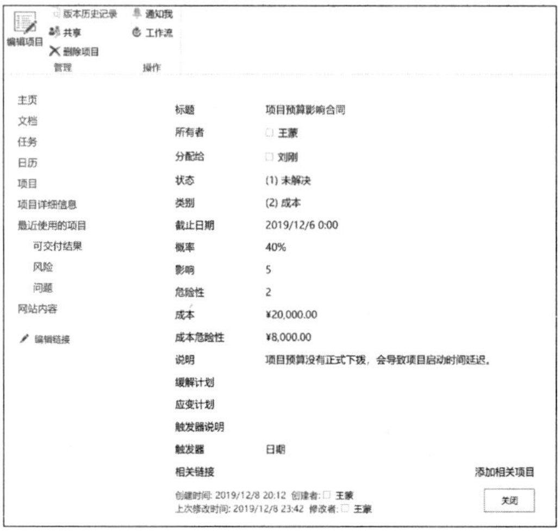

图18.7 项目风险查看

在图 18.7 中，单击【添加相关项目】链接进入项目信息页面，与任务进行关联，如图 18.8 所示。

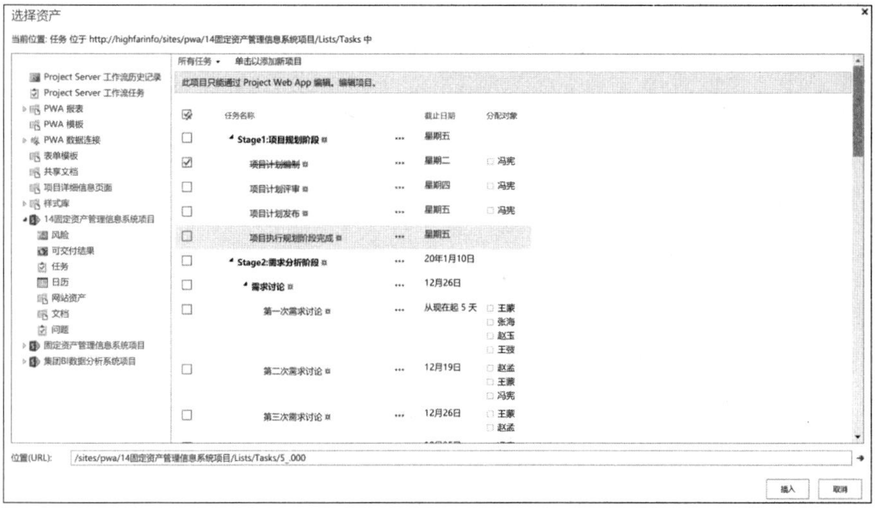

图18.8 项目风险关联任务

选择关联任务，单击【插入】按钮即可。

通过项目计划视图关联风险。

在图 18.6 所示项目风险清单页面，选中具体的项目任务，通过【选项】→【链接至】单击【相关项目】链接，如图 18.9 所示。

图18.9　项目任务关联风险

进入任务详细信息查看页面，如图 18.10 所示。

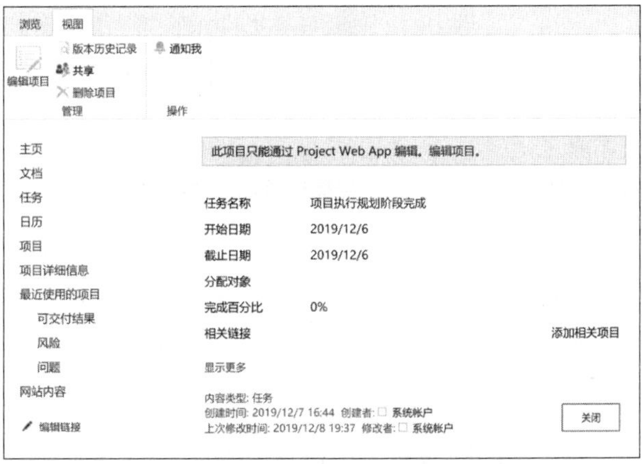

图18.10　项目任务详细信息

在图 18.10 中单击【添加相关项目】链接进入项目信息页面，与风险进行关联，如图 18.11 所示。

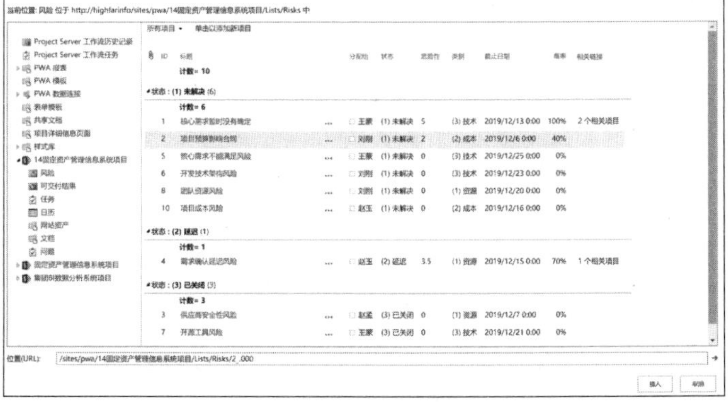

图18.11　项目任务关联风险

选择需要关联的风险，单击【插入】按钮完成关联。

通过项目查看任务关联风险。

在项目网站菜单中，单击【任务】选项进入项目任务查看页面，如图 18.12 所示。

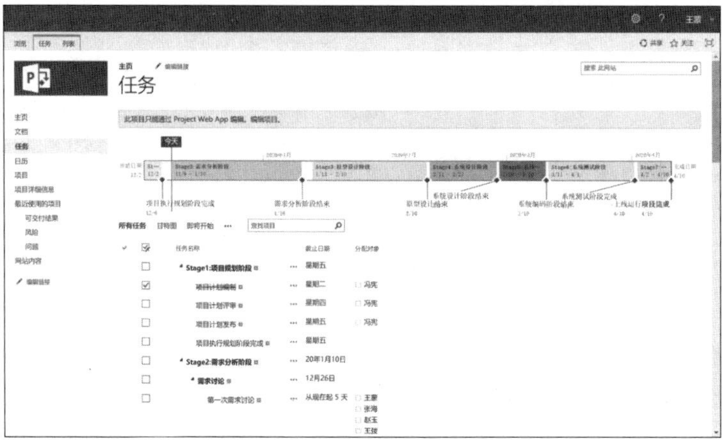

图18.12 项目任务查看页面

通过单击任务名称查看任务详细信息，如图 18.10 所示，通过如图 18.11 所示链接关联的风险即可。

18.2 分配风险

风险创建后，项目经理进入项目风险清单页面，进行风险责任人分配。通常有两种方法可以分配风险责任人。

18.2.1 风险分配责任人

项目经理进入项目风险清单页面，如图 18.13 所示。

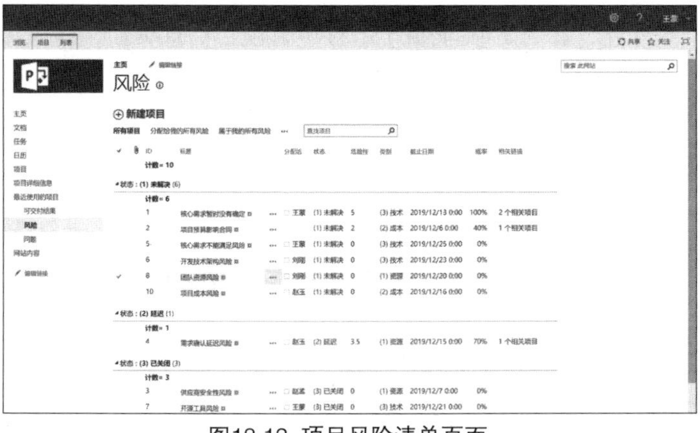

图18.13 项目风险清单页面

单击需要分配风险负责人的风险名称“项目团队没有办公场地”旁边的【…】按钮，选择“编辑项目”选项，如图 18.14 所示。

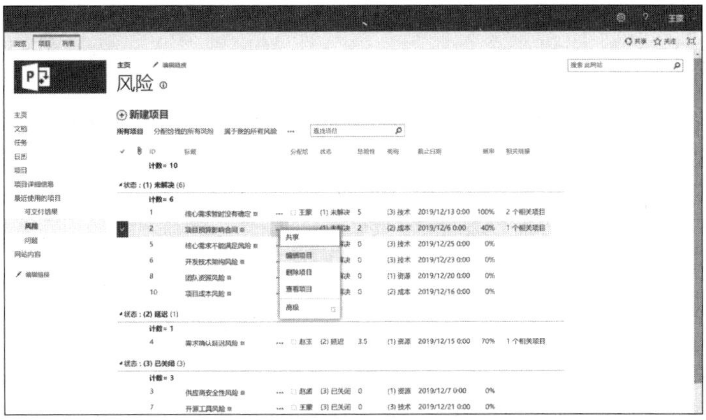

图18.14 项目风险清单页面

在风险编辑页面设置风险“分配给”属性，“分配给”就是风险的负责人，如图 18.15 所示。

图18.15 项目风险分配

分配完成后，单击【保存】按钮即可。

18.2.2 批量分配风险责任人

如果风险较多，项目经理需要快速进行风险责任人分配，可以通过批量处理的方式进行，在图 18.13 所示风险清单页面中，将风险清单调整为非分组状态，如图 18.16 所示。

图18.16 项目风险清单

单击【列表】→【快速编辑】按钮，将项目风险清单调整为网页快速编辑状态，如图 18.17 所示。

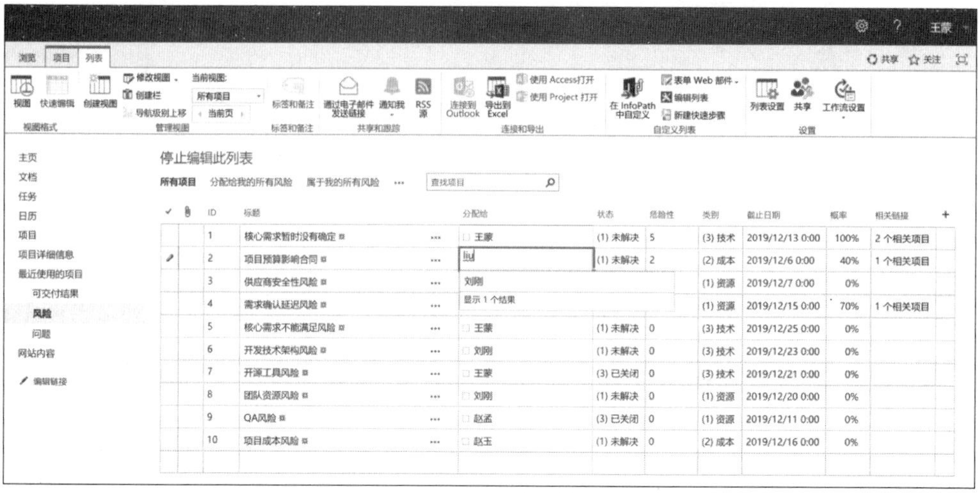

图18.17 项目风险清单快速编辑

项目经理可以在快速编辑栏中对项目风险责任人进行快速分配。分配完成后，单击【列表】中的【视图】按钮即可。

18.3 解决风险

项目风险分配责任人后，系统将风险推送给风险负责人进行处理。以用户冯宪为例，冯宪登录PWA，通过单击【问题和风险】选项进入风险和风险待办页面，如图 18.18 所示。

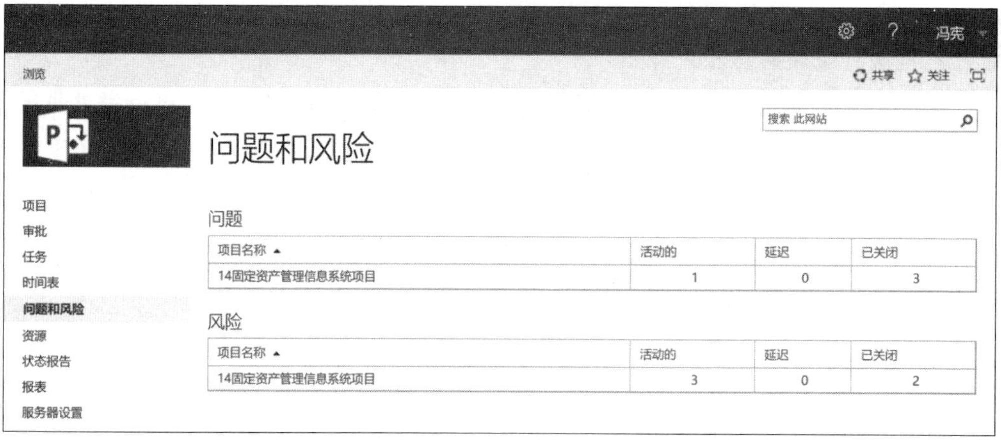

图18.18 项目风险和风险待办

通过风险主页可以看到当前用户在项目“14 固定资产管理信息系统项目”中有 3 个活动的风险和 2 个已关闭的风险。单击项目名称“14 固定资产管理信息系统项目”进入冯宪负责的风险清单页面，如图 18.19 所示。

图18.19　分配给我的所有风险

图 18.19 是“分配给我的所有风险”，冯宪可以通过该视图解决项目风险，解决完成后，单击风险右侧的【…】按钮对风险进行编辑，如图 18.20 所示。

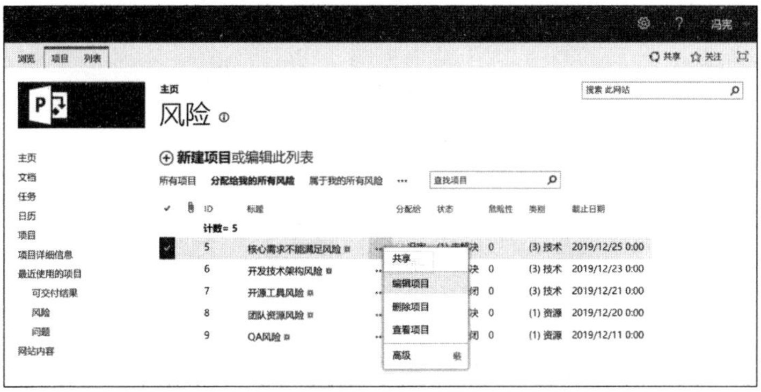

图18.20　编辑解决风险

在风险编辑页面输入风险状态与解决方案，如图 18.21 所示。

图18.21　更新风险状态与解决方案

更新完成后，单击【保存】按钮。

18.4 监控风险

项目风险监控请查阅第 16.7 节。

18.5 风险知识库

项目风险知识是组织 / 企业项目管理过程资产的重要组成部分，项目管理部负责收集各种类型项目共性的风险知识，形成企业项目风险知识库，项目知识库以项目网站模板的形式推送给具体的项目使用，项目风险知识库请查阅第 23 章项目收尾管理。

第 19 章 项目文档管理

19

在项目执行过程中，除了对问题、风险的管控之外，还有一项重要的管理内容，即文档管理。项目文档随着项目执行过程不断产生，形成可交付的文档资料，可以说文档资料支撑起项目循序渐进交付的过程，随着大量项目文档的产生，如何进行系统化的管理，如何在项目团队以及组织 / 企业内共享，进而在项目结束后如何梳理成果、经验以及教训，形成组织 / 企业的过程资产，这些都是项目文档管理所涉及的范围。

Project Server 基于 SharePoint 架构提供强大的文档管理能力，除了常规的项目文档管理之外，还可以实现项目文档的多人协同编辑和文档内容全文检索。

本章主要围绕下面内容展开讲述。

◎ 项目文档分类；

◎ 项目文档上传；

◎ 项目文档版本；

◎ 项目文档协同；

◎ 项目文档检索；

◎ 项目文档知识。

19.1 项目文档分类

项目在实施过程中，不同的项目阶段会产生各类有价值的文档。随着知识型社会的到来，文档对于项目的重要性日益凸现出来。严格的文档管理制度要求项目中配备专职的文档管理员，定期收集这些文档并进行相应的整理和分类。在项目结束后、项目组解散之前，项目管理员应该召集所有的项目成员，将散落在各处的项目文档进行统一的集中收集和整理，才能够有效地为今后的知识共享做准备。

19.1.1 文档分类方法

在项目管理中，文档管理的核心是文档的分类方法。不同类型的项目分类方法不同，如工程项目文档分类可以采用如下方法。

1. 办公室文档

（1）施工现场记录。

（2）信函往来。

◎ 工程师。

◎ 业主。

（3）所在国资料。

◎ 政治。

◎ 经济。

◎ 社会。

2. **内业资料**

（1）技术规范与合同。

（2）项目总体实施计划。

（3）工程月报表。

（4）收款记录。

（5）工程索赔基础资料。

IT 项目文档分类可以采用如下方法。

1. **开发文档**

（1）需求文档。

◎ 需求规格说明书。

◎ 需求分析说明书。

（2）设计文档。

◎ 概要设计文档。

◎ 详细设计文档。

（3）测试文档。

◎ 测试用例。

◎ 测试报告。

（4）质量保证。

2. **产品文档**

（1）培训手册。

（2）参考手册。

（3）用户指南。

（4）软件支持手册。

（5）产品手册和信息广告。

3. **管理文档**

（1）项目计划。

◎ 进度计划。

◎ 费用计划。

◎ 人员计划。

（2）变更记录。

（3）汇报文档。

◎ 项目周报。

◎ 项目月报。

◎ 项目季报。

◎ 项目总结。

（4）项目合同。

以上两种类型分类方法只是很多分类方法中的举例，在实际的项目管理过程中，用户可以根据项目的实际情况和所在单位的实际要求进行分类。

19.1.2 项目文档分类实现

在 Project Server 中，对应项目网站中默认建立了项目文档库，项目经理在项目发布后可以根据项目特点按照项目文档分类方法进行项目文档文件夹设置，具体方法如下。项目经理登录 PWA，进入项目对应的项目网站，如图 19.1 所示。

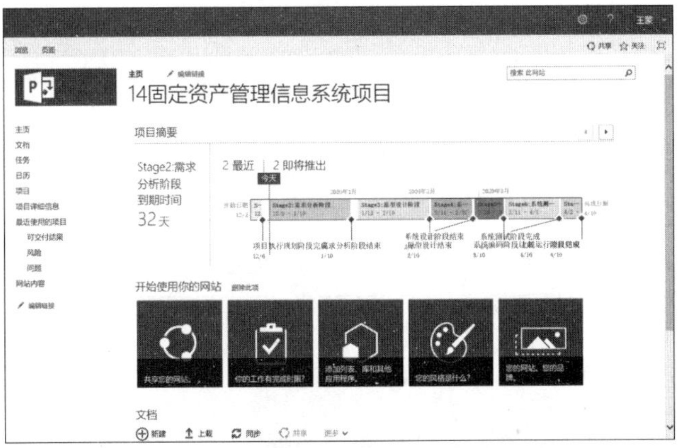

图19.1 项目经理进入项目网站

单击左侧【文档】选项进入项目文档管理页面，如图 19.2 所示。

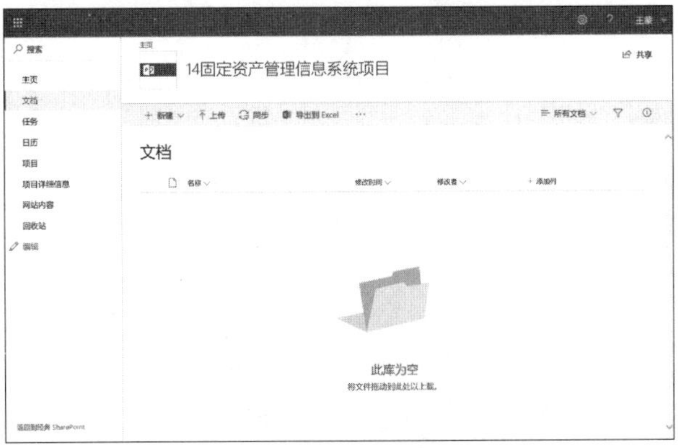

图19.2 项目文档管理页面

在图 19.2 中，单击【新建】下拉按钮，选择新建“文件夹”，如图 19.3 所示。

图19.3 新建文件夹

在弹出的文件夹对话框中，按照项目文件夹规范定义新的文件夹名称，如图 19.4 所示。

图19.4 新建文件夹名称

填写项目文件夹名称，单击【创建】按钮完成，按照同样的方式创建完项目完整的项目文件夹，如图 19.5 所示。

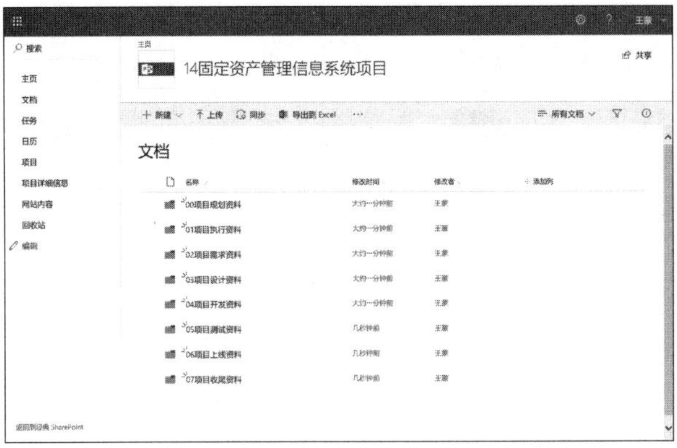

图19.5 项目文件夹

如图 19.5 所示，推荐用户在文件夹名称前面增加序号，便于整理、管理项目资料。如果需要在项目文件夹内创建新的文件夹，可以直接单击项目文件夹名称进入对应文件夹内再创建新的文件夹，如图 19.6 所示。

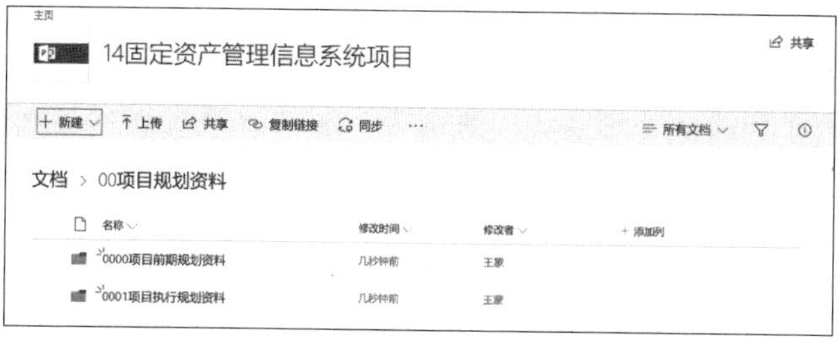

图19.6　项目子文件夹

以上是项目文档分类的具体实现方法，基于笔者的经验，可以通过项目收尾阶段的项目文档库建设，提前定义好项目文档库分类与对应的文档模板资料。这样项目经理一发布项目，项目网站中对应的项目文档库自动生成，并且对应的文档模板也自动生成。

19.2 项目文档上传

项目文档创建完成后需要上传到对应的项目文件夹中，读者应该熟悉传统的上传的方式，在 Project Server 中还提供了更为方便的多文档上传方式。

19.2.1 单文件上传

用户登录 PWA，进入项目文档库，找到需要上传文档的文件夹“0000 项目前期规划资料”，如图 19.7 所示。

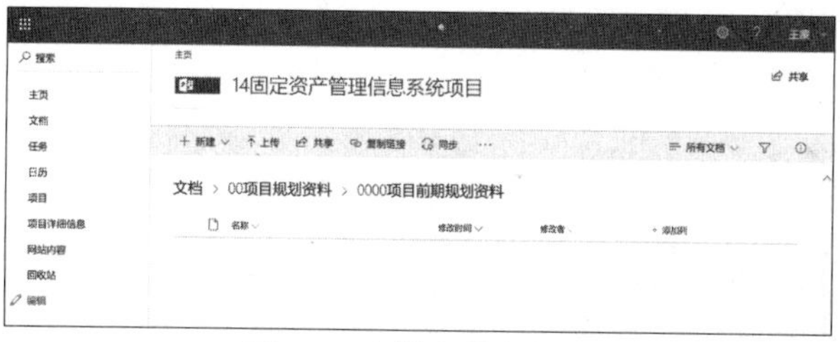

图19.7　文档上传文件夹

单击【上传】按钮，打开“选择要加载的文件”页面，从计算机选择需要上传的文件，如图 19.8 所示。

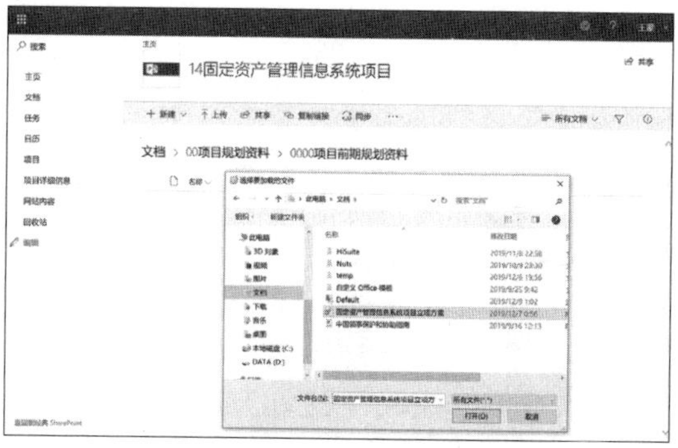

图19.8　选择文档上传文件夹

在图 19.8 中选择“固定资产管理信息系统项目立项方案”然后，单击【打开】按钮或者双击该文件进行上传，等待完成后在项目文件夹中显示该文件，如图 19.9 所示。

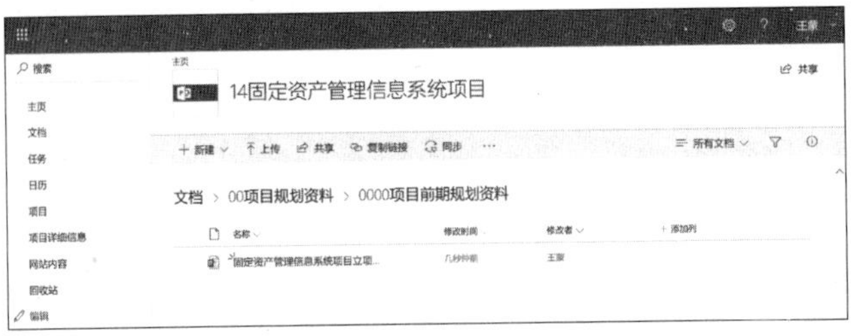

图19.9 文档上传完成

单文件上传效率较低，如果文档较多建议采用批量文件上传的方式。

19.2.2 批量文件上传

在 Project Server 2019 版本中支持文件批量上传方式以提高文档上传的效率，具体方法如下。进入项目文档，选择需要上传文档的文件夹，如图 19.10 所示。

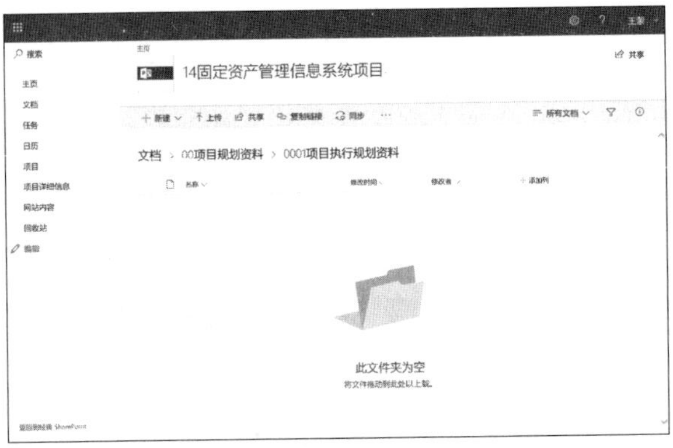

图19.10 选定文档上传文件夹

在图 19.9 中，可以把批量文件拖到“将文件拖动到此处以上载”文件夹中，实现批量上传。如图 19.11 所示。

图19.11 选定需要上传的文档

选择需要上传的文档，按住鼠标左键将多文件拖曳到目标文件夹，如图 19.12 所示。

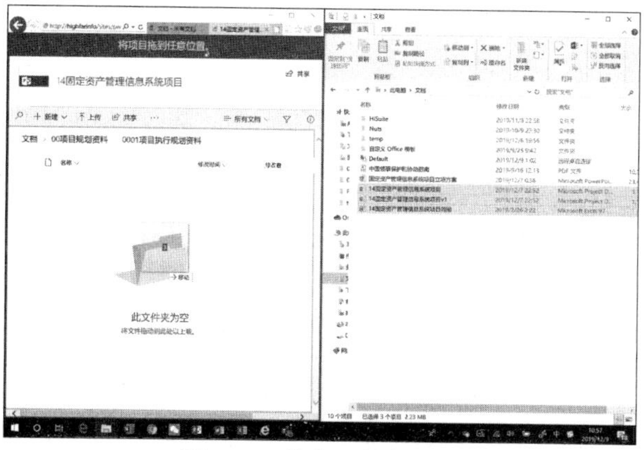

图19.12　拖曳上传多文件

拖曳完成后，在项目文件夹中查看多文档已经批量上传完毕，如图 19.13 所示。

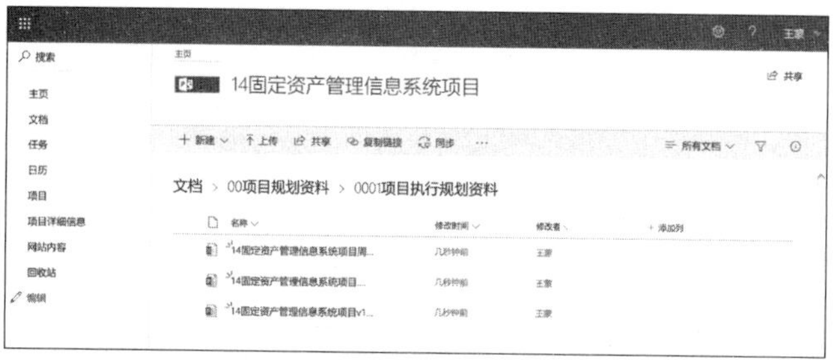

图19.13　拖曳上传多文件查看

多文件上传也适用单文件拖曳上传，同时也支持带文件夹多文件上传。

19.3 项目文档版本

Project Server 2019 中文档支持版本管理，可以对文档版本进行追溯，实现方式如下。选择具体的项目文档，如图 19.14 所示。

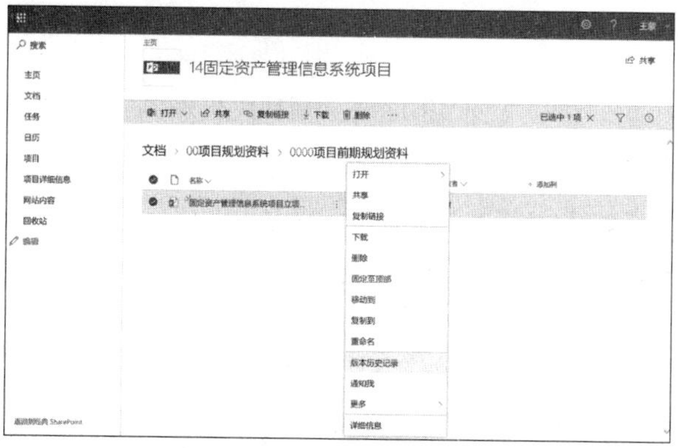

图19.14　选定项目文档

图 19.14 中，单击文档名称右侧的【…】按钮选择“版本历史记录”，可以查看项目文档的版本记录信息，如图 19.15 所示。

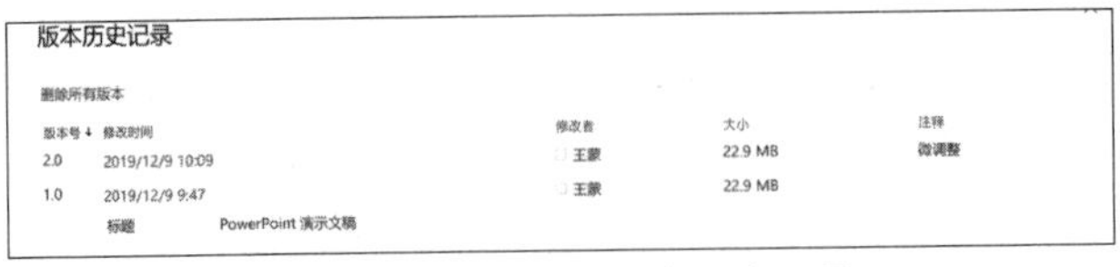

图19.15 项目文档版本历史记录

项目文档版本历史记录与项目文档签入签出功能相结合，签出项目文档进行编辑后再签入形成新的版本。操作步骤如下：在图 19.14 中通过“更多”选择文档“签出”，如图 19.16 所示。

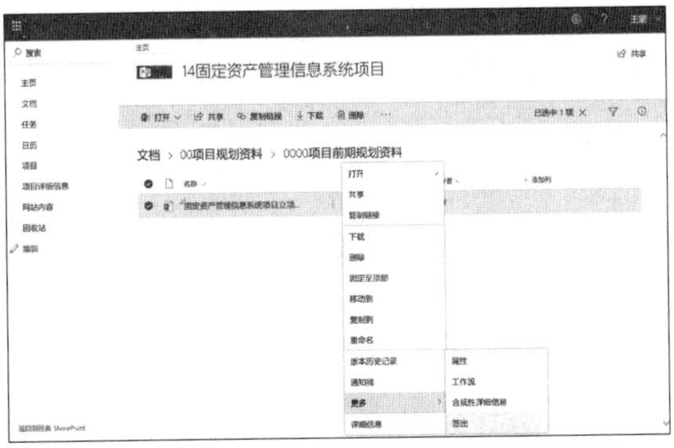

图19.16 签出项目文档

“签出”后对文档编辑，编辑完成后再“签入”，如图 19.17 所示。

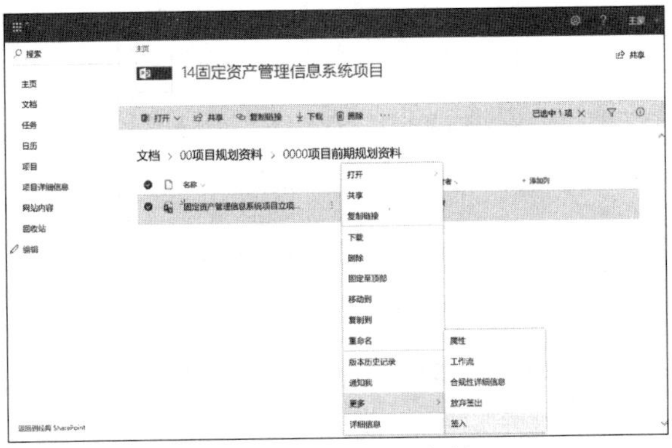

图19.17 签入项目文档

“签出”与“签入”操作完成文档的版本建立，通过点击图 19.17 中的【版本历史记录】链接可以查看该文档的版本，如图 19.18 所示。

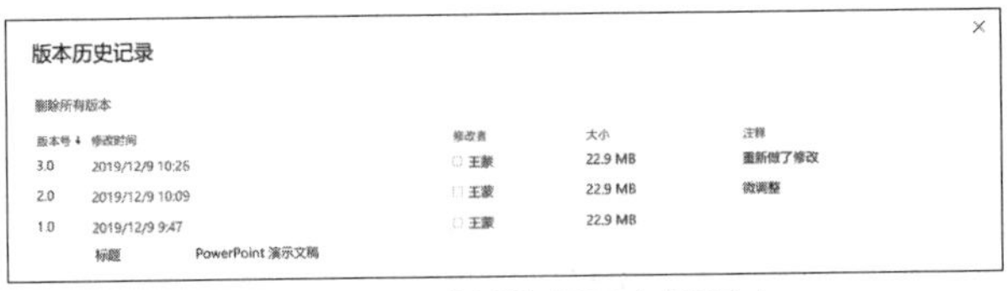

图19.18 形成新的项目文档版本

通过项目文档版本可以对历史项目版本文档进行追溯，选择需要追溯的文档版本，在下拉框中单击【查看】选项，如图 19.19 所示。

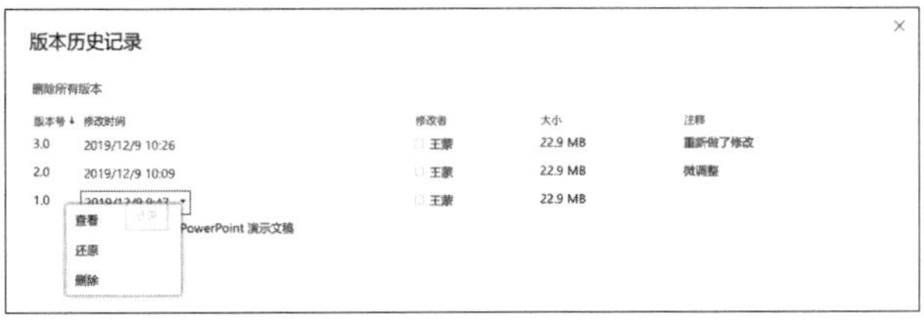

图19.19 追溯项目文档版本

19.4 项目文档协同

在项目执行过程中，当需要多人对一份项目文档进行编辑时，通常的做法是先将文档进行拆分，各自编制完成后再合并，然后再拆分调整再合并，效率非常低并且非常容易出现错误。在 Project Server 中提供了更强的多人协同编辑功能，可以实现同一份文件多人同时编辑，并可以实现文档的实时共享。实现文档多人协同编辑需要配置 Office Online Services。

19.4.1 文档多人协同编辑

项目中需要对项目需求说明书文档进行多人编辑，首先将该文件上传到项目需求文件夹，如图 19.20 所示。

图19.20 项目需求文档说明书

多位参与项目需求文档编写的人员登录系统后，单击该文档进行编辑，在文档中可以显示有多少人在编辑、编辑内容是哪些，如图 19.21 所示。

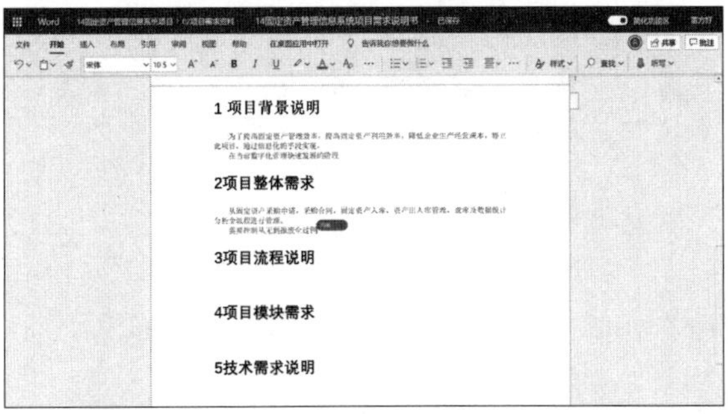

图19.21 多人协同编辑项目需求文档说明书

如图 19.21 所示，当前用户董方好在编辑该说明书，同时冯宪也在编辑。

19.4.2 文档共享

在组织 / 企业内部，Project Server 支持对文档在线共享，如图 19.20 所示的需求说明书，选定该文档后，单击【共享】按钮可以将文档分享给其他用户，如图 19.22 所示。

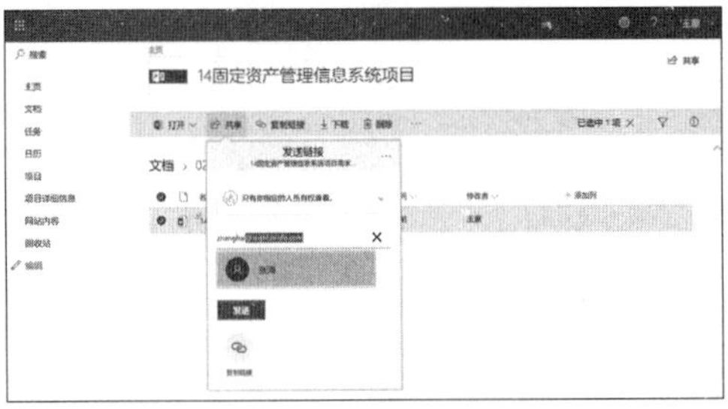

图19.22 共享项目需求文档说明书

该共享可以以文档链接的形式通过电子邮件发给共享人员。

19.5 项目文档检索

大量的项目文档资料保存在系统中，利用文档检索可以快速找到需要的文档，Project Server 中提供了项目文档检索功能，并且提供的是全文检索功能，可以根据文档内容进行检索。

登录 PWA，在搜索输入框中输入需要检索的内容，如“说明”，如图 19.23 所示。

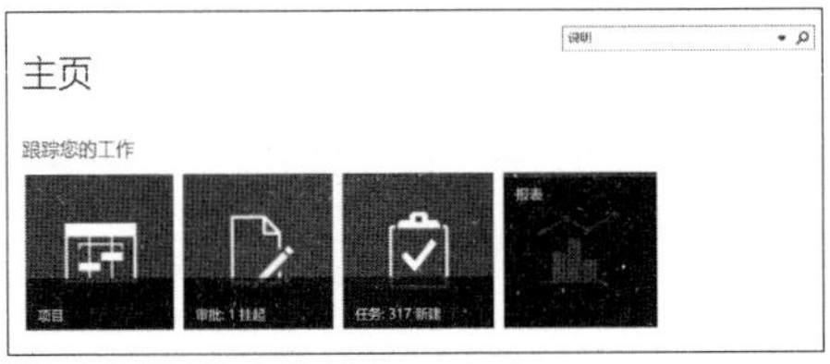

图19.23 全文检索

单击【搜索】图标，Project Server 根据“说明”实现全文检索结果，如图 19.24 所示。

图19.24 全文检索结果

全文检索默认支持 Office 文档，如 Word、PPT、Excel 等，非 Office 文档需要特殊插件支持。

19.6 项目文档知识

随着项目收尾的进行，项目文档知识库不断收集整理，还通过项目文档模块库实现知识的积累与共享，详见第 23 章描述。

20

第 20 章 企业资源管理

企业资源指的是为完成项目而分派的在项目中担任一定角色的人员以及物料和费用。项目资源应该更多地参与到项目的各个阶段，项目资源的组成人员和角色会随着项目的进展而发生变化。

在很多大型的机构中，参与项目的资源数量比较大，企业资源管理显得非常重要。本章介绍的企业资源管理指的是如何利用 Project Server 管理参与项目执行的各种资源。本章将围绕下面几项内容展开讲述。

◎ 企业资源库的建立；

◎ 项目团队的组建；

◎ 项目团队的协作；

◎ 团队工作量计算。

20.1 企业资源库的建立

在传统的“职能型”组织形式中，项目所需的资源分布在各个不同的职能部门中，一旦某一个项目需要若干个职能部门资源的参与，资源的调动和调配是一件非常困难的事情，因为将涉及各个职能经理的沟通。因此在企业内部建立虚拟的“企业资源库”，将企业资源的调配权利交给统一的组织（类似项目管理办公室的机构）。实践证明，企业资源共享是提高大型机构多项目管理效率的重要手段，Project Server 利用“企业资源库”帮助用户实现企业级的资源共享。在本书第 11 章介绍的“共享资源库”是在没有部署 Project Server 的情况下，通过 Project Professional 在一台电脑上实现的资源共享，本章介绍的“企业资源库”是通过 Project Server 实现真正企业级的资源共享，请读者在阅读时予以注意。

20.1.1 建立组织结构

一般情况下，与项目相关的资源在组织中都会从属于不同的部门，因此需要首先在 Project 中建立组织的层次结构（简称 RBS）。通过 Project Server 的全局设置信息功能可以为资源建立组织结构信息。需要具有系统管理员权限的人员登录 PWA 实现组织机构的设置，具体做法如下：登录 PWA，如图 20.1 所示。

图20.1 PWA首页

如图 20.1 所示，通过菜单【服务器设置】→【企业数据】→【企业自定义域定义和查阅表格】，进入自定义域的查阅表格列表，如图 20.2 所示。

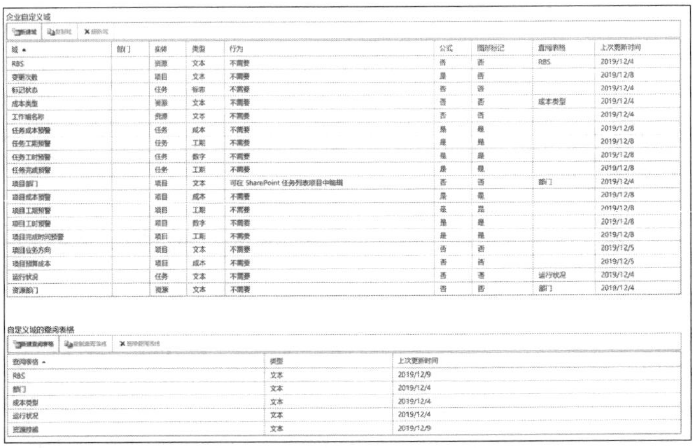

图20.2 自定义域的查阅表格

在 Project Server 2019 安装完成时，系统默认存在一个名称为“RBS”的查阅表格，RBS 的中文意思是资源分解结构。默认情况下，该查阅表格的内容是空的，用户可以将该查阅表格的内容定义为企业组织结构。单击“RBS”进入 RBS 编辑页面，如图 20.3 所示。

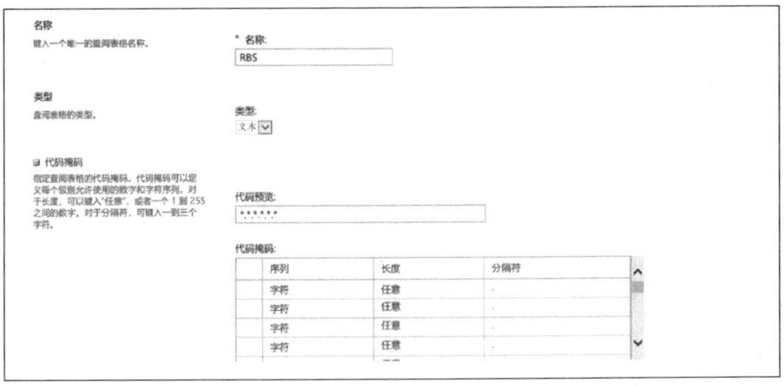

图20.3 编辑“RBS”查阅表格（1）

如图 20.3 所示，将“代码掩码”默认均选择“字符”类型。在“查阅表格”中，需要仔细按照组织层次输入资源结构，如图 20.4 所示。

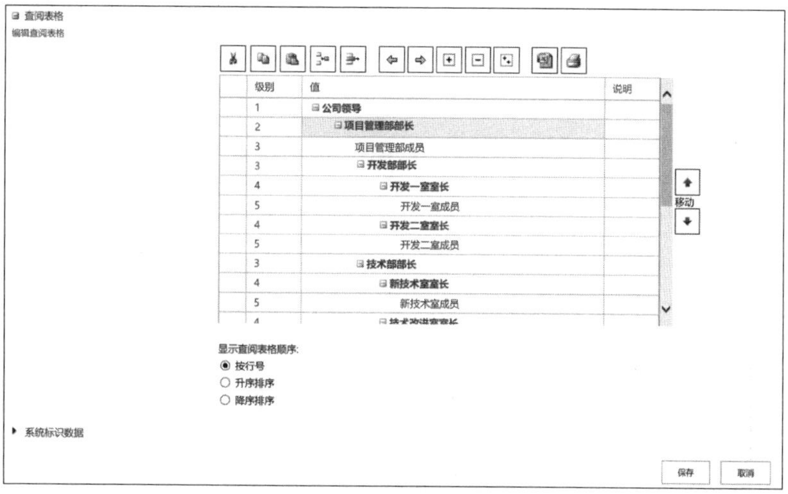

图20.4 编辑“RBS”查阅表格（2）

以上信息设置完成后，单击页面中的【保存】按钮，RBS 信息设置完毕。

20.1.2 建立资源技能结构

在资源精细化管理的实践活动中，需要能够及时了解资源技能分布，为不同的项目分配不同资源时，资源技能成为很重要的选择依据。资源技能结构可以帮助企业用户实现快速查找所需资源的目的，具体定义方法如下：在图 20.2 所示的页面中，单击【新建查阅表格】按钮创建“资源技能”表格，如图 20.5 所示。

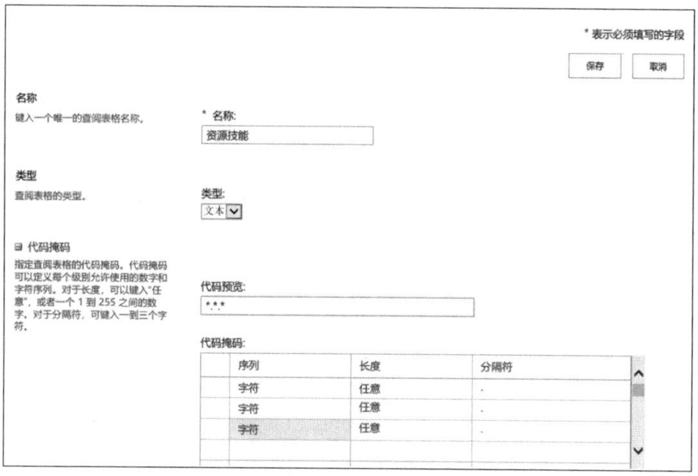

图20.5 自定义资源技能查阅表格（1）

定义资源技能结构，如图 20.6 所示。

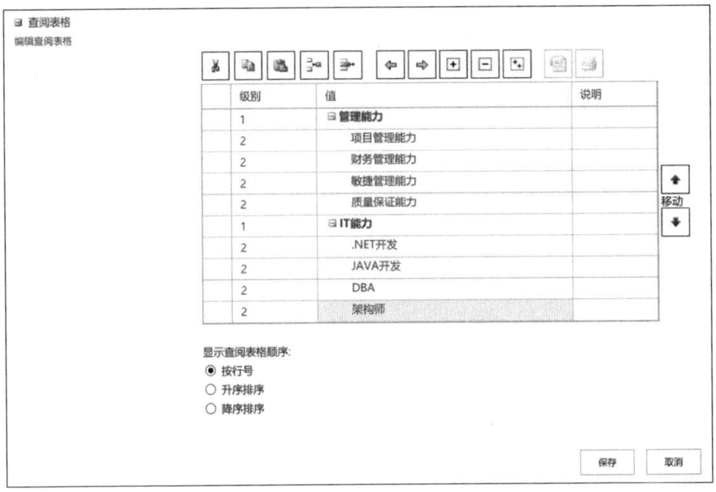

图20.6 自定义资源技能查阅表格（2）

在图 20.5 所示页面中，“名称”为“资源技能”，代码掩码均选择“字符”，在图 20.6 所示页面“查阅表格”中输入企业所需资源技能的分类标准。

“资源技能”的查阅表格定义完成之后，需要接着定义资源“资源技能”自定义域。在图 20.2 的页面中，单击【新建自定义域】按钮，如图 20.7 所示。

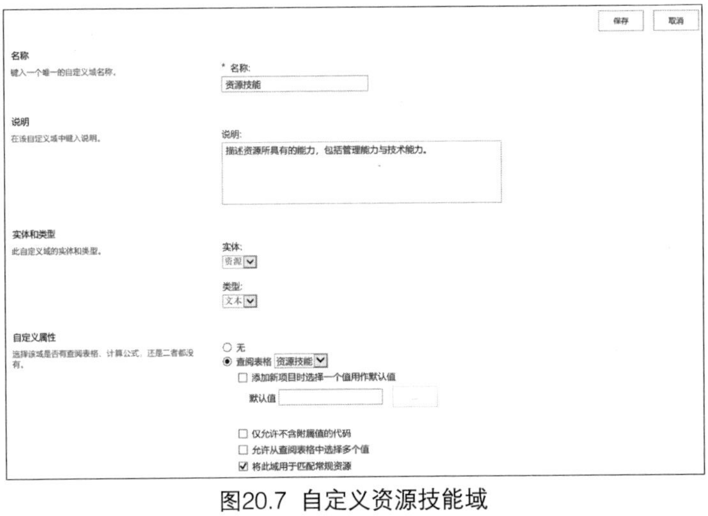

图20.7 自定义资源技能域

如图 20.7 所示，在“名称”文本框中输入“资源技能”；在“实体和类型”中，“实体”选择“资源”，“类型”选择“文本”；在“自定义属性”中选中“查阅表格”单选按钮，并在右侧的下拉列表中选择“资源技能”，勾选“将此域用于匹配常规资源”前的复选框，该页面的其他内容可以维持默认值，单击【保存】按钮，“资源技能”自定义域定义完成。

20.1.3 建立资源库

“资源技能”与“BRS”定义完成后，“资源经理”角色开始建立企业资源库的具体工作内容。

> 注意：企业资源库的建立与维护可以在 Project Professional 2019 或 PWA 中进行。利用 Project Professional 2019 连接 PWA 进行设置效率最高。

具有“资源经理”角色权限用户登录 PWA，选择【资源】菜单进入企业资源库管理页面，如图 20.8 所示。

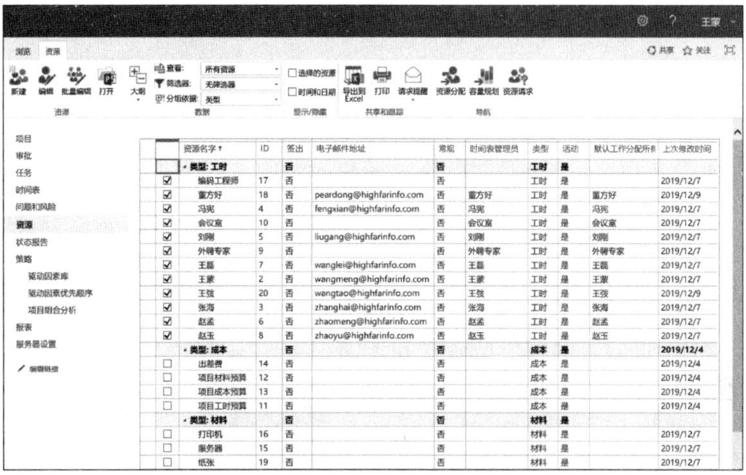

图20.8　进入资源中心的页面

如图 20.8 所示，进入“资源中心”后展示所有资源，单击【新建】按钮进入新建资源页面，如图 20.9 所示。

图20.9　资源新建

如图 20.9 所示，在“类型”中选择“工时”，勾选“将资源与用户账户关联”前的复选框，如果不勾选，该资源将无法登录 PWA 界面，也就是无法参与项目的协作。如果是本企业外部的资源，可以设为不选中状态，这样做可以减少 PWA 的使用许可证的购买数量，还有“材料”“成本”类型的资源是不需要登录 PWA，因此也应该设置为“不勾选”；如果是本企业内部需要进行项目协作的资源，则需要勾选。在“RBS”中选择该资源所属 RBS，输入该资源的 Windows 登录账户。上述信息设置完成后，将页面下拉继续填写其他必须的内容，如图 20.10 所示。

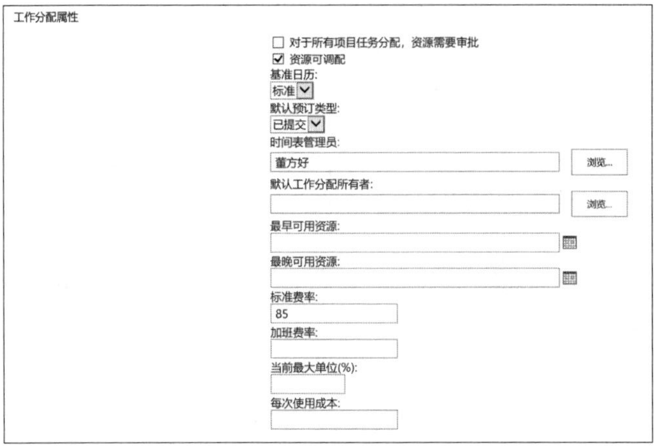

图20.10 资源新建

图 20.10 中“时间表管理员”可以选择审批该资源时间表的人员，在“默认工作分配所有者”中可以选择某一个用户。在“最早可用资源”与“最晚可用资源”中输入该资源可用的时间范围，设置资源“标准费率”。以上信息输入完毕后，再继续将页面下拉，如图 20.11 所示。

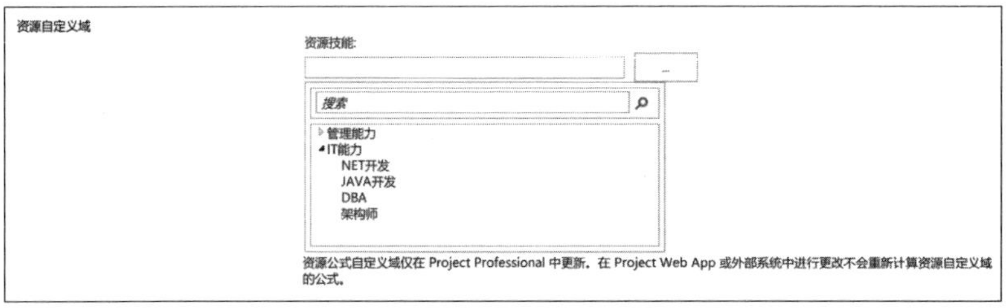

图20.11 资源新建

在图 20.11 中，“资源自定义域”选择“资源技能”，“资源技能”是在上一小节中建立的自定义域。以上信息输入完成后，单击【保存】按钮就可以完成资源的新建。该资源进入企业资源库中，如图 20.12 所示。

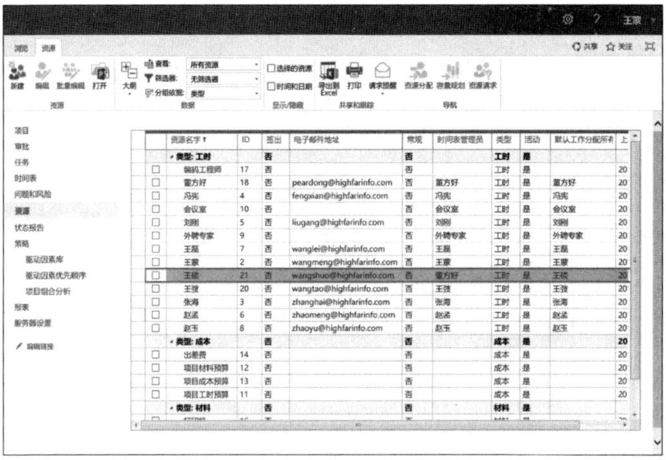

图20.12 新建资源完成

资源列表中可显示刚刚新建的资源“王硕”，采用同样的方法可以将资源库的资源一一建立完毕。

20.1.4 维护资源库

资源新建可以通过 20.1.3 小节中介绍的方法建立，也可以通过 Project Professional 2019 进行统一维护，并且也可以批量新建，方法如下：在图 20.13 中，单击【全选】选项，所有资源被全部选中。

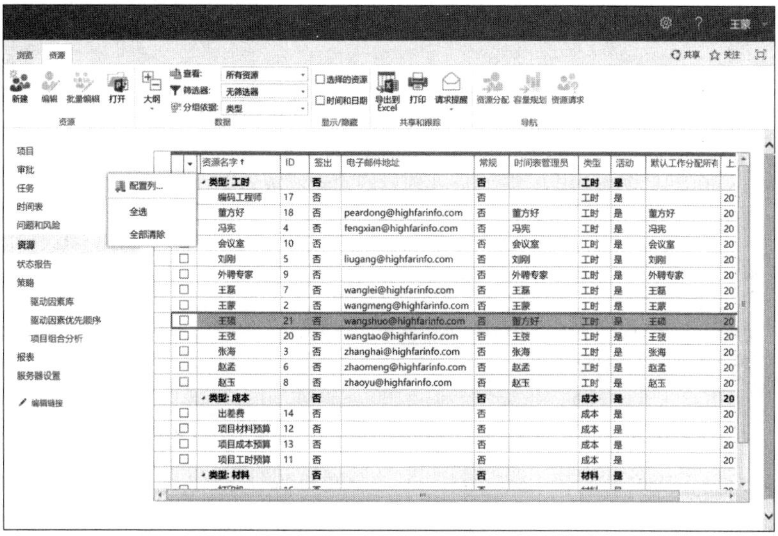

图20.13 资源被全部选中

资源被全部选中后，单击【资源】→【资源】→【打开】按钮，通过 Project Professional 2019 打开资源库，如图 20.14 所示。

图20.14 在Project Professional打开的资源库

为了能够维护资源的详细信息，在如图 20.14 所示的资源信息基础上需要再插入一些资源属性列，插入后的视图如图 20.15 所示。

图20.15 插入列后的企业资源列表

图 20.15 中加入了“RBS”“资源技能”，可以在此视图中进行批量编辑资源信息，也可以批量新增资源信息。

20.2 项目团队的组建

在 Project 2019 中，项目团队的成员来自“企业资源库”，定义统一的企业资源库之后，项目经理在选择项目成员时能够更加便利，尤其是在大型机构中，企业内部有众多的资源分散于不同的部门、不同的地域。每个人员所具备的特长和技能通常不能得到充分的展示，所以第 20.1 节介绍的“企业资源库”的建立对于大型机构的项目管理有着重要的意义。

“企业资源库”建立完毕后，项目经理就可以从统一的资源库中寻找自己所需要的资源进行项目团队的组建。

20.2.1 获取资源

第 5 章介绍的资源计划编制是通过项目经理在 Project Professional 端的“资源工作表”中手工建立资源完成的。这种方式是在没有部署 Project Server 2019 的情况下采取的办法，如果企业内部部署了 Project Server 2019，并且已经建立了资源库，有两种方法，项目经理可以得到项目所需的资源。

1. 项目经理通过 Project Professional 2019 直接获取

利用 Project 客户端通过“自企业建立工作组”方式获取企业资源，详细请参考第 14.2.2 小节。

2. 资源经理通过 PWA 为项目建立工作组

利用 PWA 通过“建立工作组”方式获取企业资源，详细请参考第 14.2.3 小节。

20.2.2 选择资源

项目经理面对企业资源库中的众多资源，必须进行有条件的选择，才能够找到所负责的项目真正需要的资源。选择的依据有很多种，如项目经理需要一些具备“NET 开发”技能的人员，可以通过下述方法进行选择。

1. 利用筛选器

利用 Project Professional 建立项目团队时，可以通过打开“自企业建立工作组”对话框来实现该操作，靠左上方的位置上有“自定义筛选器”选项。用户单击该选项前的符号“+”后，出现如图 20.16 所示界面。

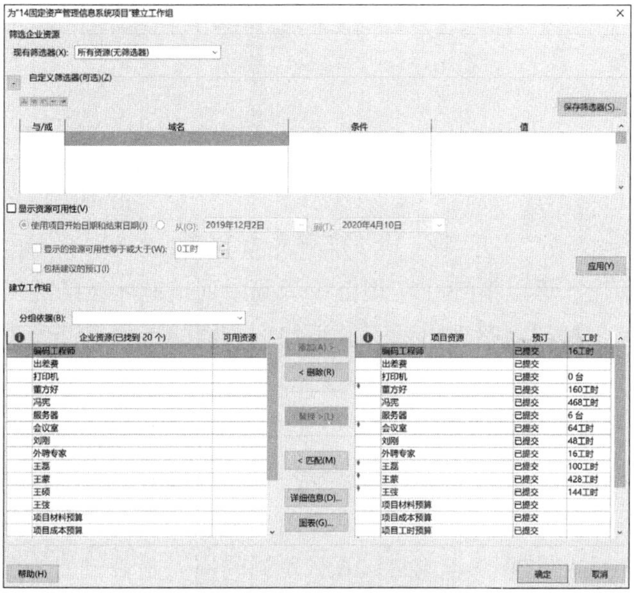

图20.16　自定义资源筛选器

在“自定义筛选器”下面的“域名”下拉列表中选择“资源技能”，在“条件”下拉列表中选择“等于”，在“值”下拉列表中选择“IT 能力 .NET 开发”，如图 20.17 所示。

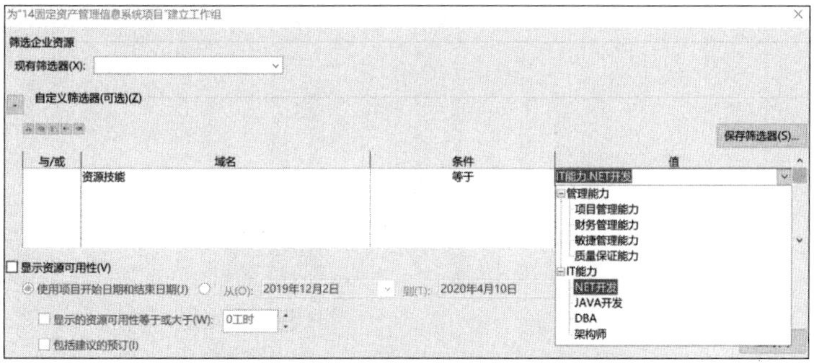

图20.17　自定义资源筛选器

筛选器定义完毕后，单击图 20.17 中筛选器下方的【应用】按钮，Project 将会在左下方的区域内筛选出满足要求的资源，经过上述筛选后结果如图 20.18 所示。

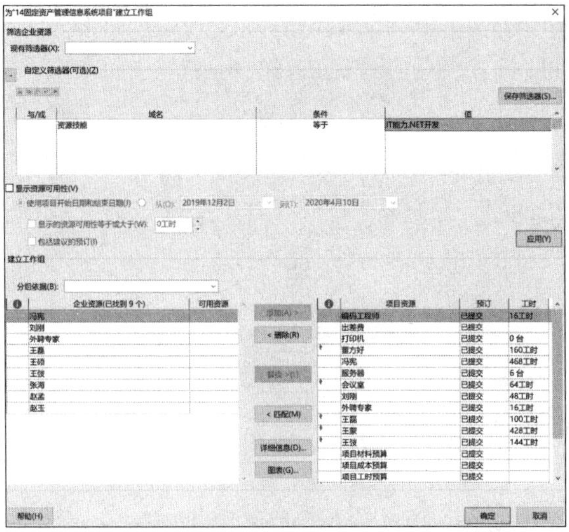

图20.18 经过筛选后的资源

通过上述的筛选，可以得知在左侧企业资源中列出有此技能的所有资源。项目经理可以通过【添加】按钮将筛选出的资源添加到右侧的工作组资源列表中，就可以进行任务分配了。

2. 利用“图表”查看可用性

项目经理如果希望了解被筛选后的资源是否在指定的时间内被其他项目占用时，可以在选中资源后，单击图 20.18 中的【图表】按钮，查看资源的可用性。例如，项目经理想了解资源王硕在“2019 年 12 月 16 日所属的周”是否被其他项目占用的情况，可以选中王硕，单击【图表】按钮，将打开 PWA 资源可用性页面，出现如图 20.19 的画面。

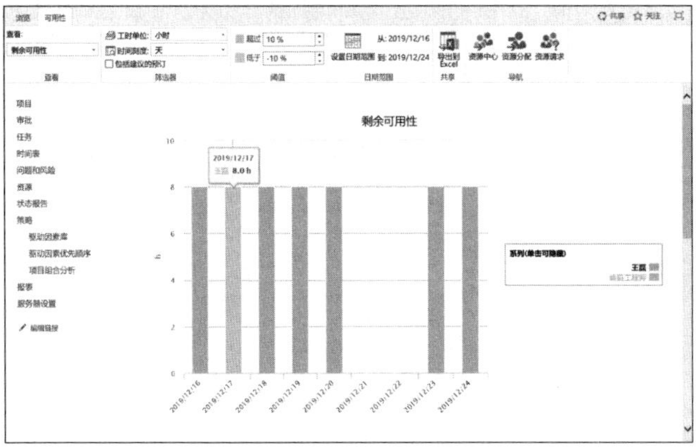

图20.19 查看资源可用性

在图 20.19 中可以看到，该资源在“2019 年 12 月 16 日”开始的一周中，没有被其他项目所占用，所以可以使用。项目经理可以根据以上信息来决定是否将该资源纳入自己项目的团队当中。

通过上述的“筛选器”与“图表”两种方法，可以帮助项目经理快速准确地找到项目所需的合适资源。

企业资源库中的资源获取到本地的项目中，下一步的工作是分配资源。分配资源的方法在本书的前面章节中已经做过详细介绍，请读者参考。

20.3 项目团队的协作

项目团队的协作主要是指项目经理与项目成员（资源库中的资源）如何交互。在日常项目管理活动中，项目经理通过定期检查项目成员（资源）的任务完成情况来完成交互的协作。在 Project 产品中，这一交互主要体现在项目成员接受任务、执行任务以及项目经理批准任务的几个环节中。具体的协作方式有如下几种。

项目成员（资源）的动作：

◎ 拒绝任务；

◎ 委托任务；

◎ 更新任务进度（接受任务）；

◎ 添加附加信息（备注、文档、问题等）；

◎ 给自己创建新任务。

项目经理的动作：

◎ 接受来自资源的任务更新请求；

◎ 拒绝来自资源的任务更新请求。

具体协作方式在本书的第 15 章有详细的介绍，请读者参考。

20.4 团队工作量计算

团队管理很重要的一项内容是如何计算和考核团队成员的工作量。在实际的各种组织中，不同资源的生产力不同，在一段时期内某些生产力高的资源可能同时参与若干个项目，另一些生产力低的资源的情况可能恰恰相反。资源在不同项目里面投入的工作量如果没有被结构化地存储下来，是无法进行相应的量化计算和考评的。

Project 产品是基于数据库设计的，所有参与项目的资源的工作量都会随着时间的积累而自动存储在数据库中，可以随时通过很多种方式得到每个资源在所有项目中的工作量投入，具体的方法有如下几种。

20.4.1 资源使用状况

无论是“资源经理”还是“项目经理”，通过 Project Professional 登录 Project Server 后，可以在 Project Professional 中的“资源使用状况”视图看到每个资源在多个项目中的分配情况，如图 20.20 所示。

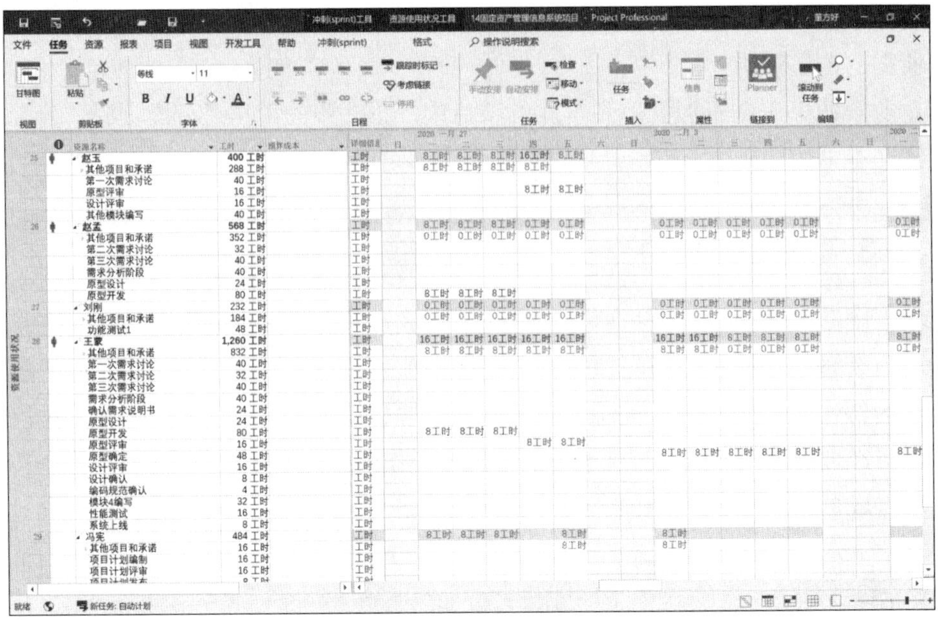

图20.20 资源使用状况

在图 20.20 中可以了解到，资源“王蒙”的总工时为“1268 工时”，而且在“2020 年 1 月 27 日”开始的一周内，同时参与了多项任务，每个项目的投入都是每天都超过 8 个小时，显然该资源在这段时间内是被过度分配了，需要重新安排该资源的工作。

上述例子表明，所有资源的分配和使用状况都可以通过“资源使用状况”视图得到及时、正确的反映，从而为资源的合理利用提供帮助。

20.4.2 资源分配报表

上一小节介绍的“资源使用状况”是在 Project Professional 上实现的，通过 Project Server 也可以实现类似的功能，具体的做法是：“资源经理”登录 PWA 之后，通过【资源】选项进入企业资源库，如图 20.21 所示。

图20.21 企业资源库

在图 20.21 中选中需要查看的资源，通过【资源】→【导航】单击“资源分配”按钮，将出现如图 20.22 所示的页面。

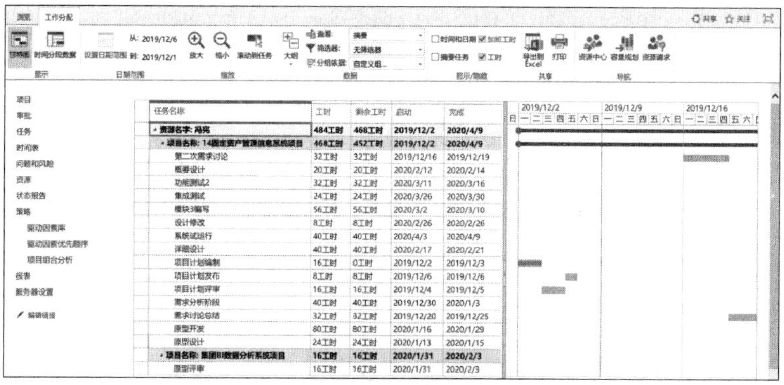

图20.22　资源分配查看

在图 20.22 中可以看到，每个资源所从事的项目和任务均清晰地展示出来，从而可以判断资源分配得是否合理。

20.4.3　资源工作量图表分析

20.4.2 节介绍了通过 Project Server 采用表格的形式展现资源的工作量以及分配情况，本小节介绍的图表方式也通过 Project Serve 实现，具体的方法如下：“资源经理”登录 PWA，在图 20.21 中选中资源后，通过【资源】→【导航】单击【容量规划】按钮，将出现资源使用图表，如图 20.23 所示。

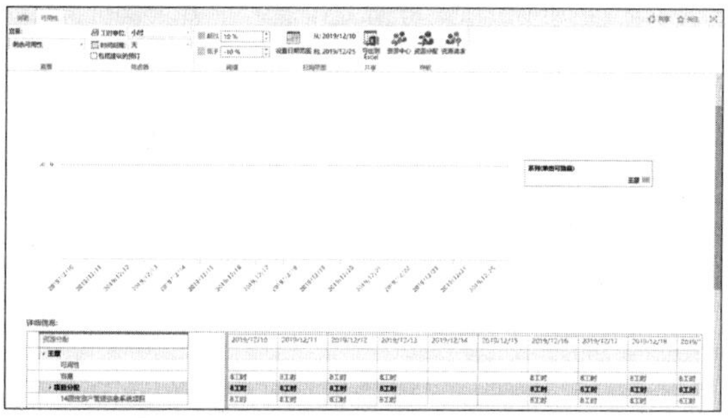

图20.23　资源可用性分析

图 20.23 显示了资源可用性分析图表。也可以通过单击图 20.23 左上角的【查看】按钮将视图切换到“按项目划分的资源利用率”进行划分的工作量统计情况图表，如图 20.24 所示。

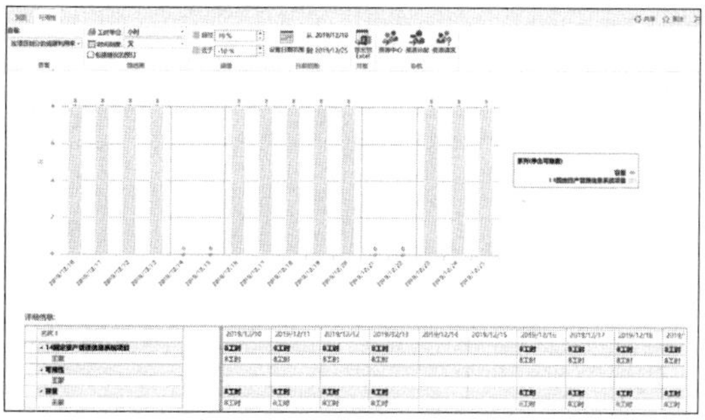

图20.24　按照项目进行划分的工作分配情况

图 20.24 中，每个项目分别用不同的颜色标识，可以展现出所有被选资源的工作量在不同项目之间的分配情况。

20.4.4 资源工作量挖掘分析

当用户的多个项目数据在 Project 平台上运行一段时间以后，如一年或者更长时间。Project 可以利用数据库中的报表数据很方便地帮助用户实现分析挖掘功能，具体的方式如下：“资源经理”利用商业智能开发出企业需要的报表，在组合分析服务视图中选择与资源相关的视图，可以得到如图 20.25 所示的效果。

[redacted]工作组月度工作投入比例

资源名称	资源角色	任务总计	2016年1月	2016年2月	2016年3月	2016年4月	2016年5月	2016年6月	2016年7月	2016年8月	2016年9月	2016年10月	2016年11月	2016年12月
[redacted]	项目经理	3\5	10%	0%	5%	5%	10%	10%	5%	10%	0%	5%	10%	10%
	项目经理	4\7	5%	0%	5%	5%	5%	5%	5%	5%	0%	5%	5%	5%
	项目经理	0\0	0%	20%	5%	5%	0%	0%	5%	0%	20%	5%	0%	0%
	项目经理	2\6	0%	0%	0%	0%	0%	0%	0%	0%	0%	0%	0%	0%
	项目经理	3\5	0%	5%	0%	0%	0%	0%	0%	0%	5%	0%	0%	0%
	项目成员	4\7	0%	0%	20%	20%	0%	0%	20%	0%	0%	20%	0%	0%
	项目经理	0\0	0%	0%	10%	10%	0%	0%	10%	0%	0%	10%	0%	0%
	投资经理	2\6	0%	0%	5%	5%	0%	0%	5%	0%	0%	5%	0%	0%
	部门经理	3\5	20%	5%	0%	0%	20%	20%	0%	20%	5%	0%	20%	20%
	项目成员	4\7	0%	5%	0%	0%	0%	0%	0%	0%	5%	0%	0%	0%
	部门经理	0\0	5%	20%	0%	0%	5%	5%	0%	5%	20%	0%	5%	5%
	项目经理	3\5	0%	10%	0%	0%	0%	0%	0%	0%	10%	0%	0%	0%
	项目成员	4\7	0%	5%	0%	0%	0%	0%	0%	0%	5%	0%	0%	0%
	总裁助理	0\0	0%	0%	0%	0%	0%	0%	0%	0%	0%	0%	0%	0%
	项目成员	2\6	5%	0%	20%	20%	5%	5%	20%	5%	0%	20%	5%	5%
	项目经理	3\5	5%	0%	0%	0%	5%	5%	0%	5%	0%	0%	5%	5%
	副总裁	3\5	5%	5%	5%	5%	5%	5%	5%	5%	5%	5%	5%	5%
	项目经理	4\7	5%	0%	0%	0%	5%	5%	0%	5%	0%	0%	5%	5%
	项目成员	3\5	5%	0%	0%	0%	5%	5%	0%	5%	0%	0%	5%	5%
	项目成员	4\7	5%	0%	0%	0%	5%	5%	0%	5%	0%	0%	5%	5%
	部门副总经理	0\0	0%	5%	5%	5%	0%	0%	5%	0%	5%	5%	0%	0%
	项目经理	2\6	0%	5%	5%	5%	0%	0%	5%	0%	5%	5%	0%	0%

图20.25 针对资源工作量的分析挖掘

注意：在 Project Server 安装完毕后，图 20.25 所示的商业智能视图系统要通过配置与开发才能展示，具体开发请参阅帮助文件。

第 21 章 时间表管理

在很多企业的实际项目管理过程中存在“工时 / 报工管理”的需求，该需求的目的是通过严格的工时分配与汇报，记录每位员工考勤情况和在项目中的实际工作量，从而为衡量员工的工作绩效提供客观的基础数据。

在 Project Server 中这种“工时 / 报工管理”被称为“时间表管理”，“直观地提交时间和任务更新”作为 Project Server 2019 主要功能之一，将极大地方便项目经理、部门经理、项目成员进行时间管理。掌握正确的使用方法和流程是发挥其作用的前提条件。本章将从以下几个方面详细描述基于 Project Server 2019 时间表管理的流程和方法：

◎ 时间表基本设置；

◎ 时间表用户设置；

◎ 时间表应用；

◎ 时间表高级应用；

◎ 时间表统计。

21.1 时间表基本设置

时间表管理在启用前需要做一系列的设置。设置的工作需要系统管理员在 PWA 的“服务器设置”中完成。

21.1.1 管理时间设置

“管理时间”指的是不参与实际项目工作中的相关时间。Project 软件管理的是项目的生命周期，在日常工作当中，有些时间是不出现在项目当中的，如休假、公司培训、郊游等工作。为了能够客观地记录这些可能被“遗漏”的时间，通过“管理时间”将这些时间统一收集起来，从而使得时间表管理能够覆盖每个人的所有工作时间。

系统管理员登录 PWA，选择【服务器设置】选项进入服务器设置页面，如图 21.1 所示。

图21.1 服务器设置

关于时间表设置的大部分工作均是在“时间和任务管理”中完成，单击【管理时间】选项，打开如图 21.2 所示对话框。

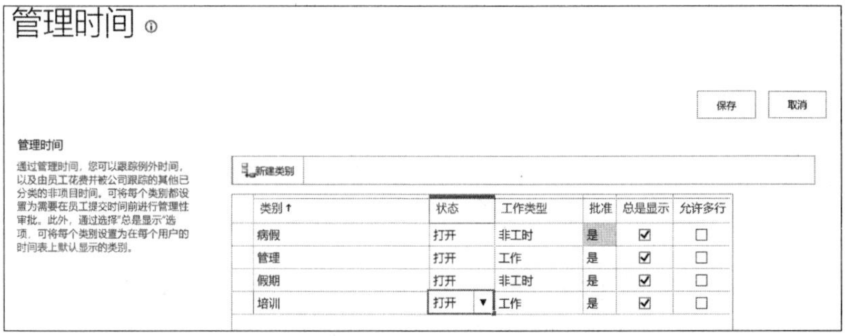

图21.2 “管理时间”编辑

在图 21.2 中，可以看到有四项管理时间，其中“病假”“管理”“假期”是系统安装时默认的三个管理时间，“培训”是笔者新建的一个类别。用户在此界面中，可以编辑每个已有的类别，也可以新建一个类别。

编辑管理时间类别时，“状态”指是否启用；“工作类型”指的是计入工作时间还是计入非工作时间；“批准”指是否要经过时间表管理者的审批才能起作用。

如图 21.2 所示，目前四个类别均是需要经过批准的，也就是说用户不能私自给自己的时间表中安排上述管理时间。具体是否需要审批，用户可以根据企业的实际情况来决定。

用户也可以新增类别来满足企业的个性化需求。新建类别时，按照提示进行填写和选择便可以快速地完成新建工作。

21.1.2 时间表默认值设置

在图 21.1 中，单击“时间表设置值和默认值”链接，打开如图 21.3 所示的页面。

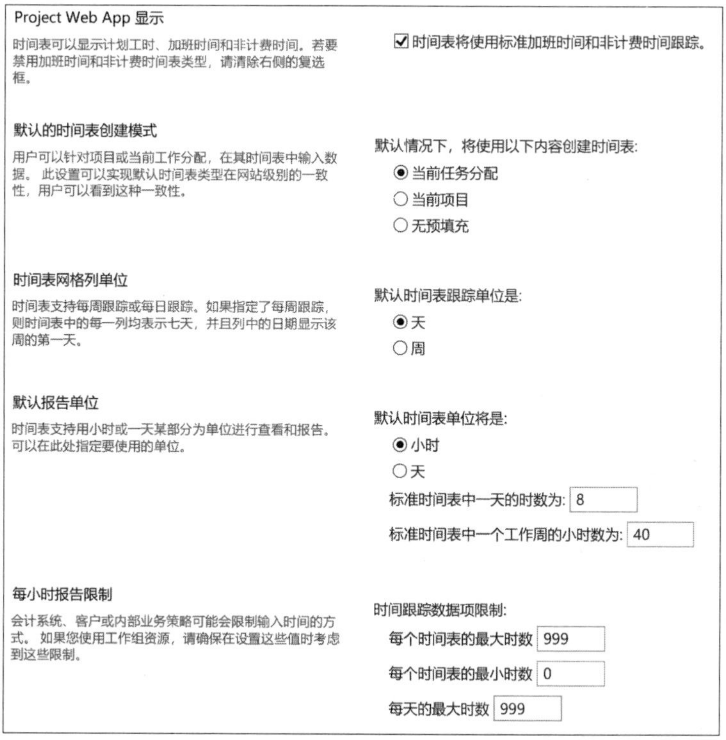

图21.3　“时间表默认值”设置

如图 21.3 所示，需要设置的内容较多，其中比较重要的设置内容有以下几项。

（1）默认时间表跟踪单位设置，如图 21.4 所示。系统支持两种跟踪单位，“天”或者“周”，用户选择是按照“天”汇报工时还是按照“周”来汇报工时，需要按照用户企业的实际情况来决定。二者只能选择一种，一般情况下选择“天”。

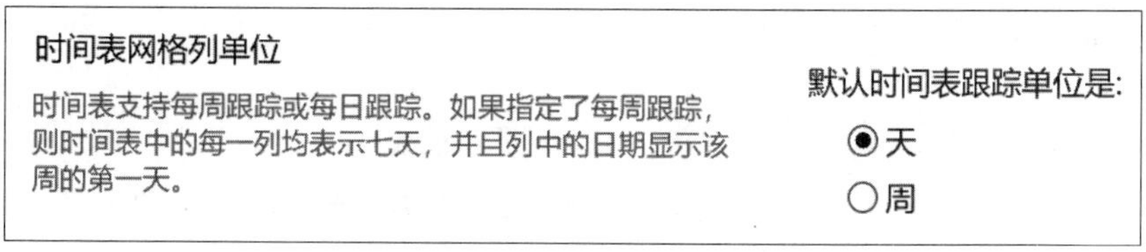

图21.4　“时间表跟踪单位”设置

（2）默认时间表单位设置。“默认时间表单位”指的是在填写工时的时候，是按照“小时”填写，还是按照“天”来填写。一般情况下选择“小时”，否则无法达到“工时管理”的目的，如图 21.5 所示。

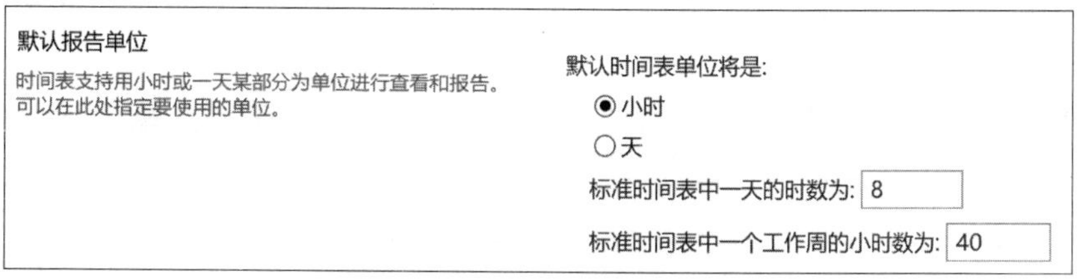

图21.5　“默认时间表单位”设置

（3）时间表策略。“时间表策略”规定的内容如图 21.6 所示。

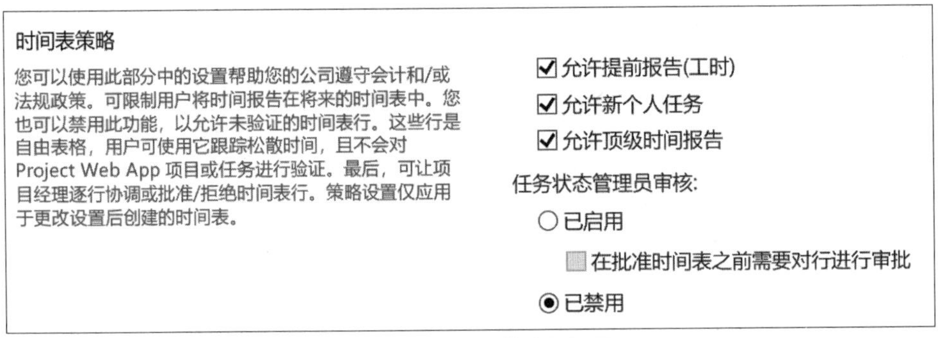

图21.6 “时间表策略”设置

“允许提前报告（工时）”复选框如果没有被勾选，则无法汇报未来时间表。例如，计算机的当前时间是“2019 年 12 月 10 日星期二”，那就只能填写“2019 年 12 月 9 日星期一”至“2019 年 12 月 15 日星期日”期间的时间表信息，此后的时间表可以创建但是无法填写。如果该选项被选中，则可以随意填写未来的时间表信息。

“允许新个人任务”复选框如果没有被勾选，用户在汇报时间表时，新增的工作项只能从项目中选取。如果该选项被选中，则可以自己创建一个项目之外的工作项，可以针对该工作项进行工时的汇报。例如，“临时接待客户来访”的工作项，可以新增为一项工作项进行工时汇报。

（4）审批流程。审批流程的选项决定时间表的审批是经过一个节点还是多个节点。默认情况下该选项应该处于“不选中”的状态，如图 21.7 所示。

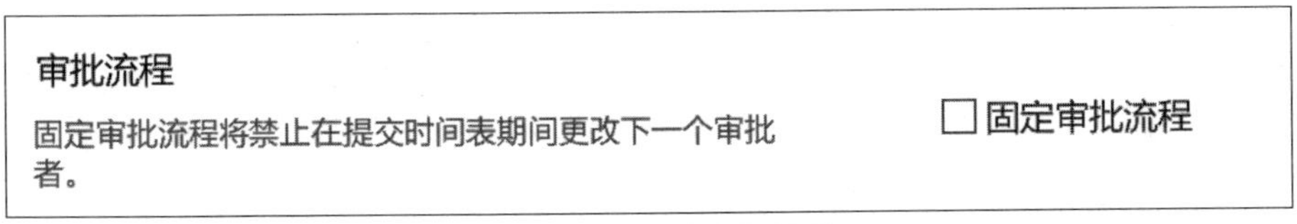

图21.7 “审批流程”设置

如图 21.7 所示设置后，时间表的审批者可以将审批流程再次指定到其他具有审批权限的用户。

经过以上设置后，便完成了“时间表默认设置”的主要选项。

21.1.3 时间表阶段设置

“时间表阶段设置”是很重要的设置内容，此功能的目的是批量生成时间表，Project Server 2019 安装好之后，在时间表功能启用之前必须设置时间表阶段，否则用户将无法进行时间表的汇报。

在图 21.1 中，单击【时间报告阶段】链接进入时间表阶段设置页面，如图 21.8 所示。

图21.8　“时间报告阶段”设置

如图 21.8 所示，输入创建的时间段的数量、开始日期、标准时间段长度后，单击【批量创建】按钮，可以生成“52”个时间表，生成后单击【保存】按钮，此后所有的用户才能够针对每个时间表进行创建和汇报。

21.2 时间表用户设置

时间表的应用是在用户之间进行的，在建立用户信息时，只有为时间表的审批进行必要的设置，才能保证时间表管理流程顺利应用。本小节介绍建立用户信息时，需要进行怎样的设置才能开始应用时间表管理。

21.2.1 时间表管理者

系统管理员在 PWA 中新建用户时，需要选择“时间表管理员”的一个选项，如图 21.9 所示。

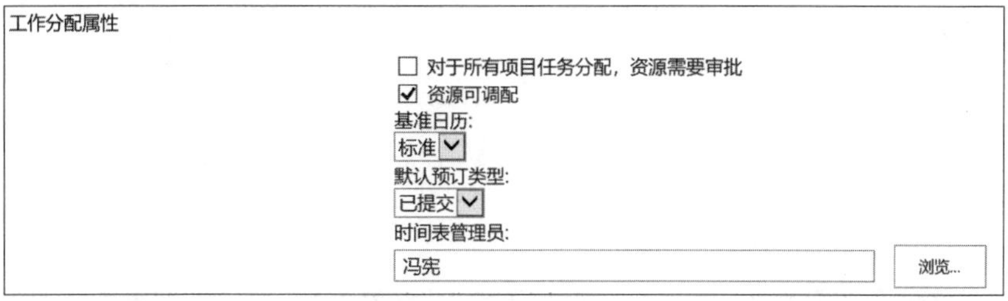

图21.9　编辑用户信息

图 21.9 中正在编辑的用户是冯宪，“时间表管理员”的默认值为该用户，也就是不需要审批。在实际的管理过程中，应该选择其他人来审批用户的时间表，如项目经理、部门经理、资源经理。

选择方式是单击【时间表管理员】文本框右侧的【浏览】按钮，从列出的用户中选择一个适当的用户，如图 21.10 所示。

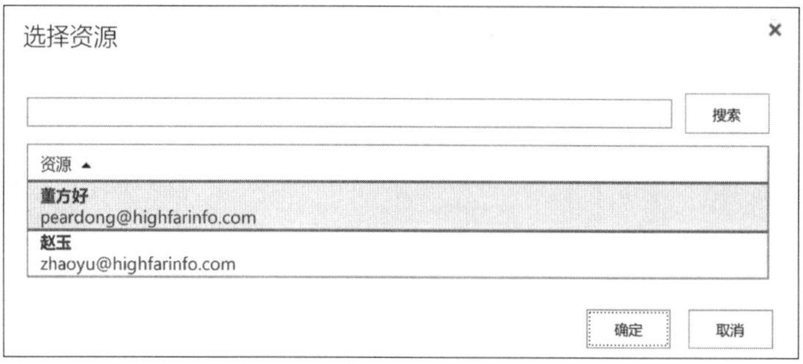

图21.10 选择“时间表管理员”

系统管理员从图 21.10 中列出的用户中，选择适当人员成为冯宪用户的时间表审批者，如选中了“董方好”。此后当冯宪提交时间表之后，第一审批人是董方好。

21.2.2 时间表管理员的权限

图 21.10 中出现的用户是具备“时间表管理员”权限的人员，在 Project Server 2019 安装完成之后，在默认状况这个用户列表中只会出现“系统账户”，即使添加了其他账户，也只有具备“资源经理”组权限的人员才能够出现在这个列表中。即表明在默认的设置中，只有“管理员”组以及“资源经理”组的人员可以担当时间表审批者的角色。

如何在图 21.10 中出现的用户列表中增加其他用户呢？可以由系统管理员直接在该用户信息中的“全局权限”中，增加该用户的权限即可。

例如，希望用户“董方好”出现在“时间表管理员”的选择范围内，则系统管理员编辑用户“董方好”的信息，在全局权限中选中“查看资源时间表”“允许”复选框，如图 21.11 所示。

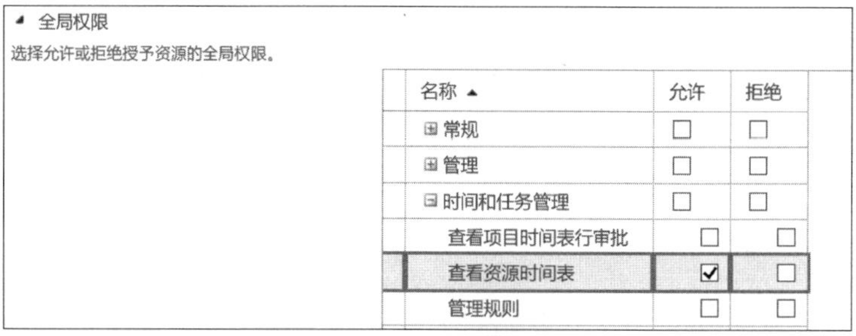

图21.11 修改“全局权限”

为用户增加了该权限后，在其他用户信息编辑页面中，就会出现该用户的信息。

21.3 时间表应用

前两节介绍的是时间表的设置，本小节介绍如何开始应用时间表的管理过程。

21.3.1 创建时间表

每个用户在登录 PWA 之后，通过【时间表】选项进入的是时间表工时管理页面，如图 21.12 所示。

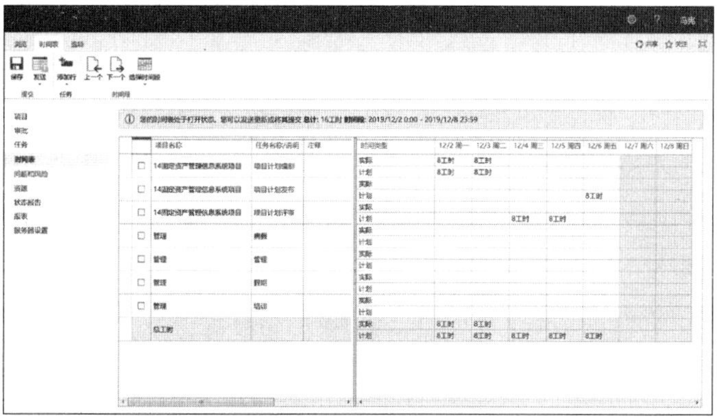

图21.12 我的时间表

图 21.12 中，上半部分是用户参与项目任务对应的本周任务与计划工时信息，下半部分是常规的管理时间任务。

时间表默认显示当前周的时间表，可以通过【时间表】选项卡中的【上一个】或【下一个】按钮选择前一周或后一周的时间表，如单击【上一个】按钮显示“2019 年 11 月 25 日”的时间表，如图 21.13 所示。

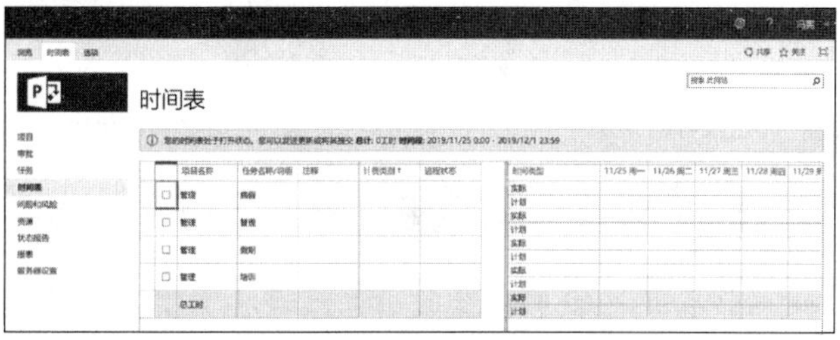

图21.13 上一个时间表

21.3.2 管理时间请求

在图 21.12 中，四个管理时间都是“0”工时，用户需要将每个时间表阶段的“管理时间”做工时填报申请。方法是在图 21.12 右边网格中填写计划工时，将出现如图 21.14 所示的页面。

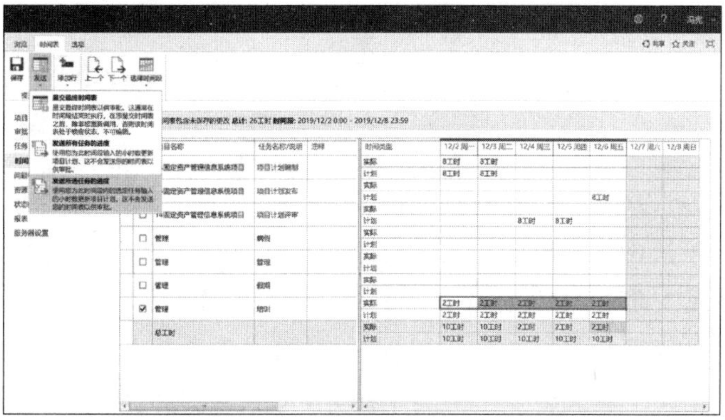

图21.14 管理时间

图 21.14 中用户可以选择管理时间的类别，如病假、管理、假期、培训等内容，这些类别的维护在本章的 21.1 节中有描述。

图 21.14 中用户填写了这样的管理时间请求：在“2019 年 12 月 2 日”至“2019 年 12 月 6 日”，每天都有“2”工时的“培训”时间。单击【发送】下拉按钮，选择【发送所选任务的进度】后，“培训”的管理时间请求发送给审批者“董方好”审批。

21.3.3 管理时间审批

由于用户冯宪的时间表管理者是用户董方好，当用户董方好登录 PWA 后在“审批”页面能看到一项管理时间审批请求，如图 21.15 所示。

图21.15 时间表任务审批

单击图 21.15 中的名称“培训”可以看到用户冯宪提交的详细请求，如图 21.16 所示。

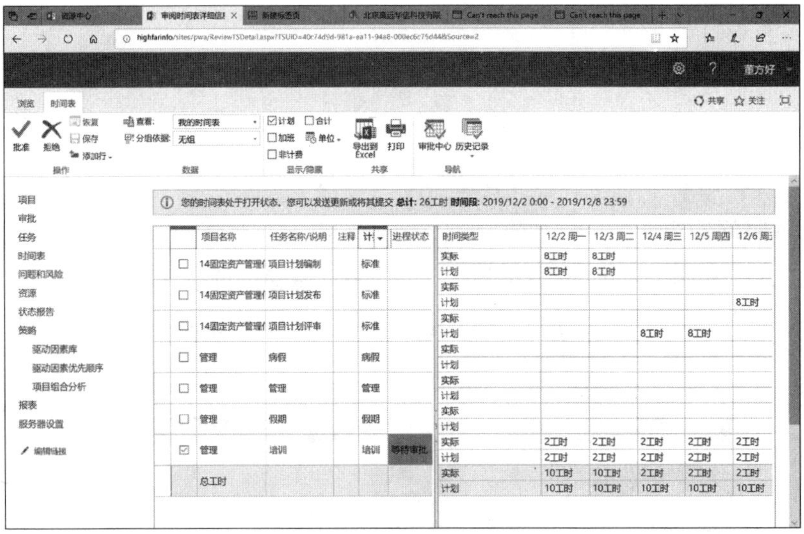

图21.16 管理时间审批

在图 21.16 中可以看到冯宪提交“培训”的管理时间，有总的工时及时间范围。用户将左侧的复选框选中后，可以单击【时间表】选项卡【接受】或者【拒绝】按钮回应管理时间的请求。在图 21.15 中审批用户单击【接受】按钮，表示用户董方好同意了用户冯宪的管理时间请求。

该管理时间请求同意之后，用户冯宪登录 PWA，访问时间表时看到时间表时间已经批准的提示，如图 21.17 所示。

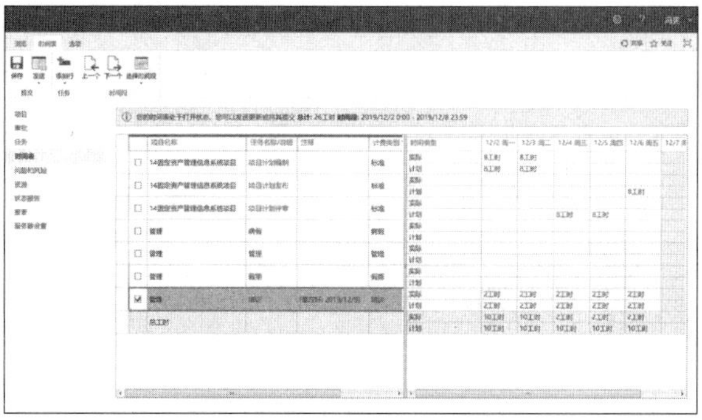

图21.17　管理时间审批通过

21.3.4 时间表提交

时间表填写完成后,可以将整个时间表发送给时间表管理员审批,单击【时间表】→【提交】→【发送】→【呈交最终时间表】选项，如图 21.18 所示。

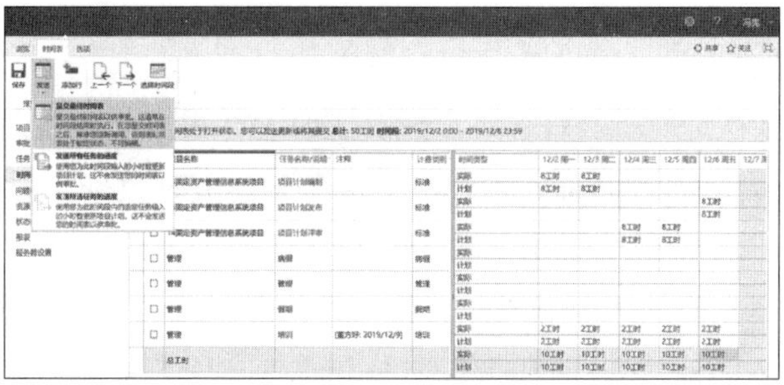

图21.18 提交时间表审批

弹出“发送时间表”对话框，在注释栏中填写审批备注，如图 21.19 所示。

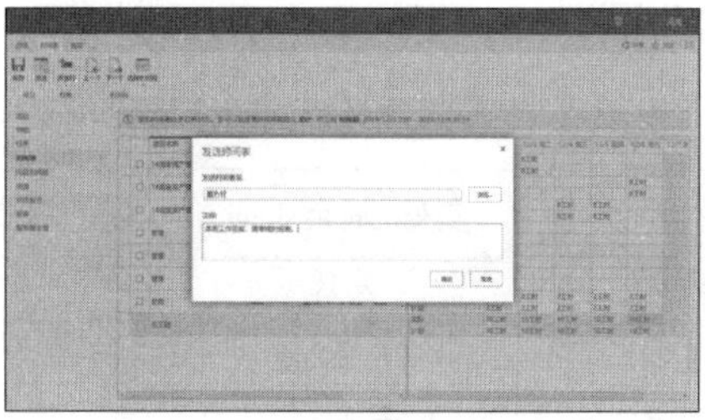

图21.19　添加提交时间表备注

21.3.5 时间表审批

时间表审批者登录 PWA，通过【审批】选项查看提交时间表审批请求，如图 21.20 所示。

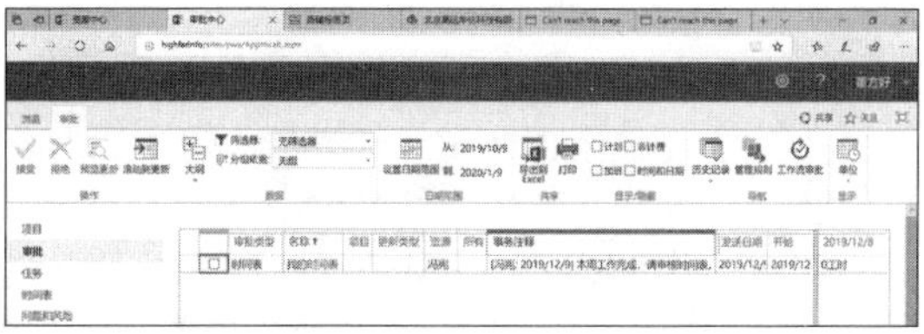

图21.20　审批时间表

时间表的审批者可以看到冯宪提交的时间表请求，单击时间表名称可查看详细的时间表信息，时间表审批过程与任务审批过程一致，这里不做描述。单击【审批】选项卡→【历史记录】→【时间表】，查看时间表审批的历史记录信息，如图 21.21 所示。

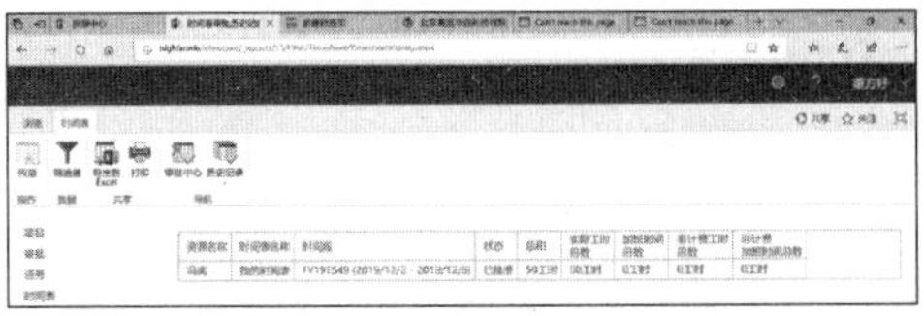

图21.21 已审批的时间表

“已批准”的时间表是不能被再次编辑的，只能查看。

21.4 时间表高级应用

21.4.1 统一输入模式

Project Server 默认情况下，任务审批后其工时会并入当前计划，时间表审批后其工时会并入当前时间表，导致 Project Server 中存在 2 套工时数据。为适应不同组织业务需求，Project Server 2019 提供了用于输入时间和任务进度的“单输入模式”。现在可以通过单一视图输入用户的工时输入并更新任务状态。当“单输入模式”设置成功后，已审批的工时会并入当前计划和时间表。

Project Server 2019 有四种跟踪模式，以便让团队成员能够使用自己偏好的模式来呈报自己的进度。Project Server 2019 引擎将自动执行数据转换，而不考虑模式。每种跟踪配置方法所支持的跟踪模式如表 21.1 所示。

表21.1 跟踪方法与模式对应支持关系

	工时完成	实际/剩余工时	时间段工作时数	自由表格
任务输入	支持	支持	支持	支持
时间表输入	不支持	不支持	支持	不支持
统一输入模式	不支持	不支持	支持	不支持

通过【服务器设置】→【时间和任务管理】→【任务设置和显示】，可以切换四种跟踪模式，如图 21.22 所示。

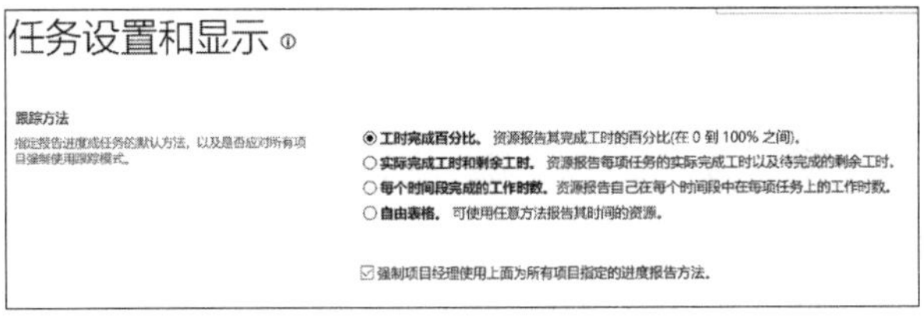

图21.22 跟踪方法

通过【服务器设置】→【时间和任务管理】→【时间表设置与默认值】，勾选“单输入模式”复选框，如图 21.23 所示。

图21.23 开启单输入模式

单击【保存】按钮后的“任务”视图中，所有可编辑的网格（如工时完成百分比等）都不可编辑。“时间表”视图网格区有较大变化，如图 21.24 所示。

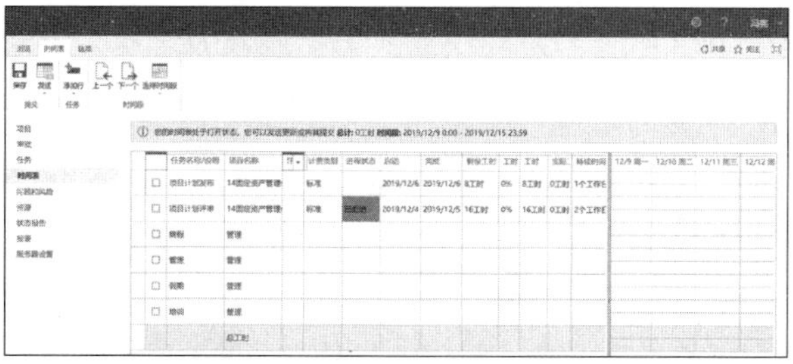

图21.24 开启单输入模式下的时间表视图

此时，可以通过时间表添加工时报告任务进度。

21.4.2 “自由表格”跟踪方法

当开启“自由表格”跟踪方法后，“我的任务”与“我的时间表”视图中的数据不进行强制关联，如“我的任务”视图中的任务工时数据与“我的时间表”视图中任务工时数据可以不一致。

开启“自由表格”跟踪方法后，可以实现实际工时的灵活跟踪，使之满足根据工时计算成本的外包型项目管理需求。

21.4.3 管理非项目任务行

在默认的情况下，“我的时间表”视图中只有管理时间的内容，为了管理非项目工作任务的时间表，用户需要将项目的任务或者是临时的任务添加到时间表中，添加的方式如下：在图 21.24 所示页面中，选择【时间表】→【添加行】→【添加个人任务】，打开如图 21.25 所示的页面。

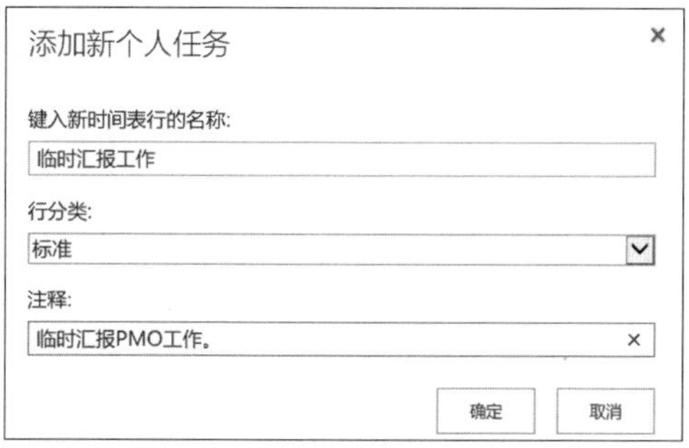

图21.25 添加时间表任务行

如图 21.25 所示，添加完成后，单击【确定】按钮，在“时间表”视图中增加一条来自“临时任务”的任务，该任务不会出现在我的“任务”中。个人任务计划工时是不能编辑的，只能填写实际工时。

21.5 时间表统计

每个用户在日常工作中不断地汇报工时信息，利用 Project Server 2019 提供的“数据分析”功能可以定期对每个用户的工时信息进行汇总。

在默认情况下，PWA 中的“数据分析”功能是无法使用的，需要由系统管理员进行配置以及开启 SharePoint 的 Excel Services，本章只查看实现的效果，如图 21.26 所示。

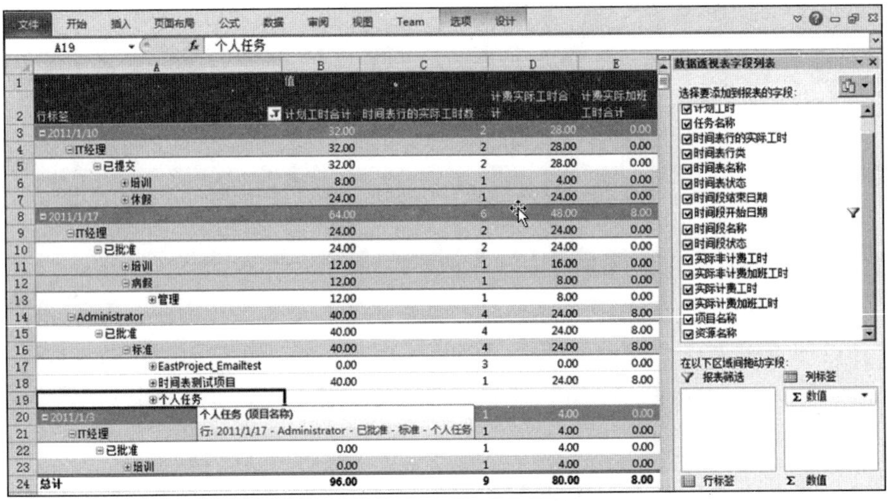

图21.26 工时信息的统计

如图 21.26 所示，可以清晰地统计出每个资源参与各种项目的工时统计信息。

第 22 章 项目统计分析

第 9 章讲述了如何利用 Project 客户端实现项目统计分析，Project Server 2019 进行项目管理是基于数据库结构化数据进行的，可以实现更丰富的项目统计分析。在 Project Server 2019 中进行数据统计分析有如下几个维度：

◎ 项目视图统计分析；

◎ 任务视图统计分析；

◎ 资源视图统计分析；

◎ Excel 数据统计分析；

◎ 定制报告统计分析。

22.1 项目视图统计分析

Project Server 2019 中项目视图默认定义了 5 个视图，从项目计划、跟踪、成本、挣值、工时五个方面进行统计分析展示，如第 12 章描述的，Project Server 2019 可以通过新建视图的方式继续增加新的视图进行统计分析，本节将继续围绕项目视图展开更详细的项目统计分析。

22.1.1 项目视图分组统计分析

项目视图以项目为中心展示数据统计分析，通过前面的章节，知道每个项目都有“项目业务方向”属性，现在通过项目视图分组功能来统计各种业务方向项目数据。登录 PWA 进入项目视图，如图 22.1 所示。

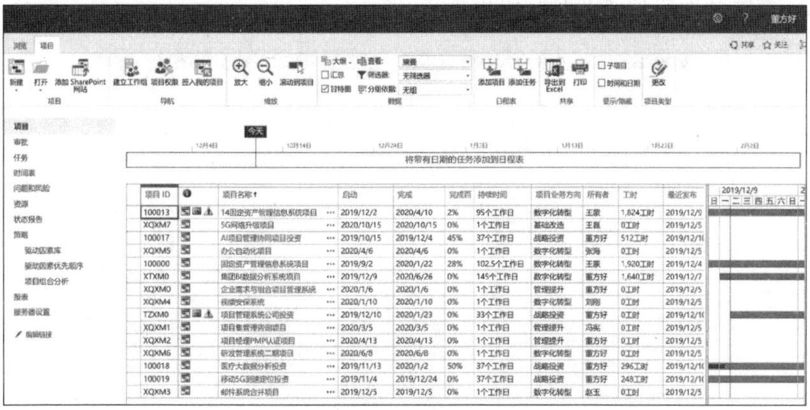

图22.1 项目视图

利用【项目】→【数据】→【分组依据】，选择按照“项目业务方向”进行分组，如图 22.2 所示。

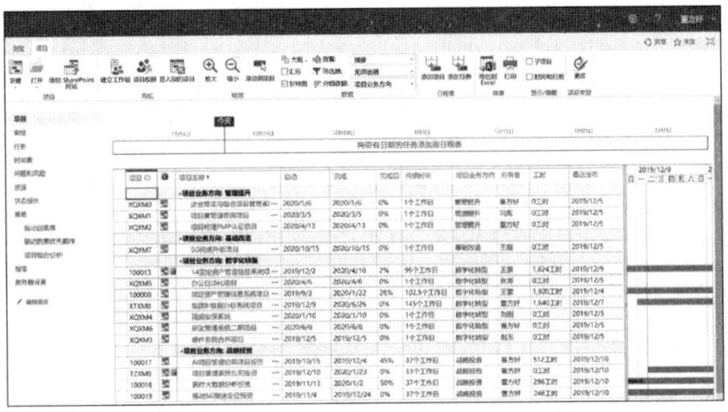

图22.2 按照“项目业务方向”分组

通过分组便于管理者分类监查项目状态，但数据并没有进行统计分析。在图 22.2 中，单击【项目】→【数据】→【汇总】按钮，项目视图自动根据当前视图中展现的数字部分进行统计，如图 22.3 所示。

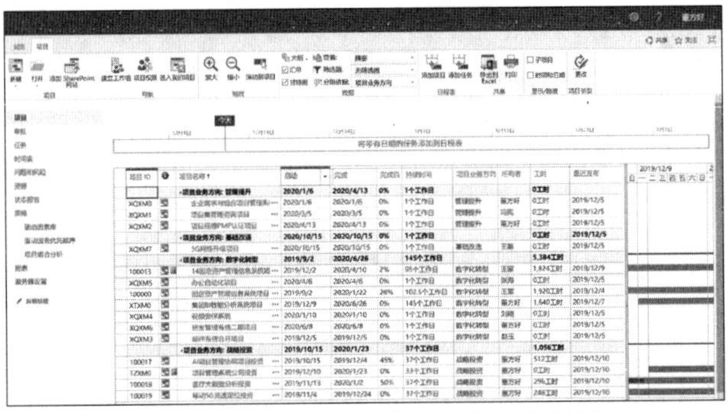

图22.3 按照“项目业务方向”分组统计

图 22.3 中，管理提升业务方向有三个项目，最早开始的是“2020/1/6”，最晚结束的是“2020/4/13”，通过分组与汇总，数据自动进行计算分析。同样的方法可以根据项目业务方向查看项目成本视图，如图 22.4 所示。

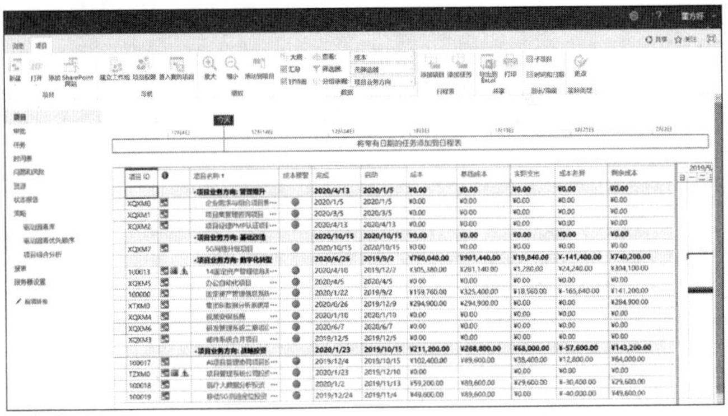

图22.4 按照“项目业务方向”分组统计成本

各类成本数据根据“项目业务方向”进行分组汇总统计。

22.1.2 项目视图日程表分析

Project Professional 带有日程表展示项目阶段与任务提高项目管控效率，在 Project Server 对应项目视图中，创建了项目日程表，可以将项目以及项目任务添加到项目日程表中，统计分析重点关注的项目信息。

登录 PWA 进入项目清单页面，如图 22.5 所示。

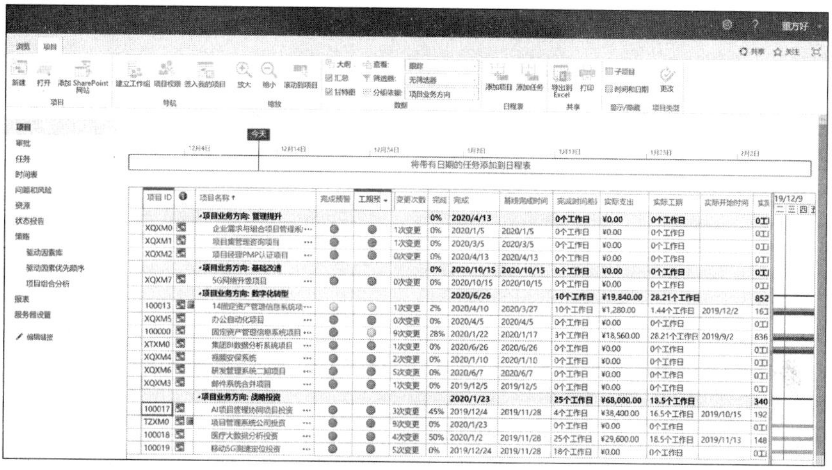

图22.5 项目视图

选择需要添加到日程表的项目，通过【项目】→【日程表】→【添加项目】命令，将重点关注项目添加到日程表中，如图 22.6 所示

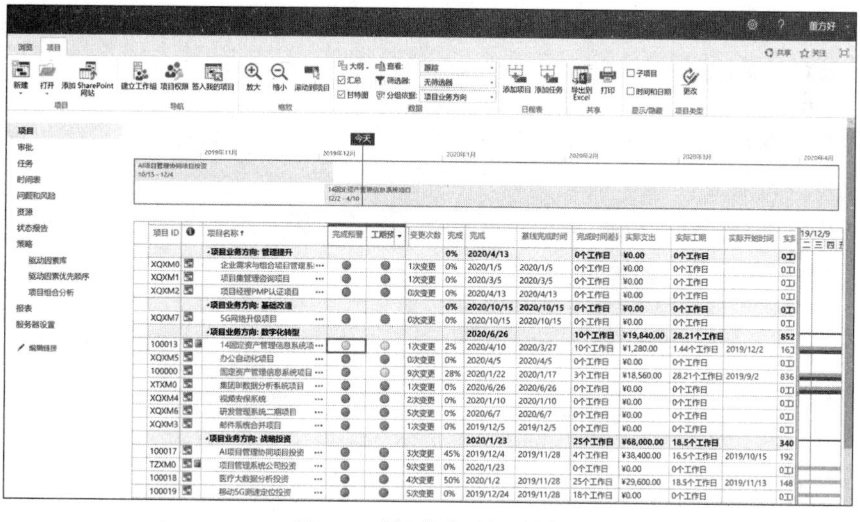

图22.6 项目添加到日程表

选择需要添加到日程表的任务所属项目，如项目“14 固定资产管理信息系统项目”，通过【项目】→【日程表】→【添加任务】命令，弹出项目任务添加列表，如图 22.7 所示。

图22.7 项目任务添加到日程表

选择任务后单击【确定】按钮，在项目视图日程表中显示该项目选择的任务，如图 22.8 所示。

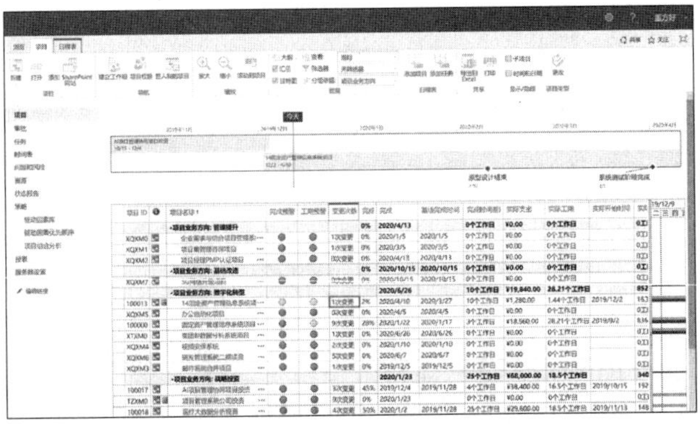

图22.8 选择项目任务添加到日程表

22.2 任务视图统计分析

项目任务视图结合筛选、分组以及挣值分析可以实现项目进度、资源与成本三个维度的统计分析能力。

22.2.1 任务视图分组统计分析

登录 PWA 进入项目任务视图，如图 22.9 所示。

图22.9 项目任务视图

在图 22.9 中，通过【任务】→【数据】→【分组依据】下拉按钮，选择以“完成预警”作为分组依据，统计分析项目任务完成预警状态，如图 22.10 所示。

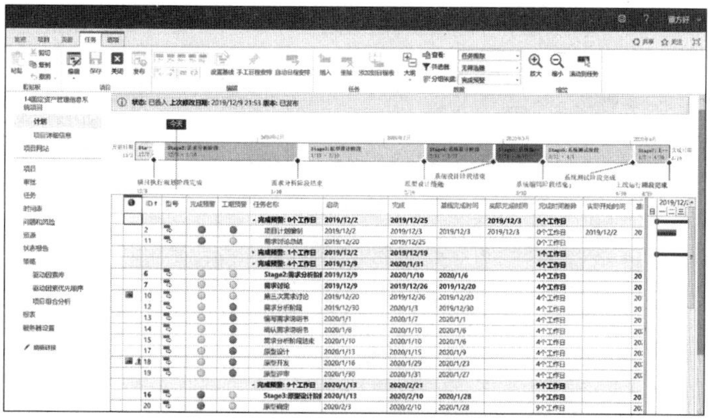

图22.10　项目任务视图分组展示

通过分组可以清晰地查看到当前项目完成预警的状态，项目管理人员可以针对红色预警灯任务采取积极补救措施，对于黄色预警灯任务采取预警应对措施。

任务工期预警、成本预警、工时预警灯都可以以相同的方式对项目任务状态进行统计分析。

22.2.2 任务视图日程表分析

在 Project Server 中，项目任务视图日程表也可以用来实现项目统计分析，具体方式与 Project Professional 应用方式一致，请读者参阅第 9 章内容。

22.3 资源视图统计分析

基于 Project Server 2019 可以实现企业资源数据整合管理，实现企业资源的详细统计分析能力，Project Server 2019 中默认提供大量的图表供项目管理者使用。

22.3.1 资源分配统计分析

登录 PWA 进入资源视图，如图 22.11 所示。

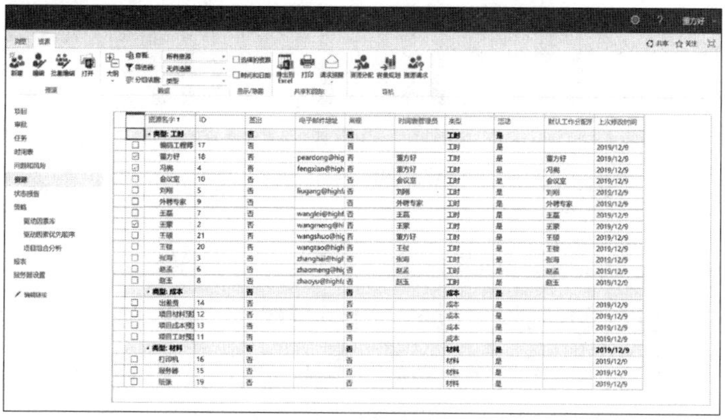

图22.11　资源视图

选择需要统计分析的资源，单击【资源】→【导航】→【资源分配】按钮进入资源分配统计页面，如图 22.12 所示。

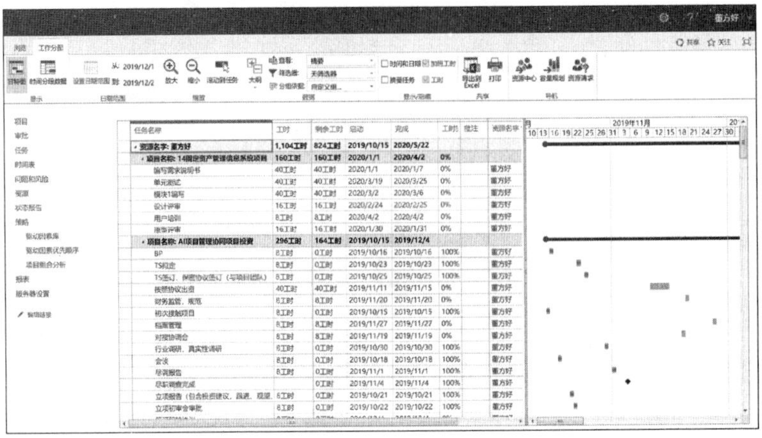

图22.12 资源分配统计

图 22.12 以资源为中心，展示参与不同项目的所有任务状态，包括时间维度、工时维度，并可以结合筛选与分组功能实现其他的统计分析能力，读者可以根据实际情况进行灵活设置。

22.3.2 资源容量规划

容量规划是 Project Server 中提供的资源图表分析能力，将资源项目任务投入的工时与时间维度集成，以图形的方式展示统计分析数据。

在查看选定资源的任务分配后，单击【工作分配】→【导航】→【容量规划】按钮进入如图 22.13 所示页面。

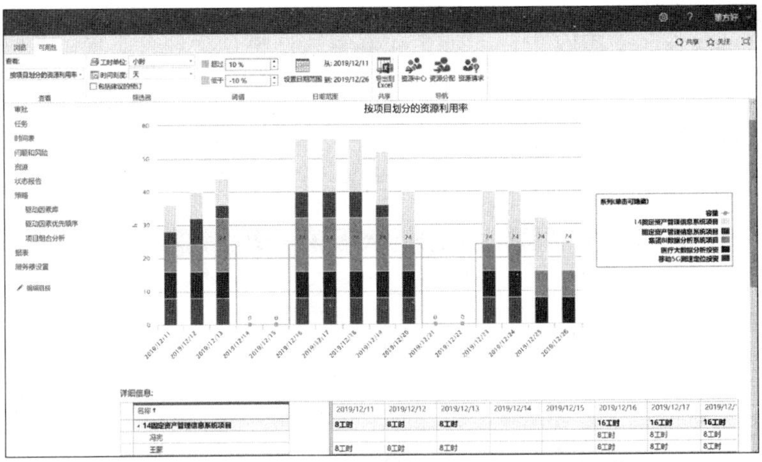

图22.13 资源容量规划-按项目划分的资源利用率

图 22.13 中，通过【可用性】→【查看】下拉按钮，可以选择其他的图表统计分析，如分析资源的剩余可用性，则选择“剩余可用性”选项，如图 22.14 所示。

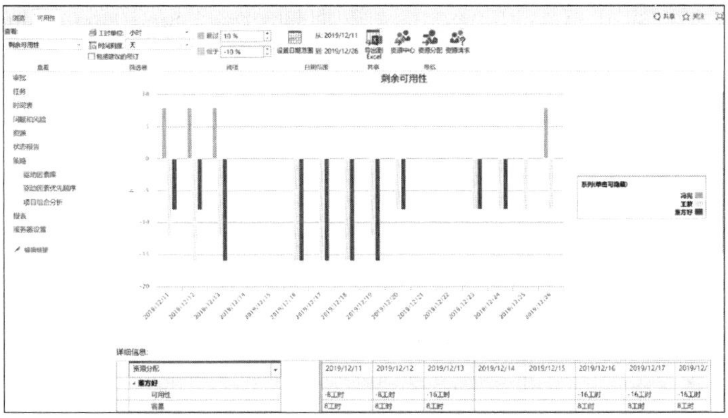

图22.14　资源容量规划-资源剩余可用性

通过图 22.14 可以看出资源“王蒙”和“董方好”在 2019 年 12 月 16 日–2019 年 12 月 20 日这个周剩余工时是负数，即这两位资源过度分配了。

22.4　Excel数据统计分析

Excel 是微软另一款非常流行的办公软件，常用来做各类数据分析，在 Project Server 2019 中，通过 OData 数据方式可以在 Excel 表中进行数据分析，下面以项目数据统计分析为例说明。

新建 Excel 文件“Project Server 统计”并打开，如图 22.15 所示。

图22.15　新建Excel表格

通过【数据】→【获取外部数据】→【自其他源】→【从 OData 源】选项建立与 Project Server 数据关联，如图 22.16 所示。

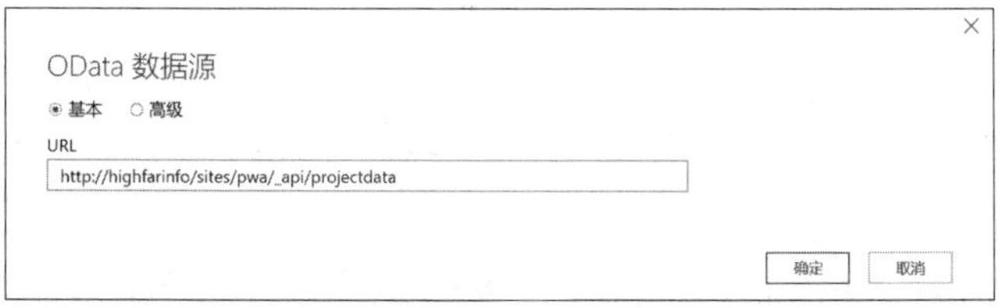

图22.16　Excel表格关联Project Server

在 URL 文本框中输入对应的 OData 数据源地址：http://highfarinfo/sites/pwa/_api/projectdata，其中 highfarinfo 是对应 Project Server 应用服务器地址，单击【确定】按钮后输入用户名和密码进入获取数据页面，如图 22.17 所示。

图22.17　OData获取Project Server数据

图 22.17 左侧是通过 OData 获取的 Project Server 数据集，项目信息在“计划”数据集中，单击【计划】→【加载】按钮，项目数据将从 Project Server 加载到 Excel 表中，如图 22.18 所示。

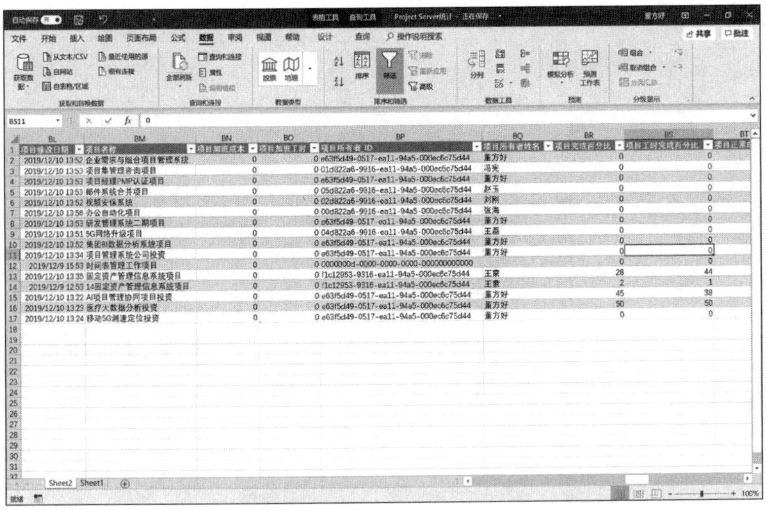
图22.18　OData获取Project Server数据

基于图 22.18 的项目数据，可以通过 Excel 的数据分析能力进行统计分析，以下是“高远华信”实施的 Excel 数据统计分析案例，项目统计分析报告如图 22.19 所示。

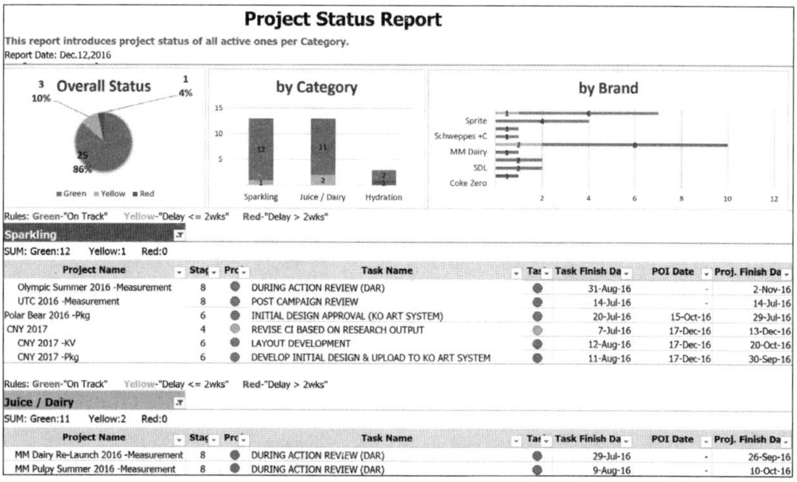

图22.19 Excel获取Project Server数据分析案例

22.5 定制报告统计分析

除了以上的方式，还可以通过 SQL 查询的方式结合 SQL Server 数据库提供的数据分析服务“Reporting Service”实现项目数据分析，该部分内容涉及技术开发实现，仅以案例进行说明。

22.5.1 多项目DashBoard

统计分析企业多项目执行状态报告，通过 DashBoard 形式展示，如图 22.20 所示。

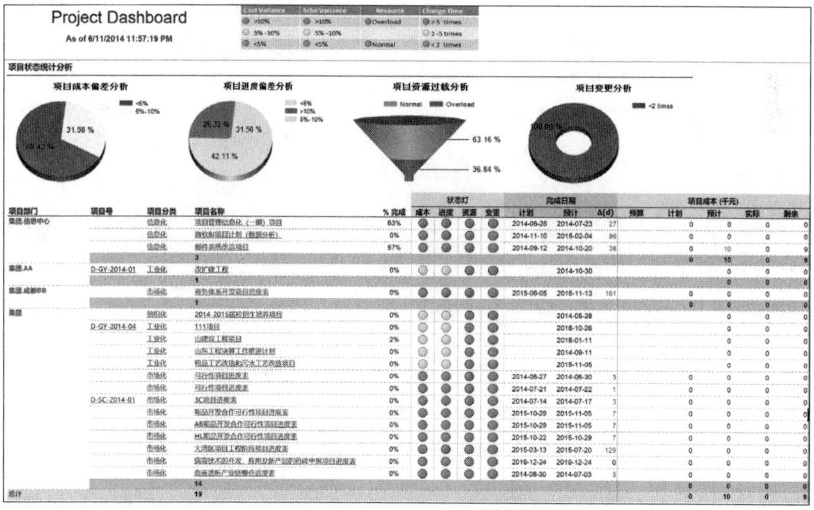

图22.20 Excel获取Project Server数据分析案例（1）

22.5.2 单项目DashBoard

单个项目综合数据展示，通过 DashBoard 输出，如图 22.21 所示。

图22.21 Excel获取Project Server数据分析案例（2）

22.5.3 风险DashBoard

项目群风险数据展示，通过 DashBoard 输出，如图 22.22 所示。

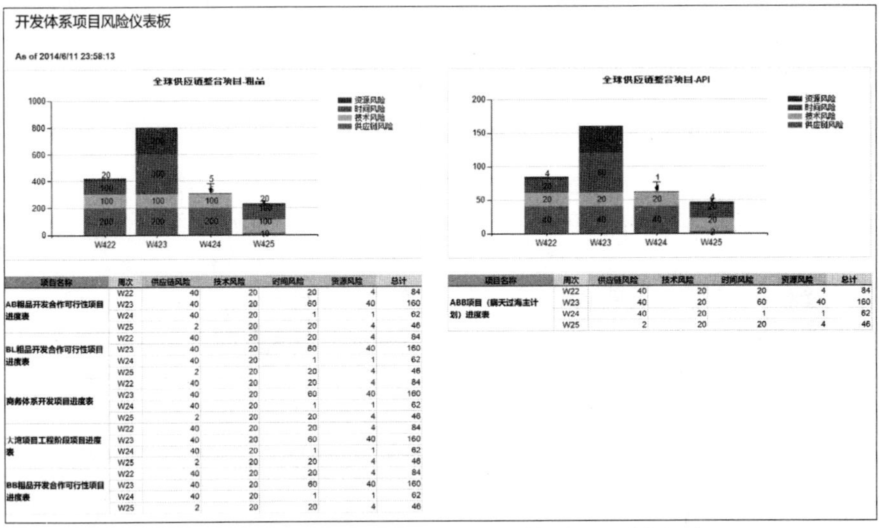

图22.22 Excel获取Project Server数据分析案例（3）

限于篇幅，更多其他丰富的报告形式不再赘述。

第 23 章 项目收尾管理

第 10 章已经描述了如何基于单机版本 Project 实现项目收尾管理，详细描述了如何实现项目计划模板的规范化编制，当使用 Project Server 进行项目管理协同时，项目收尾阶段工作要比单机版本 Project 复杂得多，项目计划模板仅仅是其中的一个组成部分。

如前面章节介绍，项目计划执行、项目问题管理、项目风险管理以及项目文档管理都是项目管理协同工作的内容，在项目收尾阶段这些涉及的管理内容及知识都需要由 PMO 进行抽取、总结，形成项目管理过程资产。

本章重点讲述项目问题知识库、项目风险知识库、文档知识库、项目网站模板库，以及项目计划模板库联合企业类型设置的应用管理。

23.1 项目问题知识库

PMO 人员通过 PWA 进入“14 固定资产管理信息系统项目”项目网站，如图 23.1 所示。

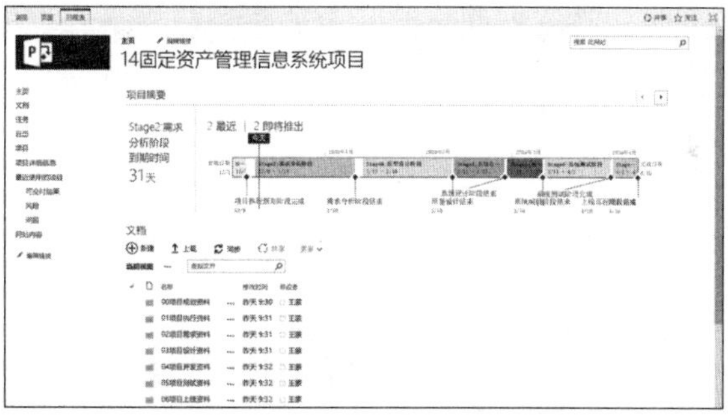

图23.1 进入项目网站

单击【问题】选项进入项目问题库，首先梳理项目问题知识库以及项目问题知识库的展现形式，如图 23.2 所示。

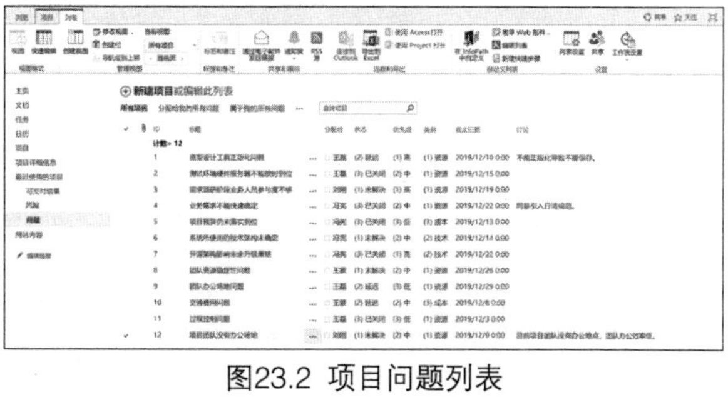

图23.2 项目问题列表

通过项目问题库梳理总结该项目类型的常规问题和解决方案，供后续项目团队参考使用。

问题库中的问题是具有常规性、普遍适用性的问题与解决方案。

23.2 项目风险知识库

PMO 通过图 23.1 的项目网站单击【风险】选项进入项目风险库，如图 23.3 所示。

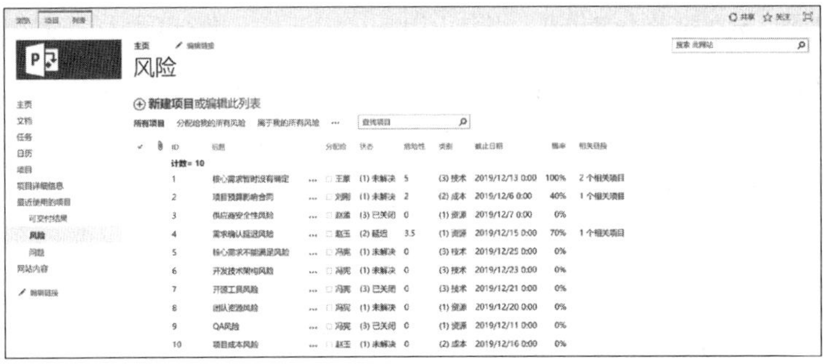

图23.3 项目风险列表

通过项目风险库梳理总结该项目类型的常规风险和应对方案，供后续项目团队参考使用。

风险库中的风险是具有常规性、普遍适用性的风险与应对方案。

23.3 项目文档知识库

PMO 通过图 23.1 的项目网站单击【文档】选项进入项目文档库，如图 23.4 所示。

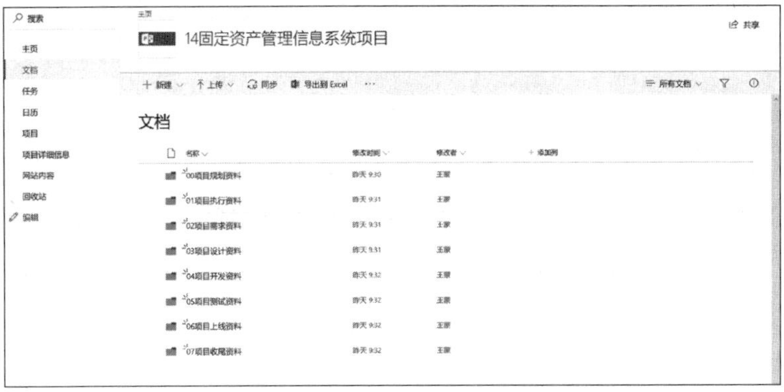

图23.4 项目文档库

通过项目文档库梳理总结该项目类型的规范文件夹与项目文档模板，为后续项目团队参考使用。

项目文档库中需要将各个文件夹中必要的文件模板上传到项目文件夹中，如图 23.5 所示。

图23.5　项目文档库模板

23.4 项目网站模板库

知识库整理完成后，返回到项目网站首页，对项目网站首页进行设置，将问题、风险清单展示在项目网站首页，如图 23.6 所示。

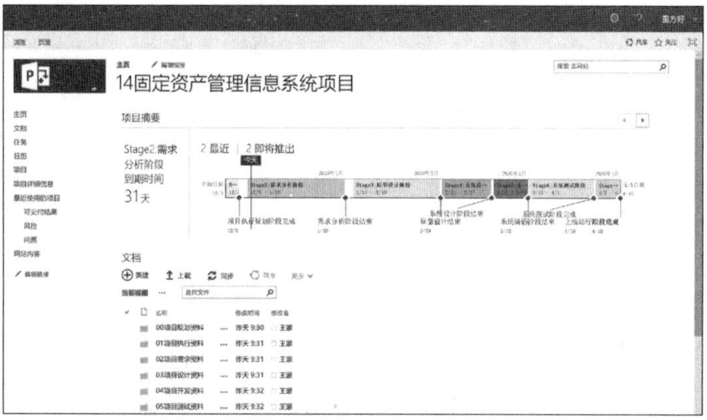

图23.6　项目网站首页

通过【页面】→【编辑】→【编辑页面】→【编辑页面】按钮，进入项目网页设置，如图 23.7 所示。

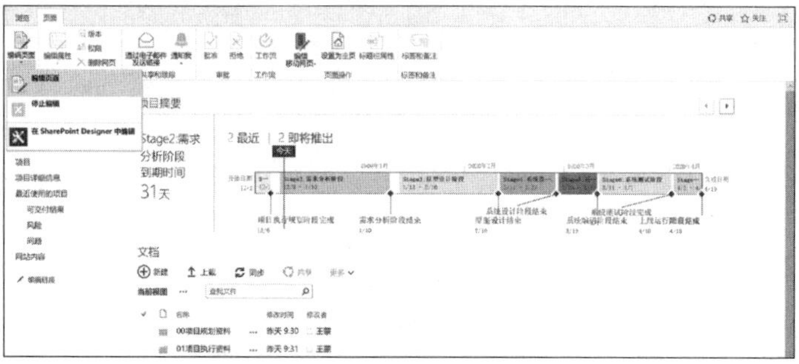

图23.7　项目网站首页编辑

编辑页面可以添加系统功能模块（也称为 WebPart），如图 23.8 所示。

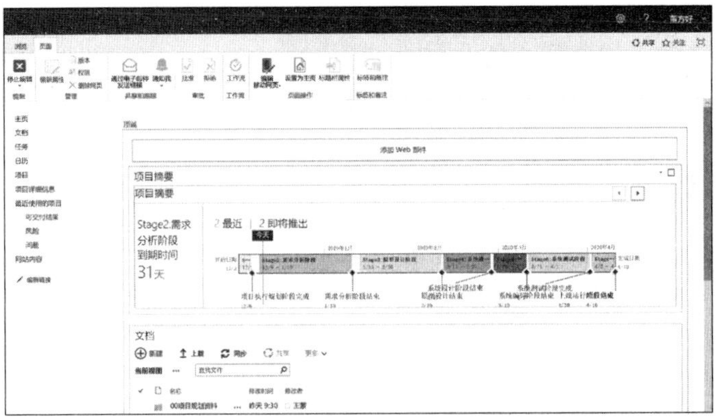

图23.8 项目网站首页编辑Web部件

单击【添加 Web 部件】按钮，在 Web 部件库中选择“问题”和“风险”Web 部件添加到项目网站首页，选中“风险”部件单击右侧的【添加】按钮，如图 23.9 所示。

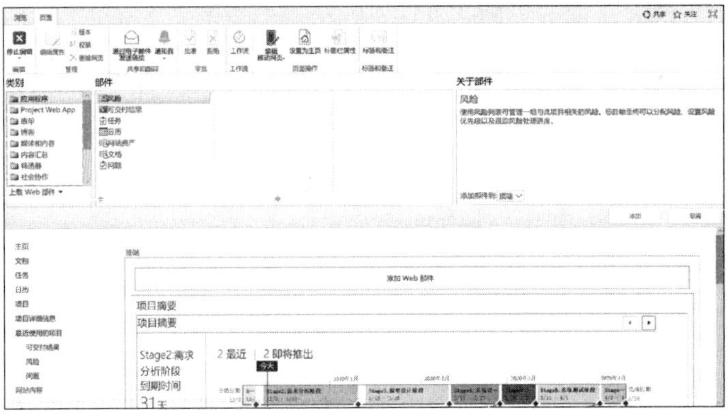

图23.9 项目网站首页添加Web部件

项目网站中添加了“风险”部件，该部件可以实现在网站首页对项目的风险管理，如图 23.10 所示。

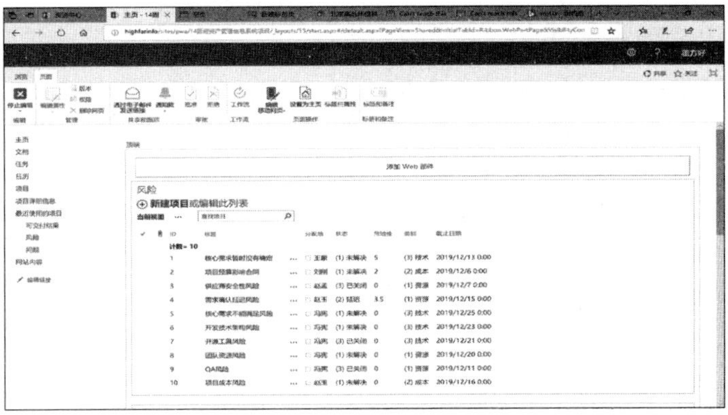

图23.10 风险部件增加成功

利用同样的方法可以将“问题”部件添加到项目网站首页，位置调整后，单击【停止编辑】按钮，项目网站首页呈现如图 23.11 的样式。

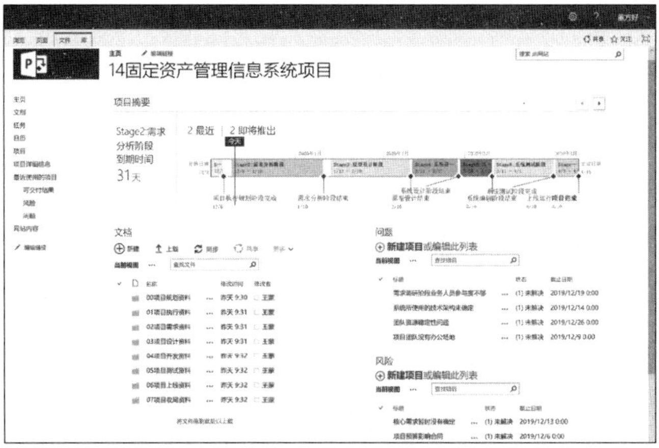

图23.11　调整后项目网站首页

项目网站调整完成后，单击右上角的【齿轮】按钮，选择“网站设置”进入项目网站设置页面，如图 23.12 所示。

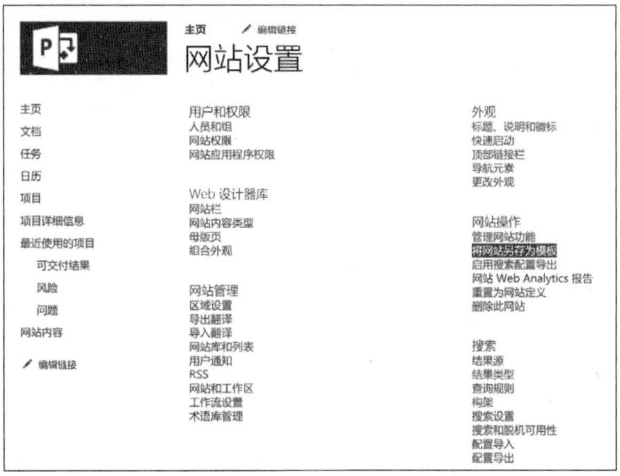

图23.12　项目网站设置

在项目网站设置中，单击【将网站另存为模板】链接，打开如图 23.13 所示页面。

图23.13 项目网站另存为模板

在图 23.13 中填写对应的名称，勾选“包含内容”复选框，单击【确定】按钮完成模板保存，如图 23.14 所示。

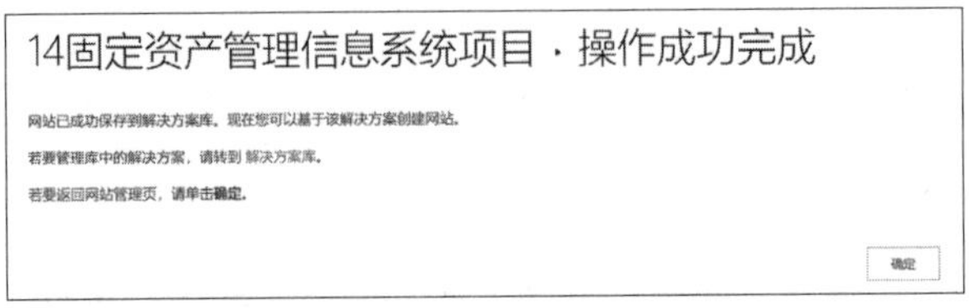

图23.14 项目网站模板完成保存

23.5 项目计划模板库联合企业类型

第 10 章讲述了项目计划模板的编制规范，第 14 章描述了如何基于组织 / 企业项目计划模板库编制项目计划。任何企业都会有不止一种类型的项目，每种项目类型通常会有相应的项目计划模板与之对应。在 Project Server 中可以将企业项目类型与项目计划模板匹配起来，项目经理通过 PWA 创建项目时可以直接调用匹配的项目计划模板生成项目计划，同时可以将项目类型与项目网站模板（带有项目过程历史资料，如问题库、风险库、文档库等）匹配，项目计划发布时系统自动根据匹配的项目网站模板把历史资料同步生成，项目经理可以直接引用已有的历史积累资料进行项目管理过程。

管理员登录 PWA，通过【服务器设置】→【工作流和项目详细信息页面】→【企业项目类型】进入企业项目类型列表页面，如图 23.15 所示。

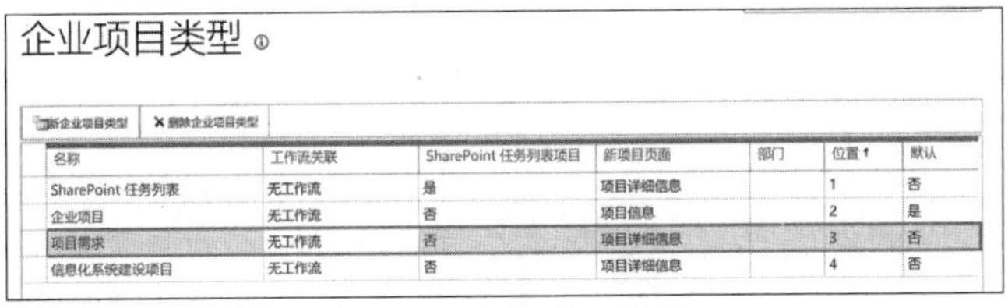

名称	工作流关联	SharePoint 任务列表项目	新项目页面	部门	位置	默认
SharePoint 任务列表	无工作流	是	项目详细信息		1	否
企业项目	无工作流	否	项目信息		2	是
项目需求	无工作流	否	项目详细信息		3	否
信息化系统建设项目	无工作流	否	项目详细信息		4	否

图23.15 企业项目类型

单击【新企业项目类型】链接进入新建项目类型页面，如图 23.16 所示。

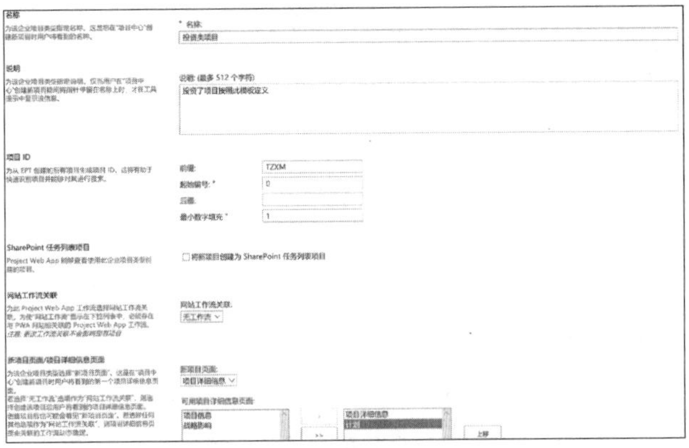

图23.16 企业项目类型新建（1）

填写"名称""说明"，设置"项目 ID"规则以及新页面内容，下拉继续填写，如图 23.17 所示。

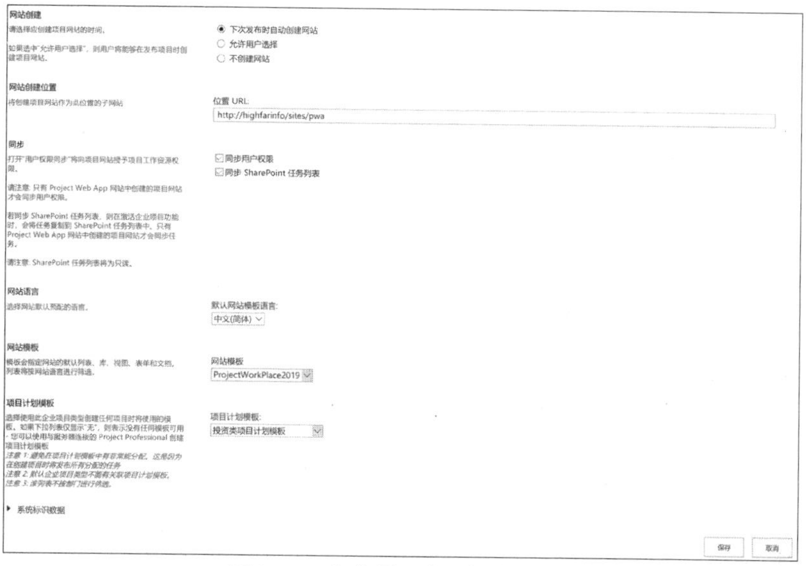

图23.17　企业项目类型新建（2）

"网站创建"选中"下次发布时自动创建网站"单选按钮，勾选"同步用户权限"与"同步 SharePoint 任务列表"复选框，选择上节创建的"网站模板"，选择"项目计划模板"为"投资类项目计划模板"，完成后单击【保存】按钮。在项目清单列表中可以直接调用该类型进行投资类项目的创建。创建发布后可以自动引用以上项目过程知识。

返回项目清单页面，单击【新建】→【投资类项目】选项新建项目，如图 23.18 所示。

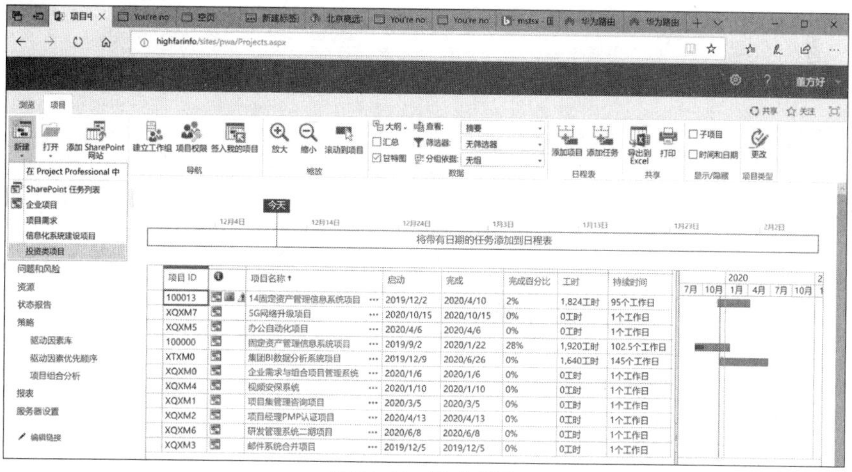

图23.18　新建项目

利用该类型创建并发布后，可以查看项目计划与项目网站，都根据定义的模板生成，如图 23.19 与图 23.20 所示。

图23.19 基于计划模板形成项目计划

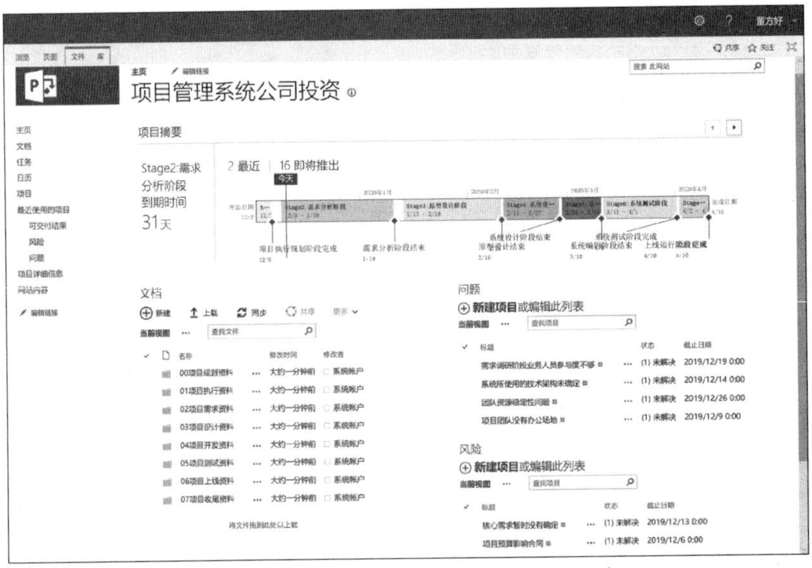

图23.20 基于项目网站模板形成项目网站

云端篇

第 24 章 ●

Project Online 介绍

第 24 章 Project Online 介绍

随着当前云服务技术成熟、推广和应用，微软推出了基于云端的项目管理解决方案 Project Online，该服务完全基于云实现企业的项目管理解决方案，本章将从以下几个方面来介绍微软的 Project Online 云服务能力：

◎ 什么是 Project Online；

◎ Project Online 技术架构；

◎ Project Online 功能架构；

◎ Project Online 使用模式；

◎ Project Online 报告。

在本章的介绍中，有部分的内容与前面的章节有重复，本章重点突出 Project Online 云端服务内容，弱化与前面章节的重复。

24.1 什么是Project Online

Project Online 是微软 Office 365 产品线中功能相对独立的一款云端项目管理解决方案平台，是微软带给所有企业最佳生产力和高效协同办公的高端云服务之一，无须客户在企业 / 组织内部购买硬件服务器、以及相关的软件产品进行搭建，企业 / 组织内部只要满足互联网连接的基本要求，就可以使用 Project 客户端以及 Project Web 端的所有功能，帮助企业、组织实现项目战略制定、项目组合选择、项目执行管控及报告分析，提高企业 / 组织的项目管理能力。

微软 Project 产品路线从最开始的桌面产品 Project Standard、Project Professional 到 Project Server 以及最新的 Project Online 产品，一直在不断地演变和提高自身的项目管理能力，如图 24.1 所示，微软在项目管理解决方案的道路上一直在努力。

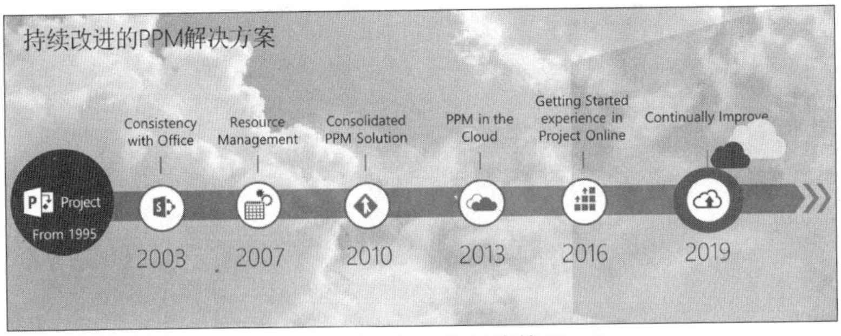

图24.1 Project产品路线图

Project Online 从业务上解决了企业项目管理领域中对于项目选择以及项目执行过程控制两个层面的问题，即实现企业对于项目的筛选过程管理以及筛选出来的项目的执行过程管理，满足企业对于项目管理端到端的全过程管理，如图 24.2 所示。

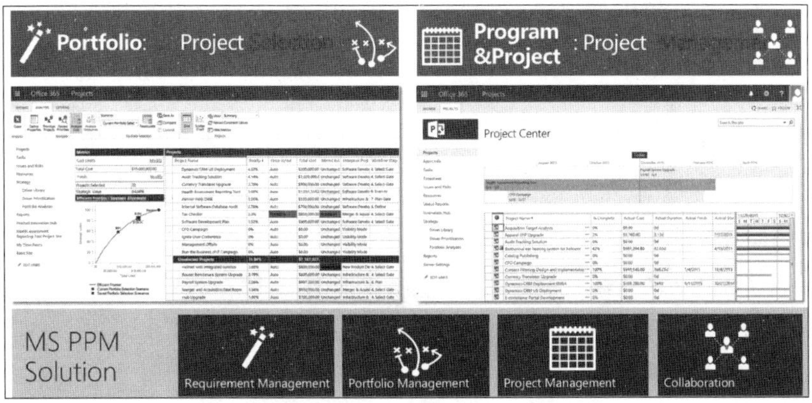

图24.2 Project Online核心业务

Project Online 云端产品一共有三个版本提供不同的项目管理服务，下面分别作简要介绍。

（1）Project Online 协作版，是 Project Online 的轻型版本，方便工作组成员管理任务、提交时间表以及与同事进行协作。Project Online 协作版是一款工作组成员附加工具，面向拥有 Project Online 专业版或 Project Online 高级版的客户。

（2）Project Online 专业版，是 Project Online 的专业版本，保证项目、资源和团队井井有条、步入正轨。利用它可以轻松高效地规划项目、跟踪状态，随时随地与他人协作。该产品服务含有 Project Professional 客户端产品。专业版有以下特点。

◎ 高效安排。

熟悉的自动日程安排工具可帮助用户缓解低效问题和减少培训时间。利用多个日程表，可以更轻松直观地显示复杂的日程安排。

◎ 做出明智的决策。

内置报告可帮助项目的利益干系人对数据进行可视化，以取得跨项目的深入见解并做出更合理的决策。

◎ 促进协作。

与 Skype For Business 和 Yammer 等协作工具无缝集成，积极鼓励团队合作，最终取得更好的项目成果。

◎ 轻松管理资源。

资源管理工具可帮助用户构建项目团队、请求所需资源以及创建更加高效的日程安排。

（3）Project Online 高级版，是 Project Online 的高端版本，管理企业的项目组合、

计划和资源，以获得最佳效果。该产品服务含有 Project Professional 客户端产品。高级版有以下特点。

◎ 实现项目组合的价值。

智能在线工具可帮助用户从战略角度评估和优化项目组合，最大限度地发挥其价值，并实现业务目标。

◎ 改进项目成果。

可靠的日程管理、时间和任务管理及资源分配工具，帮助用户优化项目计划，以取得更好的成果。

◎ 促进协作。

与 Skype For Business 或 Teams 和 Yammer 等协作工具无缝集成，积极鼓励团队合作，最终跨项目取得更好的成果。

◎ 做出更明智的决策。

利用内置报告和 BI（Business Intelligence，商业智能分析工具），可以对数据进行可视化操作，以取得跨项目、计划和项目组合的深入见解，并做出更合理的决策。

Project Online 服务基于微软 Office 365 云服务构建。Office 365 是微软为企业提供最佳生产力和高效协同力的高端云服务，是微软公司基于云平台的应用套件，如 Exchange Online 邮件服务、SharePoint Online 门户、Skype For Business 即时通信服务等。它将 Office 桌面端应用的优势与企业级邮件处理、文件分享、即时消息和可视网络会议的需求融为一体，以满足不同类型企业的办公需求。

这三个产品服务分别对应的用户是项目团队执行者、项目过程管理者以及企业战略制定与规划者。不同的项目管理角色可以根据不同的场景选择适合自己的管理服务，真正实现按需而动。三个产品服务详细的功能区别见表 24.1。

表24.1 Project Online产品功能差异表

产品服务 / 功能说明	Project Online 协作版	Project Online 专业版	Project Online 高级版
完整安装的最新Project应用程序		✓	✓
管理任务	✓	✓	✓
共享文档	✓	✓	✓
利用Skype For Business状态展开协作	✓	✓	✓
SharePoint 任务同步	✓	✓	✓
提交时间表		✓	✓
项目日程安排和成本核算		✓	✓
报告和商业智能		✓	✓

续表

产品服务 / 功能说明	Project Online 协作版	Project Online 专业版	Project Online 高级版
将项目发布到云		✓	✓
项目资源管理		✓	✓
企业资源管理			✓
需求管理			✓
项目组合选择和优化			✓
全新的项目组合报告			✓

Project Online 专业版和高级版服务中含有的 Project Professional 客户端应用程序最多可以支持安装到 5 台电脑中，可以在不同的 5 台机器设备上安装 Project Professional 应用，随时随地查阅项目详细执行信息。

24.2 Project Online 技术架构

如上节所述，Project Online 云服务平台是构架在微软 Office 365 平台之上的项目管理服务平台，对于企业来讲，完全不需要基于企业内部的 IT 资源（软硬件环境）进行搭建，所有的服务都由微软云服务平台实现，微软云技术平台自身提供强大的 IT 硬件支持，同时 Office 365 提供了强大的企业协作云平台，Project Online 基于该平台提供云服务。Project Online 技术架构如图 24.3 所示。

图24.3 Project Online技术架构

24.3 Project Online 功能架构

Project Online 云服务提供的项目管理功能与 Project Server 提供的项目管理功能类似，增加了许多云端的特殊功能。Project Online 的功能架构如图 24.4 所示。

图24.4 Project Online功能架构

1. 项目组合管理

实现企业内项目机会的收集管理、企业项目战略制定以及企业战略优先级管理、企业项目组合选择管理（根据企业制定的战略、企业资金投入、资源匹配进行项目选择过程），详细过程请参考 Project Server 项目组合管理模块功能。

2. 项目计划管理

实现企业内项目计划管理，制定标准规范的项目 WBS，定义项目任务资源投入以及对应的成本计划，形成高可用的项目计划，通过基准线控制项目计划执行过程，详细过程请参考 Project Professional 计划管理模块功能。

3. 项目进度管理

实现企业内项目进度管理，通过项目基准计划与项目执行计划的对比，管控项目执行过程进度，通过各类进度状态灯来帮助项目管理者实现项目进度管控。详细过程请参考 Project Professional 以及 Project Server 进度管理模块功能。

4. 任务管理

实现企业内项目任务管理，通过项目资源计划的定义，分配给项目成员进行执行，并反馈管理，任务执行是项目管理者与项目团队成员之间协同项目管理的过程，详细内容请参考 Project Server 任务执行模块。

5. 项目变更管理

实现企业内对项目执行过程中计划变更的管理，项目计划执行变更通过项目基准线进行控制，项目管理部门（PMO）控制项目基准线，项目经理调整项目计划，基准线的版本可以控制项目计划的变更过程，详细内容请参考 Project Server 变更管理模块。

6. 项目工时管理

实现对企业内参与项目人员的工时管理，工时管理模块不但可以实现对参与项目资源的项目工时管理，还能首先对于人员的非项目工时管理，以周围单位实现人员周度的综合工时管理，实现对资源可用性的实施统计分析，详细内容请参考工时管理模块。

7. 项目成本管理

实现企业内部项目成本的管理，从项目预算管理、项目成本计划管理、项目成本执行过程管控、实际成本管控等方面，全方位地把项目过程涉及的成本信息管控起来，项目成本不但管理人员成本，还可以实现对于机器设备、物料消耗以及费用支出的管理，详细内容请参考 Project Server 成本模块功能。

8. 问题 / 风险管理

实现企业内部项目执行过程中出现的各类问题的管理，从项目问题的发现、问题的分析、问题负责人指定以及问题提醒处理，可以灵活监控项目过程问题的状态。

实现企业内部项目执行过程中出现的各类风险的管理，从项目风险的识别、风险登记在册、风险定性分析、风险定量分析、风险负责人指定以及风险应对过程全过程管理，可以灵活监控项目过程风险的状态。

9. 沟通管理

基于每个项目生成的项目站点以及与 Skype For Business Online、Exchange Online 集成，可以实现全员及时信息沟通，如邮件提醒、人员状态识别、即时消息、在线会议等。

10. 资源管理

实现企业项目对于人（工时资源）、财（成本资源）、物（材料资源）的协同管理，其中人员信息可以基于 Office 365 的 AAD 实现企业内的人员管理与身份认证管理，Project Online 可以实现对资源的可用性，资源任务分配以及分析实现管控。详细内容请参考 Project Server 资源管理模块功能。

11. 项目文档管理

实现项目执行过程文档的管理，Project Online 提供项目文件夹的灵活设置，项目文件夹权限的设置以及 Office Online 能力（Word、Excel、PPT 文件可以在线预览与编辑，并且支持文档的多人同时编辑的能力）。

12. 项目流程管理

实现项目过程流程管理，Project Online 支持与 O365 的 Flow 应用集成，通过流程可以控制项目计划、执行等模块的审核过程。

13. 项目信息管理

Project Online 管理的所有项目信息，都可以基于 Web 端实现展现，并且可以灵活根据视图的设置展现不同的数据内容，如项目数据的分组、排序、筛选等。

14. 项目计划库管理

提供了强大的项目计划库管理功能，项目管理部（PMO）可以将各类项目计划进行梳理，形成若干套标准的项目计划模板，导入到项目计划模板库中，项目经理可以从项目计划模板库中调用项目计划模板形成标准的项目计划。

15. 商业智能报告

对于企业高级管理者来讲，希望能够科学化、数据化地进行项目筛选，及时、动态地了解企业内项目执行的状态，Project Online 提供了标准版的报告，同时 Project Online 也支持基于 Excel 以及 Power BI 方式来展现项目看板。

24.4 Project Online 使用模式

Project Online 基于云提供的项目管理服务，与 Project Server 提供的项目管理服务在技术架构及 IT 运维上有本质的不同，在针对项目管理业务的管理方面有很多的相似之处。本节将从 Project Online 的配置、管理方面进行讲解，具体的功能部分操作方式请参考 Project Server 功能章节。

24.4.1 Project Online登录

首先需要一个登录 Project Online 的账户（登录账号首先需要有微软 Office 365 账号或者有经销商协助购买后的 Project Online 账号），进入 Project Online 登录界面，如图 24.5 所示

图24.5 Project Online登录界面

输入用户名和密码后，登录 Project Online 系统，如图 24.6 所示。

图24.6 Project Online登录首页

如图 24.6 所示，登录 Project Online（Project Online 在中国大陆范围内由世纪互联

公司运营）系统后的首页显示当前登录用户可以使用的云服务，Project Online 使用经典的 Project 图形进行展示。单击图标可以进入 Project Online 系统，如图 24.7 所示。

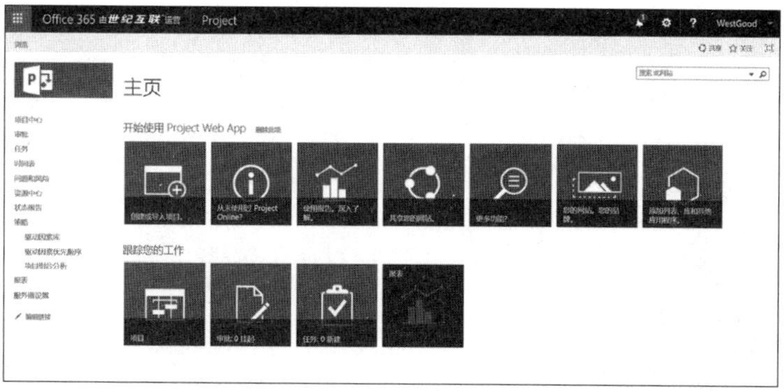

图24.7 Project Online首页

Project Online 系统登录后的项目管理功能与 Project Server 是极其相似的。

24.4.2 Project Online订阅

Project Online 是基于云服务的一种使用模式，不需要采购硬件和软件服务，Project Online 云服务是通过订阅的方式采购使用的，本节描述如何实现 Project Online 的订阅服务。

拥有管理员身份的账户登录 Office 365 系统，如图 24.8 所示。

图24.8 Office 365首页

当具有管理员权限的用户登录后，进入“管理中心”子系统，该子系统是 Office 365 云平台的管理平台，如图 24.9 所示。

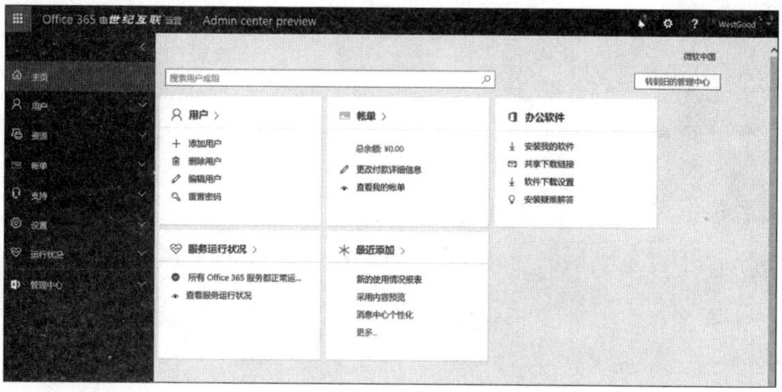

图24.9 Office 365管理首页

Office 365 管理子系统有对 Office 365 管理的模块，同时也有对 Project Online 订阅管理的功能模块。选择【账单】→【购买服务】链接进入 Project Online 订阅服务选择页面，如图 24.10 所示。

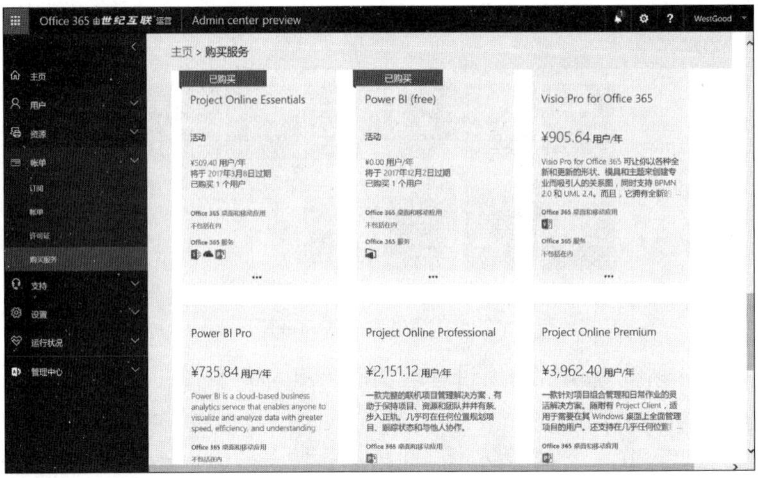

图24.10 选择Project Online订阅服务

在订阅服务选择页面有其他微软云服务选择项，Project Online 三个云端产品：Project Online 协作版、Project Online 专业版、Project Online 高级版。选择需要订阅的服务，如 Project Online 专业版，鼠标光标悬停该服务时提示“开始免费试用”还是“立即购买”，如图 24.11 所示。

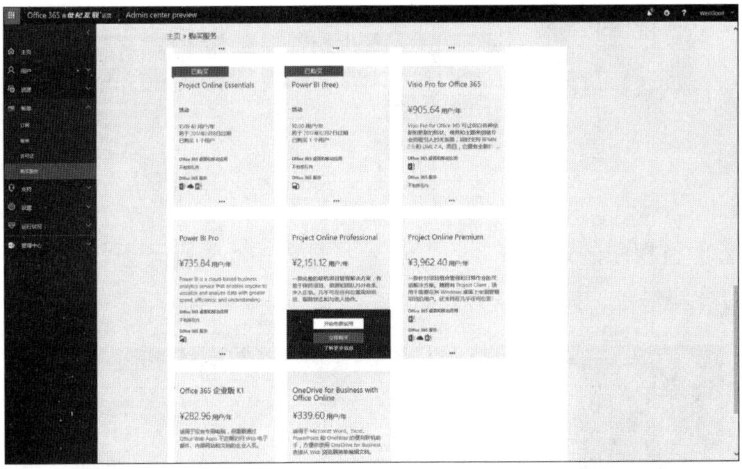

图24.11 选择Project Online订阅

选择订阅后根据系统的指引操作完成订阅即可，如果选择“立即购买”需完成付款。

Project Online 订阅完成后，可以通过【账单】→【订阅】链接查看已订阅的云服务，如图 24.12 所示。

图24.12　已订阅Project Online服务

用户除了自己订阅服务之外，还可以通过微软经销商下单的方式获取 Project Online 订阅。

24.4.3 Project Online用户管理

Project Online 用户管理与 Project Server 的用户管理类似，先通过 AD 进行用户身份验证管理，再通过 Project Online PWA 进行用户权限管理。首先进行 Project Online AAD 用户管理，通过【用户】→【活动用户】链接进入用户管理页面，如图 24.13 所示。

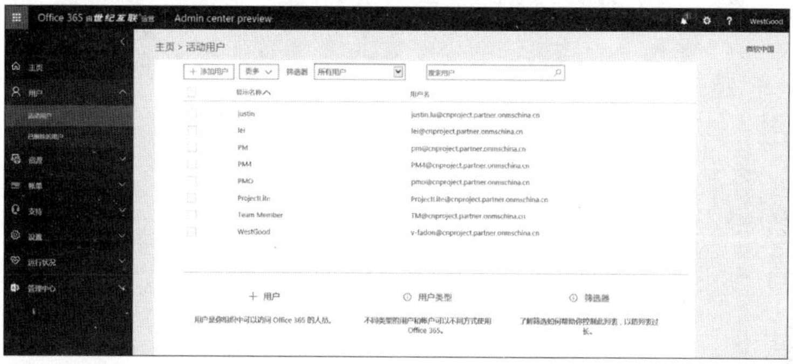

图24.13　Project Online 用户管理

单击【+ 添加用户】按钮可以增加用户，根据增加用户信息填写相关信息，完成用户添加，如图 24.14 所示。

图24.14　Project Online 用户添加

对于“产品许可证”，根据用户需要分配不同的产品许可证即可。

如需要对已添加的用户进行编辑，选择需要编辑的用户，勾选用户对应的复选框，如图 24.15 所示。

图24.15 Project Online 用户编辑

选择需要编辑的信息，如编辑用户的产品许可证，对应“产品许可证”内容，单击【编辑】链接，打开如图 24.16 所示的页面。

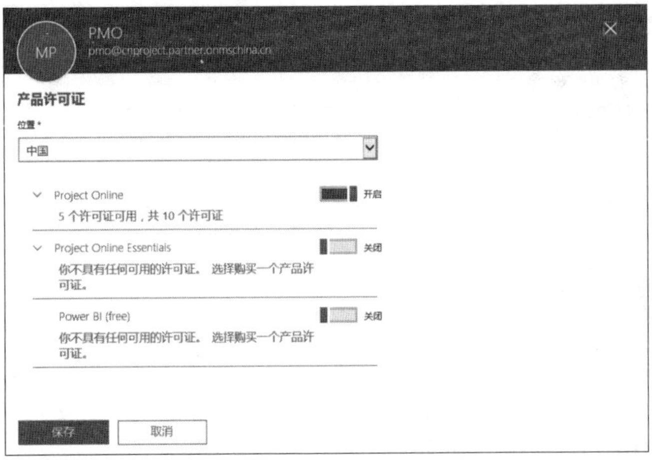

图24.16 Project Online 编辑用户产品许可证

通过【开启】与【关闭】按钮实现产品许可证授权，单击【保存】按钮完成编辑。

如果需要删除用户，通过图 24.15 页面，选择用户后，单击【删除用户】按钮完成用户删除。

24.4.4 Project Online客户端安装

对于订阅了 Project Online 专业版或者 Project Online 高级版的用户，可以通过 Project Online 直接下载 Project Professional 客户端，安装在计算机中与 Project Online 进行联机管理项目。具体的操作步骤如下。

用户登录 Project Online 后，单击页面右上角的用户名，显示用户信息，如图 24.17 所示。

图24.17 Project Online 用户信息

在用户信息页面，单击【我的账户】按钮查看用户详细信息页面，如图 24.18 所示。

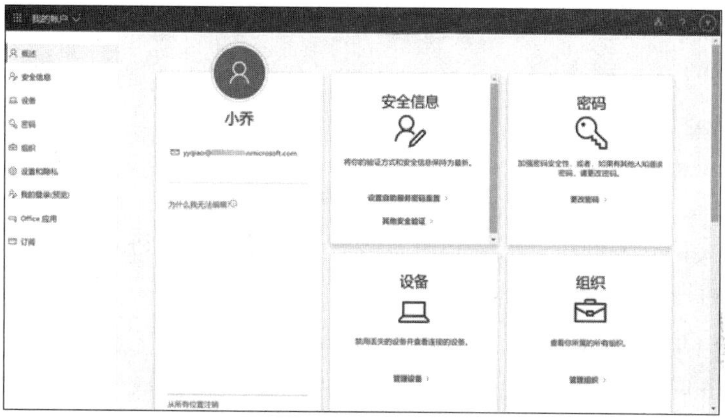

图24.18 Project Online 用户详细信息

在用户详细信息页面，单击左侧“Office 应用”菜单查看软件安装状态，如图 24.19 所示。

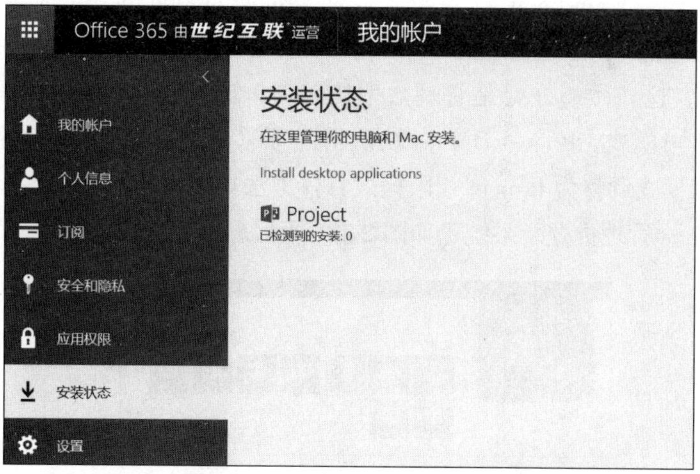

图24.19 Project Online 用户软件管理安装状态

在应用和设备状态页面，单击“安装 Project”链接可以安装 Project 软件，如图 24.20 所示。

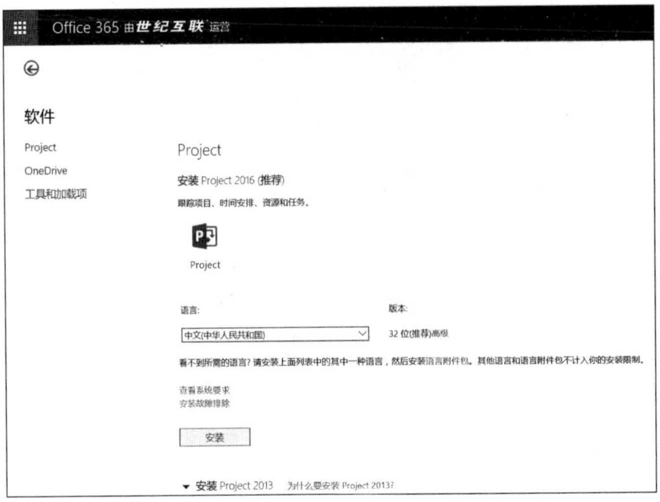

图24.20 Project Online 用户软件安装状态

根据指引完成安装即可，安装过程需要保持网络正常，Project Online 一个账户最多可以在 5 台机器上安装 Project 客户端。

24.4.5 Project Online基本配置

Project Online 在正式使用之前有几个关键的配置需要完成，这些配置可以提高系统的使用效率。

1. Project Online 的 Project 管理模式

Project Online 有两种系统权限管理模式：一种是 SharePoint 权限模式，一种是 Project 权限模式。SharePoint 权限模式是将 Project Online 的用户权限管理集成到 SharePoint 权限模型中进行管理，Project 权限模式是将 Project Online 用户管理模式单独进行管理，这样做的好处是管理效率比较高，通常 Project Online 系统管理员都采用 Project 权限模式。Project Online 默认情况下采用的是 SharePoint 管理模式，将 SharePoint 权限模式调整为 Project 权限模式具体方法如下。

Project Online 管理员登录系统，如图 24.21 所示。

图24.21 Project Online 登录页面

在图 24.21 中单击“管理员”进入管理页面，如图 24.22 所示。

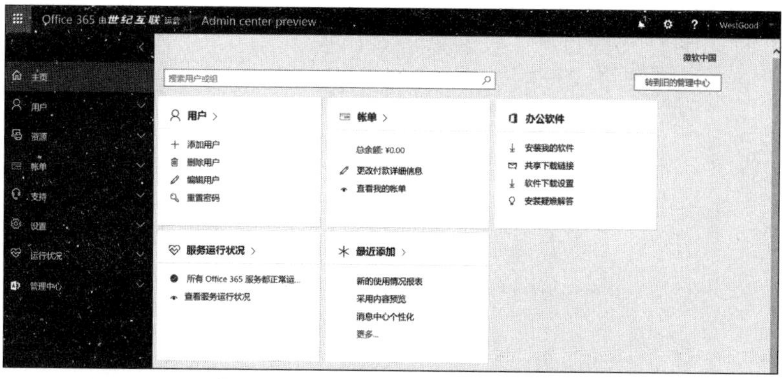

图24.22 Project Online 管理页面

通过【管理中心】→【SharePoint】进入 SharePoint 管理页面，如图 24.23 所示。

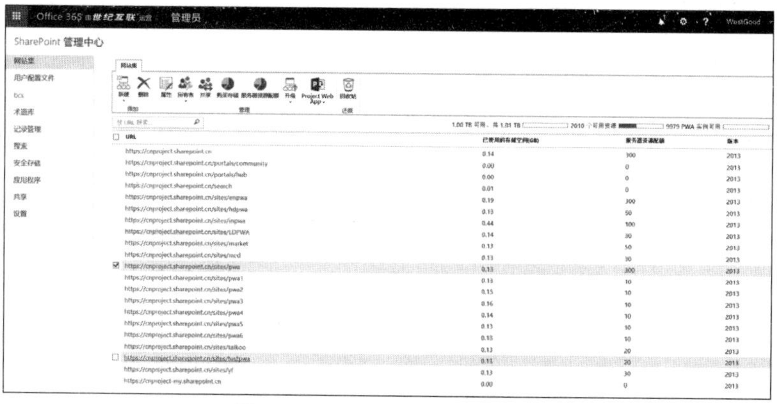

图24.23 SharePoint 管理页面

选择 Project Online 对应的 PWA 站点，单击【Project Web App】下拉按钮，如图 24.24 所示。

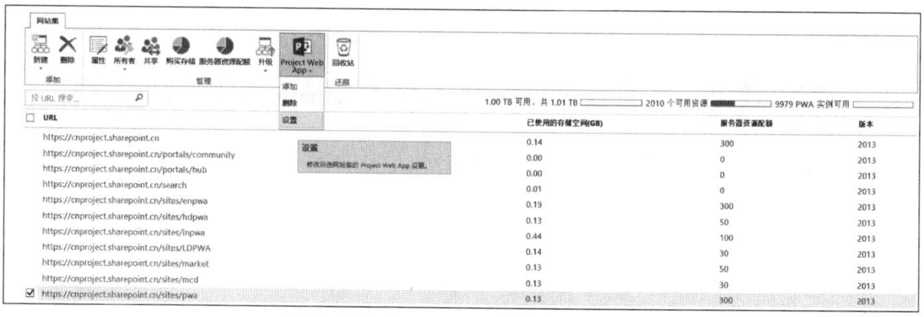

图24.24 SharePoint管理PWA页面

在下拉框中选择【设置】链接，打开 Project Online PWA 管理模式设置页面，如图 24.25 所示。

图24.25 Project Online PWA设置页面

在 Project Online PWA 设置页面，将权限管理模式由“SharePoint 权限模式”调整为“Project 权限模式”，即选中“Project 权限模式”单选按钮，如图 24.26 所示。

图24.26 Project Online PWA设置选择

单击【确定】按钮完成 Project 权限模式设置，Project 权限模式设置完成后，登录 Project Online PWA 系统服务器设置页面，可以正常采用 Project 权限模式管理用户权限，如图 24.27 所示。

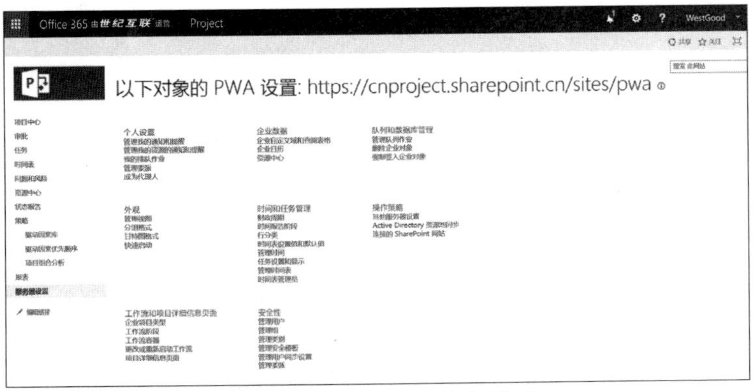

图24.27 PWA Project权限模式

2. Project Online 提醒通知模式

Project Online作为项目管理平台，项目团队之间的沟通协作离不开邮件系统的支持，

Project Online 支持发送提醒以及通知类邮件提醒，具体的设置方式如下。

Project Online 管理员登录 PWA，如图 24.27 所示，单击【操作策略】下【其他服务器设置】链接进入系统设置页面，如图 24.28 所示。

图24.28 PWA 通知提醒设置

勾选"通知电子邮件设置"对应的"打开通知"复选框，保存完成邮件通知提醒的设置。

24.4.6 Project Online使用

Project Online 使用模式与 Project Server 一致，请参考 Project Server 对应章节。

24.5 Project Online 报告

基于云服务的 Project Online 系统，支持 OData 数据输入方式，通过 OData 方式可以将项目结构化数据展示出来。对于 Project Online 的数据挖掘，推荐使用微软的 Power BI 服务实现。

1. **Project Online OData 数据模型**

登录 Project Online PWA 系统，如图 24.29 所示。

图24.29 Project Online PWA首页

在 Project Online PWA 对应的 URL 地址进行修改，将"default.aspx"修改为"_api/

projectdata”。

PWA 地址：https://cnproject.sharepoint.cn/sites/pwa/default.aspx。

OData 地址：https://cnproject.sharepoint.cn/sites/pwa/_api/projectdata。

请根据具体 Project Online 地址修改“/_api/projectdata”之前的地址。

通过 OData 地址按【回车】键可以查看到 OData 获取数据的 XML 文件，如图 24.30 所示。

```
<?xml version="1.0" encoding="UTF-8"?>
- <service xmlns="http://www.w3.org/2007/app" xmlns:atom="http://www.w3.org/2005/Atom" xml:base="https://cnproject.sharepoint.cn/sites/inpwa/_api/projectdata/">
  - <workspace>
      <atom:title>Default</atom:title>
    - <collection href="%E8%AE%A1%E5%88%92">
        <atom:title>计划</atom:title>
      </collection>
    - <collection href="%E9%A1%B9%E7%9B%AE%E5%9F%BA%E5%87%86">
        <atom:title>项目基准</atom:title>
      </collection>
    - <collection href="%E5%B7%A5%E4%BD%9C%E5%88%86%E9%85%8D%E7%9A%84%E5%9F%BA%E7%BA%BF">
        <atom:title>工作分配的基线</atom:title>
      </collection>
    - <collection href="%E5%B7%A5%E4%BD%9C%E5%88%86%E9%85%8D%E5%9F%BA%E7%BA%BF%E6%97%B6%E9%97%B4%E5%88%86%E6%AE%B5%E6%95%
      B0%E6%8D%AE%E9%9B%86">
        <atom:title>工作分配基线时间分段数据集</atom:title>
      </collection>
    - <collection href="%E5%B7%A5%E4%BD%9C%E5%88%86%E9%85%8D%E6%97%B6%E9%97%B4%E5%88%86%E6%AE%B5%E6%95%B0%E6%8D%AE%E9%9B%
      86">
        <atom:title>工作分配时间分段数据集</atom:title>
      </collection>
    - <collection href="%E5%8F%AF%E4%BA%A4%E4%BB%98%E7%9A%84%E7%BB%93%E6%9E%9C">
        <atom:title>可交付的结果</atom:title>
      </collection>
    - <collection href="%E4%BA%89%E7%AB%AF">
        <atom:title>争端</atom:title>
      </collection>
    - <collection href="%E9%97%AE%E9%A2%98%E4%BB%BB%E5%8A%A1%E8%81%94%E7%B3%BB">
        <atom:title>问题任务联系</atom:title>
      </collection>
    - <collection href="%E9%A3%8E%E9%99%A9%E4%BB%BB%E5%8A%A1%E7%9A%84%E5%85%B3%E8%81%94">
        <atom:title>风险任务的关联</atom:title>
      </collection>
    - <collection href="%E9%A1%B9%E7%9B%AE%E5%B7%A5%E4%BD%9C%E6%B5%81%E9%98%B6%E6%AE%B5%E6%95%B0%E6%8D%AE%E9%9B%86">
        <atom:title>项目工作流阶段数据集</atom:title>
      </collection>
    - <collection href="%E8%B5%84%E6%BA%90%E6%97%B6%E9%97%B4%E5%88%86%E6%AE%B5%E6%95%B0%E6%8D%AE%E9%9B%86">
        <atom:title>资源时间分段数据集</atom:title>
      </collection>
    - <collection href="%E5%8D%B1%E9%99%A9">
        <atom:title>危险</atom:title>
      </collection>
    - <collection href="%E4%BB%BB%E5%8A%A1%E7%9A%84%E5%9F%BA%E7%BA%BF">
        <atom:title>任务的基线</atom:title>
      </collection>
    - <collection href="%E4%BB%BB%E5%8A%A1%E5%9F%BA%E7%BA%BF%E6%97%B6%E9%97%B4%E5%88%86%E6%AE%B5%E6%95%B0%E6%8D%AE%E9%9B%
      86">
        <atom:title>任务基线时间分段数据集</atom:title>
      </collection>
    - <collection href="%E4%BB%BB%E5%8A%A1%E6%97%B6%E9%97%B4%E5%88%86%E6%AE%B5%E6%95%B0%E6%8D%AE%E9%9B%86">
        <atom:title>任务时间分段数据集</atom:title>
      </collection>
```

图24.30 Project Online OData数据模型

2. Power BI 报告

用户首先申请 Power BI 账号（通过 https://powerbi.microsoft.com/zh-cn/ 申请账号，以下内容以 Power BI 电脑桌面版本为例），打开 Power BI 电脑桌面版，如图 24.31 所示。

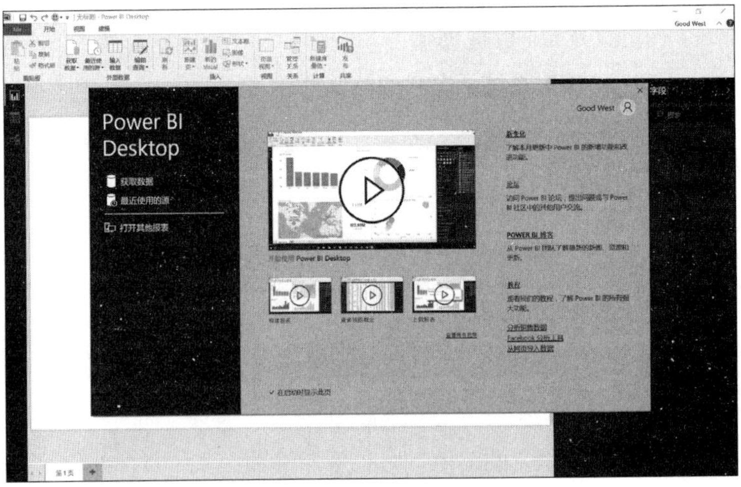

图24.31 Power BI电脑桌面版

通过【获取数据】设置 Power BI，利用 OData 数据检索 Project Online 数据，打开如图 24.32 所示页面。

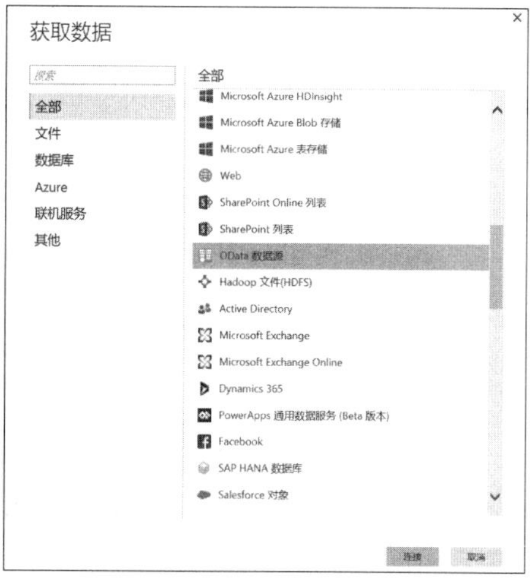

图24.32 Power BI OData数据源

单击【连接】按钮设置 OData 数据连接，将 Project Online OData 对应的 URL 填写到如图 24.33 所示对话框中。

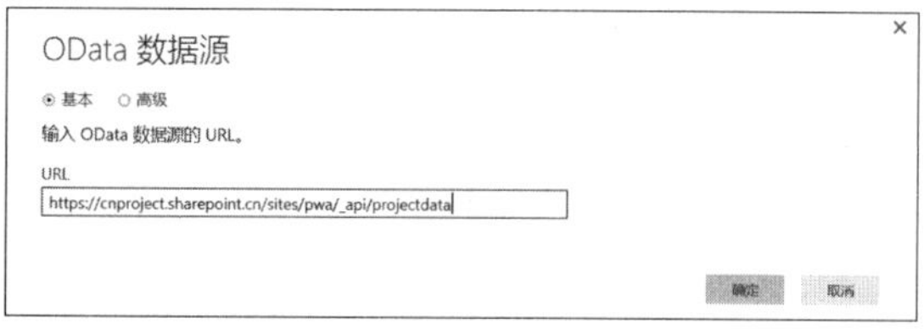

图24.33 Power BI OData数据源设置

单击【确定】按钮，按照步骤输入对应 Project Online 的账户名和密码，验证通过后，可以检索到 Project Online 项目数据，如图 24.34 所示。

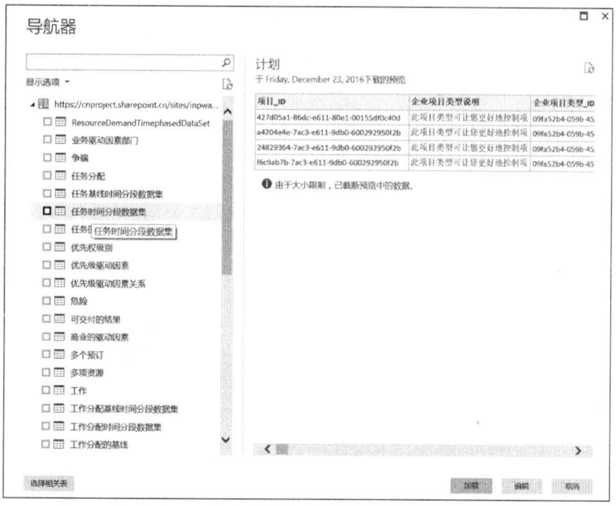

图24.34 Power BI OData获取项目数据

基于 OData 获取的项目数据，Power BI 可以灵活地实现项目报告展示，如图 24.35 所示。

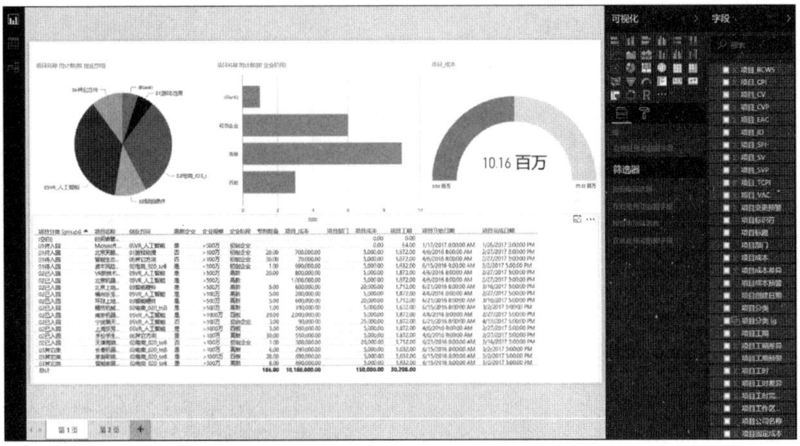

图24.35 Power BI 实现项目报告

Power BI 可以灵活地制定各类图形化报告，其详细功能请查阅 Power BI 官方网站：https://powerbi.microsoft.com/zh-cn/。

基于 OData 数据接口，同样可以利用 Excel（2019 版本或者 2016 版本）检索 Project Online 对应的项目数据并实现报告的展示方式，实现方式与 Power BI 一致。

案例篇

第 25 章 案例分析一

为了更加直观地说明 Project 2019 在企业项目管理中的应用情况，本书特意安排了两个案例分析。第一个案例以 Project 2019 与应用系统整合为背景，第二个案例以 Project 2019 应用于公司范围内全员使用实现项目管理为背景。

Project 2019 产品包含标准版（Project Standard 2019）、专业版（Project Professional 2019）与服务器版（Project Server 2019）。标准版适用于项目经理在单计算机上管理单个项目，专业版与服务器版的协作适合企业管理多项目。Project 2019 推荐的使用方法是专业版与服务器版的协作，随着企业项目管理水平的提高，业务系统的多元化，企业迫切需要将各自独立的业务系统统一协作。

Project 2019 可以广泛适用于不同行业、不同类型的项目管理活动中，不仅为项目计划阶段提供协助，而且还是项目实施阶段监控、计划调整的重要工具。对于项目管理人员来说，如果采用手工方式管理、监控项目，项目管理的效率会很低，并会增加项目失败的风险。因此在项目工作中，通常采用 Project 2019 工具协助进行项目管理工作，提高项目管理的效率，降低项目管理成本。

通过上述章节的介绍，读者已经对 Project 2019 的功能非常熟悉了，但是在实际项目中该如何运用这些功能，如何利用 Project 2019 与其他业务系统协同进行项目管理呢？本章将通过案例，详细介绍 Project 2019 如何实现高效项目管理！

25.1 案例介绍

本章介绍的是关于某公司实施项目管理平台建设方面的案例，该公司希望通过信息化项目管理，提高公司内部 IT 项目的管理效率，减少各业务系统分别独立造成的信息孤岛，该项目的具体情况如下。

项目背景

中国海岸公司(以下简称“海岸公司”)主要承担国家“十五”科技攻关项目的系统集成、网络平台建设、应用项目开发和系统运行维护，为全国 500 多万家企业提供全程电子政务服务。

海岸公司现有员工共 1500 人。自 2008 年开始，海岸公司陆续部署了 CQ 工具，用于软件缺陷及变更管理；部署了 CC 工具用于配置管理；部署了微软的 Project Server

2013用于项目进度计划管理、报工管理；部署了TFS，用于代码管理。随着公司业务的不断发展，公司高层和中层管理层发现需要花费大量的时间用于各个系统的培训与日常使用上；员工的日常工作经常需要登录多个系统；工具的实用性不是很强，且各系统需要手工输入相关数据，造成工作效率低下；各系统数据不统一，严重的时候导致信息错误，影响工作开展。为了进一步提高管理水平、优化管理手段、满足业务发展需要，急需在现有的项目管理工具的基础上，建立入口统一、管理先进、操作可靠、性能稳定的项目管理平台系统，供各部门和各项目组对项目进行统一管理，于是海岸公司决定由信息部牵头组成公司项目管理信息化小组，全面负责公司项目管理平台建设。

项目管理信息化小组通过对公司业务现状分析和专家咨询后，决定采用Project Server 2019为核心建设公司项目管理平台。根据公司高层会议决议，限定项目实施周期为2019年7月1日至2019年12月1日，考虑到项目时间较紧迫，自项目启动后，项目管理信息化小组制定出该公司项目管理平台实施步骤：第一步，部署Project Server 2019；第二步，定制Project Server 2019并建设项目管理门户；第三步，整合平台与其他IT业务系统。

25.2 案例分析

项目合同签订完毕，确定项目的项目经理，进入项目管理平台实施阶段。项目经理首先制订项目管理计划，考虑到项目工期紧张，决定采用快速跟进的方法实施。进行需求调研的同时部署工程师实施Project Server 2019安装部署工作，如图25.1所示。

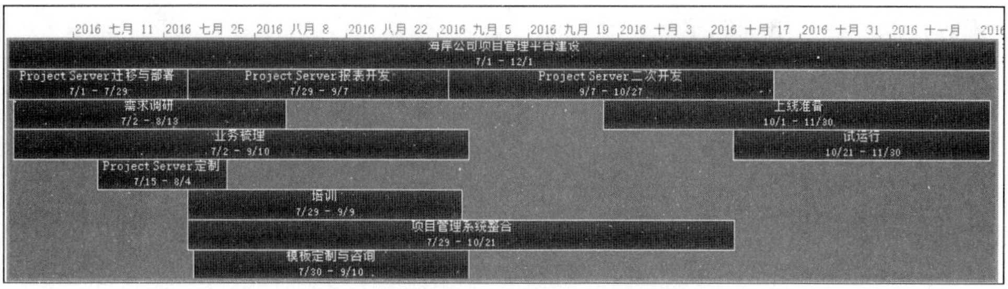

图25.1 项目管理平台建设日程时间表

25.2.1 实施基本情况

海岸公司所有员工均采用Windows域用户方式登录办公计算机。

海岸公司电子邮件系统采用微软Exchange Server 2013。

海岸公司项目过程管理中涉及的IT业务系统如下。

ClearQuest（简称CQ）：对软件缺陷或功能特性等任务记录提供跟踪管理；

ClearCase（简称CC）：配置管理工具，主要对项目过程资产（管理文档、技术文档、代码）进行版本管理；

Project Server 2013：项目进度管理、资源管理、报工管理、风险 / 问题管理；

Requisite Pro：需求管理平台，主要是记录、跟踪测试中发现的问题；

TFS：代码管理平台。

25.2.2 实施过程与方式

1. 部署 Project Server 2019

海岸公司已部署了 Project Server 2013，但部署内容较为简单，仅将 Project Server 2013 系统按照微软提供的标准安装流程安装部署，未对公司项目管理业务进行梳理并导入 Project Server 2013 系统中，尽管管理层对 Project Server 2013 平台高度认可，但员工对 Project Server 2013 平台理解不够、操作不熟练，普遍存在抵触情绪。

为打破现有禁锢，项目管理信息化小组与管理层一致认为，以微软最新一代项目管理产品 Project Server 2019 部署为契机，将 Project 平台真正应用于海岸公司项目管理业务中。

部署工程师对现有 Project Server 2013 环境进行评估，结论如下。

安装环境

操作系统环境：Windows Server 2008 R2（64 位）。

数据库：SQL Server 2008（64 位）。

应用层：Microsoft Office SharePoint Server 2013（64 位），Microsoft Office Project Server 2013（64 位）。

应用环境

网站工作环境未定制使用；

未进行额外的权限控制定义；

自定义域较少（仅有三个）；

未进行工作流开发；

未进行 Webpart 开发。

经部署工程师分析判断，决定对 Project Server 2013 采用核心数据库附加升级至 Project Server 2019 的方案：仅迁移存储在 Project Server 2013 数据库中的项目数据。

为保障升级部署的顺利完成，项目管理信息化小组与部署工程师共同制订了一个详细的升级技术方案，其中包含如下主要步骤。

（1）创建 Project Server 2019 服务器场；

（2）备份并移动数据库；

（3）附加并升级 SharePoint 2013 内容数据库；

（4）测试内容数据库；

（5）附加并升级 Project Server 2013 数据库；

（6）取消 PWA 网站集的限额限制；

（7）添加资源预订功能模块；

（8）迁移结果测试。

2. **定制 Project Server 与项目管理门户建设**

（1）定制 Project Server 2019。

Project Server 2019 部署完成后，仅仅是一个标准的项目管理平台，需要根据海岸公司项目管理业务现状进行定制。

海岸公司主要的定制集中在：

a. 项目模板；

b. 企业自定义域；

c. 视图与报表；

d. 用户全局权限与类别权限；

e. Project Server 2019 与 Outlook 同步任务与任务日历信息。

（2）项目管理门户建设。

a. 网站页面定制：修改了 Project Server 关联的 CSS；

b. 网站的页面开发：通过开发 WebPart 方式实现；

c. 更新 Project 项目计划、日历、资源等通过 PSI 开发；

d. 工作流审批通过 SharePoint 工作流方式开发；

e. 事件审批功能通过 EventHandler 开发；

f. 数据分析与展示使用了 SQL Reporting Service 工具开发。

3. **各业务系统整合**

通过一段时间的梳理，信息化组根据各业务系统用户的意见整理完成整合信息单，并组织各部门确定业务系统整合架构图、数据流及流程图，经海岸公司高层审批通过后，开始实施、开发。

25.2.3 实现功能与效果

系统的主要功能包括以下几个方面。

1. **待办事项**

实现当前用户查看待办事项并操作，代办事项分别从相关系统中提取并进行实时同步，如图 25.2 所示。

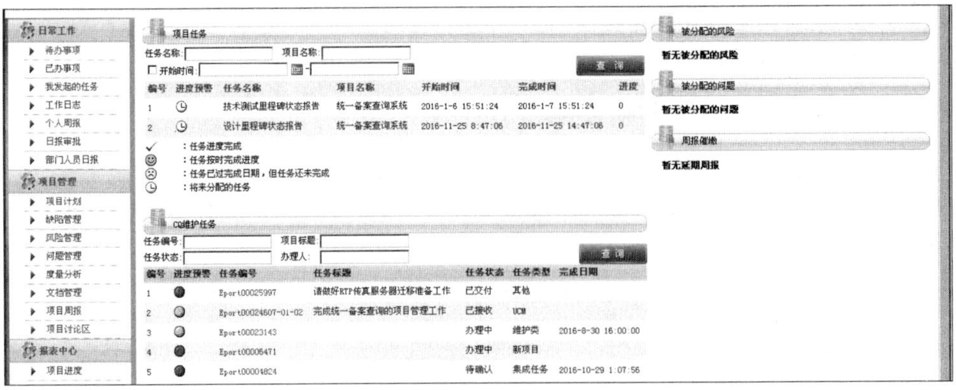

图25.2 日常工作

2. **已办事项**

主要实现当前用户查看已办事项并操作，已办事项分别从相关系统中提取并进行同步，如图 25.2 所示。

3. **我发起的任务**

查看当前用户发起的任务。发起的任务包括 Project 2019 中项目经理发起的任务，CQ 系统中下达的任务，相互之间进行同步并统一响应，如图 25.2 所示。

4. **工作日志**

查看当前用户发起的项目日报、CQ 日报、部门日报，还可以新建日报，查看被拒绝的日报。工作日志通过项目管理门户网站进行填写，并提交经审批人审批后，同步至相关系统中，如图 25.3 所示。

5. **个人周报**

查看当前用户的个人周报，新建周报和编辑周报。个人周报通过对工作日志、各业务系统的任务信息回执情况自动生成，如图 25.3 所示。

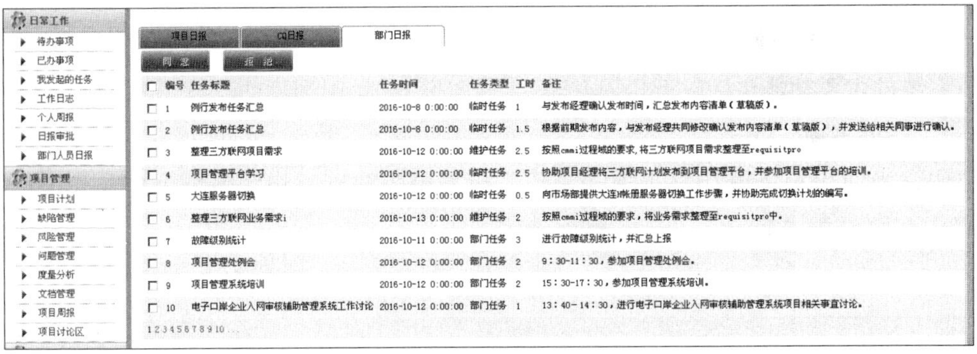

图25.3 日志与周报

6. **日报审批**

查看日报并审批日报。通过时间表管理，汇报每一天的工作进度和对应工作所花费的工时，并经审批人审批通过后，同步至相关业务系统中。

7. **项目计划**

通过Project Server 2019对项目计划进行发布、更新、修改等动作，并将关联系统同步至各相关业务系统中。

8. **项目审批**

在项目新发布时，审批项目是否已经保存比较基准、是否在项目库中已登记。每个项目新发布或更新时，需要由该项目的部门经理和项目管理处领导审批通过后才能访问，以保证项目计划的正确性。工作流可以通过设置开启或关闭，关闭时恢复默认功能。

9. **缺陷管理**

对项目中出现的缺陷进行管理和查看，如图25.4所示。

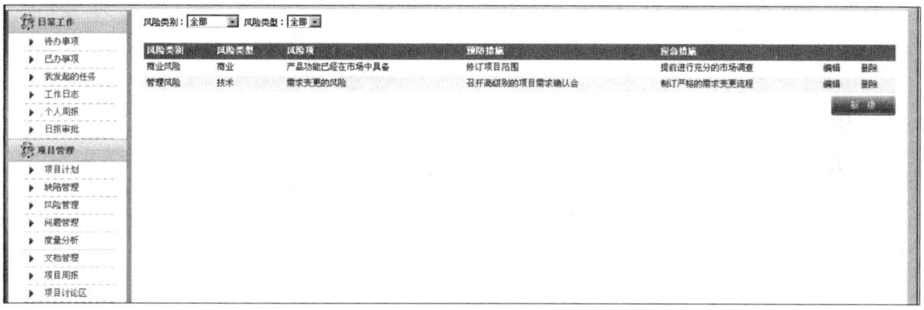

图25.4 风险和缺陷列表

10. **风险管理**

实现风险知识库管理、风险识别、评估、跟踪及风险管理报告等功能，如图25.5所示。

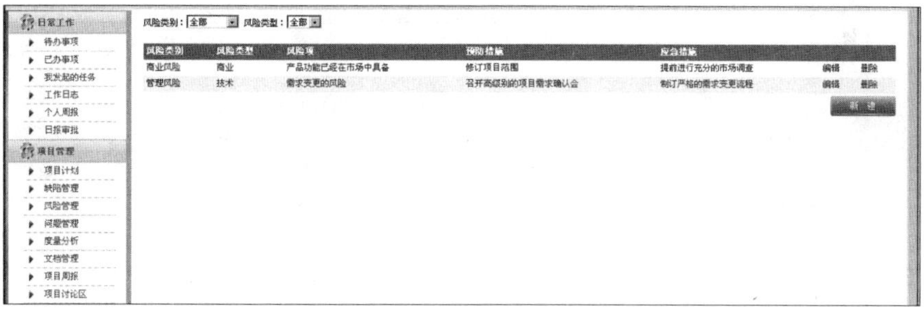

图25.5 风险和缺陷列表

11. **问题管理**

查看最新问题，管理项目问题，如图25.6所示。

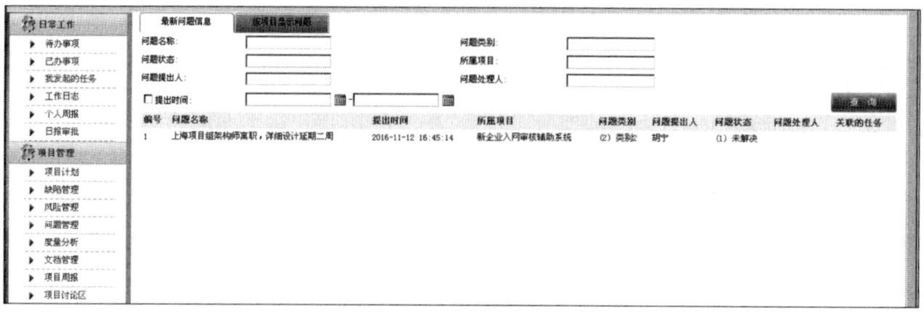

图25.6 问题库

12. 文档管理

查看最新文档，管理项目文档，如图 25.7 所示。

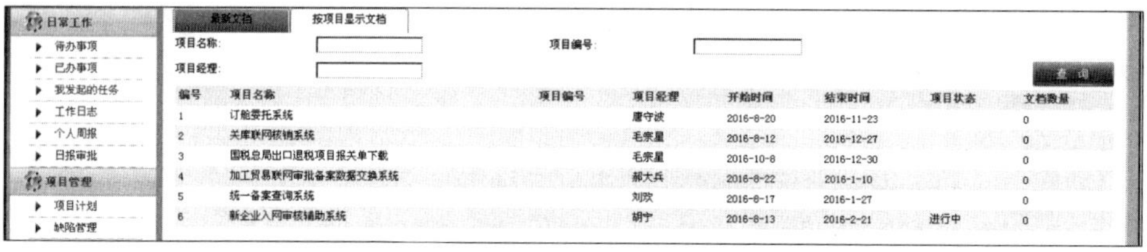

图25.7 文档库

13. 项目周报

查看项目周报，编辑项目周报，新建项目周报，对项目进行周计划的管理，如图 25.8 所示。

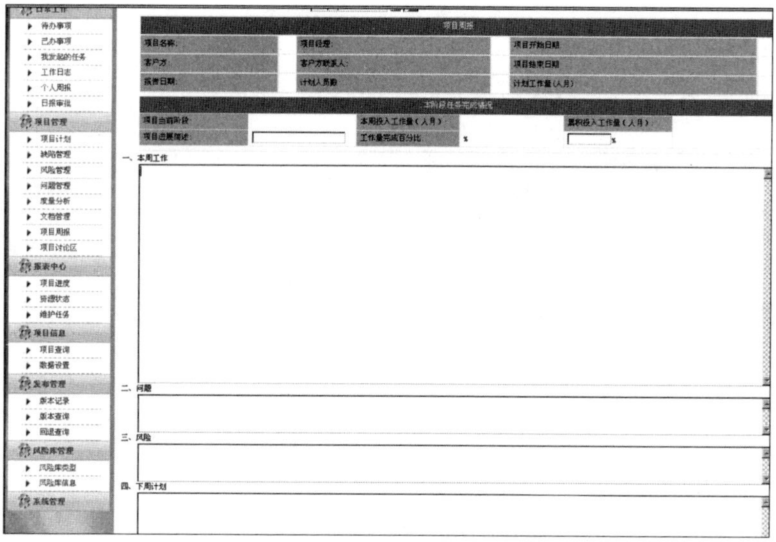

图25.8 项目周报

14. 项目讨论区

查看项目讨论，发布管理项目讨论，实现小型的 BBS 功能。

15. 项目查询

项目查询带权限控制，对项目关键信息的查看，包括针对管理层的报表，针对项目经理的报表，针对项目成员的报表。在此以项目基本信息查看与项目资源信息查看为例，如图 25.9、图 25.10 所示。

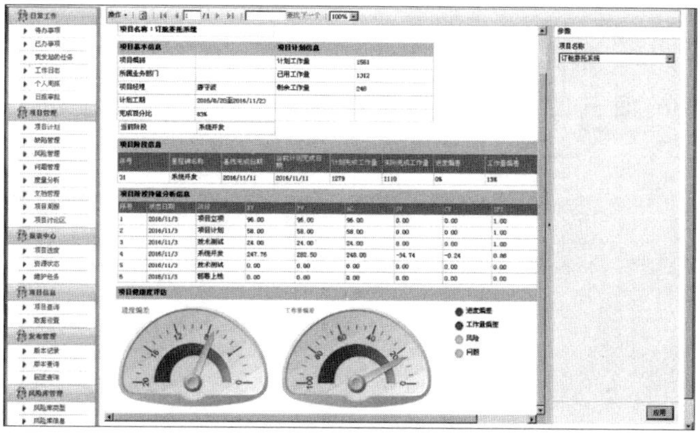

图25.9 项目基本信息

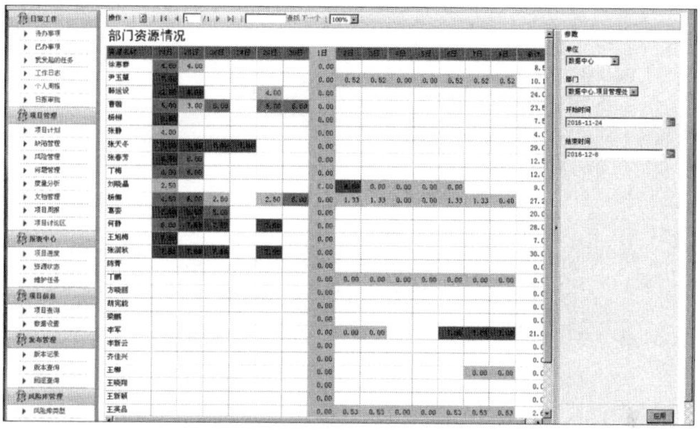

图25.10 项目资源关系

16. **数据设置**

设置项目的基本信息，如图 25.11 所示。

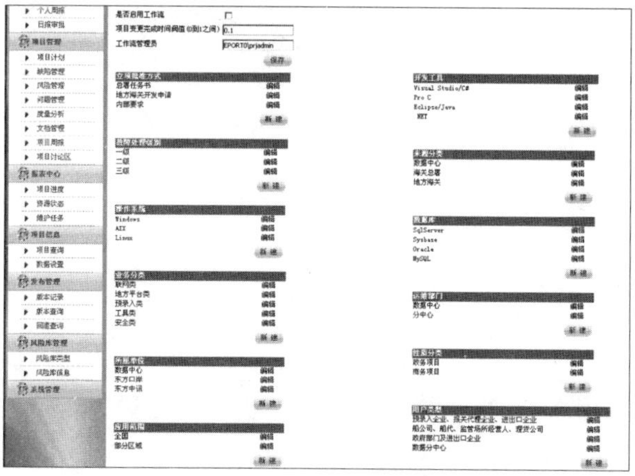

图25.11 数据设置

17. 风险库类型

设置项目的风险类型，可以收集各个项目、任务关联的风险并进行分类，如图 25.12 所示。

18. 风险库信息

设置项目的风险库的信息，从各业务系统、各项目之间统一展示，如图 25.12 所示。

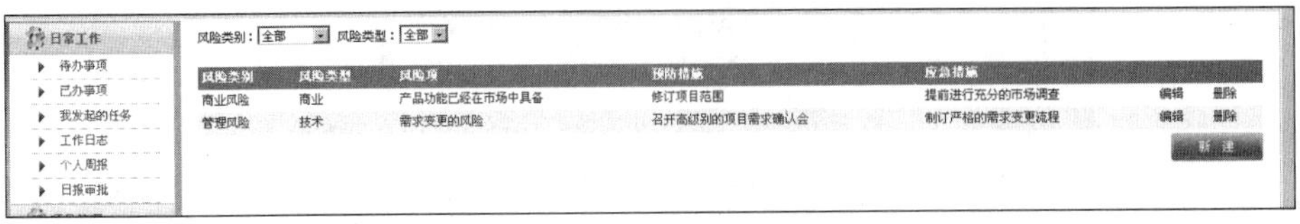

图25.12 风险库信息

第 26 章 案例分析二

上一章中介绍的案例是围绕 Project 与其他项目管理业务系统协同展开的，使用的主要是 Project 后台与多种项目管理业务相关软件协同，并通过项目管理门户进行单点登录、统一操作，用户无须关注各业务系统差异。本章介绍 Project Online 应用于企业项目管理中的案例，在企业项目管理方面，Project Online 的使用方式主要是基于 Web 方式的协同管理，主要针对的是项目管理型企业。

随着中国项目管理水平的不断提高，项目管理思想从 IT、工程等传统行业向各行业快速扩展，随着市场竞争的激烈化，企业中的项目越来越多，如新产品研发、工艺改进等，项目也越来越成为企业战略目标的载体，它是企业实现其战略目标的基本活动，是推动企业发展的直接动力。

企业项目管理的主导思想就是把任务当作项目以实行项目管理，即“按项目进行管理”，企业项目管理就是站在企业高层管理者的角度对企业中各种各样的任务实行项目管理，是一种以“项目”为中心的长期性组织管理方式，其核心是基于项目管理的组织管理体系。

26.1 案例介绍

某化工集团在改革开放初期创立于中国东部，随后在 A 股上市。经过三十多年的发展，该化工集团已经成为根植于中国本土、在全球多个行业具有领先地位的企业。

集团公司总部与各分公司每年需要运行大量的项目，对此化工集团设置了专门的项目管理办公室（PMO）统一管控，随着化工集团业务飞速发展，PMO 需要花费大量的日常工作时间指导、跟踪项目进展情况，但仍然存在项目管理混乱，进度更新不透明，任务报告不及时，严重时造成项目取消等问题。

26.2 案例分析

项目管理工具不同于其他 Office 产品，它是一套企业级的管理工具，是否能够成功实施在很大程度上取决于项目管理顾问专家提供的咨询服务。咨询服务提供的内容是根据用户的现状与需求，提出有针对性的量身定做的解决方案。

26.2.1 用户的需求

经过对上一节中的用户面临挑战的分析，专家将该用户的需求理解为五大部分。

◎ 项目计划模板的规范。

◎ 项目执行情况的及时监控与展现。

◎ 项目资源的有效管理。

◎ 项目管理平台的易用性。

◎ 权限的有效控制。

基于以上五点需求，专家还需要进行需求的细化。经过专家与用户进一步的沟通，专家认为用户的需求可以细化如下。

1. 项目计划模板的规范

◎ 按照不同的项目类型总结项目计划模板。

◎ 模板中具有统一的阶段划分。

◎ 模板中的任务分解具有通用性。

◎ 模板中任务的资源是部门名称或岗位名称。

2. 项目执行情况的及时监控与展现

◎ 一期只关心项目的工期（进度）情况，项目成本暂时不纳入需求范围。

◎ 希望得到的项目信息包括项目名称、项目经理、最新工期、基准工期、开始时间、完成时间、完成百分比、项目阶段、投资领域、实施地点、项目类型等内容。

◎ 希望可以按照项目实施地点、项目类型、项目投资领域、项目阶段等字段对项目信息进行分组展示。

◎ 项目进度可以及时地报告与审批。

◎ 项目情况可以动态展现给项目经理、管理者、公司高层。

3. 项目资源的有效管理

◎ 需要建立统一的资源库。

◎ 资源能够按照组织机构分类。

◎ 资源能够按照技能进行分类。

◎ 能够看到每个资源在不同项目当中的分配情况。

◎ 能够得到资源在不同项目中的工时投入情况。

4. 项目管理平台的易用性

◎ 项目管理平台面向公司不同的组织层面。

◎ 项目管理平台角色分工明确。

◎ 使用 IE 浏览器也可建立项目计划。

◎ 满足项目经理和部门经理同时管理项目成员的需求。

◎ 部门经理临时安排的工作可以体现在项目管理平台上。

5. 权限的有效控制

◎ 对公司所有的项目经理统一设置权限。

◎ 资源可以被设置为适当的权限。

◎ 组织中资源的权限可以得到适当的继承。

◎ 未经 PMO 的批准，项目无法被发布。

◎ 只有 PMO 有保存项目基准的权限。

用户对上述需求确认后，专家针对用户的需求，结合以往的经验做出了相应的解决方案。

26.2.2 解决方案

专家对上一节中用户的需求经过细化以后得出如下方案。

◎ 在化工集团总部部署一套 Project Online。

◎ 采用 Windows 域验证，满足内网、外网访问需求。

◎ 分布在全球多个城市的分公司部署 60 套 Project Professional，供 60 个项目经理使用。

◎ 总部领导、各分公司的领导、项目管理办公室通过“浏览器”访问 Project Online，得到项目执行情况等信息。

◎ 项目的参与人员通过“浏览器”访问 Project Online，进行进度报告、时间表报告、任务增加等工作。

环境部署完毕后，在使用之前必须进行定制工作，具体的定制、开发内容如下。

1. 定制项目计划模板

该机构的项目类型分为工具软件类、升级类、网络建设类、推广类以及新产品研发类。专家建议应该根据以上五类不同的项目类型编制不同的项目计划模板。

2. 定制项目属性

仔细分析用户的需求，发现用户要求的项目信息中有以下内容是 Project 产品本身默认不具备的：“项目来源”“项目所属分公司”“投资领域”和“项目阶段”。所以以上 4 项项目属性需要手工进行定制。

3. 定制资源库

在用户对资源信息的要求中，“资源岗级”与“组织结构”也是 Project 产品默认不提供的，所以同样需要手工定制。

4. 定制视图

Project 默认提供的视图无法满足用户提出的根据不同项目属性分组展示的要求，因此项目视图也需要手工定制。

5. 定制权限

根据组织中资源及其位置，分别定制全局权限和类别权限。

6. 开发报表

总部领导、各分公司领导查看项目信息报表，并可直观查看图表。

26.3 案例实施

以上 6 项定制方案确定后，可以开始在 Project 环境中定制工作了。本节中很多定制过程的详细步骤在前面章节中都有详细介绍，请读者注意参考。

26.3.1 定制项目计划模板

在定制项目计划模板过程中，项目管理专家召集该机构的资深项目经理进行了为期两周的详细讨论，在讨论中主要围绕如下几点进行：

◎ 模板的任务分解必须有明确的层次级别。

◎ 模板的任务划分的阶段必须清晰、统一，符合项目管理生命周期规范。

◎ 模板的每个阶段必须由里程碑标志阶段结束。

◎ 模板包含的任务应尽量全面。

经过专家与 PMO、资深项目经理的共同努力，得出如下模板（截图）。

1. 投资类项目计划模板

模板如图 26.1 所示。

	任务模式	任务名称	工期	开始时间	完成时间	前置任务	资源名称
0		**◢ 化工投资类模板**	**51 d?**	**2016/12/1**	**2017/2/9**		
1		**▷ 1 收集阶段**	**11 d**	**2016/12/1**	**2016/12/15**		
7		**▷ 2 跟踪及初步尽调阶段**	**18 d?**	**2016/12/1**	**2016/12/26**		
15		**◢ 3 准备立项阶段**	**8 d?**	**2016/12/26**	**2017/1/4**		
16		3.1 整理立项申请报告	1 d?	2016/12/27	2016/12/27	14	
17		3.2 初审立项申请报告	4 d	2016/12/28	2017/1/2	16	
18		3.3 提交报告至咨询委员会	3 d	2016/12/26	2016/12/28	17SS-2 d	
19		3.4 提出咨询意见	1 d?	2016/12/29	2016/12/29	18	
20		3.5 修改立项申请报告	1 d?	2016/12/30	2016/12/30	19	
21		3.6 编制立项风险评估报告	1 d?	2017/1/2	2017/1/2	20	
22		3.7 提交立项申请所有材料	1 d?	2017/1/3	2017/1/3	21	
23		3.8 审议立项	1 d?	2017/1/4	2017/1/4	22	
24		3.9 立项或终止	0 d	2017/1/4	2017/1/4	23	
25		**▷ 4 全面尽调阶段**	**10 d?**	**2017/1/5**	**2017/1/18**	**15**	
38		**▷ 5 交易阶段**	**3 d?**	**2017/1/19**	**2017/1/23**	**25**	
42		**▷ 6 投后管理阶段**	**12 d?**	**2017/1/24**	**2017/2/8**	**38**	
58		**◢ 7 退出阶段**	**1 d?**	**2017/2/8**	**2017/2/9**	**42**	
59		7.1 拟定退出建议书	1 d	2017/2/9	2017/2/9		
60		7.2 审批退出建议书	1 d?	2017/2/9	2017/2/9		
61		7.3 撰写退出方案风险评估报告	1 d?	2017/2/9	2017/2/9		
62		7.4 提交退出建议书及退出风险评估报	1 d?	2017/2/9	2017/2/9		
63		7.5 投决退出	1 d	2017/2/9	2017/2/9		
64		7.6 执行退出	0 d	2017/2/8	2017/2/8		

图26.1 投资类计划模板

图 26.1 所示的工具软件类项目计划模板与其他类型项目不同的地方是，需要注意“工具软件到货、验收”“工具软件实施、测试”“工具软件试运行”等工作的细化。

2. 新产品研发类项目计划模板

模板如图 26.2 所示。

	任务模式	任务名称	前置任务
0		⊟ 新产品研发类项目	
1		⊟ 项目启动阶段	
2		下达项目任务书	
3		成立项目组	2
4		落实需求阶段的场地和设备	3
5		编制项目里程碑计划	4
6		制定项目组内部管理办法	5
7		阶段检查	6
8		项目启动阶段结束	7
9		⊞ 需求分析阶段	1
21		⊞ 计划编制阶段	
30		⊞ 项目采购阶段	
38		⊞ 产品试用阶段	30
45		⊞ 客户化功能需求整理	9,21
51		⊞ 系统设计阶段	45
58		⊞ 系统开发和测试阶段	45SS+50%
62		⊞ 系统试运行阶段	
68		⊞ 系统验收阶段	
74		⊞ 系统收尾阶段	
78		项目结束	

图26.2 新产品研发类计划模板

图 26.2 所示的新产品研发类项目计划模板与其他类型项目不同的地方是，需要注意“需求分析阶段”和“系统涉及阶段”等任务的细化。

3. 优化类项目计划模板

模板如图 26.3 所示。

	任务模式	任务名称	前置任务
0		⊟ 优化类项目	
1		⊞ 项目启动阶段	
9		⊟ 需求分析阶段	
10		⊟ 获取业务需求	
11		编写业务需求	
12		评审业务需求	11
13		确认业务需求	12
14		编写需求分析报告	12SS
15		评审需求分析说明书	
16		修改需求分析说明书	
17		确认需求分析说明书	16
18		录入配置管理系统	
19		阶段检查	18SS+5 天
20		需求分析阶段结束	
21		⊞ 计划编制阶段	
30		⊞ 项目采购阶段	
38		⊞ 产品试用阶段	
45		⊞ 客户化功能需求整理	
51		⊞ 系统设计阶段	
58		⊞ 系统开发和测试阶段	
62		⊞ 系统试运行阶段	
68		⊞ 系统验收阶段	
74		⊞ 系统收尾阶段	
78		项目结束	

图26.3 优化类计划模板

图 26.3 所示的优化类项目计划模板与其他类型项目不同的地方是，需要注意“需求分析阶段”等任务的细化。

4. 推广类项目计划模板

模板如图 26.4 所示。

	❶	任务模式	任务名称	前置任务
0			⊟ 推广类项目	
1			⊞ 推广启动阶段	
13			⊟ 推广计划编制阶段	
14			编写项目详细计划	
15			编制预算	
16			绘制场地和设备的要求	
17			制定采购计划	
18			制定质量保证计划	
19			制定风险控制计划	
20			制定用户培训计划	
21			评审计划	14, 15, 16, 17, 18, 19, 20
22			⊞ 推广采购阶段	
35			⊞ 推广执行阶段	22
47			⊞ 系统验证阶段	35
55			⊞ 系统验收阶段	47
66			项目结束	

图26.4 推广类计划模板

图 26.4 所示的推广类项目计划模板与其他类型项目不同的地方是，需要注意“推广执行阶段”与相关分支机构的配合方面，以及需要进一步细化在试点单位的推广任务，包括需要格外重视“用户培训”等任务的细化。

5. 网络建设类项目计划模板

模板如图 26.5 所示。

	❶	任务模式	任务名称	前置任务
0			⊟ 基础设施_网路建设类项目	
1			⊞ 项目驱动阶段	
13			⊟ 需求分析阶段	
14			⊟ 获取需求	
15			编写需求	
16			评审需求	15
17			确认需求	16
18			编写需求分析报告	
19			评审需求分析说明书	18
20			修改需求分析说明书	19
21			确认需求分析说明书	20
22			需求分析阶段结束	21
23			⊞ 计划编制阶段	
36			⊞ 项目采购阶段	23
51			⊞ 方案实施阶段	36
61			⊞ 设备到货与验收阶段	51
71			⊞ 网络环境部署与测试阶段	
75			⊞ 项目验收阶段	
78			项目结束	

图26.5 网络建设类计划模板

图 26.5 所示的网络建设类项目计划模板与其他类型项目不同的地方是，需要注意“需求分析阶段”等部分的细化。

6. 登录方式

根据化工集团 IT 架构，公司成员根据自己所处的网络环境选择登录方式，接入集团网的用户采用 Windows 域验证的方式点击登录。

第一次使用 Project Professional 或 PWA 方式登录，出现认证方式选择下拉列表，如图 26.6 所示。

图26.6 认证方式

7. 保存、使用模板

以上 5 种模板利用 Project Professional 编制完成后，需要保存到企业模板库中。具体的保存方法如下：PMO 成员通过 Project Professional 登录 Project Online，登录后首先打开这 5 个模板文件，再选择【文件】→【另存为】选项，出现如图 26.7 所示的对话框。

图26.7 保存模板对话框

在图 26.7 所示的对话框中的“类型”下拉框选择“模板”，“名称”输入框中输入模板名称，单击【保存】按钮，Project 会将该文件以模板的形式保存至 Project Online。

其他项目经理再次利用 Project Professional 登录 Project Online 时，选择【文件】→【新建】→【计算机上的模板】选项，出现如图 26.8 所示的窗口。

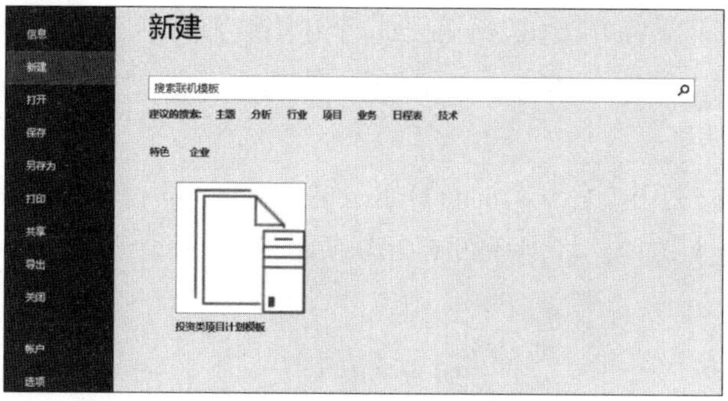

图26.8 使用编制好的模板

在图 26.8 所示的“新建”窗口中，可以找到上述编制好的项目计划模板，打开该模板并且另存为具体的项目文件之后，项目经理可以利用该模板快速地编制出规范、统一的项目计划文件。

26.3.2 定制项目属性

1. 明确属性要素

此案例中需要定制的项目属性有“项目来源”“项目评审阶段”“投资领域”3 项，在定制之前应该再次明确各个属性具体的要素。

（1）项目来源。

◎ 科研院所。

◎ 高校。

◎ 标的公司。

◎ 标的团队。

◎ 自研。

（2）其他项目评审阶段。

◎ 想法评价阶段。

◎ 商业可行性评价（初步尽调）阶段。

◎ 研发阶段。

◎ 扩大和验证（进场尽调）阶段。

◎ 贯彻和转移到经营业务（投资实施）阶段。

◎ 投后管理阶段。

◎ 退出阶段。

（3）投资领域。

◎ 新材料。

◎ 特种化学品。

◎ 医药。

◎ 其他。

2. 属性定制

定制项目属性的具体方法在本书前面章节中有详细的描述，请读者参考相关内容，本章不做描述。

3. 验证定制结果

定制完成之后，打开（登录 Project Online 的方式）Project Professional 之后，选择【项目】→【项目信息】选项，将打开如图 26.9 所示的对话框。

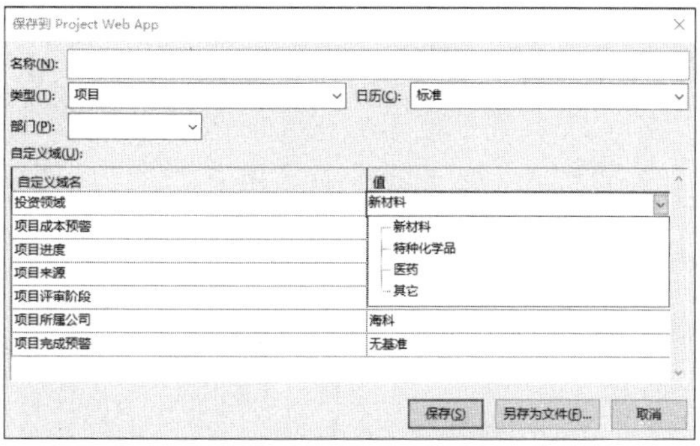

图26.9　项目信息对话框

图 26.9 所示的对话框中的“自定义域”中，显示了已经定制完毕的 4 个项目的属性，单击每一个属性域名右侧的【值】下拉按钮，可以显示出相应的以下拉列表形式出现的值，通过这些值为项目的属性进行赋值。

26.3.3 定制资源库

1. 明确属性要素

此案例中的资源属性有两项，即“组织结构”和“资源岗级”，在定制之前应该得到这两项属性具体的要素，要素如下。

组织结构

◎ 战略投资委员会

　■ 总裁助理

　■ 战略发展部

　　◇ 石化事业部

　　◇ 市场计划部

　　◇ 新探公司

　　　○ 新材料组

　　　　□ 项目经理

　　　　□ 项目成员

　　　○ 特种化学品组

　　　　□ 项目经理

　　　　□ 项目成员

　　　○ 医药组

　　　　□ 项目经理

　　　　□ 项目成员

　　◇ 新源公司

　　　○ 应用研发部

　　◇ 天东公司

　　　○ 研发中心

◇ 欧铂公司

  ○ 研发中心

◇ 赫邦公司

  ○ 技术研发部

资源岗级结果列表

◎ 副总裁、部门总经理

◎ 总裁助理

◎ 部门副总经理

◎ 部门经理

◎ 投资经理

◎ 项目经理

◎ 项目成员

2. 属性定制

定制资源属性的具体方法在本书的第 15 章中有详细的描述，请读者参考相关内容，本章不做描述。

3. 验证定制结果

定制完成之后，以管理员身份登录 PWA，选择【服务器设置】→【安全性】→【管理用户】选项，单击【新建用户】按钮，单击展开【RBS】按钮将出现预定义的下拉列表，表明定制成功。

26.3.4 新建用户

Project 用户登录有三种认证方式，分别为 Windows 域认证、Windows 本机认证和表单认证，限于篇幅三种认证方式配置与使用方法不做介绍。

1. 建立单个用户

以管理员身份登录 PWA，选择【服务器设置】→【安全性】→【管理用户】选项，单击【新建用户】按钮，“新建用户”页面中需要设置的内容较多，其中比较重要的设置内容有以下几项。

标示信息。需要输入“显示名称”“电子邮件地址”“RBS”，如图 26.10 所示。

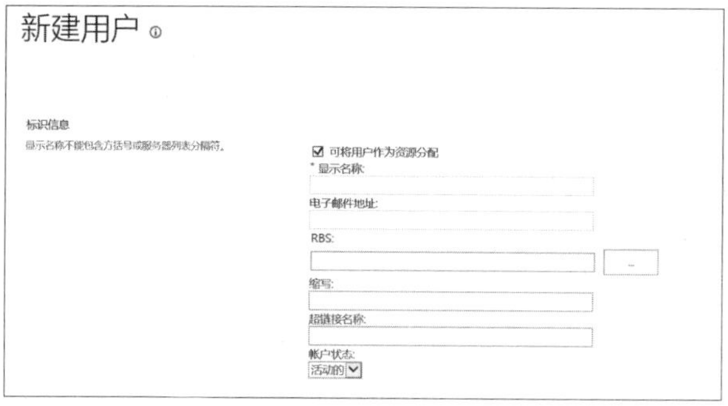

图26.10 用户标示信息

用户登录账号。需要输入用户的登录名字，但是由于 Project Online 使用的是 Windows Azure 域，域用户必须在域中先存在，此处只能检索，如图 26.1 所示。

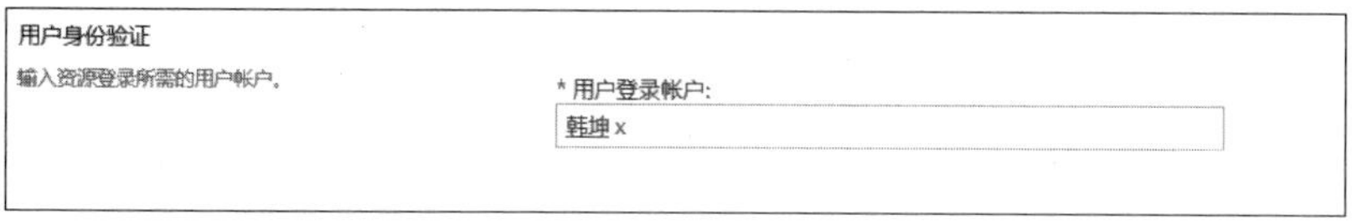

图26.11 新建用户登录账号

资源岗级，如图 26.12 所示。

图26.12 资源岗级

设置完成后，单击【保存】按钮。

2. **批量建立用户**

（1）使用 Project Professional 打开资源库。

打开（登录 Project Online 的方式）Project Professional，选择【资源】→【资源库】→【企业资源库】选项，将打开 PWA 的资源中心，单击【打开】按钮，即可打开资源中心。

（2）向资源库中批量添加资源。

将对应的资源属性加入资源库视图只是完成了资源库框架的搭建，但具体的资源还需要通过手工输入或者通过域服务器导入等方式获得。每输入一项资源信息都需要手工设定资源所属的机构以及相应的技能。

资源添加完毕后，如图 26.13 所示。

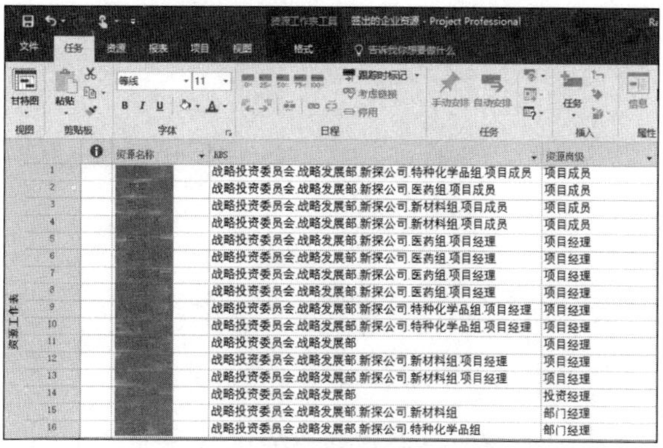

图26.13 输入资源后的资源库

保存并关闭资源库，资源属性定制成功，资源库建立完毕。资源属性中具备组织机构属性之后，可以方便地按照组织机构统计、分组、查询资源的情况，可以动态了解每个分公司的资源分布情况，有利于在分公司之间调配资源。大型机构的信息中心资源数量一般都比较庞大，资源能力的调查、技术队伍培养成为一项难题，具备资源岗级属性后可以迅速定位所需技能所在的组织机构，以及目前正在从事的项目、工作等内容，可以为平衡技术力量、合理使用资源等方面提供第一手资料。

26.3.5 定制视图

1. 明确定制内容

定制视图的目的是可以让各级领导通过浏览器清晰地跟踪项目执行状况，定制的主要视图集中在 Project Online 中的“项目中心”的“跟踪”视图上。在“跟踪”视图中，各级领导希望看到的要素有：工期进度状况（红绿灯方式）、项目名称、项目经理、最新工期、基准工期、开始时间、完成时间、完成百分比、项目阶段、投资领域、实施地点、项目类型。

默认的跟踪视图中不包含的属性有：进度预警（红绿灯方式）、工期预警（红绿灯方式）、项目级别、投资领域以及项目类型。

2. 视图定制

在定制视图之前需要保证上述 5 项项目属性已经存在，在本章前面小节中已经通过 Project Professional 定制了上述 5 项属性的后 4 项。第 1 项“工期进度状况（红绿灯方式）”的定制在本章中还未涉及。该属性的定制是由 administrator 登录 PWA，在“服务器设置”中的 “企业自定义域”定义完成的，具体方法和步骤在之前章节有详细的描述，请读者参考相关内容，本章不做描述。

所需的 5 项项目属性都定制完毕后，使用 administrator 的账户通过“浏览器”登录 Project Online，选择【服务器设置】→【管理视图】选项，在出现的视图列表中，选中“项目中心”的“摘要”视图，将上述 5 项属性依次找到并单击【添加】按钮添加到右边“显示域”列表中，并且通过单击【上移】【下移】按钮调整排列顺序，从而完成视图的定制，如图 26.14 所示。

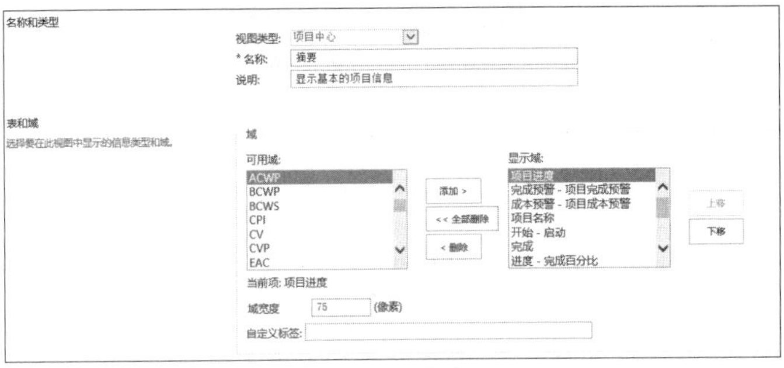

图26.14 视图定制页面

视图定制的详细方法和步骤在本书之前章节也有详细描述，请读者参考相关内容。

Project Online 提供的视图有数十种之多，用户可以根据实际项目管理的需要选取相关的视图进行个性化的定制。

3. **视图定制验证**

视图修改完毕后，在 PWA 中选取左边导航区中的【项目中心】，在【查看】下拉列表中选择上述定制过的视图，如图 26.15 所示。

项目中心

完成预警	项目进度		成本预警	项目名称 ↑	开始	完成	进度	工期	项目
				项目评审阶段: 2-商业可行性评价（初步尽调）阶段	**2016/2/6**	**2018/3/1**		**477.33个工作日**	
?				[redacted] …	2016/5/25	2016/12/6	11%	140个工作日	周晓
?				…	2016/5/3	2018/3/1	26%	477.33个工作日	周晓
				…	2016/3/30	2016/12/27	0%	194个工作日	杨光
				…	2016/2/6	2016/10/24	0%	186个工作日	韩坤
				…	2016/8/31	2017/6/15	19%	207个工作日	濯鹏
				项目评审阶段: 3-研发阶段	**2016/3/18**	**2022/8/31**		**1,638.88个工作日**	
				[redacted] …	2016/3/18	2021/12/28	3%	1,507.5个工作日	黄李
?				…	2016/5/20	2022/8/31	0%	1,638.88个工作日	樊鹏
				项目评审阶段: 4-扩大和验证（进场尽调）阶段	**2016/3/1**	**2016/12/1**	**0%**	**198个工作日**	
				[redacted] …	2016/3/1	2016/12/1	0%	198个工作日	冷刚
				…	2016/4/4	2016/10/21	0%	145个工作日	马德
				项目评审阶段: 5-贯彻和转移到经营业务（投资实施）阶段	**2015/12/24**	**2016/9/20**	**0%**	**194个工作日**	
				[redacted] …	2015/12/24	2016/9/20	0%	194个工作日	杨光

图26.15 定制过后的项目跟踪视图

图 26.15 中的列可以通过直接左右拖曳字段来改变展现的顺序，可以通过选择【数据】选项卡上的【分组依据】选项实现分类显示的目的。

采用同样的方法，可以将其他项目属性进行分组展示，还可以完成关键字筛选、搜索等操作。选择【导出到 Excel】功能，可以直接将视图生成 Excel 格式的报表，也可以通过【打印】功能，直接将视图输出到打印机，在打印之前可以调整格式，选择打印的内容。Project Online 上所有的视图均提供直接打印、导出 Excel 的功能，为用户及时输出项目信息提供了强大支持。

26.3.6 定制报表

Project 2019 提供了丰富的开发报表功能，并针对项目管理业务的不同层级，分别展示不同的数据。

1. **集团公司管理层报表**

集团公司管理层较关心各部门、分公司项目管理的整体情况、绩效 KPI，因而需要将项目以部门或者分公司为单位汇总统计、纵向对比，如图 26.16 所示。

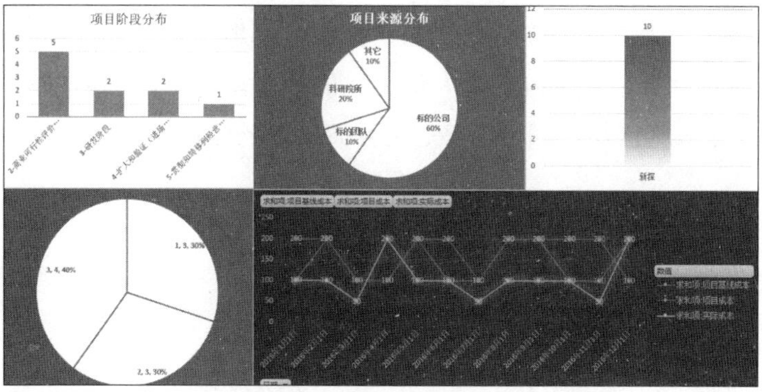

图26.16 集团管理层报表

2. **分公司、集团公司部门管理层**

分公司、集团部门管理者需求本单位内所有项目基本概况信息，并可对项目信息进行综合统计，如图 26.17 所示。

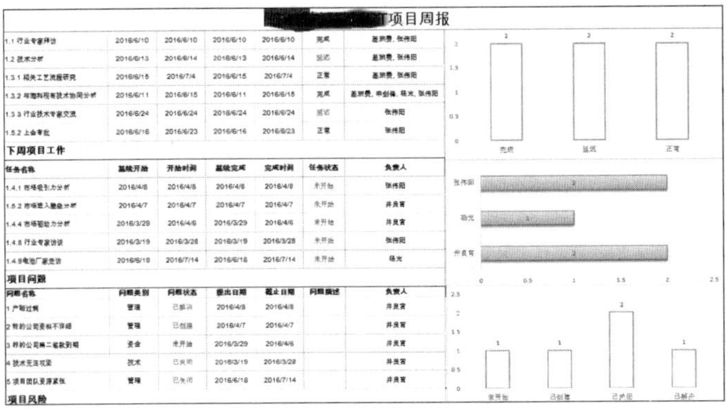

[redacted]项目周报

1.1 行业专家拜访	2016/6/10	2016/6/10	2016/6/10	2016/6/10	完成	[illegible]，张伟阳
1.2 技术分析	2016/6/13	2016/6/14	2016/6/13	2016/6/14	延迟	[illegible]，张伟阳
1.3.1 相关工艺流程研究	2016/6/15	2016/7/4	2016/6/15	2016/7/4	正常	[illegible]，张伟阳
1.3.2 [illegible]	2016/6/11	2016/6/15	2016/6/11	2016/6/15	完成	[illegible]，杨光，张伟阳
1.3.3 行业技术专家交流	2016/6/24	2016/6/24	2016/6/24	2016/6/24	延迟	张伟阳
1.5.2 上会审批	2016/6/16	2016/6/23	2016/6/16	2016/6/23	正常	张伟阳

下周项目工作

任务名称	基线开始	开始时间	基线完成	完成时间	任务状态	负责人
1.4.1 市场吸引力分析	2016/4/8	2016/4/8	2016/4/8	2016/4/8	未开始	张伟阳
1.5.2 市场进入壁垒分析	2016/4/7	2016/4/7	2016/4/7	2016/4/7	未开始	井良宵
1.4.4 市场驱动力分析	2016/3/29	2016/4/6	2016/3/29	2016/4/6	未开始	井良宵
1.4.8 行业专家访谈	2016/3/19	2016/3/28	2016/3/19	2016/3/28	未开始	张伟阳
1.4.9电池厂家走访	2016/6/18	2016/7/14	2016/6/18	2016/7/14	未开始	杨光

项目问题

问题名称	问题类别	问题状态	提出日期	截止日期	问题描述	负责人
1 产能过剩	管理	已解决	2016/4/8	2016/4/8		井良宵
2 [illegible]	管理	已创建	2016/4/7	2016/4/7		井良宵
3 [illegible]	资金	未开始	2016/3/29	2016/4/6		井良宵
4 技术无法攻坚	技术	已关闭	2016/3/19	2016/3/28		井良宵
5 项目团队资源紧张	管理	已关闭	2016/6/18	2016/7/14		井良宵

项目风险

图26.17 部门、分公司管理报表

3. **项目经理报表**

项目经理时刻关心自己复杂的项目，需要统计出其所有复杂项目的资源信息，如图 26.18 所示。

[redacted]工作组月度工作把投入比例

资源名称	资源角色	任务总计	2016年1月	2016年2月	2016年3月	2016年4月	2016年5月	2016年6月	2016年7月	2016年8月	2016年9月	2016年10月	2016年11月	2016年12月
[redacted]	项目经理	3\5	10%	0%	5%	5%	10%	10%	5%	10%	0%	5%	10%	10%
	项目经理	4\7	5%	0%	5%	5%	5%	5%	5%	5%	0%	5%	5%	5%
	项目经理	0\0	0%	20%	5%	5%	0%	0%	5%	0%	20%	5%	0%	0%
	项目经理	2\6	0%	0%	0%	0%	0%	0%	0%	0%	0%	0%	0%	0%
	项目经理	3\5	0%	5%	0%	0%	0%	0%	0%	0%	5%	0%	0%	0%
	项目成员	4\7	0%	0%	20%	20%	0%	0%	20%	0%	0%	20%	0%	0%
	项目经理	0\0	0%	0%	10%	10%	0%	0%	10%	0%	0%	10%	0%	0%
	投资经理	2\6	0%	0%	5%	5%	0%	0%	5%	0%	0%	5%	0%	0%
	部门经理	3\5	20%	5%	0%	0%	20%	20%	0%	20%	5%	0%	20%	20%
	项目成员	4\7	0%	5%	0%	0%	0%	0%	0%	0%	5%	0%	0%	0%
	部门经理	0\0	5%	20%	0%	0%	5%	5%	0%	5%	20%	0%	5%	5%
	项目经理	3\5	0%	10%	0%	0%	0%	0%	0%	0%	10%	0%	0%	0%
	项目成员	4\7	0%	5%	0%	0%	0%	0%	0%	0%	5%	0%	0%	0%
	总裁助理	0\0	0%	0%	0%	0%	0%	0%	0%	0%	0%	0%	0%	0%
	项目成员	2\6	5%	0%	20%	20%	5%	5%	20%	5%	0%	20%	5%	5%
	项目经理	3\5	5%	0%	0%	0%	5%	5%	0%	5%	0%	0%	5%	5%
	副总裁	3\5	5%	5%	5%	5%	5%	5%	5%	5%	5%	5%	5%	5%
	项目经理	4\7	5%	0%	0%	0%	5%	5%	0%	5%	0%	0%	5%	5%
	项目成员	3\5	5%	0%	0%	0%	5%	5%	0%	5%	0%	0%	5%	5%
	项目成员	4\7	5%	0%	0%	0%	5%	5%	0%	5%	0%	0%	5%	5%
	部门副总经理	0\0	0%	5%	5%	5%	0%	0%	5%	0%	5%	5%	0%	0%
	项目经理	2\6	0%	5%	5%	5%	0%	0%	5%	0%	5%	5%	0%	0%

图26.18 项目经理报表

26.4 案例总结

企业项目是近年来发展的新方向，如何更有效率地应用工具提高企业项目管理水平，是很多项目管理办公室（PMO）人员关注的焦点。本章案例所针对的正是这样一个用户群体，对于其他的用户同样能够起到抛砖引玉的作用。

综合篇

27

●●●●●● 第 27 章 Project 提供的案例模板

模板（Template）指的是一种可以重复使用的文件，这种文件具有很强的共性，能够满足许多用户的多方面需求。在 Project 中，模板指的是区别于普通 Project 文件格式（.mpp）的另外一种 Project 文件格式（.mpt），这种格式的 Project 文件允许用户重复使用，编制不同的项目计划。如何根据企业项目管理特点编制项目计划模板与模板规范在第 10 章有详细介绍。

本章重点介绍系统自带模板。

27.1 主要模板介绍

打开 Project Professional 2019，选择【文件】→【新建】选项，出现如图 27.1 所示的页面。

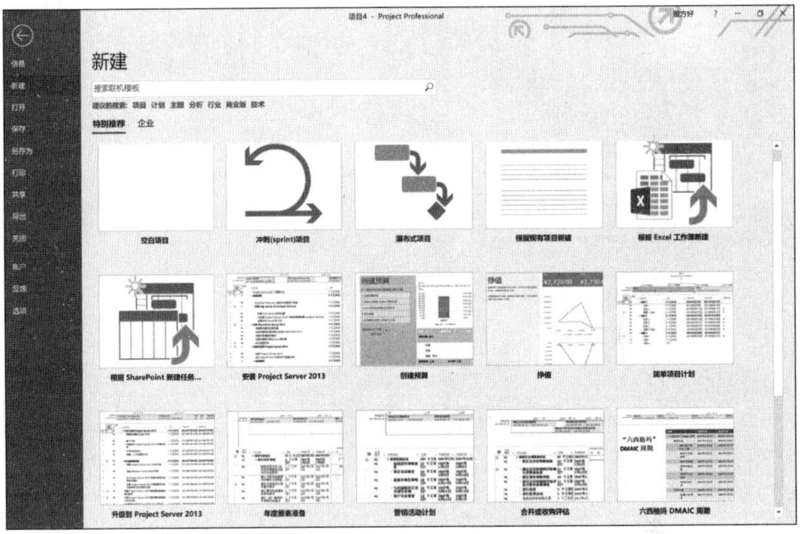

图27.1 新建文件时的页面

在图 27.1 中，显示出微软官方提供的项目计划模板名称及链接。Project 2019 版本安装后不再默认安装计划模板在本地，而是将计划模板统一放在微软网络服务器中，用户根据需要选择使用，其中“冲刺（sprint）项目”“瀑布式项目”“根据现有项目新建”“根据 Excel 工作簿新建”“根据 SharePoint 新建任务…”是新建项目的指引，其他都属于计划模板，需要单击名称链接，再单击【创建】按钮，将模板下载到本地使用。

下面介绍几种常用的项目计划模板。

27.1.1 “六西格玛DMAIC周期”模板

现在很多的大型企业都在寻求一种有效的管理方式，其中“六西格玛”已经成为一种业界追求的管理方式。我们可以把六西格玛管理定义为：“获得和保持企业在经营上的成功并将其经营业绩最大化的综合管理体系和发展战略，是使企业获得快速增长的经营方式。”六西格玛管理是“寻求同时增加顾客满意和企业经济增长的经营战略途径”，是使企业获得快速增长和竞争力的经营方式。它不是单纯的技术方法的引用，而是全新的管理模式。六西格玛管理具有以下特点。

（1）比以往更广泛的业绩改进视角，强调从顾客的关键要求以及企业经营战略焦点出发，寻求业绩突破的机会，为顾客和企业创造更大的价值。

（2）强调对业绩和过程的度量，通过度量，提出挑战性的目标和水平对比的平台。

（3）提供了业绩改进方法。针对不同的目的与应用领域，这种专业化的改进过程包括六西格玛产品 / 服务过程改进 DMAIC 流程，六西格玛设计 DFSS 流程等。

（4）在实施上由“勇士 Champion”“大黑带 MBB”“黑带 BB”“绿带 GB”等经过培训职责明确的人员作为组织保障。

（5）通过确定和实施六西格玛项目，完成过程改进项目。每一个项目的完成时间在 3~6 个月。

（6）明确规定成功的标准及度量方法，以及对项目完成人员的奖励。

（7）组织文化的变革是其重要的组成部分。

Project 2019 中提供了有关六西格玛实施方面的模板（如图 27.1 所示），选择“六西格玛”DMAIC 周期模板，然后在弹出的对话框中，单击【创建】按钮，如图 27.2 所示。

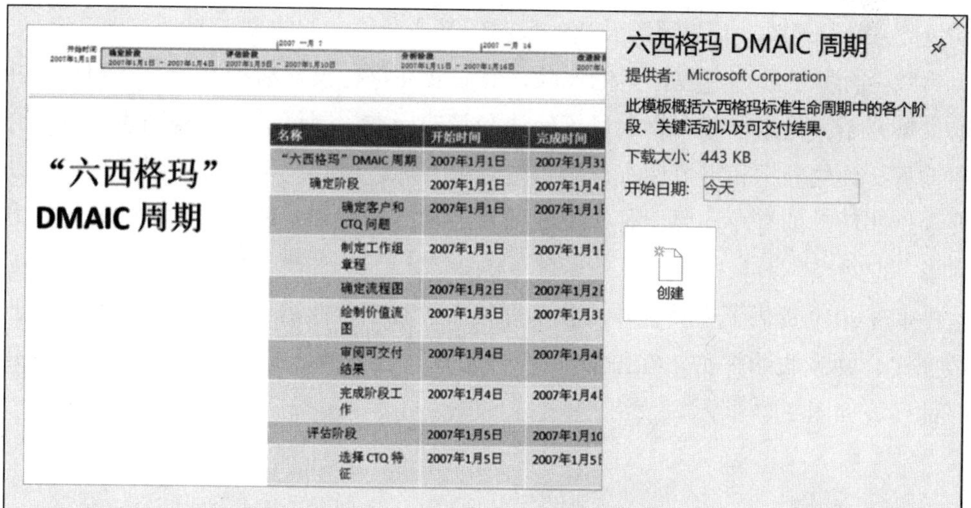

图27.2 选择六西格玛模板

下载完成后，打开计划模板，如图 27.3 所示。

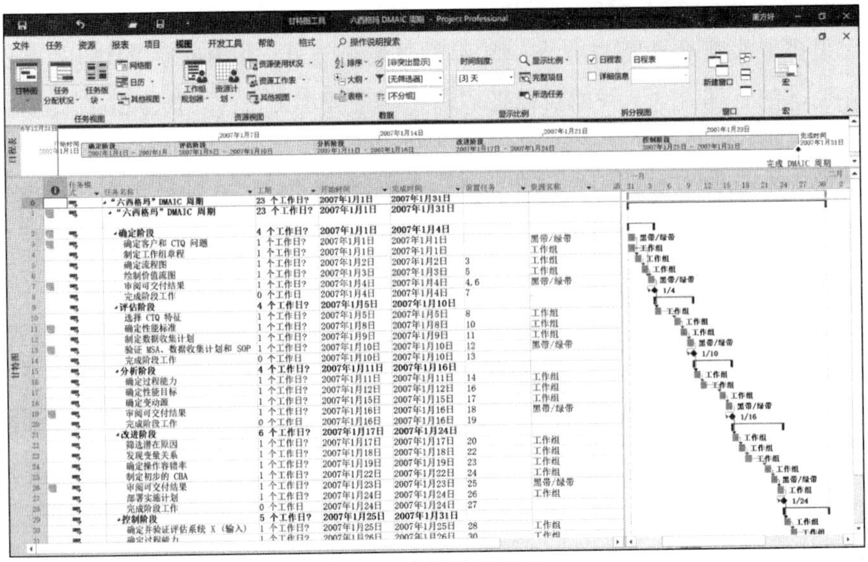

图27.3 六西格玛模板

27.1.2 “合并或收购评估”模板

随着全球经济一体化，市场经济的竞争越来越激烈，收购、合并活动已成为企业提升竞争优势及股东利益的重要方式。合并收购的理念是帮助企业进行调整，以更有效率的运营体系来面对新的挑战与机遇。

企业并购是一项复杂性与技术性并存的专业投资活动。在国际上，并购是私募投资的一种惯用手段，并购活动中涉及很多知识，因此被称为“财力与智力的高级结合”，同时并购又是一项高收益与高风险相伴的业务，融资风险、债务风险、经营风险、反收购风险、法律风险、信息风险及违约风险等都考验着企业的决策者。

为减少合并或收购过程伴生的风险，有必要在进行投资活动之前，从制订合并和收购策略开始，确定合并和收购目标确认和筛选标准，制订潜在收购列表，进行合并和收购目标评估分析和审慎调查，确定选择的目标，展开一系列专业财务评估活动。为便于这些活动的有序开展，有些投资项目经理已经在“合并或收购评估”计划方面积累了一定的经验。

Project 2019 提供了有关合并或收购评估全过程中企业需要做的工作，帮助企业顺利地完成合并或收购评估。在图 27.1 中，选择“合并或收购评估”模板，下载后，打开的模板如图 27.4 所示。

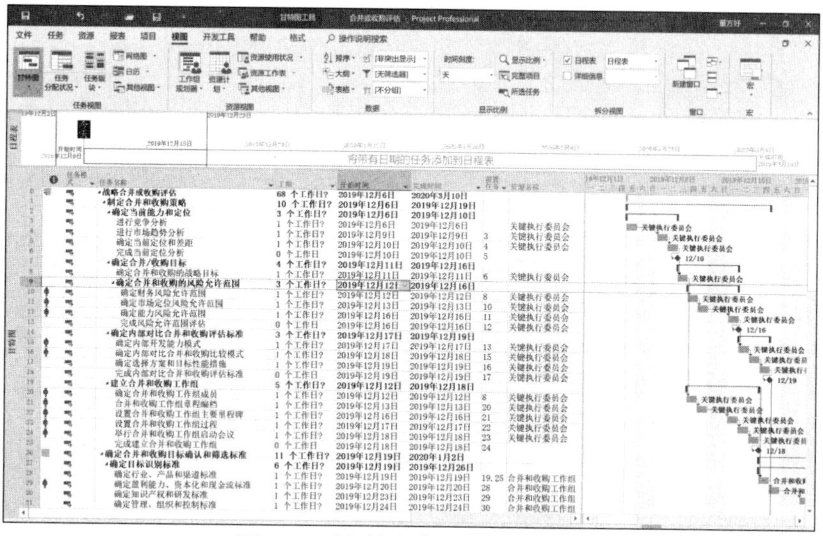

图27.4 “合并或收购评估”模板

27.1.3 “软件开发计划”模板

软件开发项目是各类项目计划中比较难制订的，因为软件项目的执行过程很多时候是看不见摸不着的代码，并且很多软件开发项目的项目经理都是技术出身，因此软件项目计划的编制非常困难。Project 2019 提供了关于如何进行软件开发的模板，如图 27.5 所示。

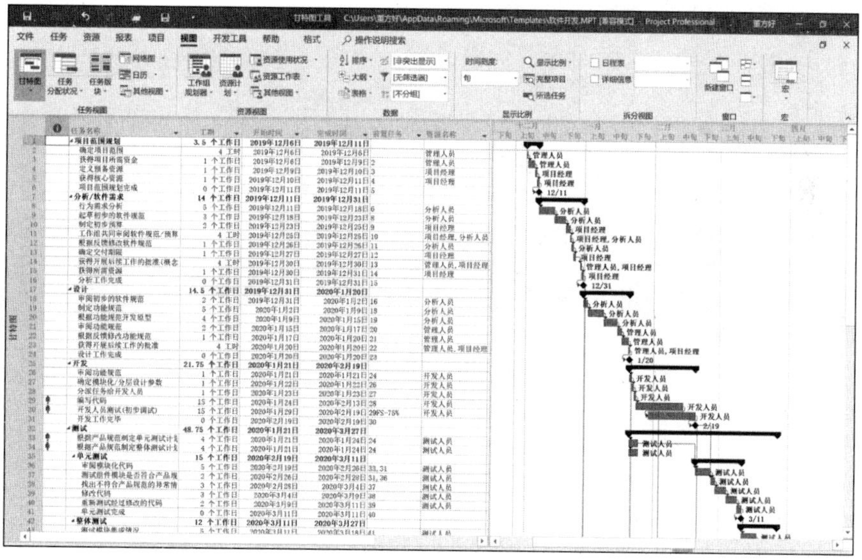

图27.5 “软件开发计划”模板

27.1.4 “开办新公司”模板

开办一家新公司，从战略规划开始，到公司开始运营，需要创业者处理很多事情。Project 2019 针对创业者在开办公司过程中的工作制订了此模板，如图 27.6 所示。

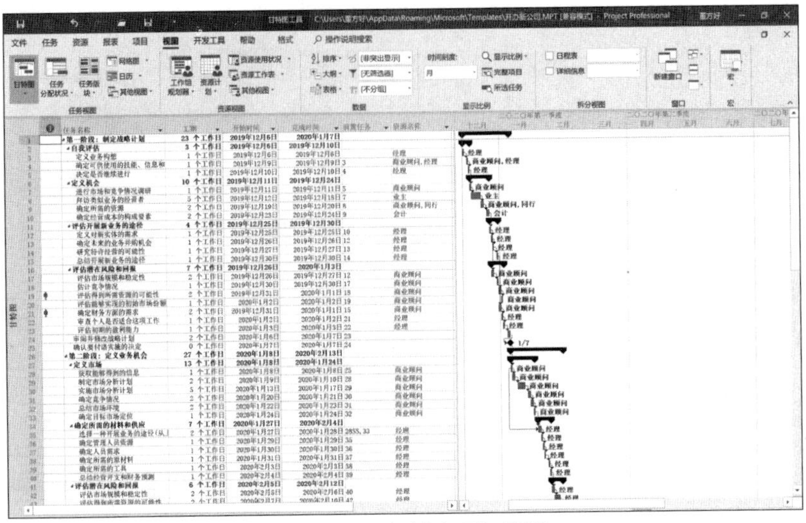

图27.6 “开办新公司”模板

27.1.5 “住宅建设”模板

Project 2019 也提供了有关住宅建设的模板，列出了构造单户住宅以及这些任务之间的逻辑关系所需的基本任务。用户可以将此模板用于培训，对项目开发自定义时间表，或作为初级项目日程的基础，如图 27.7 所示。

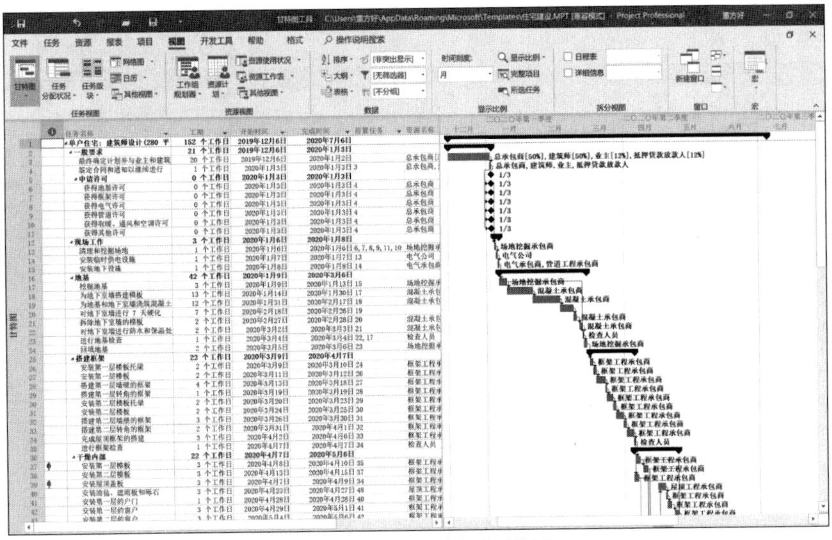

图27.7 “住宅建设”模板

27.1.6 其他模板

Project 2019 版本不再在本地默认存储计划模板，所有模板都需要通过联机的方式从微软 Office.com 官方网站上进行下载，如图 27.8 所示。

图27.8 项目计划模板搜索

下载好需要的模板后，读者可以将模板保存到本地模板库中。

27.2 如何使用模板

当决定使用 Project 2019 提供的某一种模板后，需要做如下几项工作：

◎ 将该模板另存为自己所需要的项目文件；

◎ 修改此项目文件的日历信息以满足当前项目日历要求；

◎ 修改此项目文件的项目开始时间或者完成时间，修改前确认项目进度为 0；

◎ 裁剪任务；

◎ 修改关联性；

◎ 替换资源。

27.2.1 将模板另存为项目文件

将某一模板打开后，选择【文件】→【另存为】选项，在打开的对话框中输入项目文件的名称。例如，用户需要编制“项目管理系统”的项目计划，经过筛选认为“软件开发模板”有借鉴价值，在模板区域中选择了“软件开发”模板，将该模板打开后，另存为文件名为“项目管理系统开发计划”，如图 27.9 所示。

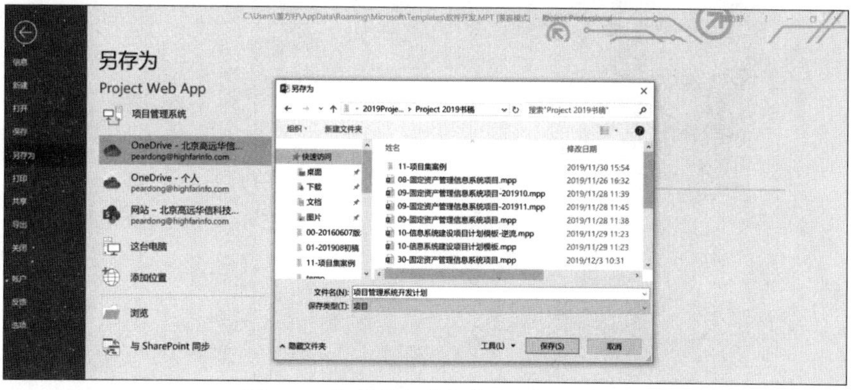

图27.9 将模板文件另存为项目文件

27.2.2 修改日历信息

项目日历是项目计划及项目执行的基础，因此编制项目计划之前首先需要修改项目日历，即设置项目中的“工作日 / 非工作日”，修改之后项目进度计划的编排才有意义。

修改日历的方式是选择【项目】→【属性】→【更改工作时间】选项，在如图 27.10 所示对话框中更改。

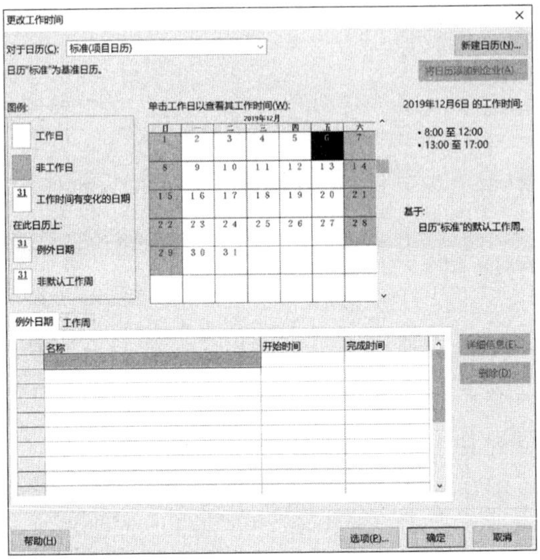

图27.10 修改日历

27.2.3 修改项目的开始时间或者完成时间

因为模板中项目的“开始时间”或者“完成时间”是随机的，用户使用模板编排计划的第一步是更新“开始时间”或者“完成时间”。例如，“项目管理系统开发计划”项目的开始时间应该是“2020 年 2 月 1 日”，选择【项目】→【项目信息】选项，在如图 27.11 所示对话框中修改项目的开始时间。

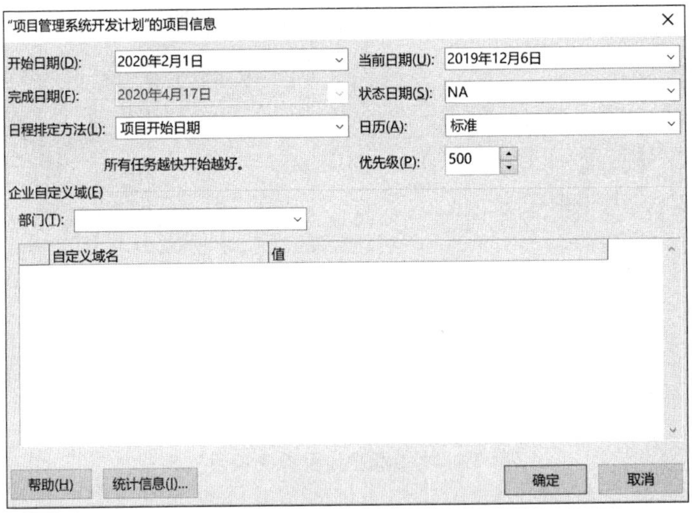

图27.11 修改项目开始时间

注意：在修改项目开始日期前，务必确认项目的进度为 0%，因为如果项目进度不为 0%，则修改项目开始日期，整个项目计划的任务时间排定不会根据开始日期重新计算排定，因此就失去了模板的意义了。

27.2.4 其他步骤

上面三个步骤完成以后，用户可以按照正常计划编制的顺序继续后面的工作（任务分解、关联性设定、资源分配……），这里不做赘述，相关内容请参考本书的第 4、5、6 章的内容。

27.3 如何制作模板

用户可以将自己编制的项目计划保存为模板文件，如果是“脱机方式”，用户编制好模板文件后将该文件“另存为”项目文件时，选择文件格式为“.mpt”，如图 27.12 所示。

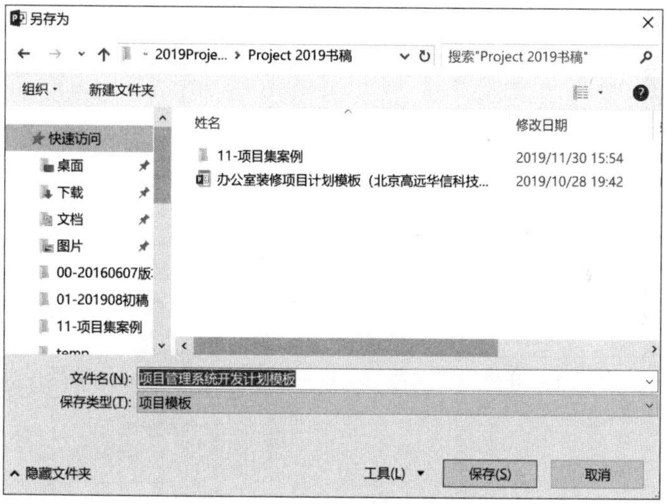

图27.12 脱机方式另存为模板

该模板存储在本地的 Project 2019 环境中，下次打开 Project 2019，选择【文件】→【新建】选项，单击【根据现有项目创建】就可以看到已经保存后的项目计划模板。

注意：在保存项目计划模板时，为了便于区分项目计划和项目模板，在保存模板时将另存为模板的计划名称加上“模板”。

如果是“联机方式”（打开 Project Professional 采用登录 Project Server 的方式），用户编制好模板文件后，同样是选择【文件】→【另存为】选项，在出现的对话框中勾选“模板”的复选框，Project 将该模板存储在 Project Server 端，如图 27.13 所示。

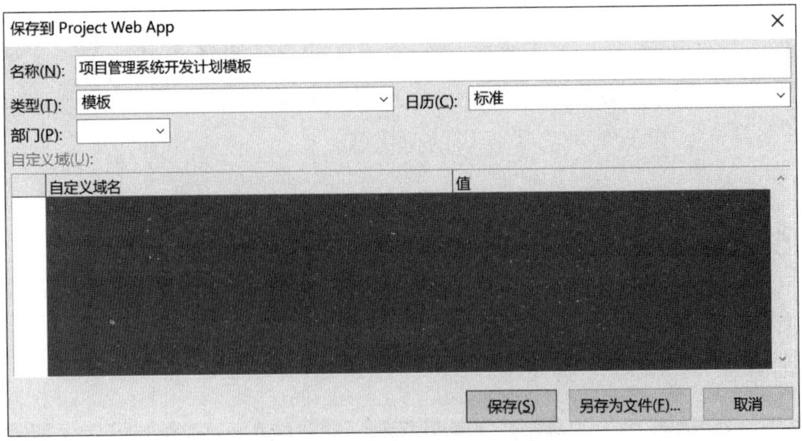

图27.13 联机方式另存为模板

该模板存储在 Project Server 环境中，下次利用 Project Professional 登录 Project Server 时，选择【文件】→【新建】选项，单击【企业】链接，选择【Project Server 模板】选项卡，就可以看到企业项目计划模板。如图 27.14 所示。

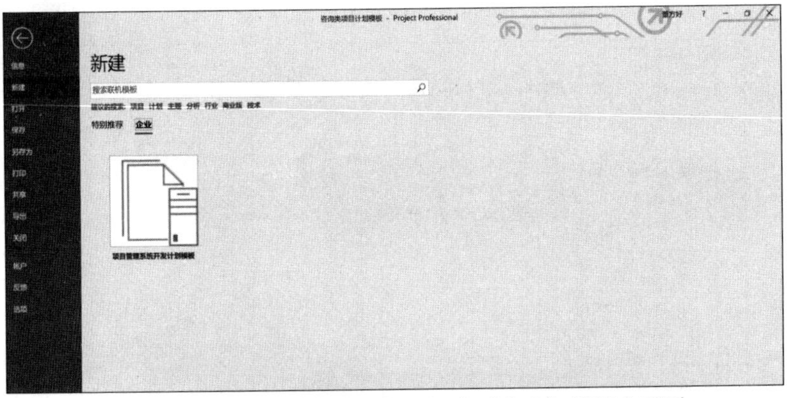

图27.14 联机方式保存的模板可以在“企业”模板中看到

第 28 章 Project 2019 中的宏（VBA）

微软在 Microsoft Project 中加入 Microsoft VBA（Visual Basic for Applications），使用人员可以迅速创建宏和功能强大的应用程序，在本章中将会介绍以下主要内容：

◎ 了解宏；

◎ Visual Basic 编辑器介绍；

◎ 录制宏；

◎ 运行宏；

◎ 编辑和复制宏。

本章将以“固定资产信息系统项目”为例，介绍 Project 2019 中的宏。

28.1 了解宏

在实际使用 Project 2019 的过程中，会使用很多重复性的操作，如果需要重复的工作量不是很大，还是可以接受的。但是如果工作量非常庞大，重复的工作将会极其单调乏味。例如，我们在编制项目计划时，需要将里程碑任务用特殊的字体和颜色来进行标注。其实在 Project 2019 中，可以通过宏的功能来实现这样的操作。

在 Project 中，“宏”是用于自动执行任务的一项或一组操作。“宏”是存储在 Visual Basic for Applications 模块中的一系列命令，无论何时需要执行都可运行，只需要提前根据需要录制宏即可。录制宏就像使用磁带录音机录制音乐，录制完成之后，可以运行宏来重复这些命令。在本章中，我们将重点介绍如何录制宏、运行宏等一系列操作。

虽然宏功能可以为我们提供很多便捷的操作，但是宏可能包含病毒，在录制及运行宏时要格外小心。我们可以采取一些预防措施：在计算机上运行最新的防病毒软件；将宏安全级别设置为“高”；取消选中“信任所有安装的加载项和模板”复选框；使用数字签名；维护可靠发行商的列表。

在实际项目中使用宏时，要提前根据项目的需求合理规划好宏的操作，然后进行相应的录制。同时录制的宏不仅可以在该项目中使用，还可以用于其他项目。

28.2 Visual Basic 编辑器简介

在录制及运行宏功能之前，应首先熟悉 Visual Basic 编辑器。在对宏功能进行操作时，除了可以直接利用提供的选项卡功能之外，我们还可以在 Visual Basic 编辑器中直接创建及修改宏，对宏进行相应的操作，下面就先熟悉 Visual Basic 编辑器的操作环境。

Project 2019 默认未显示“开发工具” 选项卡，需要手工添加。

选择【文件】→【选项】选项，在“Project 选项”对话框中选择【自定义功能区】选项卡，在“自定义功能区”右侧“主选项卡”列表中勾选“开发工具”复选框。如图 28.1 所示。

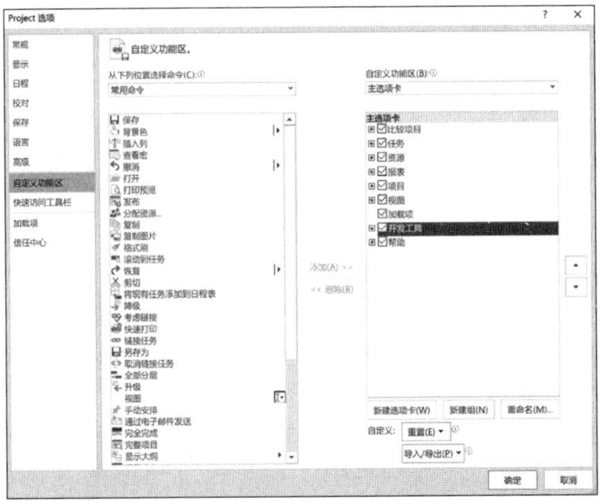

图28.1 自定义功能区

打开 Project 2019，选择【开发工具】→【代码】→【Visual Basic】选项，进入操作环境。如图 28.2 和图 28.3 所示，图 28.3 是 Visual Basic 编辑器的操作环境。

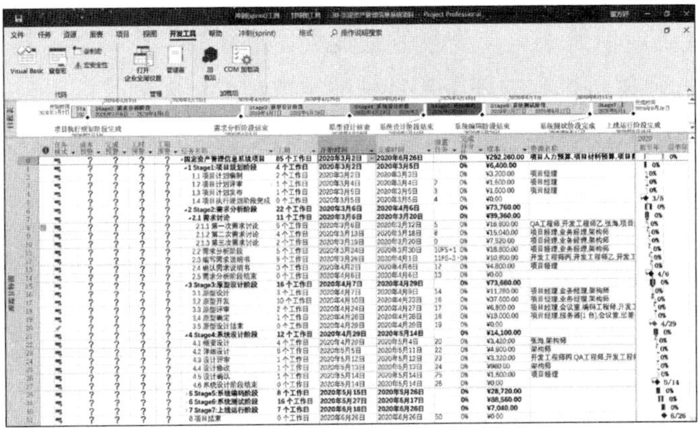

图28.2 “开发工具”功能区

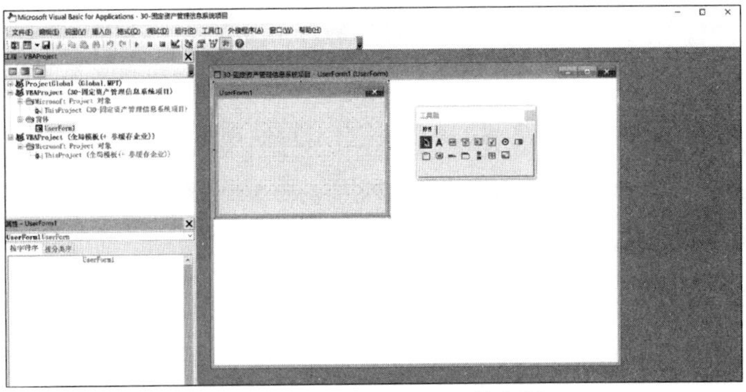

图28.3 打开Visual Basic编辑器

Project 2019 通过 Visual Basic 编辑器进行代码开发的方式，跟 Office 其他客户端的 Visual Basic 开发类似。Visual Basic 相关开发内容请读者参考链接 https://docs.microsoft.com/zh-cn/office/vba/api/overview/project。

28.3 录制宏

如果不会直接用 Visual Basic 进行开发，可以通过录制宏的方式进行编制，录制宏之前，应明确规划需要宏执行的步骤和命令。如果录制宏时出现错误，所做的更正也会录制到宏中。每次录制宏时，默认情况下宏都会保存到全局文件中，这样该宏就可以用于将来所有项目。也可以选择将宏与项目文件保存在一个文件中。

在录制宏之前，先了解如下概念。

◎ 绝对参照（绝对引用）：对独立于活动单元格的列或行的参照。不论活动单元格的位置如何，绝对参照的结果都相同。在 Project 中，该选项为默认方式。

◎ 相对参照（相对引用）：基于活动单元格的列或行的参照。每当活动单元格的位置发生更改时，相对参照的结果也将随之更改。例如，以某个单元格为起点。

◎ 列参照选项：希望在运行宏时，无论活动单元格的位置如何，宏都选定列。

◎ 行参照选项：希望在运行宏时，无论先选定哪个单元格，宏始终选定同一行。

Project 2019 与微软 Office 的其他产品录制宏的方式相同，并且录制过程非常简单。在“固定资产信息系统项目”这个案例中，我们想要录制一个宏，该宏能够自动查看项目工时概述报表，该报表能够显示项目任务的工时相关信息，如图 28.4 所示。

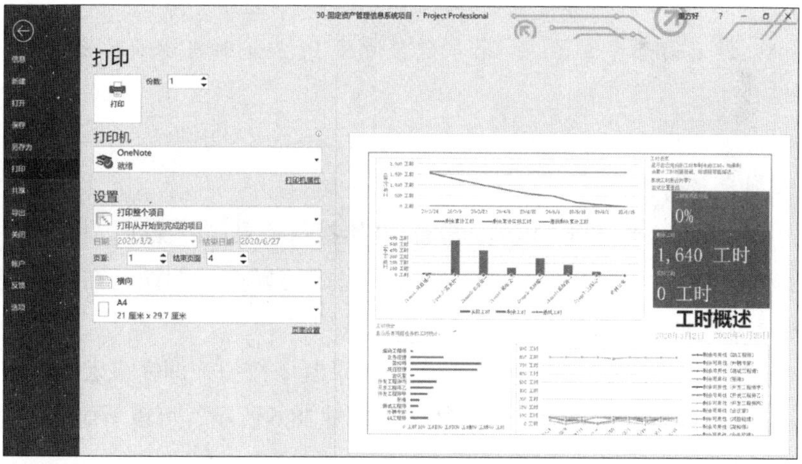

图28.4 利用宏功能打开报表

录制宏的步骤如下。

（1）启动 Project，打开“固定资产信息系统项目”文件。

（2）选择【开发工具】→【录制宏】选项，打卡如图 28.5 所示对话框。

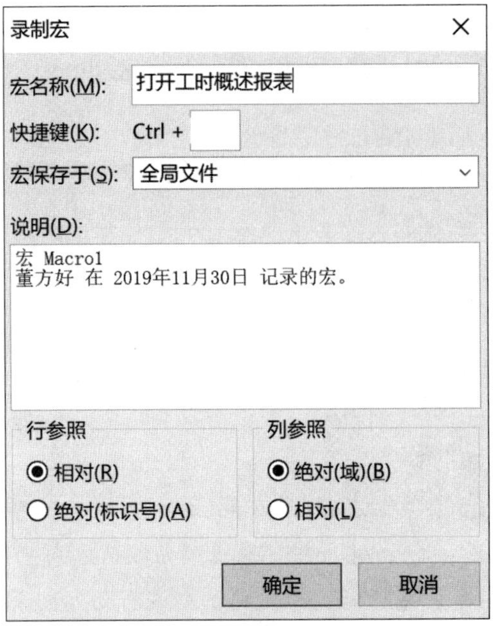

图28.5 录制宏对话框

◎ 宏名称：键入宏的名称。宏名称有一个要求：宏名称必须以字母开头，可以包含字母、数字和下画线。不能包含空格或者 Project 的保留字。宏名称的长度不能超过 128 个字符。

◎ 快捷键：输入快捷键来运行宏，在“快捷键”框中输入一个字母，如“Ctrl+q”，通过快捷键可以方便使用宏。快捷键使用“Ctrl+ 字母（小写字母）”或“Ctrl+Shift+ 字母（大写字母）”，其中字母可以是键盘上的任何字母键，但不能是数字或特殊字符，也不能使用 Project 2019 已使用的组合键。

◎ 宏保存于：该宏的保存位置。如果希望在使用 Project 时可以随时使用宏，就选择“全局文件”。

◎ 说明：对宏进行说明或简单介绍。

◎ 行参数和列参数的选择。

以上内容选择完毕后，单击【确定】按钮，开始执行要录制的操作。

（3）开始宏的录制后，依次完成该宏所需要完成的操作。例如，在本案例中，选择【报表】→【查看报表】→【仪表板】→【工时概述】选项。

（4）操作完成后，选择【开发工具】→【停止录制】按钮，即完成宏的录制过程。

（5）选择【开发工具】→【查看宏】命令，如图 28.6 所示，可以看到该项目中存在的所有宏，以及我们录制的新宏“打开工时概述报表”。

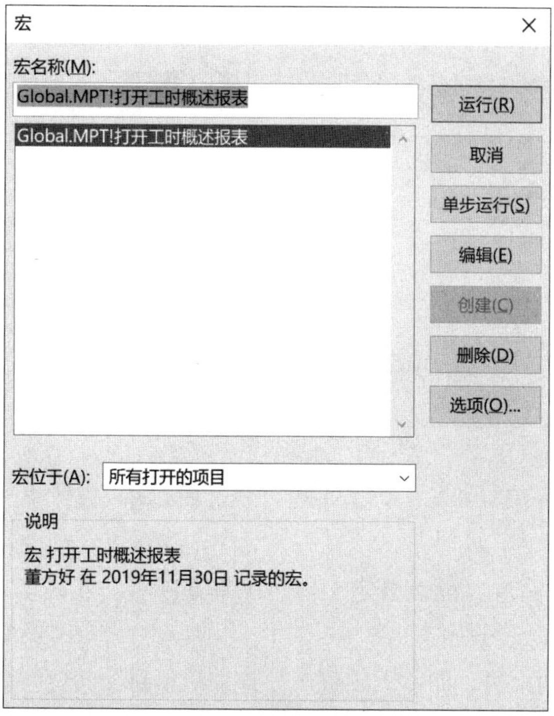

图28.6　宏名称列表

28.4　运行宏

在录制完宏之后，就可以在项目文件中运行该宏。在 Project 中提供四种运行宏的方式：从选项卡运行、快捷键运行、从 Visual Basic 编辑器运行、从工具栏按钮运行。下面介绍这四种方式。

从选项卡运行

步骤如下。

（1）选择【开发工具】→【查看宏】选项，该命令快捷键为【Alt+F8】，如图 28.7 所示。

（2）在宏的对话框中，选择要执行的宏名称，如“查看项目报表”。

（3）单击【运行】按钮，Project 会自动执行该宏。

快捷键运行

步骤如下。

（1）打开包含该宏的项目，例如“固定资产信息系统项目”。

（2）直接输入快捷键就可以了，如按快捷键【Ctrl+Q】，Project 就会自动执行相应的宏操作。

从 Visual Basic 编辑器运行

步骤如下。

（1）打开包含该宏的项目，如“固定资产信息系统项目”。

（2）选择【开发工具】→【查看宏】选项，如图 28.7 所示。

（3）从“宏名称”列表中选择要运行的宏。单击【编辑】按钮，如图 28.7 所示。

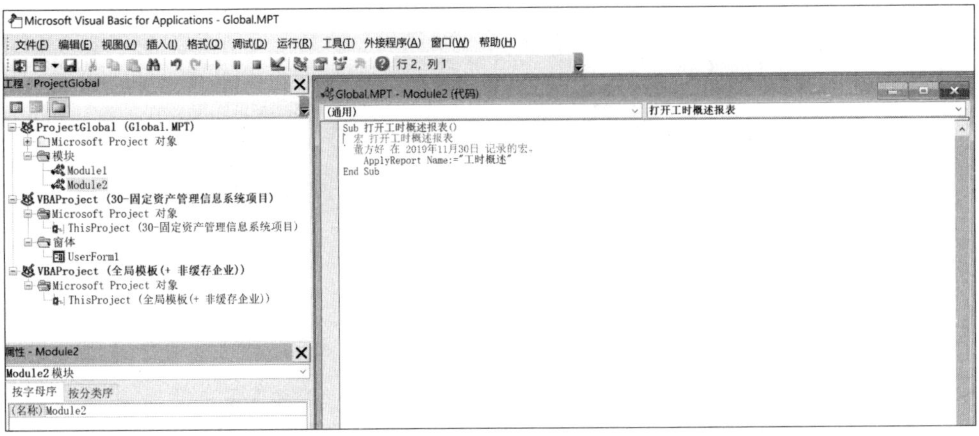

图28.7 从编辑器中运行宏

（4）在“Visual Basic 编辑器”中单击【运行子过程 / 用户窗体】按钮。

从工具栏按钮运行

为了方便快捷执行宏命令，可以自定义创建工具选项卡。在我们录制宏之后，可以直接在工具栏中设定该宏的操作。步骤如下。

（1）打开包含该宏的项目，如“固定资产信息系统项目”案例。

（2）选择【文件】→【选项】选项，在“Project 选项”对话框中选择【自定义功能区】，如图 28.8 所示。

图28.8 自定义工具栏

（3）在“宏”列表中，选中新录制的宏“打开工时概述报表”，并于需存放宏命令的选项卡新建一个组，如图 28.9 所示。

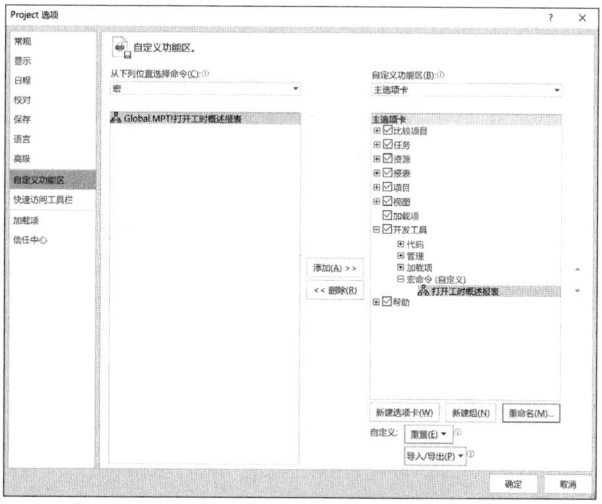

图28.9　将宏命令加入工具栏

（4）直接在所存放选项卡中单击“打开工时概述报表”，就可以启动该宏了，如图 28.10 所示。

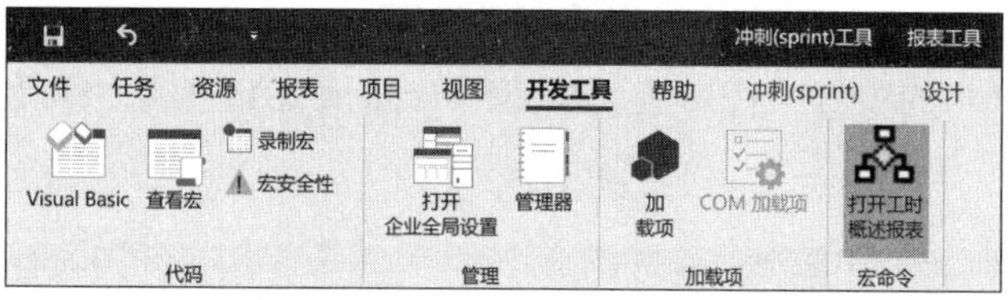

图28.10　将宏命令加入工具栏中

28.5　编辑和复制宏

在项目执行过程中，如果需要对宏及项目中附带的宏进行编辑，可以采用“Visual Basic 编辑器”。步骤如下。

（1）选择选项卡【开发工具】→【查看宏】，如图 28.6 所示。

（2）从“宏名称”列表中选择要编辑的宏，单击【编辑】按钮，进入“Visual Basic 编辑器”，可以进行必要的更改，再单击【文件】上的【关闭并返回到 Project】选项。

可以将某个现有宏中的命令应用于另一个宏，可以将此宏的全部或部分复制到另一个模块。也可以创建一个模块副本来复制保存在其中的所有宏。在复制宏的时候，Project 提供两种复制宏的方法：通过复制宏的一部分来创建另一个宏和将模块复制到另一项目中。

复制宏的一部分来创建另一个宏

（1）选择选项卡【开发工具】→【查看宏】命令，如图 28.7 所示。

（2）从“宏名称”列表中选择要复制的宏，再单击【编辑】按钮。

（3）选择要复制的宏中的程序行。若要复制整个宏，请确保所选内容中包含“Sub”和“End Sub”行。

（4）单击【复制】按钮，切换到要放置代码的模块，单击【粘贴】按钮。

将模块复制到另一项目中

（1）单击选项卡中【开发工具】→【查看宏】命令，如图 28.7 所示。

（2）在“宏名称”输入框中输入新宏名称，单击【创建】按钮，将要复制的模块拖动到要复制模块的项目，如图 28.11 所示。

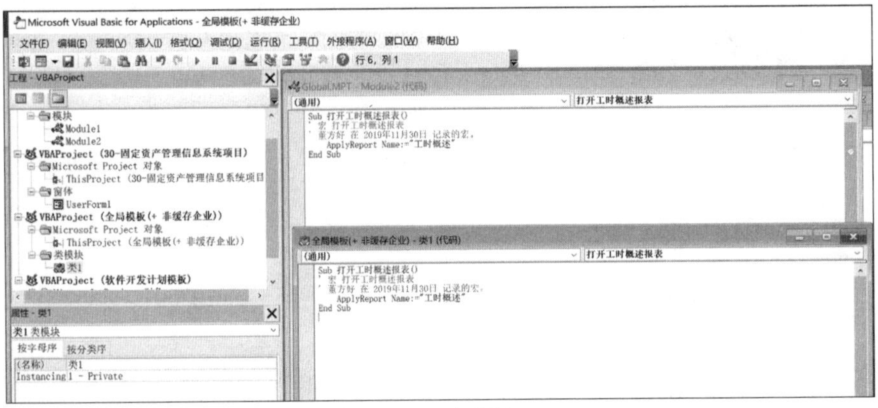

图28.11 复制宏

宏只能用于被复制到的项目。若要使宏在使用 Project 2019 时始终可用，需要录制宏并将它存储为全局文件。

28.6 宏的安全级别

虽然在 Project 中包含 VBA 编写的辅助功能，但是微软无法保证这些辅助功能的安全及可用性，有时可能会对数据及系统造成的影响。因此对于宏来说，可能包含病毒，在运行宏时要格外小心。所以下面简单介绍宏病毒的安全性设定。

与其他 Office 系列产品一样，Project 同样包含一个工具，即在开始使用一个项目时自动监测是否存在宏病毒。一旦发现宏病毒，就是显示对话框，询问使用人员是否启用这些宏。

选择选项卡【开发工具】→【宏安全性】选项，打开“信任中心”对话框如图 28.12 所示。选择所要使用的安全项。

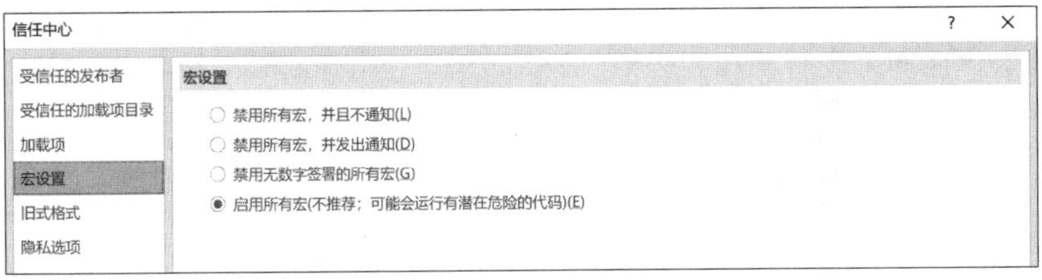

图28.12 宏的安全性

第 29 章 Project Server 系统安装部署

29

Project 产品在全球的项目管理软件市场中占有很大的份额，尤其是其产品版本发展到目前阶段，在面向企业级的项目管理解决方案方面有了巨大的进步。在使用方式上也由以前的项目经理在本地机器脱机使用为主，扩展为使用 Project Professional 与项目管理系统的协作使用为主的方式。

直到 20 世纪 90 年代，项目管理更多的是项目经理个人关心的事情，全社会项目经理的从业人员规模相对较小，使用 Project 产品的人凤毛麟角。但是近几年，随着国内各行各业的迅速发展，项目经理的从业人员数量大幅度增加，在项目管理中遇到的问题和困难也凸现出来，有很多项目管理界的有识之士开始意识到项目管理已经不再只是项目经理的事情，而是已经上升到团队、组织的层面。所以，在项目管理工具的使用方面也由之前的项目经理个人使用转化为团队级、企业级、组织级的使用。

本章的内容是从技术的角度系统地介绍项目管理系统的安装部署流程，以及如何与 Project Professional 进行联机的注意事项。

29.1 Project Server的安装

29.1.1 Project Server概述

Project Server 2019 用于支持使用 Microsoft Office Project Professional 2019 的项目经理和使用 Microsoft Office Project Web Access 2019 的工作组成员之间的协作。

Project Server 2019 提供需求管理、组合分析、时间表、状态报告、商业智能、企业资源和企业模板等管理功能。

用户通过 Project Web Access 2019（一个基于浏览器的客户端程序，允许工作组成员、资源经理和主管人员输入和查看时间表信息，以及查看项目组合报告）访问 Project Server 2019。

Project Professional 2019 是一个桌面客户端程序，允许项目经理创建和编辑项目计划及企业资源库的成员，可以将项目计划和资源保存到 Project Server 2019 数据库中。

Project Server 2019 只可以和 Microsoft Windows SharePoint Server 2019 集成在一起，以提供诸如问题、风险跟踪、商业智能及文档管理等协作功能。

Project Server 2019 非常灵活，它允许客户、合作伙伴和解决方案供应商扩展其企业项目管理解决方案。客户一开始可能只能使用有限数量的企业功能，然后可根据需要扩展功能。

Project Server 2019 应用到企业项目管理时，将要求进行组织结构的某些更改，其中某些更改会产生显著影响，因此在部署 Project Server 2019 之前制订更改计划十分重要。在计划阶段中，应从战略上考虑业务流程、文化问题，以及在升级项目管理功能时可能会成为影响因素的技术。

1. 架构总述

Project Server 2019 体系结构包括使用 SharePoint 网站集的 Project 应用程序服务关联、远程访问的客户端对象模型（CSOM）、用于报告的 OData 接口以及可访问的远程事件接收器等。除了本地自定义解决方案外，还可以创建包含远程事件接收器和访问 CSOM 与 OData 接口的组件的应用。

前端层包括 Project Professional 2016（Project Professional 2016 可以与 Project Server 2019 集成）、Project Professional 2019、Project Online Desktop Client（Project Online Desktop Client 可以与 Project Server 2019 集成）、Project Web App 和第三方应用程序。客户端应用通过 Project Server 接口 (PSI) 或 CSOM 终结点与中间层通信，进而与 PSI 和业务对象层通信。 数据库访问集成在业务对象中。 Project Server 事件系统可以同时访问本地事件处理程序和远程事件接收器。 Project Calculation Service 在 Project Server 中实现 Project 计划引擎。

图 29.1 所示是 Project Server 2019 系列产品的技术架构，包括 Project Service 应用程序和多个客户端应用程序。

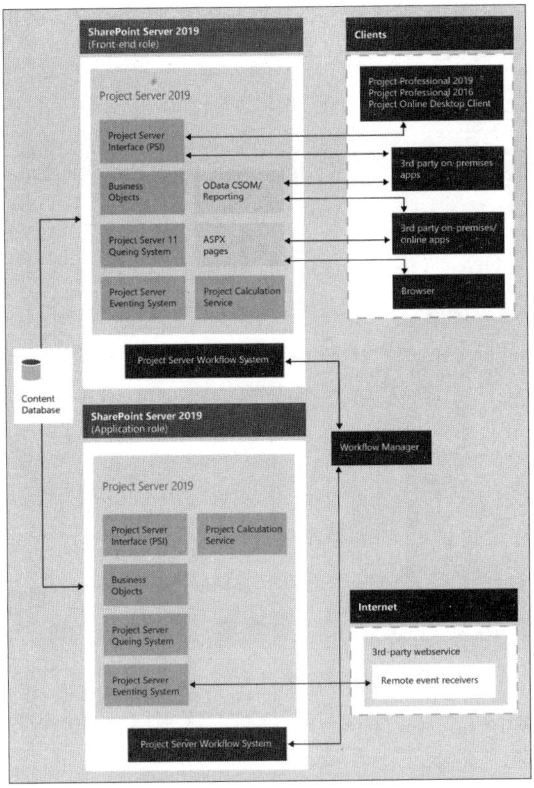

图29.1 Project Server 2019产品技术架构

> 注意：Project Server 是基于 SharePoint 体系结构构建的。有关 SharePoint Server 2019 体系结构和 SharePoint 应用程序模型的信息，请参阅 https://docs.microsoft.com/zh-cn/sharepoint/sharepoint-server 相关文档。

2. 专业版（Professional）

在图 29.1 中右上角的上层位置上显示的是“Project Professional 2019”与“Project Professional 2016”，简称 Project 专业版。Project Server 2019 同时支持 Project Professional 2016、Project Professional 2019、Project Online Desktop Client 与之协作。Project Professional 使用者主要是项目经理、资源经理等编制计划、管理资源的用户。在 Project 2019 版本中，标准版（Standard）依然存在，但是标准版仅限于个人单机使用，不能与 Project Server 进行协作。因此如果需要与 Project Server 协作，在客户端必须使用兼容版本的 Project 程序。本书前面介绍的功能都是在专业版中实现的。

3. 工作流

图 29.1 中，“Project Server Workflow System”可在 SharePoint 场中的单独服务器、云中的 Microsoft Azure 或单个 Project Server 计算机上运行。使用 Visual Studio 开发的编码工作流在 SharePoint 内的工作流运行时中进行处理。

4. 第三方应用程序开发接口

图 29.1 中，对于第三方应用，Project Online 公开了 HTTP/HTTPS 接口（包括 REST）、CSOM 接口、用于 CSOM 的 OData 服务和用于报表的 OData 服务。对于本地（Intranet 上）第三方客户端应用程序，可将 WCF 接口用于 PSI，也可以通过 HTTP 使用 CSOM、OData 和 REST 接口。Project Web App 和 Project Professional 2016 客户端都使用 WCF 接口。在单服务器安装中，前端 ASMX Web 服务、CSOM 和 REST 内部调用后端 WCF 服务。

用于报表的 OData 服务由内部 OData.svc WCF 服务实现。可以使用 http://ServerName/ProjectServerName/_api/ProjectData/$metadata 为报表数据获取服务元数据文档。

CSOM 的 OData 服务适用于 Windows RT、iOS 和 Android 等平台，在这些平台中可以在 HTML 页面中结合使用 REST 接口和 UNRESOLVED_TOKEN_VAL（ecmascriptshort）。

Project Server 可以与众多的商业管理解决方案进行数据交互，以便实现全面的企业级管理信息化的要求，比如 Project Server 与 Team Foundation Server 协同，Project Server 与 Exchange Server 的协同，Project Server 与 SAP 协同等。

5. Browser

图 29.1 中，“Browser”支持多种浏览器访问 Project Server 实现项目协作，Project Server 2019 支持 IE11、Edge 及其他主流浏览器。

6. PSI

图 29.1 中，“Project Server Interface”简称“PSI”。在 Project Server 2019 中，由 PSI 向外界提供功能强大而且丰富的接口调用程序。

7. Microsoft SharePoint Server 2019

图 29.1 中，前端层、应用层均由微软公司提供的门户平台产品 Microsoft SharePoint Server 2019 提供支撑，用以快速制作协作网站，简称 SharePoint Server 2019。该产品可提供 Project Server 技术实现的底层支撑。

8. **数据库**

图 29.1 中最左侧是 Project Server 和 SharePoint Server 所需数据库（Content Database）。实践证明，只有将大量的项目数据结构化并且存放在数据库中，才可以实现企业级的项目管理。大量项目数据的积累，可以为今后的项目数据统计分析、项目知识管理提供保证。

尤其需要说明的是，在 Project Server 2019 版本中，项目执行过程的文档都以二进制形式存在数据中，对于 Office 系列文档，可以实现对文档内容的全文检索。

术语：客户端对象模型（Client Side Object Model，CSOM），开放数据协议（Open Data Protocol，OData），Project Server 接口（Project Server Interface，PSI），Project 计算服务（Project Calculation Service，PCS），Project Server 工作流系统（Project Server Workflow System，PSWS），表述性状态传递（Representational State Transfer，REST），Windows 通信开发平台（Windows Communication Foundation，WCF）。

29.1.2 Project Server部署选项

一般来说 SharePoint 2019 产品从技术架构上分为 Web 前端、应用程序层、数据库层。如果这三层全部安装在同一服务器上，就叫“单服务器场”安装。如果把 Web 前端、应用程序层、数据库层中的任意两层分开安装就叫“多服务器场”安装。SharePoint 2019 产品还有一种安装模式叫独立安装，独立安装会自动安装 SQL Server 2019 Express 用于评估。可以用多台服务器做 Web 前端服务器，多台服务器可以做负载均衡。可以安装多台应用程序服务器，不同的应用程序服务器上运行不同的应用，由 SharePoint 管理中心统一配置应用。数据库层可以采用多台数据库服务器做数据库群集。不同的部署方式是由以下方式决定的。

◎ 系统的目的：用于生产还是用于功能评估。

◎ 并发使用系统的用户总数。

◎ 发布到 Project Server 的项目总数量。

◎ 分配到项目中的资源数量。

◎ 项目文档、问题、风险等功能的使用频度与使用压力。

◎ 对于数据的安全性的要求级别。

部署方式如下。

1. 单服务器模式

在单台服务器上安装 Web 组件、应用程序组件以及 SQL Server 2019 企业版或者标准版。这种安装方式适合于小公司的项目管理需求，或者大公司想正式全面使用 Project Server，为更大规模的部署之前测试 Project Server 2019 功能提供了一个低成本环境。

2. 小型服务器群模式

小型服务器群模式是指把 Web 组件、应用程序组件安装在一台服务器上，在另外一台服务器上安装数据库，也就是利用 2 台服务器进行压力均衡，这种配置结果可以在一定程度上提高性能。

3. 中型服务器群模式

中型服务器群模式中将各种组件分别安装在不同的独立服务器上，适合于较大型的用户选择。Web 前端用一台服务器安装，处理用户的访问，应用程序用一台服务器安装，处理来自 Web 端的逻辑，数据库用一台服务器安装，用于处理数据库层的数据请求。这种配置主要用于项目及用户数量很大的客户。

4. 大型服务器群模式

大型服务器模式适应于大型集团的项目管理信息化的使用，在此模式中，不仅各个组件分开安装，而且各层由不等数量的服务器负载均衡。在 Web 前端建立多台 Web 服务器来负载均衡，在应用程序层，建立多台应用程序服务器，每台服务器负责不同的应用，在数据库群做数据库群集，保证数据的安全。

29.1.3 Project Server 2019软件配置

Project Server 2019 的软件安装情况如下。

（1）操作系统：64 位版本的 Windows Server 2019 Standard 或 Datacenter（桌面体验）；

（2）数据库：64 位版本的 Microsoft SQL Server 2019 标准版；

（3）Microsoft SharePoint Server 2019 企业版；

（4）Project Server 2019 （在 2019 版本中 Project Server 2019 属于 SharePoint 的一个子应用）；

（5）其他组件：在安装过程中自动下载并安装。

> 注意：Project Server 2019 系统只能与 Microsoft SharePoint Server 2019 企业版集成安装，序列号也必须是 SharePoint Server 2019 企业版客户端访问许可证功能的序列号。

29.1.4 Project Server 2019账户信息

Project Server 2019 的部署过程中一共使用了两个域账户，一个为安装账户，另一个为服务器账户。

安装账户：DOMAINNAME\EPM-ADMIN。

服务账户：DOMAINNAME\EPM-SERVICE。

服务账户的密码均设为永不过期，且服务账户的密码不允许修改。

29.1.5 服务器场环境安装

1. 安装必备软件

用户单击 Microsoft SharePoint Server 2019 安装介质中的 PrerequisiteInstaller，将启动必备软件的安装向导，如图 29.2 所示。

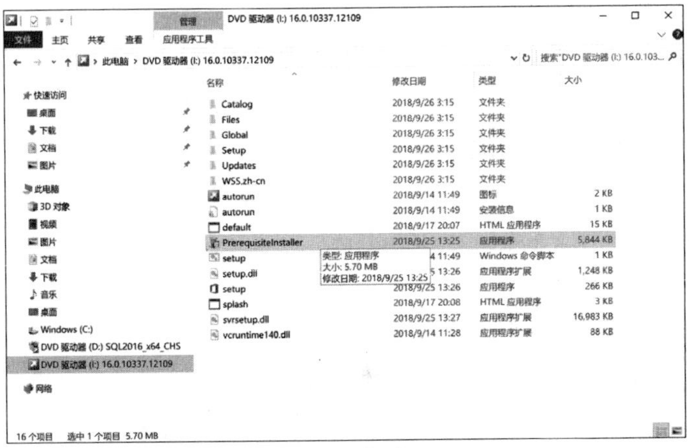

图29.2 安装起始页面

必备软件的安装向导的欢迎页面里会列出将来安装的必备软件的清单，单击【下一步】按钮，如图 29.3 所示。

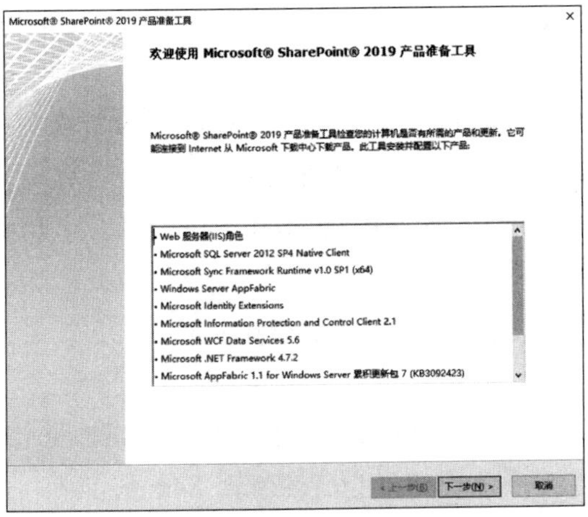

图29.3 必备软件的安装欢迎页面

在图 29.4 中，勾选“我接受许可协议的条款”复选框，单击【下一步】按钮。

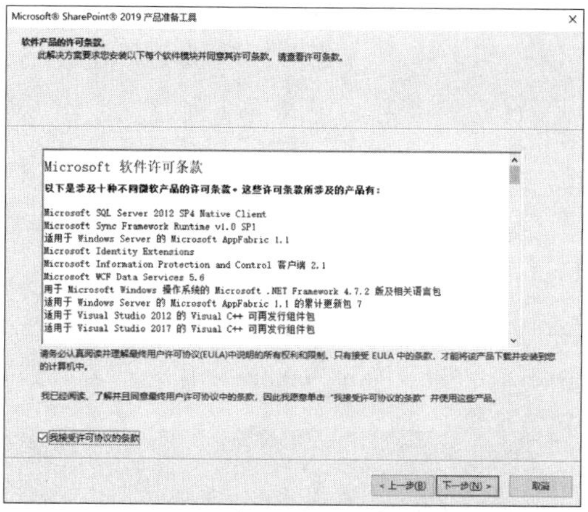

图29.4 接受许可条款

系统会按照清单从因特网下载必备软件，并开始安装，如图 29.5 所示。

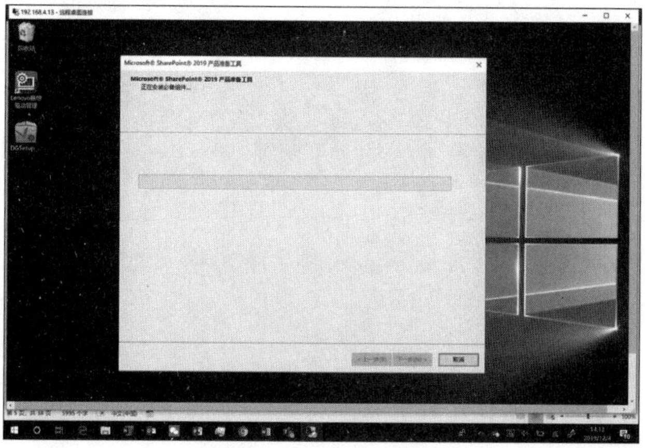

图29.5 安装必备软件

必备软件安装过程中会提示要重新启动服务器，单击【完成】按钮，重新启动计算机，直到界面提示安装完成，如图 29.6 所示。所有组件才算安装完毕，方可继续安装 SharePoint Server 2019，否则后面会报错。

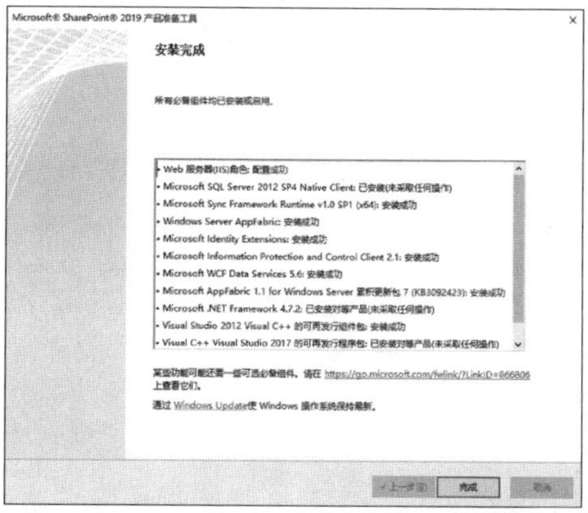

图29.6 Sharepoint 必备软件安装完成页面

注意：在安装必备软件过程中，要求计算机必须能访问互联网，否则无法下载必备软件进行安装。如果企业无法直接下载软件，可以从互联网手动下载必备软件。

2. **安装 Microsoft SharePoint Server 2019**

在 Microsoft SharePoint Server 2019 起始页面，单击“安装”下的【安装 SharePoint Server】链接，将开始 Microsoft SharePoint Server 2019 的安装。如图 29.7 所示。

图29.7 SharePoint Server 2019安装起始页面

等待程序准备必要的文件后，提示输入产品序列号，验证成功后，单击【继续】按钮，开始下一步安装，如图 29.8 所示。

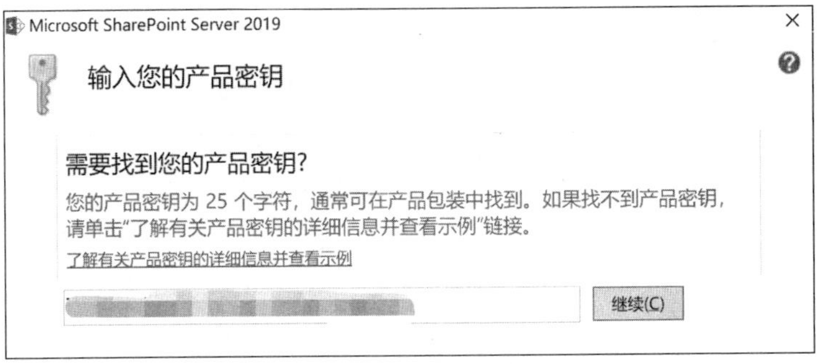

图29.8 输入产品序列号

注意：SharePoint Server 2019 产品序列号必须是企业版客户端访问许可证功能版本。不然无法安装 Project Server 2019 项目管理系统。

勾选【我接受此协议的条款】复选框，然后单击【继续】按钮，开始下一步安装，如图 29.9 所示。

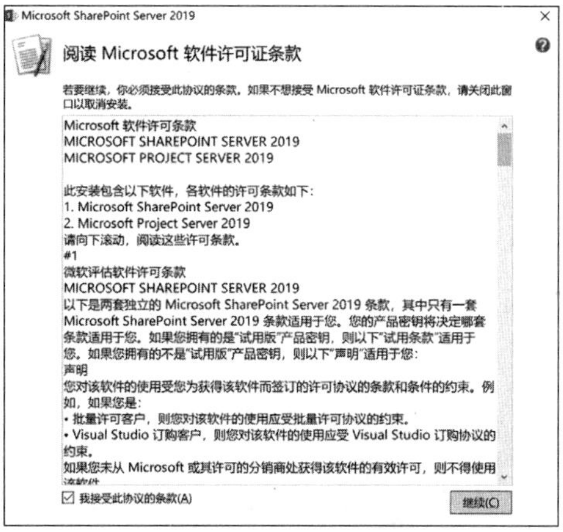

图29.9 接收许可条款

选择文件安装位置，如图 29.10 所示。

图29.10 选择文件位置

单击【立即安装】按钮，此过程会持续几分钟，安装完成后，单击【关闭】按钮，如图 29.11 所示。

图29.11 完成SharePoint安装

3. 配置生成管理中心网站

安装完成后，运行配置向导，生成管理中心网站，一个服务器场中只有一个管理中心网站。管理中心网站负责所有的配置活动，管理服务器与服务、管理服务应用程序、Web 应用程和网站等。

SharePoint2019 安装完成后，勾选【立即运行 SharePoint 产品配置向导（R）】前的复选框，单击【关闭】按钮后将启用 SharePoint 配置向导的欢迎页面，如图 29.12 所示。

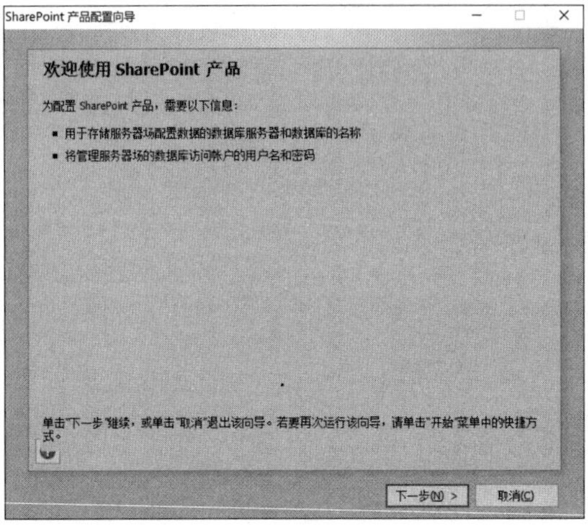

图29.12 SharePoint欢迎页面

在 SharePoint 配置向导的欢迎页面单击【下一步】按钮，弹出提示要求重启 SharePoint 的相关服务对话框。单击【是】按钮，如图 29.13 所示。然后返回向导单击【下一步】按钮。

图29.13 SharePoint服务重启警告

在连接服务器场配置页面，选中“创建新的服务器场”单选按钮，将会生成管理中心网站并在数据库中产生配置数据库与管理中心的内容数据库。“连接现在的服务器场”表示把服务器作为应用服务器或者 Web 前端服务器的方式加入已存在的服务器场中。这里选中“创建新的服务器场 (R)”单选按钮，单击【下一步】按钮。所图 29.14 所示。

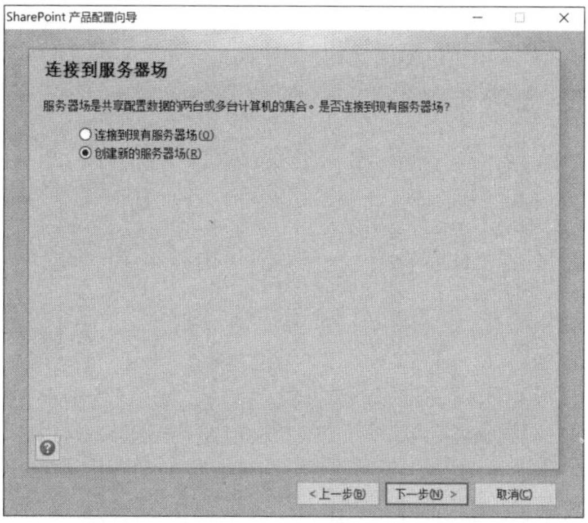

图29.14　选择“创建新的服务器场”

在指定配置数据库设置栏中要求输入数据库服务器的有关信息。在“数据库服务器”后的文本框中输入数据库服务器的名称；在“数据库名称”后的文本框中输入数据库的名称（建议默认）；在“用户名”后的文本框中输入服务器场服务账户，在“密码”栏后的文本框中输入账户的密码。然后单击“下一步”按钮，如图 29.15 所示。

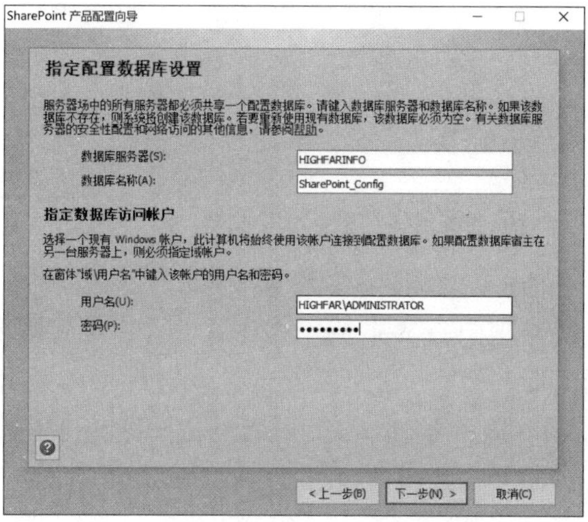

图29.15　数据库的设置信息

> 注意：要保证应用程序服务器可以访问到数据库服务器，并且服务账户具有数据库的管理员的权限，密码永不过期。

在指定服务器安全设置页面，输入安全密码。此密码用于当扩展服务器场，应用程序服务器加入服务器场时，需要用到此密码。确认密码后，单击【下一步】按钮。如图 29.16 所示。

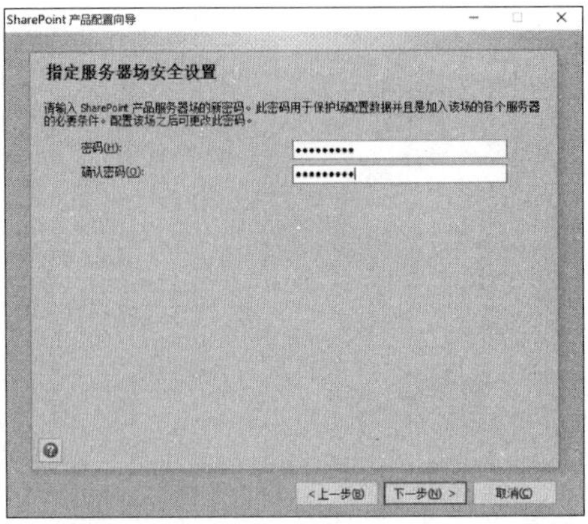

图29.16 设定服务器场安全密码

在 SharePoint 部署模式页面，根据用户的需要来指定服务器角色。这里选中【单一服务器场】单选按钮，如图 29.17 所示。

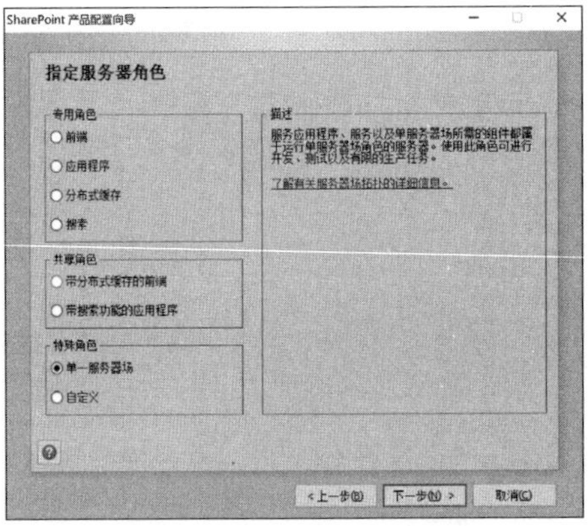

图29.17 指定服务器角色

在配置 SharePoint 管理中心 Web 应用程序页面，指定管理中心应用程序的端口号（如果不指定会随机分配）；在配置安全设置选择 Web 应用程序的验证程序，Kerbers 验证程序要求 IIS 服务器与域账户进行特定配置，这里选中【NTLM】前的单选按钮。然后单击【下一步】按钮，如图 29.18 所示。

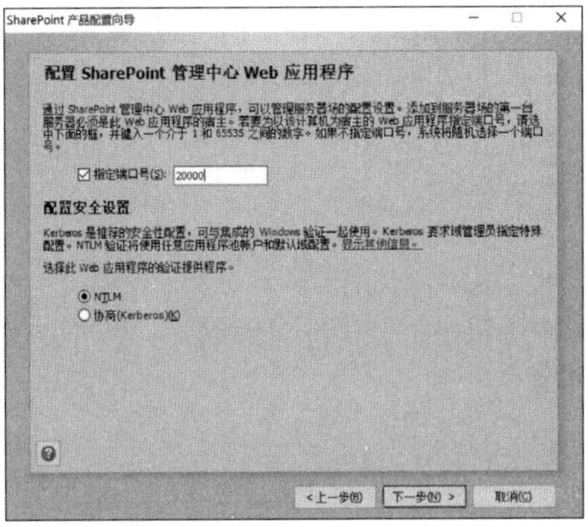

图29.18 设置管理中心的参数

查看并确认配置信息后，单击【下一步】按钮，开始配置。如图 29.19 所示。

图29.19 配置进行中

配置成功后，将看到显示成功的页面，如图 29.20 所示。

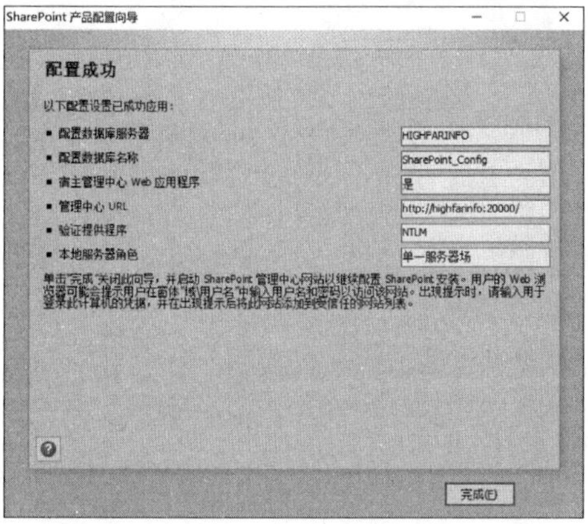

图29.20 SharePoint 管理中心配置成功

单击【完成】按钮，将打开管理中心网站。下一小节在管理中心里操作。

4. 启动服务

在初次打开的管理中心网站，选中“否，我不愿意参加。”前的单选按钮，然后单击【确定】按钮，如图 29.21 所示。

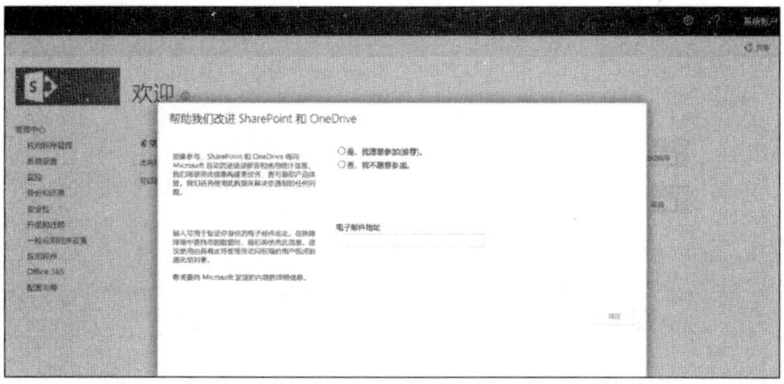

图29.21 SharePoint改善计划

为了了解 SharePoint 的配置过程，在配置过程中，不使用“启动向导”，这里单击【取消】按钮，如图 29.22 所示。

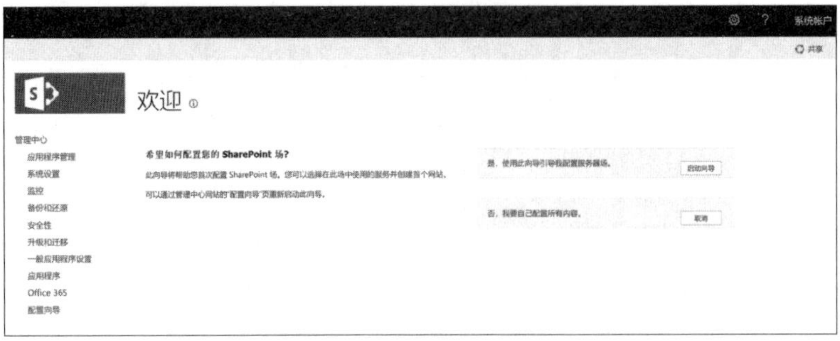

图29.22 不使用配置向导

单击“管理中心”页面“应用程序管理”模块的“管理服务应用程序”链接新建服务应用程序。如图 29.23 所示。

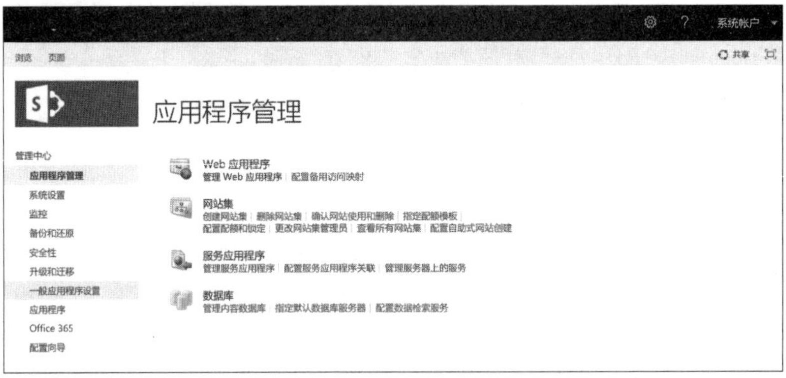

图29.23 进入服务应用程序管理页面

在“服务应用程序”管理页面，单击【新建】下拉框中的“PerformancePoint Service Application”选项，如图 29.24 所示。

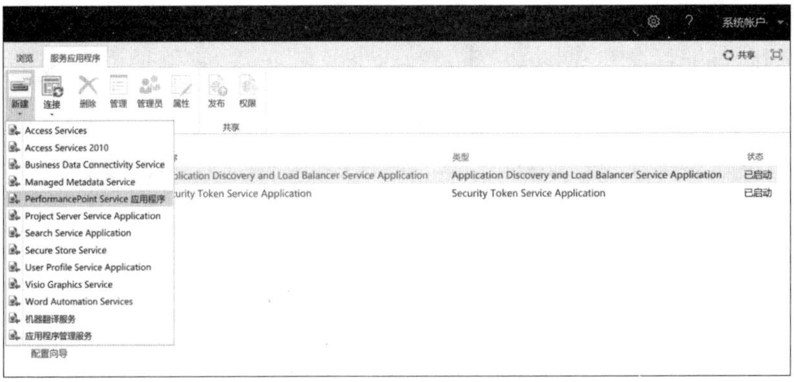

图29.24 新建PerformancePoint Service应用程序

在“名称”栏输入 PerformancePoint Service Application 应用程序的名称，如图 29.25 所示。

图29.25　填写应用程序名称

在应用程序池栏，选中“新建应用程序池”前的单选按钮，在应用程序池名称下的文本框中输入应用程序的名称，并且可以配置应用程序池的标识账户，然后单击【创建】按钮，如图 29.26 所示。

图29.26　新建PerformancePoint Service 应用程序

PerformancePoint Service 服务应用程序创建成功后看到的界面，如图 29.27 所示。

图29.27 PerformancePoint Service 应用程序新建成功

利用同样的方法新建 Project Server 服务，在图 29.24 中，新建“Project Server Service Application”应用程序，如图 29.28 所示。

图29.28 进入管理 Web应用程序页面

输入 Project Services 应用程序名称，输入新建应用程序池名称，然后单击【确定】按钮完成新建。

5. **新建 Web 应用程序**

PerformancePoint Service Application 应用程序新建成功后，单击左侧菜单【应用程序管理】选项。在应用程序管理页面，单击【管理 Web 应用程序】链接，如图 29.29 所示。

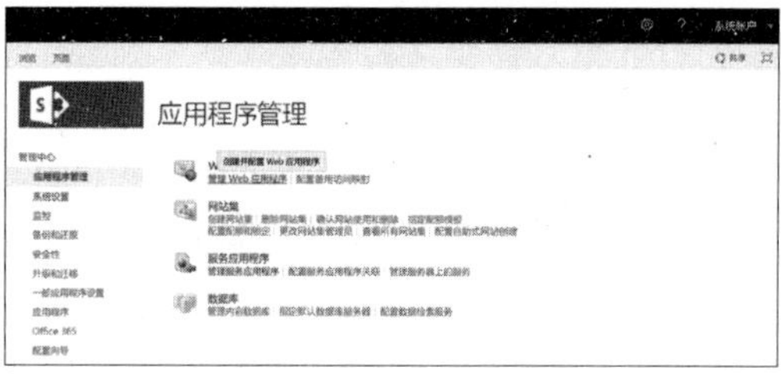

图29.29 进入管理 Web应用程序页面

在管理 Web 应用程序页面，单击上方的【新建】按钮，开始新建 Web 应用程序，如图 29.30 所示。

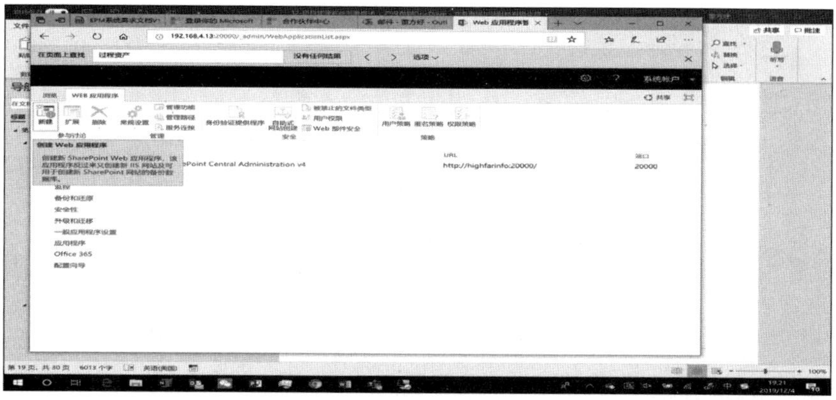

图29.30 新建 Web应用程序页面（1）

在新建 Web 应用程序页面的验证栏，选择“经典模式身份验证”。在 IIS 网站栏的“端口”文本框中，指定 Web 应用程序所使用的端口，如图 29.31 所示。

图29.31 新建 Web应用程序页面（2）

在图 29.31 中，拖曳右边的滚动条，继续填写信息。在“安全性配置”栏，保持默认即可；在公用 URL 栏，编辑应用程序默认的访问地址，这里默认即可；在应用程序栏，指定应用程序池的名称与标识账户。拖曳右边的滚动条，继续填写信息。在“故障转移服务器”栏，可以指定 Web 应用程序的内容数据库的群集服务器；有“服务应用程序连接”栏，可以指定 Web 应用程序的服务，这里默认；单击【确定】按钮，开始创建 Web 应用程序，如图 29.32 所示。

图29.32 新建 Web应用程序页面（3）

Web 应用程序创建成功，在弹出的对话框中单击【确定】按钮，如图 29.33 所示。

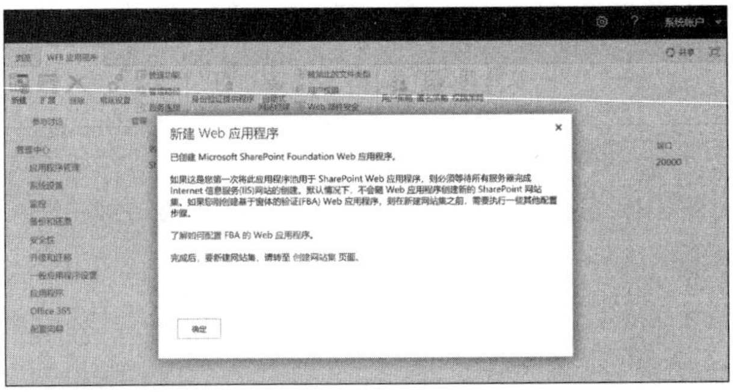

图29.33 新建Web应用程序页面（4）

6. 生成项目管理网站

Web 应用程序创建成功后，单击左侧快速启动栏上“管理中心”，在管理中心页面，单击【创建网站集】链接，如图 29.34 所示。

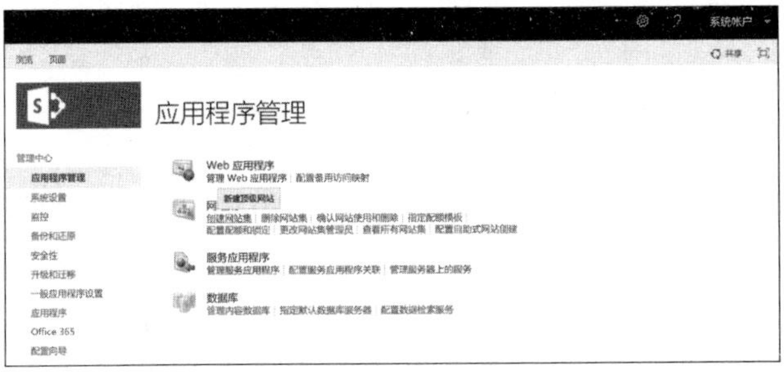

图29.34 创建网站集

在“标题和说明”部分的“标题”框中，键入新网站的名称；在“说明”框中，键入有关网站内容的说明，如图 29.35 所示。

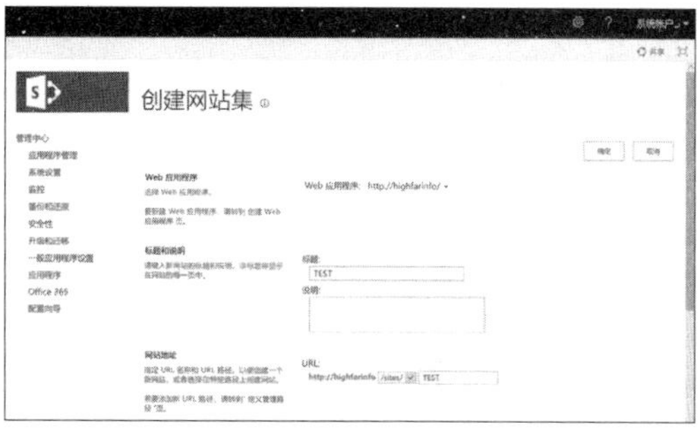

图29.35 创建网站集（2）

在“网站地址”部分，选择网站的 URL 路径。在“模板选择”部分的“选择模板”列表中，选择要用于网站集中的首要网站的模板，在“模板选择”部分的网站管理员部分，在 URL 名称和路径中选择 sites(必须的)，如图 29.36 所示。

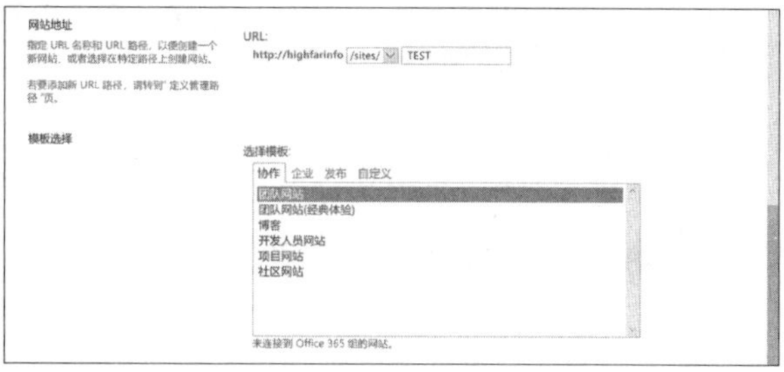

图29.36 设置URL名称

输入管理员的名称（必填），检查用户账号，如图 29.37 所示。

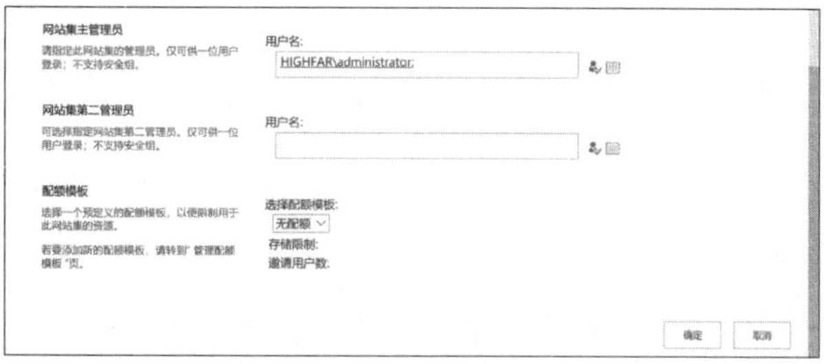

图29.37 创建首要网站集

稍等片刻，首要网站就会创建成功，单击【确定】按钮，如图 29.38 所示。

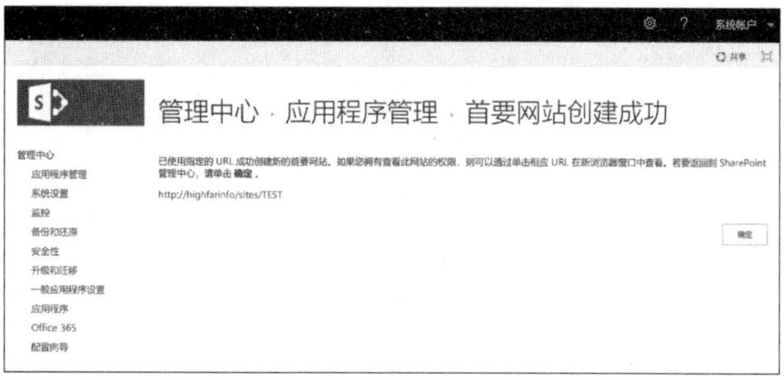

图29.38 创建首要网站集

首要网站创建成功后，必须先用密钥激活 Project Server 2019，不然无法进行后面的安装配置。打开 SharePoint 2019 命令行输入“Enable-ProjectServerLicense”命令，然后在“key”中输入密钥。如图 29.39 所示。

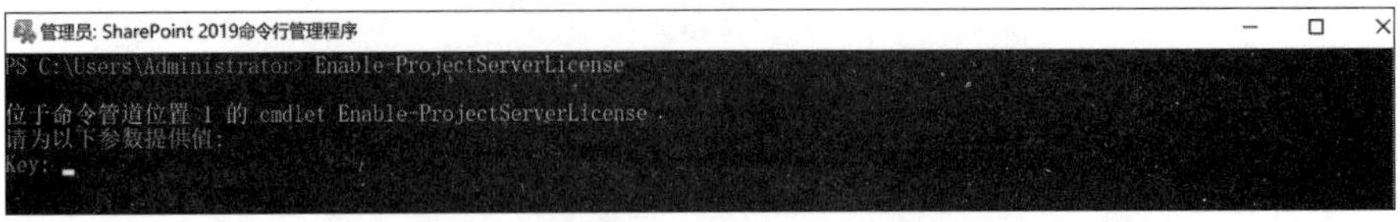

图29.39 用密钥激活Project Server 2019

正确输入密钥后会提示“现已启用”，如图 29.40 所示。

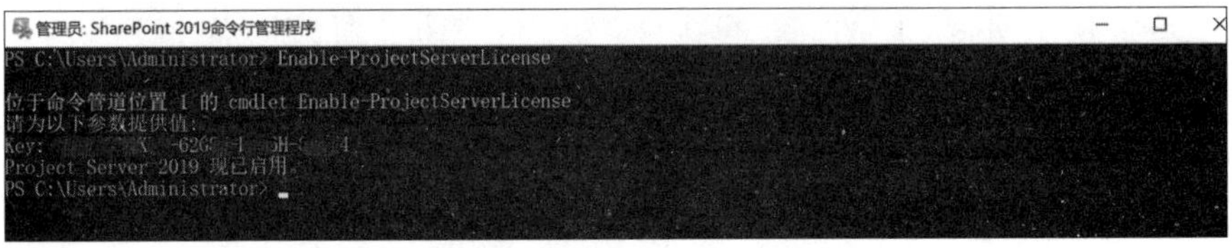

图29.40 密钥激活Project Server 2019

密钥激活后，进入建好的首要网站开启 Project Server 2019 的功能，如图 29.41 所示。

图29.41 首要网站界面

单击右上角的齿轮样按钮，在下拉框中选择“网站内容”选项，如图 29.42 所示。

图29.42 首要网站内容

在网站内容页面，单击“网站设置”按钮进入首要网站设置页面，如图 29.43 所示。

图29.43 网站内容页面

在首要网站管理页面，单击“网站集功能”链接，启用 Project Server 2019 的功能，如图 29.44 所示。

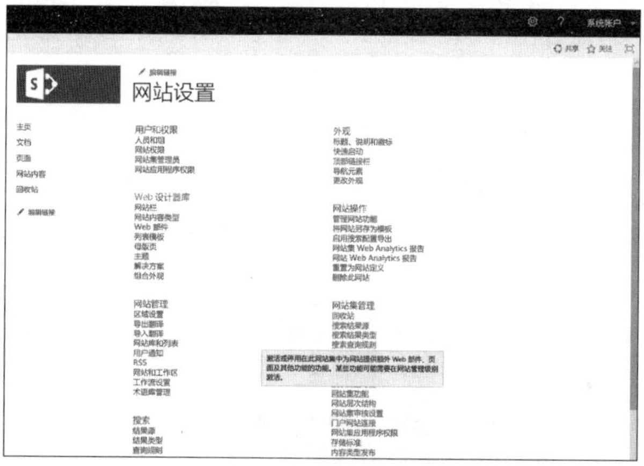

图29.44 进入网站集功能

接着激活 Performance Point Services 网站集功能、Project Server 审批内容类型、Project Web App 功能区。激活后就能创建 PWA 网站了，如图 29.45 所示。

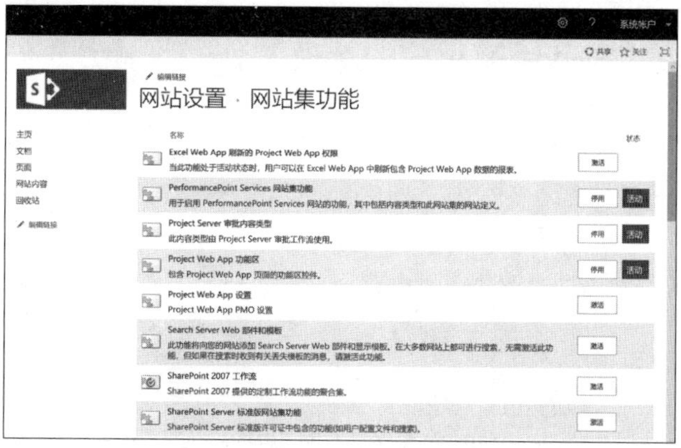

图29.45 激活Project Server功能

与 2016 版本一样，2019 版本的 Project Server 需要在命令窗口创建 PWA 网站，输入“New-SPSite -ContentDatabase （PWA 内容数据库名字）-URL （PWAURL 名字）-Template pwa#0 ”创建 PWA 网站。如图 29.46 所示。

图29.46 创建PWA网站

在“OwnerAlias”中赋值“域名\用户名”然后按【回车】键，等几分钟就会创建好 PWA 网站了。然后输入命令“Enable-SPFeature pwasite -URL（PWAURL 名字）”激活 PWA 网站特征，如图 29.47 所示。

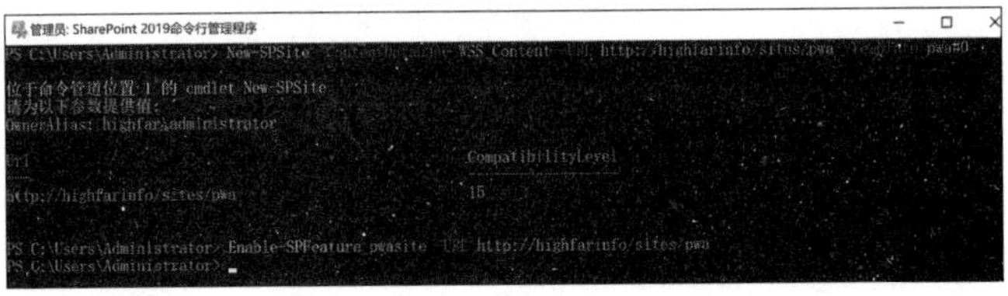

图29.47 PWA网站特征激活

等待特征安装完毕就可以进入 PWA 网站了，新的网站界面如图 29.48 所示。

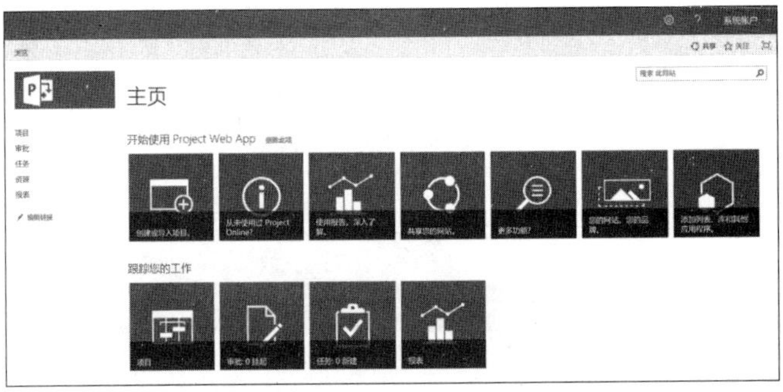

图29.48 PWA网站创建成功

至此 Project sever 2019 的 PWA 网站创建成功。

29.2 Project Server使用前的准备工作

Project Server 安装完成以后，需要做一系列的准备工作才可以正常使用。

29.2.1 建立基本账户

安装结束后，Project Server 2019 只具有一个用户。即系统账户。在正式使用 Project Server 2019 之前需要使用该用户登录 Project Server，建立项目经理、资源经理、高级管理者等用户。

29.2.2 在Project Professional端测试连接

系统管理员已经在 Project Server 端建立了用户名为“王蒙”，角色为“项目经理”

的账户。为了测试 Project Server 2019 与 Project Professional 2019 是否正确连接，使用“王蒙”的账户进行连接测试。打开 Project Professional，选择【文件】→【信息】→【管理账户】，在打开的对话框中，建立访问 Project Server 的用户。建立用户名为“项目管理系统”的信息，如图 29.49 所示。

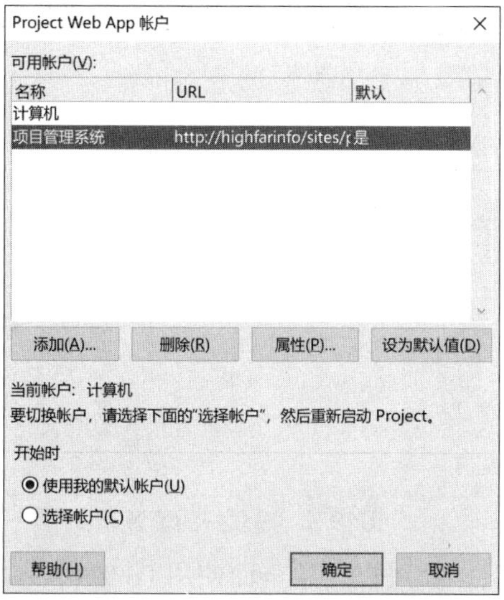

图29.49 在Project Professional中创建账户信息

如图 29.49 所示，账户信息设置完毕后，重新启动 Project Professional，将出现如图 29.50 所示登录对话框。

图29.50 登录窗口

输入在 Project Server 端建立“王蒙”账户时使用的用户名和密码，检查是否可以成功登录 Project Server。如果登录成功，说明 Project Server 安装成功，而且证明 Project Professional 能够与 Project Server 顺利协作。

29.2.3 建立资源库

Project Server 与 Project Professional 的协作验证成功后，使用“资源经理”的账户通过浏览器登录 Project Server 并建立资源库。资源库的建立过程详见第 20 章的介绍，建立后的资源库如图 29.51 所示。

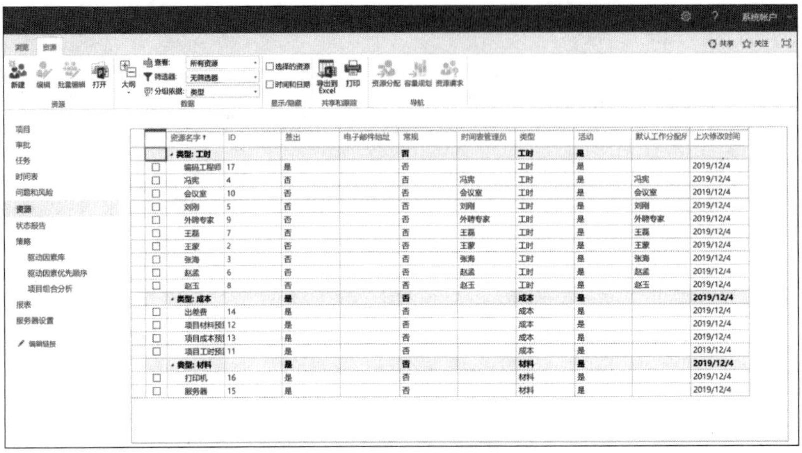

图29.51 建立好的资源库

以上三步操作完成后，就可以开始全面使用 Project Server 与 Project Professional 的协作方式来管理企业项目了，具体的使用方式请参考本书之前的相关章节。

第 30 章 常见问题解答

Project 2019 产品毕竟不是普通的 Office 办公软件，在 Project 软件的设计思想中包含了很多的项目管理理论知识，在使用上不仅需要熟练的计算机操作经验，而且需要具备一定的项目管理经验，所以很多用户使用时难免会遇到各种各样的问题。笔者根据多年的 Project 咨询、授课、部署、开发、测试和使用经验，总结了一些发生频率较高的问题在本章中进行描述和解答，希望能够解决一部分用户的实际问题。

本章中的问题分为四类：

◎ 安装部署中的问题；

◎ Project Server 使用中的问题；

◎ Project Professional 使用中的问题；

◎ Project Online 使用中的问题。

30.1 安装部署中的问题

Project Professional 2019 安装过程简便，不会出现太大问题，但是 Project Server 的安装过程相对比较复杂，很多用户安装过程都不顺利，尤其是大型用户实现企业级系统部署时遇到的问题更多。下面列举了在安装部署 Project Server 过程中最常见的一些问题。

1. 安装 Project Server 2019 前必须安装 SharePoint Server 2019 企业版吗？

Project Server 2019 是建立在 SharePoint Server 2019 体系结构之上，对 SharePoint Server 2019 企业版的功能和服务具有很大的依赖性，SharePoint Server 2019 标准版无法提供安装 Project Server 2019 所需的功能与服务支持，因此必须安装 SharePoint Server 2019 企业版。

2. 安装 Project Server 2019 的操作系统有哪些？

由于 Project Server 2019 是 SharePoint Server 2019 安装的一部分，因此安装 Project Server 2019（包括支持的浏览器、操作系统和数据库服务器）的要求即是 SharePoint Server 2019 指定的要求。SharePoint Server 2019 支持的服务器操作系统：

Windows Server 2016 Standard 或 Datacenter；

Windows Server 2019 Standard 或 Datacenter。

3. 安装 Project Server 2019 的硬件最低要求是什么？

处理器：支持 64 位的双核 2.5 或四核 2.0；内存：测试环境 16G、生产环境

32G；硬盘：80GB（用于系统驱动器），100GB（用于第二个驱动器和其他驱动器）

4. Project Server 2019 对客户端 PC 环境的最低要求是什么？

Project Professional 2019 需要用户安装 Windows 10、Windows Server 2019。创建可视报表功能需要用户安装 Excel 2016 或以上版本以及 Visio 2016 或以上版本。为了更好地匹配软件的可视化报表应用，推荐使用 Excel 2019 及 Visio2019 版本。

PWA 用户支持以下浏览器：

Microsoft Edge；

Microsoft Internet Explorer 11；

Google Chrome（最新公开发行版本）；

Mozilla Firefox（最新公开发行版本以及前一个版本）；

Apple Safari（最新公开发行版本）。

5. 安装 Project Server 2019 后，Project Professional 2016 还可以继续联机使用吗？

Project Server 2019 提供了向下兼用模式，支持 Project Professional 2016 连接 Project Server 2019。不仅如此，还可以使用 Project Online Desktop Client 连接 Project Server 2019。但 Project Professional 2013 不能继续联机使用。

6. Project Server 相关产品都必须安装在一台服务器上吗？

不是。如果在单台服务器上安装 Project Server 2019 及其关联的组件，也可以使用。这为更大规模地部署之前测试 Project Server 2019 功能提供了一个低成本环境。另外，执行单服务器安装时，可以选择安装示例数据库。此数据库包含测试和评估 Project Server 2019 时可以使用的示例数据。

实际上，微软更推荐在两台单独的服务器上安装 Project Server 2019、SharePoint 2019 和 SQL Server 及 SQL Server Analysis Services，这样就提供了一个与单服务器安装相比规模更大的部署示例。可以使用此选项为 Project Server 2019 创建更加灵活多样的评估环境。

7. SQL Server Analysis Services 必须安装吗？

SQL Server Analysis Services 是用来实现 Project Server 2019 中的项目组合分析和商业智能所使用的多维数据分析服务，如果希望使用项目组合分析或商务智能功能则必须安装，如果只是实现 Project Server 的基本功能则可以不安装。

8. 补丁必须安装吗？

是的，必须安装最新的补丁集。

9. 先安装 Project Server 2019 还是先配置 SharePoint Server 2019？

应该先配置 SharePoint Server 2019，配置的过程中即安装了 Project Server 2019。

10. Project Server 2019 的部署必须使用域方式吗？

微软建议使用域方式安装，但这不是必须的。可以使用 Windows 用户验证方式，也可以使用域用户验证，当然也可以采用 Form 验证，但是 Form 验证需要做一定配置工作才能实现。

11. Project Server 2019 的安装可以不基于 SQL Server 2019 或者 Microsoft Azure SQL 托管实例 (MI) 吗?

不可以。根据微软技术资料，Project Server 支持数据库兼容性级别 130 的标准版或企业版 SQL Server（面向 Windows）。这包括 SQL Server 2016、SQL Server 2017、SQL Server 2019 和支持数据库兼容性级别 130 的任何未来版本 SQL Server（面向 Windows）。

仅当 SharePoint Server 场托管在 Microsoft Azure 中时才支持 Microsoft Azure SQL 托管实例 (MI)。

12. Project Server 2019 支持在 Hyper-V 上安装吗?

支持。部署测试环境时，如果服务器资源较紧张，可通过 Hyper-V 创建一个虚拟环境安装 Project Server 2019。

30.2 Project Server使用中的问题

1. Project Server 2019 未提供 Outlook 加载插件，怎样配置才能够让 Outlook 与 Project Server 协同?

Project Server 2019 未提供 Outlook 加载插件，取而代之提供了 Project Server 与 Exchange Server 协同解决方案，以降低 IT 维护成本，提高协同效率。

2. 怎么在 Project Server 2019 中代理他人工作?

（1）管理委派。

在 PWA 上选择【服务器设置】→【管理委派】选项，单击【新建】按钮，根据委托情况设置委托时间段，选择【设置代理人】→【浏览】选项选择需要的代理人（如出现权限不足，请联系 Project Server 2019 管理员确认“全局权限”是否允许“可委派”），保存后设置委派完毕，如图 30.1 所示。

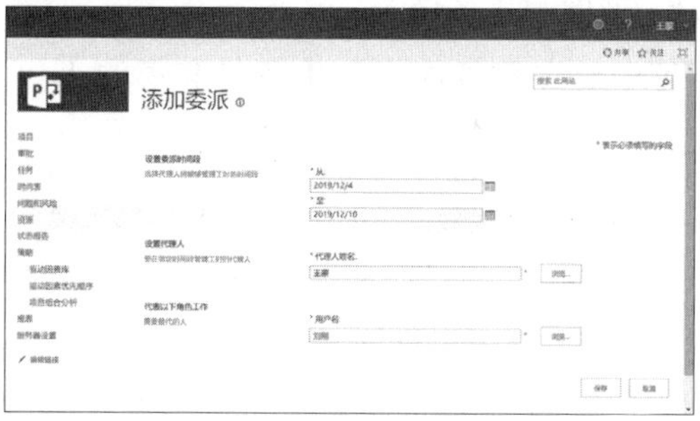

图30.1　管理委派

（2）成为代理人。

代理人用自己账户登录 PWA 后，通过 PWA 中【服务器设置】→【成为代理人】选项，在选项卡上单击【启动委派会话】链接，可代理委托人的一切工作，如图 30.2 所示。

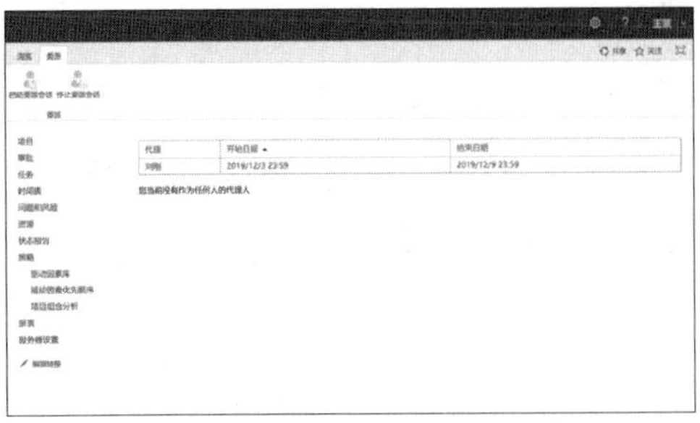

图30.2 成为代理人

3. **Project server 2019 项目数据应该怎么备份?**

（1）直接备份 Project server 2019 数据库。

缺省安装下，Project Server 2019 数据库有 1 个，用于存储项目数据库，名字为 WSS_Content。

缺省安装下，项目网站和 PWA 页面信息都存放在 WSS_Content 中。

限于篇幅，备份数据库操作步骤略。

（2）通过 PWA 设置备份。

在 SharePoint 管理中心，选择【一般应用程序设置】→【Project Web App 设置】→【管理你的数据库、策略和工作流】→【队列和数据库管理】→【管理性备份】选项，选择要备份的项进行备份，如图 30.3 所示。

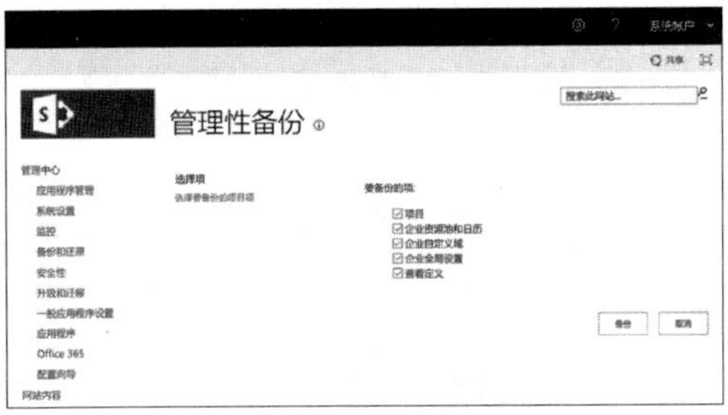

图30.3 备份项目

（3）通过 SharePoint 管理中心备份。

通过 SharePoint 管理中心左侧导航栏上【备份和还原】→【执行备份】选项，如图 30.4 所示。

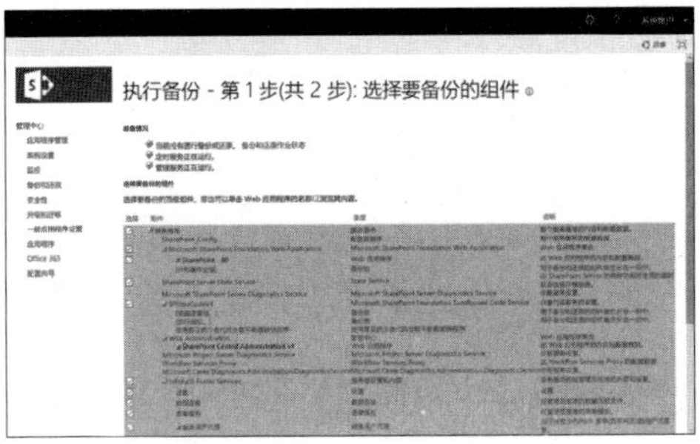

图30.4 备份服务器场所有数据

（4）通过专业的功能模块备份工具备份。

微软提供了专门的功能模块备份工具，可备份功能模块，如工作流、账户策略等，限于篇幅，备份操作具体方法不做介绍。

4. Project Professional 2019 可以直接与 SharePoint Server 2019 协作吗？

可以，单击【文件】→【另存为】选项，单击【与 SharePoint 同步】链接，如图 30.5 所示。

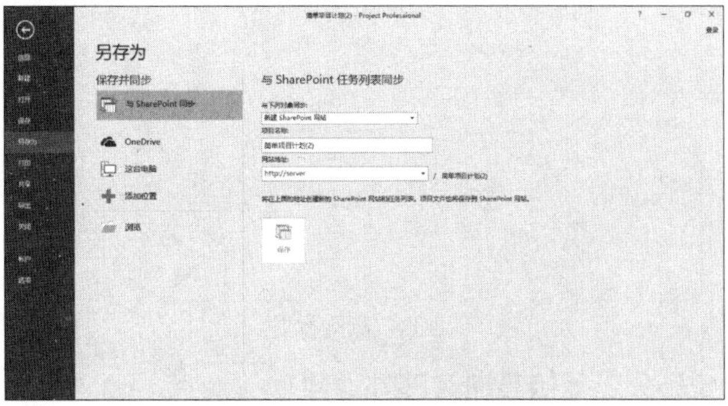

图30.5　保存到SharePoint

5. “我的任务”的审批者是谁？

在 Project Professional 中，每个任务增加了一个“状态管理员”的属性。默认情况下，这个状态管理员是项目的发布者，但是经过设置之后，可以将“状态管理员”设置为其他打开过该项目的项目经理，因此当任务的“状态管理员”发生变化之后，原来发布任务的项目经理就不再审批该任务的进度了，改由该任务的“状态管理员”来审批。因此，当大家发现项目经理接收不到资源的任务提交时，请检查是不是该任务的状态管理员成为其他人。

6. “我的时间表”有什么作用？

在 Project Server 2019 中增强了“我的时间表”功能，可以使每个人更方便地汇报时间，如请假等行政工作以及项目中的工作、非项目的工作，都可以通过时间表得到统计、汇报和审批。

7. 谁来审批我的“时间表”？

每个用户都可以汇报时间表，但是谁来审批呢？时间表的审批者是在新建用户时通过“时间表管理者”的选项选中设定的。

8. 为什么我希望的时间表审批者无法选择？

如果一个用户希望成为时间表审批者，则该用户必须具备“接受时间表”的权限。

9. 资源库的新建可以在 PWA 上进行吗？

可以。为了减轻资源经理对 Project Professional 的学习成本，在 Project Server 2019 中可以直接建立资源。当然也可以在 PWA 上选择资源库中的资源后，在 Project Professional 端打开编辑。

10. 如何删除垃圾数据？

在 Project Server 2019 中，通过选择 PWA 上【服务器设置】→【删除企业对象】选项，可以删除“项目”“资源”“状态报告”“任务”“时间表”“用户委派”等企业对象，如图 30.6 所示。

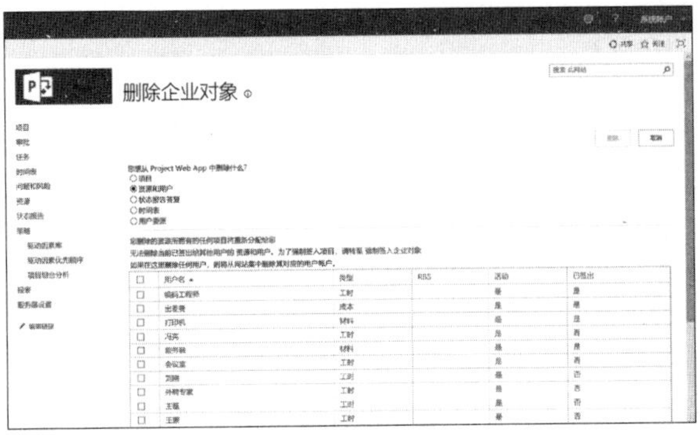

图30.6 删除数据

11. 如何能将任务分配等信息通过邮件通知？

（1）进入 SharePoint 管理中心，选择菜单【管理中心】→【系统设置】→【电子邮件和短信（SMS）】→【配置传出电子邮件设置】选项，在出现的页面中设置邮件服务器的地址和端口号，如图 30.7 所示。

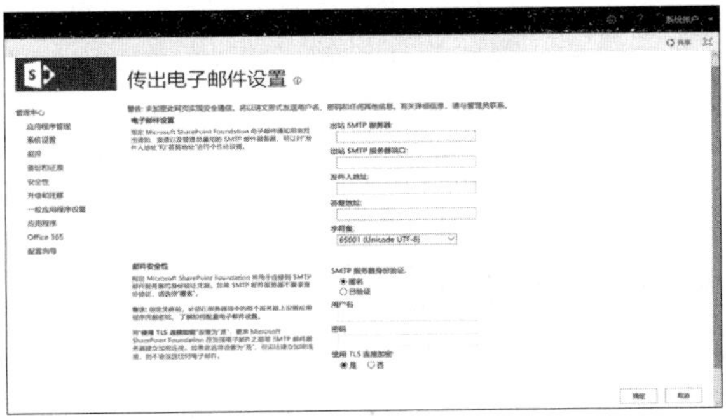

图30.7 设置邮件服务器

（2）选择【个人设置 / 管理我的通知和提醒】选项，在出现的页面左侧可以选择需要设置邮件通知的选项，如图 30.8 所示。

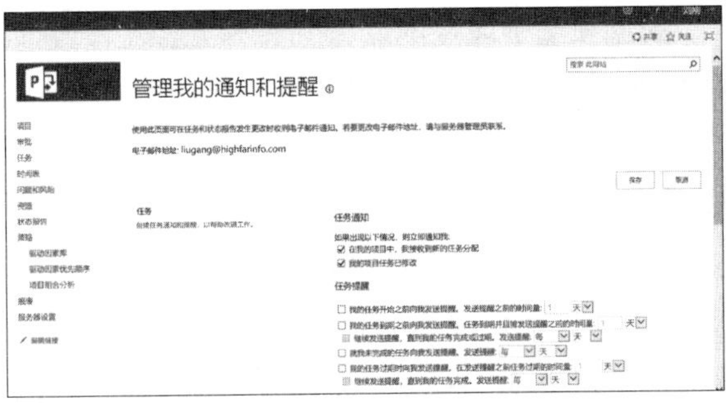

图30.8 设置PWA邮件通知选项

以上设置完毕后，用户可以收到定制的通知内容。

12. 如何将问题、风险等信息通过邮件通知？

（1）打开 SharePoint Server 2019 管理中心。

单击【开始】→【所有程序】→【Microsoft SharePoint 2019 Products】→【SharePoint 2019 管理中心】选项，打开 SharePoint Server 2019 管理中心。

（2）设置电子邮件设置。

在 SharePoint 管理中心，选择【系统设置】→【电子邮件和短信（SMS）】→【配置传出电子邮件设置】选项，如图 30.9 所示。

图30.9 设置SharePoint邮件通知选项

（3）设置通知类型。

在 PWA 项目网站页面上，选择【通知我】→【管理我的通知】选项，单击【添加通知】按钮，可添加“风险”通知，如图 30.10 所示。

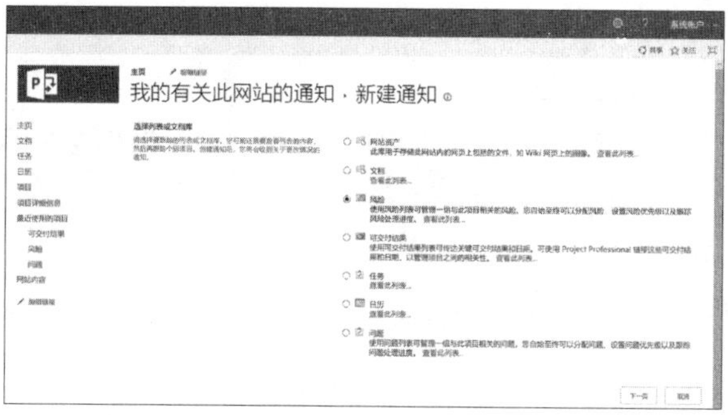

图30.10 设置通知类型

重复第（3）步，设置“问题”邮件通知，以上设置完毕后，用户便可以收到定制的通知内容。

13. “队列管理”起到什么作用？

为了提高系统处理数据的效率及能够让用户清楚地了解 Project Server 正在处理的进程，Project Server 中设置了“管理队列”的功能，通过该功能用户不仅可以看到正在运行的队列，还能够对这些队列做出诸如“取消”“重试”的操作，从而更好地维护 Project Server。

14. 什么是“企业全局设置”？

企业全局设置是一组默认设置（如视图、表和域）的集合，这些设置可供组织中的所有项目使用。这些设置存在于 Project Server 2019 上的特殊项目中，并可在单位的所有项目中使用。企业全局模板可以确保组织中的所有项目均符合标准，如视图、表和域的常规用法。

标准化是在企业级上处理项目的一个必要条件，可为所有项目经理提供通用语言。在企业全局模板内视图、日历、项目、资源和任务域的使用方式均符合此标准化。

与全局文件（即 Global.mpt）不同，企业全局模板是从 Project Server 上打开的特殊项目。只有具有服务器管理权限的人员，才可以打开企业全局模板并更改其中的项目。

30.3 Project Professional使用中的问题

1. Project Professional 2019 有哪些新功能？

Project Professional 2019 相对于 2016 版本有了不小的改进，具体如下。

（1）使用下拉选项链接任务。

◎ 无须再记住要链接到的任务的 ID。反之，如果选择“前置任务”列中的单元格，然后选择向下箭头，将看到项目中所有任务的列表。任务层次结构和顺序与项目完全匹配，使你能够轻松滚动到右侧的任务，并选择旁边的复选框。

（2）任务摘要名称字段。

◎ 如果任务列表较长，可能很难了解整个项目计划中任务缩进的内容。“任务摘要名称”字段是只读字段，该字段显示任务的摘要任务的名称。将此字段添加为“任务”视图中的列，这有助于阐明项目的结构。

（3）日程表栏标签和任务进度。

◎ 更轻松传达项目进度！现可标记日程表栏，任务上直接显示任务进度，共享状态时可简单快速地说明计划和进行中的工作。

（4）辅助功能改进。

◎ 在 Project 2019 中，Windows Narrator 和其他辅助技术更轻松地读取更多 Project 元素，并改进了对比度和键盘支持。

2. 32 位和 64 位的 Project Professional 2019 有什么区别？

Project Professional 2019 分为 32 位和 64 位版本，功能一致，都可用于连接至 Project Server 2019，其中 64 位版本 Project Professional 2019 只可以安装在 64 位版本操作系统之上，但安装后，Office 套装只允许安装 64 位版本。32 位版本 Project Professional 2019 可以安装在 64 位版本操作系统之上，但安装后，Office 套装只允许安装 32 位版本。

3. 在 Project 2019 中打开先前版本的项目文件时会发生什么？

Project 2019 的兼容性很好，除 Project 1998 格式文件无法打开与保存之外，其他

Project 格式文件都可以打开（Project 2000——2003 文件格式不支持保存）。

4. Project Standard 能否与 Project Server 协作?

不能。Project Standard 2019 不具有 Project Server 的协作功能，因此在 2019 版本中如果需要与 Project Server 协作，必须使用 Project Professional 2016/2019 或者 Project Online Desktop Client 。

5. 怎样修改货币显示格式?

选择【文件】→【选项】→【显示】选项，在【货币】下拉列表中选择货币。

6. “自定义企业域”与普通“自定义域”有什么不同?

企业域是针对 Microsoft Project Server 2019 特殊设置的自定义域，并且只在企业项目中可用。与非企业项目中的自定义域非常相似，它们可以包括自定义公式和大纲代码，并且允许使用值列表和图形标记，以满足单位的需要。

企业域不同于自定义域，它具有下列特点。

◎ 允许单位根据其自身结构和过程对项目管理进行自定义。单位中的所有用户都可以访问标准企业域集，并可以在整个项目集上进行操作。

◎ 存储在企业全局模板中，包括其定义和查阅表，但不包括在企业域中为任务、资源或项目分配的值。为了维护安全性并保持一致，只有具有签出企业全局模板权限的用户可对企业域进行更改。

◎ 可以针对项目进行设置。

◎ 具有特定的属性。例如，它们可以是必须填写的域，用户将收到在该域中输入信息的提示。

◎ 不允许用户添加新值。

“企业工作分配”自定义域在“任务分配状况”和“资源使用状况”视图中是可用的。由于它们是基于“企业资源”自定义域属性建立的，因此，与“企业资源”自定义域一起列出。这些域不可能是必须填写的域，为任务设置的值并不适用于它们。“企业工作分配”域和“企业资源”域对资源置换很有用。

7. 一个任务可以对应多个条形图吗?

如果希望以图形格式查看单项任务的多种信息，可以使每项任务最多显示四行甘特条形图。例如，可以显示每项任务的比较基准开始日期和完成日期，以及实际的开始日期和完成日期。具体操作方法：在“视图”选项卡上，选择“甘特图”选项；在“格式”功能中，选择“条形图样式”选项。

如果希望条形图类型显示在每项任务的第一行，请在其“行”列中键入或选择 1。如果希望条形图类型显示在每项任务的第二行，请在其“行”列中键入或选择 2。 如果希望显示第三行或第四行的任务信息，请在希望显示的信息的“行”列中，键入或选择 3 或 4。第一行显示在每项任务的最顶端，第四行显示在最底端。

通过降低甘特条形图的高度，可避免增加“甘特图”的垂直高度。方法如下：在“格式”选项中单击“条形图样式”，选择希望降低的条形图，再单击“条形图”选项卡；在“头部”“中部”和“尾部”下的“形状”框中，单击中等或较低的条形图形状。

8. PERT 分析原理是什么?

可以执行“计划评价和审查技术”（PERT）分析来评估任务工期。在为日程中的任务指定了乐观工期、悲观工期和预期工期之后，Project Professional 计算这三个工期的加权平均值。也可以分别使用乐观工期、悲观工期和预期工期来确定最短、最长和最可能的项目结束日期。

可以用以下两种方式执行 PERT 分析。

◎ 如果认为预期工期估计值比乐观估计值或悲观估计值更可能出现，并且认为后两种估计值出现的可能性是一样的，可以选择使用默认权重对工期估计值执行 PERT 分析。

◎ 如果认为乐观工期、预期工期或悲观工期的出现概率不同于默认概率（它们的默认概率分别为 1/6、4/6 和 1/6），可以更改 Project 加权工期估计值的方式。

9. 三种任务类型是什么关系?

Project Professional 使用三种任务类型中的一种来计算任务工期，从而计算完成日期（如果从项目完成日期而不是项目开始日期排定项目日程，将计算任务的开始日期）。

对于所有任务，在分配了资源后，将按照公式“工期 = 工时 / 单位”来排定任务的日程。对于任何任务，可以通过设置任务类型来选择 Project 用于计算的公式。

三种任务类型分别为固定单位、固定工时和固定工期。Project 默认情况下使用固定单位任务类型。

如果按如下方式编辑了上述三个元素之一，每种任务类型都会影响日程排定，如表 30.1 所示。

表30.1 三种任务类型

固定类型	修改单位	修改工期	修改工时
任务单位	重新计算工期	重新计算工时	重新计算工期
任务工时	重新计算工期	重新计算单位	重新计算工期
任务工期	重新计算工时	重新计算工时	重新计算单位

10. 如何使用“投入比导向”？

将人员分配给任务或从任务中删除人员时，Project Professional 将根据为任务分配的资源数量延长或缩短任务工期，但不会更改任务的总工时。这种日程排定方式称为“投入比导向日程控制方法”，也是在为任务分配资源时，Project Professional 所使用的默认日程排定方式。

当为任务添加资源时，任务的总工时保持不变。但为分配给任务的资源分配的工时量将有所更改。

投入比导向日程控制方法只在为任务添加资源或从任务中删除资源时才有效，在更改工时、工期和已分配给任务的资源单位值时，该计算规则并不适用。

使用投入比导向日程控制方法时，请记住下列内容。

◎ 只有在最初为任务分配了第一个资源后，才能应用投入比导向日程计算方式。在分配了第一个资源后，为同一任务添加新资源或从中删除资源时，任务的工时值将不会更改。

◎ 如果所分配的任务类型为“固定单位”，则分配额外的资源会缩短任务工期。

◎ 如果所分配的任务类型是“固定工期”，则分配额外的资源会减少资源的各单位值。

◎ 如果所分配的任务类型为“固定工时”，则分配额外的资源会缩短任务工期。

◎ 摘要任务和插入项目不能设置为投入比导向。

11. 资源被替换以后，已经完成的工作会被记录下来吗?

是的。如果资源已在该工作分配中完成了一定数量的实际工时，Project Professional 不会删除该资源，会将原来工作分配的剩余工时分配给替换资源。如有必要，可以调整这些工时值。

12. 如何使用“状态日期”？

Project Professional 使用状态日期（用来报告项目的时间、成本或业绩条件的设定日期，不是当前日期）来通过进度线显示进度或计算盈余分析总和。除非指定了不同的状态日期，否则状态日期与当前日期相同。还可以使用状态日期在输入进度信息时，确定实际工时和剩余工时在日程中的位置。

默认情况下，状态日期为当前日期。如果通过使用进度线查看项目的状态，会看到自当前日期起的项目状态。同样，如果输入进度信息，实际值和剩余工时就会排定在当前日期前后。盈余分析信息也是针对当前日期进行计算的。

可更改状态日期，以输入或查看自当前日期之外的某个日期起的进度信息。例如，可能需要更改状态日期，以查看自上周以来的项目状态信息。或者，如果进度报告的截止日期是星期五，但是发送时间推迟了，就可能需要在输入进度信息之前将状态日期设置为星期五。若要更改状态日期，在“项目”选项卡上，单击“项目信息”选项。在“状态日期”框中，输入要使用的状态日期。

如果使用进度线显示进度信息，可显示状态日期、当前日期或定期间隔的进度线。若要确保进度线显示正确，请在“工具”选项卡上单击“选项”。单击“计算方式”选项卡，再选中“将新输入的总任务完成百分比一直分布到状态日期”复选框。该设置可确保 Project 将完成百分比中报告的工时一直平均分布到状态日期。然后，当显示进度线时，进度线将反映在任何给定日期内工时的可能进度。

某些盈余分析成本是从自状态日期起进行计算的。例如，计划工作量的预算成本 (BCWS) 是计划在任务的开始日期和状态日期之间花费在任务中的成本部分。例如，为期四个工作日的任务的总计划预算为 ¥100，该任务从周一开始。如果状态日期设置为本周的周三，那么 BCWS 将为 ¥75。在更改状态日期后，盈余分析计算将反映到状态日期（包含状态日期）为止的成本。

13. “进度线”的原理是什么?

若要生动地表示项目进度，可在甘特图上显示进度线。对于项目的给定进度日期（或状态日期），Microsoft Project 2019 将绘制一条进度线来连接进行中的任务和本应开始的任务，并在甘特图中创建一个图表，其中对于落后于日程的工时，顶点指向左侧；对于提前于日程的工时，顶点指向右侧。顶点与垂直线的距离表示任务在进度或状态日期上超前或落后于日程的程度。

可以为项目中不同的日期显示多条进度线，并改变线的外观。还可以相对于实际计划或者保存的基线计划显示进度线。

◎ 可以设置默认值，指定 Project 如何根据项目的状态日期自动调整实际工时和剩余工时的位置。

◎ 如果正在显示大量的进度线，Project 可能要用很长时间来进行计算和绘制。选择更长的周期性时间间隔，可以加快长时间段进度线的显示。

14. Project Professional 中的“可宽延时间”代表什么?

“可宽延时间”表示在不影响其他任务或项目完成日期的前提下，任务可以延迟的时间。如果知道时差的位置，就可以在某些阶段无时差，而其他阶段有过多时差时移动任务。

“可用可宽延时间”是指任务在不延迟其后续任务的情况下可以延迟的时间量。使用“可用时差”域可以确定任务是否具有可延迟的时间。如果要完成一项任务，资源需要更多的时间，或者要将资源分配给其他任务，该域将很有用。还可以使用“可用时差”域来确定如何弥补进度落后的日程。

“可宽延的总时间”是指在不延迟项目完成日期的情况下，任务可延迟的时间量。“总时差”可以是正数，也可以是负数。如果总时差为正数，表示在不延迟项目完成日期的情况下，任务可延迟的时间量。如果总时差为负数，表示为了不延迟项目完成日期，所必须节省的时间量。负时差表示没有为任务排定足够时间，这通常是由限制日期造成的。

默认情况下，按照定义，具有 0 时差的任务被认为是关键任务。如果关键任务发生延迟，项目完成日期也会延迟。

15. 如何应用“盈余分析”?

盈余分析是一种衡量项目业绩的方法。它表明根据当前已完成的工时量和任务、工作分配或资源的比较基准成本所应花费的预算。

盈余分析的基础是三个关键值：项目计划中规划的各个任务的预算成本（基于分配给任务的资源成本以及与任务相关的固定成本），即计划工作量的预算成本（BCWS）。BCWS 是到选定状态日期为止的基线成本。预算成本值存储在基线域中，或者如果保存了多个基线，应分别保存在“基线 1”到“基线 10”域中。

到状态日期为止，完成所有任务或部分任务所需的实际成本，即已完成工作量的实际成本（ACWP）。通常，Project Professional 使实际工时与实际成本相互关联。

在状态日期前完成的工时值（以货币进行度量），实际上就是已完成工时的盈余值，称作已完成工作量的预算成本（BCWP）。该值按单个任务进行计算，但在总体水平上（通常在项目级上）进行分析。 盈余分析始终与所选择的状态日期相对应，可以是当前日期或当前日期前的任何日期。

16. 打印报表时，选择报表后，按“打印”按钮，为何没有反应？

一般是因为该客户端没有安装打印机造成的，为了预览打印效果，可以在计算机上安装一台“假”打印机。

17. “关键路径”定义中的“时差为 0”的值可以浮动吗？

可以。默认情况下，“时差为 0”的任务为关键任务，通过选择【文件】→【选项】，在“Project 选项”对话框中选择【高级】选项，在对话框中可以设置时差的值的大小，如图 30.11 所示。

图30.11　关键路径任务定义

在图 30.11 中修改关键任务定义的值，便可以修改关键任务的定义条件。

18. 如何应用“主项目”和“子项目”？

通过将相关项目合并到主项目中，可更加有效地组织和管理复杂项目或多个相关项目。 将现有项目分解成主项目和子项目时，应考虑通过创建以下逻辑分组进行重新组织。

◎ 独立项目阶段中的任务。对于很大或很复杂的项目，为每个阶段使用单独的子项目更易于查看项目的细节。由于是在单独的项目中，所以可查看每个阶段的关键路径，而在主项目中，可查看多重关键路径，其中每个阶段各有一条关键路径。仍然可以像在单个项目中一样，在不同子项目之间链接任务，但是将与其他阶段任务的相关性最小的阶段分成子项目可能更加方便。

◎ 时间周期类似的任务。在正在进行的项目中，如果工时之间在时间上有显著间隔，将任务组织成子项目很有帮助。利用子项目，可关闭工作周期已经完成的项目文件。

◎ 不同项目经理的职责。如果同时管理一个大型项目中分管不同部分的多个项目经理，或在一个同时运行多个项目的计划中管理多个项目经理，那么可为每个项目经理建立一个单独的子项目。这样，在保证项目经理可自由处理各自子项目的同时，可查看计划的总体进度，并查看项目经理的项目或任务是否与总体进度相匹配。

◎ 相关的系列任务。将相关任务从无关任务中分离出来，并将每个集合组成各自的子项目。将密切相关的阶段保留在同一个子项目中。

◎ 里程碑的日程排定。若要通过输入重要里程碑来管理项目，可以为与每个里程碑相关的任务创建子项目。对于子项目，可以方便地进行高级别的汇总，而不必像在单个项目中通常要做的那样，为每个里程碑都建立摘要任务。

◎ 按照工作地点划分。如果项目的工作要在不同的地点进行，可能会发现将每个地点的任务排定为一个单独的子项目是非常方便的。例如，如果正在制造一件产品，一些部件的工作需要在其他工厂进行，可为在每个工厂中完成的任务建立一个子项目，并把该产品作为整体建立一个主项目。这种方法便于正确查看在任意时间工作在何处进行，并且使每个经理能够更好地跟踪其地点的工作。

◎ 相关资源。按照相关资源组将任务分解成子项目，以便可以在项目级别上掌握资源的状态，同时资源也可以管理各自的任务。例如，在大型设计 / 建筑合同中，工程师和 CAD 操作员绘制图纸的任务可作为一个子项目，而建筑经理可执行另一个子项目。项目经理可在主项目中查看子项目的所有任务。

◎ 分配给重复性任务的资源。如果项目任务列表包括作为内部过程一部分的周期性任务，应该允许这些组排定各自的时间，并只负责可交付结果或里程碑。例如，如果在项目中，会计部负责作为周期性任务在项目中输入的定期记账和审计任务，可将这些任务添加到某个子项目中，会计部的经理可将任务分配给执行该项目的不同会计。

◎ 只分配给项目的一个阶段的资源。当少量资源只分配给项目的一部分或他们只对项目的一部分感兴趣时，可将其分配在一个子项目中。由于子项目的时间范围就是与其相关的时期，因此可更准确地反映出资源所理解的项目时间长度。这项技术也可以使主项目的资源列表只包含整个项目所涉及的资源，在报告资源信息时此方法最实用。

◎ 不同预算。当有不同于账面预算的内部预算时，如果每项预算的任务都位于单独的子项目中，那么查看预算总数会容易一些。仍然可以查看主项目的项目成本总数，但在查看和报告子项目预算总数时将有更大的灵活性。

19. 将子项目插入主项目后，无法查看项目或资源来自哪个项目怎么办？

如果已经合并项目到主项目中，又对一项任务或资源来源于哪个源文件感到迷惑，那么可以插入一个识别它属于哪个子项目的域。具体方法如下。

（1）选择【任务】→【甘特图】选项。

（2）选择要插入识别任务或资源源文件的新域的位置右侧的域。例如，单击【任务名称】域可以立刻将“子项目文件”域插入任务名称的左侧。

（3）单击【甘特图工具】→【格式】→【插入列】选项。

（4）在“键入列名”框中，单击【子项目文件】按钮。

（5）对添加的大纲代码域的格式进行调整。

20. 任务的“开始时间”和“完成时间”可以精确到分钟吗？

可以。默认的“开始时间”和“完成时间”都是到具体某一天，实际上也可以到分钟。例如，某些体育比赛项目中，很多比赛是按照分钟来计算开始时间和完成时间的。选择选项卡中【文件】→【选项】，在出现的对话框中选择“日程”，在“工时显示单位”“工期显示单位”中选择“分钟数”，如图 30.12 所示。

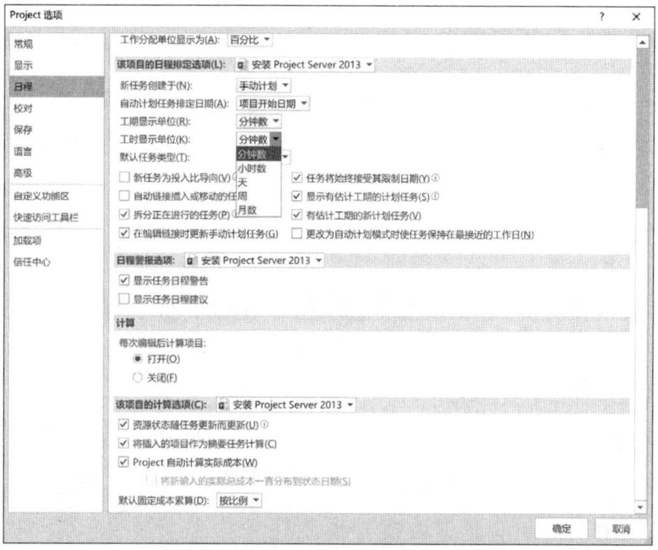

图30.12 带分钟的日期格式

图 30.12 将日期格式设置后，在甘特图中就可以采取相应的安排了。

21. 如何使用“常规资源”？

常规资源用于指定特定任务所需的技能的占位资源。

在制订项目计划时，可以将常规资源作为占位符使用，如“程序员 3”或者“临时木匠”。如果现在希望在项目中使用实际资源，可以使用 Project 查找与技能、可用性以及其他所需属性相匹配的企业资源。

（1）单击【资源】→【添加资源】→【自企业建立工作组】选项。如果企业资源的数目超过 1000，将显示一个对话框，可以对企业资源列表进行预筛选。在“企业大纲代码”列中，选择技能、区域或其他代码，选择一个值，再单击【应用】按钮。

（2）在“建立工作组”对话框中，单击“现有筛选器”框中要应用于企业资源的筛选器。筛选出来的企业资源列表将显示在“筛选的企业资源”下，而当前项目工作组中的资源显示在“项目工作组资源”下。

（3）如果仅希望查看在某个具体日期范围内可工作特定工时数的资源，可选中“可用工时”复选框，键入工时数，然后在“从”和“到”框中选择日期范围。

（4）在“项目工作组资源”列中，单击要替换的常规资源。

（5）在“企业资源”列中单击所需的替换企业资源，再单击【替换】按钮，如图 30.13 所示。

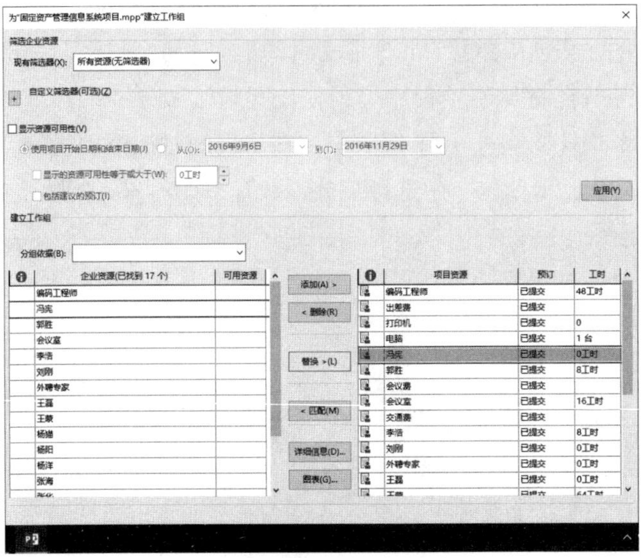

图30.13 常规资源被企业资源替换

22. **Project 是如何自动调配“过度分配的资源”的？**

最快速的调配资源的方法是使用 Project 资源调配功能。调配资源时，为了解决资源过度分配问题，Project 会仔细检查日程中的每项任务，以确定是“延迟”还是“拆分”任务。下列因素可用于判断应延迟或拆分哪些任务。

◎ 可用的时差；

◎ 任务工期；

◎ 任务的限制；

◎ 任务标识号；

◎ 任务优先级；

◎ 任务相关性；

◎ 日程安排。

调配过程中也会检查以下资源信息：

◎ 显示在工作时间日历中的资源可用性；

◎ 以最大单位显示的资源可用性；

◎ 任务中的资源工作分配单位。

Project 调配资源时，只延迟或拆分任务，不进行以下操作。

◎ 重新分配任务。例如，晓红不能代替晓军。

◎ 优化资源分配。因为调配不会将任务安排到更早的时间，也不会重新分配单位，所以标记为过度分配的资源可能由于调配而变得分配不足。例如，假设晓军已设为最大单位 100%，将其工作时间的 60% 分配给一项任务，在同一期间又将其工作时间的 50% 分配给另一任务。调配至少会转移这些工作分配中的一项，以使这些工作分配不在同一时间进行，因此晓军可能变得分配不足。

◎ 重新分配单位。例如，如果为丽丽分配了两项任务，这两项任务排定在相同的时间进行，调配不会更改丽丽的单位，因此她可以同时执行两项任务，每项任务各占其工作时间的 50%；

◎ 调配材料资源。

◎ 调配常规资源。

可以让 Project 只调配所选资源，也可以让 Project 调配在多个项目之间共享的资源。

如果希望通过 Project 自动调配资源，可以在“工具”选项卡上，单击【调配资源】按钮。若要接受所有默认值，请单击【开始调配】按钮。

23. 如何手工实现过度资源的调配?

实际上，无论是 Project 还是笔者都推荐用户自己手工实现资源的调配，因为 Project 自动调配可能将整个计划调整为我们不希望看到的局面。

用户自己解决资源过度分配可能会比 Project 调配需要更多的时间。但是，如果 Project 自动的调配没有产生所需的日程或工作分配调整，或希望更精确地控制资源过度分配的解决过程时，这样做尤其有用。

虽然以下方法可能会延长完成日期，但可以解决资源过度分配问题：

◎ 减少任务工期；

◎ 延迟任务；

◎ 拆分任务。

以下四种方法可以调整资源，解决资源过度分配问题：

◎ 调整分配给任务的资源；

◎ 将更多资源分配给任务；

◎ 用分配不足或已删除的资源替代过度分配的资源；

◎ 调整或分布分配给资源的工时量。

24. Project 如何与 Visio 进行交互?

如果计算机上已经安装了 Office Microsoft Visio 2016 或更高版本，就可以使用“Visio WBS 图表向导”在 Visio 工作分解结构（WBS）图表中显示项目信息。

选择【报表】→【导出】→【可视报表】选项。

在出现的界面中勾选【Microsoft Visio】复选框，如图 30.14 所示。

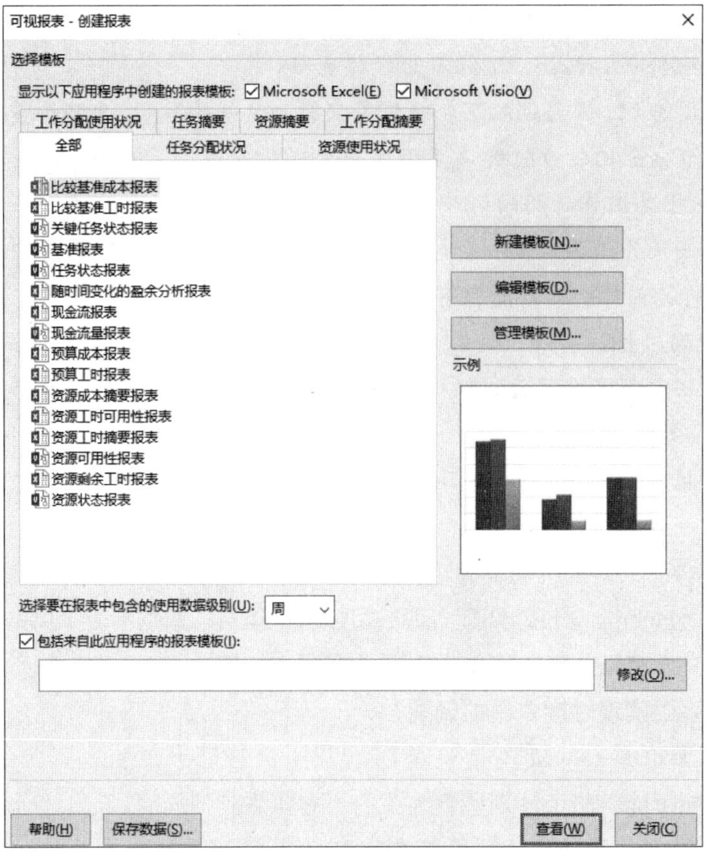

图30.14 与Visio进行数据展现

25. 如何创建 WBS 代码?

工作分解结构（WBS）代码是字母数字代码，可标识每项任务在项目大纲结构中的唯一位置。工作分解结构代码可用于报告日程和跟踪成本。

如果用户的单位要求特定的工作分解结构（WBS）代码格式，可以根据任务在项目大纲中的层次将相应的 WBS 代码分配给任务。具体的方法如下。

（1）选择单击【任务】选项，单击工作表视图（默认为甘特图），如“任务工作表”。若要使用“视图”选项卡上没有的视图，请单击“其他视图”，在“视图”列表中单击要使用的视图，再单击【应用】按钮。

（2）单击选项卡中【项目】→【WBS】→【定义代码】，指向“WBS”，然后单击“定义代码”。

（3）若要将此项目中的任务与其他项目中的任务区分开，请在“项目代码前缀”框中，键入项目特定代码的前缀。如果使用合并到主项目中的多个项目或链接到外部任务的项目，项目代码前缀有助于区分不同的项目任务。

（4）若要指定第一级任务的代码字符串，请在“序列”列的第一行中，单击要用于该级的字符类型。

a. 单击“数字 (有序)”可为该级别显示数字形式的 WBS 代码。

b. 单击“大写字母 (有序)”可显示大写字母的 WBS 代码（例如 A、B 和 C 表示该项目中的前三个摘要任务）。

c. 单击“小写字母 (有序)”可显示小写字母的 WBS 代码（例如 a、b 和 c 表示该项目中的前三个摘要任务）。

d. 单击“字符 (无序)”可显示数字和大小写字母的任意组合（例如，Arch1、Const1 和 Insp1 表示该项目中的前三个摘要任务）。

e. 选择该选项为输入自定义 WBS 代码提供了极大的灵活性。Microsoft Project 2019 在 WBS 域中显示星号（*），直到键入或输入该级别 WBS 代码的字符串。

（5）在“长度”列的第一行中，键入或选择第一级别代码字符串的最大字符数。例如，键入 3 可以使三个字符成为在该级别的 WBS 中输入字符的强制数目。WBS 的总长度最多可以是 245 个字符。

（6）在“分隔符”列中的第一行中，键入或选择一个字符，将一个级别的代码字符串与下一个级别的代码字符串分隔开。 默认情况下，分隔符是句点。可以在每个代码级别间使用不同的分隔符。键入句点之外的符号，减号、加号或斜线都可以。例如，可以键入符号（&）或符号（#），也可以选择在代码级别之间不使用分隔符。在“长度”域中，单击数字；在“分隔符”域中删除分隔符。

（7）为大纲中每一级降级的任务指定一个代码字符串。若要为每个级别指定代码字符串，请在“序列”列中，单击下一行并重复步骤 3~6。

（8）如果不希望在每次输入新任务时都分配一个 WBS 代码，可取消勾选“为新任务生成 WBS 代码”复选框。

（9）若要为不同的任务使用相同的 WBS 代码，请取消勾选“检查新 WBS 代码的唯一性”复选框。

可以为每个项目定义一组 WBS 代码。如果需要显示任务的其他组织性结构，可以通过使用大纲代码创建或应用除 WBS 代码之外的一组不同的代码。 若要显示 WBS 代码，需要将 WBS 域添加到视图中。

30.4 Project Online使用中的问题

1. Project Professional 2019 能与 Project Online 集成吗?

Project Professional 2019、Project Professional 2016 以及 Project online Desktop Client 均可与 Project Online 集成。

2. Project Online 需要单独订阅吗，是否包含在 O365 套件中?

Project Online 需要单独订阅，在 O365 E3 套件中是需要单独订阅的，在 O365 E5 中是不需要单独订阅的。

Project Online 如何增加用户？

可以通过 O365 的 admin 管理后台增加，也就是通过增加 AAD 用户来添加，Project Online 管理器中无法增加用户，但可以增加非用户型资源。

Project Online 有几个版本？

Project Online 有三个版本，分别为 Project Online 协作版、Project Online 专业版、Project Online 高级版，其中 Project Online 专业版与 Project Online 高级版包含 Project Online Desktop Client，也就是包含 Project 客户端。